Eu, _____, dedico este livro a(o)_____.

Que o "Mestre dos Mestres" lhe ensine que nas falhas e lágrimas se esculpe a sabedoria.

Que o "Mestre da Sensibilidade" lhe ensine a contemplar as coisas simples e a navegar nas águas da emoção.

Que o "Mestre da Vida" lhe ensine a não ter medo de viver e a superar os momentos mais difíceis da sua história.

Que o "Mestre do Amor" lhe ensine que a vida é o maior espetáculo no teatro da existência.

Que o "Mestre Inesquecível" lhe ensine que os fracos julgam e desistem, enquanto os fortes compreendem e têm esperança.

Não somos perfeitos. Decepções, frustrações e perdas sempre acontecerão.

Mas Deus é o artesão do espírito e da alma humana. Não tenha medo.

Depois da mais longa noite surgirá o mais belo amanhecer. Espere-o.

_____ / _____ / _____

AUGUSTO CURY

ANÁLISE DA INTELIGÊNCIA DE JESUS CRISTO

Copyright © 2006 e 2024 por Augusto Jorge Cury
Todos os direitos reservados. Nenhuma parte deste livro pode ser utilizada ou reproduzida sob quaisquer meios existentes sem autorização por escrito dos editores.

edição: Regina da Veiga Pereira
revisão: Ana Grillo, Jean Marcel Montassier, José Tedin Pinto, Sérgio Bellinello Soares e Tereza da Rocha
projeto gráfico: DTPhoenix Editorial
diagramação: Valéria Teixeira
capa: Filipa Damião Pinto
imagem de capa: Ivana Cajina/Unsplash
impressão e acabamento: Associação Religiosa Imprensa da Fé

CIP-BRASIL. CATALOGAÇÃO NA PUBLICAÇÃO
SINDICATO NACIONAL DOS EDITORES DE LIVROS, RJ

C988a

Cury, Augusto, 1958-
Análise da inteligência de Jesus Cristo / Augusto Cury. - 1. ed. - Rio de Janeiro : Sextante, 2024.
720 p. ; 23 cm.

ISBN 978-65-5564-799-0

1. Jesus Cristo - Personalidade e missão. 2. Jesus Cristo - Psicologia. 3. Jesus Cristo - Ensinamentos. I. Título.

23-87100

CDD: 232.903
CDU: 27-31-475

Meri Gleice Rodrigues de Souza - Bibliotecária - CRB-7/6439

Todos os direitos reservados, no Brasil, por
GMT Editores Ltda.
Rua Voluntários da Pátria, 45 – 14º andar – Botafogo
22270-000 – Rio de Janeiro – RJ
Tel.: (21) 2538-4100
E-mail: atendimento@sextante.com.br
www.sextante.com.br

Sumário

Apresentação 7

LIVRO 1 O MESTRE DOS MESTRES
JESUS, O MAIOR EDUCADOR DA HISTÓRIA 11

LIVRO 2 O MESTRE DA SENSIBILIDADE
JESUS, O MAIOR ESPECIALISTA NO TERRITÓRIO DA EMOÇÃO 161

LIVRO 3 O MESTRE DA VIDA
JESUS, O MAIOR SEMEADOR DE ALEGRIA, LIBERDADE
E ESPERANÇA 301

LIVRO 4 O MESTRE DO AMOR
JESUS, O MAIOR EXEMPLO DE SABEDORIA, PERSEVERANÇA E
COMPAIXÃO 437

LIVRO 5 O MESTRE INESQUECÍVEL
JESUS, O MAIOR FORMADOR DE PENSADORES DA HISTÓRIA 571

Apresentação

Vinte e cinco anos se passaram desde que me envolvi numa das mais complexas, arriscadas e ousadas jornadas científicas da psquiatria e da pesquisa em psicologia: analisar a inteligência de Jesus Cristo e sua personalidade sob seus amplos aspectos e nos mais diversos ambientes socioemocionais pelos quais passou – inclusive alguns episódios estressantes em que raríssimos seres humanos teriam preservado sua saúde mental.

Pela ousadia desse projeto, se estivéssemos na época da Inquisição, eu seria um dos primeiros a serem atirados à fogueira. Por muito menos Galileu quase foi condenado a arder nas chamas ao afirmar que o Sol, e não a Terra, era o centro do Universo; e foi obrigado a negar sua tese para poder sobreviver!

Mas o esforço valeu a pena e o resultado foi fabuloso: milhões de leitores em muitos países, intelectuais e não intelectuais, líderes católicos, protestantes, espíritas, islamitas e budistas amaram profundamente esta obra e a tem utilizado como guia!

Como um mortal poderia ter coragem de investigar a mente mais incrível e impactante que pisou no teatro da humanidade? Nem mesmo notáveis filósofos como Agostinho, Tomás de Aquino, Spinoza, Kant, Søren Kierkegaard, Nietzsche e Sartre realizaram uma empreitada intelectual como esta.

O que me levou a entrar nesta complexa seara foi minha história como construtor de conhecimento. Na época, eu ainda não era o psiquiatra mais lido do mundo, não era pesquisador nem professor de mestrado e doutorado da USP – era apenas um incansável explorador e pensador sobre o funcionamento da mente humana e seus sofisticados e ultrarrápidos processos construtivos.

Curiosamente, minha trajetória começou com um grave acidente emocional. Eu era um jovem estudante de medicina intrépido, inquieto e inconformado. Escrevia em meus cadernos ideias diferentes das que meus professores ensinavam, pois não concordava com muitas teorias que eles apresentavam. Eu era sociável e gostava de festas e jantares, mas atravessei uma grave crise depressiva que me fez perder o chão. Lágrimas serpenteavam pelo meu rosto mescladas às gotas do chuveiro, desaguando num sintoma que revelava uma total asfixia de meu prazer de viver. Pode alguém sociável experimentar o caos emocional? Sim! Eu o vivenciei. Mas, em vez de assumir uma postura vitimista e desistir da vida, fui ao encontro do lugar mais importante que alguém pode visitar – um endereço dentro de mim mesmo.

Em vez de me curvar à dor, comecei a me bombardear de perguntas. E as perguntas, não as respostas, são o princípio da sabedoria na ciência. Eu fazia milhares de questionamentos diários sobre áreas que poucos teóricos e cientistas adentraram, como: o que é o pensamento? Qual a sua natureza? Quais são seus tipos? Como eles podem ser construídos em milésimos de segundo? Porque não os controlamos? Do mesmo modo, fiz milhares de questionamentos sobre a formação da consciência, o desenvolvimento do Eu como gestor da mente humana e os complexos papéis conscientes e inconscientes da memória.

Essas viagens que fiz pelo meu planeta mente me iluminaram e me ajudaram a entender minha completa ignorância sobre a psique humana e sobre mim mesmo. Por fim, após estudar o processo de construção dos pensamentos, comecei a pesquisar o processo de formação de pensadores – e entendi que a educação mundial está doente, formando pessoas doentes em uma sociedade doente. Ela é racionalista, superficial, especialista em formar repetidores de dados, e não pensadores críticos e livres.

Sobre esses intrincados processos, escrevi mais de 3 mil páginas, nas quais expressava um novo tratado de construção de ideias, do Eu, da consciência, da evolução da memória. (Isso num país que não valoriza seus cientistas, e muito menos a ciência básica!) Foram quase 20 anos antes de publicar meu primeiro livro. Você demoraria tanto tempo para escrever uma obra sem qualquer garantia de que seria publicada? Eu sabia que seria um risco alto. Depois de escrever essas 3 mil páginas (das quais 2 mil ainda permanecem inéditas) e de publicar os primeiros textos, comecei a pesquisar as mentes mais brilhantes que pisaram na Terra, como Nietzsche, Einstein e Freud.

Foi então que ousei estudar o mais incrível personagem que já impactou a humanidade. A partir das suas quatro biografias universalmente aceitas (os evangelhos), em suas várias versões, pesquisei a fundo.

Tive um passado de ateísmo na juventude, e depois de formado em medicina e de ter dedicado quase duas décadas à construção de conhecimento, entrei na minha fase mais contundentemente ateísta. Estudei Karl Marx, Jean-Paul Sartre, Sigmund Freud e Diderot, pois eles eram antirreligiosos, em essência; eu, por outro lado, era um ateu científico. Considerava a ideia de Deus uma estratégia do cérebro para suportar a dor gerada por pensar no caos autodestrutivo que a morte nos impõe na solidão do túmulo.

Esse foi o longo caminho que percorri até escrever a coleção Análise da inteligência de Jesus Cristo, composto pelos títulos *O mestre dos mestres*, *O mestre da sensibilidade*, *O mestre da vida*, *O mestre do amor* e *O mestre inesquecível* – que agora, pela primeira vez em 25 anos, são reunidos em uma edição especial.

Como um cético, comecei a questionar em detalhes se Jesus tinha ou não uma inteligência fenomenal. Poderia me decepcionar muito e reforçar meu ateísmo, mas cada análise me deixava mais perplexo! Ele era criativo nos focos de tensão? Era mentalmente livre quando o mundo desabava sobre ele? Sabia libertar seu imaginário e construir novas ideias sob o risco de morrer? Sua psicopedagogia formava pensadores fascinantes ou mentes toscas e adestradas? Era um defensor incondicional dos diretos humanos, inclusive das mulheres? Eu o comparava com outros pensadores e as diferenças eram gritantes. Por exemplo, Freud baniu da família psicanalítica quem contrariava suas ideias; Einstein internou um filho num manicômio e nunca mais o visitou. Ambos foram grandes intelectuais, mas tinham baixo limiar para suportar frustrações, o que revelava sua imaturidade emocional.

Jesus Cristo, por sua vez, conseguiu ser inclusivo e altruísta até com seus detratores. Superando os mais altos parâmetros da psiquiatria, da psicologia e da sociologia, ele chamou Judas de amigo no ato da traição e lançou sobre Pedro um olhar acolhedor enquanto ele o negava vergonhosamente por três vezes! Nunca alguém tão grande se fez tão pequeno para enaltecer os excluídos. Ele protegeu prostitutas que não conhecia e as tratou como rainhas, e tocou leprosos desprezados como se fossem seus mais diletos amigos.

Foi um erro dramático Jesus Cristo ter sido estudado apenas pela teologia, pelas religiões e pela espiritualidade, desconsiderando sua inefável intelectualidade e emocionalidade. O meio acadêmico foi tímido, omisso e infantil por não ter estudado sua mente também sob a luz das ciências humanas.

Você verá nesta obra que Jesus era capaz de fazer poesia nos momentos mais difíceis de sua existência e de rogar a Deus, quando todas as células do seu corpo morriam sobre o madeiro, que perdoasse seus torturadores.

Que homem é este? Que mente brilhante e inenarrável é esta? Pode ser que você fique impactado ao descobrir que o personagem mais famoso da história é o menos conhecido no teatro da sua mente. Talvez você nunca mais seja o mesmo! Se os grandes ateus tivessem estudado Jesus Cristo como eu fiz, eles provavelmente ainda não teriam uma religião, mas questionariam seu ateísmo e reveriam completamente a sua maneira de ser, pensar e existir.

Boa leitura!

Um abraço carinhoso,
Augusto Cury
Fevereiro de 2024

O MESTRE DOS MESTRES

JESUS, O MAIOR EDUCADOR DA HISTÓRIA

LIVRO 1

*Ele dividiu a história da humanidade.
Agora a psicologia analisa a sua
intrigante inteligência...*

Sumário

Prefácio 15

Capítulo 1
Características intrigantes da inteligência de Cristo 19

Capítulo 2
Jesus Cristo: um personagem real ou imaginário? 30

Capítulo 3
A timidez e a omissão da ciência em investigar a inteligência de Cristo 41

Capítulo 4
Se Cristo vivesse hoje, abalaria os fundamentos da psiquiatria e da psicologia 61

Capítulo 5
Cristo perturbaria o sistema político 67

Capítulo 6
O discurso de Cristo deixaria a medicina atual atônita e tocaria na maior crise existencial do ser humano 74

Capítulo 7
Um audacioso projeto: o público e o ambiente *90*

Capítulo 8
Despertando a sede de aprender e desobstruindo a inteligência *95*

Capítulo 9
Investindo em sabedoria diante dos invernos da vida *104*

Capítulo 10
Um contador de histórias que sabia lidar com os papéis da memória e estimular a arte de pensar *113*

Capítulo 11
Superando a solidão: fazendo amigos *124*

Capítulo 12
Preservando a unidade e ensinando a arte de amar *136*

Capítulo 13
Introduzindo as funções mais importantes da inteligência *153*

Prefácio

Nada é tão fascinante quanto penetrar no mundo intangível da mente. Dentro de cada ser humano há um mapa a ser percorrido, repleto de sutilezas, momentos de alegria, períodos de sofrimento, golpes de ousadia, tempos de recuos, pensamentos que transmitem tranquilidade, ideias que causam perturbação.

Ao longo de quase trinta anos venho desenvolvendo uma nova teoria psicológica e filosófica, chamada inteligência multifocal, que estuda pelo menos cinco grandes áreas do funcionamento da mente:

1. O processo de construção de pensamentos
2. O processo de organização da consciência existencial e da estruturação do eu
3. Os papéis conscientes e inconscientes da memória e a formação da história intrapsíquica
4. O processo de transformação da emoção
5. O processo de interpretação e de formação de pensadores

Após desenvolver os pressupostos básicos dessa teoria, envolvi-me em uma das mais desafiadoras pesquisas psicológicas: descobrir por que algumas pessoas romperam o cárcere do tédio, incendiaram a arte de pensar e expandiram a própria inteligência. Depois de estudar o perfil psicológico de alguns pensadores como Nietzsche, Freud e Einstein, resolvi investigar a inteligência daquele que dividiu a história: Jesus Cristo. Neste livro relato alguns dos enormes desafios e algumas das gritantes limitações que enfrentei nessa jornada.

Em razão da minha origem multirracial (ítalo-judaica, espanhola e árabe), por ser um psiquiatra, um pesquisador da mente humana, e por ter sido um dos mais ardentes ateus que já pisaram nesta terra, estudar os enigmas da mente de Jesus Cristo foi e ainda é um projeto espetacular.

Muitas perguntas de caráter científico e não teológico povoaram meus pensamentos durante os anos de análise: Cristo foi real ou fruto da imaginação de alguns galileus? Se não tivesse realizado nenhum ato sobrenatural, teria dividido a história? Como abria as janelas da mente dos seus discípulos e os estimulava a desenvolver as funções mais importantes da inteligência? Como gerenciava seus pensamentos e suas reações emocionais nas situações estressantes? Alguém na história proferiu pensamentos semelhantes aos dele? Quais as dimensões e implicações psicológicas e filosóficas das suas ideias? O que a ciência e a sociedade perderam por não terem estudado a sua personalidade?

Responder a essas perguntas, ainda que parcialmente, é fundamental para a humanidade. Jesus foi o personagem mais complexo e enigmático que transitou neste misterioso teatro existencial.

Seu comportamento, suas palavras, sua capacidade de se proteger nos focos de tensão, a habilidade de libertar seu imaginário e a fineza da sua arte de pensar aplicada a situações em que muitos agiriam de forma agressiva deixam perplexo qualquer profissional que se disponha a estudá-lo detidamente – psiquiatras, psicólogos, pedagogos, sociólogos. É o que pretendo demonstrar nos cinco livros que compõem a coleção Análise da Inteligência de Jesus Cristo: *O mestre dos mestres*, *O mestre da sensibilidade*, *O mestre da vida*, *O mestre do amor* e *O mestre inesquecível*.

Neste primeiro livro, veremos por que Jesus foi o maior educador da história. Ele conseguia atingir com delicadeza, sabedoria e perspicácia as regiões mais profundas do inconsciente de seus complicados discípulos. Ele aproveitava momentos incomuns para transmitir seus solenes ensinamentos.

Que homem era esse que atuava como artesão da emoção e escultor da inteligência enquanto o mundo desabava sobre ele? Jesus transformou homens que cheiravam a peixe em homens que exalavam o perfume da sabedora. Fez em pouco tempo o que poucas universidades conseguiram em séculos de existência.

Se nas salas de aula e nos lares fossem discutidas as funções mais importantes da inteligência que Jesus trabalhou na personalidade dos seus discípulos, a humanidade teria sido outra. Teríamos formado uma casta de pensadores apaixonados pela vida, que jamais discriminariam outros seres humanos, seja pela origem étnica, pela cultura e pela religião, seja pelo status social. Essa omissão foi uma grande perda.

Milhares de leitores, em dezenas de países onde meus livros são publicados, enviam-me mensagens dizendo-se maravilhados com o personagem que descrevo, pois nunca haviam imaginado que Cristo estimulasse tanto a formação de mentes saudáveis e espíritos livres.

Por conta da análise psicológica e filosófica que faço a respeito da inteligência de Cristo, meus livros têm sido recomendados em escolas de ensino médio e em universidades com o objetivo de expandir nos alunos a arte de pensar. Psicólogos os têm utilizado para ajudar seus pacientes a prevenir a depressão, a ansiedade e o estresse. Pessoas das mais diversas crenças os têm lido e usado sistematicamente esse novo conhecimento em sua vida.

Devo confessar que investigar a mente de Jesus Cristo fez implodir meu orgulho, revelou minha pequenez, dissecou minhas mazelas psíquicas. Mas veremos que analisar sua fascinante inteligência nos permite dispor de excelentes ferramentas para nos educar e educar quem amamos, pois os pensamentos de Jesus oxigenam nossas mentes, expandem o prazer de viver e estimulam nossa sabedoria.

• • •

Não vou defender aqui nenhuma religião nem fazer um estudo teológico da vida de Cristo. O que quero é mostrar que a ciência cometeu um erro ao não estudar a intrigante, misteriosa e fascinante personalidade de Jesus. Entretanto, você encontrará diversas referências a trechos do Antigo e do Novo Testamento, com indicação do autor, do capítulo e versículo em que se encontram. Sugiro que, independentemente de sua crença, você tenha uma Bíblia à mão. A leitura desses textos sagrados, no quadro mais amplo em que se apresentam, promoverá um conhecimento maior dessa figura única que com suas palavras, gestos e atitudes revolucionou o mundo e o espírito humano.

Augusto Cury

CAPÍTULO I

Características intrigantes da inteligência de Cristo

Brilhando na arte de pensar

A arte de pensar é a manifestação mais sublime da inteligência. Todos pensamos, mas nem todos desenvolvemos qualitativamente a arte de pensar. Por isso, frequentemente não expandimos as funções mais importantes da inteligência, tais como aprender a se interiorizar, a usar as dores para crescer em sabedoria, a trabalhar as perdas e frustrações com dignidade, a agregar ideias, a pensar com liberdade e consciência crítica, a romper as ditaduras intelectuais, a gerenciar com maturidade os pensamentos e emoções nos focos de tensão, a expandir a arte da contemplação do belo, a se doar sem a contrapartida do retorno, a se colocar no lugar do outro e considerar suas dores e necessidades psicossociais.

Muitos homens, ao longo da história, brilharam em suas inteligências e desenvolveram algumas áreas importantes do pensamento. Sócrates foi um questionador do mundo. Platão foi um investigador das relações sociopolíticas. Hipócrates foi o pai da medicina. Confúcio foi um filósofo da brandura. Sáquia-Múni, o fundador do budismo, foi um pensador da busca interior. Moisés foi o grande mediador do processo de libertação do povo de Israel, conduzindo-o até a terra de Canaã. Maomé, em sua peregrinação profética, foi o unificador do povo árabe, um povo que estava dividido e sem identidade. Há muitos outros homens que brilharam na inteligência, como Tomás de Aquino, Agostinho, Hume, Bacon, Spinoza, Kant, Descartes, Galileu, Voltaire, Rousseau, Shakespeare, Hegel, Marx, Newton, Maxwell, Gandhi, Freud, Habermas, Heidegger, Kurt Lewin, Einstein e Viktor Frankl.

A temporalidade da vida humana é muito curta. Em poucos anos encerramos o espetáculo da existência. Infelizmente, poucos investem em sabedoria nesse breve espetáculo, por isso não se interiorizam, não se repensam. Se enumerarmos os seres humanos que brilharam em suas inteligências e investiram em sabedoria e compararmos esse número ao contingente de nossa espécie, ele se torna muito pequeno.

Independentemente de qualquer julgamento que possamos fazer, o fato é que esses seres humanos expandiram o mundo das ideias no campo científico, cultural, filosófico e espiritual. Alguns não se preocuparam com a notoriedade social, preferiram o anonimato, não se importando de divulgar suas ideias e escrever seus nomes nos anais da história. Porém, suas ideias não puderam ser sepultadas. Elas germinaram nas mentes e enriqueceram a história da humanidade. Estudar a inteligência desses homens pode nos ajudar muito a expandir nossa própria inteligência.

Houve um homem que viveu há muitos séculos e que não apenas brilhou em sua inteligência, mas era dono de uma personalidade intrigante, misteriosa e fascinante. Ele conquistou uma fama indescritível. O mundo comemora seu nascimento. Todavia, apesar de sua enorme fama, algumas áreas fundamentais da sua inteligência são pouco conhecidas. Ele destilava sabedoria diante das suas dores e era íntimo da arte de pensar. Esse homem foi Jesus Cristo.

A história de Cristo teve particularidades em toda a sua trajetória: do nascimento à morte. Ele abalou os alicerces da história humana através de sua própria história. Seu viver e seus pensamentos atravessaram gerações, varreram os séculos, embora ele nunca tenha procurado status social ou político.

Ele cresceu sem se submeter à cultura clássica do seu tempo. Quando abriu a boca, produziu pensamentos de inconfundível complexidade. Tinha pouco mais de 30 anos, mas perturbou profundamente a inteligência dos homens mais cultos de sua época. Os escribas e fariseus – que possuíam uma cultura milenar rica, eram intérpretes e mestres da lei – ficaram chocados com seus pensamentos.

Sua vida sempre foi árida, sem nenhum privilégio econômico ou social. Conheceu intimamente as dores da existência. Contudo, em vez de se preocupar com as suas próprias dores e querer que o mundo gravitasse em torno das suas necessidades, ele se preocupava com as dores e necessidades alheias.

O sistema político e religioso não foi tolerante com ele, mas ele foi tolerante e dócil com todos, mesmo com seus mais ardentes opositores. Cristo vivenciou sofrimentos e perseguições desde a sua infância. Foi incompreendido, rejeitado, zombaram dele, cuspiram em seu rosto. Foi ferido física e psicologicamente. Porém, apesar de tantas misérias e sofrimentos, não desenvolveu uma emoção agressiva e ansiosa; pelo contrário, exalava tranquilidade diante das mais tensas situações e ainda tinha fôlego para discursar sobre o amor no seu mais poético sentido.

Muitos autores, ao longo dos séculos, abordaram Cristo em diferentes aspectos espirituais: sua divindade, seu propósito transcendental, seus atos sobrenaturais, seu reino celestial, sua ressurreição, a escatologia (doutrina das últimas coisas), etc. Quem quiser estudar esses aspectos terá de procurar os textos desses autores, pois a análise da inteligência de Cristo o investiga de outra perspectiva, de outro ângulo.

Este livro faz uma investigação talvez jamais realizada pela ciência da interpretação ou pela psicologia. Investiga a singular personalidade de Jesus Cristo. Analisa o funcionamento da sua surpreendente inteligência. Estuda sua arte de pensar, os meandros da construção de seus pensamentos nos seus focos de tensão.

A inteligência é composta de muitos elementos. Em síntese, ela se constitui da construção de pensamentos, da transformação da energia emocional, do processo de formação da consciência existencial (quem sou, como estou, onde estou), da história inconsciente arquivada na memória, da carga genética. Aqui definirei a personalidade como a manifestação da inteligência diante dos estímulos do mundo psíquico, bem como dos ambientes e das circunstâncias em que uma pessoa vive. Todo ser humano possui uma inteligência, mas nem todos desenvolvem suas funções mais importantes.

Durante as quase duas décadas em que tenho pesquisado o funcionamento da mente, a construção da inteligência e o processo de interpretação, posso afirmar com segurança que Jesus possuía uma personalidade bastante complexa, muito difícil de ser investigada, interpretada e compreendida. Este é um dos fatores que inibiram a ciência de procurar investigar e compreender, ainda que minimamente, a sua inteligência.

Analisar a inteligência de Jesus Cristo é um dos maiores desafios da ciência. Após ter desenvolvido os alicerces básicos de uma nova teoria sobre o funcionamento da mente, comecei a me envolver nesse enorme e estimulante projeto que é investigar a personalidade de Jesus. Foram anos de estudo, em que procurei, dentro das minhas limitações, fugir das respostas aleatórias e das explicações científicas superficiais.

Interpretar a história é uma tarefa intelectual das mais complexas. Significa reconstruí-la e não resgatá-la de maneira pura. Reconstruir os fatos, ambientes e circunstâncias do passado é um grande desafio. Se o leitor tentar resgatar as suas experiências mais marcantes, verificará que isso frequentemente reduz a dimensão das dores e dos prazeres vividos no passado. Estudaremos este assunto. Todo resgate do passado está sujeito a limitações e imperfeições. Este livro, que é um exercício de interpretação psicológica da história, não foge à regra.

Se interpretar a história é uma tarefa intelectual complexa e sinuosa, imagine como deve ser difícil investigar a inteligência de Cristo, os níveis de sua coerência intelectual, sua capacidade de gerenciar a construção de pensamentos, de transcender as ditaduras da inteligência, de superar as dores físicas e emocionais e de abrir as janelas da mente das pessoas que o cercavam.

Jesus possuía uma personalidade difícil de ser estudada. Suas reações intelectuais e emocionais eram tão surpreendentes e incomuns que ultrapassam os limites da previsibilidade psicológica. Apesar das dificuldades, é possível viajarmos por algumas avenidas fundamentais do seu pensamento e compreendermos algumas áreas importantes da sua inteligência.

Um enigma para a ciência em diversas áreas

Quem foi Jesus Cristo? Este livro, que pretende realizar uma análise psicológica da sua inteligência, não pode responder plenamente a essa pergunta, pois ela entra na esfera da fé, uma esfera que ultrapassa os limites da investigação científica, que transcende a ciência da interpretação. A ciência se cala quando a fé se inicia. A fé transcende a lógica, é uma convicção em que há ausência de dúvida. A ciência sobrevive da dúvida. Quanto maior for a dúvida, maior poderá ser a dimensão da resposta. Sem a arte da dúvida, a ciência não tem como sobreviver e expandir a sua produção de conhecimento.

Jesus discorria sobre a fé. Falava da necessidade de crer sem duvidar, de uma crença plena, completa, sem insegurança. Falava da fé como um misterioso processo de interiorização, como uma trajetória de vida clandestina. Discorria sobre a fé como um viver que transcende o mundo material, extrapola o sistema sensorial e cria raízes no âmago do espírito humano.

A ciência não tem como investigar o que é essa fé, pois, como suas raízes se encontram no cerne da experiência pessoal, ela não se torna um objeto de estudo investigável. Todavia, apesar de Jesus Cristo falar da fé como um processo de existência transcendental, ele não anulava a arte de pensar; pelo contrário, era um mestre excepcional nessa arte. Ele não discorria sobre uma fé sem inteligência.

Para ele, primeiro deveria se exercer a capacidade de pensar e refletir antes de crer, depois vinha o crer sem duvidar. Se estudarmos os quatro evangelhos e investigarmos a maneira como Jesus reagia e expressava seus pensamentos, constataremos que pensar com liberdade e consciência era uma obra-prima para ele.

Um dos maiores problemas enfrentados por Cristo era o cárcere intelectual em que as pessoas viviam, ou seja, a rigidez intelectual com que elas pensavam e compreendiam a si mesmas e o mundo que as envolvia. Por isso, apesar de falar da fé como ausência da dúvida, ele também era um mestre sofisticado na arte da dúvida. Ele a usava para abrir as janelas da inteligência das pessoas que o circundavam (*Lucas 5:23; 6:9; 7:42*).

Como Jesus usava a arte da dúvida? Se observarmos os textos dos quatro evangelhos, veremos que ele era um excelente indagador, um ousado questionador. Usava a arte da pergunta para conduzir as pessoas a se interiorizarem e a se questionarem. Também era um exímio contador de parábolas que perturbava os pensamentos de todos os seus ouvintes.

Quem é Jesus Cristo? Ele é o filho de Deus? Ele tem natureza divina? Ele é o autor da existência? Como ele se antecipava ao tempo e previa fatos ainda não acontecidos, tais como a traição de Judas e a negação de Pedro? Como realizava os atos sobrenaturais que deixavam as pessoas extasiadas? Como multiplicou alguns pães e peixes e saciou a fome de milhares de pessoas? Ele multiplicou a matéria, as moléculas, ou usou qualquer outro fenômeno? A ciência não pode dar essas respostas sobre Cristo nem outras tantas, pois essas perguntas entram na esfera da fé. Como disse, quando começa a fé, que é íntima e pessoal de cada ser humano e que, portanto, deve ser respeitada, a ciência se cala. Jesus continuará sendo, em muitas áreas, um grande enigma para a ciência.

Não é possível comentar a sua inteligência em alguns capítulos. Sua arte de pensar é sofisticada demais para ser tratada em apenas um livro.

Ao investigarmos a sua inteligência, talvez possamos responder a algumas destas importantes perguntas: Cristo sempre expressava com elegância e coerência a sua inteligência nas várias situações tensas e angustiantes que vivia? Teria ele dividido a história da humanidade se não tivesse realizado nenhum ato sobrenatural? Por que suas palavras permanecem vivas até hoje, mexendo com centenas de milhões de pessoas de todas as línguas e de todos os níveis sociais, econômicos e culturais? Por que homens que nunca o viram ou nunca o tocaram – entre eles pensadores, filósofos e cientistas – disseram espantosamente, ao longo da história, que não apenas creram nele, mas também o amaram?

Realizaremos neste livro uma viagem intelectual interessante ao investigarmos a vida de Cristo. Ao contrário do que se possa pensar, ele gostava de ser estudado. Ele apreciava ser analisado e indagado com inteligência. Criticava as pessoas que o investigavam superficialmente. Em uma oportunidade, chegou até mesmo a convocar escribas e fariseus a estudarem mais profundamente a identidade e a origem de "Jesus Cristo" (*Marcos 12:35-37*).

*As características ímpares da personalidade
daquele que dividiu a história da humanidade*

Nossa análise da inteligência de Cristo não obedecerá à ordem cronológica de sua vida, mas estudará as características da sua inteligência em situações específicas e em épocas distintas da sua história.

Este livro não defende uma religião. Sua meta é fazer uma investigação psicológica da personalidade de Cristo. Porém, os sofisticados princípios intelectuais da inteligência dele poderão contribuir para abrir as janelas da inteligência das pessoas de qualquer religião, mesmo as não cristãs. Tais princípios são tão complexos que diante deles até os ateus mais céticos poderão enriquecer sua capacidade de pensar.

É difícil encontrar alguém capaz de nos surpreender com as características da sua personalidade, capaz de nos convidar a nos interiorizar e repensar nossa história. Alguém que diante dos seus focos de tensão, contrariedades e dores emocionais tenha atitudes sofisticadas e consiga produzir pensamentos e emoções que fujam do padrão trivial. Alguém tão interessante que possua o dom de perturbar nossos conceitos e paradigmas existenciais.

Com o decorrer dos anos, à medida que atuei como psiquiatra, psicoterapeuta e pesquisador da inteligência, e investiguei diversos tipos de personalidades, compreendi que o ser humano, apesar da complexidade da sua mente, é frequentemente muito previsível. O Mestre dos Mestres fugia a essa regra. Possuía uma inteligência instigante capaz de provocar a inteligência de todos os que passavam por ele.

Ele tinha plena consciência do que fazia. Suas metas e prioridades eram bem estabelecidas (*Lucas 18:31; João 14:31*). Era seguro e determinado, ao mesmo tempo flexível, extremamente atencioso e educado. Tinha grande paciência para educar, mas não era um mestre passivo, e sim provocador. Despertava a sede de conhecimento nos seus íntimos (*João 1:37-51*). Informava pouco, porém educava muito. Era econômico no falar, dizendo muito com poucas palavras. Era ousadíssimo em expressar seus pensamentos, embora vivesse numa época em que imperava o autoritarismo.

Sua coragem para expressar os pensamentos trazia-lhe frequentes perseguições e sofrimentos. Todavia, quando queria falar, ainda que suas palavras lhe trouxessem grandes transtornos, não se intimidava. Mesclava a singeleza com a eloquência, a humildade com a coragem intelectual, a amabilidade com a perspicácia.

Cristo nasceu num país cuja identidade e sobrevivência estavam profundamente ameaçadas pelo autoritarismo e pela vaidade do Império Romano. O ambiente sociopolítico era angustiante. Sobreviver era uma tarefa difícil. A fome e a miséria constituíam o cotidiano das pessoas. O direito personalíssimo, ligado à liberdade de expressar o pensamento, era profundamente restringido pela cúpula judaica e amaldiçoado pelo Império Romano. A comunicação e o acesso às informações eram limitados.

Os judeus esperavam um grande líder, o Cristo ("ungido"), alguém capaz de reinar sobre eles, de resgatar-lhes a identidade e de libertá-los do jugo do Império Romano. Os membros da cúpula judaica viviam sob tensão política, com sua sobrevivência sob ameaça e seus direitos aviltados. Porém, por causa de sua rigidez intelectual, não investigaram e, portanto, não reconheceram o Cristo humilde, tolerante, dócil e inteligente que não desejava status social nem poder político.

Esperavam alguém que os libertasse do jugo romano, mas veio alguém que queria libertar o ser humano das suas misérias psíquicas. Esperavam alguém que fizesse uma revolução exterior, mas veio alguém que propôs uma revolução interior. Esperavam um poderoso político, mas veio alguém que nasceu numa manjedoura, cresceu numa cidade desprezível, Nazaré, e se tornou um carpinteiro, vivendo no anonimato até os 30 anos.

Cristo não frequentou os bancos escolares nem se formou aos pés dos intelectuais da época, escribas e fariseus, mas frequentou a escola da existência, a escola da vida. Nessa escola, conheceu profundamente o pensamento, as limitações e as crises da existência humana. No anonimato, padeceu de angústias, dores físicas, opressões sociais, dificuldades de sobrevivência, frio, fome, rejeição social.

Na escola da existência, a maioria das pessoas não investe em sabedoria e a velhice não é sinal de maturidade. Nela, os títulos acadêmicos, o status social e a condição financeira não refletem a riqueza interior nem significam sucesso na liberdade de pensar, na arte da contemplação do belo, no prazer de viver. A escola da existência é abrangente, pois envolve toda a nossa trajetória de vida, incluindo até mesmo a instituição educacional.

A escola da existência é tão complexa que nela se pode ler uma infinidade de livros de autoajuda e continuar, ainda assim, a ser inseguro e ter dificuldade de lidar com as contrariedades. Nela, o maior sucesso não está fora das pessoas, mas em conquistar terreno dentro de si mesmas; a maior jornada não é exterior, e sim interna, percorrendo as trajetórias do próprio ser. Nessa escola, os melhores alunos não são aqueles que se gabam dos seus sucessos, mas os que reconhecem seus conflitos e limitações.

Todos nós passamos por determinadas angústias e ansiedades, pois algumas das mazelas da vida são imprevisíveis e inevitáveis. Na escola da existência aprende-se que se adquire experiência não só com os acertos e as conquistas, mas, muitas vezes, com as derrotas, as perdas e o caos emocional e social. Foi nessa escola tão sinuosa que Jesus se tornou o Mestre dos Mestres.

Ele foi mestre numa escola em que muitos intelectuais, cientistas, psiquiatras e psicólogos são pequenos aprendizes. Muitos psiquiatras e psicoterapeutas possuem elegância intelectual enquanto estão dentro dos seus consultórios. São lúcidos e coerentes quando estão envolvidos na relação terapêutica com seus pacientes. Porém, a vida real pulsa fora dos consultórios de psiquiatria e psicoterapia. Assim, quando estão diante dos seus próprios estímulos estressantes – ou seja, das suas frustrações, perdas e dores emocionais – apresentam dificuldade para manter a lucidez e a coerência.

Do mesmo modo, muitas pessoas que frequentam uma reunião empresarial, científica ou religiosa apresentam um comportamento sereno e lúcido enquanto estão reunidas. Todavia, quando se encontram diante dos territórios turbulentos da vida, não sabem se reciclar, ser tolerantes, trabalhar suas contrariedades com dignidade.

A melhor maneira de conhecer a inteligência de uma pessoa é observá-la, não nos ambientes isentos de estímulos estressantes, mas nos territórios em que eles estão presentes.

Quem usa continuamente as angústias existenciais, as ansiedades, os estresses sociais, os desafios profissionais para enriquecer a arte de pensar e amadurecer a personalidade? Viver com dignidade e maturidade a vida que pulsa no palco de nossas existências é uma arte que todos temos dificuldade de aprender.

Pela elegância com que manifestava seus pensamentos, Cristo provavelmente usava cada angústia, cada perda, cada contrariedade como uma oportunidade para enriquecer sua compreensão da natureza humana. Era tão sofisticado na construção dos pensamentos que fazia até mesmo das suas misérias poesia. Dizia poeticamente que *"as raposas têm seus covis, as aves do céu têm seus ninhos, mas o filho do homem [ele] não tem onde reclinar a cabeça"* (*Mateus 8:20*). Como pode alguém falar elegantemente da própria miséria? Jesus era um poeta da existência. Suas biografias revelam que ele reconhecia e reciclava suas dores continuamente. Assim, em vez de ser destruído por elas, ele as usava como alicerce da sua inteligência.

O carpinteiro de Nazaré viveu no anonimato a maior parte de sua existência, porém, quando se manifestou, revolucionou o pensamento e o viver humanos. Seu projeto era audacioso. Ele afirmava que primeiro o interior – ou seja, o mundo dos pensamentos e das emoções – devia ser transformado; caso contrário, a mudança exterior não teria estabilidade, não passaria de mera maquiagem social (*Marcos 7:17-23; João 8:36*). Para Cristo, a mudança exterior era uma consequência da transformação interior.

Apesar de a inteligência de Cristo ser excepcional, ele reunia todas as condições para confundir o pensamento humano. Nasceu numa pequena cidade. Seu parto foi entre os animais, sem qualquer espetáculo social, estética ou glamour.

Com menos de 2 anos, mal tinha iniciado sua vida, já estava condenado à morte por Herodes. Seus pais, apesar da riqueza interior, não tinham qualquer expressão social. A cidade em que cresceu era desprezada. Sua profissão era humilde. Seu corpo foi castigado pelas dificuldades de sobrevivência, e por isso alguns o consideravam envelhecido para a sua idade (*João 8:57*).

Não buscava ser o centro das atenções. Quando a fama batia-lhe à porta, procurava se interiorizar e fugir do assédio social. Não se autopromovia nem se autoelogiava. Não falava sobre sua identidade claramente, nem mesmo para seus discípulos mais íntimos, mas deixava que eles usassem a capacidade de pensar e a descobrissem por si mesmos (*Mateus 16:13-17*). Falava frequentemente na terceira pessoa, referindo-se ao seu Pai. Só falava na primeira pessoa em ocasiões especiais, nas quais sua ousadia era impressionante, deixando todos perplexos com suas palavras (*João 6:13-52; 8:12-13; 8:58-59*).

Jesus gostava de conviver com os desprovidos de valor social. Era o exemplo vivo de uma pessoa avessa a todo tipo de discriminação. Ninguém, por mais imoral e por mais defeitos que tivesse, era indigno de se relacionar com ele. Cristo se doava sem esperar nada em troca.

Diferentemente dos escribas e fariseus, dava mais importância à história das pessoas do que ao "pecado" como ato moral. Entrava no mundo delas, percorria a trajetória de suas vidas. Gostava de ouvi-las. A arte de ouvir era uma joia intelectual para ele.

Cristo não tinha formação psicoterapêutica, mas era um mestre da interpretação, pois conseguia captar os sentimentos íntimos das pessoas. Percebia seus conflitos mais ocultos e atuava neles com inteligência e eficiência. Era comum ele se antecipar e dar respostas a perguntas que ainda não tinham sido formuladas ou que as pessoas não tinham coragem de expressar (*Lucas 7:39-40; 11:17*).

Reagia com educação até quando o ofendiam profundamente. Era amável mesmo quando corrigia e repreendia alguém (*João 8:48-51; 53-54*). Não expunha em público os erros das pessoas, mas ajudava-as com discrição, considerando-as acima dos seus erros, conduzindo-as a se repensarem.

Embora fosse eloquente, expunha e não impunha suas ideias. Não persuadia nem procurava convencer as pessoas a crerem nas suas palavras. Não as pressionava para que o seguissem, apenas as convidava (*João 6:35*). Suas parábolas não produziam respostas prontas, mas estimulavam a arte da dúvida e a produção de pensamentos.

Jesus não respondia às perguntas quando pressionado, sendo fiel à sua própria consciência. Não empregava meios escusos para conseguir determinados fins. Por isso, era mais fácil as pessoas ficarem perplexas diante dos seus pensamentos e reações do que compreendê-los. Ele foi, de fato, um grande teste para a cúpula de Israel. Cristo foi e continua sendo um grande enigma para a ciência e para os intelectuais de todas as gerações. Hoje, provavelmente, não poucas pessoas que afirmam segui-lo ficariam perturbadas por seus pensamentos se vivessem naquela época.

Cristo confundia a mente das pessoas que passavam por ele e, ao mesmo tempo, causava nelas – até nos seus opositores – profunda admiração. Maria, sua mãe, impressionava-se com o comportamento do filho e com seu discurso desde a infância. Quando ele falava, ela guardava em silêncio suas palavras (*Lucas 2:45-51*). Tinha apenas 12 anos de idade, e os doutores da lei, admirados, sentavam ao seu redor para ouvir sua sabedoria (*Lucas 2:39-44*). Seus discípulos ficavam continuamente atônitos com sua inteligência, enquanto seus opositores emudeciam diante do seu conhecimento e faziam "plantão" para ouvir suas palavras (*Mateus 22:22*). Até Pilatos parecia um menino perturbado diante dele (*Mateus 27:13-14*). Com a arrogância e o autoritarismo que lhe eram conferidos pelo poderoso Império Romano, Pilatos não podia suportar o silêncio de Cristo em seu interrogatório. A singeleza e a serenidade dele, mesmo diante do risco de morrer, chocavam a mente de Pilatos. A esposa do imperador, que não participava do julgamento de Cristo mas sabia o que estava acontecendo, ficou inquieta, sonhou com ele e teve seu sono perturbado (*Mateus 27:19*).

As pessoas discutiam continuamente a respeito de quem era aquele misterioso homem que parecia ter uma origem tão simples. Graças à sua intrigante e instigante inteligência, Cristo provavelmente foi o maior causador de insônia em sua época.

CAPÍTULO 2

Jesus Cristo: um personagem real ou imaginário?

As quatro biografias de Jesus

Jesus tem quatro biografias que são chamadas de evangelhos: o de Mateus, o de Marcos, o de Lucas e o de João. Marcos e Lucas não pertenciam ao grupo dos 12 discípulos. Eles escreveram baseados num processo de investigação de pessoas que conviveram intimamente com Cristo. Essas biografias não são biografias no sentido clássico, como as que conhecemos hoje. Porém, como os evangelhos retratam a história de Jesus, podemos dizer que representam a sua biografia.

Todo cientista é um indagador inveterado, um aventureiro nas trajetórias do desconhecido e um questionador de tudo que vê e ouve. Investigar com critério aquilo que se vê e se ouve é respeitar a si mesmo e a sua própria inteligência. Se alguém não respeita a própria inteligência, não pode respeitar aquilo em que acredita. Não deveríamos aceitar nada sem antes realizar uma análise crítica dos fenômenos que observamos.

Durante muitos anos procurei estudar as biografias de Cristo. Por diversas vezes me perguntei se ele realmente tinha existido. Questionava se ele não teria sido uma invenção literária, fruto da imaginação humana. Esta é uma questão fundamental, e não devemos ter medo de investigá-la. Antes de estudarmos este ponto, deixem-me falar-lhes um pouco sobre o ateísmo.

Aqueles que se dizem ateus têm como assuntos preferidos Deus ou a negação de Sua existência. Todo ser humano – não importa quem seja, ateu ou não – gosta de incluir Deus na pauta das suas mais importantes ideias. A maioria dos ateus realmente não acredita em Deus? Não. A maioria dos ateus fundamenta seu ateísmo não em um corpo de ideias profundas sobre a existência ou não de Deus, mas como resultado da indignação contra as injustiças, incoerências e discriminações sociopolíticas cometidas pela religiosidade reinante em determinada época.

Quando todos pensavam que Voltaire, o afiado pensador do Iluminismo francês, era ateu, ele proclamava no final de sua vida: "Morro adorando a Deus, amando os meus amigos, não detestando meus inimigos, mas detestando a superstição."* A maioria dos ateus pratica um ateísmo social, um "socioateísmo" alicerçado na antirreligiosidade, e não numa produção de conhecimento inteligente, descontaminada de distorções intelectuais, de paixões e tendenciosidades psicossociais sobre a existência ou não de Deus.

Provavelmente fui mais ateu do que muitos daqueles que se consideravam grandes ateus, como Karl Marx, Friedrich Nietzsche e Jean-Paul Sartre. Por isso, como já disse, pesquisava a inteligência de Jesus Cristo indagando continuamente se ele era fruto da imaginação humana, da criatividade literária, ou se realmente tinha existido. Como pesquisador da inteligência, fui investigar no campo da minha especialidade, ou seja, no campo da construção dos pensamentos descritos nas quatro biografias de Jesus. Pesquisei a lógica, os limites e o alcance de sua inteligência.

Existem mais de cinco mil manuscritos do Novo Testamento, o que o torna o mais bem-documentado dos escritos antigos. Muitas cópias foram feitas numa data próxima dos originais. Há aproximadamente 75 fragmentos datados desde 135 d.C. até o século VIII. Todos esses dados, acrescidos do trabalho intelectual produzido pelos estudiosos da paleografia, arqueologia e crítica textual, nos asseguram que possuímos um texto fidedigno do Novo Testamento que contém as quatro biografias de Cristo, os quatro evangelhos. Os fundamentos arqueológicos e paleográficos podem ser úteis para nos dar um texto fidedigno, mas não analisam o próprio texto; logo, são insuficientes para resolver a dúvida se Jesus foi real ou fruto da criatividade intelectual

---

* Durant, Will. *História da filosofia*. São Paulo: Nova Cultural, 1996.

humana. São restritos para fornecer dados para uma análise psicológica ampla sobre os pensamentos de Cristo e sobre as intenções dos autores originais dos evangelhos. Para analisar esses textos, é necessário imergir no próprio texto e interpretá-lo de forma multifocal e isenta, tanto quanto possível, de paixões e tendências. Foi o que procurei fazer.

Penetrei nas quatro biografias de Jesus e procurei pesquisar até o que estava nas entrelinhas desses textos, tanto os mais diversos níveis de coerência intelectual neles contidos como as intenções conscientes e inconscientes dos seus autores. Usei várias versões para isso. Procurei também pesquisar cada ideia, cada reação, cada momento de silêncio e cada pensamento que Cristo produziu nas várias situações que viveu, principalmente em seus focos de tensão. Eu precisava saber se estava analisando a inteligência de uma pessoa real ou imaginária.

O resultado dessa investigação é muito importante. Minhas pesquisas poderiam me conduzir a três caminhos: permanecer na dúvida, convencer-me de que Jesus Cristo foi o fruto mais espetacular da imaginação humana, ou de que realmente ele existiu, de que foi de fato uma pessoa real que andou e respirou na Terra.

Cheguei a uma conclusão que passarei a demonstrar e defender daqui para a frente, como se fosse uma tese.

As intenções conscientes e inconscientes dos autores dos evangelhos

Se estudarmos as intenções conscientes e inconscientes dos autores dos evangelhos, constataremos que eles não tinham a intenção de fundar uma filosofia de vida, de promover um herói político, de construir um líder religioso, nem de criar um homem diante do qual o mundo deveria se curvar. Eles queriam apenas descrever uma pessoa incomum que mudou completamente suas vidas. Queriam registrar fatos, mesmo que incompreensíveis e estranhos aos leitores, que seu mestre viveu, seus discursos e pensamentos. Se nos aprofundarmos nos meandros dos pensamentos descritos nos evangelhos, constataremos que há diversos fatores que evidenciam que Cristo tinha uma personalidade inusitada, distinta, ímpar, imprevisível.

Dois dos autores dos evangelhos eram discípulos íntimos de Cristo (Mateus e João). O evangelho de Marcos foi escrito baseado provavelmente nos relatos de Pedro: Marcos era tão íntimo de Pedro que foi considerado por ele como um filho (*I Pedro 5:13*). Então concluímos que três desses autores tiveram uma relação estreita com o seu personagem. Cristo era real ou fruto da imaginação desses autores? Vamos às evidências.

Se os evangelhos fossem fruto da imaginação literária desses autores, eles não falariam mal de si mesmos, não comentariam a atitude frágil e vexatória que tiveram ao se dispersar quando Cristo foi preso. Quando ele se entregou aos seus opositores e deixou sua eloquência e seus atos sobrenaturais de lado, os discípulos ficaram frágeis e confusos. Naquele momento, tiveram vergonha dele e sentiram medo. Naquela situação estressante, as janelas de suas mentes foram fechadas e eles o abandonaram.

Pedro jurou que não negaria Cristo. Amava tanto seu mestre que disse que, se possível, morreria com ele. Porém, numa situação delicada, o negou. E não apenas uma vez, mas três vezes, e ainda diante de pessoas sem qualquer poder político. Quem contou aos autores dos quatro evangelhos que Pedro negou Cristo por três vezes diante de alguns servos? Quem contou a sua atitude vexatória, se ninguém do seu círculo de amigos sabia que ele o havia negado? Pedro, ele mesmo, teve a coragem de contá-lo. Que autor falaria mal de si mesmo? Pedro não apenas contou os fatos, mas expôs os detalhes da sua negação. Para Lucas, ele contou alguns detalhes significativos que estudaremos.

Com quem Pedro, que quando jovem era um rude e inculto pescador, aprendeu a ser tão sincero, tão honesto consigo mesmo, a ponto de falar de suas próprias misérias? Ele deve ter aprendido com alguém que, no mínimo, admirava muito. Alguém que tivesse características tão complexas na sua inteligência que fosse capaz de ensinar Pedro a se interiorizar e a reciclar profundamente os seus valores existenciais. O Cristo descrito nos evangelhos tinha tais características. Mesmo diante de situações tensas, em que uma pequena simulação o livraria de grandes sofrimentos, Jesus optava por ser honesto consigo mesmo. Pedro aprendeu com ele a difícil arte de ser fiel à sua própria consciência, a assumir seus erros e suas fragilidades. O que indica que esse Cristo não era um personagem literário, mas uma pessoa real.

Se os autores dos evangelhos quisessem produzir conscientemente um herói religioso, eles, como seus discípulos, não desnudariam a vergonha que tiveram dele momentos antes de sua morte, pois isso deporia contra a adesão a esse suposto herói, ainda mais se fosse imaginário. Este fato representa um fenômeno inconsciente que confirma a intenção dos discípulos de descreverem um homem incomum que realmente viveu na Terra.

Quando Cristo foi aprisionado, injuriado e espancado, o jovem João o abandonou, fugiu desesperadamente, junto com os demais discípulos. Além disso, João, o autor do quarto evangelho, descreveu com uma coragem única a sua fragilidade e impotência diante da dramática dor física e psicológica do seu mestre na cruz (*João 19:26*).

Quando João escreveu o seu evangelho? Quando estava velho, por volta de 90 d.C., mais de meio século depois que esse fato ocorreu. Todos os apóstolos provavelmente já tinham morrido. Como nessa época alguns estavam abandonando as linhas básicas do ensinamento de Cristo, João, na sua velhice, descreveu tudo aquilo que tinha visto e ouvido. O que se espera de uma pessoa muito idosa, que está no fim da vida? Que ela não tenha mais nenhuma necessidade de simular, omitir ou mentir sobre os fatos que viu e viveu. O velho João não se escondeu atrás de suas palavras. Ele não apenas discorreu sobre uma pessoa – Cristo – que marcou profundamente sua história de vida, como, em sua descrição, também não se esqueceu de abordar a sua própria fragilidade. Isto é incomum na literatura. Só tem lógica um autor expor suas mazelas desse modo se ele desejar retratar a biografia real de um personagem que está acima delas.

As pessoas tendem a esconder suas fragilidades e seus erros, mas os biógrafos de Jesus Cristo aprenderam a ser fiéis à sua consciência. Aprenderam com ele a arte de extrair sabedoria dos erros. Ao estudar as suas biografias, constatamos que a intenção consciente e inconsciente dos seus autores era apenas expressar com fidelidade aquilo que viveram, mesmo que isso fosse totalmente estranho aos conceitos humanos.

Se Cristo fosse fruto da imaginação dos seus biógrafos, eles não apenas teriam riscado os dramáticos momentos de hesitação que viveram, mas também teriam riscado dos seus escritos a dramática angústia que o próprio Cristo passou na noite em que foi traído, no Getsêmani. Um dia eu talvez escreva sobre esse momento ímpar e os fenômenos psicológicos envolvidos nesse ambiente. Aqui minha abordagem será sintética.

Naquela noite, Jesus mostrou a dimensão do cálice que ia beber, a dor física e psicológica que iria suportar. Se os autores dos evangelhos tivessem programado a criação de um personagem, teriam escondido a dor, o sofrimento de Cristo e o conteúdo das suas palavras. Teriam apenas comentado os seus momentos de glória, os seus milagres, a sua popularidade. A descrição da dor de Cristo é a evidência de que ele não era uma criação literária. Não viveu um teatro; o que ele viveu foi relatado.

Eles também não teriam registrado o silêncio de Jesus Cristo quando ele estava diante do julgamento dos principais sacerdotes e políticos. Pelo contrário, teriam colocado respostas brilhantes em sua boca. Durante sua vida, ele pronunciou palavras sábias e eloquentes que deixavam pasmadas até as pessoas mais rígidas. Porém, quando Pilatos, intrigado, o interrogou, ele se calou. No momento em que Jesus mais precisava de argumentos, ele preferiu se calar. Com a sua inteligência, poderia se safar do julgamento. Mas sabia que aquele julgamento era parcial e injusto. Emudeceu, e em nenhum momento procurou se defender daquilo que havia feito e falado em público. Ele apenas se entregou aos seus opositores e deixou que eles julgassem suas palavras e seu comportamento. Ele foi julgado, humilhado e morreu de forma injusta, e os seus biógrafos descreveram isso.

Cristo não poderia ter sido fruto da criatividade intelectual de algum autor

Por um lado, há muitos fatos psicológicos que demonstram claramente que os autores dos evangelhos não tinham a intenção consciente ou inconsciente de criar literariamente um personagem como Cristo; por outro lado, precisamos investigar se a mente humana tem capacidade para criar uma personalidade como a dele. Vejamos.

Cristo não se comportava nem como herói nem como anti-herói. Sua inteligência era ímpar. Seus comportamentos fugiam aos padrões do intelecto humano. Quando todos esperavam que falasse, ele silenciava. Quando todos esperavam que tirasse proveito dos atos sobrenaturais que praticava, pedia às pessoas ajudadas por ele que não contassem a ninguém o que havia feito. Evitava qualquer tipo de ostentação. Que autor poderia imaginar um personagem tão intrigante como esse?

Na noite em que foi traído, facilitou sua prisão, pois levou consigo apenas três dos seus discípulos. Não quis que a multidão que sempre o acompanhava estivesse presente naquele momento. Mesmo com a presença de alguns discípulos, houve alguma agressividade naquela situação, pois Pedro feriu um dos soldados. Não queria derramar sangue ou causar qualquer tipo de violência. Preocupava-se igualmente com a segurança das pessoas que o seguiam e com a daqueles que o prenderam (*João 18:8*). É incomum e muito estranho uma pessoa se preocupar com o bem-estar dos seus opositores! Cristo previu a sua morte algumas vezes e facilitou sua própria prisão.

O mundo dobrou-se aos seus pés, não pela inteligência dos autores dos quatro evangelhos, pois neles não se percebe a intenção de produzir um texto com grande estilo literário. O mundo o reverenciou porque seus pensamentos e atitudes eram tão eloquentes que falavam por si mesmos, não precisavam de arranjos literários por parte dos seus biógrafos.

O que chama atenção nas biografias de Cristo são seus comportamentos incomuns, seus gestos que extrapolam os conceitos, sua capacidade de considerar a dor de cada ser humano mesmo diante da sua própria dor. Veremos que suas ideias eram tão surpreendentes que não têm precedente histórico. Até os seus momentos de silêncio tinham grande significado. Creio que diversas passagens, expressas em suas quatro biografias, possuem tantos segredos intelectuais que muitas não foram compreendidas nem mesmo pelos seus autores na época em que as escreveram.

As reações de Cristo realmente contrapõem-se aos nossos conceitos, estereótipos e paradigmas (modelos de compreensão e padrões de reação). Vejamos sua entrada triunfal em Jerusalém.

Após ter percorrido por um longo período toda a região da Galileia, inúmeras pessoas passaram a segui-lo. Agora, havia chegado o momento de entrar pela segunda e última vez em Jerusalém, o grande centro religioso e político de Israel. Naquele momento, Cristo estava no auge da sua popularidade. As pessoas eufóricas o proclamavam rei de Israel (*Marcos 11:10*). Alguns discípulos, que àquela altura ainda não estavam cientes do seu desejo, até disputavam quem seria maior se ele conquistasse o trono político (*Marcos 10:35-37*). Os discípulos e as multidões estavam extasiados. Entretanto, mais uma vez ele adotou uma atitude imprevisível que chocou a todos.

Quando esperavam que ele entrasse triunfalmente em Jerusalém, com pompa, seguido de uma grande comitiva, Cristo assumiu uma atitude clara e eloquente que demonstrava sua rejeição a qualquer tipo de poder político, ostentação e estética exterior. Ele mandou alguns dos seus discípulos pegarem um pequeno animal, um jumentinho, e teve a coragem de montar no desajeitado animal. Foi assim que aquele homem superadmirado entrou em Jerusalém.

Nada é mais cômico e desproporcional do que o balanço de um homem transportado por um jumento. O animal é forte, mas é pequeno. Quem o monta não sabe onde colocar os pés, se os levanta ou os arrasta pelo chão.

Que cena impressionante! As pessoas, mais uma vez, ficaram chocadas com o comportamento de Cristo. Mais uma vez ficaram sem entendê-lo. Os seus discípulos, que estavam eufóricos com todo o apoio popular, receberam um "balde de água fria". Porém, as pessoas, confusas e ao mesmo tempo admiradas, colocavam suas vestes sobre o chão para ele passar e o exaltavam como o rei de Israel.

Elas queriam proclamá-lo um grande rei e ele demonstrava que não desejava nenhum poder político. Queriam exaltá-lo, mas ele expressava que, para atingir seus objetivos, o caminho era a humildade, a necessidade de aprender a interiorizar-se. Cristo propunha uma revolução que se iniciava no interior do ser humano, no íntimo do seu ser, e não no exterior, na estética política. É impressionante, mas ele não se mostrava nem um pouco preocupado, como geralmente ficamos, com a aparência, o poder, o status social, a opinião pública.

Imaginem o presidente dos EUA, no dia da sua posse, solicitando aos seus assessores que arrumassem um pequeno animal, como um jumento, para ele entrar na Casa Branca. Certamente esse presidente seria encorajado a ir imediatamente a um psiquiatra. A criatividade intelectual não consegue formar uma personalidade que possua uma inteligência requintada e, ao mesmo tempo, tão despojada e humilde.

Uma pessoa, no auge da sua popularidade, explode de orgulho e modifica o padrão das suas reações. Algumas, ainda que humildes e humanistas, ao subir um pequeno degrau da fama, passam a olhar o mundo de cima para baixo e se colocam, ainda que inconscientemente, acima dos seus pares.

Cristo estava no ápice do seu sucesso social, mas, ao invés de se colocar acima dos outros, desceu todos os degraus da simplicidade e do despojamento e deixou todos perplexos com sua atitude. Se caminhasse, seria mais digno e menos chocante. Porém, ele preferiu subir num pequeno animal para estilhaçar os paradigmas das pessoas que o contemplavam e abrir as janelas das suas mentes para outras possibilidades.

A personalidade de Cristo foge aos parâmetros da imaginação. Sua inteligência flutuava entre os extremos. Em alguns momentos expressava uma grande eloquência, coerência intelectual e segurança e, em outros, dava um salto qualitativo e exprimia o máximo de singeleza, resignação e humildade.

Cristo possuía uma personalidade tão requintada que se manifestava como uma melodia que soava entre os extremos das notas musicais. Conheço muitas pessoas – psiquiatras, psicólogos, intelectuais, cientistas, escritores, empresários. Entretanto, nunca encontrei ninguém cuja personalidade possuísse características tão surpreendentes quanto a dele.

Quem, no auge do sucesso, conserva suas raízes mais íntimas? Essa perda de raízes diante da fama nem sempre ocorre pela determinação do "eu", mas por processos que fogem ao controle do "eu". Muitos, depois de alcançar qualquer tipo de sucesso, perdem, ainda que inconsciente e involuntariamente, não apenas as suas raízes históricas, mas também sua capacidade de contemplação do belo diante dos pequenos eventos da rotina diária. Por isso, com o decorrer do tempo, diversas pessoas que conquistam a notoriedade se entediam com a fama e acabam procurando uma vida mais reservada.

Será que alguns personagens da literatura mundial aproximaram-se da personalidade de Jesus Cristo? Desde que Gutenberg inventou as técnicas gráficas modernas, dezenas de milhares de autores criaram milhões de personagens na literatura. Será que algum desses personagens teve uma personalidade com as características da de Jesus? Eis um bom desafio de investigação! Realmente creio que não. As características de Cristo fogem ao padrão do espetáculo da inteligência e da criatividade humanas.

No passado, Cristo era para mim fruto da cultura e da religiosidade humanas. Porém, após anos de investigação, convenci-me de que não estou estudando a inteligência de uma pessoa fictícia, imaginária, mas de alguém real, que andou e respirou aqui na Terra. É possível rejeitá-lo, mas se investigarmos as suas biografias não há como negar sua existência e reconhecer sua perturbadora personalidade. A personalidade de Cristo é "inconstrutível" pela imaginação humana.

As diferenças nas biografias de Cristo sustentam a história de um personagem real

Durante alguns anos eu pensava que as pequenas diferenças existentes nas passagens comuns dos quatro evangelhos diminuíam sua credibilidade. Com o decorrer da minha análise, compreendi que essas diferenças também eram importantes para atestar a existência de Cristo. Compreendi que as suas biografias não procuravam ser cópias umas das outras. Eram resultado da investigação de diferentes autores em diferentes épocas sobre alguém que possuía uma história real.

Todos os evangelhos relatam Pedro negando Cristo. Porém, quando Pedro o negou pela terceira vez, somente Lucas em seu evangelho comenta que Jesus, naquele momento, voltou-se para Pedro e o olhou fixamente (*Lucas 22:61*). As diferenças de relatos nos quatro evangelhos, ao contrário do que muitos podem pensar, não depõem contra a história de Cristo, mas sustentam a sua credibilidade. Vejamos esta tese.

Lucas era médico e, como tal, aprendeu a investigar os fatos detalhadamente. Tinha um "olho clínico" acurado, devia detectar fatos que ninguém observava ou valorizava. Quando, muitos anos após a morte de Cristo, interrogou Pedro e colheu os detalhes daquela cena, captou um gesto de Jesus que passou despercebido aos outros autores dos evangelhos. Percebeu que Cristo, mesmo sendo espancado e injuriado, ainda assim esqueceu-se da sua dor e se preocupou com Pedro. Este comentou com Lucas que, no instante em que ele o negava pela terceira vez, Jesus virou-se para ele e o fitou profundamente.

O olhar de Cristo esconde nas entrelinhas complexos fenômenos intelectuais e uma profunda delicadeza emocional. Mesmo no extremo da sua dor ele se preocupava com a angústia dos outros, sendo capaz de romper o instinto de preservação da vida e acolher e encorajar as pessoas, ainda que fosse com o olhar.

Quem é capaz de se preocupar com a dor dos outros no ápice da própria dor? Se muitas vezes queremos que o mundo gravite em torno de nossas necessidades quando estamos emocionalmente tranquilos, imagine quando estamos sofrendo, ameaçados, desesperados.

Pedro talvez só tenha tido a compreensão plena da dimensão desse olhar trinta anos após a morte de Cristo, ou seja, depois que Lucas, com seu olho clínico, investigou a história do próprio Pedro, vislumbrou aquela cena e a descreveu no ano 60 d.C., data provável em que ele escreveu o seu evangelho.

O evangelho de Lucas é um documento histórico bem pesquisado e detalhista. Ele consultou testemunhas oculares, selecionou as informações e as organizou de maneira adequada. Como médico, tinha interesse incomum por retratar assuntos da medicina (*Lucas 1:1-2*). Deu muita atenção aos acontecimentos referentes ao nascimento de Cristo. Investigou Isabel e Maria, e foi o único que descreveu seus cânticos, bem como os pensamentos íntimos de Maria. Lucas demonstrou um interesse particular pela história das pessoas, por isso retratou Zaqueu, o bom samaritano e nos conta a parábola do filho pródigo. Lucas era um investigador minucioso que captou particularidades de Cristo. Percebeu que até seu olhar tinha grande significado intelectual.

Como disse, os demais autores dos evangelhos não vislumbraram esse olhar de Cristo, por isso não o registraram. Essas diferenças em suas biografias atestam que elas eram fruto de um processo de investigação realizado por diferentes autores que enfocaram diversos aspectos históricos. Os evangelhos são quatro biografias "incompletas", produzidas, em tempos diferentes, por pessoas que foram cativadas pela história de Jesus Cristo.

Essas biografias têm coerência, sofisticação intelectual, pensamentos ousados, ideias complexas. São sintéticas, econômicas, não primam pela ostentação nem pelo elogio particular.

Cristo, em alguns momentos, revelava claramente seus pensamentos, mas em seguida se ocultava nas entrelinhas das suas reações e das suas parábolas, o que o tornava difícil de ser compreendido. Por que tinha tal comportamento? Sua história nos mostra que não era somente porque não procurava o brilho social, mas porque tinha um grande propósito: queria produzir uma revolução no interior do ser humano, uma revolução transformadora, difícil de ser analisada. Queria produzir uma mudança nas entranhas do espírito e da mente humana capaz de gerar tolerância, humildade, justiça, solidariedade, contemplação do belo, cooperação mútua, consideração pela angústia do outro.

Seu comportamento também objetivava provocar a inteligência das pessoas com as quais convivia. Como veremos, ele desejava romper a ditadura do preconceito e o cárcere intelectual dessas pessoas. Ninguém foi tão longe em querer implodir os alicerces da rigidez intelectual e procurar transformar a humanidade.

CAPÍTULO 3

A timidez e a omissão da ciência em investigar a inteligência de Cristo

A promessa da ciência e a frustração gerada

No século XIX e principalmente no XX a ciência teve um desenvolvimento explosivo. Paralelamente, o ateísmo floresceu como nunca. A ciência tanto progredia quanto prometia muito. Alicerçados na ciência, os seres humanos se tornaram ousados em seus sonhos de progresso e modernidade. Milhões deles, inclusive muitos intelectuais, baniram Deus de suas vidas, de suas histórias, substituindo-O pela ciência. Ela prometia levá-los a dar um salto nos amplos aspectos da prosperidade biológica, psicológica e social. A solidariedade cresceria, a cidadania floresceria, o humanismo embalaria as relações sociais, a riqueza material se expandiria e englobaria todos os seres humanos, a miséria social seria extinta e a qualidade de vida atingiria um patamar brilhante. As guerras, as discriminações e as demais violações dos direitos humanos seriam lembradas como manchas das gerações passadas. Belo sonho.

A ciência oferecia uma grande esperança, que, apesar de não ser expressa em palavras, era forte e arrebatadora. Havia uma promessa sentida a cada momento em que se dava um salto espetacular na engenharia civil, na mecânica, na eletrônica, na medicina, na genética, na química, na física, etc. A expansão do conhecimento era incontrolável. Cada ciência se multiplicava em outras novas. Cada viela do conhecimento se expandia, tornando-se um bairro inteiro de informações. Encontrava-se um microcosmo dentro das células. Descobria-se um mundo dentro dos átomos. Compreendia-se um mundo com bilhões de galáxias que pulsavam no espaço. Produzia-se um universo de possibilidades nas memórias dos computadores.

A ciência desenvolveu-se intensamente, mas frustrou a humanidade. De um lado, fez e continua fazendo muito. Causou uma revolução tecnológica no mundo extrapsíquico e mesmo no organismo humano, por meio dos exames laboratoriais e das técnicas de medicina. Revolucionou o mundo extrapsíquico, o mundo exterior das pessoas, mas não o mundo intrapsíquico, o mundo interior, o cerne da mente. Guiou o ser humano na descoberta do imenso espaço e do pequeno átomo, mas não o levou a explorar seu próprio mundo interior. Produziu veículos automotores, mas não veículos psíquicos capazes de conduzir as pessoas nas trajetórias do seu próprio ser. Fabricou máquinas para arar a terra e garantir mantimentos para saciar a fome física, mas não gerou princípios psicológicos e sociológicos para "arar" a rigidez intelectual, o individualismo e nutri-lo com a cidadania, a tolerância, a preocupação com o outro. Forneceu informações e multiplicou as universidades, mas não resolveu a crise de formação de pensadores.

A ciência não causou a tão sonhada revolução do humanismo, da solidariedade, da preservação dos direitos humanos. Não cumpriu as promessas mais básicas de expandir a qualidade de vida psicossocial do mundo moderno.

Homens e mulheres do final do século XX se sentiram traídos pela ciência e os do terceiro milênio se sentem hoje frustrados, perdidos, confusos, sem âncora intelectual para se segurar.

O conhecimento e as misérias psicossociais

Milhões de pessoas conseguem definir as partículas dos átomos que nunca viram, mas não conseguem compreender que a cor da pele branca ou negra, tão perceptível aos olhos, não serve de parâmetro para distinguir duas pessoas da mesma espécie que possuem o mesmo espetáculo da construção de pensamentos. Somos, a cada geração, uma espécie mais feliz, humanista, solidária, complacente, tolerante e menos doente psiquicamente? Infelizmente, não!

O conhecimento abriu novas e impensáveis perspectivas. As escolas se multiplicaram. As informações nunca foram tão democratizadas, tão acessíveis. Estamos na era da educação virtual. Milhões de pessoas cursarão universidades sem sair de suas casas. Porém, onde estão os pensadores que deixam de ser espectadores passivos e se tornam agentes modificadores da sua história existencial e social? Onde estão os engenheiros de ideias criativas, capazes de superar as ditaduras do preconceito e dos focos de tensão? Onde estão os poetas da inteligência que desenvolveram a arte de pensar? Onde estão os humanistas que não almejam que o mundo gravite em torno deles, que superam a paranoia do individualismo, que transcendem a paranoia da competição predatória e sabem se doar socialmente?

Os seres humanos nunca usaram tanto a ciência. Entretanto, nunca desconfiaram tanto dela. Eles sabem que a ciência não resolveu os problemas básicos da humanidade. Qual a consequência disso? É que a forte corrente do ateísmo que se iniciou no século XIX e que perdurou durante boa parte do século XX foi rompida. A ciência, como disse, tanto progredia quanto prometia muito. Sob os alicerces da ciência, homens e mulheres ganharam status de deuses, pois acreditavam serem capazes de extirpar completamente as suas próprias misérias. Assim, durante muitas décadas, o ateísmo floresceu como um canteiro vivo. Todavia, com a frustração da ciência, o ateísmo ruiu como um jogo de cartas de baralho, implodiu, e o misticismo floresceu. Fomos de um extremo a outro.

Percebendo as misérias psicossociais ao seu redor e observando as notícias de cunho negativo saltando todos os dias das manchetes dos jornais, as pessoas começaram a procurar Deus. Elas, que não acreditavam em nada, passaram a crer em tudo. Elas, que eram tão céticas, passaram a ser tão crédulas. É respeitável todo tipo de crença, porém é igualmente respeitável exercer o direito de pensar antes de crer, e crer com maturidade e consciência crítica. O direito de pensar com consciência crítica é nobilíssimo.

A ciência e a complexidade da inteligência de Cristo

A ciência foi tímida e omissa em pesquisar algumas áreas importantíssimas do conhecimento. Uma delas se relaciona aos limites entre a psique e o cérebro. Temos viajado pelo imenso espaço e penetrado nas entranhas do pequeno átomo, mas a natureza intrínseca da energia psíquica, que nos torna seres que pensam e sentem emoções, permanece um enigma.

Outra atitude tímida e omissa da ciência ao longo dos séculos está ligada à investigação do personagem principal deste livro – Jesus Cristo. A ciência o considerou complexo demais. Sim, ele o é, mas ela foi tímida em pesquisar a inteligência dele. Será que aquele que dividiu a história da humanidade não merecia ser mais bem investigado? A ciência o considerou inatingível, distante de qualquer análise. Deixou essa tarefa exclusivamente para a esfera teológica.

Há pelo menos duas maneiras de uma pessoa ser deixada de lado: quando é considerada sem nenhum valor ou quando é tão valorizada que se torna inatingível. Cristo foi rejeitado por diversos "intelectuais" de sua época por ser considerado um perturbador da ordem social e religiosa. Hoje, ao contrário, é tão valorizado que muitos o consideram intocável, distante de qualquer investigação. Todavia, como já afirmei, ele gostava de ser investigado com inteligência.

A omissão e a timidez da ciência permitiram que Cristo fosse banido das discussões acadêmicas, não sendo estudado nas salas de aula. Sua complexa inteligência não é objeto de pesquisa das teses de pós-graduação. Embora a inteligência de Jesus possua princípios intelectuais sofisticados, capazes de estimular o processo de interiorização e o desenvolvimento das funções mais importantes da inteligência, ela realmente foi banida dos currículos escolares.

É muito raro alguém comentar que a inteligência de Cristo era perturbadora, que ele rompia o cárcere intelectual das pessoas, que abria as janelas da mente delas. Todos admitem que ele foi um exemplo vivo de mansidão e humildade, mas ninguém comenta que era insuperável na arte de pensar.

Algumas ferramentas usadas para investigar a inteligência de Cristo

O Mestre dos Mestres da escola da existência foi banido da escola clássica. Centenas de milhões de pessoas o admiram profundamente, mas apenas uma minoria estuda os detalhes da sua inteligência. Grande parte delas não tem ideia de como ele desejava causar uma transformação psicossocial do interior para o exterior do ser humano, uma transformação que a ciência prometeu nas entrelinhas do seu desenvolvimento e não cumpriu.

Antes de continuar a estudar a inteligência de Cristo, gostaria de expor alguns mecanismos básicos da construção da inteligência humana.* Farei uma pequena síntese do processo de construção dos pensamentos, dos papéis da memória e da ditadura do preconceito.

Os fenômenos que aqui estudarei funcionarão como ferramentas para investigar alguns princípios fundamentais da inteligência de Jesus Cristo que serão aplicados e explicados ao longo deste livro.

A inteligência de Cristo diante da ansiedade e do gerenciamento dos pensamentos

A inteligência do carpinteiro de Nazaré era tão impressionante que ele discursava sobre temas que só seriam abordados pela ciência 19 séculos depois, com o surgimento da psiquiatria e da psicologia. Cristo se adiantou no tempo e discorreu sobre a mais insidiosa das doenças psíquicas, a ansiedade (*Mateus 6:25-34*). A ansiedade estanca o prazer de viver, fomenta a irritabilidade, estimula a angústia e gera um universo de doenças psicossomáticas.

A medicina, como ciência milenar, sempre olhou para a psiquiatria e para a psicologia de cima para baixo, com certa desconfiança, pois as considerava ciências novas, imaturas. Muitos estudantes de medicina, até mesmo na escola em que me formei, não davam grande importância às aulas de psiquiatria e psicologia. Queriam estudar os órgãos do corpo humano e suas doenças, mas desprezavam o funcionamento da mente. Todavia, nas últimas décadas, a medicina tem abandonado sua postura orgulhosa e procurado estudar e tratar o ser humano integral – organismo e psique (alma) –, pois vem percebendo que muitas doenças cardiovasculares, pulmonares, gastrintestinais, etc. têm como causa transtornos psíquicos, entre os quais se destaca a ansiedade.

---

* Àqueles que querem se aprofundar mais nesse tema, gostaria de indicar o livro *Inteligência multifocal*, de minha autoria, que contém uma nova teoria sobre o funcionamento da mente, a construção da inteligência e o processo de formação de pensadores.

Jesus discorreu sobre uma doença que somente agora tem ocupado os capítulos principais da medicina. Provavelmente, no terceiro milênio, um excelente médico será antes de tudo um profissional com bons conhecimentos de psiquiatria, psicologia e cultura geral. Será um profissional menos ávido por pedir exames laboratoriais e prescrever medicamentos e mais interessado em dialogar com seus pacientes, alguém com habilidade para penetrar no mundo deles, detectar seus níveis de ansiedade e ajudá-los a superar as dores existenciais. Será um profissional que terá uma linha de pensamento semelhante àquela apregoada há tantos séculos por Cristo. Ele era o mestre do diálogo.

Esse mestre compreendia a mente humana e as dificuldades da existência com uma lucidez refinada. Preocupava-se com a qualidade de vida dos seus íntimos. Discursava eloquentemente: "*Não andeis ansiosos pela vossa vida.*" Isto não significa que devessem abolir completamente qualquer reação de ansiedade, mas que não vivessem ansiosos. Em seus discursos, Cristo já se referia à ansiedade natural, normal, presente em cada ser humano, que se manifesta espontaneamente quando estamos preocupados, quando planejamos, quando expressamos um desejo, quando passamos por alguma doença ou contrariedade. Todavia, segundo ele, essa ansiedade eventual, normal, pode se tornar doentia, um "andar" ansioso.

Neste livro, não me deterei em detalhes sobre o pensamento de Cristo acerca da ansiedade. Quero apenas comentar que ele afirmava que as preocupações exageradas com a sobrevivência, os pensamentos antecipatórios, o enfrentamento de problemas virtuais, a desvalorização do ser em relação ao ter, etc. cultivam a ansiedade doentia. O mestre da escola da existência era um grande sábio. As causas que ele apontou não mudaram no mundo moderno; pelo contrário, elas se intensificaram.

Quanto mais conquistamos bens materiais, mais queremos acumulá-los. Parece não haver limites para a nossa insegurança e insatisfação. Valorizamos mais o "ter" do que o "ser", ou seja, possuir bens mais do que ser tranquilo, alegre, coerente. Essa inversão de valores gera a ansiedade e seus frutos: insegurança, medo, apreensão, irritabilidade, insatisfação, angústia (tensão emocional associada a um aperto no tórax). A insegurança é uma das principais manifestações da ansiedade. Fazemos seguros de vida, da casa, do carro, mas, ainda assim, não resolvemos nossa insegurança.

Cristo tinha razão: há uma ansiedade inerente ao ser humano, ligada à construção de pensamentos, influenciada pela carga genética, por fatores psíquicos e sociais. Só não tem essa ansiedade quem está morto. Somos a espécie que possui o maior de todos os espetáculos, o da construção de pensamentos. No entanto, muitas vezes usamos o pensamento contra nós mesmos, para gerar uma vida ansiosa. Os problemas ainda não ocorreram, mas já estamos angustiados por eles. O capítulo 6 de Mateus diz: *"Não andeis ansiosos pelo dia de amanhã... Basta a cada dia o seu próprio mal."* Cristo queria vacinar seus discípulos contra o estresse produzido por pensamentos antecipatórios. Não abolia as metas, as prioridades, o planejamento do trabalho, pois ele mesmo tinha metas e prioridades bem estabelecidas, mas queria que os discípulos não gravitassem em torno de problemas imaginários.

Muitos de nós vivemos o paradoxo da liberdade utópica. Por fora, somos livres porque vivemos em sociedades democráticas, mas por dentro somos prisioneiros, escravos das ideias dramáticas e de conteúdo negativo que antecipam o futuro. Há diversas pessoas que gozam de boa saúde, mas vivem miseravelmente pensando em câncer, infarto, acidentes, perdas.

O ensinamento de Cristo relativo à ansiedade era sofisticado, pois, para praticá-lo, seria necessário conhecer uma complexa arte intelectual que todo ser humano tem dificuldade de aprender: a arte de gerenciar os pensamentos.

Governamos o mundo exterior, mas temos enorme dificuldade em gerenciar nosso mundo interior, o dos pensamentos e das emoções. Somos subjugados por necessidades que nunca foram prioritárias, pelas paranoias do mundo moderno: o consumismo, a estética, a segurança. Assim, a vida humana, que deveria ser um espetáculo de prazer, torna-se um espetáculo de terror, de medo, de ansiedade. Nunca tivemos tantos sintomas psicossomáticos: cefaleias, dores musculares, fadiga excessiva, sono perturbado, transtornos alimentares como a bulimia e a anorexia nervosa, etc. Uma parte significativa dos adolescentes americanos tem problemas de obesidade, e a ansiedade é uma das principais causas desse transtorno.

Para compreendermos a importância do gerenciamento dos pensamentos e as dificuldades de executá-lo, precisamos responder pelo menos a duas grandes perguntas sobre o funcionamento da mente. Qual é a maior fonte de entretenimento humano? Pensar é uma atividade inevitável ou é um trabalho intelectual voluntário que depende apenas da determinação consciente do próprio homem?

A maior fonte de entretenimento humano não é a TV, o esporte, a literatura, a sexualidade, o trabalho. A resposta está dentro de cada um de nós. É o mundo das ideias, dos pensamentos, que o ser humano constrói clandestinamente em sua própria mente, e que gera os sonhos, os planos, as aspirações.

Quem consegue interromper a construção de pensamentos? É impossível. A própria tentativa de interrupção já é um pensamento. Pensamos durante os sonhos, quando estamos trabalhando, andando, dirigindo.

As ideias representam um conjunto organizado de cadeias de pensamentos. O fluxo das ideias que transitam a cada momento no palco de nossas inteligências não pode ser contido. Todos somos viajantes no mundo das ideias: viajamos para o passado, reconstruindo experiências já vividas; viajamos para o futuro, imaginando situações ainda inexistentes; viajamos também para os problemas existenciais.

Os juízes viajam nos seus pensamentos enquanto julgam os réus. Os psicoterapeutas viajam enquanto atendem seus pacientes. Os cientistas viajam enquanto pesquisam. As crianças viajam nas suas fantasias. Os adultos, nas suas preocupações. Os idosos, nas suas recordações.

Uns constroem projetos e outros, castelos inatingíveis. Uns viajam menos em seus pensamentos, outros viajam muito, concentrando-se pouco em suas tarefas. Essas pessoas pensam que têm déficit de memória, mas, na verdade, possuem apenas déficit de concentração por causa da hiperprodução de pensamentos.

Pensar não é uma opção voluntária do ser humano; é o seu destino inevitável. Não podemos interromper a produção de pensamentos; só podemos gerenciá-la. É impossível interromper o fluxo de pensamentos, pois além do eu (vontade consciente) existem outros três fenômenos (o da autochecagem da memória, a âncora da memória e o complexo autofluxo)* que fazem espontaneamente uma leitura da memória e produzem inúmeros pensamentos diários que são importantes tanto para a formação da personalidade como para gerar uma grande fonte de entretenimento, podendo se tornar também a maior fonte de ansiedade humana.

---

* Cury, Augusto J. *Inteligência multifocal*. São Paulo: Cultrix, 1995.

Cristo tanto prevenia contra a ansiedade como discursava sobre o prazer de viver. Dizia: *"Olhai os lírios dos campos"* (*Mateus 6:28*). Queria que as pessoas fossem alegres, inteligentes, mas simples. Porém, assim como seus discípulos, nós não sabemos contemplar os lírios dos campos, ou seja, não sabemos extrair o prazer dos pequenos momentos da vida. A ansiedade estanca esse prazer. Apesar de o mestre da escola da vida discursar sobre a ansiedade e suas causas, sua proposta em relação ao sentido da vida e ao prazer de viver era tão surpreendente que, como analisaremos no próximo capítulo, chocam a psiquiatria, a psicologia e as neurociências.

Ao longo de quase duas décadas pesquisando o funcionamento da mente humana, compreendi que não há ser humano que não tenha problemas no gerenciamento dos seus pensamentos e emoções, principalmente diante dos focos de tensão. O maior desafio da educação não é conduzir as pessoas a executarem tarefas e dominarem o mundo que as cerca, mas conduzi-las a liderar seus próprios pensamentos, seu mundo intelectual.

É possível ter status e sucesso social e ser uma pessoa insegura diante das contrariedades, incapaz de gerenciar as situações estressantes. É possível ter sucesso econômico, mas ser um "rico-pobre", sem o prazer de viver, de contemplar os pequenos detalhes da vida. É possível viajar pelo mundo e conhecer vários continentes, mas não caminhar nas trajetórias do seu próprio ser e conhecer a si mesmo. É possível ser um grande executivo e controlar uma multinacional, mas não ter domínio sobre os próprios pensamentos e reações emocionais, ser um espectador passivo diante das mazelas psíquicas.

Cristo não frequentou escola, não estudou as letras, mas foi o Mestre dos Mestres na escola da vida. Era tão sofisticado em sua inteligência que praticava a psiquiatria e a psicologia preventiva quando estas nem ensaiavam existir.

A inteligência de Cristo diante dos papéis da memória

Como Cristo lidava com os papéis da memória? Usava a memória humana como um depósito de informações? Tinha uma postura lúcida e coerente diante da história dos seus discípulos?

Cristo usava os papéis da memória de maneira diferente de muitas escolas clássicas. Possuía uma sabedoria impressionante. Não dava uma infinidade de informações para seus íntimos nem mesmo regras de conduta, como muitos pensam. Usava a memória como um suporte para fazer deles uma refinada casta de pensadores. Nos capítulos sobre a escola da existência estudaremos esses aspectos. Aqui, comentarei apenas a linha principal do pensamento de Jesus diante dos papéis da memória.

As escolas são fundamentais numa sociedade, mas elas têm enfileirado os alunos durante séculos nas salas de aula, acreditando que a memória tem um atributo que na realidade não possui: o de ser um sistema de arquivo de informações que faz de nós retransmissores delas. O senso comum acredita que tudo o que se armazena na memória será lembrado de maneira pura. Todavia, ao contrário do que muitos educadores e outros profissionais pensam, não existe lembrança pura das alegrias, das angústias, dos fracassos e dos sucessos que foram registrados na memória existencial (ME). Só são recordadas de maneira mais pura as informações de uso contínuo, como endereços, números telefônicos e fórmulas matemáticas que foram registradas repetidas vezes na memória de uso contínuo (MUC).

O passado não é lembrado, mas reconstruído. As recordações são sempre reconstruções do passado, nunca plenamente fiéis, apresentando às vezes micro ou macrodiferenças. Ao recordarmos o dia em que recebemos o primeiro diploma na escola, sofremos um acidente, fomos ofendidos, fomos elogiados, a lembrança será sempre diferente em relação ao passado.

A memória não é um sistema de arquivo lógico, uma enciclopédia de informações, nem a inteligência humana funciona como retransmissora dessas informações. A memória funciona como um canteiro de dados para que nos tornemos construtores de pensamentos. Cristo tinha consciência disso, pois usava a memória como trampolim para expandir a arte de pensar. Estava sempre estimulando os seus discípulos a se interiorizarem e a se repensarem.

Por que a memória humana não funciona como a memória dos computadores? Por que não recordamos o passado exatamente como ele foi? Aqui se esconde um grande segredo da inteligência. Não recordamos o passado com exatidão não apenas pelas dificuldades de registro cerebral, mas também porque um dos mais importantes papéis da memória não é transformar o ser humano num repetidor de informações do passado, mas num engenheiro de ideias, um construtor de novos pensamentos. Esse segredo da mente humana precisa ser incorporado pelas teorias educacionais.

Nunca se resgata a realidade das experiências do passado, mesmo quando se está em tratamento psicoterápico. O filme do presente nunca é igual ao do passado. Esse fenômeno, além de nos estimular a sermos engenheiros de ideias, contribui para desobstruir a inteligência em situações dramáticas. Por exemplo, uma mãe que perde um filho poderia paralisar sua inteligência, pois recordaria continuamente ao longo da vida a mesma experiência de dor vivida no velório dele. Porém, como a recordação do presente é sempre distinta daquela do passado, ainda que minimamente, a mãe vai pouco a pouco aliviando inconscientemente a dor da perda, apesar de a saudade nunca mais ser resolvida. Com isso, ela volta a ter prazer de viver.

Sem tais mecanismos intelectuais, expostos sinteticamente, não apenas as experiências de dor e fracasso poderiam paralisar nossas inteligências, mas também as de alegria e sucesso poderiam nos manter gravitando em torno delas.

Cristo estava continuamente conduzindo seus discípulos a pensar antes de reagir, a abrir as janelas de suas mentes mesmo diante do medo, dos erros, dos fracassos e das dificuldades. Estimulava os papéis da memória e o processo de construção de pensamentos.

Volto a repetir, a leitura multifocal da memória e a reconstrução contínua do passado nos levam a ser engenheiros criativos de novas ideias, e não pedreiros das mesmas obras. Mas não contribuímos para esse processo, como fazia o mestre de Nazaré; pelo contrário, nós o atrapalhamos, pois, em vez de exigirmos de nós a flexibilidade e a criatividade, preferimos ter ótima memória e ser repetidores de informações, o que encarcera a inteligência.

Esse erro educacional se arrasta por séculos e vai se intensificar cada vez mais à medida que o ser humano quiser ter uma memória e uma capacidade de resposta semelhantes às dos computadores. Os computadores são escravos de programas lógicos. Eles não pensam, não têm consciência de si mesmos e, principalmente, não duvidam nem se emocionam.

Muitos alunos não se adaptam ao ensino tradicional e são considerados incompetentes ou deficientes porque o modelo educacional nem sempre estimula adequadamente os papéis da memória. As próprias provas escolares podem representar, às vezes, uma tentativa de reprodução inadequada de informações. Precisamos compreender que a especialidade da inteligência humana é expandir a arte de pensar, criar, libertar o pensamento, e não decorar e repetir informações.

Veremos que, por conhecer bem os papéis da memória, o mestre da escola da existência ensinava muito dizendo pouco. Desejava que as pessoas não fossem repetidoras de regras de comportamento, capazes apenas de julgar os outros, mas sem saberem se interiorizar e enfrentar seus próprios erros, como os fariseus, conforme é relatado nos capítulos 6 e 23 de Mateus: "*Tira a trave do teu olho, então verás claramente para tirar o cisco do olho do teu irmão.*" Somos ótimos para julgar e criticar os outros. Todavia, ele não admitia que seus discípulos vivessem uma maquiagem social. Primeiro tinham que apontar o dedo para si mesmos, para depois julgar e ajudar os outros.

Estudando as entrelinhas de suas ideias, verificamos que Cristo sabia que os pensamentos não se registram na mesma intensidade, que há determinadas experiências que obtêm um registro privilegiado no inconsciente da memória. Por isso, toda vez que queria ensinar algo complexo ou estimular uma função importante da inteligência – tal como aprender a se doar, a pensar antes de reagir, a reciclar a competição predatória –, Jesus usava gestos surpreendentes que chocavam a mente das pessoas e marcavam para sempre a memória delas.

O Mestre dos Mestres entendia as limitações humanas, sabia como era difícil administrar as próprias emoções, principalmente nos focos de tensão. Sabia que facilmente perdemos a paciência quando estamos estressados, que nos irritamos por pequenas coisas e ferimos as pessoas que mais amamos. Para ele, o mal é o que sai de dentro de nós e não o que está fora. Cumpre ao ser humano atuar primeiro no seu mundo intelectual para depois aprender a ser um bom líder no mundo social.

Cristo não admitia que as tensões, a ira, a intolerância, o julgamento preconcebido envolvessem seus discípulos. Estimulava seus íntimos a serem fortes numa esfera em que costumamos ser fracos: fortes em administrar a impaciência, rápidos em reconhecer as limitações, seguros em reconhecer os fracassos, maduros em tratar com as dificuldades do relacionamento social (*Mateus 5:1 a 7:29*).

A preocupação do mestre tem fundamento. Existe um fenômeno inconsciente que chamo de fenômeno RAM (registro automático da memória) que grava imediatamente todas as experiências na memória. Nos computadores é necessário dar um comando para "salvar" as informações. Porém, na memória humana, a mente não nos dá essa liberdade. Cada pensamento e emoção são registrados automática e espontaneamente, e por isso as experiências do passado irrigam o nosso presente.

O fenômeno RAM registra todas as nossas experiências de vida, tanto nossos sucessos como nossos fracassos, tanto nossas reações inteligentes como as imaturas. Entretanto, há diferenças no processo de registro que influenciarão o processo de leitura da memória. Registramos de maneira mais privilegiada as experiências que têm mais conteúdo emocional, seja ele prazeroso ou angustiante. Por isso temos mais facilidade de recordar as experiências mais marcantes de nossas vidas, tanto as que nos causaram alegrias como aquelas que nos frustraram. Estimular adequadamente o fenômeno RAM é fundamental para o desenvolvimento da personalidade, inclusive para o sucesso do tratamento de pacientes depressivos, fóbicos e autistas.

Cristo não queria que as turbulências emocionais fossem continuamente registradas na memória, engessando a personalidade. Queria que seus discípulos fossem livres (*Lucas 4:18; João 8:32*). Livres num território em que todo ser humano é facilmente prisioneiro, seja um psiquiatra ou um paciente: no território da emoção. O mestre da escola da existência, quase vinte séculos antes de Goleman,* já discursava apontando a energia emocional como uma das importantes variáveis que influenciam o desenvolvimento da inteligência. Como veremos, a maneira como ele lidava com as intempéries emocionais, superava as dores da existência, desenvolvia a criatividade e abria as janelas da mente nas situações estressantes deixaria os adeptos da tese da inteligência emocional pasmos, tamanha a sua maturidade.

Se não formos rápidos e inteligentes para lidar com nossas ansiedades, intolerâncias, impaciências, fobias, nós as retroalimentaremos em nossas memórias. Assim, nos tornaremos o nosso maior inimigo, reféns de nossas emoções. Por isso muitos vivem o paradoxo da cultura e da miséria emocional. Possuem diversos títulos acadêmicos, são cultos, mas, ao mesmo tempo, são infelizes, ansiosos e hipersensíveis, não sabem absorver suas contrariedades, frustrações e as críticas que recebem. Essas pessoas deveriam se reciclar e investir em qualidade de vida.

Não está sob o controle consciente das pessoas o registro das informações na memória, assim como também não está o ato de apagá-las. Mas é

---

* Goleman, Daniel. *Inteligência emocional*. Rio de Janeiro: Objetiva, 1995.

possível reescrevê-las. Já pensou se fosse possível deletar os arquivos registrados na memória? Quando estivéssemos decepcionados, frustrados com determinadas pessoas, teríamos a oportunidade de matá-las dentro de nós. Isto produziria um suicídio impensável da inteligência, um suicídio da história. Muitos de nós já tentamos, sem sucesso, eliminar alguém de nossa memória.

Cristo indicou ao longo do relacionamento que teve com seus discípulos que tinha consciência de que a memória não pode ser deletada. Veremos que não queria destruir a personalidade das pessoas que conviviam com ele. Pelo contrário, desejava transformá-las essencialmente, amadurecê-las e enriquecê-las. Não desejava anular a história delas, mas desejava que reescrevessem sua história com liberdade e consciência, que não tivessem medo de repensar seus dogmas e de revisar seus conflitos diante da vida.

Como pode alguém que nasceu há tantos séculos, sem qualquer privilégio cultural ou social, demonstrar um conhecimento tão profundo da inteligência humana? O mestre de Nazaré era um maestro da vida. Ele usava seus momentos de silêncio, suas parábolas, suas reações para estimular seus incultos discípulos a se tornarem um grupo de pensadores capazes de tocar juntos a mais bela sinfonia da vida. Sem dúvida, era um mestre intrigante e instigante. Estudar a inteligência dele é muito mais complexo do que estudar a de Freud, de Jung, de Platão ou a de qualquer outro pensador.

A inteligência de Cristo diante da ditadura do preconceito

Agora estudaremos o pensamento de Cristo sobre as relações sociais. Analisaremos como ele se comportava diante das pessoas socialmente desprezadas e moralmente reprovadas. O mestre da escola da vida tem algumas lições para nos dar também nessa área.

O maior líder não é aquele que é capaz de governar o mundo, mas o que é capaz de governar a si mesmo. Alguns executam com grande habilidade suas tarefas profissionais, mas não têm habilidade para construir relacionamentos profundos, abertos, flexíveis e desprovidos de suas angústias e ansiedades. Um dos maiores problemas que engessam a inteligência e dificultam as relações sociais é a ditadura do preconceito.

O preconceito está intimamente ligado à construção de pensamentos. Toda vez que nos defrontamos com algum estímulo, fazemos automaticamente a leitura da memória e construímos pensamentos que contêm preconceitos sobre esse estímulo. Por exemplo, quando estamos diante do comportamento de alguém, usamos a memória e produzimos um preconceito sobre esse comportamento. Assim, frequentemente temos um conceito prévio dos estímulos que observamos, e por isso os consideramos corretos, imorais, inadequados, belos, feios, etc.

Aqui reside um grande problema: a utilização da memória gera um preconceito inevitável e necessário, mas, se não reciclarmos esse preconceito, viveremos sob a sua ditadura (controle absoluto) e, assim, engessamos a inteligência e nos fechamos para outras possibilidades de pensar.

Quando vivemos sob a ditadura do preconceito, aprisionamos o pensamento, criamos verdades que não são verdades e nos tornamos radicais. Há três grandes tipos de preconceitos que geram a ditadura da inteligência: o histórico, o tendencioso e o radical. Este livro não pretende entrar em detalhes sobre esses tipos de preconceitos.

À medida que adquirimos cultura, começamos a enxergar o mundo de acordo com os preconceitos históricos, ou seja, com os conceitos, paradigmas e parâmetros contidos nessa cultura. Se um psicanalista vê o mundo apenas com os olhos da psicanálise, ele se fecha para outras possibilidades de pensar. Do mesmo modo, se um cientista, ou um professor, um executivo, um pai, um jornalista, vê o mundo apenas através dos preconceitos contidos em sua memória, pode estar sob a ditadura do preconceito, ainda que não tenha consciência disso.

As pessoas que vivem sob a ditadura do preconceito não apenas podem violar os direitos dos outros e travar seu desempenho intelectual como também ferir as suas próprias emoções e experimentar uma fonte de angústia. Elas se tornam implacáveis e radicais com os seus próprios erros. Estão sempre se punindo e exigindo de si mesmas um perfeccionismo inatingível.

Os preconceitos estão contidos na memória, mas, se não aprendermos a nos interiorizar e aplicar a arte da dúvida e da crítica neles, podemos nos tornar autoritários, agressivos, violar tanto os direitos dos outros como os nossos. Por que nossa maneira de pensar é, às vezes, radical e inquestionável?

Porque nos comportamos como semideuses. Raciocinamos como seres absolutos, que não duvidam do que pensam, que não se reciclam. Quem conhece minimamente a grandeza e a sofisticação do funcionamento da mente humana vacina-se contra a ditadura do preconceito. Convém lembrar que o preconceito individual pode se disseminar e se tornar um preconceito social, um paradigma coletivo.

Como Cristo lidava com a ditadura do preconceito? Ele era uma pessoa tolerante e sem preconceito? Conseguia compreender e valorizar o ser humano independentemente da sua moralidade, dos seus erros, da sua história?

As biografias de Jesus evidenciam que ele era uma pessoa aberta e inclusiva. Não classificava as pessoas. Ninguém era indigno de se relacionar com ele, por pior que fosse seu passado.

Os fariseus e escribas na época de Cristo eram especialistas na ditadura do preconceito. Para eles, suas verdades eram eternas, o mundo era apenas do tamanho de sua cultura. Rígidos na maneira de pensar, viviam num cárcere intelectual. Não usavam a arte da dúvida contra os seus preconceitos para se esvaziarem intelectualmente e se abrirem para outras possibilidades de pensar. Por isso, não podiam aceitar alguém como Jesus, que derrubava todos os dogmas da época e introduzia uma nova maneira de ver a vida e compreender o mundo.

Vejamos um exemplo de como Cristo lidava com a ditadura do preconceito.

Havia uma mulher samaritana cuja moral era considerada da pior qualidade. Ela vivera uma história incomum, totalmente fora dos padrões éticos da sua sociedade. Teve tantos "maridos" (cinco) que talvez tenha batido o recorde na sua época. Era uma pessoa infeliz e insatisfeita. Sua necessidade contínua de mudar de parceiro sexual era uma evidência clara da sua dificuldade de sentir prazer, pois ninguém a completava, as relações interpessoais que construía eram frágeis e sem raízes. Era angustiada interiormente e rejeitada exteriormente. Os próprios samaritanos provavelmente desviavam o olhar dela. Entretanto, um dia, algo inesperado aconteceu. Quando ela estava tirando água de um poço, apareceu uma pessoa no calor do dia e mudou a história de sua vida. Cristo surgiu naquele momento e, para espanto da mulher, travou um diálogo com ela em que a considerou de maneira especial, como um ser humano digno do maior respeito.

Samaria era uma região habitada por uma mistura de judeus com outros povos (os gentios). Os "judeus puros" rejeitavam os "samaritanos impuros" (*João 4:4-11*). Os samaritanos não reconheciam Jerusalém como centro de adoração a Deus. A mistura racial dos samaritanos e o seu desprezo pelos dogmas religiosos eram insuportáveis para os judeus. A discriminação contra os samaritanos era tão drástica que quando os judeus queriam ofender a origem de uma pessoa a chamavam de samaritana.

Quando Cristo apareceu diante daquela mulher, ela tinha plena consciência da discriminação dos judeus e esperava que ele, sendo um "judeu puro", certamente a rejeitasse, não lhe dirigisse uma palavra. Porém, ele começou a dialogar longamente com ela. A mulher ficou impressionada com sua atitude e ninguém conseguia entender como ele rompera uma discriminação tão cristalizada. Jesus teve um diálogo profundo, elegante e acolhedor com a samaritana. Não apenas rompeu a ditadura do preconceito racial, mas também a do preconceito moral. Para ele, aquela mulher era, acima de tudo, um ser humano, independentemente da sua raça e da sua moral. Dificilmente alguém foi tão acolhedor com pessoas consideradas tão indignas.

Não terei espaço neste livro para discorrer sobre a profundidade do diálogo que Cristo manteve com a samaritana, mas gostaria de destacar a dimensão do seu gesto. Ele não apenas acolheu e dialogou com aquela mulher como teve a coragem de fazer algo que nenhum fariseu ou mesmo um habitante de sua cidade seria capaz, ou seja, elogiá-la. Quando ele perguntou por seu marido, ela respondeu que não tinha marido. Jesus elogiou a sua franqueza, a sua honestidade (*João 4:17-18*). E comentou que ela tivera cinco maridos e que o homem com quem vivia não era seu marido. Que homem é esse que, no caos da moralidade, é capaz de exaltar as pessoas?

Além de elogiá-la, Cristo lhe disse que ela vivia insatisfeita, que precisava experimentar um prazer mais profundo que pudesse saciá-la. Ele a intrigou ao dizer que a água que ela estava tirando daquele poço saciava-a por pouco tempo, mas que ele possuía uma "fonte de água" que poderia satisfazê-la para sempre. Realmente seu discurso foi perturbador e incomum.

A samaritana ficou extasiada com a gentileza e a proposta inusitada de Cristo. Isso era demais para uma pessoa tão discriminada socialmente. Talvez nunca alguém lhe tivesse dado tanta atenção e se preocupado com sua felicidade. Todos a julgavam por seu comportamento, mas ninguém provavelmente havia investigado o que se passava no seu íntimo. Por isso, de repente, ela largou o seu cantil, esqueceu-se de sua sede física, afastou-se de Jesus e correu para a sua aldeia, animada e alegre. Parecia que a solidão, a angústia e o isolamento que a encarceravam e geravam uma intensa sede psíquica foram rompidos. Contou aos habitantes da sua pequena aldeia o diálogo incomum que tivera com Cristo.

Ela estava tão alegre que nem se importou em assumir publicamente a sua história. Aqui há um princípio interessante e sofisticado. Todas as pessoas que ficavam íntimas de Cristo perdiam espontaneamente o medo de assumir a sua história, se interiorizavam e se tornavam fortes em reconhecer suas fragilidades, o que as deixava emocionalmente saudáveis.

A samaritana dizia a todos que havia encontrado alguém que falara sobre sua história de vida (*João 4:28-30*). E dizia que ele era o Cristo que devia vir ao mundo, o Cristo esperado por Israel. Nessa passagem, ele não fez nenhum milagre. Porém, teve gestos profundos e sublimes. Rompeu a ditadura do preconceito, destruiu toda forma de discriminação e considerou o ser humano especial, independentemente da sua história, da sua moral, dos seus erros, da sua raça.

As ciências poderiam ter sido enriquecidas com os princípios da inteligência de Cristo

Se os princípios sociológicos, psicológicos e educacionais contidos na inteligência de Cristo tivessem sido investigados e conhecidos, poderiam ter sido usados em toda a esfera educacional, do ensino fundamental à universidade. Esses princípios, independentemente da questão teológica, poderiam ter enriquecido a sociedade moderna, que vem sendo irrigada por discriminações e múltiplas formas de violência.

Esses princípios podem ser muito úteis para a preservação dos direitos fundamentais do ser humano, para desbloquear a rigidez intelectual e para garantir a liberdade de pensar. Eles estimulam a inteligência e até mesmo a arte de se repensar.

A inteligência de Cristo abre preciosas janelas que promovem o desenvolvimento da cidadania e da cooperação social. Ela também é capaz de expandir a qualidade de vida, superar a solidão e enriquecer as relações sociais. Na sociedade moderna o ser humano vive ilhado dentro de si mesmo, envolvido num mar de solidão. A solidão é drástica, insidiosa e silenciosa. Falamos eloquentemente do mundo em que estamos, mas não sabemos falar do mundo que somos, de nós mesmos, dos nossos sonhos, dos nossos projetos mais íntimos. Não sabemos discorrer sobre nossas fragilidades, nossas inseguranças, nossas experiências fundamentais.

O ser moderno é prolixo para comentar o mundo em que está, mas emudece diante do mundo que é. Por isso, vive o paradoxo da solidão. Trabalha e convive com multidões, mas, ao mesmo tempo, está isolado dentro de si.

Muitos só conseguem falar de si mesmos diante de um psiquiatra ou de um psicoterapeuta, profissionais que tratam não apenas de doenças psíquicas como depressões e síndromes do pânico, mas também de uma importante doença psicossocial: a solidão. Porém, não há técnica psicoterápica que resolva a solidão. Não há antidepressivos e tranquilizantes que aliviem a dor que ela traz.

Um psiquiatra e um psicoterapeuta podem ouvir intimamente um cliente, mas a vida não transcorre dentro dos consultórios terapêuticos. O palco da existência transcorre do lado de fora. No terreno árido das relações sociais é que a solidão deve ser tratada. É no mundo exterior que devemos construir canais seguros para falar de nós mesmos, sem preconceitos, sem medo, sem necessidade de ostentar o que temos. Falar demonstrando apenas aquilo que somos.

O que somos? Somos uma conta bancária, um título acadêmico, um status social? Não. Somos o que sempre fomos, seres humanos. As raízes da solidão começam a ser tratadas quando aprendemos a ser apenas seres humanos. Parece contraditório, mas temos grandes dificuldades em retornar às nossas origens.

O diálogo em todos os níveis das relações humanas está morrendo. As relações médico/paciente, professor/aluno, executivo/funcionário, jornalista/leitor, pai/filho carecem frequentemente de profundidade. Falar de si mesmo? Aprender a se interiorizar e buscar ajuda mútua? Remover nossas máscaras sociais? Isto parece difícil de ser alcançado. Talvez fosse melhor ficar ligado na TV, plugado nos computadores e viajar pela internet!

Auxiliei, como psiquiatra e psicoterapeuta, diversas pessoas das mais diferentes condições socioeconômicas e nacionalidades. Percebi que, embora gostemos de nos classificar e nos medir pelo que possuímos, temos uma sede intrínseca de encontrar nossas raízes como seres humanos. Os prazeres mais ricos da existência – a tranquilidade, as amizades, o diálogo que troca experiências existenciais, a contemplação do belo – são conquistados pelo que somos, e não pelo que temos.

Cristo criou ricos canais de comunicação com seus íntimos. Tratou das raízes mais profundas da solidão. Construiu um relacionamento aberto, ricamente afetivo, sem preconceitos. Valorizou elementos que o poder econômico não pode comprar, que estão no cerne das aspirações do espírito humano, no âmago dos pensamentos e das emoções.

Cristo reorganizou o processo de construção das relações humanas entre seus discípulos. As relações interpessoais deixaram de ser um teatro superficial para serem fundamentadas num clima de amor poético, regado a solidariedade, em busca de ajuda mútua, de um diálogo agradável. Os jovens pescadores que o seguiram, tão limitados culturalmente e com um mundo intelectual tão pequeno, desenvolveram a arte de pensar, conheceram os caminhos da tolerância, aprenderam a ser fiéis às suas consciências, vacinaram-se contra a competição predatória, superaram a ditadura do preconceito, aprenderam a trabalhar suas dores e suas frustrações, enfim, desenvolveram as funções mais importantes da inteligência. A sociologia, a psicologia e a educação poderiam ser mais ricas se tivessem estudado e incorporado os princípios sociológicos e psicossociais da inteligência de Cristo.

CAPÍTULO 4

Se Cristo vivesse hoje, abalaria os fundamentos da psiquiatria e da psicologia

Cristo abalou o pensamento da sociedade em que viveu e rompeu os parâmetros sociais reinantes em sua época. Era quase impossível ter uma atitude de indiferença na sua presença. As pessoas que o conheciam ou o amavam muito ou o rejeitavam drasticamente. Diante das suas palavras, elas se perturbavam intensamente ou abriam as janelas de suas mentes e começavam a enxergar a vida de maneira totalmente diferente. Se ele tivesse vivido nos dias de hoje, causaria turbulência social, chocaria a política e a ciência? Suas ideias continuam intrigantes na atualidade? Será que seus pensamentos abalaram a sociedade em que viveu em razão da falta de cultura de sua época, ou ainda hoje perturbariam os intelectuais e o pensamento acadêmico? Que dimensão têm os seus pensamentos? Que alcance têm o seu propósito, o seu projeto transcendental?

Responder a essas perguntas é muito importante. Este é o objetivo deste e dos dois capítulos seguintes. Temos de investigar se o pensamento de Cristo não foi superdimensionado ao longo do tempo. Ele discursou com eloquência sobre a ansiedade, mas que impacto tem seu discurso sobre o prazer pleno na psiquiatria?

Para respondermos a essas perguntas devemos simular algumas situações. Precisamos transportar Cristo para os dias de hoje e imaginá-lo reagindo e proferindo suas palavras em diversos eventos da sociedade moderna. E temos de imaginar uma sociedade desprovida de qualquer cultura cristã. Vejamos algumas situações possíveis.

A intrepidez de Cristo. O discurso do prazer pleno

Vamos imaginar Cristo participando de um congresso internacional de psiquiatria cujos temas principais são a incidência, as causas e o tratamento das doenças depressivas.

Milhares de psiquiatras estão reunidos. Diversos conferencistas discorrem sobre os sintomas básicos dos episódios depressivos, sobre o efeito dos antidepressivos e sobre o metabolismo dos neurotransmissores, como a serotonina, na gênese das depressões.* Não há grandes novidades, mas todos estão ali reunidos tentando garimpar algumas ideias novas. Ali se encontram também alguns psicoterapeutas abordando as técnicas mais eficientes no tratamento dessas doenças.

Quem mais está naquele congresso? Sem dúvida, os representantes da indústria farmacêutica. Não devemos nos esquecer de que bilhões de dólares são gastos anualmente no tratamento farmacoterápico (medicamentoso) das depressões. Portanto, os grandes laboratórios estão ali bem representados, fornecendo um rico material didático para evidenciar que o seu antidepressivo é o mais eficiente e o que produz menos efeitos colaterais. Uma verdadeira guerra científica e comercial é travada nesse evento.

Agora, vamos recordar alguns pensamentos de Cristo que foram expostos por ocasião do grande dia da festa do tabernáculo, uma comemoração anual da tradição judaica. Jesus proferiu pensamentos que abalaram a inteligência de todas as pessoas presentes naquela ocasião.

Na época, escribas e fariseus já tencionavam matá-lo. Ele já havia corrido sérios riscos de ser apedrejado. Reuniões eram feitas para saber como prendê-lo e tirar-lhe a vida. A melhor atitude que Cristo poderia assumir era se ocultar, não estar presente naquela festa ou, se estivesse, comportar-se silenciosamente, com o máximo de discrição. Todavia, a sua coragem

---

* Kaplan, Harold I.; Sadoch, Benjamin J. *Compêndio de psiquiatria*. Porto Alegre: Artes Médicas, 1997.

era impressionante, como se o medo fosse uma palavra excluída do dicionário de sua vida.

Quando todos pensavam que diante daquela delicada situação ele ficaria em silêncio, no último dia da festa ele se levantou e, com intrepidez, bradou em voz altissonante para toda a multidão: *"Se alguém tem sede, venha a mim e beba, porque quem crer em mim do seu interior fluirão rios de águas vivas"* (*João 7:37-39*). Suas palavras ecoaram profundamente no âmago das pessoas que as ouviram, tanto das que o amavam quanto das que o odiavam. Todas ficaram atônitas, pois mais uma vez ele proferia palavras incomuns e até inimagináveis.

Cristo, naquele momento, não falou de regras de comportamento, de crítica à imoralidade, de conhecimento religioso. Discursou sobre a necessidade de termos prazer no seu mais pleno sentido. Teve a coragem de dizer que podia gerar no cerne do ser humano um prazer que flui continuamente, uma satisfação plena, um êxtase emocional, capaz de resolver a angústia existencial das pessoas. Creio que suas palavras não têm precedente histórico, ou seja, ninguém jamais expressou pensamentos com esse conteúdo.

Possivelmente ele queria dizer que, apesar de todos estarem alegres no último dia de festa, no dia seguinte terminaria aquele ciclo festivo e, a partir daí, o prazer diminuiria e as tensões do dia a dia retornariam. Cristo tocava pouco na questão moral e muito nas raízes da psique humana, pois para ele aí estava o problema das misérias do ser humano.

Ele dava a entender que sabia que a psique humana é um campo de energia que possui um fluxo contínuo e inevitável de pensamentos e emoções e que esse fluxo constitui a maior fonte de entretenimento humano. Porém, queria transformar essa fonte, enriquecê-la, torná-la estável e contínua. Em seu sofisticado diálogo com a samaritana, abordou o enriquecimento desse fluxo vital em contraste com a insatisfação existencial produzida pelo insucesso humano ao tentar conquistar uma fonte contínua de prazer.

O homem saudável

Agora, retornemos ao nosso congresso de psiquiatria e imaginemos Cristo proferindo as mesmas palavras. É o último dia do congresso. O mais proeminente catedrático discursa na mais interessante conferência sobre depressão. O auditório está cheio. A plateia está atenta. O conferencista termina sua palestra e inicia o debate sobre o assunto abordado. De repente, um homem sem qualquer aparência especial, que não usava terno e gravata, pega o microfone e com uma intrigante ousadia brada com voz estridente que possui os segredos de como fazer o ser humano plenamente alegre, satisfeito e feliz.

Como os psiquiatras, os psicoterapeutas e os cientistas das neurociências reagiriam diante dessas palavras? Antes de começarmos a avaliar o impacto que elas causariam, precisamos tecer algumas considerações sobre os atuais estágios da psiquiatria e da psicologia. O tema do congresso são os vários tipos de depressão. Muitas vezes, a depressão é considerada o último estágio da dor humana. Nesses casos, é mais intensa do que a dor da fome. Uma pessoa faminta ainda preserva o instinto de viver, e por isso até revira o lixo para sobreviver, enquanto pessoas deprimidas podem, mesmo diante de uma mesa farta, não ter apetite nem desejo de viver. A dor emocional da depressão é, às vezes, tão intensa e dramática que não há palavras para descrevê-la.

Frequentemente só compreende a dimensão da dor da depressão quem já passou por ela. Além do humor deprimido, as doenças depressivas têm uma rica sintomatologia. São acompanhadas de ansiedade, desmotivação, baixa autoestima, isolamento social, insônia, apetite alterado (diminuído ou aumentado), fadiga excessiva, libido alterada, ideias de suicídio, etc.

Precisamos considerar que, no estágio atual de desenvolvimento da psiquiatria e da psicologia, tratamos da doença depressiva, mas não temos muitos recursos para prevenir a depressão. Tratamos da pessoa doente, deprimida, mas sabemos pouco sobre como preservar a pessoa sadia, prevenir o primeiro episódio depressivo. A psiquiatria e a psicologia clínica tratam com relativa eficiência os transtornos depressivos, obsessivos, a síndrome do pânico, mas não são capazes de trazer de volta a alegria, o sentido existencial, o prazer de viver. Não sabem como promover a saúde do ser humano total, como torná-lo um investidor em sabedoria, como desenvolver as funções mais importantes da inteligência.

Prevenir os episódios depressivos e reciclar as influências genéticas para o humor deprimido através do desenvolvimento da arte de pensar, do gerenciamento dos pensamentos negativos, da capacidade de trabalhar os estímulos estressantes ainda é um sonho no atual estágio da psiquiatria. Do mesmo modo, expandir a capacidade de sentir prazer diante dos pequenos estímulos da rotina diária, aprender a se interiorizar e viver uma vida plenamente tranquila na turbulenta escola da existência também parecem um sonho no atual estágio da psicologia.

O discurso de Cristo abalaria a psiquiatria e a psicologia

Então, imaginemos Cristo, no atual estágio da psiquiatria e da psicologia, participando daquele congresso científico. De repente, ele se levanta e afirma que se alguém crer nele, se viver o tipo de vida que ele propõe, do seu interior jorrará um prazer inesgotável, fluirá um "rio" de satisfação plena, capaz de irrigar toda a sua trajetória de vida. Certamente todos os presentes naquele congresso ficariam chocados com tais pensamentos. Todos ficariam se perguntando como esse homem teve a coragem de afirmar que possui o segredo de como fazer fluir do âmago da mente humana um sentido existencial pleno. Que pensamentos são esses? Como é possível alcançar tal experiência de prazer? Suas palavras causariam um grande escândalo, provocando protestos de muitos e, ao mesmo tempo, profunda admiração em alguns!

Ele não seria condenado à morte como na sua época, pois as sociedades modernas se democratizaram, mas, se insistisse nessa ideia, seria expulso daquele evento ou seria tachado de paciente psiquiátrico. Mas como alguém pode ser criticado por dizer palavras tão ousadas e impensáveis e, ao mesmo tempo, ser intelectualmente lúcido, emocionalmente tranquilo, capaz de entender os sentimentos humanos mais profundos e de superar as ditaduras da inteligência? Cristo, de fato, é um mistério.

Em algumas ocasiões, Cristo proferia pensamentos totalmente incomuns que eram cercados de enigmas, fugindo completamente à imaginação humana. Embora ele tocasse na necessidade íntima de satisfação do ser humano, suas palavras eram surpreendentes, inesperadas. Se o investigarmos criteriosamente, constataremos que, ao contrário do que muitos pensam, seu desejo não era produzir regras morais, ideias religiosas, corrente filosófica, mas transformar a natureza humana, introduzi-la numa esfera de prazer e sentido existencial. Provavelmente, nunca ninguém discursou com tanta eloquência sobre essas necessidades fundamentais do ser humano.

Cristo era audacioso. Sabia que suas palavras abalariam a inteligência da sua época e, por certo, das gerações seguintes, mas ainda assim não se intimidava, pois era fiel ao seu pensamento. Falava com segurança e determinação aquilo que estava dentro de si mesmo, ainda que deixasse muitas pessoas confusas diante das suas palavras ou corresse risco de morte.

Se essas palavras fossem ditas na atualidade, alguns psiquiatras ficariam tão perturbados ao ouvi-las que talvez comentassem entre si: "Quem é esse homem que proclama tais ideias? Estamos na era dos antidepressivos que atuam no metabolismo da serotonina e de outros neurotransmissores. Só conseguimos atuar na miséria do paciente psiquicamente doente, não sabemos fazer dele um ser mais contemplativo, solidário e feliz. Como pode alguém ter a pretensão de propor uma vida emocional e intelectual intensamente rica e plena de qualidade?" Outros talvez comentassem: "Se não sabemos como estancar as nossas próprias angústias, as nossas próprias crises existenciais, como pode alguém propor um prazer pleno, incessante, que jorra do interior das pessoas?"

Cristo, de fato, disse palavras inatingíveis no atual estágio da ciência. Suas metas em relação ao prazer e ao sentido existencial são tão elevadas que representam um sonho ainda não sonhado pela psiquiatria e pela psicologia do século XXI. Suas propostas são muito atraentes e vão ao encontro das necessidades mais íntimas da espécie humana, que, apesar de possuir o espetáculo da construção de pensamentos, é tão desencontrada, submete-se a tantas doenças psíquicas, tem dificuldade de contemplar o belo e viver um prazer estável.

Crer ou não nas palavras de Cristo é uma questão pessoal, íntima, pois seus pensamentos fogem à investigação científica, extrapolam a esfera dos fenômenos observáveis.

As ideias e intenções de Cristo, ao mesmo tempo que representam uma belíssima poesia que qualquer ser humano gostaria de recitar, abalam a maneira como compreendemos a vida. Ele não apenas chocou profundamente a cultura da sua época como, se tivesse vivido nos dias de hoje, também perturbaria a ciência e a cultura modernas.

CAPÍTULO 5

Cristo perturbaria o sistema político

Cristo queria produzir uma revolução no interior do ser humano

Cristo tinha conhecimento da miséria social do ser humano e da ansiedade que estava na base da sua sobrevivência. Queria mesmo aliviar essa carga de ansiedade e tensão que carregamos em nossa trajetória de vida (*Mateus 6:25-34*). Embora tivesse plena consciência da angústia social e do autoritarismo político que as pessoas viviam em sua época, ele detectava uma miséria mais profunda do que a sociopolítica, uma miséria presente no íntimo do ser humano e fonte de todas as outras misérias e injustiças humanas.

Cristo atuava pouco nos sintomas; seu desejo era atacar as causas fundamentais dos problemas psicossociais da espécie humana. Por isso, ao estudar o seu propósito mais ardente, compreendemos que sua revolução não era política, mas íntima, clandestina. Uma mudança que inicia no espírito humano e se expande para toda a sua psique, renovando a sua mente, expandindo a sua inteligência, transformando intimamente a maneira como o ser humano compreende a si mesmo e o mundo que o circunda, garantindo, assim, uma modificação psíquica e social estável.

Cristo pregava que somente por meio dessa revolução silenciosa e íntima seríamos capazes de vencer a paranoia do materialismo não inteligente e do individualismo e desenvolver os sentimentos mais altruístas da inteligência, como a solidariedade, a cooperação social, a preocupação com a dor do outro, o prazer contemplativo, o amor como fundamento das relações sociais.

Quem pode questioná-lo? A história tem confirmado, ao longo das sucessivas gerações, que ele tinha razão. O comunismo ruiu e não produziu o paraíso dos proletários. O capitalismo gerou um grande desenvolvimento tecnológico e socioeconômico. Todavia, o capitalismo precisa de inúmeras correções, pois é sustentado pela paranoia da competição predatória, pelo individualismo, pela valorização da produtividade acima das necessidades intrínsecas da humanidade. A democracia, que tem sido uma das mais importantes conquistas da inteligência humana por garantir o direito à liberdade de pensar e se expressar, não estancou algumas chagas psicossociais fundamentais da sociedade moderna como a violência psicológica, as discriminações, a farmacodependência, a exclusão social.

Agora vamos retornar ao ambiente em que Cristo vivia. Como expliquei, ele procurou realizar uma revolução clandestina na psique e no espírito humanos. Por diversas vezes, demonstrou claramente que o seu trono não estava em Jerusalém. Para espanto de todos, declarou que seu reino se localizava no interior de cada ser humano. Jerusalém era a capital cultural e religiosa de Israel, onde escribas e fariseus, que eram os líderes políticos e os intelectuais da época, amavam, como alguns políticos de hoje, os melhores lugares nos banquetes, o status e o brilho social (*Mateus 23:5-7*).

Cristo sabia que em Jerusalém esses líderes jamais aceitariam essa revolução interior, jamais aceitariam essa mudança na natureza humana, essa transformação no pensamento e na maneira de ver o mundo. De fato, sua proposta, ao mesmo tempo bela e atraente, era ousadíssima. Conduzir as pessoas a se interiorizar e reciclar seus paradigmas e conceitos culturais é uma tarefa quase impossível quando elas são intelectualmente rígidas e fechadas. Ele sabia e previa que, quando abrisse a boca, a cúpula de Israel iria odiá-lo, rejeitá-lo e persegui-lo. Por isso, passou um longo período na Galileia antes de ir para Jerusalém.

Israel traiu seu desejo histórico de liberdade

Israel sempre preservou sua identidade como nação e valorizou intensamente sua liberdade e independência. Seu povo tem uma história incomum e, em certo sentido, poética. Abraão, o patriarca desse povo, deixou com intrepidez a conturbada terra de Ur dos caldeus e foi em busca de uma terra desconhecida.

Abraão era um homem íntegro e determinado. Ele deu origem a Isaque. Isaque deu origem a Jacó, que recebeu o nome de Israel, que significa "príncipe de Deus". Israel teve 12 filhos, que deram origem a 12 tribos. Da tribo de Judá saíram os reis de Israel. O nome "judeu" deriva da tribo de Judá. As raízes milenares desse povo culturalmente rico impediam que ele se submetesse ao jugo de qualquer imperador. Apenas a força agressiva dos impérios sufocava o ardente desejo de liberdade e independência dessa nação.

Em razão do seu desejo compulsivo de liberdade, o povo de Israel passou por situações dramáticas em alguns períodos históricos, como no tempo de Calígula. Caio Calígula era um imperador romano agressivo, desumano e ambicioso. Além de ter mandado matar vários senadores romanos, destruído seus amigos e violado os direitos dos povos que subjugava, ambicionava se passar por "deus". Desejava que todos os povos se dobrassem diante dele e o adorassem. Para o povo judeu, esse tipo de adoração era inadmissível e insuportável. Caio sabia dessa resistência e odiava a sua audácia e insubordinação.* Os judeus, mesmo combalidos, desterrados, errantes e ameaçados de passar por uma faxina étnica, foram praticamente os únicos que não se dobraram aos pés de Caio. A liberdade, para esse povo, não tinha preço.

Flávio Josefo, um brilhante historiador que viveu no século I desta era, nos relata uma história dramática pela qual esse povo de Israel passou por causa do desejo de preservar sua independência. O povo de Israel era considerado um corpo estranho no vasto domínio de Roma e tinha frequentes reações contra esse império. No ano 70 d.C., os judeus novamente se revoltaram e se sitiaram dentro de Jerusalém. Tito, general romano, foi encarregado de debelar o foco de resistência e retomar Jerusalém. Os judeus

---

* Josefo, Flávio. *História dos hebreus*. Rio de Janeiro: CPAD, 1998.

podiam render-se ou resistir e lutar. Preferiram a resistência e a luta. Tito cercou Jerusalém e iniciou uma das mais sangrentas guerras da história.

Os judeus resistiram além de suas forças. A fome, a angústia e a miséria foram enormes. Morreram tantos judeus, que a cidade ficou impregnada de mau cheiro. Pisava-se em cadáveres nas ruas. Por fim, Jerusalém foi destruída e o que restou do povo foi levado como cativo, e dispersado.*

Esses exemplos mostram o desejo desesperado do povo judeu de preservar sua liberdade, sua identidade e sua independência. Porém, houve uma época em que a cúpula judaica traiu seu desejo de liberdade e independência. É incrível constatar, mas Jesus perturbou tanto os líderes judeus com sua revolução interior e seus pensamentos, que eles preferiram um imperador gentio à liderança de Cristo que tinha raízes judaicas, embora afirmasse que não queria o trono político. Israel preferiu manter a simbiose com o Império Romano a admitir Jesus como o Cristo.

A cúpula de Israel, na época de Cristo, desejou mais o poder sociopolítico do que a busca de liberdade e independência. Todavia, a imensa maioria do povo judeu provavelmente não concordava com essa postura. Havia até mesmo diversos membros da cúpula, como Nicodemos e José de Arimateia, que tinham grande apreço por Cristo e discordavam da sua injusta condenação. Entretanto, eles se calaram, pois temiam as consequências que sofreriam por acreditarem em Jesus.

Quando foi que a cúpula judaica traiu o desejo de liberdade e independência que movia há séculos o povo de Israel? Foi quando Pilatos, zombando dela, disse que não poderia crucificar o "rei dos judeus" (*Marcos 15:9*). Seus dirigentes ficaram indignados com o ultraje de Pilatos e por isso o pressionaram e suplicaram-lhe que crucificasse Cristo, dizendo que César é que era seu rei. Os judeus sempre rejeitaram drasticamente o domínio do Império Romano, mas naquele momento preferiram César a Cristo, um romano a um judeu.

Como disse, Jesus afirmava que queria um reino oculto dentro do ser humano. A liderança judia se sentia ameaçada por seus pensamentos. Seu plano era intrigante e complexo demais para ela. Seu propósito quebrava todos os paradigmas existenciais. Por isso, Cristo foi drasticamente rejeitado.

---

* *Idem, ibidem.*

Alguns judeus dizem hoje que Cristo era uma pessoa querida e valorizada na sua época pela cúpula judaica. Porém, as biografias de Cristo são claras a esse respeito. Ele foi silenciado, odiado, zombaram dele, cuspiram-lhe no rosto, embora fosse amável, dócil e humilde, e ao mesmo tempo pronunciasse palavras chocantes, nunca ouvidas. Suas palavras se tornaram perturbadoras demais para serem analisadas, principalmente por aqueles que amavam o poder e não eram fiéis à sua própria consciência.

A síndrome de Pilatos

A cúpula judaica ameaçou denunciar Pilatos ao governo de Roma se ele não condenasse Jesus. Pilatos tinha um grande poder conferido pelo Império Romano: o de vida e de morte. Todavia, era um político fraco, omisso e dissimulado.

Ao inquirir Cristo, Pilatos não via injustiça nele (*Marcos 15:4*). Por isso, desejava soltá-lo, mas era frágil demais para suportar o ônus político dessa decisão. Assim, cedeu à pressão dos judeus. Entretanto, para mostrar que ainda detinha o poder político, fez uma pequena cena teatral: lavou as mãos. Pilatos se escondeu atrás do gesto de lavar as mãos. Não apenas cometeu um crime contra Cristo, mas também contra si mesmo, contra a fidelidade à sua própria consciência. Aquele que é infiel à sua própria consciência tem uma dívida impagável consigo mesmo.

A síndrome de Pilatos tem varrido os séculos e contaminado alguns políticos. É muito mais fácil se esconder atrás de um discurso eloquente do que assumir com honestidade seus atos e suas responsabilidades sociais. A síndrome de Pilatos se caracteriza pela omissão, dissimulação, negação do direito, da dor e da história do outro.

Cristo era seguido pelas multidões. Por onde passava havia um grupo de pessoas despertadas por ele. As multidões se aglomeravam ao seu redor. Isso causava grande ciúme na cúpula judaica.

Pessoas de todos os níveis o procuravam para ouvir aquele homem amável e ao mesmo tempo instigante e determinado. Procuravam conhecer os mistérios da existência, ansiavam pela transformação íntima, clandestina, que ele proclamava.

Os relatos demonstram que, certa vez, mais de cinco mil homens o seguiram, e em outra ocasião mais de quatro mil, sem contar mulheres e crianças (*Mateus 14:13-21; Marcos 6:30-44*). Tratava-se de um fenômeno social espetacular. Provavelmente nunca um homem que vivera naquela região havia despertado tanto o ânimo das pessoas. Nunca um homem sem qualquer aparência especial ou propaganda foi seguido de maneira tão apaixonada e calorosa pelas multidões.

Os dirigentes judeus estavam muito preocupados com o movimento social em torno de Cristo. Tinham medo de que ele desestabilizasse a simbiose entre a liderança de Israel e o Império Romano. Por isso, ele tinha que ser eliminado.

A liderança judaica nem sequer cogitou acerca da linhagem de Cristo, de suas origens. Não se preocupou em questioná-lo honestamente. Para ela, ele não tinha derramado lágrimas, não possuíra uma família, não tivera infância, não sofrera, não construíra relacionamentos, enfim, não tinha história. A ditadura do preconceito anula a história das pessoas. Cristo tinha de morrer, não importava quem ele fosse.

Cristo abalaria qualquer sistema político sob o qual tivesse vivido

A liderança judaica não se importou em sujar as mãos arrumando testemunhas falsas. O importante era condenar Cristo. Porém, como não havia coerência entre as testemunhas, não conseguiram argumentos plausíveis para condená-lo (*Mateus 26:59-61*).

São atípicos os paradoxos que envolvem a história de Cristo. Ninguém falou do amor como ele e, ao mesmo tempo, ninguém foi tão odiado como ele.

Cristo se doou e se preocupou ao extremo com a dor do "outro", mas ninguém se preocupou com a sua dor. Foi ferido e rejeitado sem oferecer motivos para tanto. Era tão dócil, e sofreu tanta violência. Não queria o trono político, mas o trataram como se fosse o mais agressivo dos revolucionários.

Se Cristo vivesse nos dias de hoje, também seria uma ameaça para o governo local? Seria drasticamente rejeitado? Provavelmente, sim. Embora preferisse o anonimato e não fizesse propaganda de si mesmo, não conseguia se esconder. É impossível esconder alguém que fale o que ele falou e faça o que ele fez. Se naquela época em que a comunicação era restrita e não havia imprensa ele era seguido por multidões, podemos imaginar como seria nos dias de hoje.

Se Cristo vivesse hoje, a imprensa escrita o estamparia nas primeiras páginas e os jornais televisivos teriam uma equipe de plantão 24 horas acompanhando-o. Ele seria o maior fenômeno social e geraria os fatos jornalísticos mais importantes.

Hoje, a população que o seguiria poderia ser multiplicada por 10, 50, 100 ou muito mais. Imaginemos 100 mil ou 500 mil pessoas seguindo-o: isso causaria um tumulto social sem precedentes. O governo local o consideraria um conspirador contra o sistema político. Além disso, o fato de Cristo procurar se isolar toda vez que era muito assediado, de ser muito sensível às misérias físicas e psíquicas, de estar sempre procurando aliviar a dor do outro, de tocar profundamente nos sentimentos humanos e de não fazer acordos com qualquer tipo de político já causaria incômodo a qualquer governo que, por mais democrático que fosse, teria conchavos nos seus bastidores.

Para alguns políticos, ele seria condenado por pôr em risco o regime; para outros, por representar uma ameaça aos ganhos secundários do poder. Cristo abalaria qualquer governo em qualquer época em que vivesse. Seu desejo de libertar o ser humano dentro de si mesmo e sua revolução interior não seriam compreendidos por nenhum sistema político.

CAPÍTULO 6

O discurso de Cristo deixaria a medicina atual atônita e tocaria na maior crise existencial do ser humano

A crise existencial gerada pelo fim do espetáculo da vida

A morte física faz parte do ciclo natural da vida, mas a morte da consciência humana é inaceitável. Só a aceitam aqueles que nunca refletiram minimamente sobre as suas consequências psicológicas e filosóficas, ou aqueles que nunca sofreram a dor indescritível da perda de alguém que se ama.

É aceitável o caos que desorganiza e reorganiza a matéria. Tudo no universo organiza-se, desorganiza-se e reorganiza-se novamente. Todavia, para o ser humano pensante, a morte estanca o show da vida, produzindo a mais grave crise existencial de sua história. A vida física morre e se descaracteriza, mas a vida psicológica clama pela continuidade da existência. Ter uma identidade, possuir o espetáculo da construção dos pensamentos e ter consciência de si mesmo e do mundo que nos cerca são direitos personalíssimos, que não podem ser alienados e transferidos por dinheiro, circunstâncias ou pacto social ou intelectual algum.

Se uma doença degenerativa do cérebro ou um traumatismo craniano podem, às vezes, comprometer profundamente a memória e trazer consequências dramáticas para a capacidade de pensar, podemos imaginar quais seriam as consequências do caos da morte. No processo de decomposição, o cérebro é esmigalhado em bilhões de partículas, esfacelando os mais ricos segredos que sustentam a personalidade e os segredos da história da existência contida na memória.

É inconcebível a ruptura do pulsar da vida. É insuportável a inexistência da consciência, o fim da capacidade de pensar. A inteligência humana não consegue entender o fim da vida. Existem áreas que o pensamento consciente jamais conseguirá compreender de forma adequada, a não ser no campo da especulação intelectual. Uma delas é o pré-pensamento, ou seja, os fenômenos inconscientes que formam o pensamento consciente. O pensamento não pode apreender o pré-pensamento, pois todo discurso sobre ele nunca será o pré-pensamento em si, mas o pensamento já elaborado.

Outra coisa incompreensível pelo pensamento é a consciência do fim da existência. O pensamento nunca atinge a consciência da morte como o "fim da existência", o "nada existencial", pois o discurso dos pensamentos sobre o nada nunca é o nada em si, mas uma manifestação da própria consciência. Por isso, a pessoa que comete um ato de suicídio não tem consciência da morte como fim da vida. Os que pensam em suicídio não querem de fato matar a vida, dar fim à existência, mas "matar" a dor emocional, a angústia, o desespero que abate suas emoções.

A ideia de suicídio é uma tentativa inadequada e desesperada de procurar transcender a dor da existência, e não pôr fim a ela. Só a vida tem consciência da morte. A morte não tem consciência de si mesma. A consciência da morte é sempre uma manifestação da vida, ou seja, é um sistema intelectual que discursa sobre a morte, mas nunca atinge a realidade em si.

A consciência humana jamais consegue compreender plenamente as consequências da inexistência da consciência, do silêncio eterno. Por isso, todo pensador ou filósofo que tentou, como eu, compreender o fim da consciência, o fim da existência, vivenciou um angustiante conflito intelectual.

Veremos que o pensamento de Cristo referente ao fim da existência tinha uma ousadia e uma complexidade impressionantes. Ele discursava sobre a imortalidade com uma segurança incrível.

A maioria dos seres humanos nunca procurou compreender algumas implicações psicológicas e filosóficas da morte, mas sempre resistiu intensamente a ela. Por que em todas as sociedades, mesmo nas mais primitivas, os homens criaram religiões? O fogo, um animal, um astro funcionavam como deuses para os povos primitivos projetarem os mistérios da existência.

Pode-se dizer que a necessidade de uma busca mística (espiritual) é sinal de fraqueza intelectual, de fragilidade da inteligência humana? Não, pelo contrário, ela é sinal de grandeza intelectual. Expressa um desejo vital de continuidade do espetáculo da vida.

A filosofia e a possibilidade de transcender a finitude existencial

Muitos pensadores da filosofia produziram conhecimentos sobre a metafísica como tentativa de compreender os mistérios que cercam a existência. A metafísica é um ramo da filosofia que estuda o conhecimento da realidade divina pela razão, o conhecimento de Deus e da alma (Descartes),* enfim, investiga a natureza e o sentido da existência humana. Grandes pensadores como Aristóteles, Tomás de Aquino, Agostinho, Descartes e Kant discursaram de diferentes maneiras sobre a metafísica. Esses pensadores eram intelectualmente frágeis? De modo algum! Por pensar na complexidade da existência, eles produziram ideias eloquentes sobre a necessidade intrínseca de o ser humano transcender os seus limites e, em certos casos, superar a finitude da vida. Muitos deles fizeram de Deus um dos temas fundamentais das suas discussões e indagações intelectuais.

Augusto Comte e Friedrich Nietzsche foram grandes filósofos ateus. Porém, é estranho que esses dois grandes ateus tenham produzido, em alguns momentos, uma filosofia com conotação mística. Comte queria estabelecer os princípios de uma religião universal, uma religião positivista.** Nietzsche discursava sobre a morte de Deus, porém no final de sua vida produziu *Assim falou Zaratustra*,*** uma obra contendo princípios que regulavam a existência, tais como os provérbios de Salomão. Alguns veem nesse livro um esforço de última hora para recuperar a crença na imortalidade. Ninguém deve ser condenado por rever sua posição intelectual, pois, do ponto de vista psicológico e filosófico, há uma crise existencial intrínseca no ser humano diante do fim da existência.

---

* Valéry, Paul. *O pensamento vivo de Descartes*. São Paulo: Martins Fontes/EDUSP, 1987.
** Comte, Augusto. *Discurso sobre o espírito positivo*. Porto Alegre: Globo, 1975.
*** Nietzsche, Friedrich. *Assim falou Zaratustra*. Lisboa: Guimarães, 1977.

A imprensa divulgou que Darcy Ribeiro, um dos grandes pensadores brasileiros, que sempre foi ateu declarado, pediu aos seus íntimos, momentos antes de morrer, que lhe dessem um pouco de fé. Tal pedido refletia um sinal de fraqueza desse ousado pensador? Não. Refletia a necessidade universal e incontida de continuidade do espetáculo da vida.

Há doenças psíquicas que geram uma fobia ou medo doentio da morte, como a síndrome do pânico e determinados transtornos obsessivos compulsivos (TOC). No "pânico" ocorre um dramático e convincente teatro da morte. Nele há uma sensação súbita e iminente de que se vai morrer. Tal sensação gera uma série de sintomas psicossomáticos como taquicardia, aumento da frequência respiratória e sudorese. Esses sintomas são reações metabólicas instintivas que tentam levar a pessoa a fugir da situação de risco. Todavia, no "pânico" tal situação de risco é imaginária, apenas um teatro dramático que o "eu" deve aprender a gerenciar, às vezes com o auxílio de antidepressivos.

Nos TOC, principalmente naqueles que estão relacionados a ideias fixas de doenças, ocorrem também reações fóbicas diante da morte, que aqui também é imaginária. Nesses transtornos há uma produção de pensamentos de conteúdo negativo, não gerenciada pelo "eu", que fazem a pessoa ter ideias fixas de que está com câncer, de que vai sofrer um infarto, ter um derrame, etc. O TOC e a síndrome do pânico acometem pessoas de todos os níveis intelectuais.

A experiência imaginária da morte na síndrome do pânico e nos transtornos obsessivos causa uma ansiedade intensa, desencadeando uma série de sintomas psicossomáticos. Tais doenças podem e devem ser tratadas.

Apesar de haver doenças psíquicas que geram uma fobia doentia da morte, há uma fobia legítima, não doentia, ligada ao fim da existência, que psiquiatra ou medicamento algum podem eliminar. A vida só aceita o próprio fim se não estiver próxima desse fim. Caso contrário, ela o rejeita automaticamente ou então o aceita se estiver convencida da possibilidade de superá-lo.

O homem animal e o psicológico não aceitam a morte.
O equívoco intelectual do ateísmo de Marx

Nem o "homem animal ou instintivo" nem muito menos o "homem psicológico ou intelectual" aceitam a morte. Quando estamos correndo risco de morte, seja por uma dor, um ferimento, a ameaça de uma arma, um acidente, o "homem animal" surge com intensidade: os instintos são aguçados, o coração acelera, a frequência respiratória aumenta e surge uma série de mecanismos metabólicos para nos retirar da situação de risco de morte. Quando o homem animal aparece, o homem intelectual diminui, ou seja, fecha as janelas da inteligência, retraindo a lucidez e a coerência. Nesse caso, os instintos prevalecem sobre o pensamento.

Toda vez que estamos sob uma grande ameaça, ainda que seja imaginária, reagimos muito e pensamos pouco. Por vivermos numa sociedade doentia onde prevalecem a competição predatória, o individualismo e a crise de diálogo, criamos uma fábrica de estímulos negativos que cultivam o estresse do homem animal, como se ele vivesse continuamente sob ameaça de morte. O indivíduo das sociedades modernas tem mais sintomas psicossomáticos do que o das tribos primitivas.

O homem psicológico, mais do que o homem animal, se recusa a aceitar a morte. O desejo de eternidade, de transcender o caos da morte, é inerente ao ser humano, não é fruto da cultura. Como veremos, Cristo tinha consciência disso. Seu discurso sobre a eternidade ainda hoje é perturbador.

Os que estão vivos elaboram muitos pensamentos para procurar confortar-se diante da perda dos seus entes queridos, como "Ele deixou de sofrer", "Ele descansou", "Ele está num lugar melhor". Mas ninguém diz "Ele deixou de existir". A dor da perda de alguém é uma celebração à vida. Ela representa um testemunho claro do desejo irrefreável do ser humano de fazer prosseguir o show da existência.

Num velório, os íntimos da pessoa que morreu, que geralmente representam a minoria, sofrem muito, enquanto os agregados, que são a maioria, fazem terapia. Como é que os agregados fazem terapia? Eles procuram se interiorizar e se reciclar diante da morte do outro. Dizem entre si: "Não vale a correria da vida", "Não vale a pena se estressar tanto", "A vida é muito curta para lutar por coisas banais, depois morremos e fica tudo aí...". Essa terapia grupal não é condenável, pois representa uma revisão saudável da vida. A terapia grupal nos velórios é uma homenagem inconsciente à existência.

O desejo de superar o fim da existência está além dos limites das ideologias intelectuais e sociopolíticas. Um dos maiores erros intelectuais de Karl

Marx foi ter procurado criar uma sociedade pregando o ateísmo como massificação cultural. Marx encarou a religiosidade como um problema para o socialismo. Era um pensador inteligente, mas, por conhecer pouco os bastidores da mente humana, foi ingênuo. Talvez nunca tenha refletido com mais profundidade sobre as consequências psicológicas e filosóficas do caos da morte. Se o tivesse feito, compreenderia que o desejo de superação da finitude existencial é irrefreável. O desejo de continuar a sorrir, a pensar, a amar, a sonhar, a projetar, a criar, a ter uma identidade, a ter consciência de si e do mundo está além dos limites da ciência e de qualquer ideologia sociopolítica.

O ser humano possui uma necessidade intrínseca de buscar Deus, de criar religiões e de produzir sistemas filosóficos metafísicos. Tal necessidade surge não apenas como tentativa de superar sua finitude existencial, mas também para explicar a si mesmo o mundo, o passado, o futuro, enfim, os mistérios da existência.

O ser humano é uma grande pergunta que por dezenas de anos procura uma grande resposta. Ele tenta explicar o mundo. Todavia, sabe que explicar a si mesmo é o maior desafio da sua própria inteligência. Vimos que pensar não é uma opção do ser humano, mas o seu destino inevitável. Não conseguimos interromper o processo de construção de pensamentos. É impossível conter a necessidade de compreendermos a nós mesmos e o mundo que nos circunda. Na mente humana há uma verdadeira revolução de ideias que não pode ser estancada nem mesmo pelo controle do "eu".

Nas próximas décadas, os povos socialistas que viveram sob a propaganda ateísta serão os mais religiosos, os que mais buscarão a existência de Deus. Por quê? Porque o socialismo tentou eliminar algo indestrutível. Tudo indica que essa busca já está ocorrendo intensamente na Rússia e na China. Na China havia cinco milhões de cristãos na época em que o socialismo foi implantado. Agora, depois de tantos anos de propaganda ateísta, há notícias extraoficiais de que haveria mais de 50 milhões de cristãos naquele país. Além disso, há milhões e milhões de chineses adeptos de diversas outras religiões.

O desejo de transcender o fim da existência não pode ser contido. A melhor maneira de propagar uma religião é tentar destruí-la. A melhor maneira de incendiar o desejo do ser humano de buscar Deus e superar o caos da morte é tentar destruir esse desejo.

A medicina como tentativa desesperada de aliviar a dor e prolongar a vida

A ansiedade pela continuidade da existência e a necessidade de mecanismos de proteção diante da fragilidade do corpo humano mergulharam o ser humano tanto numa busca mística (espiritual) como também promoveram intensamente o desenvolvimento da ciência ao longo da história.

Os produtos industriais embutem mecanismos de segurança que revelam a ansiedade humana pela continuidade da existência. Os aparelhos elétricos e eletrônicos têm de possuir mecanismos de segurança para os usuários. Os veículos incorporam cada vez mais sistemas de proteção para os passageiros. A engenharia civil possui alta tecnologia para produzir construções que sejam não apenas funcionais, mas também seguras. Nas empresas, os mecanismos de segurança são fundamentais nas atividades de trabalho. Porém, de todas as ciências que foram influenciadas pela necessidade de continuidade e preservação da integridade física e psicológica do ser humano, a medicina foi a mais marcante.

A medicina agrega um conjunto de outras ciências: a química, a biologia, a física, a biofísica, a matemática, etc., e tem experimentado um desenvolvimento fantástico. Evoluiu tanto como tentativa desesperada de superar a dor como para prolongar a vida.

Há milhões de volumes nas bibliotecas de medicina, e inúmeras revistas médicas são editadas todos os meses. O conhecimento se multiplica de tal maneira que a cada dia surgem novas especialidades. Todos os anos são descobertas novas técnicas laboratoriais, cirúrgicas, com novos aparelhos dando suporte aos diagnósticos. Diariamente são realizadas no mundo todo mesas-redondas, conferências e congressos médicos de todas as especialidades. Por que a medicina está passando por um desenvolvimento explosivo? Porque o ser humano quer aliviar a dor, melhorar sua qualidade de vida e prolongar a sua existência.

A medicina é uma ciência poética. Os médicos sempre desfrutaram de grande prestígio social em toda a história da humanidade, pois, ainda que não percebam, eles mexem com as nossas mais dramáticas necessidades existenciais: aliviar a dor e prolongar a vida.

Há dois dramas existenciais democráticos que atingem todo ser humano: o envelhecimento e o fim da existência. De um lado, cientistas do mundo inteiro gastam o melhor do seu tempo para descobrir medicamentos, conhecer o metabolismo celular, pesquisar novos aparelhos. Todas essas pesquisas objetivam fornecer novas técnicas e procedimentos para diagnosticar doenças, preveni-las, tratá-las e, assim, melhorar a qualidade de vida e adiar o inevitável: o fim da existência.

De outro lado, muitos pesquisadores estão produzindo novos conhecimentos por meio da medicina ortomolecular, da estética e da cirurgia plástica, à procura do rejuvenescimento e tentando retardar o envelhecimento.

Tanto a incontida busca espiritual do ser humano, ao longo da história, quanto o contínuo desenvolvimento da medicina são dois testemunhos vivos de que no âmago de cada um de nós pulsa o desejo ardente de superar o drama do envelhecimento e do fim da existência e, consequentemente, de prolongar o espetáculo da vida.

O discurso de Cristo sobre o segredo da eternidade

Após essa exposição, retornemos ao nosso personagem principal: Jesus Cristo. Vamos estudar o impacto que suas palavras sobre a crise existencial do ser humano e a sua proposta a respeito da superação do caos da morte provocariam nos dias de hoje.

Imaginemos Cristo reagindo, falando, expressando seus pensamentos numa sociedade que não tivesse qualquer ligação com o cristianismo. O que ele diz sobre a crise existencial da espécie humana? O que ele tem para nos falar sobre a continuidade do espetáculo da vida? Suas palavras sobre esses assuntos são triviais? Elas perturbariam nossos pensamentos? Suas ideias sobre o fim da existência se aproximam do pensamento dos intelectuais?

Cristo pronunciou palavras incomuns, inéditas, capazes de abalar tanto os alicerces dos cientistas da medicina quanto da religiosidade humana. Antes de responder a tais perguntas, vamos resgatar algumas características de Cristo. Ele possuía um viver que primava por um paradoxo. Por um lado, expunha-se publicamente e, por outro, procurava, sempre que possível, o anonimato.

Além disso, ele não impunha suas ideias, mas as expunha. Não pressionava ninguém a segui-lo, apenas convidava. Era contra o autoritarismo do pensamento, por isso procurava continuamente abrir as janelas da inteligência das pessoas para que refletissem sobre suas palavras. Resumindo, Cristo não gostava de se exibir, conhecia as distorções da interpretação, era elegante no seu discurso e aberto quando expunha seus pensamentos. Agora, vamos investigar sua biografia e conhecer outras particularidades da sua personalidade.

Cristo era flexível e brando ao abordar os assuntos de que tratava, mas em alguns pontos foi extremamente determinado. Entre esses pontos destaca-se o que ele pensava sobre a continuidade da existência e sobre a eternidade.

A respeito da continuação do espetáculo da vida, ele era incisivo. Não deixava margem de dúvida sobre seu pensamento. E, diga-se de passagem, seu pensamento era ousadíssimo, pois ele dizia claramente que tinha o segredo da eternidade. Afirmava que a vida eterna passava por ele. Ele falou: *"Quem crer em mim, ainda que morra, viverá!"* (João 11:25), *"Eu sou o pão vivo que desceu do céu. Se alguém comer esse pão, viverá para sempre"* (João 6:51). Proferiu muitas palavras semelhantes a essas, que são incomuns e possuem uma dimensão indescritível.

Ele não disse que se as pessoas obedecessem a regras de comportamento ou doutrinas religiosas teriam a vida eterna. Não! Os textos são claros: Cristo concentrou em si mesmo o segredo da eternidade. Disse que aqueles que cressem nele e o incorporassem interiormente teriam a vida eterna, a vida inesgotável e infinita. Quem fez um discurso como esse na história?

De todos os homens que brilharam em suas inteligências, ninguém foi tão ousado em seus pensamentos como Cristo. De todos aqueles que fundaram uma religião, uma corrente mística ou uma filosofia metafísica, ninguém teve a intrepidez de proferir palavras semelhantes às dele.

Ao investigarmos o pensamento de Cristo, verificamos que ele realmente não falava de mais uma religião nem de uma corrente de pensamento. Falava dele mesmo, discorria sobre a sua própria vida e o poder que ela continha! Chegou até a afirmar que ele próprio era *"o caminho, a verdade e a vida"* (João 14:6). Ao proferir essas palavras, atribuiu a si mesmo o caminho para chegar à verdade em seus amplos aspectos e o caminho para conquistar uma vida infindável.

Nós estamos psicoadaptados às palavras de Cristo, por isso não ficamos perturbados com elas. Os escribas e os fariseus sabiam o que elas significavam, por isso ficaram profundamente perturbados. Existiram diversos profetas ao longo dos séculos, mas nenhum deles ousou afirmar o que aquele carpinteiro de Nazaré pregou. Os escribas e os fariseus ficaram perplexos diante do discurso de Jesus na primeira pessoa. Apesar de viverem sob a ditadura do preconceito e de serem intelectualmente rígidos, tinham a mais absoluta razão de ficar perplexos. As palavras que Cristo proferiu são seriíssimas. Aquele que nasceu numa manjedoura colocou-se como a fonte da vida inextinguível, a fonte da eternidade, a fonte da verdade. Quem é esse homem?

As limitações da ciência e a postura de Cristo como fonte da verdade essencial

Uma área do conhecimento só ganha status de verdade científica quando comprova os fatos e prevê fenômenos. Se falarmos que o tabagismo prejudica a saúde, precisamos provar que os fumantes contraem determinadas enfermidades, como câncer de pulmão e doenças cardiovasculares. Uma vez comprovados os fatos, podemos prever fenômenos, ou seja, podemos prever que os fumantes têm mais possibilidades de adquirir essas doenças do que os não fumantes.

Ao comprovar os fatos e prever fenômenos, o conhecimento, principalmente nas ciências físicas e biológicas, deixa de ser um mero conhecimento e passa a ganhar status de verdade científica. Porém, há aqui um problema filosófico sério que muitos não compreendem. Uma verdade científica não atinge jamais a verdade essencial. Um milhão de pensamentos sobre um tipo de câncer de pulmão causado pela nicotina (verdade científica) não é o câncer em si (verdade essencial ou real), mas apenas um discurso científico sobre ele. Do ponto de vista filosófico, a verdade científica (ciência) procura a verdade real (essencial), mas jamais a incorpora. Outro exemplo: se produzirmos um milhão de ideias sobre um objeto de madeira, todas essas ideias poderão definir e descrever a celulose contida na madeira, mas a madeira continua sendo madeira, e as ideias continuam sendo meras ideias.

A interpretação de um terapeuta sobre a ansiedade de um paciente não representa a essência da energia ansiosa do paciente, mas um discurso sobre ela. A interpretação está na cabeça do terapeuta, mas a ansiedade está na emoção do paciente; portanto, ambas se encontram em mundos diferentes.

Sei que muitos leitores podem estar confusos com o que estou dizendo, mas o que quero mostrar é que a discussão filosófica sobre o que é a "verdade" tem varrido os séculos. Eu mesmo, por mais de dez anos, produzi uma teoria filosófica sobre o que é uma verdade científica, qual a sua relação com a verdade essencial, como ela se constrói na mente humana, até onde é relativa, quais são seus limites, alcances e lógica. Todas essas questões são muito complexas, e não entrarei em detalhes a respeito delas neste livro. Todavia, o que quero enfatizar ao expor esse assunto é que, a respeito da verdade, Cristo colocou-se numa posição que a ciência jamais pôde atingir.

Ao afirmar que era o caminho, a verdade e a vida, ele foi profundamente perturbador, porque se identificou como a própria verdade essencial, como a própria essência da vida. Ele não disse que possuía a verdade acadêmica, ou seja, que possuía um conjunto de conhecimentos, de ideias e de pensamentos verdadeiros, e sim que ele mesmo era o caminho que conduz à fonte da verdade essencial, o caminho que atinge a própria essência da vida. Que vida era essa? A vida eterna, infindável e inesgotável que ele propagava possuir.

Ao pronunciar tais palavras, posicionou-se como alguém cuja natureza estava além dos limites do que é propriamente humano. Ele se posicionou como filho de Deus, como autor da existência, como arquiteto da vida ou qualquer outro nome que se possa dar. Seu discurso foi impressionante.

Como veremos, Cristo gostava de afirmar que era filho do homem. Ele apreciava a sua condição humana, porém em alguns momentos aquele homem mostrava uma outra face, por meio da qual reivindicava sua divindade.

Como seres humanos, temos diversos limites. Ninguém pode dizer de si mesmo que é "o caminho, a verdade e a vida". Ninguém que é meramente humano, mortal e finito pode afirmar que possui em si mesmo a eternidade. Somos todos finitos fisicamente. Somos todos limitados temporal e espacialmente. Como pode uma pequena gota reivindicar ser uma fonte de água? O que nenhum ser humano teria coragem de proferir, a não ser que estivesse delirando, Cristo proferiu com a mais incrível eloquência.

Somos limitados na organização dos pensamentos, que são construídos a partir dos parâmetros que temos na memória. O fim e o infinito são parâmetros incompreensíveis e inatingíveis pela inteligência humana. Pense no que é o fim e tente esquadrinhar o que é o infinito. Já perdi noites de sono pensando nesses extremos. A existência humana transcorre dentro de um curto parêntese da eternidade. A vida humana é apenas uma gota existencial na perspectiva da eternidade.

Nossos pensamentos estão num pequeno intervalo entre o princípio e a eternidade. A ciência trabalha nos intervalos de tempo, sejam eles enormes ou extremamente pequenos. Sem o parâmetro do tempo não há ciência. Se estudar o que transcorre nos intervalos de tempo é algo sofisticado, o que dirá estudar os fenômenos que estão além dos limites do tempo, que transcorrem na eternidade! Um dos motivos de a ciência ter sido tímida e omissa em investigar a inteligência de Cristo é que seus pensamentos tratam de assuntos que extrapolam os parâmetros da ciência.

O que a ciência pode dizer a respeito dos pensamentos de Cristo sobre a eternidade? Nada! A ciência, por ser produzida dentro dos intervalos de tempo, não tem como confirmar nem discordar dele.

Se estudar a própria existência já é uma tarefa complexa, como poderá a ciência discorrer sobre a autoria da existência? Podemos discorrer teoricamente sobre as origens do universo, sobre os buracos negros, a teoria do Big Bang, mas não temos recursos intelectuais para discorrer sobre a "origem da origem", a "causa das causas", aquilo que está antes do início, a fonte primeira. O pensamento pode estudar os fenômenos que estão no pré-pensamento. Sim, mas o pensamento sobre o pré-pensamento, como disse, será sempre o pensamento, e não o pré-pensamento em si.

Se estudar fenômenos observáveis, passíveis de investigação e aplicação metodológica, já é uma tarefa extenuante para a ciência, imagine pesquisar aquilo que está além dos limites da observação! Se a ciência mal entende os fenômenos da vida, como pode entender aqueles que transcendem o fim da existência? De fato, a ciência tem limitações para pesquisar os complexos pensamentos de Cristo sobre a eternidade e a superação do caos da morte. Tais pensamentos entram na esfera da fé.

O discurso de Cristo abalaria os fundamentos da medicina

Apesar de a ciência não ter condições de estudar o conteúdo do discurso de Cristo e do poder que ele expressava ter, ela, como comentei, não está de mãos amarradas. Ainda pode investigar algumas áreas importantes da sua inteligência; pode estudar a sua coragem e ousadia para dizer palavras incomuns, e o choque psicossocial dessas palavras; pode investigar se as suas ideias são coerentes com sua história; pode analisar como ele rompia as ditaduras da inteligência e administrava seus pensamentos nos focos de tensão; pode estudar quais são as metas fundamentais da sua escola da existência.

Imagine Cristo transitando pelas ruas, pelos acontecimentos sociais, pelas festividades e pelos congressos de medicina, proclamando com eloquência, como fazia em sua época, que por intermédio dele o ser humano poderia superar o fim da existência e ir ao encontro da eternidade. Sua ousadia era sem precedentes. Ele discursava com incrível determinação sobre temas que poucos ousariam abordar.

Imagine Cristo interferindo nas conferências médicas e bradando que ele é a ressurreição e a vida (*João 11:25*). Se escandalizaria os psiquiatras e psicoterapeutas com a proposta de uma vida interior que jorra um prazer pleno e inesgotável, imagine a que ponto sua proposta sobre uma vida infindável, uma vida sem doenças e misérias, escandalizaria os médicos e os cientistas da medicina, que lutam para prolongar a vida humana, ainda que seja por alguns dias ou meses.

Diante do discurso de Cristo, algumas perguntas invadiriam a mente dos cientistas e dos médicos mais lúcidos. Como é possível transcender o inevitável e dramático caos da morte? Como é possível reorganizar a identidade da consciência depois que a memória se esfacela em bilhões de partículas na decomposição do cérebro? Como é possível desfrutar uma existência em que não se concebe mais o envelhecimento? Que tipo de natureza o ser humano teria de ter para possuir uma existência que se renovaria e se perpetuaria eternamente? Como a memória e a construção de pensamentos se renovariam numa história sem fim? O discurso de Cristo certamente abalaria a complexa e ao mesmo tempo limitada medicina, que é capaz de fazer muito por alguém que está vivo, mas não pode fazer nada por aquele que está morto.

Todas essas perguntas são provenientes de uma existência finita questionando uma existência infinita, com suas inúmeras dúvidas e limitações. Entretanto, o questionamento do finito sobre o infinito, do temporal sobre o eterno, ainda que limitado, é um direito legítimo do ser humano, um direito personalíssimo de expressão do pensamento, pois a vida clama por continuidade.

Cristo era tão determinado nessa questão que chegou até a usar uma metáfora que escandalizou muitos em sua época. Disse que quem comesse da sua carne e bebesse do seu sangue teria a vida eterna (*João 6:53-54*). As pessoas ficaram pasmas com a coragem daquele homem ao proferir tais palavras. Pensaram que ele estava falando da sua carne e do seu sangue físicos. Todavia, ele discorria sobre a incorporação de outra natureza, de uma natureza eterna. Que proposta intrigante!

Seus opositores pediam-lhe que não deixasse suas mentes em suspense, mas lhes dissesse claramente quem ele era (*Lucas 7:18-20*). A nata intelectual de Jerusalém fazia longos debates para descobrir sua identidade. Até pessoas sem cultura discutiam sobre a sua origem. Os próprios discípulos ficavam perturbados com seu discurso e indagavam quem era o mestre que eles seguiam (*João 8:25*). Haviam deixado tudo para acompanhá-lo e quanto mais andavam com ele, mais percebiam que não o conheciam.

O ser humano sempre procurou uma religião como âncora do futuro, com o objetivo de transcender a morte, e sempre procurou a medicina como âncora do presente, com o objetivo de retardar a morte. Agora aparecia alguém dizendo palavras nunca ouvidas sobre a superação do fim da existência e sobre a imersão na eternidade. E tudo se complicava mais porque, ao mesmo tempo que pronunciava com ousadia e determinação palavras incomuns sobre a eternidade, ele esquivava-se da fama e da ostentação.

A intrepidez de Cristo era tão impressionante que ele se colocava acima das leis físico-químicas. Chegou a expressar que *"os céus e a terra passarão, mas as minhas palavras não passarão"* (*Lucas 21:33*).

O universo tem bilhões de galáxias. Ele passa continuamente por um processo de organização, caos e reorganização. Estrelas nascem e morrem continuamente. Daqui a alguns milhões de anos o Sol deixará de existir. Os astrônomos olham para o firmamento e, em cada direção, contemplam um "céu de enigmas". Agora vem um homem que, além de dizer que possui o segredo da eternidade, expressa que o conteúdo dos seus pensamentos tem uma estabilidade que todo o universo não possui. O universo imerge no caos, mas ele proclama que suas palavras transpassam o caos físico--químico e que sua vida está além dos limites do tempo e do espaço. Tais afirmações são impressionantes.

Einstein era um admirador de Cristo. Contudo, se ele tivesse vivido naquela época, certamente o discurso de Cristo deixaria seu cabelo mais desalinhado do que o que mostra sua famosa foto. O discurso dele extrapolava os parâmetros da física, portanto não poderia ser explicado nem mesmo pela teoria da relatividade.

A personalidade ímpar de Cristo: grandes gestos e comportamentos singelos

Cristo disse palavras inimagináveis, que estão além dos limites da grandeza ambicionados pelo ser humano. Porém, o interessante é que ele tinha raciocínio coerente, organização de ideias e consciência crítica. Não há como não admirar a ousadia dos seus pensamentos e a determinação da sua inteligência. Por isso, repito, estudar a sua inteligência é, até para os ateus, um desafio intelectual prazeroso, um convite à reflexão. Não é à toa que seus pensamentos atravessaram os séculos e as gerações.

O mais perturbador é que a personalidade de Cristo se equilibra entre os extremos, como o pêndulo de um relógio. Como pode alguém discursar sobre a eternidade e ao mesmo tempo não procurar qualquer ato para se promover? Qualquer pessoa que julgasse possuir tal poder desejaria, no mínimo, que o mundo gravitasse em torno de si, que a humanidade se dobrasse aos seus pés. Alguns dos seus íntimos estavam confusos pelo fato de ele falar e fazer tantas coisas e, ao mesmo tempo, procurar continuamente se ocultar. Rogaram que ele se manifestasse ao mundo, que o mundo o contemplasse, o admirasse (*João 7:34*). Talvez até quisessem que o Império Romano se rendesse a ele.

A lógica dos discípulos era que os atos deveriam ser feitos em público para se tirar o máximo proveito deles. Essa é uma lógica política. Entretanto, a lógica de Cristo era diferente e interessante. Ele discursava em público, mas com frequência praticava seus atos sem alarde.

Cristo realizava ações admiráveis e em seguida se escondia nas ações singelas. Discursava sobre um poder sem precedentes, mas ao mesmo tempo transitava pelas avenidas da humildade. Proferia pensamentos que tinham grandes implicações existenciais, porém não obrigava ninguém a segui-los, apenas os expunha com elegância e convidava as pessoas a refletir sobre eles. Proclamava possuir uma vida infinita, mas, ao mesmo tempo, tinha imenso prazer em ter amigos finitos (*João 15:15*). Diante disso, é difícil não concluir que seu comportamento estilhaça os paradigmas e foge aos padrões previsíveis da inteligência humana.

Quais foram os atos de Cristo mais admiráveis: os pequenos ou os grandes? Muitos preferem os grandes. Para mim, os pequenos são tão eloquentes quanto os grandes. Quem é esse Cristo? É difícil compreendê-lo.

Cristo desejava que o ser humano fosse alegre, plenamente satisfeito e que vivesse uma vida interminável, infinita, sem limite de tempo. Sua proposta, embora muitíssimo atraente, deixa a ciência perplexa. Amar ou rejeitar tal proposta é um assunto íntimo, pessoal, que não depende da ciência.

Cristo discorria sobre uma música que todos queriam e querem dançar. Porém, as características da sua inteligência estão sempre nos surpreendendo. Elas são capazes de abalar os alicerces da humanidade do terceiro milênio e conduzi-la a repensar a sua história, os seus projetos e a sua compreensão do mundo.

CAPÍTULO 7

Um audacioso projeto: o público e o ambiente

A complexa escola da existência

A escola da existência é a escola da vida, dos eventos psicológicos e sociais. Na escola da existência escrevemos nossas histórias particulares. Essa escola penetra nos meandros de nossa existência: em nossos sonhos, expectativas, projetos socioprofissionais, relações sociais, frustrações, prazeres, inseguranças, dores emocionais, crises existenciais e todos os momentos de ousadia, de solidão, de tranquilidade e de ansiedade que experimentamos. A escola da existência envolve toda a trajetória de um ser humano. Inicia-se na vida intrauterina e termina no último suspiro.

Ela envolve não apenas os pensamentos e as emoções que manifestamos socialmente, mas também o corpo de pensamentos e emoções represados dentro de cada um de nós. Envolve as lágrimas não derramadas, os temores não expressos, as palavras não verbalizadas, as inseguranças não comunicadas, os sonhos silenciosos.

A escola da existência é muito mais complexa e sofisticada do que a escola clássica (educacional). Na escola clássica nos sentamos enfileirados; nela, infelizmente, somos frequentemente receptores passivos do conhecimento. E o conhecimento que recebemos tem pouca relação com a nossa história, no máximo relaciona-se com a nossa profissão. Na escola da existência, porém, todos os eventos têm relação direta com a nossa história.

Na escola clássica temos de resolver os problemas da matemática; na da existência temos de resolver os problemas da vida. Na escola clássica aprendemos as regras gramaticais; na da existência temos de aprender a difícil arte de dialogar. Na escola clássica temos de aprender a explorar o mundo em que estamos, ou seja, o pequeno átomo da química e o imenso espaço da física; na da existência temos de aprender a explorar os territórios do mundo que somos. Portanto, a escola da existência inclui a clássica e vai muito além dela.

Um dos maiores erros educacionais da escola clássica é não ter como meta fundamental o preparo dos alunos para viver na sinuosa existência. A melhor escola clássica é aquela que constrói uma ponte sólida para a escola da vida. Boa parte das escolas clássicas se tornou um parêntese dentro da escola da existência, não havendo comunicação entre elas. Numa escola clássica fechada, os alunos são presos numa bolha, numa redoma educacional, sem "anticorpos" intelectuais para superar as contradições da existência e amadurecer multifocalmente a inteligência.

Eles incorporam o conhecimento, mas raramente se tornam engenheiros de ideias. Tornam-se profissionais, mas poucos conhecem a cidadania e expandem a consciência crítica.

Na escola da existência, a velhice não significa maturidade, os títulos acadêmicos não significam sabedoria, o sucesso profissional não significa sucesso no prazer de viver. Nela, os parâmetros são mais complexos.

As características da escola da existência

A escola da existência de Cristo possui características incomuns. Ela não é uma escola de pensamento, filosófica, de regras comportamentais, de ensino religioso-moralista e nem de aperfeiçoamento de caráter. O projeto de Cristo era muito mais complexo e ambicioso.

As biografias de Cristo revelam que ele não objetivava reformar o ser humano, mas promover uma transformação em seu interior, reorganizar intrinsecamente sua capacidade de pensar e viver emoções. Ele pretendia produzir uma nova pessoa. Uma pessoa solidária, tolerante, que supera as ditaduras da inteligência, que se vacina contra a paranoia do individualismo, que aprende a cooperar mutuamente, que aprende a se conhecer, que considera a dor do outro, que aprende a perdoá-lo, que se interioriza, que se repensa, que se coloca como aprendiz diante da vida, que desenvolve a arte de pensar, que expande a arte de ouvir, que refina a arte da contemplação do belo. Essas características serão estudadas nos capítulos posteriores. Seria muito bom se pudéssemos gravá-las em nossa mente para entendermos melhor o projeto de Cristo.

Creio que nunca alguém teve um projeto tão audacioso e ambicioso como o dele. Antes existiram algumas escolas na Grécia. A academia de Platão, o liceu de Aristóteles, as escolas pós-socráticas. Porém, nenhuma possuía um projeto tão ambicioso e instigante como a escola da existência de Cristo. É difícil deixar de reconhecer a dimensão do seu propósito e como era um mestre especialista em desengessar a inteligência das pessoas que conviviam com ele. Ao investigá-lo, concluímos que ele não queria melhorar o ser humano, mas mudar a sua natureza intrínseca (*Mateus 23:26-27*).

É difícil dar nome ao projeto de Cristo. Alguns podem chamá-lo de propósito ou de plano. Não importa o nome que se dê. O importante é que possamos compreender que seu projeto era complexo, sofisticado, audacioso, multifocal, às vezes parecendo um hospital que tratava das misérias humanas, mesmo as mais ocultas. Talvez por isso ele tenha se colocado como "médico" que trata das mazelas interiores (*Mateus 9:12*). Outras vezes, ele era como um restaurante e uma fonte de sentido existencial que satisfaz as necessidades humanas e propicia prazer. Talvez por isso cuidasse da fome física dos que o seguiam e tivesse se colocado como o "pão da vida", que supre as necessidades íntimas da emoção e do espírito humano (*João 6:35*). E, outras vezes ainda, esse projeto parecia uma escola que objetivava transformar as pessoas, expandir a sua inteligência e modificar a sua maneira de pensar (*Mateus 5:1-11*). Talvez por isso ele tivesse se colocado como o messias, o mestre que abre as janelas da mente e conduz homens e mulheres a pensarem em outras possibilidades (*Mateus 23:8*).

Seguindo a definição abrangente da escola da existência que forneci no tópico anterior, chamarei esse projeto de "a escola da existência de Cristo". A escola de Cristo tem características inusitadas, peculiares, misteriosas, difíceis de serem compreendidas. A seguir, farei um comentário sobre algumas delas.

O ambiente da escola da existência

A escola da existência de Cristo era diferente em muitos aspectos de uma escola clássica. Não tinha muros nem espaço físico definido. Erguia-se nos lugares menos clássicos: no deserto, na beira da praia, nos montes, nas sinagogas judias, no pátio do templo de Jerusalém, no interior das casas. E também nas situações menos clássicas: nos jantares, nas festas, numa conversa informal.

Cristo não tinha preconceitos. Falava com as pessoas em qualquer ambiente. Não perdia oportunidade para conduzir o ser humano a se interiorizar. Por onde passava, atuava como mestre e iniciava sua escola. Nela não havia mesa, carteira, lousa, giz, computador ou técnica pedagógica. Sua técnica eram suas próprias palavras, seus gestos e seus pensamentos. Sua pedagogia era sua história e a maneira como abria as janelas da inteligência dos seus discípulos. O título de Mestre dos Mestres da escola da existência é merecido.

Embora Cristo não tivesse preconceito quanto ao ambiente para proferir suas palavras, parecia preferir lugares abertos. Não poucas vezes o céu era o teto da sua escola. As pessoas se assentavam ao seu redor para ouvi-lo. Ao ar livre, ele proferia eloquentemente suas palavras. Certamente, em algumas oportunidades, bradava em voz alta, em razão do grande número de pessoas reunidas ao seu redor.

Cristo se misturava com seus alunos, entrava na história deles. Não havia um fosso entre o mestre e seus discípulos. Suas histórias se cruzavam. Por intermédio desse viver íntimo e aberto o mestre conquistava os alunos e conhecia as angústias e necessidades de cada um (*João 14:27; 16:4-6*). Aproveitava cada circunstância, cada momento, cada erro e dificuldade deles para conduzi-los a se repensarem e reorganizarem suas histórias.

A ausência de hierarquia na escola da existência: o público

Na escola de Cristo não há reis, políticos, intelectuais, iletrados, moralistas e imorais. Todos são apenas o que sempre foram, ou seja, seres humanos. Ninguém está um milímetro acima ou abaixo de ninguém. Todos possuem uma relação fraternal de igualdade. Suas biografias evidenciam de forma clara que Jesus criticava contundentemente qualquer tipo de discriminação. Em seu projeto todos possuem a mesma dignidade, não há hierarquia.

É raríssimo haver um lugar onde as pessoas não sejam classificadas, seja pela condição financeira, intelectual, estética, pela fama ou qualquer outro tipo de parâmetro. O ser humano facilmente vive a ditadura do preconceito. Uma das mais drásticas e destrutivas doenças da humanidade é essa ditadura. Ela engessa a inteligência e gera toda sorte de discriminação. A discriminação já arrancou lágrimas, cultivou a injustiça, distorceu o direito, fomentou o genocídio e muitas outras formas de violação dos direitos humanos.

Para o Mestre dos Mestres, ninguém é indigno e desclassificado por qualquer condição ou situação. Uma prostituta tem o mesmo valor que um moralista. Uma pessoa iletrada e sem qualquer tipo de cultura formal tem o mesmo valor que um intelectual, um versado escriba. Uma pessoa excluída tem o mesmo valor que um rei.

Cristo era de tal forma contra a discriminação, que fazia com que os moralistas da sua época tivessem calafrios diante das suas palavras. Teve a coragem de dizer aos fariseus que os corruptos coletores de impostos e as meretrizes os precederiam em seu reino (*Mateus 21:31*). Como é possível os corruptos e as prostitutas precederem os fariseus tão famosos e moralistas? Pela capacidade de se esvaziarem e se colocarem como aprendizes em sua encantadora escola.

Os coletores de impostos eram odiados e as prostitutas eram apedrejadas na época. Todavia, o plano transcendental de Cristo arrebata a psicologia humanista. Nele todos se tornam indistintamente seres humanos. Nunca alguém considerou tão dignas pessoas tão indignas. Nunca alguém exaltou tanto pessoas tão desprezadas. Nunca alguém incluiu tanto pessoas tão excluídas.

CAPÍTULO 8

Despertando a sede de aprender e desobstruindo a inteligência

*Cristo despertava a sede do saber. O bom e o
excelente mestre*

Não devemos considerar Cristo um pobre coitado e sofredor. Esse título não o dignifica. Ele não era frágil; possuía uma força impressionante. Se existiu alguém que detinha uma coragem incomum, foi Cristo. Ele não se calava nem mesmo quando enfrentava sério risco de morte. Teve intrepidez para enfrentar um mundo totalmente contrário ao seu pensamento. Teve ousadia para enfrentar os ambientes públicos mais hostis e determinação para enfrentar seus próprios medos e angústias. Discursou nos territórios dos seus mais ardentes opositores (*Mateus 6:2-5; 7:15-23*). Antes de ser crucificado, correu sério risco de sofrer politraumatismo por apedrejamento.

Cristo também não agia inconsciente e inconsequentemente – tinha consciência do efeito das suas palavras e das metas que queria atingir. Combinava a humildade e a tolerância com a ousadia e a determinação. Apreciava provocar a inteligência das pessoas e mostrar o radicalismo delas.

Cristo era um mestre cativante. Muitos corriam para ouvi-lo, para aprenderem com ele. Era diferente da grande maioria dos demais mestres, mesmo os da atualidade, que transmitem o conhecimento sem prazer e desafio, transmitem-no pronto, acabado e despersonalizado, ou seja, sem comentar as dores, frustrações e aventuras que os pensadores viveram enquanto o produziam. Tal transmissão não instiga a inteligência dos alunos, não os surpreende, não os torna engenheiros de ideias.

Um bom mestre possui eloquência, mas um excelente mestre possui mais do que isso; possui a capacidade de surpreender seus alunos, instigar-lhes a inteligência. Um bom mestre transmite o conhecimento com dedicação, enquanto um excelente mestre estimula a arte de pensar. Um bom mestre procura seus alunos porque quer educá-los, mas um excelente mestre lhes aguça tanto a inteligência que é procurado e apreciado por eles. Um bom mestre é valorizado e lembrado durante o tempo de escola, enquanto um excelente mestre jamais é esquecido, marcando para sempre a história dos seus alunos.

Cristo instigava a inteligência daqueles que conviviam com ele. Ele os inspirava e os formava engenheiros do pensamento. Não apenas seus pensamentos marcaram a história dos seus íntimos, mas também os gestos e os momentos de silêncio foram tão eloquentes que modificaram a trajetória da vida deles.

Ele andava pelas cidades, vilas e lugarejos proclamando o "reino dos céus" e o seu projeto de transformação interior. Suas biografias indicam que falava de maneira arrebatadora. Sua fala despertava nas pessoas uma sede interior. Embora fosse o carpinteiro de Nazaré e andasse e se vestisse de modo simples, seus ouvintes ficavam impressionados com a dimensão da sua eloquência (*Mateus 6:30-44*). Com o decorrer dos meses, Cristo não precisava procurar as pessoas para falar-lhes. A sua fala era tão cativante que ele passou a ser procurado pelas multidões. As pessoas se aglomeravam para ouvi-lo. Determinados grupos o apreciavam tanto que lhe rogavam que não se afastasse deles. Mas ele dizia que tinha de levar sua mensagem a outros locais.

As multidões o seguiam por lugares inóspitos, desérticos, onde corriam o risco até de morrer de fome (*Mateus 14:15; 15:32; Marcos 8:1-9*). Mesmo assim não desistiam, pagando qualquer preço para ouvi-lo. Isto é muito interessante. A maioria das pessoas daquela época não tinha cultura e provavelmente nenhum interesse em aprender nada além do necessário para trabalhar e sobreviver. Porém, Cristo havia provocado uma fome íntima naquelas pessoas que ultrapassava os limites da fome física.

Cristo rompe a minha tese e o argumento de Will Durant

Quando as necessidades para garantir a sobrevivência são grandes, as pessoas não têm interesse em desenvolver o pensamento. A este respeito há um episódio interessante na história da filosofia. Will Durant, autor do famoso livro *História da filosofia*, tenta justificar por que a Europa produziu qualitativamente mais pensadores na literatura e na filosofia do que os Estados Unidos.* Ele comenta que "a Inglaterra precisou de oitocentos anos desde sua fundação até Shakespeare e que a França precisou também de oitocentos anos para chegar a Montaigne [...] enquanto nós tivemos de gastar nossas energias abrindo clareiras em nossas grandes florestas e extraindo a riqueza do nosso solo; ainda não tivemos tempo de produzir uma literatura nacional e uma filosofia madura".

A Inglaterra, a França e outros países demoraram muitos séculos para produzir um corpo de pensadores na filosofia, na literatura, nas artes, etc. De fato, o pensamento filosófico na Europa é mais maduro do que nos Estados Unidos. Durant justifica esse fato dizendo que a sociedade americana esteve muito ocupada nos últimos séculos com suas necessidades de sobrevivência, com o desenvolvimento social. Embora não seja uma regra matemática, a produção de pensadores tem alguma relação com o atendimento das necessidades básicas de sobrevivência, com o desenvolvimento social. Primeiro devem ser atendidas as necessidades básicas, para depois florescer um pensamento mais maduro e coletivo. Claro que o pensamento pode florescer individualmente em meio a crises sociais, pobreza material, guerras, etc. Entretanto, a formação de um corpo de pensadores está ligada ao desenvolvimento social. O pensamento se comporta, às vezes, como o vinho: quanto mais velho e amadurecido, melhor o paladar.

O argumento de Durant, portanto, tem fundamento e vai ao encontro da tese que abordei sobre a prevalência do homem instintivo (animal) sobre o homem pensante nas situações estressantes. As necessidades materiais básicas que garantem a sobrevivência – como moradia, saúde e alimentação – tendem a prevalecer sobre as necessidades psicológicas. Quando

---

* Durant, Will. *Op. cit.*

as necessidades materiais básicas são atendidas, elas tendem a libertar o pensamento e expandi-lo para expressar a arte.

A arte tem certa ligação com a dor, não com a dor da sobrevivência, instintiva, mas com a dor das crises existenciais, a dor da alma, que envolve os conflitos psíquicos e sociais. Raramente as pessoas se interessam em pensar quando precisam lutar para sobreviver. Raramente o mundo das ideias se expande quando o corpo é pressionado pela dor da fome, quando a vida é castigada pela miséria. Porém, Cristo rompeu esse paradigma, que norteia tanto minha tese como o argumento de Durant.

Cristo brilhou na sua inteligência, embora desde a infância tivesse sido castigado pela pobreza. Além disso, o que é mais interessante, ele induziu as pessoas da sua época, tão castigadas pela miséria física e psicológica, a ter fome do saber que transcendia as necessidades básicas de sobrevivência.

Na época de Cristo, o povo de Israel vivia sob o domínio do Império Romano. Sobreviver era difícil. A fome e a miséria faziam parte da vida daquele povo. A produção de alimentos era escassa e, ainda assim, as pessoas tinham de pagar pesados impostos, pois havia coletores (publicanos) espalhados por todo o território de Israel.

Se olharmos para a miséria do povo de Israel e para o jugo imposto pelo Império Romano, constataremos que Cristo não veio na melhor época para expor seu complexo e audacioso projeto de transformar o ser humano. Se tivesse vindo numa época em que houvesse menos miséria e o sistema de comunicação estivesse desenvolvido, seu trabalho seria facilitado. Porém, há muitos pontos em sua vida que fogem aos nossos conceitos: nasceu numa manjedoura, não gostava de ostentar, escolheu uma equipe de discípulos totalmente desqualificada, silenciou durante seu julgamento. As pessoas na época de Cristo estavam preocupadas em se alimentar e não em pensar, porém descobriram que não só de pão vive o ser humano.

Os fariseus e os sacerdotes não tinham qualquer brilho na época. Cristo brilhou num ambiente em que raramente era possível brilhar. Embora naquele tempo as pessoas tivessem todos os motivos para não se interiorizar, elas abandonavam as suas casas e o pouco que tinham e iam para as regiões desérticas ouvir as palavras sofisticadas e incomuns desse atraente mestre.

É difícil encontrar uma pessoa intelectualmente atraente e interessante na sociedade moderna. Para tornar as pessoas atraentes, a mídia tem de "maquiá-las", dar colorido a suas palavras e seus gostos. Todavia, o carpinteiro de Nazaré era um homem que atraía multidões sem precisar de nenhuma publicidade.

Algumas vezes as pessoas viajavam durante vários dias, tendo de dormir ao relento, para ouvi-lo. O estranho é que Cristo não prometia uma vida fácil nem fartura material. Não prometia um reino político nem uma terra da qual manava leite e mel, como Moisés. Ele discursava sobre uma outra esfera, um reino dentro do ser humano, que implicava um processo de transformação íntima.

Não havia despertador, mas as pessoas levantavam muito cedo para ir ao seu encontro. Creio que muitas tinham insônia de tão intrigadas que ficavam com os pensamentos de Cristo. Alguns textos dizem que as multidões nem mesmo esperavam o sol raiar para procurá-lo (*Lucas 21:38*). Dificilmente houve na história um mestre tão cativante quanto ele.

Embora não houvesse um local definido para ele se encontrar com as pessoas, elas se encarregavam de achá-lo. Sob o impacto das suas palavras, eram estimuladas a se repensar e a pensar nos mistérios da existência. O pensamento não estava institucionalizado; todos eram livres para ouvir e aprender, apesar das dificuldades que atravessavam.

Cristo tinha coragem tanto para expor seus pensamentos como para permitir que as pessoas o abandonassem. É muito difícil reunir essas duas características numa mesma pessoa. Quem tem coragem para expor seus pensamentos geralmente controla aqueles que o seguem e restringe-lhes a liberdade. Mas Cristo era diferente. Um dia ele chegou diante dos seus discípulos e deu plena liberdade para que o deixassem (*João 6:67*). Até perguntou: "*Vocês querem me abandonar?*" Sua capacidade para expor os pensamentos e não impô-los é singular. Ele apenas fazia convites que ecoavam naqueles ares: "*Quem tem sede venha a mim e beba*" (*João 7:37*).

O registro no capítulo 4 do evangelho de Mateus mostra-nos que, quando Cristo estava caminhando junto ao mar da Galileia, ele viu Pedro, André, Tiago e João, que estavam pescando ou remendando redes. Então ele os chamou, dizendo: "*Vinde após mim!*" Imediatamente eles o seguiram, deixando seus barcos e suas atividades. Até hoje tenho dificuldade para compreender por que quando ele simplesmente disse "*Vinde após mim*" os discípulos logo reagiram e o seguiram. Havia um intenso carisma nas palavras e no semblante daquele mestre que atraía as pessoas.

Cristo cativou tanto as pessoas que elas não conseguiam aceitar a hipótese de se separarem dele. Quando ele foi crucificado, elas batiam no peito inconformadas (*Lucas 23:48*). Talvez dissessem para si mesmas: "Como pode alguém que mudou nossas vidas e nos deu um novo sentido existencial passar por uma morte tão dolorosa e ultrajante? Como pode alguém tão inteligente e poderoso não ter usado sua força e capacidade intelectual para escapar do próprio julgamento?" Era muito difícil para elas compreenderem as consequências e as implicações da crucificação de Cristo.

O processo de interiorização nas sociedades modernas

Atualmente perdemos o prazer de realizar o processo de interiorização. Multiplicaram-se as escolas e o acesso às informações, mas não multiplicamos a formação de pensadores.

Hoje, frequentemente, as pessoas só são motivadas a aprender porque assim usam o conhecimento como ferramenta profissionalizante. Se retirássemos o título profissional e a possibilidade de auferir lucro com a aquisição de conhecimento, as universidades morreriam, o conhecimento seria enterrado! O deleite de aprender e de se tornar um engenheiro de ideias está cambaleante nas sociedades modernas. Foi substituído, como veremos adiante, pela paranoia do consumismo, da estética, da competição predatória.

Não há dúvida de que diversas pessoas seguiam Cristo para atender às próprias necessidades básicas e contemplar os seus atos sobrenaturais. Ele tinha consciência disso (*João 2:23-25*). Porém, muitas o seguiam porque foram despertadas por ele, descobriram o prazer de aprender. Platão falou do deleite do processo de aprendizado.* Se ele tivesse vivido na época de Cristo, provavelmente seria íntimo dele, ficaria encantado com a habilidade do mestre de Nazaré em levar as pessoas desprovidas de qualquer cultura a romper com a mesmice da rotina existencial e ter sede de se interiorizar.

O projeto de Jesus era surpreendente. Sob sua influência as pessoas se tornaram caminhantes nas trajetórias do próprio ser. Sob o cuidado desse mestre aprenderam a criar raízes dentro de si mesmas, aprenderam a ver a

---

* Platão. *A República*. Brasília: Editora da UNB, 1981.

vida sob outra perspectiva e a dar-lhe um sentido nobre, mesmo diante das misérias e das dores existenciais.

Desobstruindo a inteligência

Colocar-se como aprendiz diante da vida profissional, social e intelectual é um verdadeiro exercício de inteligência. Uma pessoa que possui essa característica é sempre criativa, lúcida e brilhante intelectualmente. Está se despojando de maneira contínua dos seus preconceitos e enxergando a vida de diferentes ângulos. Por outro lado, uma pessoa que se sente interiormente abastada está sempre tensa, entediada e envelhecida intelectualmente.

Faz bem à saúde do cérebro e à saúde psíquica colocar-se como aprendiz diante da existência. Essa característica não tem relação com a idade. Há jovens que são velhos, por serem engessados e rígidos intelectualmente. Há velhos que são jovens, por serem livres e sempre dispostos a aprender. Tal característica é mais importante do que a genialidade. É possível ser um gênio e ser apenas um mero baú de informações, sem nenhuma criatividade.

Se observarmos a história dos homens e mulheres que mais brilharam em suas inteligências, constataremos que a curiosidade, o desafio, a ousadia, a sede de aprender, a capacidade de se colocar como aprendiz diante dos acontecimentos da vida eram seus segredos. Muitos pensadores foram mais produtivos quando ainda eram imaturos, pois tinham preservadas essas características. Nessa fase, embora tivessem os problemas ligados à imaturidade intelectual, estavam mais abertos para o aprendizado. Todavia, quando conquistaram status, fama, prestígio social e abandonaram a postura de aprendizes, arruinaram-se intelectualmente.

Quem se contamina com o vírus da autossuficiência reduz a própria produção intelectual. Quem se embriaga com o orgulho está condenado à infantilidade emocional e à pobreza intelectual, além de fazer da vida uma fonte de ansiedade. O orgulho gera muitos filhos, entre os quais estão a dificuldade de reconhecimento de erros e necessidade compulsiva de estar sempre certo. Aquele que recicla seu orgulho e se liberta do jugo de estar sempre certo transita pela vida com mais tranquilidade. A pessoa que reconhece suas limitações é mais madura do que a que se senta no trono da verdade.

Um dos maiores problemas educacionais é levar um mestre a se posicionar continuamente como aluno e manter um aluno constantemente em sua condição de aprendiz. Muitos profissionais liberais e executivos se tornam estéreis com o decorrer do tempo, pois se fecham dentro de si mesmos, engessam sua inteligência com as amarras da autossuficiência e da independência exageradas.

Muitos cientistas são produtivos quando estão no início de suas carreiras. Entretanto, à medida que sobem na hierarquia acadêmica e supervalorizam seus títulos, têm grande dificuldade de produzir novas ideias. Os jornalistas, os professores, os médicos, os psicólogos, enfim, toda e qualquer pessoa que não recicla a autossuficiência aprisiona o pensamento e aborta a criatividade. É provável que muitos de nós estejamos intelectualmente estéreis e não tenhamos consciência disso por causa da dificuldade de nos interiorizar e repensar nossa história.

Cristo provocava continuamente a inteligência dos seus discípulos e os estimulava a abrir as janelas de suas mentes. Os pensamentos dele eram novos e originais e iam contra todos os paradigmas desses discípulos, contra tudo o que tinham aprendido como modelo de vida. Por isso, tinha um grande desafio pela frente. Precisava romper-lhes a rigidez intelectual e conduzi-los a se colocarem como aprendizes diante da sinuosa e turbulenta trajetória de vida. Quem ele escolheu como discípulos? Os intelectuais ou os iletrados?

Estranhamente Cristo não escolheu como discípulos para revelar seu propósito e executar seu projeto um grupo de intelectuais da época, representados por escribas e fariseus. Estes tinham a grande vantagem de possuir uma cultura milenar e uma refinada capacidade de raciocínio. Além disso, alguns o admiravam muito. Porém, pesava contra eles o orgulho, a autossuficiência e a rigidez intelectual, o que impedia que se abrissem para outras possibilidades de pensar.

O orgulho e a autossuficiência infectam a sabedoria e a arte de pensar

O orgulho e a autossuficiência dos escribas e fariseus obstruíam suas inteligências e os encerravam num cárcere intelectual. Na escola de Cristo, o orgulho e a autossuficiência infectam a sabedoria e abortam a arte de pensar. Nela, ninguém se diploma, todos são "eternos" aprendizes. Todos devem ter a postura intelectual de uma criança, que é aberta, sem preconceitos e com grande disposição para aprender (*Marcos 10:15*).

Cristo demonstrava que precisava de algo mais que admiradores e simpatizantes de sua causa. Precisava de uma mente aberta, de um espírito livre e sedento. Ele não desistiu dos escribas e dos fariseus, mas, em vez de insistir com eles, preferiu começar tudo de novo, e procurou pessoas aparentemente desqualificadas para executar um projeto mais profundo e transcendental. Escolheu um grupo de incultos pescadores que provavelmente não conheciam nada além dos limites do mar da Galileia, que nunca pensaram em caminhar dentro de si mesmos e desenvolver a arte de pensar, pessoas que nunca refletiram mais profundamente sobre os mistérios da existência ou sonharam em ser mais do que simples pescadores ou coletores de impostos.

O mundo intelectual e espiritual daqueles homens era muito pequeno. Todavia, um mestre intrigante passou por eles, abriu suas mentes e despertou neles um espírito sedento que mudaria para sempre suas trajetórias de vida.

Cristo tomou uma atitude arriscada, corajosa e desafiadora. Fez uma escolha incomum para levar a cabo o seu complexo desejo. Escolheu um grupo de homens iletrados e sem grandes virtudes intelectuais para transformá-los em engenheiros da inteligência e torná-los propagadores (apóstolos) de um plano que abalaria o mundo, atravessaria os séculos e conquistaria centenas de milhões de pessoas de todos os níveis culturais, sociais e econômicos.

CAPÍTULO 9

Investindo em sabedoria diante dos invernos da vida

Os princípios da matemática emocional

Muitos investem boa parte de sua energia física e psicológica em aplicar dinheiro nas bolsas de valores, em adquirir bens materiais, em ter um carro do último tipo, em contratar um bom plano de previdência. Apesar de legítima, a segurança financeira é totalmente insuficiente para satisfazer as necessidades mais íntimas do ser humano, para dar sentido à sua existência, enriquecer seu prazer de viver e amadurecer sua personalidade.

Tratei de diversas pessoas com transtornos depressivos que eram financeiramente ricas, mas que tinham perdido o encanto pela vida. Várias confessaram que sentiam inveja das pessoas simples que, embora não tivessem cultura nem suporte financeiro, sorriam diante dos pequenos eventos da vida.

Lembro-me de um grande empresário agroindustrial que me disse que alguns dos seus empregados cortadores de cana eram mais ricos do que ele, pois, apesar da miséria material, conseguiam cantar e se alegrar enquanto trabalhavam. De fato, há miseráveis que moram em palácios e ricos que moram em barracos...

Não estou fazendo apologia da miséria, pelo contrário, a miséria em todos os sentidos deveria ser extirpada da sociedade, mas quero dizer que a psique humana é tão complexa que desobedece às regras da matemática financeira. A matemática emocional tem, felizmente, princípios que ultrapassam os limites da matemática lógica. Ter não é ser. Quem tem dez casas não tem dez vezes mais prazer na vida ou dez vezes mais segurança emocional do que quem tem um casebre. Quem tem um milhão de dólares não é milhares de vezes mais alegre do que quem só possui alguns míseros trocados.

É possível possuir muito financeiramente e ser emocionalmente triste, infeliz. É possível ter riquezas materiais e baixa capacidade de contemplação do belo. A matemática emocional pode inverter os princípios da matemática financeira, principalmente para quem aprende a investir em sabedoria. O processo de construção da inteligência é um espetáculo tão sofisticado que promove atos inesperados e cenas imprevisíveis ao longo da vida.

Todos comentam sobre a miséria física porque é perceptível aos olhos, mas raramente se fala sobre a miséria emocional que abate o ânimo e restringe o prazer da existência. A temporalidade da vida é muito curta. Num instante somos jovens e em outro somos velhos. As crianças gostam de fazer aniversário. Quando chega a maturidade, queremos parar o tempo, mas ele não para. A brevidade da vida deveria nos fazer buscar a sabedoria e dar um sentido mais rico à existência. Caso contrário, o tédio e a angústia serão parceiros íntimos de nossa trajetória.

Investindo em sabedoria: as dores da existência sob outra perspectiva

Cristo objetivava que seus discípulos se tornassem grandes investidores em sabedoria. Ele não queria que o ser humano tivesse uma meta existencial superficial e pobre. Ao investigarmos sua história, constatamos que para ele cada pessoa era um ser único e deveria viver sua vida como um espetáculo singular. Por isso, ele aproveitava cada oportunidade para treinar seus discípulos a crescer diante das limitações e das fragilidades humanas (*Marcos 7:20-23*). Procurava abrir-lhes o horizonte intelectual para que pudessem ver os sofrimentos sob outra perspectiva.

As dores da existência – tanto as físicas quanto, principalmente, as psicológicas – deveriam ser aliviadas. Todavia, para Cristo, elas deveriam ser usadas para lapidar as arestas da personalidade. O ser humano aprende facilmente a lidar com seus sucessos e ganhos, mas tem grande dificuldade de aprender a lidar com seus fracassos e perdas. Vivemos em sociedades que negam as dores da existência e superdimensionam a busca do sucesso. Qualquer pessoa aprende a lidar bem com as primaveras da vida, mas só os sábios aprendem a viver com dignidade nos invernos existenciais.

O fato de sermos seres que pensam e têm consciência nos torna uma espécie muito complexa e, por vezes, complicada. Uma espécie que cria seus próprios inimigos. A cada momento penetramos nos labirintos da memória e formamos ricas cadeias de pensamentos sem saber como encontrar os endereços das informações na memória. Pensar é um espetáculo. Porém, tanto pode ser um espetáculo de prazer como de terror. Se o mundo das ideias que construímos no palco de nossas mentes é negativo, fazemos de nossas vidas um espetáculo de angústia, ainda que possamos ter privilégios exteriores.

Frequentemente, o ser humano é o maior algoz de si mesmo. Muitos sofrem por antecipação, fazem o "velório antes do tempo". Os problemas ainda não ocorreram e eles já estão sofrendo antecipadamente. Outros ruminam o passado e mergulham numa esfera de sentimento de culpa. O peso da culpa está sempre ferindo-os. Outros, ainda, se autodestroem pela hipersensibilidade emocional que possuem; pequenos problemas têm um eco intenso dentro deles. As pessoas hipersensíveis costumam ser ótimas para os outros, mas péssimas para si mesmas. Quando alguém as ofende, estraga-lhes o dia e, às vezes, até sua semana. Para essas pessoas, a magnífica construção de pensamentos deixa de ser um espetáculo de entretenimento para se tornar uma fonte de ansiedade.

Se não reciclarmos as ideias de conteúdo negativo, se não trabalharmos o sentimento de culpa e repensarmos a hipersensibilidade emocional, facilmente desenvolveremos depressão ou estresse acompanhados de sintomas psicossomáticos. Pensar não é uma opção do ser humano. Pensar, como vimos, é um processo inevitável. Ninguém consegue interromper o fluxo de pensamentos, mas é possível gerenciar com certa maturidade os pensamentos e as emoções; caso contrário, tornamo-nos vítimas de nossa própria história. Se não formos agentes modificadores de nossa história, se não a reescrevermos com maturidade, certamente seremos vítimas dos invernos existenciais.

Reescrever a história é o papel fundamental do ser humano. Precisamos incorporar a necessidade desse capital intelectual.

Cristo extraía sabedoria da sua miséria

Cristo estava sempre conduzindo as pessoas a reescreverem suas histórias e a não serem vítimas das intempéries sociais e dos sofrimentos que viviam. Ele se preocupava com o desenvolvimento das funções mais altruístas da inteligência. Desejava que as pessoas tivessem domínio próprio, administrassem os pensamentos e aprendessem a trafegar nas avenidas da perseverança diante das dificuldades da vida.

Jesus foi ofendido diversas vezes, porém sabia proteger a sua emoção. Alguns fariseus diziam que ele era o principal dos demônios. Para alguém que se colocava como o "Cristo", essa ofensa era muito grave. Mas as ofensas não o atingiam. Somente uma pessoa forte e livre é capaz de refletir sobre as ofensas e não ser ferida por elas. Ele era forte e livre em seus pensamentos, por isso podia dar respostas excepcionais em situações em que dificilmente havia espaço para pensar, em situações em que facilmente a ira nos invadiria.

Nem mesmo a possibilidade de ser preso e morto a qualquer momento parecia perturbá-lo. Ele transcendia as circunstâncias que normalmente nos sobrecarregariam de ansiedade. Tinha muitos opositores, todavia manifestava com ousadia seus pensamentos em público. Tinha todos os motivos para sofrer de insônia, contudo não perdia noite de sono, dormindo até em situações turbulentas.

Certa vez, os discípulos, que sendo pescadores eram especialistas em mar, ficaram intensamente apavorados diante de uma grande turbulência marítima. Enquanto eles estavam desesperados, Cristo dormia. Ele não era pescador nem estava acostumado a viajar de barco. Quem não está habituado a navegar costuma sentir enjoo na viagem, principalmente se o mar estiver agitado. Desesperados, os discípulos o despertaram. Acordado, ele censurou o medo e a ansiedade deles e com um gesto acalmou a tempestade. Os discípulos, mais uma vez intrigados, perguntavam entre si: "*Quem é este que até o vento e o mar lhe obedecem...?*" (Lucas 8:22-25) O que quero enfatizar aqui não é o ato sobrenatural de Cristo, mas a tranquilidade que demonstrava diante das situações em que o desespero imperava.

Ele agia com serenidade quando todos ficavam apavorados. Preservava sua emoção das contrariedades. Muitos fazem de suas emoções um depósito de lixo. Não filtram os problemas, as ofensas, as dificuldades por que passam. Pelo contrário, elas os invadem com extrema facilidade, gerando angústia e estresse. Todavia, Cristo não se deixava invadir pelas turbulências da vida. Ele administrava a sua emoção com exímia habilidade, pois filtrava os estímulos angustiantes, estressantes.

Não apenas o medo não fazia parte do seu dicionário da vida, mas também o desespero, a ansiedade, a insegurança e a instabilidade.

Os discípulos contemplavam seu mestre atenta e embevecidamente e assim, pouco a pouco, aprendiam com ele a ser fortes e livres interiormente, bem como seguros, tranquilos e estáveis nas situações tensas.

Todos elogiam a primavera e esperam ansiosamente por ela, pois pensam que as flores surgem nessa época do ano. Na realidade, as flores surgem no inverno, ainda que clandestinamente, e se manifestam na primavera. A escassez hídrica, o frio e a baixa luminosidade do inverno castigam as plantas, levando-as a produzir metabolicamente as flores que desabrocharão na primavera. As flores contêm as sementes, e as sementes nada mais são que uma tentativa de continuação do ciclo da vida das plantas diante das intempéries que atravessam no inverno. O caos do inverno é responsável pelas flores da primavera.

Ao analisar a história de Cristo, fica claro que os invernos existenciais pelos quais ele passava não o destruíam, pelo contrário, geravam nele uma bela primavera existencial, manifesta em sua sabedoria, amabilidade, tranquilidade, tolerância, capacidade de compreender e superar os conflitos humanos.

Todo ser humano passa por invernos existenciais

Toda e qualquer pessoa passa por turbulências em sua vida. As dores geradas por problemas externos ou por fatores internos são os fenômenos mais democráticos da existência. Um rei pode não ter problemas financeiros, mas pode ter problemas internos. A princesa Diana era elegante e humanística e não atravessava problemas financeiros, mas, pelo que consta, possuía dores emocionais intensas, sofria crises depressivas. Talvez sofresse mais do que muitos miseráveis da África ou do Nordeste brasileiro.

As pessoas que passam por dores existenciais e as superam com dignidade ficam mais bonitas e interessantes interiormente. Quem passou pelo caos da depressão, da síndrome do pânico ou de outras doenças psíquicas e o superou se torna mais rico, belo e sábio. A sabedoria torna as pessoas mais atraentes, ainda que o tempo sulque a pele e imprima as marcas da velhice.

Uma pessoa que tem medo do medo, medo da sua depressão, das suas misérias psíquicas e sociais, tem menos equipamento intelectual para superá-las. O medo alimenta a dor. Aprender a enfrentar o medo, a atuar com segurança nos sofrimentos e a reciclar as causas que patrocinam os conflitos humanos conduz uma pessoa a reescrever sua história.

Todos nós gostamos de viver as primaveras da vida, viver uma vida com prazer, com sentido, sem tédio, sem turbulências, em que os sonhos se tornem realidade e o sucesso bata à nossa porta. Entretanto, não há um ser humano que não atravesse invernos existenciais. Algumas perdas e frustrações que vivemos são imprevisíveis e inevitáveis. Quem consegue evitar todas as dores da existência? Quem nunca teve momentos de fragilidade e chorou lágrimas úmidas ou secas? Quem consegue evitar todos os erros e fracassos? O ser humano, por mais prevenido que seja, não pode controlar todas as variáveis da vida e evitar determinadas angústias.

Todos passamos por focos de tensão. As preocupações existenciais, os desafios profissionais, os compromissos sociais e os problemas nas relações interpessoais geram continuamente focos de tensão que, por sua vez, geram estresse e ansiedade. Esses focos podem exercer um controle sobre a inteligência que nos impede de ser livres, tanto na construção quanto no gerenciamento dos pensamentos. Às vezes, a atuação dos focos de tensão é tão dramática que exerce uma verdadeira ditadura sobre a inteligência.

Quem cuida apenas da estética do corpo e descuida do enriquecimento interior vive a pior solidão, a de ter abandonado a si mesmo em sua trajetória existencial. As pessoas que vivem preocupadas com cada grama de peso fazem de suas vidas uma fonte de ansiedade. Elas têm grande dificuldade de superar as contrariedades, as contradições e os focos de tensão que surgem na trajetória existencial.

A ditadura dos focos de tensão torna o ser humano uma vítima de sua história, e não um agente construtor dela, um autor que reescreve seus principais capítulos. É mais fácil sermos vítimas do que autores de nossa história. Muitas pessoas são marionetes das circunstâncias da vida, não conseguindo redirecionar e repensar suas histórias.

Cristo via as dores da vida sob outra perspectiva. Enfrentava as contrariedades sem desespero, não tinha medo da dor nem das frustrações pelas quais passava. Muitos o decepcionavam, até os seus íntimos discípulos o frustravam, mas ele absorvia aquelas frustrações com tranquilidade. Como mestre da escola da existência, treinava continuamente seus discípulos para superarem seus focos de tensão, para enfrentarem seus medos e seus fracassos. Assim, poderiam reescrever suas histórias e corrigir suas rotas com maturidade.

Certo dia, Jesus teve um diálogo curto e cheio de significado com seus discípulos. Disse: *"No mundo passais por várias aflições, mas tende bom ânimo, pois eu venci o mundo."* Ele reconheceu que a vida humana é sinuosa e possui turbulências inevitáveis, encorajou seus íntimos a não se intimidarem diante das aflições da existência, mas se equiparem com ânimo e determinação para superá-las. Disse que tinha vencido o mundo, superado as intempéries da vida, o que indica que ele não vivia sua vida de qualquer maneira, mas com consciência, com metas bem estabelecidas, como se fosse um atleta.

Produzindo uma escola de sábios

Cristo teve um nascimento indigno, e os animais foram suas primeiras visitas. Provavelmente, até as crianças mais pobres têm um nascimento mais digno do que o dele. Quando tinha 2 anos, deveria estar brincando, mas já enfrentava grandes problemas. Era ameaçado de morte por Herodes. Poucas vezes uma criança frágil e inocente foi tão perseguida como ele. Fugiu com seus pais para o Egito, fez longas jornadas desconfortáveis, a pé ou no lombo de animais. Tinha uma inteligência incomum para um adolescente, sendo admirado aos 12 anos por doutores do templo. Todavia, tornou-se um carpinteiro, tendo de labutar para sobreviver.

Quando manifestou seus pensamentos ao mundo, causou grande turbulência. Foi amado por muitos, mas na mesma proporção foi perseguido, rejeitado e odiado por aqueles que detinham o poder político e religioso em sua época. Foi incompreendido, rejeitado, esbofeteado, cuspido e ferido física e psicologicamente. Cristo tinha todos os motivos para ser tenso, irritado, angustiado, revoltado. Em vez disso, expressava tranquilidade, capacidade de amar, de tolerar, de superar seus focos de tensão e, como disse, até de fazer poesia da sua miséria.

Apesar de passar por tantas dificuldades ao longo de sua vida, era uma pessoa alegre. Talvez não exibisse largos e fartos sorrisos, mas era alegre no seu interior, provavelmente mais do que possamos imaginar. Pouco antes do seu martírio, manifestou o desejo de que os discípulos provassem da alegria que ele desfrutava, da alegria completa (*João 14:28; 16:20-22*). Há pessoas que têm bons motivos para serem felizes, mas estão sempre insatisfeitas, descontentes com o que são e possuem. Todavia, Cristo, apesar de ter todos os motivos para ser uma pessoa triste, se mostrava feliz e sereno.

Como é possível alguém que sofreu tanto desde a infância mostrar-se tão tranquilo, capaz de não perder a paciência quando contrariado e de superar as contrariedades da vida com serenidade? Como é possível alguém que foi tão rejeitado e incompreendido fazer crer que não apenas era alegre, mas que também possuía uma fonte de alegria que poderia propiciar ao ser humano prazer e sentido existencial plenos? Cristo era um grande investidor em sabedoria. Seus sofrimentos o tornavam mais tranquilo ao invés de mais tenso. As dores não o desanimavam nem causavam conflitos psíquicos como normalmente ocorre conosco.

Cristo demonstrava ser um excelente gerente dos seus pensamentos. Pela maneira como se comportava, pode-se concluir que, quando passava por frustrações e contrariedades, não gravitava em torno do estímulo estressante.

Consequentemente, seus pensamentos não ficavam hiperacelerados, mas aquietavam-se no palco de sua mente. Isso fazia com que ele os administrasse facilmente e produzisse respostas calmas e inteligentes em situações tensas.

É difícil construir uma história de prazer quando nossas vidas transcorrem num deserto. É difícil nos doarmos sem esperar o retorno das pessoas, não sofrermos quando elas não correspondem às nossas expectativas. É igualmente difícil administrar os pensamentos nos focos de tensão. Não conheço um psiquiatra ou psicólogo que tenha capacidade de preservar sua emoção de estresses e investir em sabedoria como Cristo. Ele foi o Mestre dos Mestres numa escola onde muitos intelectuais se comportam como fracos alunos.

Cristo não queria fundar uma corrente de pensamento psicológico. Seu projeto era muito mais ambicioso e sofisticado. Entretanto, sua psicologia tinha uma complexidade ímpar. A psicologia clássica nasceu como ciência há cerca de um século, mas Cristo, vinte séculos antes, exercia uma psicologia preventiva e educacional no mais alto nível.

Os discípulos aprenderam, pouco a pouco, a lidar com maturidade com seus sentimentos de culpa, seus erros, suas dificuldades; a transitar com dignidade por seus invernos existenciais. Compreenderam que seu mestre não exigia que fossem super-homens, que não fracassassem, não atravessassem dificuldades nem tivessem momentos de hesitação, mas que aprendessem a ser fiéis à sua própria consciência, que se colocassem como aprendizes diante da vida e se transformassem paulatinamente.

A esse respeito, o mestre contou a história de um homem que encontrou uma pérola preciosíssima. Esse homem vendeu o que tinha para adquiri-la (*Mateus 13:45-46*). O ato de vender, aqui, é figurado, não significa vender os bens materiais, mas desobstruir a inteligência, o espírito humano, desfazer-se das coisas inúteis, para poder cultivar a pérola dentro de si mesmo. Há muitos significados para a palavra pérola, sendo um deles a sabedoria, ligada ao seu projeto transcendental. O sábio rei Salomão dizia a respeito dela: "*Feliz o homem que encontra a sabedoria... porque melhor é o lucro que ela dá do que o da prata, melhor a sua renda do que o ouro mais fino*" (*Provérbios 3:13-14*).

Nas salas de aula das escolas clássicas, manter os alunos em silêncio já é uma grande vitória. Se, além disso, eles incorporarem o conhecimento e forem bem nas provas, pode-se dizer que houve um grande êxito. E ainda se forem criativos e aprenderem algumas lições de cidadania, isto seria o máximo do êxito educacional. Na escola da existência de Cristo a exigência era muito maior. Não bastava conquistar essas funções da inteligência; era necessário investir em sabedoria, gerenciar os pensamentos nos focos de tensão, enfrentar o medo, usar os erros e fracassos como fatores de crescimento, reescrever suas próprias histórias.

Cristo colocou seus discípulos numa escola de sábios. Sábios que foram pessoas comuns por fora, mas especiais por dentro. Sábios que viveram uma vida plena, ainda que simples exteriormente.

CAPÍTULO 10

Um contador de histórias que sabia lidar com os papéis da memória e estimular a arte de pensar

Usando a arte da pergunta e da dúvida

Estudar a ousada, criativa e elegante inteligência de Cristo poderia expandir a arte de pensar dos estudantes de qualquer idade e nível escolar, do ensino fundamental ao universitário. Entre as habilidades da sua inteligência estão a arte da pergunta e a arte da dúvida.

Grande parte dos alunos das escolas clássicas não desenvolve a arte da pergunta e a arte da dúvida. Eles têm receio de perguntar, de expor suas dúvidas e de discutir abertamente os conhecimentos que lhes são transmitidos. Os dois ou três anos em que os alunos ficam enfileirados numa sala de aula sem serem estimulados a expandir a arte da pergunta e a arte da dúvida são suficientes para causar uma sequela intelectual que os deixará inibidos por toda a vida. Nunca mais, mesmo quando adultos, eles conseguirão fazer perguntas sem sentirem um grande desconforto, principalmente quando estiverem em público.

Alguns, ao erguerem a mão para fazerem perguntas em público, suam frio, ficam com a boca seca e têm até taquicardia. A grande maioria de nós possui essa sequela causada ou perpetuada por princípios de uma educação que se arrasta por séculos. Qual o leitor que não sente desconforto emocional ao fazer perguntas em público? Muitos, apesar de inteligentes, possuem tanta inibição social que durante toda a vida jamais se soltarão, prejudicando, com isso, seu desempenho social e profissional. A escola clássica precisa reverter esse processo. Os princípios da inteligência de Cristo podem contribuir muito para isso.

O incentivo que se dá à arte da pergunta e à arte da dúvida é tão frágil nas escolas clássicas que é insuficiente para estimular a arte de pensar. O deleite do saber foi reduzido. A resposta é oferecida de maneira pronta, elaborada. A resposta pronta esmaga a arte da pergunta, retrai a arte da dúvida, esgota a curiosidade e a criatividade.

O que é mais importante: a resposta ou a dúvida? No primeiro momento, sempre é a dúvida. Ela nos esvazia e estimula o pensamento. O que determina a dimensão da resposta é a dimensão da dúvida. Qualquer computador pode oferecer milhões de respostas, mas nenhum deles jamais conseguirá desenvolver qualquer tipo de dúvida, possuir qualquer momento de hesitação. Os computadores são meros escravos de estímulos programados. A criança abandonada que perambula pelas ruas produz diariamente fenômenos psicológicos, como aqueles ligados à dúvida e à curiosidade, que os computadores jamais conseguirão produzir.

O maior trabalho de um mestre não é fornecer respostas, mas estimular seus alunos a desenvolverem a arte de pensar. Todavia, não há como estimulá-los a pensar se não aprenderem sistematicamente a perguntar e duvidar.

Cristo era um exímio perguntador. Era um mestre que estimulava continuamente as pessoas a duvidarem dos seus dogmas e a desenvolverem novas possibilidades de pensar. Quem analisar com atenção as suas biografias descobrirá essa característica de sua personalidade. Às vezes, ele mais perguntava do que respondia. Há várias situações em que respondia às perguntas não com respostas, mas com novas perguntas (*Lucas 20:2-3*).

Como Cristo poderia abrir as janelas das mentes das pessoas para um projeto tão sofisticado como o seu, que implicava uma verdadeira revolução interior? Ele precisava libertar o pensamento para que as pessoas, principalmente aquelas de mente aberta e espírito sedento, pudessem compreendê-lo. Sabia que a arte da pergunta gerava a arte da dúvida e que a dúvida rompia o cárcere intelectual, abrindo os horizontes do pensamento. Seu procedimento intelectual supera com vantagem as técnicas propostas por muitas teorias educacionais.

Certa vez, Cristo perguntou aos seus discípulos: "*Que diz o povo sobre quem eu sou?"* Ele sabia o que o povo dizia dele, mas fazia perguntas para estimular seus discípulos a pensarem. Outra vez, perguntou à mulher adúltera: *"Mulher, onde estão os teus acusadores?"* Ele sabia que os acusadores já haviam se retirado, pois ficaram perturbados diante da sua inteligência, mas queria que aquela mulher se interiorizasse e refletisse sobre sua própria história.

Um dia, os fariseus perguntaram sobre sua origem, pois queriam condená-lo por suas próprias palavras. E como Cristo conhecia a intenção deles, respondeu com outra pergunta sobre a origem de João Batista. Para cortar as raízes da hipocrisia dos seus acusadores, ele os conduziu a falar sobre seu famoso precursor, aquele que todo o povo considerava um profeta. Se os fariseus negassem João, o povo se revoltaria contra eles; se o reconhecessem, teriam que aceitar o mestre que ele anunciava, Cristo. Então, constrangidos, os fariseus preferiram se omitir e disseram que não sabiam. Com isso, Cristo, que estava numa situação delicada e não gostava de se exibir, se sentiu desobrigado a responder sobre sua origem. Assim, como muitas vezes fez, ele chocou a inteligência dos fariseus com a arte da pergunta. Muitos ficaram admirados com sua sabedoria.

Cristo constantemente propunha parábolas. Ele se preocupava mais com a arte da pergunta do que em satisfazer a ansiedade pela resposta. Ninguém gosta da dúvida, ninguém gosta de se sentir inseguro. Todos nós gostamos da certeza, da resposta completa. Todavia, ninguém consegue sucesso intelectual, social ou mesmo espiritual se não aprender a se esvaziar e questionar sua rigidez duvidando de si mesmo. Uma pessoa autossuficiente engessa sua inteligência, permanece numa mesmice sem fim.

Cristo queria que seus discípulos assumissem uma outra natureza e fossem transformados em suas raízes íntimas. Ele discorria sobre o "consolador, o Espírito Santo". A psicologia não tem elementos para estudar esse assunto, pois ele entra na esfera da fé. Porém, ela pode estudar os objetivos da escola da existência de Cristo.

O Mestre dos Mestres fornecia poucas regras e poucos ensinamentos religiosos. Sua preocupação fundamental era conduzir homens e mulheres a caminharem nas trajetórias do seu próprio ser e a ampliarem seu foco de visão sobre os amplos aspectos da existência. A atuação surpreendente de Cristo, numa época em que não havia qualquer recurso pedagógico, valoriza muito o papel dos mestres na sociedade moderna.

Os professores são heróis anônimos, fazem um trabalho clandestino. Eles semeiam onde ninguém vê, nos bastidores da mente. Aqueles que colhem os frutos dessas sementes raramente se lembram da sua origem, do labor dos que as plantaram. Ser um mestre é exercer um dos mais dignos papéis intelectuais da sociedade, embora um dos menos reconhecidos. Os alunos que não conseguem avaliar a importância dos seus mestres na construção da inteligência nunca conseguirão ser mestres na sinuosa arte de viver.

A história de Cristo evidencia que os mestres são insubstituíveis numa educação profunda, numa educação que promove o desenvolvimento da inteligência multifocal, aberta e ampla, e não unifocal, fechada e restrita.

Um agradável contador de histórias

Cristo era um agradável contador de histórias, paciente e carismático na arte de ensinar. Era um privilégio estar ao lado dele. Cativava até seus opositores. Transmitia ensinamentos complexos com histórias simples. Estava sempre contando uma história que pudesse atrair as pessoas e estimulá-las a pensar.

Um mestre eficiente não apenas cativa a atenção dos seus alunos e não causa tédio quando ensina, mas os conduz a imergir no conhecimento que expõe. Por isso, um mestre eficiente precisa ser mais do que eloquente, precisa ser um bom contador de histórias. Como tal, Cristo estimulava o prazer de aprender, retirava os alunos da condição de espectadores passivos do conhecimento para se tornarem agentes ativos do processo educacional, do processo de transformação.

Cristo não frequentou uma escola de pedagogia, porém possuía uma técnica excelente. Ensinava de maneira interessante e atraente, contando histórias. Sua criatividade impressionava. Nas situações mais tensas, ele não se apertava, pois sempre achava espaço para pensar e contar uma história interessante que envolvesse as pessoas que o cercavam (*Lucas 15:1-32*). Um bom contador de histórias é insubstituível e insuperável por qualquer técnica pedagógica, mesmo que ela use recursos modernos.

Em muitas escolas, os alunos, os professores e o conhecimento que transmitem estão em mundos diferentes. Uns não entram no mundo dos outros. Os alunos não entram na história dos professores, os professores não entram na história dos alunos, e ambos não entram na história do conhecimento, ou seja, nas dificuldades, nos problemas, nas dúvidas que os cientistas e pensadores enfrentaram para produzir o conhecimento que é transmitido friamente em sala de aula. Na escola da existência de Cristo era diferente. Ele conseguia transportar seus alunos para dentro do conhecimento que transmitia. Eles penetravam na história de Cristo e vice-versa.

Analisando os meandros das biografias de Cristo, constatamos que ele conhecia muito bem os papéis da memória. Sabia que a memória não era um depósito de informações. Sabia que era melhor estimular seus discípulos a desenvolverem a arte de pensar do que dar-lhes uma quantidade enorme de informações "secas" que teriam pouca relação com as experiências de vida e seriam logo esquecidas.

Se Cristo fosse um professor de biologia da atualidade, certamente não gastaria muito tempo dando inúmeros detalhes "frios" sobre as células. Ele contaria boas histórias que pudessem conduzir os alunos a entrar "dentro" delas. Se fosse um professor de física, de química e até de línguas, também contaria histórias que conduziriam os alunos a imergir no conhecimento que expunha. Com o tempo, como acontece normalmente na educação clássica, os alunos perderiam diversos detalhes das informações que ele teria exposto, mas nunca mais se esqueceriam da essência da história contada. Suas histórias e o esboço que elas produziriam na memória dos alunos funcionariam como base para que eles se tornassem engenheiros de ideias.

O conhecimento na boca desse mestre ganhava vida, se personalizava. Cristo usava a memória humana como um alicerce intelectual para que seus discípulos se tornassem pensadores. Não apreciava uma plateia passiva. Por isso, gostava de instigar e provocar (*Lucas 10:25-37*).

Seus ensinamentos eram mais difíceis de compreender do que os de matemática, física e química, pois envolviam questões existenciais, ansiedades, expectativas de vida, inseguranças, solidariedade, cooperação social, enfim, envolviam os pensamentos mesclados com as emoções. Esse era mais um motivo pelo qual ele expressava que era mais importante transmitir informações qualitativas do que quantitativas. Por isso, nas suas interessantes histórias, ele dizia muito com poucas palavras. Às vezes, quando queria fazer uma crítica contundente aos seus ouvintes, em vez de ser indelicado com eles, contava uma história ou uma parábola para fazê-los pensar.

Cristo era um grande semeador de princípios, de pensamentos e de vida. A parábola do filho pródigo, a das virgens néscias e prudentes, a dos talentos e tantas outras representam uma didática excelente desse contador de histórias, desse plantador de sementes que queria que as pessoas se interiorizassem, reciclassem sua postura superficial de vida, se livrassem das preocupações exageradas da existência e se tornassem terra fértil, capaz de produzir muitos frutos. Há muito o que dizer sobre o conteúdo das histórias de Cristo; entretanto, isso ficará para outra oportunidade.

Pais, executivos, profissionais liberais, enfim, qualquer ser humano que compreender melhor os papéis da memória e se tornar um contador de histórias terá um desempenho intelectual mais eficiente e um trânsito mais livre nas relações sociais. Tenho procurado ser um contador de histórias para as minhas três filhas. Toda vez que quero vaciná-las contra o individualismo e contra a discriminação, mostro-lhes a necessidade de dar mais valor ao "ser" do que ao "ter", estimulo-as a superarem o medo, a reconhecerem suas limitações e a ultrapassarem seus focos de tensão. Procuro fazer isso contando-lhes histórias. Elas aprenderam a apreciar tanto essas histórias que, mesmo quando estou sonolento, prestes a dormir, me pedem que eu lhes conte.

Um dia, uma professora recém-chegada da África foi bombardeada pela curiosidade dos alunos sobre aquele continente. Eles lhe perguntaram como as pessoas viviam, quais os países que ela visitara, que experiências tivera. Porém, ela se calou e se aborreceu com a invasão de sua história por seus alunos. Aquela professora só estava preparada para dar as informações programadas para aquele dia. Cruzar a sua história com a dos alunos era um absurdo para ela. O conhecimento que transmitia era impessoal, não tinha rosto, não tinha história. Para ela, a memória dos alunos funcionava como um mero depósito de informações.

Essa professora não compreendeu que a escola clássica deve se ligar por uma grande e larga ponte com a escola da existência. Não compreendeu que um dos papéis fundamentais da memória não é a lembrança, mas a reconstrução das informações, e que o objetivo fundamental da memória não é ser um depósito delas, mas preparar o ser humano para tornar-se um engenheiro de novas ideias, e não um pedreiro das mesmas obras. Certamente, ela perdeu uma grande oportunidade de cativar seus alunos, estimulá-los a pensar e mesclar o conhecimento frio com uma bela história.

Cristo rompia a impessoalidade e a frieza do conhecimento. Os ensinamentos que transmitia ganhavam vida e se fundiam com a sua própria história. As pessoas se sentiam privilegiadas em estar ao seu lado e ouvi-lo. Os fariseus ficavam tão atraídos pela maneira como ele expressava suas ideias, que, mesmo sendo seus opositores, estavam sempre perto dele. É raríssimo uma pessoa sofrer tanta oposição e, ao mesmo tempo, despertar tanta curiosidade.

Jesus não tinha receio de falar de si mesmo e da história dos seus discípulos. Ele dinamizava as relações interpessoais. Para esse contador de histórias, ensinar não era uma fonte de tédio, de estresse, de obrigação, mas uma aventura doce e prazerosa.

O discurso de Cristo sobre dar a outra face

Quando Cristo queria mostrar a necessidade vital de tolerância nas relações sociais, ele não proferia inúmeras aulas sobre o assunto, mas novamente usava gestos surpreendentes. Ele dizia que, se alguém fosse agredido numa face, devia oferecer a outra, e por diversas vezes ele deu a outra face a seus opositores, ou seja, não revidava quando o agrediam ou o ofendiam. Ele não se referia à face física, da agressão física que compromete a preservação da vida. Ele falava da face psicológica.

Se fizermos uma análise superficial, poderemos nos equivocar e crer que dar a outra face pode parecer uma atitude frágil e submissa. Todavia, cabe aqui a pergunta: dar a outra face é sinal de fraqueza ou de força? Quando alguém dá a outra face, isso incomoda pouco ou muito uma pessoa agressiva e injusta? Se analisarmos a construção da inteligência, constataremos que dar a outra face não é sinal de fraqueza, mas de força e segurança. Só uma pessoa forte é capaz desse gesto. Só uma pessoa segura dos seus próprios valores é capaz de elogiar o seu agressor. Quem dá a outra face não se esconde, não se intimida, mas enfrenta o outro com tranquilidade e segurança.

Quem dá a outra face não tem medo do agressor, pois não se sente agredido por ele, nem tem medo de sua própria emoção, pois não é escravo dela. Além disso, nada perturba tanto uma pessoa agressiva como alguém lhe dar a outra face, não revidar sua agressividade com agressividade. Dar a outra face incomoda tanto, que é capaz de causar insônia no agressor. Nada incomoda tanto uma pessoa agressiva como o outro ter atitudes complacentes com ela.

Dar a outra face é respeitar o outro, é procurar compreender os fundamentos da sua agressividade, é não usar a violência contra a violência, é não se sentir agredido diante das ofensas. Somente uma pessoa livre, segura e que não gravita em torno do que os outros pensam e falam dela é capaz de agir com tanta serenidade.

A psicologia do "dar a outra face" protege emocionalmente a pessoa agredida e, ao mesmo tempo, provoca a inteligência das pessoas violentas, estimulando-as a pensar e reciclar a própria violência.

Cristo era uma pessoa audaciosa, corajosa, que enfrentava sem medo as maiores dificuldades da vida. Era totalmente contrário a qualquer tipo de violência. Todavia, ele não pregava sobre a prática da passividade. A humildade que proclamava não era fruto do medo, da submissão passiva, mas da maturidade da personalidade, fruto de uma emoção segura e serena.

Com o discurso de dar a outra face, Cristo queria proteger a pessoa agredida, fazê-la transcender a agressividade imposta pelo outro e, ao mesmo tempo, educar o agressor, levá-lo a perceber que a sua agressividade é um sinal de fragilidade. Nunca o agressor foi combatido de maneira tão intensa e tão elegante!

Na proposta de Cristo, o agressor passa a revisar a sua história e a compreender que se esconde atrás de sua violência.

Com essas palavras, Cristo implodiu os paradigmas que até hoje têm lugar na sociedade, que proclamam que a violência deve ser combatida com a violência. O mestre da escola da existência demonstrou que a força está na tolerância, na complacência e na capacidade de conduzir o outro a se interiorizar.

Lembro-me de um paciente que foi agredido verbalmente por um parente. Esse paciente não ofereceu motivos importantes para ser agredido. Seu agressor foi injusto e muito áspero com ele. Porém, meu paciente foi até o parente e pediu desculpas por tê-lo ferido em alguma coisa. A sua reação de humildade caiu como uma bomba no íntimo do agressor, que emudeceu e ficou perturbado. Naquele momento, ele caiu em si, se interiorizou e enxergou a própria agressividade. Isso o tornou capaz de assumir o seu erro e desculpar-se. Dessa forma, ambos reataram um relacionamento que poderia levar anos para ser reatado e que, talvez, nunca mais fosse o mesmo. O relacionamento que voltaram a ter se tornou mais aberto e mais rico do que antes.

Muitas pessoas têm medo de se reconciliar, de estender a mão para o outro, de pedir desculpas, de passarem por tolas, e por isso defendem suas atitudes e seus pontos de vista com unhas e dentes. Esse procedimento não traz alívio, mas angústia e desgaste. Os pais que aprendem a pedir desculpas aos filhos não perdem a sua autoridade, mas se tornam pessoas admiradas e respeitadas por eles. Somos ótimos em detectar as falhas dos outros, mas míopes para enxergar as nossas.

Jesus combatia a violência com a antiviolência. Ele apagava a ira com a tolerância, reatava as relações usando a humildade.

Com seus gestos, ele marcou para sempre a história de seus discípulos e fez com que o mundo, apesar de não vivenciar seus ensinamentos, o admirasse profundamente. Infelizmente, apesar de haver leis, batalhões de soldados e sistemas de punição, a violência física e psicológica faz parte da rotina da sociedade moderna.

O mundo em que vivemos é violento. A televisão transmite programas violentos. A competição profissional é violenta. Em muitas escolas clássicas, onde deveriam reinar o saber e a tolerância, a violência tem sido cultivada. Violência gera violência. Spinoza, um dos pais da filosofia moderna, que era judeu, declarou que Jesus Cristo era sinônimo de sabedoria e que as sociedades envolvidas em guerras de espadas e guerras de palavras poderiam encontrar nele uma possibilidade de fraternidade.

Um poeta da inteligência que utilizava com grande habilidade o fenômeno RAM

Um quadro é mais eloquente do que mil palavras. Vimos que a memória sofre um registro automático por meio do fenômeno RAM (registro automático da memória). Vimos também que o registro é mais privilegiado quando as experiências contêm mais emoção, mais tensão, seja positiva ou negativa.

Cristo utilizava com destreza o fenômeno RAM. Seus gestos marcaram para sempre a memória dos discípulos e atravessaram gerações. Ele usava a arte de pensar com uma habilidade incrível. Preferia utilizar gestos surpreendentes para educar, transformar, ampliar a visão dos seus discípulos. Seus gestos produziam impactos inesquecíveis na memória dos seus íntimos e eram mais eficientes do que milhares de palavras.

Suas biografias retratam um homem que falava pouco, mas dizia muito. Quando desejava demonstrar que não almejava o poder político, que se importava mais com o interior do ser humano do que com a estética social, optava por não fazer grandes reuniões, conferências ou debates para discutir o assunto. Como comentei, usava simplesmente um gesto surpreendente, que era muito mais representativo e eficiente do que palavras. No auge da sua popularidade, montou num pequeno animal e foi até Jerusalém. Ninguém mais esqueceu aquele gesto audacioso, intrépido, incomum, e a complexa mensagem que ele transmitiu. O fenômeno RAM o registrou de maneira privilegiada, marcando a trajetória existencial dos seus discípulos.

Economizando palavras e discursando com gestos

Pais, professores, executivos raramente conseguem surpreender as pessoas que os circundam e abrir as janelas das suas mentes. Um pai cujo filho passa por problemas como o uso de drogas ou agressividade fica perdido, sem saber como penetrar no interior dele e contribuir para reorganizar a sua vida. A melhor maneira de conquistar alguém é romper a rotina e surpreendê-lo continuamente com gestos inesperados.

Se um pai for repetitivo, racional, crítico e prolixo com o filho, ele empobrece a relação interpessoal e se torna pouco eficiente como educador. Porém, se o surpreender continuamente com gestos inesperados, com momentos de silêncio, com diálogos inteligentes, com elogios agradáveis, certamente ao longo dos meses ele conquistará esse filho e o ajudará a reconstruir sua história. Muitos pais nunca entraram no mundo dos seus filhos, e muitos filhos nunca tiveram o prazer de conhecer seus pais intimamente. Sair do relacionamento superficial e previsível e construir um relacionamento que tenha raízes é uma tarefa brilhante. Conquistar o outro é uma arte, principalmente se o outro for uma pessoa difícil.

Os comportamentos de Cristo produziam raízes profundas no íntimo das pessoas. Eram mais eloquentes do que dezenas de palestras sobre a necessidade de se doar mutuamente, de buscar ajuda mútua, cooperação social, solidariedade. Quando ele agia, a memória dos que o cercavam era profundamente impregnada com suas atitudes.

Quando queria demonstrar que era contra qualquer tipo de discriminação, economizava no discurso e tinha atitudes inesperadas. Se queria demonstrar que era contra a discriminação por razões estéticas ou doenças contagiosas, ia fazer suas refeições na casa de Simão, o leproso.

Quando queria demonstrar que era contra a discriminação das mulheres, tinha complacência e gestos amorosos para com elas diante das pessoas mais rígidas. Se era contra a discriminação social, ia jantar na casa de coletores de impostos, que eram a "raça" mais odiada pela cúpula judaica.

Cristo era um poeta da inteligência. Utilizava o fenômeno RAM com extrema habilidade. Sabia que a memória humana não funciona como um depósito de informações, mas como um suporte para que o ser humano se torne um pensador criativo. Suas atitudes surpreendentes produziam quadros psicológicos que eram registrados de maneira privilegiada na memória dos discípulos. Esse registro era resgatado e retroalimentado continuamente por eles, enriquecendo o espetáculo da construção de pensamentos e direcionando suas trajetórias de vida.

Muito já se escreveu sobre Cristo, assim como foram feitos diversos filmes e peças teatrais sobre ele. Várias obras retrataram o mestre da escola da existência de maneira muito superficial, sem levar em consideração a sua extraordinária inteligência. Ele é o personagem mais comentado do mundo. Porém, muitos não compreenderam que ele transmitiu ricas mensagens não apenas pelo que falou, mas pelo que não falou, pela eloquência dos seus gestos e pelos seus momentos de silêncio.

CAPÍTULO 11

Superando a solidão: fazendo amigos

A solidão social e a solidão intrapsíquica

Nestes tempos de intensa crise social e educacional, é bom rompermos nossa velha maneira de pensar e nos abrirmos para outras possibilidades. Estudar a inteligência de Cristo pode fornecer princípios sociológicos, psicológicos e psicopedagógicos muito úteis.

O que diremos sobre o paradoxo do florescimento da solidão nas sociedades intensamente adensadas? A solidão, como comentei, é um fenômeno oculto, insidioso, mas muito presente. Vivemos em sociedade, mas a solidão cultiva-se de forma fértil. Esbarramos diariamente em muitas pessoas, mas permanecemos ilhados dentro de nós mesmos. Participamos de eventos sociais, brincamos, sorrimos, mas frequentemente estamos sós. Falamos muito do mundo em que estamos, discorremos sobre política, economia e até sobre a vida de muitos personagens sociais, mas não falamos de nós mesmos, não trocamos experiências existenciais.

O ser moderno é solitário, isolado dentro da sua própria sociedade, um ser que sabe que tem fragilidades, inseguranças, temores, momentos de hesitação e apreensão, mas tem medo de reconhecê-los, de assumi-los e de falar sobre eles. Tem consciência da necessidade de falar de si mesmo, contudo opta pelo silêncio e faz dele seu melhor companheiro. Como disse, muitos vão ao psiquiatra e ao psicoterapeuta não porque estão doentes, ou pelo menos seriamente doentes, mas porque não têm ninguém para conversar abertamente sobre suas crises existenciais.

Realmente é difícil falar de nós mesmos. O medo de falar de si mesmas não está ligado apenas aos bloqueios íntimos que as pessoas têm em comentar suas histórias, mas também à dificuldade de encontrar alguém que tenha desenvolvido a arte de ouvir. Alguém que ouve sem prejulgar e que sabe se colocar em nosso lugar e não dar conselhos superficiais. É mais fácil desenvolver a arte de falar do que a de ouvir. Aprender a ouvir implica aprender a compreender o outro dentro do seu contexto histórico, a respeitar suas fragilidades, a perceber seus sentimentos mais profundos, a captar os pensamentos que as palavras não expressam. A arte de ouvir é uma das mais ricas funções da inteligência.

Muitos não apenas desenvolvem a solidão social, a solidão de estar próximo fisicamente e, ao mesmo tempo, distante interiormente das pessoas que os cercam, mas também a solidão intrapsíquica, de abandonar-se a si mesmo, de não dialogar consigo mesmo, de não discutir os próprios problemas, dificuldades, reações.

Quem não se interioriza e não aprende a discutir com liberdade e honestidade os seus próprios conflitos, dificuldades, metas e projetos abandona-se a si mesmo na trajetória existencial. Vivemos numa sociedade tão estranha que não achamos tempo nem para nós mesmos. Uma pessoa que não se repensa e não dialoga consigo mesma perde os parâmetros da vida e, consequentemente, pode se tornar rígida e implacável com seus próprios erros. Ela propõe para si mesma metas inatingíveis que a imergem numa esfera de sentimento de culpa ou, ao contrário, pode se alienar e não formular qualquer meta ou projeto social e profissional.

O ser humano tem uma necessidade intrínseca de superar a solidão em seus amplos aspectos; todavia, ele não é muito eficiente nessa superação. Cristo tinha momentos preciosos em que se interiorizava. Suas meditações contínuas indicavam que ele atribuía uma importância significativa ao caminhar nas trajetórias do seu próprio ser. Sempre encontrava tempo para ficar a sós (*Lucas 6:12*). Entretanto, é difícil investigar o que se passava dentro dele nesses momentos.

Se temos dificuldade de compreender esse aspecto da vida de Cristo, podemos, contudo, ter mais facilidade de compreender o seu pensamento sobre a solidão social. Mas, antes de comentar esse assunto, gostaria de fazer uma abordagem da misteriosa origem de Cristo. Estudar parcialmente sua origem pode nos levar a compreender melhor o seu pensamento sobre o complexo fenômeno da solidão.

A misteriosa origem de Cristo

A origem de Cristo é muito complexa. Alguns assuntos concernentes a ela extrapolam a investigação científica. De acordo com sua biografia, sua origem biológica contou apenas com o material genético de Maria. A ciência não pode comprovar isso, pois não tem como estudar o material genético de Cristo e de Maria. Crer nesse fato entra na esfera da fé e, portanto, extrapola o campo da ciência. Se por um lado a ciência não pode estudar o processo de geração biológica de Cristo a partir da carga genética de sua mãe, por outro não pode dizer que é impossível fazer isso. Por quê? Porque a ciência está começando agora a compreender algumas possibilidades da clonagem, bem como seus riscos e benefícios.

De acordo com os evangelhos, a origem biológica de Cristo é misteriosa. Ele falava que tinha uma outra origem, que não era deste mundo (*João 8:23*). Dizia que vinha do céu. Dizia até mesmo que era o pão que tinha descido do céu para alimentar o ser humano com outro elemento, com outra natureza (*João 6:51*). Que céu é esse a que se referia? No universo há bilhões de galáxias. A que ponto do universo ele se referia? Seria uma outra dimensão? Não sabemos, apenas supomos que provavelmente Cristo se referia a outra dimensão. Porém, o fato é que ele proclamava claramente não ser deste mundo, mas pertencer a outro mundo, reino ou esfera. Novamente digo que a ciência não tem como discutir esse assunto com precisão, a não ser no campo da especulação. Crer na origem celestial de Cristo é uma questão pessoal.

Quanto à sua origem terrena, ou seja, à sua humanidade, Cristo dizia ser o filho do homem. Quanto à sua origem celestial, dizia ser o filho de Deus. Se somos cientificamente limitados para discorrer sobre essa dupla origem, podemos ao menos fazer algumas análises implicativas.

Permitam-me usar a origem de Cristo para fazer uma crítica à necessidade paranoica do ser humano de poder. O ser humano ama o poder. Se fosse possível, ele gostaria de ser supra-humano, um semideus. Se tomarmos como verdade a palavra de Cristo de que ele não era deste mundo, podemos observar que, se por um lado ele reivindicava uma origem extra-humana, por outro valorizava intensamente sua condição humana.

O que esperamos de uma pessoa com origem distinta da nossa? No mínimo esperamos comportamentos diferentes dos nossos, que extrapolem os padrões de nossa inteligência. Cristo tinha tais comportamentos. Porém, precisamos compreender a outra face de Cristo, a humana, pois, embora reivindicasse ser o filho de Deus, ele era extremamente humano. Ele amava se relacionar intimamente e entrar na história e até na dor particular das pessoas com quem convivia.

Cristo tinha um lado mais humano do que a grande maioria das pessoas. Muitos terráqueos querem ser extraterrestres, semideuses, mas Cristo queria ser um homem, queria se misturar com as pessoas, conviver com elas e ter amigos íntimos. Podemos afirmar que se por um lado seus comportamentos fogem aos padrões de nossa inteligência, por outro eles eram mais humanos e mais singelos do que os nossos.

Tendo prazer em sua humanidade

O ser humano se envolve numa escalada paranoica rumo ao poder. Muitos homens querem ser políticos poderosos. Muitos políticos querem ser reis. Muitos reis querem ou quiseram ser deuses ao longo da história. Contudo, esse Cristo que reivindicava ser Deus e ter o segredo da vida eterna queria ser um homem, amava a condição humana. Que contraste!

O leitor já apreciou a espécie humana, já teve uma paixão poética pelo ser humano, independentemente de quem ele seja? Cristo tinha tal paixão pela humanidade. Ele gostava tanto de ser humano, apreciava tanto sua origem humana, que usava uma expressão romântica e incomum para exaltar essa origem. Ele dizia ser o "filho do homem" (*Mateus 8:20; 9:6; 12:8*). É estranho, mas um ser humano não usa a expressão "filho do homem" para exaltar a sua origem. Essa expressão está de acordo com o pensamento de Cristo sobre sua dupla natureza. Apreciava ser reconhecido por sua natureza humana, e não apenas como filho de Deus. Observem quantas vezes nos quatro evangelhos Cristo disse ser o "filho do homem". Ele respirou, dormiu, comeu, se angustiou, sofreu, chorou e se alegrou como homem.

Muitos revelam o time esportivo para o qual torcem, a ideologia política à qual aderem, a corrente psicoterápica ou educacional que seguem, pois gostam de exaltá-los. Cristo gostava de exaltar sua origem humana, pois a apreciava. É muito raro ouvirmos alguém dizer que está alegre por ser humano, mas ele proclamava isso com satisfação: ser o "filho do homem". A partir do estudo das origens das violações dos direitos humanos, cheguei a questionar a viabilidade psicossocial da espécie humana em alguns textos que publiquei. Contudo, Cristo, apesar de ser tão crítico do superficialismo, da hipocrisia e da intolerância humana, era um apreciador da humanidade e, além disso, sua história revela que tinha esperança de transformá-la.

Cristo não era um estranho na multidão. Não se comportava como um "extraterrestre", pelo contrário, gostava de se misturar e de se envolver com todos os tipos de pessoas. Queria tanto ter amigos que preparou um plano complexo para isso. Construiu pouco a pouco uma atmosfera interpessoal a fim de que seus discípulos se tornassem não somente meros alunos ou servos, mas seus amigos. Não bastava que o admirassem, ele queria ser amigo deles. Os discípulos o colocavam num pedestal inatingível, mas Cristo queria cruzar sua história com as delas.

Ele ambicionava que os galileus, homens rudes e sem cultura, se tornassem parceiros de uma relação interpessoal sem distância. O que representava ser um amigo para Cristo? Para ele os amigos possuíam intimidade, conheciam os segredos ocultos do coração, trocavam experiências existenciais (*João 15:15*).

Crise nas relações sociais: os amigos estão morrendo

Nas sociedades modernas, fazer amigos está virando artigo de luxo. O ser humano perdeu o apreço por uma relação horizontal equidistante. As pessoas gostam de anular as outras e de ter o mundo aos seus pés. Mas Cristo, nos últimos dias da sua trajetória nesta terra, expressou que queria muito mais do que admiradores, queria amigos. Não há relação mais nobre do que a amizade. Os amigos se mesclam, têm confiança mútua, desfrutam prazeres juntos, segredam coisas íntimas, torcem uns pelos outros. Os amigos não se anulam, se completam.

Quem vive sem amigos pode ter poder e palácios, mas vive só e triste. Quem tem amigos, ainda que não tenha status e viva num casebre, não se sentirá só. A falta de amigos deixa uma lacuna que dinheiro, poder, cultura ou sucesso não podem preencher.

Todos precisamos de amigos, que não compramos, mas conquistamos, cultivamos. Muitos querem tê-los, mas não sabem como conquistá-los. Amigos não são aqueles que gravitam em torno de nós, que nos rodeiam pelo que temos. Amigos são aqueles que nos valorizam pelo que somos. No mundo biológico, os animais se agrupam pela necessidade instintiva de sobrevivência. Na nossa espécie, as amizades surgem por necessidades mais íntimas, como tentativa de superar a solidão.

A comunicação interpessoal realizada por meio de sons (palavras) e de imagens (gestos, expressões faciais) é deficiente e limitada. Se não construirmos um relacionamento aberto, despreconceituoso e despretensioso, as pessoas não compreenderão nossos sentimentos e pensamentos mais íntimos, que ficarão sequestrados dentro de nós e nos imergirão numa solidão social. Por estarmos ilhados dentro de nós mesmos, precisamos de amigos, precisamos superar uma das características mais marcantes da nossa espécie: a solidão.

Os pais que não têm como meta transformar seus filhos em amigos possuem um projeto educacional superficial. Aqueles que objetivam tornar seus filhos seus amigos, que trocam experiências, mesclam suas histórias, reconhecem seus erros, pedem desculpas e procuram viver uma vida alegre e aberta com eles atingem um sucesso existencial nobilíssimo.

Os pais que apenas propiciam aos filhos boas escolas e regras de comportamento não conseguem estabelecer com eles as diretrizes de um relacionamento mais profundo. Por sua vez, os filhos que não procuram ter seus pais como amigos perdem uma das mais ricas experiências existenciais. Os filhos que aprendem a se abrir com seus pais, bem como a desarmá-los, conhecer sua história, seus prazeres, fracassos, sucessos e temores, acabam se tornando arquitetos de uma relação doce e prazerosa.

Os professores também deveriam ter um relacionamento mais próximo com seus alunos. O tempo pode não permitir tal proximidade e a estrutura educacional pode não facilitá-la, mas, na medida do possível, os professores deveriam ter como meta ser amigos dos seus alunos, participando da história deles. Os professores procuram obter silêncio e atenção dos alunos. Contudo, como um estranho pode fazer exigências tão grandes? Aqueles que investem tempo em ser amigos dos alunos, mesmo dos mais agressivos e rebeldes, os conquistam, arrebatam seu respeito. O silêncio e a atenção deles despertam outro prazer.

Respeitar os alunos como seres humanos e procurar conhecer, ainda que com limites, algumas angústias e sonhos do mundo deles torna-se um bálsamo intelectual, um perfume emocional que satura a relação. As escolas deveriam se tornar albergues não apenas de sabedoria, mas também de amigos. Porém, infelizmente, às vezes imperam a agressividade e a rigidez.

Um dia, uma professora me disse que tinha perdido o prazer de dar aulas, não suportava mais seus alunos. Estimulei-a a penetrar no mundo deles e perceber que mesmo os mais rebeldes têm uma personalidade complexa, um mundo a ser descoberto. Disse-lhe que logo se tornariam adultos e que ela não poderia perder a oportunidade de contribuir para enriquecer a história deles. Encorajada, ela começou a entrar no mundo dos seus alunos e conseguiu conquistá-los.

Mesmo no ambiente da psicoterapia, a relação terapeuta-paciente deveria ser construída numa atmosfera do mais alto nível de respeito, empatia e confiabilidade. Se um psicoterapeuta constrói uma relação distante e impessoal com seu paciente, a terapia tem grandes possibilidades de se tornar artificial e pouco eficiente.

Lembro-me de uma cliente que me contou uma história vivenciada por ela, antes de se tratar comigo, que a feriu muito. Disse-me que se tratava com uma psicoterapeuta muito rígida, cujo consultório ficava num edifício alto. Algumas vezes elas se encontravam no elevador. Quando isso ocorria, ela cumprimentava a terapeuta, mas esta nunca respondia, pois não queria criar qualquer vínculo com seus pacientes. Minha cliente era caixa de um banco no qual a terapeuta tinha conta, mas a terapeuta nunca a cumprimentava, mesmo quando era atendida por ela. Angustiada com a frieza e a impessoalidade da terapeuta, a paciente resolveu testá-la: contou em dois dias distintos e simultâneos histórias de sua infância totalmente diferentes. Primeiro, disse que seu pai tinha sido agressivo, distante, frio, enfim, um verdadeiro carrasco com ela. No outro dia contou que seu pai sempre tinha sido amável e tolerante. A terapeuta, que estava distraída e tinha uma relação impessoal com a paciente, não percebeu a contradição das histórias contadas e interpretou o comportamento dela como se fosse de duas pessoas distintas.

Indignada, a paciente interrompeu a sessão de psicoterapia e nunca mais voltou àquele consultório. Dias depois, a terapeuta apareceu no banco e, tentando se aproximar, gentilmente perguntou como ela estava. A paciente deu-lhe o troco e respondeu da mesma forma que a terapeuta: disse que não a conhecia. A resposta não foi adequada, mas ela prestou um favor à terapeuta, pois a levou a reciclar seu procedimento profissional frio e sem empatia. Como pode alguém ajudar uma pessoa a se interiorizar, a se repensar e a gerenciar seus pensamentos nos focos de tensão se a relação que mantém com ela é distante, sem empatia e sem confiabilidade?

O mestre da escola da existência era diferente. Tinha uma relação estreita com seus discípulos, era agradável e confiável. Conseguia, como exímio terapeuta, perceber seus conflitos mais ocultos e estimulá-los a se repensarem. Ele, mais do que qualquer terapeuta, poderia exigir distância e até reverência por parte dos seus discípulos, pois eles o consideravam o filho do Deus altíssimo. Entretanto, fazia questão de quebrar todas as barreiras e todas as distâncias entre eles. Cristo queria que as relações com seus discípulos fossem regadas a empatia, confiabilidade e proximidade.

Procurando amigos, e não servos

Tanto o mais desprezado súdito como o mais poderoso rei podem padecer de solidão. O primeiro, por ser rejeitado por todos; o segundo, por ser supervalorizado por todos e, consequentemente, ninguém se aproximar dele com naturalidade e espontaneidade. Cristo tanto era drasticamente rejeitado como profundamente admirado. Todavia, as duas posições não lhe agradavam. Muitos amam o trono, amam o ribombar dos aplausos, mas Cristo era diferente. No fim de sua vida, no ápice do seu relacionamento com os discípulos, ele os retirou da condição de servos e os colocou na posição de amigos. Era como se quisesse vaciná-los contra um relacionamento impessoal e distante que permeava a relação do povo de Israel com Deus, expressa nos livros de Moisés e dos profetas.

Certa vez, ele afirmou que muitos o honravam com a boca, mas tinham o coração longe dele (*Mateus 15:8*). Parecia dizer que toda aquela forma distante de honrá-lo, adorá-lo e supervalorizá-lo não lhe agradava, pois não era íntima e aberta.

Cristo se preocupava em manter as relações entre seus discípulos próximas fisicamente e, ao mesmo tempo, distantes interiormente. Sua preocupação era legítima e fundamentada. Sabia que seria facilmente superadmirado e, por isso, as pessoas se tornariam distantes, perderiam o contato direto, aberto, simples e prazeroso com ele. De fato, isso ocorreu com frequência ao longo da história. Julgando prestar tributo a Cristo, guerras foram feitas em seu nome. Isso acontece até hoje. Na Irlanda do Norte, católicos e protestantes viveram por muitos anos numa praça de guerra, travando conflitos sangrentos. Como é possível fazer guerra em nome daquele que dava a outra face, que era o exemplo mais vivo da antiviolência e da tolerância? Muitos discursaram sobre ele e o admiraram como um grande personagem, mas se afastaram das suas características fundamentais.

João, o discípulo, foi um amigo íntimo de Cristo. Usufruiu o prazer e o aconchego da sua amizade. O desejo do mestre de ter amigos o marcou tanto que, mesmo em idade avançada, não se esqueceu de registrar em seu evangelho os três momentos em que Cristo chamou seus discípulos de amigos (*João 15:13-15*). Muitos dos que o seguiram ao longo das gerações não enxergaram essa característica. Eles não compreenderam que Cristo procurava mais do que servos, mais do que admiradores, mais do que pessoas prostradas aos seus pés; ele procurava amigos que amassem a vida e se relacionassem intimamente com ele.

Vivendo com prazer: jantares, festas e convívio social

Engana-se quem acha que Cristo tinha uma vida enclausurada, fechada, tímida e triste. Ele era totalmente sociável. Contudo, em alguns momentos, ele precisava se isolar socialmente. Mas isso só ocorria quando ele sentia uma necessidade íntima de meditar.

Quem não tem esses momentos aprisiona a sua emoção e não supera a solidão intrapsíquica. Uma das mais belas aventuras que o ser humano pode empreender é velejar dentro de si mesmo e explorar seus territórios mais ocultos. Cristo era um caminhante nas trajetórias do seu próprio ser. Tinha prolongados momentos de reflexão, meditação e oração (*Lucas 6:12*). É difícil a psicologia emitir uma opinião sobre o que ocorria com ele nesses momentos, mas, provavelmente, tratava-se de um reencontro consigo mesmo, com o Pai que ele afirmava estar em seu interior, com sua história, com seu propósito transcendental. Nesses momentos ele restabelecia suas forças e refazia suas energias para enfrentar as enormes turbulências da vida (*Lucas 11:11*).

Afora seus momentos de interiorização e meditação, ele estava sempre procurando o convívio social. Já tratei de muitas pessoas sociáveis e posso garantir que Cristo foi uma das mais sociáveis que já estudei. Tinha prazer de conviver com os outros. Estava sempre mudando de ambiente a fim de estabelecer novos contatos (*Marcos 6:6*). Frequentemente tomava a iniciativa de conversar com as pessoas. Deixava-as curiosas e prendia a atenção delas. Gostava de dialogar com todos, até com os menos recomendados, os mais imorais. Fazia questão de procurá-los e estabelecer um relacionamento com eles (*Lucas 5:27-32*). Por isso, escandalizava os religiosos da sua época, o que comprometia sua reputação diante do centro religioso de Jerusalém. Porém, o prazer que sentia ao se relacionar com o ser humano era superior às consequências da sua atitude, da má fama que adquiria e para a qual, aliás, não dava importância; o que importava era ser fiel à sua própria consciência.

Cristo não rejeitava nenhum convite para jantar. Fazia suas refeições até na casa de leprosos. Havia uma pessoa chamada Simão que tinha lepra, conhecida hoje como hanseníase. O portador dessa doença naquela época era muito discriminado, pois muitos deles ficavam com os corpos mutilados e eram obrigados a viver fora da sociedade.

Simão era tão rejeitado em sua época que era identificado por um nome pejorativo: "Simão, o Leproso". Porém, como Cristo abolia qualquer tipo de preconceito, fez amizade com Simão. Nos últimos dias de vida do amigo, frequentou sua casa, provavelmente participando de uma refeição (*Mateus 26:67*). Se Cristo tivesse vivido nos dias de hoje, não tenham dúvida de que seria amigo dos portadores do vírus da aids. Sua delicadeza para incluir e cuidar das pessoas excluídas socialmente representava um belo retrato de sua elevada humanidade.

Embora os fariseus tivessem preconceito contra Cristo, o mesmo não ocorria por parte de Cristo. Se convidado, jantava na casa dos fariseus, mesmo que fossem seus críticos (*Lucas 7:39*). Ele tinha uma característica que se destaca claramente em todas as suas biografias, mas que muitos não conseguem enxergar. Era tão sociável que participava continuamente de festas. Participou da festa em Caná da Galileia, da festa da Páscoa, do tabernáculo e de muitas outras.

Cristo se regalava quando estava à mesa. Estendia os braços folgadamente sobre ela, o que indica que não tinha muitas formalidades, procurando sempre a espontaneidade (*Lucas 5:29*).

Naquela época não havia restaurantes, mas, se ele tivesse vivido nos dias de hoje, certamente teria visitado muitos deles com seus amigos e aproveitaria o ambiente descontraído que as refeições propiciam para proferir algumas das suas mais importantes palavras. De fato, alguns dos seus mais profundos pensamentos e alguns dos seus gestos mais relevantes não se realizaram nas sinagogas judias, mas junto a uma mesa.

Cristo se misturava tanto com as pessoas e apreciava tanto fazer refeições e conviver com elas que recebeu a fama inusitada de "glutão" e bebedor de vinho (*Mateus 11:19*). Ele até mesmo comentou sobre essa fama. Disse que seu precursor, João Batista, comera mel silvestre e gafanhotos e ganhou a fama de estranho, louco, alguém que vivia fora do convívio social. Agora, tinha vindo o "filho do homem" que sentia prazer em comer e conviver com as pessoas e, por causa desse comportamento tão sociável e singelo, acabou ganhando a fama de glutão. Uma fama injusta, mas que era reflexo da sua exímia capacidade de se relacionar socialmente. Cristo era um excelente apreciador de comida. Gostava até de preparar refeições (*João 21:9-10*).

Embora injusta, fico particularmente contente com a sua fama de glutão. Não gostaria que Cristo tivesse tido fama de pessoa socialmente estranha, fechada, enclausurada. Ele não seria tão acessível e atraente se as pessoas tivessem de fazer sinais de reverência, mudar o tom de voz e modificar seu comportamento para se achegar a ele.

Cristo era simples e sem formalidades, por isso encantava qualquer tipo de pessoa em qualquer ambiente. Muitos não conseguem nem sabem como fazer amigos, mas o mestre de Nazaré era um especialista em construir relações sociais saudáveis. Atraía as pessoas e as transformava em amigos íntimos pelas ricas características de sua personalidade, principalmente sua amabilidade, sociabilidade e inteligência instigante.

As relações sociais têm sido pautadas pela frieza e pela impessoalidade. Todos temos necessidade de construir relacionamentos sem maquiagem, abertos e desprovidos de interesses ocultos. Temos uma necessidade vital de superar a solidão. Todavia, o prazer do diálogo está morrendo. A indústria do entretenimento nos aprisionou dentro de nossas próprias casas, dentro de nossos escritórios. Estamos ilhados pelo DVD, pela TV e pelo computador. Nunca houve uma geração como a nossa, que, embora tenha tido amplo acesso a diversas formas de entretenimento, conhece como nenhuma outra a solidão, a ansiedade e a insatisfação.

CAPÍTULO 12

Preservando a unidade e ensinando a arte de amar

Preservando a unidade

Uma das características mais marcantes dos ensinamentos de Cristo era a meta da unidade entre seus discípulos. Antes da sua morte, num momento em que estava emocionalmente triste por deixá-los, fez um ardente pedido. Uma pessoa, quando está se despedindo da vida, revela os segredos do seu coração. Nesse momento, nada mais há para ocultar, tudo o que está represado clandestinamente nos pensamentos vem à tona.

O que estava represado dentro de Cristo e veio à tona pouco antes de ele morrer? Foram pelo menos quatro desejos extremamente sofisticados: a) a criação de um relacionamento interpessoal aberto e íntimo capaz de produzir amigos genuínos e de superar as raízes da solidão; b) a preservação da unidade entre os discípulos; c) a criação de uma esfera sublime de amor; d) a produção de um relacionamento livre de competição predatória e individualismo. Como já abordei o primeiro tópico, comentarei agora os demais.

Cristo não queria que seus discípulos estivessem sempre juntos no mesmo espaço físico, mas no mesmo sentimento, na mesma disposição intelectual, na mesma meta. Ambicionava uma unidade que todas as ideologias políticas sonharam e jamais conseguiram. Uma unidade que toda empresa, equipe esportiva, universidade e sociedade almeja, mas nunca consegue. Almejava que fossem unidos na essência intrínseca do ser deles.

A unidade que Cristo proclamava eloquentemente não anulava a identidade, a personalidade. As pessoas apenas sofreriam um processo de transformação interior que subsidiaria uma unidade tão elevada que estancaria o individualismo e sobreviveria a todas as suas diferenças. Juntas, unidas, elas desenvolveriam as funções nobres da inteligência. Cada pessoa continuaria sendo um ser complexo, com características particulares, mas na essência intrínseca elas seriam uma só. Nessa unidade cooperariam mutuamente, serviriam umas às outras, se tornariam sábias e levariam a cabo o cumprimento do propósito do seu mestre.

Para preservar a unidade proposta por Cristo, as disputas e as discriminações deveriam ser abortadas. Além disso, seria necessário aprender a sofrer perdas em prol dela. Nenhuma unidade sobrevive sem que as pessoas que a procuram estejam dispostas a sofrer determinadas perdas para sustentá-la. Até porque não é possível haver relações humanas sem que haja também decepções. Portanto, para que a unidade tivesse raízes, era necessário trabalhar as perdas e as frustrações e apreciar as metas coletivas acima das individuais.

Excluir, discriminar, dividir, romper são habilidades intelectuais fáceis de se aprender. Uma criança de 5 anos de idade já tem todas essas habilidades em sua personalidade. Porém, incluir, cooperar, considerar as necessidades do outro e preservar a unidade exige maturidade da inteligência, exige compreender que o mundo não deve girar em torno de si mesmo, exige desenvolver um paladar emocional refinado, no qual se tenha prazer em se doar para o outro.

O individualismo é um fenômeno intelectual espontâneo que não requer esforço para ser alcançado. Além disso, não gera um prazer tão rico como o prazer coletivo de estar entre amigos, quando a unidade é cristalizada. Quem preserva a unidade se torna especial por dentro e comum por fora. Quem ama o individualismo se torna especial por fora, mas superficial por dentro.

Na unidade proposta por Cristo os discípulos conquistaram uma esfera afetiva tão sofisticada que receberam o nome de irmãos. É muito estranho aplicar o termo "irmãos" a pessoas que não participam dos mesmos laços genéticos ou da mesma história familiar desde a mais tenra infância. Pois bem, o clima produzido entre os discípulos de Cristo era irrigado com um amor tão elevado e difícil de ser explicado que os tornava membros de uma família. Uma família que está além dos limites dos laços genéticos, que não é um mero grupo social reunido, mas possui a mesma história interior, na qual cada membro torce pelo outro e contribui para promover seu crescimento interior.

Aqueles homens que nunca pensaram em se doar pelos estranhos e que eram tão individualistas passaram a se chamar carinhosamente de irmãos. Pedro, inicialmente tão rude em sua personalidade, chamou Paulo de amado irmão em sua segunda epístola. Eles aprenderam pouco a pouco a superar as dificuldades e preservar a unidade, que é como um canteiro cultivado pela prática do amor transcendental, que comentarei mais adiante.

Uma das maiores falhas dos milhões de pessoas que seguiram Cristo ao longo dos séculos foi não caminhar nas avenidas da unidade que ele desejava, deixando-se subjugar pelas diferenças, pelos problemas, pelas disputas.

Cristo, enquanto estava com seus discípulos, ensinou-lhes a superar o medo, as dores, a investir em sabedoria, a desenvolver a arte de pensar e muitas outras funções ricas da inteligência. Agora eles tinham subsídios para caminhar pelas avenidas da unidade, bastando-lhes trafegar por elas.

As necessidades universais do ser humano e a arte de amar

De todas as características da escola de Cristo, a do amor é a mais elevada e a mais nobre e, ao contrário do que possamos pensar, uma das mais difíceis de compreender, pois ultrapassa os limites da razão lógica. Amar uns aos outros era um princípio fundamental. Estamos acostumados com a cultura cristã e por isso não ficamos intrigados com essas palavras. Do ponto de vista psicológico, amar uns aos outros é uma exigência poética e bela, mas, ao mesmo tempo, altíssima e dificílima de ser alcançada.

Freud, na teoria da psicanálise,* deu ênfase à sexualidade. O instinto sexual e os conflitos gerados por ele estão no cerne de muitos textos psicanalíticos. Não há dúvida que determinados conflitos sexuais estão na base de algumas doenças psíquicas. Contudo, a tese freudiana de que todos

---

* Freud, Sigmund. *Obras psicológicas completas de Sigmund Freud*. Rio de Janeiro: Imago, 1969.

os fenômenos inconscientes se explicam por experiências infantis ligadas à libido (energia sexual) é limitada e inaceitável. Temos que considerar o ser humano além dos limites da sexualidade, além dos limites dualistas da relação homem-mulher, e compreendê-lo na sua totalidade, de forma a podermos ir ao encontro de suas necessidades universais.

O que mais somos em grande parte do nosso tempo? Homens ou mulheres, machos ou fêmeas? Se estudarmos a construção da inteligência e as necessidades psíquicas fundamentais, constataremos que na maior parte do nosso tempo (provavelmente noventa por cento) não somos nem machos nem fêmeas, homens ou mulheres, mas apenas seres humanos, que possuem necessidades universais.

Quais são essas necessidades universais? Necessidades de prazer, de entretenimento, de sonhar, de ter sentido existencial, de superar as angústias existenciais, de transcender os estresses psicossociais, de superar a solidão, de desenvolver a criatividade, de trabalhar, de atingir objetivos, de alimentar-se, de repor as energias durante o sono, de amar, e também de satisfação sexual. Quando procuramos evidenciar excessivamente nossa masculinidade ou feminilidade, provavelmente está havendo um comprometimento da sanidade psíquica.

Amar é provavelmente a necessidade universal mais sublime e mais difícil de ser atendida. Os romancistas discursaram sobre o amor, os poetas o proclamaram, mas na prática não é fácil conquistá-lo.

Cristo discursava sobre um amor estonteante, um amor que gera uma fonte de prazer e de sentido existencial. Aquele simples homem de Nazaré, que teve tantas dificuldades na vida, que sofreu desde a infância e, quando adulto, não tinha onde reclinar a cabeça, não apenas extraiu sabedoria da sua dor e poesia da sua miséria, mas ainda achou fôlego para falar de um amor arrebatador: *"Amai-vos uns aos outros como eu vos amei"* (*João 13:34*).

Na sua última ida a Jerusalém, pouco antes da crucificação, ele sofreu intensa perseguição por parte dos herodianos, dos fariseus e dos saduceus, integrantes de partidos religiosos. Todos procuravam testá-lo para fazê-lo cair em alguma contradição. Esperavam que Cristo dissesse alguma heresia contra as tradições judaicas ou que falasse algo que fosse contra o regime de Roma. No entanto, ele silenciava a todos com sua inteligência. Apesar de silenciá-los e de provocar grande admiração nesses opositores, tinha consciência de que logo iria morrer. Era só uma questão de tempo para que fosse apanhado longe da multidão; por isso ele discorria sem rodeios sobre seu julgamento e sobre as dores que iria padecer.

O clima era ameaçador, capaz de tirar o sono de qualquer um. A cúpula judaica já havia armado diversos esquemas para prendê-lo e matá-lo. Do ponto de vista lógico, não havia espaço para Cristo se preocupar com outra coisa a não ser com a sua própria segurança. Entretanto, apesar da tensão exterior, ele não se deixava perturbar. O mundo à sua volta estava agitado, mas ele se mostrava tranquilo e ainda tinha tempo para discorrer com seus íntimos sobre um amor transcendental, um amor que lança fora todo medo. Como é possível alguém que está rodeado de ódio discursar sobre o amor?

Cristo estava para ser eliminado da terra dos viventes, todavia ainda cuidava carinhosamente daqueles galileus que tantas vezes o decepcionaram. Preparava-os para serem fortes e unidos, em detrimento do drama que ele atravessaria. Equipava-os para que aprendessem a arte de amar.

Ele discursava sobre um amor difícil de ser investigado, que está muito além dos limites da sexualidade e dos interesses particulares. Um amor que se doa e que se preocupa mais com os outros do que consigo mesmo.

O mais alto patamar de amor, tolerância e respeito humanos

Coloque dez alunos numa universidade. Durante três anos e meio, que foi o tempo que Cristo passou com seus discípulos, tente ensiná-los a se amarem uns aos outros. Dê palestras, promova debates e conduza esses alunos a lerem todo tipo de literatura sobre o amor. Veja o resultado. Provavelmente, no final desse período, eles não estarão se amando, mas guerreando uns contra os outros, discutindo quem tem mais conhecimento sobre o amor, quem discorre melhor sobre ele. Serão mestres no discurso sobre o tema "amor", mas dificilmente aprenderão a mais difícil de todas as artes, a de amar. Aprendê-la exige mais do que cultura e eloquência.

Cristo tinha uma meta tão elevada sobre o amor, que tanto seu discurso como suas atitudes ultrapassavam os limites da lógica psicológica. Certa vez, disse: *"Ouvistes o que foi dito: amarás o teu próximo e odiarás o teu inimigo. Eu, porém, vos digo: Amai os vossos inimigos e orai pelos que vos perseguem... Se amardes os que vos amam, que recompensa tereis?"* (Mateus 5:44). Com essas palavras, Cristo atingiu os limites mais altos e, ao mesmo tempo, mais impensáveis do amor, da tolerância e do respeito humano.

Como é possível amar os inimigos? Quem tem estrutura emocional para isso? Como é possível amar alguém que nos frustrou, nos decepcionou, falou injustamente contra nós? Algumas pessoas não conseguem amar nem a si mesmas, pois não têm o mínimo de autoestima, vivem se destruindo com sentimentos de culpa e inferioridade. Outras amam seus inimigos, mas com uma emoção frágil e sem raízes, pois, ao mínimo sinal de frustração, os excluem de suas vidas. Outras ainda têm uma emoção mais rica e estável e constroem amizades duradouras que suportam os invernos existenciais. Todavia, são incapazes de amar alguém além do seu círculo de amigos, por isso são exclusivistas, não aceitam intrusos em seu grupo social.

Se nosso amor é muitas vezes condicional, instável e exclusivista, como é possível amar os inimigos? Nenhum humanista chegou a tal ambição. Provavelmente ninguém que proclamou a necessidade de preservar os direitos humanos foi tão longe como Cristo, estabeleceu um padrão de relacionamento tão alto como o que ele propôs.

Em razão do adensamento populacional na atualidade, bem como da competitividade, do individualismo e do superficialismo nas relações socioprofissionais, é mais fácil fazer "inimigos" do que amigos. Não inimigos que querem nos destruir, mas que nos decepcionam, nos frustram, nos criticam justa ou injustamente, que falam mal de nós por trás, que não correspondem às nossas expectativas.

Somente uma pessoa que é apaixonada pela vida e pelo ser humano e, além disso, é tranquila e segura supera com dignidade as frustrações sociais e gerencia com exímia habilidade seus pensamentos nos focos de tensão. Somente alguém assim pode viver o padrão proposto por Cristo, pode ser livre em sua emoção, pode ter possibilidades de amar as pessoas que a aborrecem. Nem a psiquiatria moderna sonhou com um ser humano com um padrão tão alto em sua personalidade.

Se tivéssemos capacidade de amar as pessoas que nos frustram, prestaríamos um grande favor a nós mesmos. Deixaríamos de ficar angustiados por elas e as veríamos sob outra perspectiva, não mais como inimigas. Diminuiríamos os níveis de estresse e evitaríamos alguns sintomas psicossomáticos. O diálogo, o respeito, a afetividade e a solidariedade floresceriam como num jardim. A compreensão do comportamento do outro seria mais nobre. Que técnicas de psicologia poderiam nos arrebatar para tal qualidade de vida se, frequentemente, queremos que o mundo gravite primeiro em torno de nossas necessidades, para depois considerarmos as necessidades dos outros?

As limitações da emoção humana

Muitos pais passam a vida inteira ensinando seus filhos a seguir as trajetórias do amor, a cultivar uma rica afetividade entre eles, e o resultado não poucas vezes é o desamor, a disputa e a agressividade. Não é fácil ensinar o caminho do amor, pois ele está além da mera aquisição de ensinamentos éticos e de regras comportamentais.

Os discípulos de Cristo, quando ele os chamou, comportavam-se como qualquer ser humano: discutiam, se irritavam e viviam apenas para satisfazer suas necessidades. Mas o mestre queria que eles reescrevessem paulatinamente suas histórias, uma história sem disputas, sem discriminação, sem agressividade, uma história de amor.

Cristo tinha metas ousadíssimas, mas só propunha aquilo que vivenciava. Ele amou o ser humano incondicionalmente. Foi dócil, gentil e tolerante com seus mais ardentes opositores. *Amou quem não o amava e se doou para quem o aborrecia.* O amor era a base da sua motivação para aliviar a dor do outro. Quem possui uma emoção tão desprendida?

As grandes empresas de todo o mundo têm respeitáveis equipes de recursos humanos que procuram treinar continuamente seus funcionários para que aprendam a ter um melhor desempenho intelectual, mais criatividade e espírito de equipe. Os resultados nem sempre são os desejados, porém o propósito de Cristo, além de incluir o espírito de equipe e o desenvolvimento da arte de pensar, requeria a criação de uma esfera de amor mútuo.

Ninguém consegue preservar qualquer forma de prazer nos mesmos níveis por muito tempo. Ao longo dos anos, pelo processo de psicoadaptação, o amor diminui invariavelmente de intensidade e, se tudo correr bem, será possível substituí-lo paulatinamente pela amizade e pelo companheirismo.

A psicoadaptação é um fenômeno inconsciente que faz diminuir a intensidade da dor ou do prazer ao longo da exposição de um mesmo estímulo. Uma pessoa, ao colocar uma tela na parede, a observa e a contempla por alguns dias, mas, com o decorrer do tempo, se psicoadapta à sua imagem e pouco a pouco se sente menos atraída por ela. Ao comprar um veículo, depois de alguns meses, a pessoa entra nele como entra no banheiro de sua casa, ou seja, sem o mesmo prazer que tinha quando o adquiriu, pois se psicoadaptou a ele. Quando sofremos uma ofensa, no começo ela nos perturba, mas com o tempo nos psicoadaptamos e pouco sofremos com ela. O mesmo pode ocorrer com a afetividade nas relações humanas. Com o passar do tempo, se o amor não for cultivado, nos adaptamos uns aos outros e deixamos de amar.

A energia emocional não é estática, mas dinâmica. Ela se organiza, se desorganiza e se reorganiza num fluxo vital contínuo e ininterrupto. Nossa capacidade de amar é limitada. Amamos com um amor condicional e sem estabilidade. As frustrações, as dores da existência, as preocupações cotidianas sufocam os lampejos de amor que possuímos. Portanto, o segredo do limitado amor humano nem sempre está em conquistá-lo, mas em cultivá-lo.

Apesar de todas as limitações da emoção de criar, viver e cultivar uma esfera de amor, amar é uma das necessidades vitais da existência.

Quem ama vive a vida intensamente.
Quem ama extrai sabedoria do caos.
Quem ama tem prazer em se doar.
Quem ama aprecia a tolerância.
Quem ama não conhece a solidão.
Quem ama supera as dores da existência.
Quem ama produz um oásis no deserto.
Quem ama não envelhece, ainda que o tempo sulque o rosto.
O amor transforma miseráveis em ricos.
A ausência do amor transforma ricos em miseráveis.
O amor é uma fonte de saúde psíquica.
O amor é a expressão máxima do prazer e do sentido existencial.
O amor é a experiência mais bela, poética e ilógica da vida.
Cristo discursava sobre a revolução do amor...

Um lugar de destaque para as mulheres na escola da existência

No projeto de Cristo não havia lugar só para os homens, os apóstolos e líderes masculinos, embora a sociedade da época supervalorizasse o homem. Nele, as mulheres tiveram um destaque fundamental. Elas sempre aprenderam com mais facilidade a linguagem do amor do que os homens. Aliás, os gestos mais sublimes dirigidos a Cristo foram produzidos por mulheres, das quais destacarei duas.

Uma delas foi Maria, irmã de Lázaro, um dos amigos de Cristo. Ela possuía um frasco de alabastro contendo um precioso perfume (*Mateus 26:7*). Aquele perfume era caríssimo, talvez a maior preciosidade daquela mulher. Maria amava muito o seu mestre. Fora tão cativada por ele e por suas palavras incomuns que não sabia como expressar sua gratidão. Além disso, estava muito triste porque, diferentemente dos discípulos, tinha entendido que Cristo estava próximo da morte. Diante de tanto amor e de tanta dor, ela teve um gesto inusitado: deu-lhe o que possuía de mais caro. Quebrou o vaso de alabastro e derramou seu perfume sobre a cabeça de Cristo, preparando-o para sua morte, pois os antigos costumavam perfumar os cadáveres.

Alguns discípulos consideraram sua atitude um desperdício. Entretanto, para ela, ao contrário de um desperdício, aquilo era muito pouco se comparado ao amor que sentia por ele, à dor da sua partida. Cristo entendeu a dimensão do seu gesto e ficou tão comovido que afirmou que onde as suas palavras fossem propagadas o gesto de Maria seria divulgado em memória dela (*Mateus 26:13*). O gesto daquela mulher foi um memorial de amor que chegou até os dias de hoje.

Uma outra mulher também fez um gesto sublime para Cristo. Ela não possuía recursos financeiros nem um perfume tão caro para aspergir sobre ele. Mas possuía um outro líquido não menos precioso: suas lágrimas. Essa mulher era desprezada socialmente e reprovada moralmente, porém Jesus havia passado por ela e transformado a sua vida. Vejamos a história.

Cristo foi convidado a participar da refeição na casa de um fariseu. De repente, entrou uma mulher chorando e derramou lágrimas sobre os pés de Cristo. E como não dispunha de toalha, constrangida, ela os enxugou com seus próprios cabelos (*Lucas 7:38*).

Apesar de Cristo nunca ter exigido que as pessoas se dobrassem aos seus pés, muitas o fizeram. Os ditadores sempre usaram a força para conseguir tal reverência. Porém, as que se dobravam aos pés de Cristo não o faziam por medo ou pressão, mas por amor. Elas se sentiam tão compreendidas, amadas, perdoadas e incluídas, que eram atraídas por ele.

Aquela mulher era famosa por sua imoralidade. O fariseu anfitrião conhecia a história dela. Ao vê-la chorar aos pés de Cristo, começou a criticar os dois em seus pensamentos. Para aquele fariseu moralista e rígido, o gesto da mulher era um escândalo e a atitude complacente de Cristo, inadmissível. Não concebia que alguém que tivesse dignidade se misturasse com aquele tipo de gente.

O fariseu era ótimo para julgar, mas seu julgamento era superficial, pois não conseguia perceber os sentimentos mais profundos do ser humano, não conseguia compreender que as lágrimas daquela mulher não expressavam um choro comum, mas eram resultado de uma profunda reflexão de vida. As palavras de Cristo tinham mudado o seu viver. Ela aprendera a amá-lo profundamente e havia encontrado um novo sentido para a sua vida, e por isso, sem pedir licença, invadiu a casa daquele fariseu e debruçou-se sobre os pés do seu mestre. Não se importou com o julgamento que fariam dela.

Cristo ficou tão comovido com o gesto daquela mulher que, mesmo estando em situação delicada, cercado por tantos opositores, não se importou de desgastar mais uma vez a sua imagem social. Aquela cena era comprometedora, poderia gerar interpretações erradas. Qualquer um que se preocupasse com a própria imagem ficaria incomodado pela maneira como aquela mulher entrara e pelos gestos que fizera. Todavia, para aquele mestre afetivo, os sentimentos dela eram mais importantes do que qualquer coisa que outros pudessem pensar e falar a respeito.

Cristo não lhe fez perguntas, não indagou sobre seus erros, não questionou sua história, apenas compreendeu e tratou a mulher gentilmente. Em seguida, o mestre da escola da existência virou-se para o fariseu, provocou a sua inteligência e abalou os alicerces do seu juízo e de sua moralidade superficial com uma história. Ele falou sobre duas pessoas que tinham dívidas. Uma era aquela mulher e a outra, o próprio fariseu. As duas pessoas tiveram suas dívidas perdoadas. Cristo o levou a concluir que aquela mulher, por ter consciência de que sua dívida era maior, tinha valorizado mais o perdão, ficado mais aliviada e amado mais aquele que a perdoara.

Com essa história, Cristo fez aquele crítico fariseu compreender que, pelo fato de aquela mulher ter feito uma profunda revisão de sua história, ela havia aprendido a amar mais do que ele, que se considerava justo. Ainda com essa história, levou-o a concluir que, embora conhecesse toda a lei judaica e se gabasse da sua justiça e moralidade, ele era infeliz, vazio e vivia uma vida teatral, pois não conseguia amar. Assim, ficou demonstrado que onde a autossuficiência e a arrogância imperam, o amor não consegue ser cultivado. E, por outro lado, onde impera a humildade e se faz uma revisão sem medo e sem preconceito da história de vida, o amor floresce como num jardim. O orgulho e o amor nunca florescem no mesmo terreno.

As duas mulheres, com seus gestos delicados, surpreenderam aquele mestre que vivia surpreendendo todas as pessoas. Gestos assim evidenciam que, quando as mulheres entram em cena, conseguem ser mais sublimes do que os homens. Elas sempre foram mais rápidas para compreender e incorporar a linguagem sofisticada do amor do Mestre dos Mestres. O amor sempre gerou gestos mais nobres e mais profundos do que o poder e a justiça moralista masculina...

O amor e o perdão

Jesus propunha a seus discípulos que perdoassem uns aos outros, que se libertassem dos seus sentimentos de culpa e que tivessem uma vida emocional suave e tranquila como só uma pessoa que ama os outros como a si mesma pode ter. A psicologia de Cristo era profunda, o amor e o perdão se entrelaçavam. Era de fato uma psicologia transformadora, e não reformadora e moralista. Ele dizia que tinha vindo para perdoar, para aliviar o peso da existência e tornar a vida mais complacente, tolerante e emocionalmente serena. Encorajava os seus discípulos a observarem sua vida e a tomá-la como modelo existencial. Por isso, dizia: *"Aprendei de mim, pois sou manso e humilde de coração"* (*Mateus 11:29*).

Cristo desejava aliviar a emoção do peso das mágoas, dos rancores, dos complexos de inferioridade, dos sentimentos de culpa e de autopunição.

Apesar de ter todos os motivos para ser rígido e até julgar as pessoas, nele só havia espaço para o perdão, que não é um sinal de fraqueza, mas de grandeza emocional. Perdoar é expressar a arte de amar.

Na escola da existência de Cristo, perdoar uns aos outros é um princípio fundamental. Perdoar alivia tanto os sentimentos de culpa como as mágoas. O sentimento de culpa fere a emoção. A mágoa corrói a tranquilidade.

A proposta de Cristo do perdão é libertadora. A maior vingança contra um inimigo é perdoá-lo. Ao perdoá-lo, nos livramos dele, pois ele deixa de ser nosso inimigo. O maior favor que fazemos a um inimigo é odiá-lo ou ficarmos magoados com ele. O ódio e a mágoa cultivam os inimigos dentro de nós.

Cristo viveu a arte do perdão. Perdoou quando rejeitado, quando ofendido, quando incompreendido, quando ferido, quando zombado, quando injustiçado; perdoou até quando estava morrendo na cruz. No ápice da sua dor, disse: *"Pai, perdoai-os, pois eles não sabem o que fazem..."* (*Lucas 23:34*). Esse procedimento tornou a trajetória de Cristo livre e suave.

É muito difícil viver com tranquilidade as relações sociais, pois facilmente nos frustramos com os outros. É mais fácil conviver com mil animais do que com dois seres humanos. Às vezes nossas mais amargas frustrações provêm não de estranhos, mas das pessoas mais íntimas.

Apesar de rodeado de inimigos e de ter discípulos que frequentemente o decepcionavam, o mestre da escola da existência conseguia viver tranquilo. A arte do perdão era um dos seus segredos. O exercício dessa arte o fazia não gravitar em torno dos outros, não esperar retorno quando se doava. Isso não significa que ele não esperasse nada dos seus discípulos; pelo contrário, propunha metas elevadíssimas para eles. Todavia, tinha plena consciência de que essas metas não poderiam ser conquistadas por meio de pressão, cobranças, nem em pouco tempo. Ele esperava que, paulatinamente, seus discípulos fossem transformados interiormente de maneira livre e espontânea.

Por amar o ser humano e exercitar continuamente a arte do perdão, Cristo preparava terreno para transcender, superar qualquer tipo de frustração com qualquer tipo de pessoa. Nem a vexatória negação de Pedro o fez desanimar.

Pedro andou muito tempo com seu mestre, presenciou gestos e ouviu palavras incomuns. Todavia, ele o negou três vezes diante de pessoas humildes, diante dos servos dos sacerdotes. Enquanto Pedro o negava pela terceira vez, Cristo, apesar de estar sendo espancado e injuriado, virou-se para ele e o alcançou com um olhar... Um olhar acolhedor, não julgador.

Naquele momento, Pedro estava dizendo com todas as palavras que não conhecia o mestre de Nazaré. Mas o mestre de Nazaré, com seu olhar arrebatador, estava expressando que conhecia Pedro e o amava. Pedro podia desistir de Cristo, mas Cristo não desistia de Pedro... O amor de Pedro por seu mestre podia ser limitado e circunstancial, mas o de Cristo por ele era ilimitado, pois, apesar da dor causada pela cúpula judaica e pela própria negação de Pedro, conseguia abrir uma janela para acolhê-lo.

Cristo estava preso e sendo ferido, enquanto Pedro estava livre no pátio, vendo de longe seu mestre ser agredido. O Cristo preso e ferido teve tempo para acolher o Pedro livre no pátio. Quem estava preso, Cristo ou Pedro? Pedro estava preso e Cristo estava livre. Pedro estava livre exteriormente, mas preso interiormente pelo medo e pela insegurança. Cristo estava preso exteriormente, mas livre interiormente em seus pensamentos e emoções, em seu espírito.

Pedro não pediu perdão ao seu mestre, mas o olhar acolhedor e consolador dele já o estava perdoando no momento em que ele o negava pela terceira vez. Cristo, com seu olhar penetrante, parecia dizer-lhe eloquentemente: "Pedro, você pode desistir de mim, pode negar tudo o que viveu comigo, mas não tem problema, eu ainda o amo, não desisto de você..." Diante disso, Pedro caiu em si e se retirou para chorar. Aquele homem forte e rude, que dificilmente derramava lágrimas, começou a aprender a chorar e a ser sensível. Chorou intensa e amargamente. Enquanto chorava, provavelmente repensava seu comportamento e sua história, meditava sobre o olhar profundo de Cristo, refletia sobre os pensamentos dele e, talvez, comparava sua pobre e limitada emoção, subjugada pelo medo e pela insegurança, com o amor incondicional do seu mestre.

Todos nós gostamos de criticar, julgar e condenar as pessoas que nos cercam e até aquelas que estão longe do nosso convívio. Cristo tinha todos os motivos para julgar, mas não o fazia, nem condenava; ele acolhia, incluía, valorizava, consolava e encorajava.

Pedro dissera que, ainda que todos negassem Cristo, ele não o negaria e, se necessário, até morreria com ele. Foi muito grave o erro de Pedro ao negar, ainda que por momentos, Cristo e a história que viveu com ele. Além disso, por negá-lo, foi infiel à sua própria consciência. Contudo, Cristo não o condenou, não o questionou, não o criticou, não o reprovou, apenas o acolheu. Cristo o conhecia mais do que o próprio Pedro. Ele previu seu comportamento. Sua previsão não era uma condenação, mas um acolhimento, um sinal de que não desistiria de Pedro em qualquer situação, um indício de que o amor que sentia por ele estava acima do retorno que poderia receber, acima dos seus gestos e atitudes.

Certa vez, Cristo disse que toda pessoa que viesse até ele não seria lançada fora, não importavam a sua história nem seus erros (*João 6:37*). Ele via os erros não como objeto de punição, mas como uma possibilidade de transformação interior.

A prática do perdão de Cristo era fruto da sua capacidade incontida de amar. Com essa prática, todos tinham contínuas oportunidades de revisar a sua história e crescer diante dos seus erros. O amor de Cristo é singular, ninguém jamais pode explicá-lo...

O beijo de Judas Iscariotes e a amabilidade com que Cristo trata seu traidor

Antes de Cristo ser julgado, várias tentativas tinham sido feitas para prendê-lo, todas sem sucesso. Numa delas, os sacerdotes e os fariseus ficaram indignados com os soldados que voltaram de mãos vazias. Dessa vez, a frustrada tentativa não se deveu ao medo da reação da multidão, que não aceitaria a prisão de Cristo, mas aos soldados, que ficaram atônitos com as suas palavras. Eles disseram aos sacerdotes que *"nunca alguém falou como esse homem"* (*João 7:45-49*). Os sacerdotes, indignados com os soldados, os repreenderam e disseram que ninguém da cúpula judaica havia acreditado nele, apenas a "ralé" inculta. O que não era verdade, pois vários sacerdotes e fariseus admiravam Cristo e acreditavam nele, mas tinham medo de declarar isso em público.

Apesar de várias tentativas frustradas, chegou o momento de ele ser traído, preso e julgado. Cristo impressionou os soldados que o prenderam por se entregar espontaneamente, sem qualquer resistência. Além disso, intercedeu pelos três discípulos que o acompanhavam, pedindo aos guardas que não os prendessem. Assim, no momento em que foi preso, continuou a ter atitudes incomuns; ainda havia disposição nele para cuidar fraternalmente do bem-estar dos seus amigos.

Quando sofremos, só temos disposição para aliviar nossa dor, mas quando ele sofria, ainda havia nele disposição para cuidar dos outros. E não apenas isso. Na noite em que foi traído, sua amabilidade e gentileza eram tão elevadas que ele teve reações impensáveis com seu próprio traidor. Vejamos.

Cristo foi traído e preso no jardim do Getsêmani. Era uma noite densa e ele estava orando e esperando esse momento. Então, Judas Iscariotes apareceu com um grande número de guardas. Cristo tinha todos os motivos para repreender, criticar e julgar Judas. Todavia, o registro de Mateus diz que, mesmo nesse momento de profunda frustração, ele foi amável com seu traidor chamando-o de amigo, dando-lhe assim mais uma oportunidade para que ele se interiorizasse e repensasse seu ato.

Judas aproximou-se e fez um falso elogio: *"Salve, 'Mestre'!"*, e o beijou. Jesus, porém, lhe disse: *"Amigo, para que vieste?"* Aqui há algumas importantes considerações a serem feitas.

O beijo de Judas indica que Cristo era amável demais. Embora estivesse traindo seu mestre, embora o conhecesse pouco, Judas o conhecia o suficiente para saber que ele era amável, dócil e tranquilo. Sabia que não seria necessário o uso de nenhuma agressividade, nenhuma emboscada ou armadilha para prendê-lo. Um beijo seria suficiente para que Cristo fosse reconhecido e preso naquela noite escura no jardim do Getsêmani.

Qualquer pessoa traída tem reações de ódio e de agressividade. Por isso, para traí-la e prendê-la são necessários métodos agressivos de segurança e contenção. Entretanto, Cristo era diferente. Como Judas sabia que ele não reagiria, que não usaria qualquer violência e muito menos fugiria daquela situação, bastava um beijo. Em toda a história da humanidade, nunca alguém, por ser tão amável, foi traído de maneira tão suave!

Cristo sabia que Judas o trairia e o estava aguardando. Quando Judas chegou, Cristo, por incrível que pareça, não o criticou nem se irritou com ele. Teve uma reação totalmente diferente do nosso padrão de inteligência. O normal seria ofender o agressor com palavras e gestos ou emudecer diante do medo de ser preso. Porém, Cristo não reagiu dessa forma. Teve a coragem e o desprendimento de chamar seu traidor de amigo e a gentileza de levá-lo a se interiorizar e a repensar sua atitude. Perdemos com facilidade a paciência com as pessoas, mesmo com aquelas que mais amamos. Dificilmente agimos com gentileza e tranquilidade quando alguém nos aborrece e nos irrita, ainda que seja nosso filho, aluno, amigo ou colega de trabalho. Desistimos facilmente daqueles que nos frustram, nos decepcionam.

Judas desistiu de Cristo, mas Cristo não desistiu de Judas. Deu-lhe até o último minuto uma preciosa oportunidade para que ele reescrevesse sua história.

Que amor é esse que irrigava a emoção de Cristo com mananciais de tranquilidade num ambiente desesperador? Que amor é esse que o conduzia, mesmo no ápice da sua frustração, a chamar seu traidor de amigo e a estimulá-lo a revisar a sua vida? Nunca, na história, um traidor foi tratado de maneira tão amável e elegante! Nunca o amor chegou a patamares tão elevados e sublimes.

Metas tão ousadas para uma humanidade tão limitada

Cristo falava de um amor estonteante. Um amor que irriga o sentido da vida e o prazer da existência. Um amor que se doa, que vence o medo, que supera as perdas, que transcende as dores, que perdoa.

Ele vivenciou essa história de amor. O amor aplainava suas veredas, fazia-o sentir-se satisfeito, sereno, tranquilo, seguro, estável, em detrimento dos longos e dramáticos invernos existenciais que vivia.

A uns ele dizia "não choreis", a outros, "não temais", e ainda a outros, "tende bom ânimo". Estava sempre animando, consolando, compreendendo, envolvendo as pessoas e encorajando-as a superar seus temores, desesperos, fragilidades, ansiedades. Cristo demonstrou uma disposição impensável de amar, mesmo no ápice da dor.

Suas palavras e atitudes são como um sonho para as sociedades modernas que mal conseguem escalar alguns degraus da cidadania e do humanismo. Se transportarmos o pensamento de Cristo para a atualidade, podemos inferir que ele queria construir na espécie humana uma esfera tão rica afetivamente que o ser humano deixaria de ser um mero nome, uma "conta bancária", um "título acadêmico", um "número de identidade", e passaria a ser uma pessoa insubstituível, singular e verdadeiramente amada.

Somente o amor torna as pessoas insubstituíveis, especiais, ainda que não tenham status social ou cometam erros e experimentem fracassos ao longo da vida.

Qualquer mestre deseja que seus discípulos se tornem sábios, tolerantes, criativos e inteligentes. A bela Academia de Platão tinha no máximo essas exigências. As teorias educacionais e psicopedagógicas de hoje têm uma exigência menor ainda, pois não incluem a conquista da tolerância e da sabedoria na sua pauta. Nem o inteligente Piaget colocou tais metas em sua pauta intelectual. Contudo, Cristo foi muito mais longe do que a Academia de Platão e as metas educacionais da modernidade.

Os que seguiam o Mestre dos Mestres tinham que aprender a não apenas destilar sabedoria nos invernos da vida, percorrer as avenidas da tolerância e expandir a arte de pensar, mas também aprender a mais nobre de todas as artes, a arte de amar. Ninguém teve metas tão elevadas para uma humanidade tão limitada...

CAPÍTULO 13

Introduzindo as funções mais importantes da inteligência

Reciclando a competência predatória

As metas de Cristo não poderiam ser cumpridas se houvesse um clima de competição predatória e de individualismo entre seus discípulos. A existência desse clima destruiria completamente a construção da história de amor, da unidade, da sabedoria, da solidariedade que ele propunha. Como Cristo poderia transformar intrinsecamente o ser humano, se a tendência natural deste é se colocar acima dos outros e querer que o mundo gire primeiramente em torno das suas próprias necessidades? Reverter esse quadro era um dos maiores e mais difíceis desafios de Cristo.

O pensamento do mestre vira de cabeça para baixo os paradigmas do mundo moderno. Nele não há espaço para a competição predatória. No seu projeto, o individualismo é uma atitude pouco inteligente. Ele estabelece avenidas de um modelo inovador de relacionamento. Entre seus princípios fundamentais estão aprender a cooperar mutuamente e aprender a se doar sem esperar retorno.

O capitalismo se alimenta da competição. Sem esse processo, o capitalismo estaria morto. A competição estimula o desempenho intelectual e melhora a qualidade de produtos e serviços. Todavia, quando é predatória, ou seja, quando considera as metas a serem atingidas mais importantes do que o processo utilizado para atingi-las, torna-se desumana e destrutiva.

A competição predatória anula os valores altruístas da inteligência, anula a humanidade dos competidores.

Na escola de Cristo não se admite qualquer tipo de competição destrutiva, que anule ou prejudique o outro. Existe uma competição totalmente diferente da que estamos acostumados, uma competição saudável e sublime, ou seja, uma competição para servir os outros, para promover o bem-estar deles, para honrá-los, para cooperar mutuamente, para ser solidário. Podemos dizer que a escola da existência de Cristo é tão admirável que seus princípios são os de uma anticompetição, onde imperam a preservação da unidade e a promoção do crescimento mútuo.

Cristo não eliminava a busca de metas pessoais, a conquista de uma recompensa mais elevada. Ele evidenciava que havia uma recompensa superior para aqueles que atingissem a maturidade interior. As metas continuam existindo, porém os processos para atingi-las são contrários ao que aprendemos.

Aquele que quer ser o maior tem que se fazer menor. Aquele que quer ser grande deve ser o que mais serve. Aquele que quer ter posição privilegiada deve ser o que mais valoriza e honra as pessoas desprezadas. Onde vemos um modelo social como este? Nem os socialistas, no ápice de seus pensamentos, sonharam com uma sociedade tão solidária.

O ser humano ama ser servido e reconhecido pelos outros. Ama estar acima dos seus pares, aprecia o brilho social. Alguns usam até a prática do "coitadismo" para ter privilégios. Usam a humildade como pretexto, ainda que inconsciente, para que as pessoas gravitem em torno deles pela miséria ou dó que inspiram. A prática do "coitadismo" engessa a inteligência. E, quando presente nos pacientes com transtornos psíquicos, dificulta até a cura de doenças totalmente tratáveis. Por isso, costumo dizer que o grande problema não é a doença do doente, mas o doente da doença, ou seja, a atitude frágil do "eu" diante das doenças psíquicas.

Cristo era contra a prática do "coitadismo". Rejeitava até mesmo qualquer tipo de sentimento de dó que as pessoas tivessem em relação a ele (*João 18:11*). Sua humildade e sua simplicidade eram conscientes. Ele não queria formar homens dignos de dó, mas homens lúcidos, seguros e coerentes (*Lucas 21:15*).

O mestre alarma seus discípulos com procedimentos impensáveis

Cristo agia como um arquiteto de novas relações sociais. Não apenas a solidariedade, a capacidade de se doar, de considerar as necessidades do outro deveriam regular as relações humanas, mas também os sentimentos mais nobres da tolerância deveriam regulá-las. A tolerância é uma das características mais sofisticadas e difíceis de serem incorporadas na personalidade.

É mais fácil adquirir cultura do que aprender a ser tolerante. Uma pessoa tolerante é compreensiva, aberta e paciente. Já a intolerante é rígida, implacável, tanto com os outros como consigo mesma. É prazeroso conviver com uma pessoa tolerante, mas é angustiante conviver com uma pessoa rígida e excessivamente crítica.

No projeto de Cristo, as funções sociais são mantidas. Os políticos, os empresários, os intelectuais, os trabalhadores continuam desenvolvendo suas atividades profissionais. Apesar da preservação das atividades sociais, todos deveriam aprender a despojar-se da necessidade de estar uns acima dos outros, todos deveriam aprender a exercer a cidadania e a solidariedade em seus amplos aspectos. As mudanças que ele propõe são de dentro para fora. Cristo indicava claramente que qualquer mudança exterior sem uma reorganização interior é mera maquiagem social (*Mateus 23:26-27*).

O objetivo dele não era reformar a religião judaica. Seu projeto era muito mais ambicioso. Cristo desejava causar uma profunda transformação no cerne da alma humana, uma profunda mudança na maneira de o homem pensar o mundo e a si mesmo. Como Cristo poderia ensinar lições tão refinadas àquele grupo rude, inculto e intempestivo de jovens galileus? Como poderia ter êxito nessa empreitada se, passados tantos séculos, nós, que vivemos em sociedades tão aculturadas, saturadas de universidades e informações, não escalamos os primeiros degraus dessa jornada? É possível falar por anos a fio sobre solidariedade, cidadania, amor ao próximo, capacidade de se doar e, ainda assim, gerar pessoas individualistas, incapazes de se colocarem no lugar do outro. Vejamos como esse mestre sofisticado agiu.

Certa vez, todos os seus discípulos estavam reunidos, conversando. O ambiente parecia normal. Nada de estranho pairava no ar. Então, de repente, Cristo teve mais uma atitude que deixou todos os seus discípulos perplexos. Convém dizer que o fato que relatarei ocorreu no final da sua vida, e que ele tinha consciência de que sua morte se aproximava. Então, precisava treinar os seus discípulos para aprenderem as mais profundas lições da existência.

Àquela altura, Cristo era profundamente exaltado e admirado pelos discípulos. Toda pessoa superadmirada fica muito distante daqueles que a exaltam. Ele tinha grande popularidade, as multidões o seguiam atônitas. Os discípulos, por sua vez, estavam extasiados por seguir um homem tão poderoso, a quem conferiam nada menos que o status de Deus. Os imperadores romanos queriam desesperadamente um pouco desse status e, para tanto, usavam a violência. Cristo adquiriu esse status espontaneamente. Seus discípulos o consideravam tão grande que para eles Cristo estava nos "céus" e eles estavam aqui na terra como simples aprendizes, servos.

Diante disso, chegou o momento de esse mestre intrigante dar-lhes uma lição inesquecível. Quando todos o colocavam nas alturas, inatingível, ele se inclinou em silêncio, chegando ao nível dos pés dos seus discípulos. Tomou calmamente uma toalha, colocou-a sobre os ombros, pegou uma bacia de água e, sem dizer palavra alguma, começou a lavar os pés deles (*João 13:4-5*). Que cena impressionante! Que coragem e despojamento!

Nunca alguém com o indescritível status de Deus fez um gesto tão humilde e singelo! Nunca o silêncio foi tão eloquente... Todos os discípulos ficaram perplexos com aquela atitude.

Em Roma, os imperadores queriam que os súditos se prostrassem aos seus pés e os considerassem divinos. Em Jerusalém havia alguém que foi reconhecido como "Deus", mas, ao invés de exigir que os discípulos se prostrassem aos seus pés, prostrou-se aos pés deles. Que contraste! Não são apenas as palavras de Cristo que não têm precedente histórico, mas também seus gestos.

Na sua época, os calçados não eram fechados, a higiene era pouca e o pó intenso, pois não havia calçamento nas ruas. A grossa camada de sujeira dos pés daqueles pescadores não constituía problema para alguém que conhecia a arte da humildade no seu patamar mais sublime. Cristo tinha uma coragem incomum tanto para vencer o medo e a dor como para ser humilde e envolver as pessoas.

Imagine um grande empresário tendo uma atitude como essa diante dos seus empregados. Imagine um reitor de uma universidade procurando os calouros da sua escola, ainda inibidos com o novo ambiente, para lavar seus pés. É difícil imaginar. Os gestos de Cristo são impensáveis, surpreendentes.

Pedro ficou tão perplexo que quis impedir-lhe o gesto. Não compreendeu nem suportou a humildade do mestre. Há pouco tempo o próprio Pedro o havia reconhecido como o filho do Deus vivo que era "um com o Pai". Ele poderia indagar: como pode alguém que considerei como Deus infinito lavar os pés de um pequeno homem finito? Cristo abalou os alicerces da sua mente. E, sem dizer nada, fez Pedro e seus amigos repensarem profundamente suas histórias de vida. Pedro estava tão atônito que disse que era ele quem deveria lavar os pés de Cristo. Todavia, Cristo foi incisivo, dizendo que, se não lavasse os pés de Pedro, este não teria parte com ele.

Os discípulos de Cristo não tinham prestígio social. Eram o que havia de pior em termos de cultura e educação na época. Apesar da desqualificação sociocultural, ele honrou e cuidou intensamente desses galileus.

Cristo teve o desprendimento de lavar os pés dos seus discípulos. Só uma mãe é capaz de um gesto tão amável e espontâneo. Com essa atitude eloquente, ele economizou milhões de palavras e se notabilizou não apenas como um mestre inteligente e sofisticado, mas como o "Mestre dos Mestres" da bela e imprevisível existência humana. Silenciosamente, vacinou os seus discípulos contra a ditadura do preconceito, contra qualquer forma de discriminação, bem como contra a competição predatória, o individualismo e a paranoia compulsiva de ser o número um, que é um dos fenômenos psicossociais mais comuns e doentios da sociedade moderna. Tal paranoia, em vez de contribuir com a eficiência intelectual, pode tanto abortar a criatividade como gerar uma contração do prazer pela existência. É possível ser o número dois, cinco ou dez com dignidade em qualquer atividade social e profissional. É possível até o ser humano se despreocupar com qualquer tipo de classificação e exercer com naturalidade as suas atividades dentro das próprias limitações que cada um possui. É possível, em algumas esferas, ir ainda mais longe, ou seja, colocar as metas coletivas acima das individuais. Esse era o ardente desejo de Cristo.

Abrindo as janelas da mente dos seus discípulos

Os discípulos também viviam sob a paranoia de ser o número um. Não muito tempo antes de Cristo dar-lhes essa profunda lição, eles disputavam para ver quem seria o maior entre eles (*Marcos 9:34*). Tiago e João, por intermédio da sua mãe, chegaram até a fazer um pedido ousado ao mestre: que um se assentasse à direita e o outro à esquerda quando ele estivesse em seu reino, que inicialmente pensavam se tratar de um reino político (*Marcos 10:35-38*). Com seu gesto chocante, o mestre penetrou nas entranhas dos seus seres e os vacinou com exímia inteligência contra as raízes mais íntimas da competição predatória. Ao descer ao nível dos pés dos seus seguidores, ele golpeou profundamente o orgulho e a arrogância de cada um deles.

Os pés são condutores da trajetória existencial. Cristo queria expressar que nessa sinuosa e turbulenta trajetória de vida os seres humanos deveriam lavar os pés uns dos outros, ou seja, deveriam cooperar, ser tolerantes, perdoar, suportar, cuidar, proteger e servir uns aos outros. São lições profundas e dificílimas de serem aprendidas.

Após lavar os pés dos discípulos, Cristo rompeu seu silêncio e começou a exteriorizar suas intenções. Não precisava falar muito, pois com seu gesto surpreendente já havia falado quase tudo. Fez críticas contundentes ao superficialismo das relações sociais e políticas e declarou que, ao contrário do que pensavam, aquele que desejasse ser o maior entre eles teria de se fazer menor do que os outros, teria de aprender a servir (*João 13:1-17*). Se ele como mestre se despojava da sua posição e os servia, eles, que eram seus discípulos, deveriam fazer o mesmo uns aos outros.

A hierarquia proposta por Cristo era, na realidade, uma anti-hierarquia, uma apologia à tolerância, à solidariedade, a metas coletivas, à cooperação e à integração social. O maior é aquele que mais serve, que mais honra, que mais se preocupa com os outros.

Em qualquer ambiente social, o maior recebe mais honra, mais privilégios, mais atenção do que o menor. Todos focalizam as pessoas proeminentes. A estética vale mais do que o conteúdo. O "espirro" intelectual de um grande político, de um empresário, de um artista famoso, de um chefe de departamento de uma universidade causa mais impacto do que os brilhantes pensamentos de uma pessoa sem expressão social. Porém, as características da escola de Cristo são tão ímpares que chocam o mundo moderno. Chocam tanto o capitalismo como o socialismo.

Qualquer pessoa que tentar estudar a inteligência de Cristo ficará intrigada e ao mesmo tempo encantada com os paradoxos que a cercam.

Como é possível alguém que teve uma simples profissão de carpinteiro, que precisava entalhar madeira para poder sobreviver, ser colocado como autor da existência, como arquiteto do universo! O registro de João 1 diz que *"tudo foi feito nele e para ele e sem ele nada do que foi feito se fez..."* (*João 1:3*).

Como pode alguém dizer que tem o segredo da eternidade e se humilhar a ponto de lavar os pés de simples pescadores galileus que não tinham qualquer qualificação social ou intelectual?

Como pode alguém que superava todo tipo de medo, que era tão corajoso e inteligente, ter se permitido passar pelo caos indescritível da cruz, pela lenta desidratação, pela dor e pela exaustão física e psicológica gerada por ela?

A história de Cristo é admirável.

O audacioso projeto transcendental

Não devemos pensar que Cristo estava produzindo um grupo de pessoas frágeis e despersonalizadas. Pelo contrário, ele, por meio dos seus princípios inteligentes e incomuns, estava transformando aquele grupo de incultos galileus na mais fina estirpe de líderes. Líderes que não tivessem a necessidade de que o mundo gravitasse em torno deles, que se vacinassem contra a competição predatória e contra as raízes do individualismo. Líderes que tivessem mais prazer em servir do que em serem servidos, que aprendessem a se doar sem esperar a contrapartida do retorno, que estimulassem a inteligência uns dos outros e abrissem as janelas do espírito humano. Líderes que não fossem controlados pela ditadura do preconceito, que fossem abertos e inclusivos. Líderes que soubessem se esvaziar, que se colocassem como aprendizes diante da vida e que se prevenissem contra a autossuficiência. Líderes que assumissem suas limitações, que enfrentassem seus medos, que encarassem seus problemas como um desafio. Líderes que fossem fiéis à sua consciência, que aprendessem a ser tolerantes e solidários. Líderes que fossem engenheiros de ideias, que soubessem trabalhar em equipe, que expandissem a arte de pensar e fossem coerentes. Líderes que trabalhassem com dignidade seus invernos existenciais e destilassem a sabedoria do caos, que vissem suas dores e dificuldades como uma oportunidade de serem transformados interiormente. Líderes que, acima de tudo, se amassem mutuamente, que tivessem uma emoção saturada de prazer e vivessem a vida com grande significado existencial.

As palavras são pobres para retratar a complexidade e a ousadia sem precedentes tanto da inteligência como do propósito transcendental de Cristo. Os textos das suas biografias são claros: ele não queria melhorar ou reformar o ser humano, mas produzir um novo ser humano...

Não há uma equipe de recursos humanos, uma teoria educacional, uma teoria psicológica, uma escola de pensamento filosófico ou uma universidade que tenha a abrangência e a complexidade da escola da existência de Cristo. Ele tinha uma paixão indescritível pela espécie humana.

Os professores desistem com facilidade dos seus alunos rebeldes. Os pais desanimam ante seus filhos problemáticos. Os executivos excluem funcionários que não se enquadram em sua filosofia de trabalho. Enfim, nos afastamos das pessoas que frustram nossas expectativas, que nos causam sofrimento. Porém, o comportamento de Cristo era diferente. As pessoas podiam negá-lo, como Pedro, traí-lo por trinta moedas de prata, como Judas, rejeitá-lo, feri-lo, desistir dele e só se preocuparem com as próprias necessidades materiais e com sua imagem social, porém ele nunca desistia, desprezava ou excluía ninguém...

Seu amor era incondicional. Sua motivação para abrir as janelas da mente e do espírito humano era forte e sólida e ia muito além da motivação proferida pelos conferencistas da área de recursos humanos da atualidade. Sua esperança na transformação do outro, independentemente de quem fosse, era arrebatadora e rompia com a lógica... Ele desejava colocar todo ser humano numa academia de inteligência, numa escola de sábios e de líderes.

As complexas características da personalidade de Cristo evidenciam claramente que ela não poderia ser construída pela criatividade intelectual humana.

Mesmo que Cristo não tivesse feito nenhum milagre, os seus gestos e pensamentos foram tão eloquentes e surpreendentes que, ainda assim, ele teria dividido a história... Depois que ele passou por essa sinuosa e turbulenta existência, a humanidade nunca mais foi a mesma. Se o mundo político, social e educacional tivesse vivido minimamente o que Cristo viveu e ensinou, nossas misérias teriam sido extirpadas, e teríamos sido uma espécie mais feliz...

O MESTRE DA SENSIBILIDADE

JESUS, O MAIOR ESPECIALISTA NO TERRITÓRIO DA EMOÇÃO

LIVRO 2

Ele tinha todos os motivos para ter depressão e ansiedade, mas nunca alguém foi tão feliz e livre no território da emoção.

Sumário

Prefácio 165

Capítulo 1
A maturidade revelada no caos 168

Capítulo 2
O semeador de vida e de inteligência 177

Capítulo 3
Manifestando sua inteligência antes de tomar o cálice 186

Capítulo 4
As atitudes incomuns de Cristo na última ceia: a missão 197

Capítulo 5
Um discurso final emocionante 210

Capítulo 6
Vivendo a arte da autenticidade 222

Capítulo 7
A dor causada por seus amigos *234*

Capítulo 8
Um cálice insuportável: os sintomas prévios *246*

Capítulo 9
A reação depressiva de Jesus: o último estágio da dor humana *255*

Capítulo 10
O cálice de Cristo *272*

Capítulo 11
A criatura humana como ser insubstituível *285*

Prefácio

Jesus, o mestre da sensibilidade, teve sua existência pautada por desafios, perdas, frustrações e sofrimentos de toda ordem. Ele tinha todos os motivos para sofrer de depressão durante sua trajetória de vida, mas não a manifestou; pelo contrário, era alegre e seguro no território da emoção. Tinha também todos os motivos para ter ansiedade, mas não a demonstrou; pelo contrário, era tranquilo, lúcido e sereno. Todavia, no Getsêmani, expressou que sua alma estava profundamente triste. O que ele vivenciou naquele momento: depressão ou uma reação depressiva momentânea? Qual a diferença entre esses dois estados? Quais foram as ferramentas que Cristo adotou para administrar seus pensamentos e superar sua dramática angústia?

Jesus disse: *"Pai, se possível, afaste de mim este cálice, mas não faça como eu quero, mas como tu queres!"* (Mateus 26:39). Ele hesitou diante da sua dor? Alguns veem naquele pedido de Cristo recuo e hesitação. Todavia, se estudarmos detalhadamente seu comportamento, compreenderemos que ele proferiu, naquela noite densa e fria, a mais bela poesia de liberdade, resignação e autenticidade.

Ele estava plenamente consciente do que havia no cálice do qual iria beber. Seria espancado, açoitado, zombado, cuspido; teria uma coroa de espinhos cravada na cabeça e, por fim, passaria seis longas horas na cruz até sua falência cardíaca.

A psicologia e a psiquiatria têm muito a aprender com os pensamentos e as reações que o mestre expressou ao longo de sua história, principalmente nos seus últimos momentos. Diante das mais dramáticas situações, ele demonstrou ser o Mestre dos Mestres da escola da vida. O sofrimento, em vez de abatê-lo, expandia sua sabedoria. As perdas, em vez de destruí-lo, refinavam-lhe a arte de pensar. As frustrações, em vez de desanimá-lo, renovavam-lhe as forças.

A missão de Jesus Cristo era impressionante. Ele não queria apenas colocar os seres humanos numa escola de sábios, mas imergi-los na eternidade. Ele os valorizava ao máximo, por isso nunca desistia de ninguém, por mais que o frustrassem. Sob seu cuidado afetivo, as pessoas começaram a contemplar a vida por outra perspectiva.

Investigar a personalidade de Cristo nos fará assimilar mecanismos para melhorar nossa qualidade de vida e prevenir as mais insidiosas doenças psíquicas da atualidade: a depressão, a ansiedade e o estresse.

Podemos investigar grandes pensadores como Platão, Montesquieu, Descartes, Marx, Max Weber, Adam Smith, Hegel, Freud, Jung, Darwin. Todavia, ninguém foi tão complexo, interessante, misterioso, intrigante e de difícil compreensão quanto Cristo. Como veremos, ele causou perplexidade nas pessoas mais cultas da sua época, e ainda hoje seus pensamentos e suas atitudes são capazes de maravilhar qualquer um que queira estudá-lo sem pré-julgamentos.

Jesus incendiou o mundo com sua vida e sua história. Há mais de dois bilhões de pessoas, de inúmeras religiões, que dizem amá-lo. Todavia, não se pode amar alguém que não se conhece. E não é possível conhecer adequadamente Jesus Cristo sem estudar os últimos dias de sua vida, pois ali estão contidos os maiores segredos de sua complexa missão, bem como os mais dramáticos elementos que constituíram o seu cálice, o seu sofrimento.

Ele usou cada segundo do seu tempo, cada pensamento da sua mente e cada gota do seu sangue para mudar o destino não apenas do povo judeu, mas de toda a humanidade. Ninguém foi como ele. Jesus fez milagres espantosos, aliviou a dor de todas as pessoas que o procuraram ou que cruzaram o seu caminho, mas, quando precisou aliviar sua própria dor, agiu com naturalidade, esquivando-se de usar o seu poder. Ele afirmou categoricamente: *"Foi precisamente para esta hora que eu vim"* (João 12:27). Seu objetivo fundamental seria cumprido nos últimos momentos de sua história.

Meu desejo é que este livro seja de grande ajuda para todos aqueles que admiram esse personagem cuja existência na Terra remonta a dois mil anos. Entretanto, ressalto que não o escrevi apenas para os cristãos, mas para pessoas de todo tipo de credo e cultura: judeus, budistas, islamitas, etc. Ele é dirigido também aos ateus, pois estes têm igual direito de estimular a sua inteligência a partir das nobilíssimas funções intelectuais do mestre de Nazaré.

Gostaria de convidar todos os leitores – ateus ou não, religiosos ou não – para estudarmos juntos a personalidade daquele que revolucionou a trajetória humana.

Embora excelentes escritores já tenham discorrido sobre diversos aspectos da vida de Jesus Cristo, neste estudo raramente usarei alguma de suas referências. Minha intenção é voltar às origens e realizar uma análise a partir do que Cristo falou, ensinou, discursou, manifestou e deixou subentendido nas entrelinhas dos seus pensamentos e nos seus momentos de silêncio. Estudá-lo é uma aventura que todos os seres pensantes deveriam empreender.

Augusto Cury

CAPÍTULO I

A maturidade revelada no caos

É fácil reagirmos e pensarmos com lucidez quando o sucesso bate à nossa porta, mas é difícil conservarmos a serenidade quando as perdas e as dores da existência nos invadem. Muitos, nessas situações, revelam irritabilidade, intolerância e medo. Se quisermos observar a inteligência e a maturidade de alguém, não devemos analisá-las nas primaveras, mas nos invernos de sua existência.

Muitas pessoas, incluindo intelectuais, comportam-se com elegância quando o mundo as aplaude, mas perturbam-se e reagem impulsivamente quando os fracassos e os sofrimentos cruzam as avenidas de suas vidas. Não conseguem superar suas dificuldades nem sequer extrair lições das intempéries.

Houve um homem que não se abalava ao ser contrariado. Jesus não se perturbava quando seus seguidores não correspondiam às suas expectativas. Diferentemente de muitos pais e educadores, ele usava cada erro e dificuldade dos seus íntimos não para acusá-los e diminuí-los, mas para que revissem suas próprias histórias. O mestre da escola da vida não estava muito preocupado em corrigir os comportamentos exteriores dos mais próximos, mas empenhado em estimulá-los a pensar e a expandir a compreensão dos horizontes da vida.

Era amigo íntimo da paciência. Sabia criar uma atmosfera agradável e tranquila, mesmo quando o ambiente à sua volta era turbulento. Por isso dizia: *"Aprendei de mim, pois sou manso e humilde..."* (*Mateus 11:29*).

Sua motivação era sólida. Tudo ao seu redor conspirava contra ele, mas absolutamente nada abatia seu ânimo. Ainda não havia passado pelo caos da cruz. Sua confiabilidade era tão firme que de antemão proclamava a vitória sobre uma guerra que ainda não tinha travado e que, pior ainda, enfrentaria sozinho e sem armas. Por isso, apesar de ser ele quem devia receber conforto de seus discípulos, ainda conseguia reunir forças para animá-los momentos antes de sua partida, dizendo: "*Tende bom ânimo, eu venci o mundo*" (*João 16:33*).

Muitos psiquiatras e psicólogos demonstram lucidez e coerência quando discorrem sobre os conflitos dos seus pacientes, mas, ao tratarem dos seus próprios conflitos, perdas e fracassos, não poucos têm sua estrutura emocional abalada e fecham as janelas da sua inteligência. Nos terrenos sinuosos da existência é que a lucidez e a maturidade emocional são testadas.

Ao longo da minha experiência como profissional de saúde mental e como pesquisador da psicologia e da educação, fiquei convencido de que não existem gigantes no território da emoção. Podemos liderar o mundo, mas temos enorme dificuldade em administrar nossos pensamentos nos focos de tensão. Muitas vezes nossos comportamentos são descabidos, desnecessários e ilógicos diante de determinadas frustrações.

O mestre da escola da vida sabia das limitações humanas, sabia o quanto é difícil gerenciar nossas reações nas situações estressantes. Tinha consciência de que facilmente erramos e nos punimos ou punimos os outros. Entretanto, ele queria de todo modo aliviar o sentimento de culpa que esmaga a emoção e criar um clima tranquilo e solidário entre os seus discípulos. Por isso, certo dia, ensinou-lhes a se interiorizarem e orarem, dizendo: "*Perdoai as nossas ofensas assim como perdoamos aqueles que nos têm ofendido*" (*Mateus 6:12*).

Quem vive sob o peso da culpa fere continuamente a si mesmo e torna-se seu próprio carrasco. Mas quem é radical e excessivamente crítico dos outros transforma-se num "carrasco social".

Na escola da vida não há graduação. Quem se sente "diplomado" faz perecer sua criatividade, pois vai perdendo a capacidade de ficar assombrado com os mistérios que a norteiam. Tudo se torna comum para ele, nada havendo que o anime e o instigue. Na escola da vida, o melhor aluno não é aquele que tem consciência de quanto sabe, mas de quanto não sabe. Não é aquele que proclama a sua perfeição, mas o que reconhece suas limitações. Não é aquele que proclama a sua força, mas o que educa a sua sensibilidade.

Todos nós passamos por momentos de hesitação e insegurança. Não há quem não sinta medo e ansiedade em determinadas situações. Não há quem não se irrite diante de certos estímulos. Possuímos fragilidades. Só não as enxerga quem não é capaz de viajar para dentro de si mesmo. Uns derramam lágrimas úmidas; outros, secas. Uns exteriorizam seus sentimentos; outros, numa atitude inversa, os represam. Alguns, ainda, superam com facilidade determinados estímulos estressantes, parecendo inabaláveis, mas tropeçam em outros aparentemente banais.

Diante da sinuosidade da vida, como podemos avaliar a sabedoria e a inteligência de alguém? Quando o sucesso lhe bate à porta ou quando enfrenta o caos?

É fácil mostrar serenidade quando nossas vidas transcorrem como um jardim tranquilo; difícil é quando nos defrontamos com as dores da vida. Os estágios finais da vida de Cristo foram pautados por sofrimentos e aflições. Teria ele conservado seu brilho intelectual e emocional em meio a tão causticantes intempéries?

O mestre brilhou na adversidade: uma síntese das funções da sua inteligência

No primeiro livro estudamos a inteligência insuperável de Cristo. Ele não frequentou escola, era um simples carpinteiro, mas, para nossa surpresa, expressou as funções mais ricas da inteligência: era um especialista na arte de pensar, na arte de ouvir, na arte de expor e não impor ideias, na arte de refletir antes de reagir. Era um maestro da sensibilidade e um agradável contador de histórias. Sabia despertar a sede do saber das pessoas, vaciná-las contra a competição predatória e contra o individualismo, estimulá-las a pensar e a desenvolver a arte da tolerância e da cooperação. Além disso, era alegre, tranquilo, brando, lúcido, coerente, estável, seguro, sociável e, acima de tudo, um poeta do amor e um excelente investidor em sabedoria nos invernos da vida.

Cristo foi visto ao longo dos séculos como um sofredor que morreu na cruz. Tal conceito é pobre e superficial. Temos de analisar Jesus Cristo na sua grandeza. Em um único parágrafo listei vinte características notáveis da sua inteligência. Quem na história manifestou as características do mestre de Nazaré? Raramente alguém reúne meia dúzia dessas características em sua própria personalidade. Elas são universais e por isso foram buscadas de forma incansável pelos intelectuais e pensadores de todas as culturas e sociedades.

Apesar de Cristo ter possuído uma complexa e rica personalidade, dificilmente alguém fica à vontade para falar dele em público, porque há sempre o receio de ser vinculado a uma religião. Entretanto, é necessário discorrer sobre ele de maneira aberta, desprendida e inteligente. Aquele que teve a personalidade mais espetacular de todos os tempos merece um estudo à altura de sua importância. Porém, infelizmente, até nas escolas de filosofia cristã sua vida e sua inteligência são pouco investigadas; quando muito, são apresentadas nas aulas de ensino religioso.

Há pouco tempo, minha filha mais velha mostrou-me um livro de história geral. Por incrível que pareça, ali se resume em apenas uma frase a vida daquele que foi o marco divisório da história da humanidade. Como isso é possível? O texto relata apenas que Jesus nasceu em Belém, na época do imperador romano Augusto, e morreu na época de Tibério. Nem os livros de história o honram.

A superficialidade com que Jesus Cristo foi tratado ao longo do tempo, bem como outros homens que brilharam por sua inteligência, é um dos motivos que conduzem os jovens de hoje a não crescerem como pensadores.

Os educadores não têm conseguido reproduzir o brilho da sabedoria de Cristo. Não conseguem inseri-lo nas aulas de história, de filosofia, de psicologia. São tímidos e reprimidos, não conseguem propor aos alunos uma discussão sobre Jesus, não sob o aspecto religioso, mas ressaltando a sua humanidade e sua complexa personalidade. Eu realmente creio que, mesmo numa escola que despreze qualquer valor espiritual, como ocorre na Rússia, o ensino sistemático da história de Cristo poderia revolucionar a maneira de pensar dos alunos.

Se até mesmo nas escolas que seguem as filosofias budista, hinduísta, islamita e judia fossem estudadas as características fundamentais da inteligência do mestre de Nazaré pelos alunos do ensino fundamental, médio e universitário, haveria mais condições de formar pensadores, poetas da vida, pessoas capazes de irrigar a sociedade com solidariedade e sabedoria.

Uma crise na formação de pensadores no terceiro milênio

Uma importante pesquisa que realizei com mais de mil educadores de centenas de escolas apontou que 97% deles consideram que as características da inteligência vividas e ensinadas exaustivamente pelo mestre de Nazaré são fundamentais para a formação da personalidade humana. Entretanto, para nosso espanto, mais de 73% dos educadores relataram que a educação clássica não tem conseguido desenvolver tais funções. Isso indica que a educação, apesar de conduzida por professores dedicados, verdadeiros heróis anônimos, atravessa uma crise dramática.

A educação, portanto, pouco tem contribuído para o processo de formação da personalidade e para a arte de pensar. A escola e os pais estão perdidos e confusos quanto ao futuro dos jovens.

No VII Congresso Internacional de Educação* ministrei uma conferência sob o título "O funcionamento da mente e a formação de pensadores no terceiro milênio". Na ocasião, comentei com os educadores que no mundo atual, apesar de terem se multiplicado as escolas e as informações, não aumentamos na mesma proporção a formação de pensadores. Estamos na era da informação e da informatização, mas as funções mais importantes da inteligência não estão sendo desenvolvidas.

Ao que tudo indica, as pessoas do século XXI serão menos criativas do que as do século XX. Há no ar um clima que denuncia que os seres do futuro serão repetidores de informações, e não pensadores. Serão pessoas com mais capacidade de dar respostas lógicas, porém menos capazes de dar respostas para a vida, ou seja, com menos capacidade de superar seus desafios, de contemplar o belo, de lidar com suas dores, enfrentar as contradições da existência e perceber os sentimentos mais ocultos nos outros. Infelizmente, terão dificuldade de proteger a sua emoção e estarão propensas a se expor a doenças psíquicas e psicossomáticas.

A culpa não está nos professores. Eles desenvolvem um trabalho estressante e, apesar de nem sempre terem salários dignos, ensinam frequentemente como poetas da inteligência. A culpa está no sistema educacional que se arrasta por séculos, que se baseia em teorias que compreendem pouco

---

* Realizado no Anhembi, em São Paulo, em maio de 2000.

tanto o funcionamento multifocal da mente humana como o processo de construção dos pensamentos.* Por isso, enfileira os alunos nas salas de aula e os transforma em espectadores passivos do conhecimento, e não em agentes modificadores da sua história pessoal e social.

O mestre de Nazaré queria produzir pessoas que se interiorizassem e fossem ricas e ativas nos bastidores da inteligência. Entretanto, vivemos numa sociedade que valoriza os aspectos exteriores dos seres humanos. A competição predatória, a paranoia da estética e a paranoia do consumismo têm ferido o mundo das ideias, dificultando o processo de interiorização e a busca de um sentido mais nobre para a vida.

Invertemos os valores: a embalagem vale mais que o conteúdo, a estética, mais que a realidade. O resultado disso? Infelizmente está nos consultórios de psiquiatria e de clínica médica. A depressão, os transtornos ansiosos e as doenças psicossomáticas ocuparão os primeiros lugares entre as doenças do século XXI. Por favor, não vamos atribuir a culpa por esses transtornos psíquicos à famosa serotonina contida no metabolismo cerebral. Precisamos ter visão multifocal e perceber que há importantes causas psíquicas e psicossociais na base deles.

Os jovens, assim como os adultos, não aprendem a viver a vida como um espetáculo grandioso. Não se alegram por pertencerem a uma espécie que possui o maior de todos os espetáculos naturais, o da construção de pensamentos. Como é possível um ser humano – tanto um intelectual quanto alguém desprovido de qualquer cultura acadêmica – conseguir em milésimos de segundo acessar a memória e, em meio a bilhões de opções, resgatar as informações que constituirão as cadeias de pensamentos? Você não fica pasmo com a mente humana? Eu fico assombrado com a construção da inteligência. É possível nos encantarmos ao percebermos complexidade até na inteligência de uma criança com deficiência mental ou autista.

Na minha experiência com crianças autistas cujo córtex cerebral está preservado constato que, quando estimulamos os fenômenos que constroem os pensamentos, muitas desabrocham para a convivência social como flores que recusam a solidão e querem pertencer a um jardim. Quem

---

* Cury, Augusto J. *Inteligência multifocal*. São Paulo: Cultrix, 1998.

não é capaz de se encantar com o espetáculo dos pensamentos nunca penetrou em áreas mais profundas do próprio ser.

Os pensamentos mais débeis que produzimos são, ainda que não o percebamos, construções complexas. Tão complexas, que a psicologia ainda se considera uma "ciência infantil" ao procurar compreender os fenômenos ligados a elas.

Quem é incapaz de contemplar a vida também não consegue homenageá-la a cada manhã. Não consegue acordar e exclamar: "Que bom! Estou vivo. Posso viver o espetáculo da vida por mais um dia!" Quantas vezes olhamos para o universo e declaramos que, embora sejamos tão pequenos, afundados em tantas dificuldades e tantos erros, somos seres únicos e exclusivos. Seres que pensam e têm consciência da própria existência. Cristo vivia a vida como um espetáculo. O tédio não fazia parte da sua história.

Contrapondo-se às sociedades modernas

O mestre de Nazaré tinha posições contrárias às das sociedades modernas. Ele provocava a inteligência das pessoas que o circundavam e as arremetia para dentro de si mesmas. Conduzia-as a viver a vida como um espetáculo de prazer e de inteligência. A sua presença animava o pensamento e estimulava o sentido da vida. Um dia, apontando para um deficiente físico, algumas pessoas, querendo saber o motivo daquela deficiência, perguntaram-lhe: "*Quem pecou, ele ou seus pais?*" (João 9:2).

Aquelas pessoas esperavam que Jesus dissesse que a deficiência se devia a um erro que aquele homem ou seus pais haviam cometido no passado. Tais pessoas estavam escravizadas pelos binômios certo/errado, erro/punição. Mas, para surpresa delas, ele disse uma frase de difícil interpretação: "*Nem ele nem seus pais pecaram, mas a deficiência é para que nele seja manifestada a glória de Deus*" (João 9:3).

Aparentemente eram palavras estranhas, mas por meio delas Jesus colocou as dores da existência em outra perspectiva. Todos nós abominamos os sofrimentos e as dificuldades da vida. Procuramos bani-los a qualquer custo de nossas histórias. Entretanto, o mestre da escola da vida queria dizer que o sofrimento deve ser trabalhado e superado no âmago do espírito e da alma.

Tal superação produzirá algo tão rico dentro da pessoa deficiente que a sua limitação se tornará uma "glória para o Criador". De fato, as pessoas que superam as suas limitações físicas e emocionais (depressão, síndrome do pânico, etc.) ficam mais bonitas, exalam um perfume de sabedoria que anuncia que a vida vale a pena ser vivida, mesmo com suas turbulências.

Jesus queria expressar que era possível ter deficiências e dificuldades e, ainda assim, experimentar a vida como um espetáculo de prazer. Um espetáculo que somente pode ser vivido por aqueles que sabem caminhar dentro de si mesmos e se tornam agentes transformadores de sua história.

A lógica do mestre tem fundamento

Do ponto de vista psiquiátrico, o mestre estava coberto de razão, pois se transformamos as pessoas que sofrem em pobres miseráveis, em vítimas da vida, destruímos a sua capacidade de criar e de transcender as próprias dores. Transformar um paciente numa pobre vítima de sua depressão é um dos maiores riscos da psiquiatria. A pessoa que enfrenta com inteligência e crítica a sua depressão tem muito mais chance de superá-la. Aqueles que sentem medo da dor têm mais dificuldade em se curar e mais chance de ficar dependentes do seu terapeuta.

Nos dias atuais, as pessoas, principalmente os jovens, não sabem lidar com suas limitações, não sabem o que fazer com suas dores e frustrações. Muitos querem que o mundo gravite em torno deles mesmos. Têm grande dificuldade de enxergar algo além das próprias necessidades. Nesse ambiente, a alienação social, a busca do prazer imediato, a agressividade e a dificuldade de se colocar no lugar do outro se cultivam amplamente. Diante dessas características, a educação não os atinge e, portanto, não rompe a rigidez intelectual em que se encontram. Somente uma revolução na educação pode reverter esse quadro.

Os anos que os alunos passam sentados passivamente nas salas de aula no ensino fundamental são suficientes para causar um rombo no processo de formação de suas personalidades. Eles nunca mais conseguirão, sem um custo emocional alto, levantar a mão em público e expor suas dúvidas. O fato de os alunos não serem colocados como agentes ativos do processo educacional trava a criatividade e a liberdade de expressão dos pensamentos, e isso prossegue na universidade e mesmo durante o mestrado e o doutorado.

Uma das características fundamentais de Cristo era a capacidade de transformar os seus seguidores em pessoas ativas, dinâmicas, com habilidade para expressar seus sentimentos e pensamentos. Ele não queria um grupo de pessoas passivas, tímidas, com a personalidade anulada. A cada momento ele instigava a inteligência dos que o cercavam e procurava libertá-los do seu cárcere intelectual. Os textos das suas biografias são claros. Jesus ensinava perguntando, instigando a inteligência e procurando romper toda timidez e toda distância. Não gostava de se exaltar. Embora fosse reconhecido como o filho de Deus, cruzava a sua história com as dos mais próximos e os tomava como seus amados amigos.

CAPÍTULO 2

O semeador de vida e de inteligência

*O semeador da Galileia superando métodos da
educação moderna*

Há duas maneiras de fazer uma fogueira: com as sementes ou com um punhado de lenha. Qual delas você escolheria? Fazer uma fogueira com sementes parece um absurdo, uma loucura. Todos, certamente, escolheríamos a lenha. Entretanto, o mestre de Nazaré pensava a longo prazo e por isso sempre escolhia as sementes. Ele as plantava, esperava que as árvores crescessem, dessem milhares de outras sementes e, aí sim, fornecessem a lenha para a fogueira.

Se escolhesse a lenha, acenderia a fogueira apenas uma vez. Mas, como preferia as sementes, a fogueira que acendia nunca mais se apagava. Um dia ele se comparou a um semeador que lança as sementes nos corações. Um semeador do amor, da paz, da segurança, da liberdade, do prazer de viver, da dependência recíproca.

Quem não consegue enxergar o poder contido em uma semente nunca mudará o mundo que o envolve, nunca influenciará o ambiente social e profissional que o cerca. Uma mudança de cultura só será legítima e consistente se ocorrer por intermédio das singelas e ocultas sementes plantadas na mente de homens e mulheres, não por intermédio da imposição de pensamentos.

Gostamos das labaredas instantâneas do fogo, das ideias-relâmpago de motivação, mas, às vezes, não temos paciência nem habilidade para semear.

Um semeador nunca é um imediatista; presta mais atenção nas raízes do que nas folhagens. Vive a paciência como uma arte. Os pais, os educadores, os psicólogos, os profissionais de recursos humanos só conseguirão realizar um belo e digno trabalho se aprenderem a ser, mais do que provedores de regras e de informações, simples semeadores.

As pessoas que mais contribuíram com a ciência e com o desenvolvimento social foram aquelas que menos se preocuparam com os resultados imediatos. Uns preferem as labaredas dos aplausos e do sucesso instantâneo, outros preferem o trabalho anônimo e lento das sementes. E nós, o que preferimos? De nossa escolha dependerá a nossa colheita.

Cristo sabia que logo iria morrer, mas, mesmo assim, não era apressado, agia como um inteligente semeador. Não queria transformar seus discípulos em heróis nem exigia deles o que não podiam dar. Por isso, permitiu que o abandonassem no momento em que foi preso. As sementes que ele plantava dentro dos galileus incultos que o seguiam germinariam um dia. Tinha esperança de que elas criariam raízes no cerne do espírito e da mente deles e mudariam para sempre suas histórias.

Essas sementes, uma vez desenvolvidas, tornariam aqueles homens capazes de mudar a face do mundo. É incrível, mas isso de fato ocorreu. Eles incendiaram o mundo com os pensamentos e propósitos do carpinteiro da Galileia. Que sabedoria se escondia no cerne da inteligência de Cristo!

Nietzsche disse há um século uma famosa e ousadíssima frase: *"Deus está morto."** Ele expressava o pensamento dos intelectuais da época, que acreditavam que a ciência resolveria todas as misérias humanas e, por fim, destruiria a fé. Provavelmente esse intrépido filósofo achava que um dia a procura por Deus seria lembrada apenas como objeto de museus e livros de história.

Os filósofos ateus morreram e hoje são esquecidos ou pouco lembrados, mas aquele afetuoso e simples carpinteiro continua cada vez mais vivo dentro de cada um de nós. Nada conseguiu apagar a fogueira acesa pelo semeador da Galileia. Depois que Gutenberg inventou as técnicas modernas de imprensa, o livro que retrata Jesus Cristo – a Bíblia – se tornou

---

* Durant, Will. *História da filosofia*. Rio de Janeiro: Nova Fronteira, 1995.

invariavelmente o maior best-seller de todos os tempos. Diariamente, milhões de pessoas leem algo sobre Jesus Cristo.

O mestre de Nazaré parecia ter uma simplicidade frágil, mas a história demonstra que ele sempre triunfou sobre aqueles que quiseram sepultá-lo. Aliás, o maior favor que alguém pode fazer a uma semente é sepultá-la. Jesus foi uma fagulha que nasceu entre os animais, cresceu numa região desprezada, foi silenciado pela cruz, mas incendiou a história humana.

O mestre deu um banho de inteligência na educação moderna, provocando uma revolução no pensamento humano jamais sonhada por uma teoria educacional ou psicológica.

Há uma chama que se perpetua dentro daqueles que aprenderam a amá-lo e a conhecê-lo. Nos primeiros séculos, muitos dos seus seguidores foram impiedosamente destruídos por causa dessa chama. Os romanos fizeram dos primeiros cristãos pasto para as feras e um espetáculo de dor nos espetáculos ocorridos no Coliseu e, principalmente, no *circus maximus*. Alguns foram queimados vivos; outros, mortos a fio de espada. Todavia, as lágrimas, a dor e o sangue desses homens não destruíram o ânimo dos amantes do semeador da Galileia; pelo contrário, eles se tornaram adubo para cultivar novas safras de sementes.

A liberdade gerada pela democracia política em contraste com o cárcere intelectual

Apesar de o mestre de Nazaré ter provocado uma revolução no pensamento humano e inaugurado uma nova forma de viver, as funções mais importantes da inteligência que ele expressou não têm sido incorporadas às sociedades modernas.

Vivemos na era da alta tecnologia, tudo é muito veloz e sofisticado. Parece que tudo o que Jesus ensinou e viveu é tão antigo que está fora de moda. Porém, seus pensamentos são atuais e suas aspirações continuam sendo, como veremos, chocantes.

Perdemos o contato com as coisas simples, perdemos o prazer de investir em sabedoria. Um dos maiores riscos do uso da alta tecnologia, principalmente dos computadores, é engessar a capacidade de pensar. Basta lembrarmos que aqueles que são viciados em calculadoras muitas vezes se esquecem de como fazer as operações matemáticas mais simples.

Tenho escrito sobre a tecnofobia – fobia de novas técnicas. O medo de usar novas técnicas pode refletir um sentimento de incapacidade de incorporar novos aprendizados. Todavia, apesar de apoiar o uso de novas técnicas e discorrer sobre a tecnofobia, constato que a "internetdependência" e a tecnodependência podem engessar a criatividade e a arte de pensar.

Os Estados Unidos são a sociedade mais rica do globo. Além disso, são o estandarte da democracia. Entretanto, a farmacodependência, a discriminação racial e a violência nas escolas são sinais de que a riqueza material e o acesso à alta tecnologia e à democracia política são insuficientes para melhorar a qualidade de vida psíquica e social do ser humano.

A tecnopedagogia – ou seja, a tecnologia educacional – não tem conseguido produzir pessoas que amem a tolerância, a solidariedade, que vençam a paranoia de empenhar-se para ser o número um, que sintam prazer na cooperação social e se preocupem com o bem-estar dos seus companheiros.

A democracia política produz a liberdade de expressão, mas não é por si mesma geradora da liberdade de pensamento. A liberdade de expressão sem a liberdade de pensamento provoca inúmeras distorções, e uma delas é a discriminação. Parece incrível que as pessoas não compreendam que dois seres humanos com os mesmos mecanismos de construção da inteligência não podem jamais ser discriminados pela fina camada de cor da pele, por diferenças culturais, de nacionalidade, sexo ou idade.

Jesus vivia numa época em que a discriminação fazia parte da rotina social. Os que tinham cidadania romana se consideravam acima dos simples mortais. De outro lado, por carregar uma cultura milenar, a cúpula judaica se considerava acima da plebe. Abaixo da plebe havia os publicanos ou coletores de impostos, que eram uma raça odiada pelo colaboracionismo com Roma; os leprosos, que eram banidos da sociedade; e as prostitutas, que eram apenas dignas de morte.

Contudo, apareceu um homem que colocou de pernas para o ar aquela sociedade tão bem definida. Sem pedir licença e sem se preocupar com as consequências do seu comportamento, entrou nela e revolucionou as relações humanas. Dialogava afavelmente com as prostitutas, jantava na casa de leprosos e era amigo dos publicanos. Para espanto dos fariseus, Jesus ainda teve a coragem de dizer que publicanos e meretrizes os precederiam no reino de Deus.

Cristo escandalizou os detentores da moral de sua época. O regime político sob o qual vivia era totalitário. Tibério, imperador romano, era o senhor do mundo. Porém, apesar de viver num regime antidemocrático, sem nenhuma liberdade de expressão, Jesus não pediu licença para falar. Por onde andava, trazia alegria, mas não poucas vezes também problemas, pois amava dizer o que pensava, era um pregador da liberdade. Porém, por se preocupar mais com os outros do que consigo mesmo, sua liberdade era exercida com responsabilidade.

Milhões de jovens frequentam classes escolares nas sociedades modernas. Eles vivem num ambiente democrático que lhes propicia liberdade de expressão. No entanto, apesar de serem livres externamente, estão aprisionados no território dos pensamentos. Por isso, são presas fáceis da discriminação, da violência social, da autoviolência, da paranoia da estética e das doenças psíquicas. Muitos desses jovens superdimensionam o valor de alguns artistas, políticos e intelectuais e gravitam em torno de suas ideias e seus comportamentos, sem saber que, ao agirem assim, estão se diminuindo, reduzindo seu próprio valor.

Aprender a construir liberdade com consciência crítica, a proteger a emoção e a desenvolver a capacidade de ver o mundo também com os olhos dos outros são funções importantíssimas da inteligência que têm sido pouco desenvolvidas no mundo democrático.

Vivemos uma crise educacional sem precedentes. Estamos resolvendo nossos problemas externos, mas não os internos. Somos uma espécie única entre dezenas de milhões de espécies na natureza. Por pensarmos e termos consciência do fim da vida, colocamos grades nas janelas para nos defender, cintos de segurança para nos proteger, contratamos pedreiros para corrigir as goteiras do telhado, encanadores para solucionar o vazamento das torneiras. Mas não sabemos como construir a mais importante proteção – a proteção emocional. À mínima ofensa, contrariedade ou perda, detonamos o gatilho instintivo da agressividade.

A história de sangue e violação dos direitos humanos depõe contra a nossa espécie. Nas situações de conflito usamos mais o instinto do que a arte de pensar. Nessas horas, a violência sempre foi uma ferramenta mais utilizada do que o diálogo.

Os homens podiam ser violentos com Cristo, mas ele era dócil com todos. Quando foram prendê-lo, ele se adiantou e perguntou quem procuravam. Não admitia a violência física nem emocional. Disse: *"Qualquer um que se encolerizar contra seu irmão terá de responder no tribunal"* (*Mateus 5:22*). Não admitia sequer a ira não expressa. Os que andavam com ele tinham de aprender não apenas a viver em paz dentro de si mesmos, mas a se tornarem pacificadores. No sermão da montanha, bradou eloquentemente: *"Bem-aventurados os que promovem a paz, porque serão chamados filhos de Deus"* (*Mateus 5:9*).

Nas sociedades modernas, os bem-aventurados são aqueles que têm status social, dinheiro, cultura acadêmica. Mas, para aquele mestre incomum, os bem-aventurados são aqueles que irradiam a paz onde quer que estejam, que atuam como bombeiros da emoção, que são capazes de abrandar a ira, o ódio, a inveja, o ciúme e, sobretudo, estimular o diálogo entre as pessoas com as quais convivem. No pensamento de Cristo, se formos incapazes de realizar tal tarefa não seremos felizes nem privilegiados.

Hoje, as pessoas amam o individualismo e se preocupam pouco com o bem-estar dos outros. A troca de experiências de vida tornou-se mercadoria escassa. Falam cada vez mais do mundo exterior e cada vez menos de si mesmas. Infelizmente, as pessoas só conseguem falar do seu íntimo quando vão a um psiquiatra ou a um psicoterapeuta.

Lembro-me de uma paciente que, no auge dos seus 50 anos, contou-me que, quando adolescente, procurou sua mãe para conversar sobre um conflito que estava atravessando. A mãe, atarefada, disse que não tinha tempo naquele momento. O gesto da mãe mudou a história de vida da filha. Por não conseguir acolher e entender a angústia da jovem, com aquele gesto ela sepultou a comunicação entre as duas. A filha nunca mais a procurou para conversar sobre suas dores e dúvidas.

O mestre de Nazaré era o maior de todos os educadores. Era o mestre da comunicação. Não falava muito, mas criava uma atmosfera prazerosa e sem barreiras. Conseguia ouvir o que as palavras não diziam. Conseguia perscrutar os pensamentos ocultos. As pessoas se surpreendiam com a maneira como ele se adiantava e se referia aos pensamentos represados dentro delas. Se ficamos presos apenas às palavras, não temos sensibilidade, somos mecanicistas.

Jesus não cativava as pessoas apenas com seus milagres, mas muito mais com sua sensibilidade, sua maneira segura, afável e penetrante de ser. Não queria que as pessoas o seguissem atraídas por seus atos sobrenaturais, nem procurava simpatizantes que o aplaudissem, mas, como garimpeiro do coração, procurava quem o acompanhasse com liberdade e consciência. Buscava pessoas que compreendessem sua mensagem, que vivessem uma vida borbulhante dentro de si mesmas, para depois transformarem o mundo que as circundava.

Uma experiência educacional

Ultimamente, por conta das minhas pesquisas sobre a inteligência de Cristo, tenho feito conferências em diversos congressos educacionais sobre um tema ousado e incomum: "A inteligência do Mestre dos Mestres analisada pela psicologia e aplicada na educação".

Antes de ouvirem a minha abordagem, os educadores ficam intrigados com o tema proposto. Uma nuvem de pensamentos perturbadores circula nos bastidores de suas mentes. Afinal de contas, nunca ouviram ninguém falar sobre esse assunto. Ficam chocados e, ao mesmo tempo, curiosos para saber como será abordada a personalidade de Cristo e que tipo de aplicação poderá ser feita na psicologia e na educação. Alguns indagam: "Como é possível estudar um tema tão complexo e polêmico? O que um psiquiatra e pesquisador da psicologia tem a dizer a esse respeito? Será que ele fará um discurso religioso? Será que é possível extrair sabedoria de uma pessoa que só é abordada teologicamente?"

Ao iniciar essas palestras, tenho consciência de que os educadores presentes constituem um grupo heterogêneo, tanto do ponto de vista cultural quanto religioso e intelectual. Sei também que suas mentes estão saturadas de preconceitos. Como aprendi a ser ousado e fiel à minha consciência, não me importo com os conflitos iniciais. À medida que vou discursando sobre a inteligência de Cristo, vejo que os professores se encantam. Ficam relaxados e se acomodam cada vez mais em suas poltronas; o silêncio é total, a concentração, absoluta, e a participação deles se torna uma poesia do pensamento.

Ao término das palestras, muitos se levantam e aplaudem entusiasticamente, não a mim, mas ao personagem sobre quem discorri. Declaram a uma só voz que nunca haviam compreendido Cristo dessa forma. Não tinham a menor ideia de que ele fosse tão sábio e inteligente e que o que ele viveu poderia ser não apenas aplicado na psicologia e na educação, mas em suas próprias vidas. Nunca imaginaram que seria possível alguém discorrer sobre Jesus Cristo sem referir-se a uma religião, deixando uma abertura para que cada um siga o seu próprio caminho.

Não poucos relataram mais tarde que, ao compreender a humanidade elevada de Cristo, suas vidas passaram a ter um outro sentido e a arte de ensinar ganhou novo alento. Contudo, não me entusiasmo muito, pois levará um longo tempo para que a personalidade do Mestre dos Mestres seja estudada e aplicada no currículo escolar e para que alunos e professores discorram sobre ela sem temores. De qualquer forma, uma semente foi plantada e talvez, algum dia, germine.

As salas de aula se tornaram um ambiente estressante, e às vezes são como uma praça de guerra, um campo de batalha. Educar sempre foi uma arte prazerosa, mas atualmente passou a ser um canteiro de ansiedade.

Se Platão vivesse hoje, ele se assustaria com o comportamento dos jovens. Esse afável e inteligente filósofo afirmou que o aprendizado gerava um raro deleite. Todavia, o prazer de aprender, de incorporar o conhecimento, está cambaleante. É mais fácil dar tudo pronto aos alunos do que estimulá-los a pensar. Por isso, infelizmente, temos assistido a um fenômeno paradoxal na educação: "Aprendemos cada vez mais a conhecer o pequeníssimo átomo e o imenso espaço, mas não aprendemos a conhecer a nós mesmos, a ser caminhantes nas trajetórias do nosso próprio ser."

Alguns dos discípulos do mestre de Nazaré tinham um comportamento pior do que muitos alunos rebeldes da atualidade, mas ele os amava independentemente dos seus erros. O semeador da Galileia estava preocupado com o desafio de transformá-los. Ele era tão cativante que despertou a sede do saber naqueles jovens em cujas mentes não havia mais do que peixes, aventuras no mar, impostos e preocupação com a sobrevivência.

Algo aconteceu no cerne da alma e do espírito dos discípulos e de milhares de pessoas. A multidão, cativada, levantava de madrugada e saía à procura daquele homem extremamente fascinante. Por que se sentiam atraídos por Cristo? Porque viam nele algo além de um carpinteiro, algo mais do que um corpo surrado pela vida. Enxergavam nele aquilo que os olhos não conseguiam penetrar.

O mestre os colocou numa escola sem muros, ao ar livre. E, por estranho que pareça, nunca dizia onde estaria no dia seguinte, onde seria o próximo encontro, se na praia, no mar, no deserto, na montanha, no pórtico de Salomão ou no templo. O que indica que ele não pressionava as pessoas a segui-lo, mas desejava que elas o procurassem espontaneamente: "*Quem tem sede venha a mim e beba*" (*João 7:37*).

Os seus seguidores entraram numa academia de sábios, numa escola de vencedores. As primeiras lições dadas àqueles que almejavam ser vencedores eram: aprender a perder, reconhecer seus limites, não querer que o mundo gravite em torno de si, romper o egoísmo e amar o próximo como a si mesmo.

Almejava que eles se conhecessem intimamente e fossem transformados intrinsecamente. Os textos das biografias de Cristo são claros: ele ambicionava mudar a natureza humana, e não melhorá-la ou reformá-la.

CAPÍTULO 3

Manifestando sua inteligência antes de tomar o cálice

Os partidos políticos de Israel

Antes de discorrer sobre o cálice de Cristo, gostaria de comentar brevemente sobre a cúpula judaica que o condenou. Na sua última semana de vida, a inteligência do mestre foi intensamente testada pelos partidos políticos que compunham a cúpula judaica: os fariseus, os saduceus e os herodianos. Apesar de testado, o mestre de Nazaré silenciou todos os intelectuais de Israel.

Os fariseus pertenciam à mais influente das seitas do judaísmo no tempo de Cristo. Por serem judeus ortodoxos, o zelo pela lei mosaica os levava a uma observância estrita da lei e de suas tradições, embora externa e degenerada. Conheciam as Escrituras (*João 5:39-40*), jejuavam e oravam; entretanto, levavam uma vida superficial, pois se preocupavam mais com o exterior do que com o interior. Os fariseus eram os inimigos mais agressivos de Jesus. Davam ordens que eles mesmos não conseguiam cumprir e se consideravam justos aos seus próprios olhos (*Mateus 23:1-36*).

Os escribas pertenciam geralmente ao partido dos fariseus. Eram membros de uma profissão altamente respeitada em sua época. Reuniam à sua volta discípulos a quem instruíam sobre as possibilidades de interpretação da lei e das tradições, estudadas por eles de forma profissional. Também atuavam como advogados, sendo-lhes confiada a condição de juízes no sinédrio (*Mateus 23:6-7*).

Os saduceus, cujos membros provinham principalmente das classes mais abastadas e do sacerdócio, não acreditavam na ressurreição corporal e no juízo futuro (*Mateus 22:23*). Embora defendessem a lei escrita, criticavam as tradições orais observadas pelos fariseus. Constituíam o partido das famílias dos sumos-sacerdotes de Jerusalém, com interesses diretos no aparelho de culto do templo, e frequentemente colaboravam com os governantes romanos. Opunham-se a Cristo com a mesma veemência dos fariseus e foram por ele condenados com igual severidade, embora com menos frequência (*Mateus 22:29*).

Os herodianos constituíam um partido minoritário em Israel. Eram malvistos pelos demais partidos por conviverem com o Império Romano. O termo herodiano deriva de "Herodes". Herodes, o Grande, era um rei poderoso e criativo, mas, ao mesmo tempo, um carrasco sanguinário. Foi ele quem mandou matar as crianças menores de 2 anos, na tentativa de destruir o menino Jesus.

Um perturbador da ordem social

O mestre implodiu a maneira de pensar e de viver dos homens que compunham a cúpula de Israel, que era rígida, radical e moralista. Eles odiavam os coletores de impostos e apedrejavam as prostitutas. Não se misturavam com as pessoas simples e pouco se importavam com suas necessidades básicas.

Entretanto, surgiu no meio daquela sociedade um homem simples, mas que possuía uma eloquência incomum. Um homem de aparência comum, mas que encantava as multidões. Um homem que tinha a coragem de afirmar que era o próprio filho de Deus, filho único do autor da existência. Para espanto da cúpula judaica, como se não bastasse essa "heresia", ele ainda discursava sobre a linguagem do amor e era afável com os miseráveis de Israel. Esse homem pervertia a moral reinante naquela sociedade milenar. Chegava a perdoar erros, falhas, "pecados". Para os judeus, somente o Deus altíssimo poderia ter tal atributo.

Apareceu um homem que não tinha medo de ser morto e nenhum receio de dizer o que pensava, pois, além de chamar a fachada moralista dos fariseus de hipocrisia, teve a coragem de desafiar o governo de Roma. Mandou um recado destemido ao violento Herodes Antipas (filho de Herodes, o Grande), governador da Galileia, aquele que mandara cortar a cabeça de João Batista. Chamou-o de raposa e disse, com uma ousadia incomum, que não morreria na Galileia, mas que caminharia hoje, amanhã e depois, até chegar à Judeia, *"porque não convém que um profeta pereça fora de Jerusalém"* (*Lucas 13:33*). Herodes queria matá-lo, mas ele não o temia, apenas queria morrer em Jerusalém, e não na Galileia.

Jesus perturbava de tal forma os intelectuais de Israel, que causava insônia em quase todos. Seus pensamentos e sua maneira de ser se confrontavam com os deles. Apenas Nicodemos, José de Arimateia e alguns outros fariseus foram seduzidos por Jesus. A grande massa da cúpula judaica que compunha o sinédrio odiava-o e queria matá-lo de qualquer maneira. Mas como matá-lo se o povo o amava e estava continuamente ao seu lado? Então começaram a testar a sua inteligência para ver se ele caía em contradição e se autodestruía com suas próprias palavras. Testaram sua capacidade de pensar, sua integridade, sua perspicácia, seu conhecimento sobre as Escrituras antigas, sua relação com a nação de Israel e com a política romana.

Não podemos nos esquecer de que a cultura de Israel sempre foi uma das mais brilhantes e que aquela sociedade dispunha de intelectuais altamente capazes. Portanto, para testá-lo, eles prepararam perguntas que se constituíram em verdadeiras armadilhas.

Dificilmente alguém conseguiria escapar dessas armadilhas. Para algumas perguntas simplesmente não havia respostas. Entretanto, aquele homem, mais uma vez, deixou-os confusos. Alguns até ficaram perplexos diante da sua inteligência e da sua sabedoria. Vejamos um exemplo.

Silenciando os fariseus e os herodianos

Jesus causou tanta indignação aos seus opositores que produziu alguns fenômenos políticos quase impensáveis. Homens de partidos radicalmente opostos se uniram para destruí-lo. Os fariseus mantinham grande rixa política com os herodianos. Entretanto, por considerarem o carpinteiro de Nazaré uma grande ameaça, se aliaram buscando estabelecer uma estratégia comum para matá-lo.

Aquele homem simples da Galileia foi considerado uma grande ameaça à nação de Israel, ameaça maior do que a que representava o poderoso Império Romano. A cúpula de Israel tinha medo de que ele contaminasse a nação com suas ideias. De fato, havia razão para temê-lo, pois suas ideias eram contagiantes. Sem pegar em qualquer tipo de arma, o mestre de Nazaré causou a maior revolução da história da humanidade.

Os fariseus e os herodianos engendraram um excelente estratagema para destruí-lo. Formularam uma pergunta cuja resposta, qualquer que fosse, o destruiria, pois o colocaria ou contra Roma ou contra a nação de Israel. Vieram até ele e começaram a bajulá-lo. Elogiaram sua inteligência e capacidade. Disseram: *"Mestre, sabemos que falas e ensinas corretamente e não consideras a aparência dos homens, antes ensinas o caminho de Deus com toda a verdade"* (*Mateus 22:16*). Após essa longa e falsa sessão de elogios, desferiram o golpe mortal. Propuseram uma questão praticamente insolúvel: *"Mestre, é lícito pagar imposto a César ou não?"* (*Mateus 22:17*).

Qualquer resposta de Jesus o comprometeria, colocando-o ou como traidor da nação de Israel ou em confronto direto com o Império Romano. Se defendesse a liberdade de Israel, respondendo que era ilícito pagar imposto a César, seus opositores o entregariam a Pilatos para que fosse executado, embora também considerassem injusto tal tributo. Se dissesse que era lícito pagar tributo a César, o jogariam contra o povo que o amava, pois o povo passava fome na época, e um dos motivos era o jugo de Roma. Não havia solução, a não ser que se intimidasse e se omitisse. Suas palavras certamente abririam a vala da sua sepultura.

Nas sociedades democráticas ninguém é condenado por expressar seus pensamentos e convicções. Porém, quando impera o autoritarismo, as palavras podem condenar alguém à morte.

Na Rússia de Stalin muitos foram condenados por algumas palavras ou gestos. Entrar em rota de colisão com Moscou era assinar a própria sentença de morte. Milhões de pessoas foram mortas injustamente por

Stalin, que se mostrou um dos maiores carrascos da história. Mandou matar quase todos os seus companheiros de juventude. Havia uma verdadeira política de terror percorrendo as veias daquela sociedade. O autoritarismo esmaga a liberdade de expressão.

Na época de Cristo, a vida valia muito pouco. Havia escravos em toda parte. Roma era detentora das leis mais justas entre os povos antigos, o que explica a influência que essas leis exerceram no direito nas sociedades modernas. Entretanto, a eficácia da lei depende da interpretação humana. As leis, ainda que justas e democráticas, ao serem manipuladas por pessoas autoritárias, são distorcidas ou não são aplicadas.

Ninguém podia desafiar o regime de Roma. Tibério, o imperador romano na época, mandara matar muitas pessoas que se opunham a ele. Pilatos, o governador preposto da Judeia, também era um homem brutal. Questionar o império era assinar a sentença de morte.

Os fariseus sabiam disso, pois muitos judeus foram mortos em pequenos motins e revoltas. Devem ter então pensado: já que Roma é um inimigo cruel, por que não colocar Jesus contra o regime? Ou então: se não conseguirmos colocá-lo contra Roma, então certamente o colocaremos contra o povo.

A pergunta que lhe fizeram era ameaçadora. O impasse era grande. Qualquer um teria medo de respondê-la. Quando somos submetidos a um intenso foco de tensão, fechamos as janelas da inteligência. Temos reações instintivas imediatas, como taquicardia, aumento da pressão sanguínea e da frequência respiratória. Essas reações nos preparam para lutar ou fugir dos estímulos estressantes.

Assim, quando submetido a um estresse intenso, o corpo reage e a mente se retrai. Sob o risco de morte, travamos nossa capacidade de pensar. Se Cristo bloqueasse sua capacidade de pensar, estaria morto.

Ele sabia que logo iria morrer, mas não queria morrer naquela hora, nem de qualquer maneira. Queria morrer crucificado, o modo mais indigno e angustiante já inventado. Mas como poderia escapar da insolúvel pergunta que os herodianos e os fariseus lhe propuseram? Como poderia abrir a inteligência daqueles homens sedentos de sangue?

Uma resposta surpreendente

Cristo teria de responder de uma forma que não apenas saciasse os seus opositores, mas surpreendesse suas mentes. Era necessária uma resposta espetacular para estancar o ódio deles e fazê-los desistir daquele iminente assassinato.

O mestre possuía uma sabedoria incomum. O ambiente ameaçador não o perturbava. Nas situações mais tensas, em vez de travar a leitura da memória e agir por instinto, ele abria o leque do pensamento e conseguia dar respostas brilhantes e imediatas.

Quando todos pensavam que não havia outra alternativa, a não ser tomar o partido de Israel ou de Roma, ele os surpreendeu.

O mestre mandou pegar uma moeda de um dracma e olhou para a efígie nela cunhada. Ali estava inscrito: "Tibério César deus".* Após olhar a efígie, fitou aqueles homens e perguntou: *"De quem é esta efígie?"* Responderam: *"De César."* Então, para surpresa deles, Jesus afirmou: *"Dai a César o que é de César, e a Deus o que é de Deus"* (Mateus 22:20-21).

Tibério, como imperador romano, queria ser o senhor do mundo. É comum o poder cegar a capacidade de pensar e fazer com que aqueles que o detêm olhem o mundo de cima para baixo, com ambições irracionais.

Na efígie, a imagem gravada no dracma, estavam cunhadas as intenções de Tibério, um simples mortal que queria ser deus. Cristo, que tinha poderes sobrenaturais e possuía o status de Deus para os seus íntimos, queria ser um homem, o filho do homem. Que paradoxo!

O mestre não se perturbou com a ambição de Tibério expressa na efígie, mas usou-a para torpedear os seus opositores. Sua resposta não se encaixava nas possibilidades esperadas pelos fariseus e herodianos. Ela os deixou perplexos. Ficaram paralisados, sem ação.

É difícil descrever as implicações da resposta de Cristo. Seus interlocutores esperavam um "sim" ou um "não", se era ou não lícito pagar o tributo, mas ele respondeu "o sim e o não". Sua resposta não negou o governo humano, tipificado pelo Império Romano, nem a sobrevivência dele por meio do pagamento de impostos. Mas também não negou a história de Israel e sua busca por Deus.

---

* Mien, Aleksandr. *Jesus, mestre de Nazaré*. São Paulo: Cidade Nova, 1999.

"Dai a César o que é de César" revela que Cristo admite que haja governos humanos, tipificados por César e financiados pelos impostos. *"Dai a Deus o que é de Deus"* revela que para ele há um outro governo, um governo misterioso, invisível e "atemporal", o "reino de Deus". Este é sustentado não por moedas, pelo dinheiro dos impostos, mas por aquilo que emana do cerne do ser humano: suas intenções, emoções, seus pensamentos e atitudes.

Nas sociedades modernas, os cidadãos financiam a administração pública com seus impostos e recebem em retorno benefícios sociais: educação, saúde, segurança, sistema judiciário, etc. Nos regimes autoritários, bem como em determinadas sociedades democráticas, esse retorno é frequentemente insatisfatório. No caso de Roma, os impostos pagos pelas nações dominadas objetivavam sustentar a pesada máquina do império. Portanto, muitas nações financiavam as mordomias romanas à custa do suor e do sofrimento do seu povo.

Jesus disse aos seus inimigos que deveriam dar a César o que é de César, mas não disse quanto se deveria dar a Roma. E quando falava de César não estava se referindo apenas ao Império Romano, mas ao governo humano. Por meio dessa resposta curta mas ampla, ele transferiu a responsabilidade de financiamento de um governo não para si, mas para os próprios homens.

Ao olharmos para as máculas da história, tais como a fome, as doenças, as guerras, é difícil não fazermos as seguintes perguntas: se há um Deus no universo, por que Ele parece alienado das misérias humanas? Por que Ele não extirpa as dores e injustiças que solapam as sociedades?

Jesus não negava a importância dos governos humanos nem estava alheio às mazelas sociais. Contudo, para ele, esses governos estavam nos parênteses do tempo. Seu alvo principal era um governo fora desses parênteses, um governo eterno. Segundo o seu pensamento, o "eterno" triunfaria sobre o temporal.

Uma vez tendo triunfado, o Criador faria uma prestação de contas de cada ser humano, incluindo todos os governantes, e, assim, repararia toda violência e toda lágrima derramada.

Ao ler as biografias de Cristo, compreende-se que, ao contrário do governo humano que primeiramente cobra os impostos e depois os retorna em forma de benefícios sociais, o "reino de Deus" nada cobra inicialmente.

Primeiramente ele supre homens e mulheres com uma série de coisas: o espetáculo da vida, o ar para respirar, a terra para ser arada, a mente para pensar e um mundo belo para emocionar. Após dar gratuitamente todas essas coisas durante a curta existência humana, ele cobrará o retorno.

Era de se esperar que alguém que doou tanto cobrasse em contrapartida algo como a servidão completa dos seres criados. Mas, para nosso espanto, Cristo afirmou que a maior cobrança do Criador é o sentimento mais sublime – o amor. Para ele, o amor deveria permear a história de cada pessoa.

Esse mestre era perspicaz. Nenhuma exigência é tão grande e singela como a de amar. O amor cumpre toda justiça e substitui todo código de leis. Essa foi a história do seu discípulo tardio, Paulo. Este, que vivera embriagado de ira, reescreveu a própria história com as tintas desse amor. Por isso, foi açoitado, apedrejado, rejeitado, esbofeteado e até considerado como escória humana por amar aqueles que um dia odiou.

Um reino dentro do ser humano

Jesus era seguro e misterioso. Proclamava que seu Pai era o autor da existência, mas, em vez de desfrutar de privilégios e se assentar à mesa com Tibério e os senadores romanos, preferiu se mesclar com as pessoas que viviam à margem da sociedade.

Ao que tudo indica, com alguns milagres ele poderia fazer com que o mundo se prostrasse a seus pés, inclusive o imperador romano. Mas não queria o trono político. Almejava o trono dentro de cada pessoa.

Proclamava naquelas terras áridas algo jamais pensado pelos intelectuais e religiosos. Afirmava convictamente que Deus, embora eterno, invisível e onipotente, queria instalar o seu reino no espírito humano.

Não é estranho esse desejo? Embora haja tanto espaço no universo para o Todo-Poderoso recostar a sua "cabeça", o carpinteiro de Nazaré procura sua morada no ser humano, mesmo sendo este saturado de defeitos. Por isso ensinou a orar pela vinda desse reino: *"Venha a nós o teu reino, seja feita a tua vontade"* (Mateus 6:10). Chegou até a bradar em voz bem alta: *"Buscai primeiro o reino de Deus e todas as outras coisas vos serão acrescentadas"* (Mateus 6:33).

Rompendo o cárcere intelectual das pessoas rígidas

Os fariseus e os herodianos foram derrotados com apenas uma frase. Eles queriam, com seu radicalismo, matar aquele dócil homem.

Toda pessoa radical é incapaz de fazer uma leitura multifocal da memória e extrair informações que lhe permitam pensar em outras possibilidades além daquelas às quais rigidamente se aferra. Jesus foi vítima do preconceito dos líderes de Israel, engessados em suas próprias mentes, que não conseguiam ver nele nada além de um agitador, um revolucionário, ou então um nazareno digno de desprezo.

A rigidez é o câncer da alma. Ela não apenas fere os outros, mas pode se tornar a mais drástica ferramenta autodestrutiva. Até pessoas interiormente belas são capazes de ferir-se muito se forem rígidas e estreitas na maneira de encarar seus transtornos psíquicos. Em psicoterapia, uma das metas mais difíceis de serem alcançadas é romper a rigidez intelectual dos pacientes, principalmente se já passaram por tratamentos frustrantes, e conduzi-los a abrir as janelas de suas mentes e renovar as suas esperanças.

As pessoas que acham seu problema insolúvel criam uma barreira intransponível dentro de si mesmas. Assim, até doenças tratáveis como a depressão, o transtorno obsessivo e a síndrome do pânico se tornam resistentes.

Não importa o tamanho do nosso problema, mas a maneira como o vemos e o enfrentamos. Precisamos abrir nossa inteligência e enxergar as pessoas, os conflitos sociais e as dificuldades da vida sem medo, de maneira aberta e multifocal.

A esperança e a capacidade de nos colocarmos como aprendizes diante da vida são os adubos fundamentais do sucesso. O mestre de Nazaré estava querendo produzir seres livres, sempre dispostos a aprender e saturados de esperança. Procurava desobstruir a mente daqueles que o circundavam, tanto dos seus seguidores como dos seus opositores. Estava sempre querendo hastear a bandeira da liberdade das pessoas e aproveitava todas as oportunidades para expandir a capacidade de julgamento e o leque de possibilidades do pensamento. Isso fazia dele um mestre inigualável.

Quando provocamos as pessoas rígidas, nós as tornamos ainda mais agressivas. Ele, ao contrário, instigava com brandura a inteligência delas e acalmava as águas de sua emoção.

Sabia que os seus opositores queriam matá-lo ao propor-lhe aquela pergunta, mas, como conseguia ouvir o que as palavras não diziam e compreender os bastidores da inteligência humana, deu uma resposta aberta e inesperada. Sua resposta foi tão intrigante, que desobstruiu a mente dos seus opositores, aplacando-lhes a ira.

Aqueles homens transitavam pelas avenidas dos binômios certo/errado, moral/imoral, feio/bonito. Em seu mundo havia apenas duas alternativas: sim e não. Mas o mundo intelectual do mestre de Nazaré tinha inúmeras outras possibilidades.

Nas situações mais tensas, ele não se embaraçava nem se preocupava em ter reações imediatas. Pensava antes de reagir e não reagia antes de pensar. De fato, mergulhava dentro de si mesmo e abria as janelas da sua mente para encontrar as respostas mais lúcidas para uma determinada pergunta, uma dificuldade ou uma situação.

Desse mergulho interior emanavam seus pensamentos. Surpresos com sua sabedoria, os fariseus e os herodianos se retiraram de sua presença.

Infelizmente, não conseguimos agir com a sabedoria de Cristo. Grande parte dos nossos problemas surge porque reagimos antes de pensar. Nas situações mais tensas reagimos com impulsividade, e não com inteligência. Sentimos a obrigação de dar respostas imediatas diante das dificuldades que enfrentamos. Travamos nossa capacidade de pensar pela necessidade paranoica de produzir respostas socialmente adequadas, pois temos medo de passar por tolos ou omissos se não respondermos imediatamente e de acordo com as expectativas alheias.

Precisamos aprender a proteger nossas emoções quando formos ofendidos, agredidos, pressionados, coagidos ou rejeitados. Caso contrário, a emoção sempre abortará a razão. A consequência imediata dessa falta de defesa emocional é reagirmos irracional e unifocalmente, e não multifocalmente.

Precisamos abrir o leque de nossas mentes e pensar em diversas alternativas diante dos desafios da vida. O mestre, antes de dar qualquer resposta, honrava sua capacidade de pensar e refletia com liberdade e consciência, para depois desferir suas brilhantes ideias. Somente alguém que é livre por dentro não é escravo das respostas.

Quem gravita em torno dos problemas e não aprende a fazer uma parada introspectiva para pensar antes de reagir faz das pequenas barreiras obstáculos intransponíveis, das pequenas dificuldades problemas insolúveis, das pequenas decepções um mar de sofrimento. Por não exercitar a arte de pensar, tendemos a transformar uma barata num dinossauro.

Precisamos aprender com o mestre da escola da vida a ser caminhantes nas trajetórias de nosso próprio ser e a não ter medo de pensar.

CAPÍTULO 4

As atitudes incomuns de Cristo na última ceia: a missão

A última noite

Jesus estava para ser preso. Em algumas horas começaria o seu martírio. A última noite que passou com seus discípulos foi incomum. Uma noite diferente de todas as outras. A partir dela seria preso, julgado, torturado, crucificado e morto. O ambiente dessa noite poderia inspirar angústia e medo em qualquer um. Porém, o personagem principal daquele cenário estava tranquilo.

Quando estamos na iminência de sofrer um grande trauma, o tempo não passa, cada minuto é uma eternidade. Contudo, o mestre de Nazaré estava reunido com seus discípulos ao redor de uma mesa, fazendo a sua última refeição. O chão ruía aos seus pés, mas ele permanecia inabalável. Nesse clima, ele teve atitudes inesperadas.

Chocando os discípulos com o lavar dos pés

Naquela altura, os discípulos o valorizavam intensamente, considerando-o nada menos do que o próprio "filho de Deus". Entretanto, naquela noite, ele tomou algumas atitudes que chocaram todos eles. Nenhum ser humano esteve em uma posição tão alta quanto a dele. Todavia, paradoxalmente, ninguém se humilhou tanto como ele. Como comentei no primeiro livro desta coleção, Jesus, querendo dar profundas lições de vida nos últimos momentos antes de sua morte, teve a coragem de abaixar-se aos pés dos seus incultos discípulos e lavá-los silenciosamente.

O mestre de Nazaré, com essa intrigante atitude, vacinou seus discípulos contra o individualismo. Inaugurou uma nova forma de viver e de se relacionar. Introduziu no cerne deles a necessidade de ser tolerante, de buscar ajuda mútua, de aprender a se doar.

Os computadores agem por princípios lógicos. Podem até aplicar leis e estabelecer a justiça sem as falhas humanas. Entretanto, jamais desenvolverão a arte da tolerância, da solidariedade, da percepção da dor do outro. Essas funções ultrapassam os limites da lógica. Uma pessoa é mais madura quando é mais tolerante e menos rígida em seus julgamentos.

Naquela noite havia um forte clima de emoção, e os discípulos estavam confusos diante das atitudes do mestre. Sentiam-se tristes também, porque ele anunciara que iria ser preso, sofrer nas mãos dos principais judeus e ser morto. Seus discípulos não entendiam como alguém tão poderoso poderia sofrer da maneira descrita por ele. A morte do seu mestre parecia-lhes mera ficção.

Jesus lavou os pés de todos os seus discípulos, inclusive os de Judas. Sabia que Judas o trairia, mas ainda assim foi complacente com ele e não o expôs publicamente. Vocês conhecem, na história, alguém que tenha lavado os pés do seu próprio traidor? É surpreendente para nós, que não toleramos a mínima ofensa, que ele não apenas tenha suportado a traição de Judas, mas lavado as crostas de sujeira dos seus pés. Quando Jesus terminou de lavar os pés de todos, Judas saiu para o trair.

Esperando ansiosamente a última ceia

Era a última ceia, a chamada Santa Ceia. Jesus dissera aos seus discípulos: *"Tenho desejado ansiosamente comer convosco esta Páscoa antes de sofrer, pois eu vos digo que não a comerei até que ela se cumpra no reino de Deus"* (*Lucas 22:15*). Revelou assim que esperava há anos por aquela última ceia.

Por que aquele momento era tão importante? Poderia uma ceia representar tanto para ele a ponto de usar palavras incomuns em seu vocabulário, dizendo que "a esperava ansiosamente"? Nunca havia dito que esperava algo com tanta emoção.

Para os discípulos, era mais um banquete à mesa, mas para o mestre de Nazaré aquela ceia era diferente de todas as outras. Ela representava a história dele, a sua grande missão.

A Páscoa era uma festa comemorada anualmente para lembrar a libertação do povo de Israel. Antes de deixar o Egito, fugindo da dominação em que seu povo vivia, cada família imolara um cordeiro e aspergira seu sangue sobre os umbrais das portas. A carne serviu para alimentar o povo e suprir suas forças para iniciar a jornada pelo deserto em busca da tão sonhada terra de Canaã, a terra prometida. Portanto, a Páscoa era uma festa alegre, radiante, um brinde à liberdade.

Mas os íntimos de Jesus não sabiam se choravam ou se alegravam. Por um lado, a mesa estava posta, o alimento saciaria a fome e provocaria prazer. Por outro, havia no ar uma insuportável tristeza, pois o mestre anunciara que iria partir.

Os discípulos não entenderam que Jesus queria se identificar com o cordeiro da Páscoa, para nutrir, alegrar e libertar não apenas o povo de Israel, mas toda a humanidade. No momento do batismo de Jesus, no início de sua vida pública, João Batista o anunciara com uma frase de grande impacto, incompreensível para seus ouvintes: *"Eis o cordeiro de Deus, que tira o pecado do mundo"* (João 1:29). Ele considerava o carpinteiro da Galileia como o redentor do mundo. Ninguém, antes ou depois de Jesus, assumiu tarefa tão estonteante.

O próprio Jesus, corroborando o pensamento de João Batista, posicionou-se como o "cordeiro de Deus" e planejou morrer no dia da Páscoa. Sabia que os homens que detinham o poder, mais cedo ou mais tarde, o matariam. Mas não queria morrer em qualquer dia nem em qualquer lugar. Por diversas vezes havia se livrado da morte. Livrou-se não porque a temesse, mas porque não havia chegado o momento e o lugar certos.

Esperava ardentemente por aquela Páscoa, porque ela representava o capítulo final de sua história, expressava o seu plano transcendental. Iria morrer pela liberdade da humanidade na data em que se comemorava a libertação de Israel do jugo do Egito. A humanidade ficaria livre das suas mazelas existenciais.

Os discípulos ainda não entendiam o que estava acontecendo. Não aceitavam a ideia de separar-se daquele que dera um novo sentido à vida deles, que lhes ensinara a recitar a poesia do amor.

Uma boa parte de seus seguidores era de simples pescadores galileus que, antes do encontro com Jesus, só pensavam em barcos e peixes. Todavia, ele passara e os chamara, provocando a maior avalanche no interior deles. Abriu-lhes os horizontes falando sobre os mistérios da existência, sobre os segredos da eternidade, ensinando-lhes a amar uns aos outros e a se doar uns pelos outros. A visão desses galileus ganhara nova dimensão. A vida passara a ter outro significado. Portanto, era insuportável a partida do mestre.

Um discurso surpreendente

Naquela noite incomum, Cristo não apenas lavou os pés dos seus discípulos e estimulou-os a desenvolver as funções mais altruístas da inteligência. Ele também os abalou com um diálogo surpreendente.

Todos estavam reclinados sobre a mesa, saboreando o cordeiro da Páscoa. Então, Jesus interrompeu a ceia, olhou para eles e proferiu seu mais intrigante discurso.

Um discurso breve, mas que perturbou profundamente seus discípulos. Um discurso capaz de deixar qualquer pensador da psicologia e da filosofia estarrecido ao analisá-lo. Os discípulos estavam comendo tranquilos quando, de repente, Jesus tomou o pão, o partiu e disse de maneira segura e espontânea: *"Tomai e comei; isto é o meu corpo."* E, pegando o cálice e dando graças, ofereceu-lhes, dizendo: *"Bebei dele todos; porque isto é meu sangue da aliança, que é derramado por muitos para o perdão dos pecados."*

Nunca na história alguém teve a coragem de falar sobre o próprio corpo e o próprio sangue dessa maneira, e muito menos de dar um significado à própria morte como ele deu. Vejamos.

O sangue da nova aliança

Quando alguém vai ser martirizado ou está sob grave risco de morte, um enorme temor invade o palco de sua emoção. O medo contrai o pensamento e esfacela a segurança. A voz se torna embargada e trêmula. Esses mecanismos inconscientes e instintivos aconteceram com Jesus na sua última ceia? Não! Ele sabia que enfrentaria o suplício da cruz. Tinha consciência de que morreria no dia seguinte de maneira lenta. Seu corpo se desidrataria e o sangue verteria dos seus punhos, mãos, cabeça e costas. Mas, em vez de ficar amedrontado com sua morte e procurar um lugar para se proteger, ele discorreu sobre seu martírio num jantar e, ainda por cima, deu-lhe um significado surpreendente.

Disse categoricamente que o vinho que estavam bebendo iria iniciar uma nova era, uma nova aliança. O seu martírio não seria apenas uma execução humana, mas tinha um papel eterno. Seria um sangue derramado em favor da humanidade.

Na sociedade, as pessoas que cometem crimes são levadas às barras dos tribunais e, a não ser que haja distorções em seus julgamentos, são passíveis de sofrer punições. Jesus proclamava um reino misterioso, o reino de Deus. Segundo o seu pensamento, assim como há uma justiça humana que exerce o direito social, há uma justiça divina que exerce o direito celestial no reino de Deus. Ele veio justificar o ser humano perante Deus, querendo perdoar cada um diante do tribunal divino.

Na cruz, seu objetivo foi levado às últimas consequências. Como pode o sangue de apenas um homem aliviar os erros e injustiças da humanidade inteira? O sangue de Cristo estabeleceria uma aliança eterna.

Embora a temporalidade da vida seja breve, ela é suficientemente longa para se cometerem muitos erros. Temos atitudes individualistas, egocêntricas, simuladas, agressivas. Julgamos sem tolerância as pessoas que mais amamos. Rejeitamos aqueles que nos contrariam.

Muitas vezes prometemos a nós mesmos que iremos pensar antes de reagir, mas o tempo passa e frequentemente continuamos vítimas de nossa impulsividade. Temos uma enorme dificuldade de enxergar o mundo com os olhos dos outros. Queremos que primeiramente o mundo gravite em torno de nossas necessidades, para depois pensarmos nas necessidades daqueles que nos circundam. Somos rápidos para reclamar e lentos para agradecer. Produzimos um universo de pensamentos absurdos que conspiram contra a nossa própria qualidade de vida e, às vezes, não temos disposição nem habilidade para reciclá-los. Falhamos continuamente em nossa história.

Só não consegue admitir sua fragilidade quem é incapaz de olhar para dentro de si mesmo ou quem possui uma vida sem qualquer princípio ético. No palco da mente das pessoas mais moralistas, que vivem apontando o dedo para os outros, existe um mundo de ideias nada puritanas.

Podemos ser senhores do mundo em que estamos, mas não senhores do mundo que somos. Governamos máquinas, mas não governamos alguns fenômenos inconscientes que leem a memória e constroem as cadeias de pensamentos. Temos todos grandes dificuldades de administrar a energia emocional. Por isso, apesar de possuirmos uma inteligência tão sofisticada, somos frágeis e passíveis de tantos erros.

Somos uma espécie que claudica entre todos os tipos de acertos e erros. E de repente surge um galileu que não frequentou escolas e diz, para nossa surpresa, que veio para nos dar o inacreditável: a vida eterna. E, em vez de nos cobrar grandes atitudes para consegui-la, de determinar com severidade que não cometamos qualquer tipo de erro ou imoralidade, ele não exige nada de nós, apenas de si mesmo. Morre para que não morramos, sofre para que não soframos. Derrama o próprio sangue para nos justificar perante o Autor da existência. Só não se perturba com as ideias de Cristo quem é incapaz de analisá-las.

Jesus é, sem dúvida, uma pessoa singular na história. Qualquer um que se der ao trabalho de pensar minimamente na dimensão dos seus gestos ficará assombrado. Milhões de cristãos contemplam semanalmente os símbolos do vinho e do pão, sem se dar conta de que aquilo que parece um simples ritual revela de fato as intenções de uma pessoa surpreendente.

O sangue é formado de hemácias, leucócitos, plaquetas e inúmeras substâncias. Todos temos esse líquido precioso que circula milhões de vezes ao longo da vida para nutrir as células e transportar todas as impurezas para serem metabolizadas no fígado e excretadas na urina. Todavia, quando o corpo morre, o sangue se deteriora, perdendo suas características e funções.

O mestre de Nazaré deu um significado ao seu sangue que ultrapassou os limites da sua materialidade. Sua vida e seu sangue seriam tomados como ferramenta de justiça e perdão. Seriam usados tanto para aliviar os sentimentos de culpa do ser humano como para aliviar todo o seu débito perante o Criador.

Segundo Cristo, o rigor da lei do reino vindouro teria ele mesmo como o mais excelente advogado de defesa.

Como pode alguém dizer que o sangue que pulsa nas suas artérias é capaz de estancar o sentimento de culpa contido no cerne da alma? Como pode o sangue de um homem transformar a nossa pesada e turbulenta existência em uma suave e serena trajetória de vida? Pessoas fazem psicoterapia por anos a fio para tentar aliviar o peso do seu passado e resolver seus sentimentos de culpa, nem sempre com grande sucesso. No entanto, agora vem Jesus de Nazaré e diz que poderia instantaneamente aliviar toda a mácula do passado, todos os erros e mazelas humanos.

Freud foi um judeu ateu, mas se tivesse investigado a história de Jesus ficaria intrigado e encantado com sua proposta. Se todos os pais da psicologia que compreenderam que a história registrada no "inconsciente da memória" tem um peso enorme sobre as reações do presente tivessem tomado pleno conhecimento da proposta do mestre de Nazaré, perceberiam que ela é arrebatadora.

O mais admirável é que Jesus não queria apenas aliviar o peso do passado sobre o presente. Queria também introduzir a eternidade dentro do ser humano e fazê-lo possuir uma vida irrigada com um prazer pleno e com as funções mais importantes da inteligência.

Já imaginou o que é possuirmos uma vida inextinguível, sem qualquer sentimento de culpa e, ainda por cima, saturada de prazer e imersa numa esfera onde reinam a arte de pensar, o amor mútuo, a solidariedade, a cooperação social? O mestre de Nazaré queria riscar as dores, o tédio, as lágrimas, a velhice e todas as misérias psíquicas, físicas e sociais de nossos dicionários. Nem a psicologia sonhou tanto. Nem os filósofos no ápice dos seus devaneios humanísticos imaginaram uma vida tão sublime para o ser humano. Temos de confessar que a pretensão de Jesus ultrapassa os limites de nossa previsibilidade.

O corpo retratando o acesso à natureza de Deus

O mestre também deu um significado incomum ao seu corpo: "*E, tomando o pão, tendo dado graças, o partiu e deu a seus discípulos, dizendo: 'Isto é o meu corpo oferecido por vós'*" (Mateus 26:26).

Não apenas usava o pão como símbolo do seu próprio corpo, mas o cordeiro imolado e morto que estava sendo servido naquela ceia tipificava o seu próprio ser. O "cordeiro de Deus" estava sendo oferecido como pão aos seus discípulos.

Se estivéssemos naquela ceia e não fôssemos íntimos de Cristo, fugiríamos escandalizados com suas palavras. Comer a carne de um homem? Saborear o seu corpo? Nunca ouvi falar de alguém que estimulasse os outros a comer o seu próprio corpo. Histórias de canibais nos dão calafrios, pois é angustiante imaginar alguém se banqueteando com nossos órgãos.

Entretanto, Cristo estava se referindo ao pão simbolicamente. O mestre não estava falando sobre seu corpo físico, mas sobre a sua natureza, o Espírito Santo dado aos discípulos após a sua ressurreição. Aqui novamente está inserido o conceito de eternidade.

Anteriormente, Jesus dissera, tanto aos que o seguiam quanto aos seus opositores, que quem não bebesse o seu sangue e não comesse a sua carne não teria a vida eterna (*João 6:53*). Por meio dessas palavras ele havia antecipado os acontecimentos que se desdobrariam na última ceia.

A ousadia de Cristo era tanta, que ele não apenas disse que transcenderia a morte, mas também que se tornaria um tipo de "pão", de alimento que saciaria a alma e o espírito humanos.

Nenhum homem na história, a não ser Cristo, reuniu seus amigos ao redor de uma mesa e discursou sobre os destinos do seu sangue e do seu corpo. Com a maior naturalidade, o mestre falou do sangue que verteria de suas costas, após os açoites; de sua cabeça, após a coroação com espinhos; e de seus punhos e pés, após a crucificação.

Com o decorrer do tempo, nos tornamos insensíveis diante das palavras de Jesus. Não percebemos seu impacto. Imagine se alguém nos convidasse para uma ceia e, de repente, nos fitasse nos olhos e nos estimulasse a beber o seu sangue e comer o seu corpo, ainda que simbolicamente. Que tipo de reação teríamos? Pavor, desespero, embaraço, vontade de fugir rapidamente desse cenário constrangedor.

Consideraríamos nosso anfitrião o mais louco dos homens. Ainda que os discípulos soubessem que Cristo era dócil, amável, coerente e inteligente, as suas palavras foram inesperadas, surpreendentes.

Eles não sabiam como reagir. Suas vozes ficaram embargadas. Suas emoções flutuavam entre o choro, a ansiedade e o desespero. Não ousavam perguntar nada a Jesus, pois sabiam que suas palavras anunciavam seu fim, expressavam a sua verdadeira missão. Ele deixara claro por diversas vezes que se seu sangue não fosse derramado e seu corpo não fosse crucificado, o ser humano não seria perdoado perante Deus e, portanto, não alcançaria a imortalidade. Nunca alguém articulou um projeto tão ambicioso. Nunca na história alguém usou, como Jesus Cristo, a sua própria morte para "curar" as misérias da humanidade e transportá-la para uma vida inesgotável.

Apesar de as palavras de Cristo na Santa Ceia transcenderem a lógica científica penetrando no território da fé, a ciência não pode furtar-se a analisá-las. Todos sabemos que os sofrimentos pelos quais passamos frequentemente aumentam nossa tristeza e destroem nossos sonhos. Entretanto, o mestre vivia princípios contrários aos esperados. Iria morrer dali a algumas horas, mas transformava a sua morte em um estandarte eterno. Quanto mais sofria e se deparava com aparentes derrotas, mais pensava alto, mais sonhava altaneiramente. Onde deveriam imperar o medo e o retrocesso ele fazia florescer as metas e a motivação.

"Fazei isto em minha memória"

Jesus disse aos discípulos que eles deveriam repetir a cena da última ceia em memória dele. Somente uma pessoa que crê que a morte não extingue a consciência existencial faz um pedido desses. Se alguém crê que a morte leva a um estado de silêncio eterno, a um vácuo inconsciente, não se importará com o que aqueles que permanecerem vivos farão com suas palavras. Somente os que possuem esperança na continuidade da existência, ainda que não tenham consciência disso, desejam que sua memória seja preservada.

Se olharmos para a morte sem misticismos, perceberemos que suas implicações psicológicas são seriíssimas. A morte esmigalha o ser, destrói o cérebro, reduz a pó os segredos contidos na memória do córtex cerebral. A morte acaba com o espetáculo da vida.

Cristo morreria no dia seguinte, a sua memória seria esfacelada pela decomposição do seu cérebro. Entretanto, no discurso da última ceia, ele fala com uma incrível espontaneidade sobre a morte. Estava absolutamente certo de que venceria aquilo que os médicos jamais sonharam em vencer. Para ele, a morte não traria o nada existencial, a perda irrecuperável da consciência, mas abriria as janelas da eternidade.

O pedido inusitado de Jesus para que fossem repetidos, em sua memória, os símbolos daquela ceia é atendido por milhões de cristãos pertencentes a inúmeras religiões do mundo todo, e indica sua plena convicção de que não apenas sairia ileso do caos da morte, mas também cumpriria seu plano transcendental. A morte, a única vencedora de todas as guerras, seria vencida pelo carpinteiro de Nazaré.

O mestre participa de um banquete antes da sua morte

J. A. é um executivo brilhante. Tem uma excelente capacidade intelectual, é lúcido, coerente e eloquente. Todas as manhãs, reúne seus gerentes, discute ideias, toma conhecimento da produtividade e do desempenho da sua empresa e lhes dá as diretrizes básicas. Promove uma reunião mensal aberta a todos os funcionários. Ele os ouve e discursa sem constrangimento, animando-os, elevando a autoestima deles e criando vínculos entre eles e a empresa.

J. A. é um homem acessível, carismático, inteligente e forte. Todavia, não sabe lidar com suas frustrações e seus fracassos. Aceita os problemas e os encara como desafios. Mas, quando não cumpre suas próprias metas ou quando ocorre uma falha na sua liderança, ele se torna um carrasco de si mesmo. Fica tranquilo diante das dores dos outros e lhes dá orientações precisas quando necessário, mas se perturba diante de suas próprias dores. À mínima tensão, começa a sentir diversos sintomas psicossomáticos como perda do apetite, fadiga excessiva, dor de cabeça, taquicardia, sudorese. A perda do apetite é sua marca psicossomática registrada quando ele é acometido de ansiedade.

O apetite é o instinto que preserva a vida. Quando é alterado, acende-se um sinal vermelho indicando que a qualidade do estado emocional está ruim a ponto de ameaçar a vida. Dificilmente uma pessoa não tem o seu apetite alterado nos momentos de tensão: aumenta-o (hiperfagia) ou o diminui (anorexia).

A anorexia é mais comum do que a hiperfagia. Existem vários graus de anorexia, incluindo a anorexia nervosa, que é uma doença psiquiátrica grave em que se dá a perda completa do apetite associada a uma crise depressiva e ao distúrbio da autoimagem. A autoimagem está tão distorcida, que o ato de comer se torna uma agressão ao corpo, ainda que a pessoa esteja magérrima. Ganhar alguns gramas significa ganhar um peso insuportável. Quando o psicoterapeuta não consegue romper o vínculo doentio que a pessoa mantém com sua autoimagem, não consegue resgatá-la para a vida.

Quero ressaltar aqui uma das características da personalidade de Cristo que se revela nos focos de tensão. Ninguém conseguiria manter seu apetite intacto sabendo que dali a algumas horas iria sofrer intensamente e, por fim, morrer. Nessa situação só haveria espaço para chorar e se desesperar. Todavia, o mestre participou de um banquete com seus discípulos na última ceia. É uma atitude totalmente inusitada. Comeu e bebeu fartamente com seus íntimos. Comeu o pão, o cordeiro pascal, e bebeu o vinho.

Seus inimigos iriam fazê-lo passar por longas sessões de tortura, mas naquele momento a impressão que se tinha é de que ele não possuía inimigos. De fato, para ele os inimigos não existiam. Só sabia fazer amigos. Por que não fazia inimigos? Porque não se deixava perturbar pelas provocações, não se deixava invadir pelas ofensas e pela agressividade que o rodeavam.

Frequentemente agimos de maneira diferente. Fazemos de nossas emoções uma verdadeira lata de lixo. Qualquer atitude agressiva nos invade e nos perturba por dias. Um simples olhar indiferente nos tira a tranquilidade. Cristo não se importava com sua imagem social. Era seguro e livre no território da emoção.

O mundo à sua volta podia conspirar contra ele, mas Cristo transitava pelas turbulências da vida como se nada estivesse acontecendo. Por isso alimentou-se fartamente na noite anterior à sua morte, não se deixando abater antes da hora.

Como pode alguém que está para ser cravado numa cruz não estar deprimido? Como pode alguém que vai passar por um espetáculo de vergonha e dor ter estrutura emocional para se relacionar de maneira agradável com seus íntimos em torno de uma mesa?

Uma estrutura emocional sólida

Se já é difícil compreendermos como Cristo preservou o instinto da fome horas antes do seu martírio, imagine se dissermos ao leitor que ele não apenas participou de um banquete, mas cantou antes de morrer. Pois foi isso o que aconteceu. O registro de Mateus diz: *"Tendo cantado um hino, saíram para o monte das Oliveiras"* (*Mateus 26:30*).

Que disposição alguém teria para cantar às portas do seu fim? O maior amante da música cerraria seus lábios, pois diante das dores nossa emoção nos aprisiona. Mas, diante das suas dores, Cristo se libertava.

A canção cantada por ele não tinha sido elaborada na hora, era uma letra conhecida pelos discípulos, pois todos a cantaram, o que é confirmado pelo evangelho (*Mateus 26:30*). Creio que a letra da música era alegre, e por isso, como de costume, provavelmente bateram palmas enquanto cantavam (*Mateus 26:30*).

A conclusão a que chegamos é que o mestre de Nazaré era um magnífico gerente da sua inteligência. Administrava com extrema habilidade seus pensamentos e emoções nos focos de tensão. Não sofria antecipadamente, embora tivesse todos os motivos para isso, ao pensar no drama que em algumas horas se iniciaria no jardim do Getsêmani.

Um amigo meu que ia se submeter a uma cirurgia para a extração de um tumor foi ficando cada vez mais ansioso à medida que se aproximava a data. Na véspera, estava tão angustiado e tenso que essa emoção se refletia em toda a sua face. Tinha o rosto contraído e preocupado. Nada o animava. Qualquer conversa o irritava. Sua mente estava ancorada no ato operatório.

Se um ato cirúrgico é capaz de causar tanta tensão, ainda que seja feito com anestesia e assepsia, imagine quantos motivos teria o carpinteiro de Nazaré para ficar abatido. Seu corpo seria sulcado com açoites e pregado num madeiro sem anestesia. Mesmo assim, sua emoção embriagava-se de uma serenidade arrebatadora. Além de não se deixar perturbar, ainda tinha fôlego para discursar com a maior ousadia sobre a sua missão e sobre o modo como seria eliminado da terra dos viventes.

A psicologia foi tímida e omissa em investigar os pensamentos e as entrelinhas do comportamento de Jesus de Nazaré. Permitam-me dizer com modéstia que este livro, apesar de suas imperfeições, vem resgatar uma dívida da ciência com o Mestre dos Mestres da escola da existência. Ao investigá-lo, é difícil não concluir que ele foi um exímio líder do seu mundo interior, mesmo quando o mundo exterior desabava sobre sua cabeça. Não acredito que algum psiquiatra, psicólogo ou qualquer pensador da filosofia tenha chegado perto da maturidade do mestre de Nazaré, amplamente expressa na forma como gerenciava sua psique diante dos múltiplos cenários estressantes que o cercavam.

Muitas pessoas são infelizes, apesar de terem excelentes motivos para serem alegres. Outras, em vez de superarem as perdas que tiveram na vida, tornam-se reféns do passado, reféns do medo, da insegurança, da hipersensibilidade. Colocam-se como vítimas desprivilegiadas. Nunca conseguem construir um oásis nos desertos que atravessam.

Jesus construiu uma trajetória emocional inversa. Poderia ser um homem angustiado e ansioso, mas, ao contrário, era tranquilo e sereno. A riqueza de sua emoção era tal, que chegou ao impensável: teve a coragem de dizer que ele mesmo era uma fonte de prazer, de água viva, para matar a sede da alma (*João 7:37-38*). Isso explica um comportamento quase incompreensível que teve na véspera de sua morte: cantar e se alegrar com seus amigos. Em Cristo, a sabedoria e a poesia conviveram intensamente na mesma alma.

CAPÍTULO 5

Um discurso final emocionante

O discurso final revela os segredos do coração

Depois de banquetear-se com os discípulos, de falar sobre seu sangue e seu corpo e de cantar, o mestre de Nazaré saiu do cenáculo. Iniciou então um longo e profundo diálogo com seus discípulos.

Numa atmosfera incomum de emoção, revelou os segredos ocultos do seu coração. À mesa, falara brevemente sobre sua missão, mas um clima de dúvida reinava entre aqueles galileus. Agora, ao ar livre, ele se abria para eles como nunca.

Revelou seus pensamentos mais íntimos. Nunca, como agora, havia rasgado a sua alma e falado de maneira cristalina sobre seu projeto transcendental. Nunca discorrera de maneira tão transparente sobre seu objetivo de vida e mostrara uma tal preocupação com o destino dos seus íntimos e de todos aqueles que se agregariam a ele após a sua morte. Os discípulos ficaram impressionados com seu discurso. Disseram-lhe: "*Agora é que nos falas claramente, sem parábolas*" (João 16:29).

Quem registrou tal discurso? João. Esse amável e íntimo discípulo estava velho, no fim da vida, quando resgatou essas passagens e as escreveu em seu evangelho. Mais de meio século se passara desde a morte de Jesus. Os demais discípulos já haviam morrido, muitos tinham sido perseguidos e martirizados, entre eles Pedro e Paulo. João não tinha mais seus amigos antigos. Foi nessa fase que escreveu a quarta biografia de Cristo, o quarto evangelho.

Milhares de novos discípulos de todas as nações e culturas haviam ingressado no "caminho". A maioria não tinha uma visão clara sobre a personalidade, os pensamentos, desejos e propósitos do mestre. João queria conduzi-los ao primeiro amor, transportá-los para as palavras vivas e originais de Jesus. Para isso deixou-nos o legado dos seus escritos.

João desejava colocar colírio nos olhos dos discípulos que não conviveram com Cristo. Em seu evangelho, ele faz uma profunda imersão nos momentos históricos que precederam a crucificação. Quase a metade do evangelho de João refere-se às últimas 48 horas de vida do mestre.

Muitos me dizem que escrevo sobre Cristo de uma maneira como nunca viram antes, embora o tenham estudado por décadas. Não possuo mérito algum. O crédito pertence ao personagem central deste livro, que indubitavelmente possui uma personalidade magnífica, mesmo se investigado pelos mais céticos. Tenho comentado que para interpretar a história é necessário manter um distanciamento dos preconceitos e julgamentos superficiais pertinentes à nossa própria história, arquivada em nossa memória. Precisamos nos transportar no tempo para contemplar atenta e embevecidamente as palavras, as imagens, os ambientes e participar de cada uma das cenas existentes. É necessário mergulhar na história viva expressa pelas letras mortas, respirar o ar que os personagens históricos respiraram, sentir a expressão dos seus rostos e perscrutar suas emoções manifestadas nos focos de tensão. Caso contrário, as letras impressas se tornarão um véu que bloqueará a interpretação, levando-nos a resgatar uma história morta, vazia e excessivamente distorcida.

João levou seus leitores a fazer uma belíssima interpretação da história. Em seus escritos transportou os amantes tardios do mestre, levando-os a participar das cenas mais importantes da história dele. Os capítulos 14 a 16 contêm diversas cenas e situações com intenso calor emocional. Neles está registrado o mais longo e completo discurso de Cristo.

João conta que naquela época os discípulos eram jovens, frágeis e não lapidados pela vida. Não admitiam o sofrimento nem a morte do seu mestre. O medo e a dor tinham invadido suas emoções. Então ele relembra a amabilidade do mestre que, precisando ser confortado uma vez que enfrentaria o caos, os confortava dizendo que, apesar de passarem por diversas aflições e problemas, não deveriam desanimar, mas tê-lo como espelho: *"Eu venci o mundo"* (*João 16:33*).

João imerge seus leitores na esfera de amor criada por Jesus. Revela que, embora os discípulos fossem intempestivos, egoístas e pouco solidários uns com os outros, o mestre cuidava deles afavelmente. Não sabiam amar alguém além de si mesmos ou dos seus íntimos, mas Jesus entrou em suas vidas e sorrateiramente lhes ensinou a linguagem do amor, valendo-se de palavras incomuns e gestos inusitados. Um amor que está além dos limites da sexualidade, dos interesses próprios e da expectativa de retorno, um amor que mata o germe do individualismo e corta as raízes da solidão. O mestre dizia incansavelmente àqueles jovens carentes emocionalmente: *"Amai-vos uns aos outros como eu vos amei"* (*João 13:34*).

João também comenta que o mestre disse palavras até então impensáveis sobre uma habitação eterna, uma morada que ultrapassava a materialidade: *"Na casa de meu pai há muitas moradas"* (*João 14:2*). Relata ainda: *"Porque eu vivo, vós também vivereis"* (*João 14:19*). Comenta o desejo ardente que Jesus tinha pela unidade dos que o amam, apesar de todas as suas diferenças.

João reproduz extensamente o discurso final de Cristo. Há muito o que comentar, mas esse não é o objetivo deste livro. Gostaria de me deter mais detalhadamente não no discurso que Cristo fez perante seus discípulos, mas no discurso contido na oração que ele fez para o Pai. No capítulo 17 do evangelho de João, Jesus revela que tem um Pai, um Pai diferente de todos os outros. Nesse texto ele trava um diálogo íntimo, apaixonante e misterioso com Deus. Vejamos.

O discurso final encerrado em uma oração

Jesus eleva os olhos ao céu e começa sua oração. O gesto de levantar os olhos para o céu indica que o mestre estava olhando para outra dimensão, uma dimensão fora dos limites do tempo e do espaço, uma dimensão além dos fenômenos físicos.

Seu discurso, antes de ir para o Getsêmani, é encerrado com essa oração. Ela é bela e encharcada de sentimento. Ele estava para cumprir sua missão fundamental. Estava para ser preso e impiedosamente morto. Fitava os seus discípulos e comovia-se por deixá-los, preocupando-se com o que aconteceria com eles após a sua morte. Nesse clima, ele dialoga com o Pai.

Quem está diante do fim da própria vida não tem mais nada para esconder. O que está represado dentro dele manifesta-se sem receios. Na proximidade do fim, Cristo expressou algo presente na raiz do seu ser. Seus desejos mais íntimos, seus planos mais submersos e suas emoções mais clandestinas fluíram sem restrições.

Após dizer aos seus amados discípulos que tivessem ânimo porque ele vencera o mundo, levanta os olhos para o céu e pronuncia: *"Pai, é chegada a hora; glorifica teu Filho, para que o Filho te glorifique; e que pelo poder que lhe deste sobre toda a carne, ele dê a vida eterna a todos os que lhe deste. E a vida eterna é esta: que te conheçam a ti, o único Deus verdadeiro, e a Jesus Cristo, a quem enviaste. Eu te glorifiquei na terra, concluí a obra que me encarregaste de realizar; e agora, glorifica-me, ó Pai, junto de ti, com a glória que eu tinha junto de ti antes que houvesse mundo"* (João 17:1-5).

O conteúdo desse diálogo é intrigante. Jesus orou somente para seu Pai ouvir, e ninguém mais. Entretanto, como estava cheio de emoção, não fez uma oração silenciosa, mas em voz alta, e por isso os discípulos a ouviram. As palavras que ele disse calaram fundo no jovem João. Ele jamais as esqueceu. Por isso, depois de tantas décadas, as registrou.

Revelando uma outra identidade

Nessa oração Jesus fez uma afirmação surpreendente. Disse que seu Pai era o Deus eterno. Mas ele não era o filho de Maria e de José? Não era apenas um carpinteiro de Nazaré? Nessa oração ele assume sem rodeios que não era apenas um homem completo, mas também o Deus filho, a segunda pessoa da misteriosa trindade. O mais intrigante dos homens, aquele que nunca buscou a fama e a ostentação, assume o seu status de Deus, e não apenas de um ser humano inteligente, especial, inusitado.

Estamos acostumados à expressão "filho de Deus", mas na época tal expressão era para os judeus uma grande heresia. Eles adoravam o Deus Todo-Poderoso, criador do céu e da terra, que não tem princípio de dias nem fim de existência. Para eles, os seres humanos eram apenas criaturas de Deus. Jamais admitiriam que um homem pudesse ser filho do imortal, do Todo-Poderoso.

Dizer-se filho de Deus, para os judeus, era o mesmo que afirmar possuir a mesma natureza de Deus e, portanto, era se fazer igual a Deus. Uma blasfêmia inaceitável. Como pode um homem simples, que não reivindica poder e não busca a fama, ser o próprio filho do Deus altíssimo? Isso era inconcebível para os doutores da lei.

Uma vida além dos limites do tempo

No conteúdo da sua longa oração, o mestre de Nazaré revelou algumas coisas perturbadoras. Entre elas, disse que sua existência extrapolava sua idade temporal, sua idade biológica. Tinha pouco mais de 33 anos, mas afirmou: *"Glorifica-me, ó Pai, junto de ti, com a glória que eu tinha junto de ti antes que houvesse mundo"* (João 17:5).

A palavra grega usada no texto para mundo significa "cosmo". Cristo revelou que, antes que houvesse o cosmo, ele estava lá, junto com o Pai na eternidade passada. Há bilhões de galáxias no universo, mas antes que houvesse o primeiro átomo e a primeira onda eletromagnética ele estava lá. Por isso, João disse que nada tinha sido feito sem ele. Aqui novamente ele afirmou sua natureza divina, postulando que, como Deus filho, sua vida extrapolava os limites do tempo. Disse que sua história ultrapassava os parâmetros do espaço e do tempo contidos na teoria de Einstein.

Proferindo palavras surpreendentes, ele se colocou até mesmo acima do pensamento filosófico que busca o princípio existencial. Que mistérios se escondiam nesse homem para que ele se colocasse acima dos limites da física? Como pode alguém afirmar que estava no princípio do princípio, no início antes do início, no estágio antes de qualquer princípio existencial? O que nenhum ser humano teria coragem de dizer sobre si mesmo ele afirmou com a mais alta segurança.

Certa vez, os fariseus o inquiriram seriamente sobre sua origem. O mestre fitou-os e golpeou-os com a seguinte resposta: *"Antes de Abraão existir, eu sou"* (João 8:58). Assombrou-os a tal ponto com essa resposta que eles desejaram matá-lo. Não disse que antes de Abraão existir "eu já existia", mas "eu sou".

Ao responder "eu sou", não queria dizer apenas que era temporalmente mais velho do que Abraão, o pai dos judeus, mas usou uma expressão incomum para referir-se a si mesmo. A mensagem foi entendida pelos estudiosos da lei. Eles sabiam que nada podia ser tão ousado quanto usar a expressão "Eu sou". Por quê? Porque era uma expressão usada somente no Antigo Testamento pelo próprio Deus de Israel para descrever sua natureza eterna. Ao se definir, Deus disse a Moisés, no monte Sinai: "*Eu sou o que sou*" (*Êxodo 3:14*).

Aos olhos da cúpula judaica, se alguém dissesse que era mais velho do que Abraão, que morrera havia séculos, seria considerado um louco; mas se usasse a expressão "eu sou" seria visto como o mais insolente blasfemo. Ao dizer tais palavras, Cristo estava declarando que tinha as mesmas dimensões alcançadas pela conjugação dos tempos verbais do verbo ser: ele é, era, será.

Usamos o verbo existir quando nos referimos a nós mesmos, pois estamos confinados ao tempo e, portanto, somos finitos. Tudo no universo está em contínuo processo de caos e reorganização. Nada é estático, tudo é destrutível. Até o Sol, daqui a alguns milhões de anos, não mais existirá e, consequentemente, não haverá mais a Terra. Entretanto, Cristo se coloca como autoexistente, eterno, ilimitado. Aquele que é a expressão da humildade em algumas oportunidades revela uma identidade acima dos limites de nossa imaginação.

O tempo é o "senhor" da dúvida. O amanhã não pertence aos mortais. Não sabemos o que nos acontecerá daqui a uma hora. Entretanto, Cristo foi tão ousado que afirmou estar além dos limites do tempo. Em qualquer tempo ele "é". O passado, o presente e o futuro não o limitam. As respostas do mestre são curtas, mas suas implicações deixam embaraçado qualquer pensador.

Em sua oração registrada no evangelho de João, Jesus disse: "*É chegada a hora*" (*João 17:1*). Já era noite quando orou. No dia seguinte, às nove horas da manhã, seria crucificado. A hora do seu martírio tinha chegado, o momento crucial pelo qual tanto esperara batia-lhe à porta. Então, ele roga ao Pai que seja glorificado com a glória que tinha antes que houvesse o mundo, o cosmo.

Que glória é essa? Jesus era um galileu castigado pela vida desde a infância. Passou fome, frio, sede, ficou noites sem dormir e não tinha tempo para cuidar de si mesmo. Se estivéssemos lá e olhássemos para ele, certamente não veríamos a beleza com que os pintores do passado o retrataram.

Não havia nele beleza nem glória exteriores. Mas ele comenta que possui uma glória anterior ao cosmo. Embora estivesse revestido pela humanidade, rogava ao seu Pai que lhe restituísse sua natureza ilimitada.

É difícil entender a que glória Jesus se referia. Talvez se referisse a uma transfiguração do seu ser, tal como a que ocorreu numa passagem misteriosa no "monte da transfiguração", onde ele transmutou o seu corpo (*Mateus 17:2*). Talvez estivesse se referindo ao resgate de uma estrutura essencial inabalável, uma natureza sem deterioração temporal, sem limitação física, sem as fragilidades humanas.

Todos os dias vemos os sofrimentos e as marcas da velhice estampadas nas pessoas. Ao nascermos, a natureza nos expulsa do aconchegante útero materno para a vida; choramos e todos se alegram. Ao morrermos, retornamos a um útero, o útero frio de um caixão; não choramos, mas os outros choram por nós.

Não há quem escape do primeiro e do último capítulo da existência. Entretanto, vem um homem chamado Jesus e nos diz que sua história ultrapassa os limites de toda a existência perceptível aos órgãos dos sentidos. Como pode um homem de carne e osso expressar, a poucas horas de sua morte, um desejo ardente de resgatar um estado essencial indestrutível, sem restrições, imperfeições, angústias, dores? Que segredos se escondiam por trás de suas palavras?

Possuindo autoridade para transferir a eternidade

Cristo orou ao Pai dizendo: "*E pelo poder que deste a teu filho sobre toda a carne, ele dê a vida eterna a todos os que lhe deste*" (*João 17:2*). O termo "carne" é usado pejorativamente, indicando que, apesar de sermos uma espécie que possui o espetáculo da inteligência, somos feitos de "carne e osso", que se deterioram nas raias do tempo.

Ele queria plantar a semente da eternidade dentro do ser humano. Por isso, dizia: "*Se o grão de trigo que cai na terra não morrer, permanecerá só, mas se morrer produzirá muito fruto*" (*João 12:24*). Queria que a vida ilimitada que possuía, mas que estava escondida pela "casca" da sua humanidade, fosse liberada por meio de sua morte e ressurreição.

Estamos alojados num corpo limitado, morremos um pouco a cada dia. Uma criança com um dia de vida já é suficientemente velha para morrer. Todavia, Cristo queria nos eternizar. Veio estancar o dilema do fim da existência e materializar o mais ardente desejo humano, o da continuação do espetáculo da vida. A história de Sócrates ilustra bem esse desejo.

Sócrates foi um dos mais inteligentes filósofos que pisaram nesta terra. Foi um amante da arte da dúvida. Questionava o mundo que o circundava. Perguntava mais do que respondia, e por isso não poucas vezes deixava as mentes das pessoas mais confusas do que antes. A ele atribui-se a frase "Conhece-te a ti mesmo". Sócrates não escreveu nada sobre si mesmo, mas os filósofos ilustres que cresceram aos seus pés, entre os quais se destaca Platão, escreveram sobre ele.

Por causa do incômodo que as suas ideias causaram na sociedade grega, Sócrates foi condenado à morte. Alguns acreditam que ele teria sido poupado se tivesse restaurado a antiga crença politeísta, ou se tivesse conduzido o bando de seus discípulos para os templos sagrados e oferecido sacrifícios aos deuses de seus pais. Mas Sócrates considerava essa uma orientação perdida e suicida.* Ele acreditava num só Deus e tinha esperança de que a morte não iria destruí-lo por completo. Por se contrapor ao pensamento reinante em sua época, esse dócil filósofo foi condenado a tomar cicuta, um veneno mortal.

Se negasse as suas ideias, seria um homem livre. Mas não queria ser livre por fora e preso por dentro. Optou por ser fiel às suas ideias e morrer com dignidade. Seu destino foi o cálice da morte. O veneno, em minutos, o anestesiaria e produziria uma parada cardiorrespiratória. Seu cálice foi diferente do cálice de Cristo. Sócrates morreu sem dor. Cristo atravessaria as mais longas e impiedosas sessões de tortura física e psicológica.

Platão descreve os momentos finais de Sócrates numa das passagens mais belas da literatura. Quando o filósofo tomou o veneno, seus discípulos começaram a chorar. Ele silenciou-os dizendo-lhes que um homem deveria morrer em paz. Sócrates queria derramar um pouco de veneno em

---

* Durant, Will. *História da filosofia*. Rio de Janeiro: Nova Fronteira, 1995.

homenagem ao Deus em quem acreditava, mas o carrasco lhe disse que só havia preparado o suficiente para ele. Então Sócrates começou a rezar, dizendo que queria preparar sua vida para uma viagem em direção a outro mundo. Após esse momento de meditação, tomou rápida e decididamente o veneno.

Em poucos minutos o veneno o mataria. Primeiro, suas pernas começaram a paralisar-se. Aos poucos já não sentia mais seu corpo. Deitou-se então esperando que o veneno interrompesse seus batimentos cardíacos. Foi assim que a cicuta matou aquele afável homem das ideias. Porém, não maculou a fidelidade à sua consciência nem matou seu desejo de continuar a existência. Sócrates tanto almejava a transcendência da morte como acreditava nela. O mundo das ideias ajudou-o a amar a vida.

Dificilmente alguém produziu palavras tão serenas como as desse filósofo no limiar da morte. Entretanto, Cristo, no final de sua vida, foi muito mais longe. Produziu as reações mais sublimes diante das condições mais miseráveis que um ser humano pode enfrentar. Bradou: *"Eu sou o pão da vida, quem de mim comer viverá eternamente!"* (*João 6:51*).

Não há semelhante ousadia na história. Ninguém havia afirmado, até então, que tinha o poder de fazer do frágil e mortal ser humano um ser imortal. Ninguém afirmara que a própria morte abriria as janelas da eternidade. Sócrates tinha esperança de viajar para um outro mundo. Cristo, entretanto, colocou-se como o piloto e como o próprio veículo dessa intrigante viagem para tal mundo.

Jesus era um homem inacreditável. Não queria fundar uma corrente de pensamento ou de dogmas. Não! Ele almejava libertar o ser humano do parêntese do tempo e imergi-lo nas avenidas da eternidade.

Retornando como num relâmpago do céu para a terra

Ninguém, mesmo no ápice do delírio, tem coragem e mesmo capacidade intelectual para pronunciar as palavras que Jesus proferiu nessa longa e complexa oração. O mais interessante é que, ao mesmo tempo que olhou para o céu e anunciou uma vida infindável, ele se voltou para a terra e mostrou uma preocupação extremamente afetuosa com a vida e a história dos seus discípulos.

Proclamou ao seu Pai: "*Quando estava com eles, guardava-os em teu nome... Não rogo apenas por estes, mas também por aqueles que vierem a crer em mim por intermédio da tua palavra, a fim de que todos sejam um*" (*João 17:12; 20-21*). Apesar de estar próximo da mais angustiante série de sofrimentos, Jesus ainda tinha ânimo para cuidar dos seus íntimos e discursar sobre o amor no seu mais belo sentido. Queria que um clima de cuidado mútuo e solidariedade envolvesse a relação entre seus amados discípulos.

Nunca lhes prometeu uma vida utópica, uma vida sem problemas e contrariedades. Pelo contrário, almejava que os percalços da existência pudessem lapidá-los. Sabia que o oásis é mais belo quando construído no deserto, e não nas florestas.

Suas palavras denunciavam que, para ele, Deus, embora invisível, era um ser presente, um ser que não estava acima das emoções humanas, mas que também sofria e se preocupava com cada ser humano em particular. Ao estudarmos a história das religiões percebemos que Deus é frequentemente mencionado como um ser intocável, acima da condição humana, mais preocupado em punir erros de conduta do que em manter uma relação estreita e afetiva com o ser humano. Mas, no conceito de Cristo, o seu Pai é um Deus acessível, afetuoso, atencioso e preocupado com as dificuldades que atravessamos e que, embora nem sempre remova os obstáculos da vida, nos propicia condições de superá-los.

O Filho e o Pai participavam juntos, passo a passo, de um plano para transformar o ser humano. Nessa oração, Jesus diz que enquanto estava no mundo cuidava dos seus discípulos, estimulava-os a se interiorizarem, a conhecerem os mistérios da existência e a se amarem mutuamente. Mas agora sua hora havia chegado e ele teria de partir. Na despedida, roga ao Pai que não os tire do mundo, mas que cuide deles nos inevitáveis invernos da existência. Conhecia as sinuosidades que os homens atravessariam, mas queria que eles aprendessem a transitar por elas com maturidade e segurança, ainda que nas curvas da existência pudessem derramar algumas lágrimas e tivessem momentos de hesitação.

O mestre nem sempre queria tirar do caminho as pedras que perturbavam as trajetórias de seus discípulos, mas desejava que elas se tornassem tijolos para desenvolver neles uma humanidade elevada.

Procurando gerar alegria num ambiente de tristeza

Os discípulos estavam na iminência de perder seu mestre. Este, além da dor imensa da partida, teria de enfrentar por toda a noite e na manhã seguinte o próprio martírio. O momento era de grande comoção. Todavia, num clima em que só havia espaço para chorar, Jesus mais uma vez toma uma atitude imprevisível. No meio da sua oração, ele discursa sobre o prazer. Roga ao Pai que todos os seus seguidores, em vez de serem pessoas tristes, angustiadas e deprimidas, tivessem um prazer pleno. Disse: "...*para que eles tenham em si minha plena alegria*" (João 17:13).

A personalidade de Cristo é difícil de ser investigada. Foge completamente à previsibilidade lógica e é capaz de deixar perplexo qualquer pesquisador da psicologia. Como pode alguém discorrer sobre alegria estando na iminência da morte? Como pode alguém ter disposição para discursar sobre o prazer se o mundo conspira contra ele para matá-lo? Ninguém que ama a vida e a arte de pensar pode deixar de investigar a personalidade de Cristo, ainda que a rejeite completamente.

Nessa oração, ele ainda tem disposição para se preocupar com a qualidade do relacionamento entre seus discípulos. Clama pela unidade deles. Comovido, suplica que seus amados galileus e todos aqueles que viessem a se agregar a seu projeto transcendental fossem aperfeiçoados na unidade.

Como grande mestre da escola da vida, sabe que a unidade é a única base segura para o aperfeiçoamento e a transformação da personalidade. Daria a sua vida aos discípulos e ambicionava que eles superassem as disputas predatórias, os ciúmes, as contendas, as injúrias, o individualismo, o egocentrismo. Queria que essas características doentias da personalidade fossem restos de uma vida passada superficial e sem raízes.

Almejava que uma nova vida fosse alicerçada nos pilares do amor, da tolerância, da humildade, da paciência, da singeleza, do afeto não fingido, da preocupação mútua. É provável que nesse discurso final ele tenha chorado pela unidade, ainda que com lágrimas ocultas, imperceptíveis aos olhos daqueles que não conseguem perscrutar os sentimentos represados no território da emoção.

Termina sua oração dizendo: "...*a fim de que o amor com que me amaste esteja neles e eu neles esteja*" (*João 17:26*). A análise psicológica dessas breves palavras tem grandes implicações que se contrapõem a conceitos triviais.

Quando pensamos sobre o que Deus requer do ser humano, temos em mente um código de ética, a observância de leis e regras de comportamento que estabeleçam os limites entre o bem e o mal. Entretanto, no final do seu diálogo com o Pai, Jesus rompe nossos paradigmas e proclama com eloquência que simplesmente quer que aprendamos a transitar pelas doces, ricas e ilógicas avenidas do amor.

O sofrimento do povo de Israel era grande. A escassez de alimentos era enorme e a violência que Roma infligia a todos os que se contrapunham à sua dominação, muito forte. Nesse ambiente árido ninguém falava de amor e dos sentimentos mais nobres da existência. Os poetas estavam mortos. Os salmistas, enterrados. Não havia cânticos alegres naquele meio. Mas veio um homem dizendo-se filho do Deus eterno. Seu discurso foi incomum. Ele encerra sua curta vida terrena discorrendo não sobre regras, leis e sistemas de punição, mas simplesmente sobre o amor.

Somente o amor é capaz de fazer cumprir espontânea e prazerosamente todos os preceitos. Somente ele dá sentido à vida e faz com que ela, mesmo com todos os seus percalços, seja uma aventura tão bela que rompe a rotina e renova as forças a cada manhã. O amor transforma miseráveis em homens felizes; a ausência do amor transforma ricos em miseráveis.

CAPÍTULO 6

Vivendo a arte da autenticidade

O ambiente do jardim do Getsêmani

O alimento e a bebida ingeridos por Cristo na última ceia foram importantes para sustentá-lo. Seus perseguidores não lhe dariam pão nem água durante o seu tormento. Ele sabia o que o esperava, por isso nutriu-se calmamente para suportar o desfecho de sua história.

Após sua oração sacerdotal, Jesus foi sem medo ao encontro de seus opositores. Entregou-se espontaneamente. Procurou um lugar tranquilo, sem o assédio da multidão, pois não desejava qualquer tipo de tumulto ou violência. Não queria que nenhum dos seus corresse perigo. Preocupou-se até mesmo com a segurança dos homens encarregados de prendê-lo, pois censurou o ato agressivo de Pedro contra um dos soldados.

O mestre era tão dócil que por onde passava florescia a paz, nunca a violência. Um odor de tranquilidade invadia os ambientes em que ele transitava. Será que nós somos capazes de criar em torno de nós um agradável clima de tranquilidade, ou estimulamos a irritabilidade e a tensão? O amor que sentia pelo ser humano protegia Jesus do calor escaldante dos desertos da vida. Chegou ao absurdo de amar seus próprios inimigos. Como somos diferentes! Nosso amor é circunstancial e restrito, tão restrito que, às vezes, não sobra energia nem para amar a nós mesmos e experimentar um pouco de autoestima.

A ira do mestre no momento certo, pelo motivo certo e na medida certa

Na única vez em que Jesus se irou, estava no templo. Viu homens fazendo negócios na casa de seu "Pai", vendendo animais e cambiando moedas. O templo de oração tinha virado o templo do comércio. Aquela cena incomodou-o profundamente e por isso, embora estivesse no território de pessoas que o odiavam, derrubou a mesa dos cambistas e expulsou aqueles homens do templo. Disse: *"Não façais da casa de meu Pai casa de negócio"* (João 2:16).

Alguns judeus, irritados com sua atitude, perguntaram-lhe qual era o motivo de sua ira e com que autoridade ele fazia aquelas coisas. A ira nunca engessava o raciocínio de Jesus. Por isso, respondeu-lhes com serenidade e ousadia: *"Destruí este santuário e em três dias o reconstruirei"* (João 2:19). Eles nunca esperariam ouvir tal resposta. A pergunta era desafiadora, mas a resposta foi bombástica. Suas palavras soaram como uma afronta para aqueles homens. Por isso, imediatamente, replicaram: *"Em quarenta e seis anos foi edificado este santuário, e tu, em três dias, o levantarás?"* (João 2:20).

O templo de Jerusalém era uma das maiores obras de engenharia da civilização humana. O material de sua construção foi preparado durante muitos anos pelo rei Davi. Entretanto, somente seu filho, o rei Salomão, o edificou. Para isso, usou milhares de trabalhadores. Poucas obras demoraram tantos anos para serem concluídas.

O templo era o símbolo dos judeus, o lugar sagrado. Fazer qualquer menção ao templo era mexer nas raízes da sua história. Entretanto, surgiu um homem da Galileia, uma região desprezada pelos judeus, dizendo que aquele templo milenar não era um lugar apenas sagrado para ele, mas a sua própria casa, a casa de seu Pai. Tal homem toma posse daquele lugar como se fosse sua propriedade e expulsa aqueles que ali trocavam moedas e comercializavam animais. Ainda por cima, afirma com a maior intrepidez que em três dias o destruiria e reedificaria.

Cada vez que Jesus abria a boca os judeus ficavam estarrecidos, sem saber se o consideravam um louco ou o mais blasfemo dos homens. Jesus já fora ameaçado de morte várias vezes pelos judeus. Agora, sem demonstrar qualquer tipo de medo e sem dar muitas explicações, proferiu pensamentos que implodiram a maneira de pensar deles. Como poderia alguém tomar posse do templo sagrado dos judeus? Como é possível um homem destruir e edificar em três dias uma das mais ousadas obras da engenharia humana?

Jesus, em breves palavras, revelava seu grande projeto. O templo físico, que demorara décadas para ser construído, seria transferido para o interior do ser humano. Por meio da sua morte, a humanidade seria redimida, abrindo caminho para que Deus pudesse habitar no espírito humano. Como pode o arquiteto de um universo de bilhões de galáxias se fazer tão pequeno a ponto de habitar numa ínfima criatura humana? Esse era o objetivo central do mestre de Nazaré.

Paulo, o apóstolo tardio que fora um agressivo opositor, deu seguimento a esse pensamento tendo a coragem de declarar que as discriminações raciais seriam extirpadas, que as distâncias entre as pessoas seriam abolidas e que haveria uma unidade jamais pensada na história, ou seja, judeus e os demais povos (gentios) pertenceriam à mesma família, "*sois da família de Deus*" (*Efésios 2:19*). Eles estariam "*...sendo edificados para serem habitação de Deus no Espírito*" (*Efésios 2:22*).

O belíssimo sonho do apóstolo Paulo, que estava em sintonia com o plano de Jesus, ainda não foi cumprido, nem mesmo entre os cristãos. Somos uma espécie que ainda cultiva toda sorte de discriminações. Os seres humanos ainda não aprenderam a linguagem do amor. Nós nos apegamos mais às diferenças do que à solidariedade. Pela fina camada da cor da pele, por alguns acres de terra, por alguns dólares no bolso, por alguns títulos na parede, nos dividimos de maneira tola e ilógica.

Ao dizer que em três dias destruiria o templo e o reedificaria, Jesus estava se referindo ao desfecho da sua história. Ele, como o templo de Deus, morreria e no terceiro dia ressuscitaria. Mais uma vez proclamou que transcenderia a morte, e mais uma vez deixou seus opositores assombrados.

Embora o templo fosse o lugar sagrado do povo judeu, muitos tinham perdido a sensibilidade e o respeito por ele. Jesus enfrentou, ao longo da vida, muitos motivos para ficar irritado, mas exalava tranquilidade. Foi profundamente discriminado, mas acolheu a todos; suportou quando lhe cuspiram no rosto; caluniado, procurou a conciliação; esbofeteado, tratou com gentileza seus agressores; açoitado como o mais vil dos criminosos, retribuiu com mansidão.

Aquele que foi o estandarte da paz se ofendeu uma única vez: quando desrespeitaram a casa de seu Pai. Entretanto, não dirigiu a sua ira contra os homens, mas contra suas práticas e suas atitudes. Por isso, logo se refez e não guardou mágoa ou rancor de ninguém. Ainda que estivesse sob a mais drástica frustração, foi capaz de se manter lúcido e coerente em seu único momento de ira.

Aristóteles era um filósofo humanista, mas não viveu tudo o que pregou. Havia escravos por toda a Grécia, mas ele não teve coragem de se levantar contra a desumanidade da escravidão. Calou-se quando devia gritar. Jesus não foi assim. Por diversas vezes, antes de ser crucificado, correu o risco de morrer por se colocar ao lado das pessoas discriminadas, por almejar libertá-las dentro e fora delas mesmas e, no episódio descrito aqui, por fazer uma faxina no templo do seu Pai. Nele se cumpriu o pensamento de Aristóteles: "O difícil é irar-se no momento certo, pelo motivo certo e na medida certa."

Precisamos aprender com o mestre de Nazaré a fazer uma "faxina" no templo de nosso interior. Virar a "mesa" dos pensamentos negativos. Extirpar o "comércio" do medo e da insegurança. Reciclar nossa rigidez e rever o superficialismo com que reagimos aos eventos da vida.

Quem não é capaz de causar uma revolução dentro de si mesmo nunca conseguirá mudar as rotas sinuosas de sua vida. A maior miséria não é aquela que habita os bolsos, mas a alma.

Traído pelo preço de um escravo

O Getsêmani era um jardim. Num jardim começou o intenso inverno existencial de Cristo. Não havia lugar melhor onde ele pudesse ser preso. Aquele que fora o mais excelente semeador da paz tinha de ser preso num jardim, e não na aridez do deserto. O jardineiro da sabedoria e da tolerância foi preso no jardim do Getsêmani.

Getsêmani significa azeite. O azeite é produzido quando as azeitonas são feridas, esfoladas e esmagadas. Lá, no Getsêmani, aquele homem dócil e gentil começaria a ser ferido e esmagado por seus inimigos. Seu drama seguiria noite adentro, avançaria pelo outro dia e terminaria com seu corpo em uma cruz.

Por onde ele andava, seus discípulos não o deixavam. Embora assaltados pela tristeza, acompanhavam seus últimos passos. Todos, à exceção de

Judas, foram com Jesus àquele jardim. Judas estava ausente, preparava o processo de traição.

Por trinta moedas de prata ele o entregaria no momento certo, distante da multidão e de qualquer tumulto. Para surpresa de todos, Cristo facilitou a traição e, consequentemente, a própria prisão. Por um lado, sua morte seria provocada pela vontade dos homens, pois eles jamais aceitariam a sua revolução interior, e, por outro, era uma realização da vontade do Pai.

Judas andava com o seu mestre, mas não o conhecia. Ouvia as suas palavras, mas elas não penetravam nele, pois não sabia se colocar como aprendiz. Não há pessoas pouco inteligentes, mas pessoas que não sabem ser aprendizes. Judas não precisava sujar as mãos, pois era o desejo de Jesus morrer pela humanidade. Sem qualquer resistência, ele se entregaria na festa da Páscoa.

Judas cometeu uma das mais graves traições da história. Por quanto ele traiu seu mestre? Por trinta moedas de prata, que na época representavam apenas o preço de um escravo. Nunca alguém tão grande foi traído por tão pouco. O homem que abalou o mundo foi traído pelo preço de um escravo.

Três amigos em particular

Apesar de todos os seus discípulos terem ido com ele para o Getsêmani, Jesus chamou em particular Pedro, Tiago e João para revelar não o seu poder, mas a sua dor, o lado mais angustiante de sua humanidade. Não revelou a todos os discípulos a sua angústia, mas a três em particular. Os demais, bem como o mundo, conheceram a dor de Cristo pelo depoimento desses três amigos. Sua atitude indica que havia diferentes graus de intimidade com os discípulos.

O comportamento de Cristo descrito nos evangelhos evidencia que ele amava intensamente todos os seus discípulos. Declarava continuamente que os amava. Numa época em que os homens pegavam em armas para se defender, em que havia escravos por toda parte e as relações sociais eram pautadas pela frieza, apareceu um homem incomum cujos lábios não se cansavam de repetir: *"Amai-vos uns aos outros como eu vos amei"* (João 13:34). Muitos pais amam seus filhos e são por eles amados, mas não têm um canal adequado de veiculação desse amor. Não conseguem dialogar abertamente e ser amigos uns dos outros. Quando um deles morre, as lágrimas que derramam demonstram que sentirão muito a falta do outro, porém, infelizmente, são incapazes de, em vida, declarar que se amam. Morrem sem nunca terem dito "eu preciso de você", "você é especial para mim".

Jesus, sem qualquer inibição, declarava seu amor pelas pessoas, mesmo que não tivesse grandes laços com elas. Se aprendêssemos a elogiar aqueles que nos rodeiam e a declarar nossos sentimentos por eles, como o poeta de Nazaré nos ensinou, tal atitude, por si só, já causaria uma pequena revolução em nossas relações sociais.

Por amar igualmente os seus discípulos, o mestre dava a todos a mesma oportunidade para que fossem íntimos dele. Mas nem todos se aproximavam da mesma maneira, nem todos ocupavam o mesmo espaço. Ao que tudo indica, Pedro, Tiago e João eram os três discípulos mais íntimos de Cristo. Aqui farei uma pequena síntese da personalidade deles. Quando estudarmos o perfil psicológico dos amigos de Cristo em outro livro desta coleção entraremos em mais detalhes sobre a personalidade de cada um.

Pedro errava muito, era rápido para reagir e lento para pensar. Era intempestivo e geralmente impunha suas ideias. Entretanto, aproveitava as oportunidades para estreitar sua amizade com Cristo, estava sempre próximo dele. Queria até mesmo protegê-lo, quando na realidade era Pedro quem precisava de proteção. Apesar dos transtornos frequentes que causava, Pedro amava o seu mestre e era o que tinha mais disposição para agradá-lo e servi-lo. Jesus o conhecia profundamente, sabia das suas intenções e por isso, em vez de se irar com ele, o corrigia pacientemente e usava cada um dos seus erros para dar preciosas lições a todos os demais. Aliás, paciência era a marca registrada do mestre. Não importava quantas vezes seus discípulos erravam; Jesus nunca perdia a esperança neles.

Pedro brilhou na sua história porque aprendeu muito com os próprios erros. Sua personalidade foi tão lapidada e sua inteligência tão desenvolvida, que chegou a escrever duas epístolas impregnadas de grande riqueza poética e existencial, o que é magnífico para alguém desprovido de qualquer cultura clássica.

João era considerado o discípulo amado. Talvez fosse o mais jovem e, sem dúvida, o mais afetuoso deles. Não há indícios de que Cristo o amasse mais do que aos demais discípulos, mas há indícios de que João demonstrava mais seu amor pelo mestre. Apesar de ser conhecido como o apóstolo do amor, João possuía um lado agressivo e radical. Ele e seu irmão Tiago eram chamados pelo mestre de "filhos do trovão" por conta da impetuosidade com que reagiam. Não se comenta muito sobre Tiago nas biografias de Cristo, mas, por ser irmão de João, onde João estava, Tiago deveria estar perto. Assim, ele conquistou maior intimidade com o mestre.

A conclusão a que chegamos é que os amigos mais próximos de Cristo não eram os mais perfeitos nem os mais eloquentes, mas os que mais aproveitavam as oportunidades para ouvi-lo, para penetrar em seus sentimentos e para expor as suas dúvidas. Hoje, muitos querem a perfeição absoluta, mas se esquecem das coisas mais simples que o mestre valorizava e que aumentavam a intimidade com ele: um relacionamento íntimo, aberto, espontâneo, ainda que marcado por erros e dificuldades.

Quem mais cometia erros: Judas ou Pedro, João ou Tiago? Judas talvez fosse o mais moralista e o mais bem-comportado dos discípulos (*João 12:3-5*). Entretanto, seu moralismo era superficial, pois ele estava mais preocupado com o próprio bolso e com interesses pessoais do que com os outros. Nos textos das biografias de Jesus há poucos relatos sobre o comportamento de Judas. Ele não aparece, como os três amigos íntimos de Jesus, competindo e errando. Todavia, ele escondia sua verdadeira face atrás do seu bom comportamento.

O que é melhor: manter um moralismo superficial e maquiar os comportamentos ou expor os pensamentos e sentimentos, ainda que imaturos e saturados de erros? Para o mestre, sábio não era aquele que não errava, mas o que reconhecia seus erros. Por isso, ele declarou a um fariseu que aquele que mais errou foi o que mais o amou.

Pedro, Tiago e João, apesar de errarem muito, conquistaram a tal ponto a intimidade do seu mestre, que ele lhes confiou o que estava represado no âmago do seu ser. Ao ouvi-lo, eles ficaram surpresos com a dimensão da sua dor.

Vivendo a arte da autenticidade e procurando amigos íntimos

Cristo, durante a sua vida, mostrou possuir um poder fora do comum. Suas palavras deixavam extasiadas as multidões e atônitos os seus opositores. Ao se pronunciar aos seus três discípulos no jardim do Getsêmani, revelou-lhes uma face que eles nunca pensaram ver, a face da sua fragilidade. Todos nós possuímos comportamentos contraditórios. Temos uma necessidade paranoica de que as pessoas conheçam os nossos sucessos e nos aplaudam, mas ocultamos nossas misérias, não gostamos de mostrar nossas fragilidades.

O mestre teve a coragem de confessar aos seus três amigos íntimos aquilo que ele guardava dentro de si. Disse com todas as letras: *"Minha alma está triste até à morte"* (*Mateus 26:38*). Como pode alguém tão forte, que curou leprosos, cegos e ressuscitou mortos, confessar que estava envolvido numa profunda angústia? Como pode alguém que não teve medo de ser vítima de apedrejamento dizer, agora, que sua alma estava profundamente triste, deprimida até a morte?

Os discípulos, acostumados à fama e ao poder do mestre, ficaram extremamente abalados com a sua dor e fragilidade. Nunca esperavam que ele dissesse tais palavras. Jesus era para eles mais do que um super-homem, alguém que tinha a natureza divina.

No conceito humano, Deus não sofre, não tem medo, não sente dor nem ansiedade e, muito menos, desespero. Deus está acima dos sentimentos que perturbam a humanidade. Contudo, apareceu na Galileia alguém que proclamou com todas as letras ser o próprio filho de Deus e afirmou que tanto ele como seu Pai têm emoções, ficam preocupados, amam cada ser humano em particular. O pensamento de Jesus revolucionou o pensamento dos judeus que adoravam um Deus inatingível.

Os discípulos também tiveram seus paradigmas religiosos rompidos. Não conseguiam entender que aquele que consideravam o filho de Deus estivesse revestido da natureza humana, que fosse um homem genuíno.

Os discípulos não tinham consciência de que o mestre seria condenado, ferido e crucificado, não como o filho de Deus, mas como o filho do homem. Todo o sofrimento que Cristo passou foi como homem, um homem como qualquer outro. Os açoites, os espinhos e os cravos da cruz penetraram num corpo físico humano. Ele sentiu as dores como qualquer ser humano sentiria se passasse pelos mesmos sofrimentos.

Durante anos, aqueles jovens galileus contemplaram o maior espetáculo da terra. Viveram com um amigo que os protegeu, consolou e cuidou. Andaram com uma pessoa dotada de poderes sobrenaturais. Um dia, uma viúva da cidade de Naim perdeu seu único filho. Ela chorava inconsolada seguindo o cortejo fúnebre. Cristo viu suas lágrimas e ficou profundamente sensibilizado com a dor e a solidão daquela mãe. Então, sem que ela soubesse quem ele era, parou o cortejo, tocou o esquife em que jazia o morto e o ressuscitou.

As pessoas ficaram espantadas com o que ele fez, pois nunca tinham ouvido falar de alguém que tivesse tal poder. Quinze minutos em que o cérebro fica sem irrigação sanguínea são suficientes para provocar lesões irreversíveis, causando grandes prejuízos à inteligência. O filho daquela mulher já estava morto havia horas, entretanto Jesus o ressuscitou. Que poder tinha esse homem para realizar um feito tão extraordinário?

Os discípulos que registraram o milagre estavam delirando, ou de fato Jesus o realizou? Mas isso entra na esfera da fé, o que não é objeto deste livro. Contudo, em outro livro desta coleção, defendi uma importante tese psicológica provando que a mente humana jamais conseguiria criar um personagem com as características da personalidade de Jesus, pois ela foge aos limites da previsibilidade lógica. Portanto, apesar de ser possível rejeitar tudo o que ele foi e propôs, se analisarmos sua personalidade nos convenceremos que, de fato, ele andou e respirou nesta terra.

No Getsêmani, Jesus teve gestos inesperados. Como é possível que o portador de um poder jamais visto em toda a história da humanidade tenha a coragem de dizer que sua alma está profundamente triste? Como pode alguém que se colocou como Deus eterno e infinito precisar de amigos mortais e finitos para confessar sua dramática angústia? Que homem na história reuniu essas características diametralmente opostas em sua personalidade?

Os discípulos, fascinados com o poder de Cristo, jamais pensaram que ele sofreria ou precisaria de algo. Então, de repente, o mestre não apenas diz que está profundamente triste, mas que gostaria da companhia e da oração deles naquele momento. Jesus Cristo viveu na plenitude a arte da autenticidade. Os discípulos pasmos não entenderam nem suportaram a sua sinceridade.

Jesus não escondia seus sentimentos mais íntimos, enquanto nós os represamos. Somos impiedosos e autopunitivos com nós mesmos. É como se não pudéssemos falhar, manifestar fragilidade, errar. Alguns nunca expõem seus sentimentos. Ninguém os conhece por dentro, nem mesmo o cônjuge, os filhos ou os amigos mais íntimos. São um poço de mistério, apesar de terem necessidade de dividir suas emoções.

O Mestre dos Mestres da escola da vida deixou-nos o modelo vivo de uma pessoa emocionalmente saudável. Ele se entristeceu ao máximo e não teve medo nem vergonha de confessar abertamente suas emoções aos seus amigos. Estes registraram em papiros essa característica de sua personalidade e a expuseram ao mundo.

Até hoje, a maioria das pessoas não entende que tal procedimento é característico de uma pessoa cativante. Só os fortes conseguem admitir suas fragilidades. Aqueles que fazem questão de se mostrar fortes por fora são de fato frágeis, pois se escondem atrás de suas defesas, de seus gestos agressivos, de sua autossuficiência, de sua incapacidade de reconhecer erros e dificuldades.

O mestre era poderoso, mas sabia se fazer pequeno e acessível. Posicionava-se como imortal e parecia inabalável, mas, ao mesmo tempo, gostava de ter poucos amigos e de dividir com eles seus sentimentos mais ocultos. Muitos querem ser "deuses" ou se comportar como "anjos", mas Jesus amava os gestos mais simples.

Muitas pessoas, incluindo cristãos, não têm uma vida intelectual e emocional saudável. Sofrem intensamente, mas não admitem seus sofrimentos ou não conseguem ter amigos com quem possam dividir seus conflitos. Alguns gostariam de compartilhá-los, mas não encontram alguém que os ouça sem preconceitos e sem prejulgamentos. Outros podem cometer suicídio simplesmente por não terem um amigo com quem desabafar suas dores. As pessoas que não possuem amigos íntimos – capazes de gostar delas pelo que são e não pelo que têm – deixam de viver uma das mais ricas experiências existenciais.

Costumo reunir minha esposa e minhas três filhas para falar sobre nós. É enriquecedor deixar-se envolver pelo mundo das meninas e estimulá-las a expressar o que pensam e o que sentem. É prazeroso quando dividimos mutuamente nossos sentimentos e elas se sentem à vontade para apontar algum comportamento meu que gostariam que mudasse. Algumas vezes peço-lhes desculpas por alguma reação mais áspera, ou porque o excesso de trabalho não me permite dar-lhes a atenção que merecem.

Minha atitude, aparentemente frágil, é um poderoso instrumento educacional para que minhas filhas aprendam a se interiorizar, a pensar nas consequências de seus comportamentos e a enxergar o mundo através dos olhos dos outros. Embora haja muito o que caminhar, essas reuniões fazem com que nos queiramos cada vez mais e cultivemos uma amizade mútua.

Vivemos ilhados na sociedade. Infelizmente, muitos só têm coragem de falar de si mesmos quando estão diante de um terapeuta. Creio que menos de um por cento das pessoas tem vínculos profundos com seus amigos.

A maioria daqueles que chamamos de amigos mal conhece a sala de visitas de nossas vidas, muito menos nossas áreas mais íntimas. A grande maioria dos casais não constrói uma relação de companheirismo e amizade em seus casamentos. Marido e esposa, apesar de dormirem na mesma cama e respirarem o mesmo ar, são dois estranhos que pensam que se conhecem bem. Pais e filhos repetem a mesma história, constituindo com frequência grupos absolutamente estranhos.

Não sabemos penetrar nos sentimentos mais profundos dos outros. Sempre oriento psicólogos e educadores para que nunca deixem de conversar sobre as ideias mais áridas que permeiam as vidas das pessoas, mesmo aquelas ligadas ao suicídio. Aparentemente, não é fácil falar sobre esse assunto, mas dividir os sentimentos é importante e traz um grande alívio. Um diálogo aberto pode prevenir o suicídio e ajudar a traçar algumas estratégias terapêuticas.

Um dia, após proferir uma palestra sobre o funcionamento da mente e algumas doenças psíquicas, uma coordenadora educacional disse-me, com lágrimas nos olhos, que se tivesse ouvido a palestra anteriormente teria evitado o suicídio de uma aluna. A jovem queria conversar com ela, mas a coordenadora não se deu conta do seu grau de depressão e adiou o diálogo para o dia seguinte. Não houve tempo; a jovem se matou.

Precisamos aprender a penetrar no mundo das pessoas. A arte de ouvir deveria fazer parte de nossa rotina de vida. Todavia, pouco a desenvolvemos. Somos ótimos para julgar e apontar com o dedo a falha dos outros, mas péssimos para ouvi-los e acolhê-los. Para desenvolver a arte de ouvir é preciso ter sensibilidade, é preciso perceber aquilo que as palavras não dizem, é preciso escutar o silêncio.

O mestre de Nazaré sabia tanto ouvir como falar de si mesmo. Ao expor a sua dor, estava treinando seus discípulos a serem abertos e autênticos uns com os outros, a dividirem suas angústias, a aprenderem a arte de acolher as palavras alheias. Por amar aqueles jovens galileus, ele não se importou em usar a própria dor como instrumento pedagógico para conduzi-los a se interiorizar e construir uma vida saudável e sem representações.

Cristo não buscava heroísmos

Qualquer pessoa que quisesse fundar uma religião ou ser um herói esconderia os sentimentos que Cristo expressou no jardim do Getsêmani. Isso demonstra que, de fato, ele não queria fundar uma nova religião que competisse com as outras. Suas metas eram superiores. Como disse, ele desejava redimir o ser humano e introduzi-lo na eternidade. Não buscava heroísmo, mas simplesmente cumprir a missão para a qual estava designado, cumprir seu projeto transcendental.

O momento crucial desse projeto chegou: beber o seu cálice, atravessar seu martírio. Naquele escuro jardim, Jesus precisava se preparar para suportar essa tormenta. No processo de preparação, ele revela a sua dor e inicia seu diálogo com o Pai. Somente aí seus amigos começaram a perceber que sua morte estava mais próxima do que imaginavam.

Alguns, por analisarem superficialmente os pensamentos e as reações de Cristo na noite em que foi preso, veem ali fragilidade e recuo. Eu vejo a mais bela poesia da liberdade, resignação e autenticidade. Ele tinha liberdade de omitir seus sentimentos, mas não o fez. Nunca alguém tão grande foi de tal forma autêntico.

A partir de agora analisarei passo a passo todas as etapas dos sofrimentos vividas por Cristo até a sua morte clínica. No próximo capítulo estudaremos a dor causada por seus discípulos. No capítulo seguinte analisarei o estado de tristeza vivenciado por Cristo e o seu surpreendente pedido ao Pai para afastar o seu cálice.

CAPÍTULO 7

A dor causada por seus amigos

Não foi confortado pelos amigos

O cálice de Cristo se constitui de dezenas de sofrimentos iniciados no jardim do Getsêmani e indo até o Gólgota, local da crucificação. Neste livro estudaremos as dores que vivenciou no Getsêmani, à exceção da negação de Pedro. Em outro livro desta coleção, analisaremos todas as etapas do seu julgamento e de sua crucificação.

Qual foi o primeiro tipo de sofrimento que Cristo experimentou? Foi aquele causado por seus três amigos. A dor mais aguda tem como origem atos das pessoas que mais amamos. No ápice da sua dor, o mestre pediu o conforto e a companhia de Pedro, João e Tiago, mas eles não conseguiram atender ao seu pedido. Ele não apenas lhes disse *"A minha alma está triste até a morte"*, mas também acrescentou: *"Ficai aqui e vigiai comigo"* (*Mateus 26:38*).

Nunca esperaram que ele declarasse que estava triste, nem jamais pensaram que um dia o mestre, tão forte e inabalável, precisasse de companhia. Vamos ver o impacto que provocaram em seus discípulos a declaração e o pedido daquele que viveu a arte da autenticidade.

Ao ouvirem tais palavras e observarem o semblante angustiado do mestre, aqueles galileus ficaram profundamente estressados e, consequentemente, mergulharam num estado de sonolência.

O estresse intenso rouba do córtex cerebral uma energia que será usada nos órgãos da economia do corpo, como a musculatura. O resultado desse roubo de energia é um cansaço físico exagerado e inexplicável. Grande parte das pessoas ansiosas, deprimidas ou que exercem trabalho intelectual intenso apresenta essa sintomatologia. Por se estressarem muito ao pensar, estão sempre roubando energia do cérebro, o que as deixa continuamente fatigadas, sem saber o motivo. Não fizeram exercício físico, mas ficam sem energia. Quando a fadiga é intensa, gera-se uma sonolência como recurso de defesa cerebral, pois ao dormir repomos a energia biopsíquica.

Lucas, autor do terceiro evangelho, era um excelente médico. Sua característica fundamental era ser detalhista. De origem provavelmente grega, deve ter herdado a capacidade de observação do pai da medicina, Hipócrates. Talvez tenha sido um dos primeiros médicos que viu a correlação entre a mente e o corpo. Lucas disse: *"Eles dormiam de tristeza"* (*Lucas 22:45*).

Deduziu que o sono dos discípulos estava ligado a um estado de ansiedade e tristeza. Observou que aquele sono não era fisiológico, natural, mas decorrente do fato de não suportarem a dor do mestre, de não aceitarem a separação. Com essa constatação, Lucas inaugurou a medicina psicossomática, pois muitos séculos antes já sabia das manifestações da psique ansiosa no soma (organismo), já conhecia algumas consequências do estresse. O sono dos discípulos era uma grande defesa inconsciente. Uma defesa que procurava evitar assistir à agonia do mestre e, ao mesmo tempo, buscava repor a energia cerebral consumida excessivamente pelo processo de hiperaceleração de pensamentos e da tensão.

Pedro, Tiago e João eram homens fortes, acostumados a passar a noite no mar. Dificilmente algo os abalava. Todavia, Jesus cruzou suas histórias e os fez enxergar a vida por outra perspectiva. O mundo passou a ter uma nova dimensão. O mestre de Nazaré lhes havia ensinado a arte de amar e discursado amplamente sobre um reino onde não haveria mais morte, dor ou tristeza. Entretanto, quando ele disse que sua alma estava profundamente angustiada, uma avalanche de ideias negativas solapou a mente dos discípulos. Parecia que o sonho tinha acabado. Os olhos deles ficaram "pesados", mergulharam num sono incontido.

Após ter dito essas palavras, Jesus se afastou algumas dezenas de metros dos seus amigos e foi ficar só. Queria se interiorizar, orar e refletir sobre o drama por que passaria. Depois da primeira hora de oração, veio ver os seus, mas os achou dormindo. Apesar de frustrado, não foi intolerante com eles. Acordou-os afavelmente. É difícil entender tamanha gentileza diante de tanta frustração. Deveria ter ficado irritado com eles e censurado sua fragilidade, mas foi amável. Provavelmente nem queria despertá-los, mas precisava treiná-los para enfrentar as dificuldades da vida, queria fazê-los fortes para lidar com as dores da existência.

Muitos de nós somos intolerantes quando as pessoas nos frustram. Não admitimos seus erros, não aceitamos suas dificuldades, nem a lentidão em aprender determinadas lições. Esgotamos nossa paciência quando o comportamento dos outros não corresponde às nossas expectativas. O mestre era diferente, nunca desanimava diante dos seus amados discípulos, nunca perdia a esperança neles, ainda que o decepcionassem intensamente. Com o mestre da escola da vida aprendemos que a maturidade de uma pessoa não é medida pela cultura e eloquência que possui, mas pela esperança e paciência que transborda, pela capacidade de estimular as pessoas a usarem os seus erros como tijolos da sabedoria.

Ao despertá-los, Jesus indagou a Pedro: *"Nem por uma hora pudeste vigiar comigo?"* (*Mateus 26:40*). É como se ele quisesse transmitir ao seu ousado discípulo: "Você me disse, há algumas horas, que se fosse necessário até morreria por mim. Entretanto, só pedi para você ficar junto comigo na minha dor, e você nem por uma hora conseguiu?" Essa observação poderia provocar em Pedro este pensamento: "Eu mais uma vez decepcionei o mestre, e ele mais uma vez foi gentil comigo. Eu merecia ser repreendido seriamente, mas ele apenas me levou a refletir sobre minhas limitações..." Depois disso, Cristo retornou à viagem que fazia ao seu próprio interior. Foi novamente orar.

O sono que acometeu os discípulos foi a primeira frustração de Cristo. Ele se dera muito a eles, sem nunca ter pedido nada para si. Na primeira vez que lhes pediu algo, dormiram. Não pediu muito, apenas que ficassem junto dele na sua dor. Portanto, no momento em que mais precisava de seus amigos, eles ficaram fora de cena. No único momento em que esperava que fossem fortes, eles foram vencidos pelo estresse.

Na segunda hora, Jesus foi novamente até seus discípulos e outra vez os encontrou dormindo. Mas dessa vez nada lhes disse, apenas os deixou continuarem em seu sono. Solitário, foi em busca do seu Pai. Na terceira hora, algo aconteceu. O momento de ser preso chegara.

Golpeado pela traição de Judas

A noite em que o prenderam foi a mais angustiante da vida do mestre. Foi a noite em que um dos seus amados discípulos o traiu. Era uma noite densa. Jesus estava orando continuamente e esperava o momento de ser preso. De repente, pressentindo que a hora havia chegado, acordou definitivamente os seus amigos e disse-lhes: "*É chegada a hora, eis que o traidor se aproxima*" (*Mateus 26:46*).

Se o leitor analisar atentamente essa frase, verá que ela carrega um sabor amargo nas entrelinhas. Não disse "Eis que uma escolta de soldados se aproxima", mas "Eis que o traidor se aproxima". Por que não apontou a escolta de soldados aos seus sonolentos discípulos, já que ela é que estava cumprindo as ordens do sinédrio? Porque, embora a escolta viesse com armas e o prendesse com violência, a dor que estava sentindo pela traição de Judas era maior do que a causada pela agressividade de centenas de soldados.

A dor provocada por Judas Iscariotes feria a sua alma, e a dor provocada pelos soldados do sinédrio machucava o seu corpo. Ele só não mergulhou num mar de frustração porque protegia sua emoção e não esperava muito das pessoas para as quais se doava. Por isso, logo se refazia. Não é a quantidade de estímulos estressantes que nos faz sofrer, mas a qualidade deles. A dor da traição é indescritível.

O mestre sempre tratara Judas com amabilidade. Nunca o expôs publicamente. Nunca o desprezou nem o diminuiu diante dos demais discípulos, embora soubesse das suas intenções. Se estivéssemos no lugar de Jesus e soubéssemos que Judas nos trairia, nós o teríamos apontado e banido da comunidade dos discípulos. Ele jamais faria parte de nossa história de vida, pois quem consegue conviver com um traidor?

Cristo conseguiu. Sabia que havia um traidor no meio dos discípulos, mas o tratou com dignidade e nunca o excluiu. Sua atitude é impensável. Ele nem mesmo impediu a traição de Judas, apenas o levou a repensar sua atitude. Que estrutura emocional se escondia dentro desse mestre da Galileia para que ele suportasse o insuportável? Muitas ONGs (organizações não governamentais) lutam para extinguir os crimes contra a consciência e para preservar os direitos humanos, mas Jesus foi muito além. Não apenas acolheu leprosos, cuidou de prostitutas e respeitou os que pensavam contrariamente a ele, mas também chegou ao cúmulo de tratar com afeto seu próprio traidor.

Não poucas pessoas excluem de suas vidas determinados parentes, amigos e até filhos ao se sentirem agredidos por seus comportamentos. Não toleram as pessoas que as ofendem ou contrariam. Mas o mestre de Nazaré era diferente, ele foi de fato o mestre da tolerância e da solidariedade. Não se deixava dominar pelas contrariedades. Filtrava as ofensas e os atos agressivos que lhe dirigiam, e isso o tornava livre no território da emoção. Assim, ele podia amar as pessoas. E amá-las não era um sacrifício para ele, mas um exercício prazeroso.

Muitos não possuem um filtro emocional. Para esses, viver em sociedade é um problema, parece-lhes impossível evitar todas as contrariedades e os atritos interpessoais, estão sempre angustiados. Não conseguem amar os outros nem a si mesmos. Fazem de sua emoção uma lata de lixo.

É menos traumático viver com mil animais do que com um ser humano. Todavia, apesar de a convivência social ser uma fonte de estresse, não conseguimos viver ilhados, pois não suportamos a solidão. Nunca houve tanta separação de casais como atualmente. Entretanto, nem por isso as pessoas deixam de se unir, de se casar. Por ter um excelente filtro emocional, o mestre de Nazaré sentia prazer em conviver com as pessoas, ainda que o decepcionassem com frequência. Ele amava o ser humano independentemente dos seus erros e da sua história.

Alguns administradores públicos, ao tomar posse, costumam pedir por meio de palavras ou de comportamentos: "Esqueçam o que eu disse." Em algumas situações, é até possível que a governabilidade política não seja compatível com o discurso das ideias. Com o mestre não era assim. Se houve uma pessoa que proferiu um discurso em sintonia com a sua prática, essa pessoa foi Jesus Cristo. Ele discursou: *"Amai vossos inimigos"*, e os amou até o fim. Por isso teve o desprendimento de chamar seu traidor de amigo no momento da traição.

O compromisso primordial de Jesus era com a sua consciência, e não com o ambiente social. Não distorcia seu pensamento nem procurava dar respostas para agradar às pessoas que o circundavam. Por ser fiel a si mesmo, frequentemente envolvia-se em embaraços e colocava sua vida em grave perigo. Considerava a fidelidade à sua consciência mais importante do que qualquer tipo de acordo escuso ou dissimulação de comportamento.

Aquele que foi fiel à sua consciência e que ensinou seus discípulos a andarem altaneiramente no mesmo caminho recebeu um golpe pelas costas. Judas não aprendeu a lição, foi infiel à sua consciência. A traição foi o segundo sofrimento pelo qual Cristo passou. O seu cálice não começou na cruz, mas no jardim do Getsêmani.

Todos o abandonam

Agora chegamos ao terceiro tipo de sofrimento vivido por Cristo. Após Judas tê-lo traído com um beijo, ele foi preso. Quando foi preso, todos os seus discípulos o abandonaram. Ele já previra esse episódio. Disse-lhes: *"Ferirei o pastor, e as ovelhas se dispersarão"* (*Marcos 14:27*).

Imagine as longas caminhadas que Jesus fez com seus discípulos. Quantas vezes subiram com ele ao monte das Oliveiras ou entraram em um barco à beira da praia para ouvi-lo ensinar às multidões com palavras eloquentes. Quantas vezes, impelidos pela fama de Jesus, os discípulos disputaram entre eles quem seria o maior na vinda do seu reino, pensando que se tratava de um reino terreno. Diante de tanta glória desfrutada pelo carpinteiro de Nazaré, somente uma reação era esperada dos seus seguidores: "Jamais te abandonaremos." Como afirmou Pedro com veemência: *"Mesmo que tiver de morrer contigo, não te negarei"* (*Mateus 26:35*).

É fácil apoiar alguém forte. É fácil dar crédito a alguém que está no ápice da fama. Mas a fama é uma das mais sedutoras armadilhas da modernidade. Muitos se deslumbram com o ribombar dos aplausos, mas com o passar do tempo acabam tendo a solidão como a sua mais íntima e amarga companheira. Precisam sempre ter alguém ao seu lado, pois não sabem conviver consigo mesmos.

Cristo sabia que um dia todos os discípulos o deixariam só. Não adiantava dizerem que jamais o abandonariam, pois ele sabia que no momento em que deixasse de usar o seu poder e fosse tratado como um criminoso, eles se afastariam. De fato, nesse derradeiro momento ninguém foi intrépido a ponto de ficar ao seu lado.

Todos aqueles jovens galileus que aparentemente eram tão fortes se mostraram fragilizados. Foram vencidos pelo medo. Entretanto, o mestre não desistia deles. Tinha planos para seus discípulos, por isso seu desafio e seu objetivo fundamentais não era puni-los quando erravam, mas conduzi-los a viajar para dentro de si mesmos e transformá-los interiormente.

Jesus não caminhava pelas avenidas do certo e do errado, pois compreendia que a existência humana era muito complexa para ser esquadrinhada por leis e regras comportamentais. Ele veio não apenas para cumprir a lei mosaica, mas para imergir o ser humano na lei flexível da vida. Disse aos homens de Israel: *"Ouvistes o que foi dito aos antigos: Não matarás... Eu porém vos digo que todo aquele que se irar contra o seu irmão estará sujeito a julgamento"* (*Mateus 5:21-22*). Também disse muitas coisas relativas à mudança interior, como: *"Não saiba a tua mão esquerda o que faz a tua direita"* (*Mateus 6:3*). Queria eliminar os disfarces sociais. Desejava que as atitudes feitas em segredo fossem recompensadas por Deus, que vê o oculto, e não pelas criaturas.

Moisés veio com o objetivo de corrigir as rotas exteriores do comportamento, mas Cristo tinha vindo com o objetivo de corrigir o mapa do coração, o mundo dos pensamentos e das emoções. Tinha vindo para produzir uma profunda revolução na alma e no espírito humanos. Mesmo com a rejeição dos discípulos, essa revolução continuava ocorrendo dentro deles. O germe do amor e da sabedoria estava sendo cultivado naqueles galileus, ainda que suas atitudes não o demonstrassem e ninguém pudesse perceber.

Pedro nega Jesus

Agora chegamos ao quarto e último sofrimento causado pelos amigos de Cristo. Pedro, o mais destemido dos discípulos, o negou três vezes. Vejamos.

Pedro havia declarado que, se necessário, morreria com ele. No entanto, Jesus sabia que a estrutura emocional de seu discípulo, assim como a de qualquer um que está sob risco de morte, é flutuante, instável. Compreendia as limitações humanas.

Pedro tinha uma personalidade forte. Era o mais ousado dos discípulos. Todavia, a coragem de Pedro não se apoiava apenas na sua própria personalidade, mas também na força do seu mestre. Esse pescador viu e ouviu coisas inimagináveis, coisas que jamais sonharia presenciar. Pedro não era apenas um pescador, era um líder de pescadores. Fazia o que lhe vinha à cabeça. Era forte para amar e rápido para errar.

Jesus foi um grande acontecimento em sua vida. Pedro deixou tudo para segui-lo. Pagou um preço mais alto do que os demais discípulos, pois era casado e tinha responsabilidades domésticas. Mas não titubeou. Ao conhecer Jesus, reorientou a sua história, repensou seu individualismo e começou a recitar a intrigante poesia do amor que ouvia. Pedro, de fato, entregou a sua vida ao projeto do mestre.

O caráter de Pedro se distinguia dos demais. Ele expressava claramente seus pensamentos, ainda que causassem transtornos aos que o rodeavam. Ao ver o poder de Jesus, ao constatar que o medo não fazia parte do dicionário de sua vida, e que ele era capaz de expor suas ideias até no território dos seus inimigos, seu caráter, que já era forte, cresceu mais ainda. Quando Cristo acalmou a tempestade, Pedro talvez tenha pensado: *"Se até o vento e o mar lhe obedecem, quem pode deter esse homem? Ele é imbatível. Portanto, se for necessário, eu enfrentarei seus inimigos junto com ele e de peito aberto, pois certamente algum milagre ele fará para nos livrar da dor e da morte"* (Mateus 8:27).

Como disse, é fácil ser forte perto de uma pessoa forte, é fácil se doar para quem não está precisando, mas é difícil estar ao lado de uma pessoa frágil. No momento em que Cristo se despojou de sua força e se tornou simplesmente o filho do homem, o Pedro forte desapareceu. No momento em que Cristo manifestou sem rodeios a sua angústia, ninguém se ofereceu, nem mesmo Pedro, para estar ao seu lado.

Na última ceia, Cristo comentara que, enquanto ele estivesse presente, os discípulos estavam protegidos e, portanto, não precisavam de "bolsa e espada". Mas, após sua prisão, eles precisariam desses elementos.

Cristo não se referia à bolsa e à espada físicas, pois era a própria bandeira da antiviolência.

Queria dizer que, após ser preso e morto, os discípulos deveriam cuidar mais de si mesmos, pois teriam de enfrentar as turbulências da vida, inclusive as perseguições que tempos depois sofreriam. Como ainda não conseguiam entender a linguagem do mestre, disseram-lhe: "*Senhor, temos aqui duas espadas*" (*Lucas 22:38*). Cristo mais uma vez tolerou a ignorância deles. Silenciou-os dizendo: "*É suficiente!*"

Quando Pedro viu o semblante triste, a respiração ofegante e o corpo suado de Jesus na noite em que foi preso, ficou profundamente abalado. Pela primeira vez, sua confiança se evaporava. Talvez se perguntasse: "Será que tudo o que vivi foi uma miragem, um sonho que se transformou em pesadelo?" Pedro andara durante mais de mil dias com seu mestre e nunca vira qualquer sinal de fragilidade nele.

Ao contrário do que muitos pensam, não foi no pátio do sinédrio que Pedro começou a negar Jesus, mas no jardim escuro do Getsêmani. Entretanto, creio que se estivéssemos em seu lugar ficaríamos igualmente perturbados e provavelmente negaríamos o mestre se as mesmas condições fossem reproduzidas.

Ao ouvir as palavras de Jesus e ao ver seu semblante sofrido, Pedro estressou-se intensamente. Inicialmente dormiu e deixou-o só com sua dor. Entretanto, acordado pela prisão do mestre, resolveu resgatar sua dívida. Tenso e fatigado, escondendo-se, dirigiu-se ao pátio do sinédrio. Ao chegar lá, ficou estarrecido diante do espancamento que o mestre sofria. Nunca ninguém havia tocado nele com um dedo, mas agora os homens esmurravam o seu corpo, esbofeteavam a sua face e cuspiam em seu rosto. Que cena chocante Pedro observava! Aquele espetáculo cruel abalou as raízes do seu ser, perturbou sua capacidade de pensar e decidir. Interrogado por simples servos, ele insistentemente afirmou: "*Não conheço esse homem*" (*Lucas 22:57*).

Jesus sabia que seu amado discípulo estava lá assistindo ao seu martírio. Sabia que, enquanto estava sendo impiedosamente ferido por seus opositores, Pedro o estava negando. Na minha análise, tenho procurado compreender quais foram as feridas que o machucaram mais: a imposta pelos homens do sinédrio ou a produzida por seu amigo Pedro. Uma lhe causava hematomas no corpo, a outra lhe golpeava a emoção.

Creio que a atitude de Pedro, tendo vergonha do mestre e negando tudo o que vira e vivera com ele, abriu, naquele momento, uma vala mais profunda na alma de Jesus do que a causada pelos soldados. No entanto, Cristo amava intensamente Pedro e conhecia o cerne do seu ser.

O amor do mestre de Nazaré por seus discípulos é a mais bela e ilógica poesia existencial já vivida por um homem. Pedro podia excluir Jesus de sua história, mas Jesus jamais o abandonaria, pois o considerava insubstituível. Nunca alguém amou e se dedicou tanto a pessoas que o frustraram e lhe deram tão pouco em retorno.

Quatro objetivos ao prever os erros dos discípulos

Sempre que Cristo previa um acontecimento frustrante relacionado a seus discípulos, tinha pelo menos quatro grandes objetivos. Vejamos.

Primeiro, aliviar a própria dor. Prevendo antecipadamente a frustração, ele adquiria defesas emocionais para se proteger quando ela ocorresse. Ao ser abandonado pelos discípulos, ele não se surpreendeu. Amava e se doava pelos seres humanos, mas não esperava muito deles. Nada preserva mais a emoção do que diminuir a expectativa que temos em relação às pessoas que nos circundam. Quando esperamos demais delas temos grandes possibilidades de cair nas raias da decepção.

Ver todos os seus discípulos tendo vergonha e fugindo de medo como frágeis meninos era uma cena difícil de suportar. Contudo, pelo fato de ter previsto o comportamento deles, Cristo já havia se preparado para aceitar o abandono e a solidão. Como sabia que os discípulos o abandonariam? Independentemente da condição sobrenatural que lhe permitia prever fatos, Cristo era alguém que conseguia compreender as reações mais ocultas no cerne da inteligência. Por isso sabia que seus discípulos seriam subjugados pelo medo e não conseguiriam gerenciar os próprios pensamentos e emoções nos focos de tensão.

O segundo objetivo de Jesus era não desanimar seus discípulos, mas prepará-los para continuarem suas histórias. Ao prever que Pedro o negaria e que os discípulos o abandonariam, o mestre queria mostrar que não exigia nada deles. Teria o direito de exigir, pois lhes ensinara durante três anos e meio lições incomuns, mas não o fez. Por ser o Mestre dos Mestres da escola da vida, sabia que superar o medo, vencer a ansiedade e trabalhar as dores da existência eram as mais difíceis lições de vida.

O período em que conviveu com seus discípulos era insuficiente para que eles tivessem aprendido tais lições. Por isso o mestre tinha esperança de que a semente que havia plantado dentro deles germinasse e se desenvolvesse durante as suas trajetórias de vida.

Em terceiro lugar, Jesus queria mostrar aos seus amigos que eles não conheciam a si mesmos e que precisavam amadurecer. Pedro afirmara categoricamente que jamais o abandonaria, e todos os discípulos também fizeram um pacto de amor. Cristo era profundamente sábio, pois tinha consciência de que o discurso deles era incompatível com a prática. Sabia que o comportamento humano muda diante dos estímulos estressantes. Em alguns casos, engessamos de tal forma a inteligência, que travamos a capacidade de pensar, o que nos dá uma sensação de "branco" na memória.

Em diversos textos dos evangelhos, o mestre dá a entender que conhecia intimamente a dinâmica da inteligência. Sabia que, sob ameaça, a leitura da memória se restringe e as reações traem as intenções. De fato, amamos a serenidade quando estamos tranquilos, mas, quando angustiados, vivemos num cárcere emocional. Temos grandes dificuldades de organizar os pensamentos e reagir com lucidez e segurança.

O mestre usou a própria dor que os discípulos lhe causariam para conduzi-los a se interiorizar e levá-los a compreender melhor a vida. Que mestre sacrificou-se tanto para ensinar aos seus discípulos? Ele os amava intensamente. Nunca os abandonaria, mesmo que eles o abandonassem.

Finalmente, Jesus queria prepará-los para que não desistissem de si mesmos, apesar dos seus erros. Desejava que não mergulhassem na esfera do sentimento de culpa e do desânimo. Sabia que ficariam angustiados quando caíssem em si e percebessem que o tinham rejeitado. Ao prever o comportamento de todos (abandono), de Judas (traição) e de Pedro (negação), queria acima de tudo protegê-los, educá-los e dar-lhes condições para que retomassem o caminho de volta.

Infelizmente, Judas não retornou. Desenvolveu um profundo sentimento de culpa e uma reação depressiva intensa que o levaram ao suicídio. Pedro ficou extremamente angustiado, mas retornou, ainda que em lágrimas. Por incrível que pareça, Jesus era tão profundo e preocupado com seus íntimos, que cuidava até do sentimento de culpa deles antes mesmo que surgisse. Não creio que tenha havido um homem com preocupações tão lúcidas e refinadas como o mestre da Galileia.

Os educadores, os pais e mesmo os executivos das empresas preocupam-se em corrigir erros imediatos, refazer as rotas do comportamento. Jesus, ao contrário, preocupava-se em levar seus discípulos a desenvolver a arte de pensar, ainda que fosse à custa dos mais aviltantes erros. Antes mesmo que se sentissem culpados, ele já preparava o remédio para aliviá-los.

CAPÍTULO 8

Um cálice insuportável: os sintomas prévios

A ansiedade vital e a ansiedade doentia

Neste capítulo estudaremos com mais detalhes a emoção de Jesus e sua intensa tristeza vivenciadas no Getsêmani. Ele declarou, sem meias palavras, que estava profundamente deprimido. Seria uma doença depressiva ou um estado depressivo momentâneo? Qual a diferença entre as duas situações? Quais eram as características fundamentais da sua emoção? O mestre era propenso à depressão? Antes de abordar todas essas importantes questões, que certamente se tornarão um espelho para compreendermos alguns aspectos do nosso próprio território emocional, gostaria de comentar a ansiedade vivida por Jesus naquele momento.

Muitos pensam, inclusive alguns psiquiatras e psicólogos, que toda ansiedade é doentia. Existe, porém, uma ansiedade vital, normal, que anima a inteligência e que está presente na construção de pensamentos, na busca do prazer, na realização de projetos. A ansiedade vital estimula a criatividade. Como já disse, até Jesus comentou: "*Esperei ansiosamente por esta ceia*" (*Lucas 22:15*). Era uma ansiedade normal, fruto da expectativa de ver cumprido o desejo do seu coração.

A ansiedade só se torna patológica ou doentia quando prejudica o desempenho intelectual e retrai a liberdade emocional. As características mais marcantes da ansiedade são: instabilidade emocional, irritabilidade, hiperaceleração dos pensamentos, dificuldade de gerenciamento da tensão, déficit de concentração, déficit de memória e o aparecimento de sintomas psicossomáticos. Existem muitos tipos de transtornos ansiosos, como a síndrome do pânico, os transtornos obsessivos compulsivos, a ansiedade generalizada, o estresse pós-traumático, as fobias, etc.

No primeiro livro desta coleção comentei que o mestre de Nazaré era tão sábio que não desejou que os seus discípulos fossem desprovidos de qualquer tipo de ansiedade. Solicitou, sim, que não andassem sempre ansiosos. Entre as causas fundamentais da ansiedade doentia apontadas por ele estão os problemas existenciais e a postura de gravitar em torno dos pensamentos antecipatórios.

O mestre queria que os discípulos valorizassem aquilo que o dinheiro não compra: a tranquilidade, a solidariedade, o amor mútuo, a lucidez, a coerência, a unidade. Almejava que conquistassem mais o "ser" do que o "ter" e aprendessem a enfrentar os problemas reais do dia a dia, e não os problemas imaginários criados no cenário da mente.

O Mestre dos Mestres da escola da vida, muitos séculos antes do nascedouro da psicologia, vacinava seus discípulos contra a ansiedade doentia, patológica. Infelizmente, até hoje, a psicologia ainda não sabe como produzir uma vacina eficaz contra os transtornos ansiosos e depressivos. A farmacodependência, a violência, a discriminação e os sintomas psicossomáticos, tão abundantes nas sociedades modernas, são testemunhos inegáveis de que as ciências que têm como alvo a personalidade humana, principalmente a psicologia e a educação, ainda são ineficientes para desenvolver suas funções mais nobres.

Uma "vacina" psicossocial preventiva passa pela produção de um ser humano seguro, estável, que sabe se interiorizar, se repensar e que gerencia bem seus pensamentos e suas emoções diante das turbulências da vida. A psicologia desprezou Cristo, considerou-o distante de qualquer análise. Contudo, creio que a análise da sua inteligência poderá contribuir significativamente para a produção dessa vacina.

Os jovens saem dos colégios e das universidades com diplomas técnicos e títulos acadêmicos, sabendo atuar no mundo físico, mas sem saber atuar no seu mundo interior, ignorando como se tornarem agentes modificadores da sua história emocional, intelectual ou social.

Os discípulos de Cristo não tinham um perfil psicológico e cultural recomendável. Será possível transformar homens rudes, agressivos, sem cultura, que amam estar acima dos outros, que não sabem trabalhar em equipe, em verdadeiros vencedores, capazes de brilhar nas áreas mais ricas da inteligência e do espírito humano?

Aparentemente Jesus foi derrotado, pois os seus íntimos causaram-lhe suas primeiras quatro frustrações. Mas será enriquecedor um dia publicar a trajetória de vida dos discípulos antes e depois da morte do seu mestre. Há dois mil anos o mestre da Galileia já praticava a mais bela e eficiente terapia e educação preventiva.

A ansiedade como doença e como sintoma da depressão

A ansiedade pode ser uma doença isolada ou um sintoma de outras doenças psíquicas, como os transtornos depressivos. Aliás, a ansiedade é um dos principais sintomas da depressão.

As pessoas ansiosas frequentemente apresentam variados graus de hipersensibilidade emocional. Por serem hipersensíveis, qualquer problema ou contrariedade provoca um impacto tensional importante, gerando um humor instável e flutuante. Num momento estão tranquilas e no outro se mostram irritáveis, impulsivas e impacientes.

Apesar de ter atingido o ápice da ansiedade no Getsêmani, o mestre de Nazaré não teve como sintomas de depressão a irritabilidade, a hipersensibilidade e a instabilidade emocional. Experimentou apenas um estado intenso de tensão, associado a sintomas psicossomáticos. Ainda conseguia administrar sua emoção e gerenciar seus pensamentos, o que explica a gentileza e a amabilidade expressas no momento em que Judas o traiu e quando os discípulos o frustraram.

No mais alto grau da sua angústia, ele ainda brilhava em sua humanidade. Abatido, cuidava das pessoas e era afetuoso com elas. Nunca descarregou sua tensão naqueles que o circundavam. Nunca fez deles depósito da sua dor.

Somos iguais ao mestre? Quando estamos ansiosos, qualquer problema se agiganta. Ficamos instáveis e irritáveis. Nossa gentileza se esfacela, nossa lucidez se evapora, e agredimos facilmente as pessoas que nos circundam.

Alguns, infelizmente, fazem dos seus íntimos um depósito da sua ansiedade. Descarregam neles seu lixo emocional. Praticam uma violência não prevista nos códigos penais, mas que lesa o cerne da alma, o direito essencial do prazer de viver.

A construção de pensamentos do homem Jesus estava hiperacelerada na noite que antecedeu sua morte, pois ele não parava de pensar em tudo o que iria viver em seu cálice. Mas Jesus não perdeu o controle da inteligência, não se afogou nas tramas da instabilidade emocional e da irritabilidade.

Lucas descreve que a ansiedade do mestre era tão intensa que produziu importantes sintomas psicossomáticos. Certamente seu coração batia mais rápido e sua frequência respiratória devia estar aumentada. Enquanto orava, seus poros se abriam e o suor escorria por seu corpo e molhava a terra aos seus pés.

Os sintomas da síndrome do pânico e os da ansiedade do mestre

Cristo teve um ataque de pânico no jardim do Getsêmani? Vamos fazer um breve comentário sobre a síndrome do pânico e analisar as reações emocionais e psicossomáticas que ele teve naquela noite insidiosa.

A síndrome do pânico é das doenças psíquicas ansiosas a que mais produz sofrimentos na psiquiatria. Atinge pessoas de todos os níveis sociais. O perfil psicológico dos que têm propensão para desenvolver a síndrome do pânico se caracteriza por hipersensibilidade emocional, preocupações excessivas com o próprio corpo, supervalorização de doenças, excesso de introspecção, dificuldade em lidar com dores e frustrações, hiperprodução de pensamentos antecipatórios. A síndrome do pânico é capaz de acometer as melhores pessoas da sociedade.

Cristo não tinha perfil psicológico ligado a preocupações exageradas com doenças ou com seu corpo, não vivia em função de pensamentos antecipatórios, nem era hipersensível. Como veremos no final deste livro, ele conseguia combinar duas características quase que irreconciliáveis da personalidade: a segurança com a sensibilidade emocional.

A síndrome do pânico é classificada como uma doença ligada ao grupo das ansiedades. É o teatro da morte. Caracteriza-se por um medo súbito e dramático provocado pela sensação de que se vai morrer ou desmaiar. Esse medo gera intensa reação ansiosa acompanhada de sintomas psicossomáticos, como a taquicardia, o aumento da frequência respiratória, a sudorese. É frequente a impressão da iminência de um infarto, o que leva os portadores dessa síndrome a irem de cardiologista em cardiologista procurando se convencer de que não vão morrer.

Imagine se neste momento o leitor acreditasse convictamente que iria morrer após terminar de ler esta página. Não conseguiria terminar a leitura. Um turbilhão de ideias ligadas ao fim da existência, à solidão fatal, à perda dos íntimos passaria por sua mente. Além disso, o pavor da morte provocaria uma descarga no seu córtex cerebral, gerando diversos sintomas psicossomáticos, preparando-o para a fuga. É isso o que ocorre na mente das pessoas que sofrem ataques de pânico.

Ninguém morre por ter a síndrome do pânico, mas o sofrimento é muito maior do que o das pessoas que estão realmente enfartando ou sob risco real de morrer.

Discordo da posição de muitos neurocientistas que postulam teoricamente que a síndrome do pânico é causada apenas pelo gatilho dos neurotransmissores, tal como a alteração dos níveis de serotonina.* É possível que haja esse gatilho em determinados casos, mas as causas psíquicas e sociais são grandes fatores desencadeantes.

Alguns psiquiatras, desconhecendo a complexidade do funcionamento da mente e não sabendo os limites de um postulado teórico, usam o postulado dos neurotransmissores como se fosse uma verdade científica, desprezando o diálogo com os portadores da síndrome do pânico, tratando-os apenas com antidepressivos. A solução estritamente química é inadequada.

Os antidepressivos são importantes, mas conduzir a descaracterização do teatro da morte na memória, resgatar a liderança do eu nos focos de tensão e gerenciar os pensamentos de conteúdo negativo, como fez o mestre de Nazaré nos seus momentos mais tensos, são procedimentos fundamentais para a resolução definitiva da crise. Caso contrário, haverá recorrências, e a fobia social – ou seja, o medo de frequentar lugares públicos – se instalará nesses pacientes.

---

* Kaplan, Harold I.; Sadoch, Benjamin J. *Compêndio de psiquiatria*. Porto Alegre: Artes Médicas, 1997.

Não é um ataque de pânico isolado que determina a síndrome do pânico. É necessário que os ataques se repitam.

Cristo não sofreu um ataque de pânico no jardim do Getsêmani. Ele apresentou diversos sintomas psicossomáticos e uma emoção tensa e angustiada, mas não sentiu medo de morrer. Tanto assim que, ao longo de sua vida pública, expressou diversas vezes pensamentos que despertavam a ira dos seus inimigos, correndo um risco constante de ser morto.

Naquela noite fatídica, a ansiedade do mestre não se relacionava ao medo da morte, mas ao tipo de morte e à postura que teria de assumir em cada uma das etapas do seu sofrimento. Veremos que ele discursava com naturalidade sobre a morte, deixando transparecer que ela abriria as janelas de sua liberdade.

As biografias de Cristo indicam que ele fazia muitos milagres. Mas seus milagres não se davam na alma, na personalidade. Era o contato com Jesus que produzia um imenso prazer e liberdade, uma intensa mudança interior que precisava criar raízes pouco a pouco nos sinuosos territórios da vida. Caso contrário, a mudança se tornava superficial e se evaporava no calor do dia, ao se deparar com as dificuldades inevitáveis. Foi com esse objetivo que ele proferiu a parábola do semeador. A semente que frutificou foi aquela que caiu num solo (alma) fértil que permitiu a criação de raízes.

A personalidade precisa de transformação, e não de milagres. Desenvolver a arte de pensar, aprender a filtrar os estímulos estressantes, investir em sabedoria nos invernos da vida são funções nobilíssimas que não se conquistam facilmente, nem em pouco tempo. Se um milagre pudesse expandir a inteligência e resolver os conflitos psíquicos, por que Jesus não sanou a fragilidade de Pedro, impedindo que ele o negasse, nem evitou o sono estressado dos seus amigos? Notem que, até para aliviar a própria dor, Cristo evitou milagres.

Gostamos de eliminar rápida e instantaneamente nossos sofrimentos. Mas não temos êxito. Não há ferramentas para isso. É preciso aprender com o mestre a velejar para dentro de nós mesmos, enfrentar a dor com ousadia e dignidade e usá-la para lapidar a alma.

A arte de ouvir e de dialogar

O mestre interagia continuamente com seu Pai. Ele agia do mesmo modo com seus discípulos. As pessoas que conviviam com ele tornavam-se saudáveis, aprendiam a se desarmar de sua rigidez e a falar de si mesmas. Ele as irrigava com a arte de ouvir e dialogar e as estimulava a ser caminhantes dentro de si mesmas.

Muitos são ótimos para dar conselhos, mas péssimos para dialogar e ouvir. O diálogo que dizem ter é de mão única, deles para os outros, e nunca dos outros para eles. Por isso, ouvem o que querem ouvir e nunca o que os outros têm para dizer.

A arte de ouvir e dialogar potencializa até mesmo os efeitos dos antidepressivos. Os profissionais de saúde mental que veem o mundo dos seus pacientes apenas dentro dos limites do metabolismo do cérebro têm uma visão míope da complexa colcha de retalhos da inteligência. Não conseguem perceber os pensamentos ocultos dos pacientes nem perscrutar o que as palavras deles nunca disseram.

Volto a lembrar a importância de saber ouvir e do diálogo. Nunca será demais chamar atenção para o fato de estarmos tão próximos fisicamente de nossos íntimos, mas tão distantes interiormente. A família moderna se tornou um grupo de estranhos que dividem o mesmo espaço, respiram o mesmo ar, mas não penetram no mundo uns dos outros. Poucos têm coragem de admitir a crise de diálogo e de rever a qualidade das suas relações sociofamiliares.

No mundo atual, as pessoas vivem ilhadas dentro da própria sociedade, expostas a uma série de transtornos psíquicos. É preciso repensar o estresse a que somos constantemente submetidos, a competição predatória, o individualismo e a baixa capacidade de sentir prazer, apesar de possuirmos uma enorme indústria de entretenimento.

O mestre de Nazaré vivia a arte do diálogo. Tinha prazer em interagir com as pessoas. Entrava no lar, na história e no mundo delas. Gastava tempo dialogando com aqueles que não tinham qualquer status social. Sua presença era agradável e reconfortante. Sob o aconchego de Jesus ninguém se sentia ilhado ou excluído. Solidão era uma palavra estranha aos que o seguiam.

É preciso repensar também o bombardeamento de informações negativas geradas pelo sistema de comunicação e o seu impacto sobre a construção multifocal da inteligência. Todos os dias a mídia escrita, televisada e falada divulga os fatos mais violentos, perversos e assustadores.

O drama da morte e da violência amplamente divulgado na mídia estimula o fenômeno RAM (registro automático da memória) a inscrever contínua e privilegiadamente nos arquivos inconscientes da personalidade a violência e a ameaça do fim. Esse registro fica disponível para que o fenômeno do gatilho da memória faça uma leitura instantânea capaz de gerar cadeias súbitas de pensamentos negativos. Tais pensamentos, por sua vez, produzem um gatilho emocional instantâneo que gera ansiedade, irritabilidade, angústia e, consequentemente, desencadeia sintomas psicossomáticos.

As relações entre Jesus e os seus discípulos eram encorajadoras e sem negativismos. Havia um constante clima de tensão por causa da rejeição às suas ideias por parte dos escribas e fariseus. Mas ele não deixava que uma nuvem de pensamentos negativos bombardeasse a mente dos seus íntimos. Apesar das dificuldades, ele criava sempre um clima que relaxava e tranquilizava os que o cercavam. Seu comportamento exalava uma espécie de "perfume emocional" que atraía as pessoas. Por isso, paradoxalmente, até os seus opositores faziam plantão para ouvi-lo.

Tomando o cálice como homem e não como filho de Deus

O mestre queria redimir a humanidade. Não poderia, portanto, tomar o seu cálice como filho de Deus, mas como um ser humano, como eu e você, leitor. Embora afirmasse com todas as letras que era o filho do Deus altíssimo, ele teria de abster-se dessa condição, teria de beber seu cálice como um homem.

Por um lado, ele almejava retornar à glória que tinha antes de o mundo existir, mas primeiro teria de cumprir a sua mais amarga missão. Por outro lado, desejava resgatar o ser humano e, para isso, teria de passar pelo martírio como um homem comum. E o que é pior, teria de suportá-lo como nenhuma pessoa o fez.

Não poderia pedir clemência no momento em que estivesse sofrendo. Não poderia gritar como qualquer pessoa ferida, pois seu símbolo era o cordeiro, um dos poucos animais que silenciam diante da morte. Não poderia odiar e se irar contra seus inimigos. Pelo contrário, teria de perdoá-los e, mais do que isso, de amá-los. Caso contrário, trairia as palavras que ele mesmo proclamou aos quatro ventos: *"Amai vossos inimigos e orai pelos que vos perseguem"* (*Mateus 5:44*).

Não poderia se desesperar. No Getsêmani, enquanto se preparava para tomar o cálice, viveu uma intensa ansiedade, mas durante o espancamento, as sessões de tortura e a crucificação, teria de reagir com a mais alta serenidade. Caso contrário, não seria capaz de administrar sua emoção no ápice da dor nem governar seus pensamentos para expressar sabedoria e tolerância num ambiente onde só havia espaço para o medo, a raiva e a agressividade.

Crer em Cristo como filho de Deus depende da fé. Entretanto, não se pode negar que, independentemente da sua condição divina, ele foi um homem até as últimas consequências. Sofreu e se angustiou como um homem. Onde ele reuniu forças para superar o caos que se instalou em sua emoção naquele escuro jardim? Ele foi sustentado por um contínuo e misterioso estado de oração. A oração trouxe-lhe saúde emocional. Diluiu sua angústia e irrigou sua alma com esperança.

Sabendo que teria de suportar seu cálice como um homem, sem qualquer anestésico e com a mais alta dignidade, Cristo teve seu sistema orgânico abalado por sintomas psicossomáticos. Sofreu um raro caso de hematidrose, só produzido no extremo do estresse. Lucas comenta que seu suor se transformou em gotas de sangue (*Lucas 22:44*). Há poucos casos na literatura médica que relatam que alguém, submetido a intenso estresse, teve ruptura ou abertura dos capilares sanguíneos capaz de permitir que as hemácias fossem expelidas junto com o suor.

Se Cristo tivesse obedecido à linguagem psicossomática do seu corpo, não chegaria ao estresse extremo, mas teria fugido daquele ambiente. Todo o seu corpo clamava pela fuga. Porém, ele nunca fugiu dos seus ideais. Nem por um milímetro afastou-se da sua missão. Pelo contrário, lutava dentro de si mesmo para realizar a vontade do Pai, que também era a sua, e se preparar para transcender o insuportável.

CAPÍTULO 9

A reação depressiva de Jesus: o último estágio da dor humana

Uma emoção profundamente triste

Quanto mais o corpo de Cristo dava sinais psicossomáticos para que fugisse rapidamente da situação de risco, mais ele resistia e refletia sobre seu cálice. A resistência intensificava sua ansiedade e fazia a emoção ser invadida por um profundo estado de tristeza.

O registro de Mateus diz que *"Cristo começou a entristecer-se e a angustiar-se profundamente"* (Mateus 26:37). A enorme tristeza que sentiu indica que ele entrou num estado de humor deprimido, e a angústia profunda é sinal de uma ansiedade intensa, acompanhada, como comentei, de diversos sintomas psicossomáticos.

Chegou a vez de aquele homem que gostava de se rodear de crianças, que confortava os leprosos, que acolhia as prostitutas, que era amigo dos publicanos passar pela condição mais dolorosa da emoção, pela experiência do humor deprimido. Chegou a vez de aquele homem que contagiava todos com seu poder e sua segurança experimentar a fragilidade da emoção humana.

Conseguirá ele superar seu grave estado de tristeza e reagir com dignidade num ambiente totalmente hostil e desumano? Antes de analisarmos essa questão, precisamos responder a duas outras: Cristo sentiu no Getsêmani uma reação depressiva ou uma doença depressiva? Qual a diferença entre as duas?

A personalidade de Cristo estava na contramão da depressão

O mestre possuía de fato uma alegria incomum. Nele não havia sombra de tristeza ou insatisfação. A alegria de Cristo não se exteriorizava com largos sorrisos e gestos eufóricos, mas fluía do seu interior, como a água que jorra continuamente de uma nascente.

Aquele que discursara incisivamente para que as criaturas saciassem a sede da alma, a sede de prazer, agora estava extremamente triste, pois ia cumprir o seu objetivo maior: morrer pela humanidade. Ao interpretarmos as entrelinhas dos textos das suas biografias, constatamos que seu humor deprimido não decorria da dúvida quanto a tomar ou não seu cálice, mas do sabor intragável que ele continha.

Vejamos qual a diferença entre uma doença depressiva e uma reação depressiva para depois julgarmos o estado emocional de Cristo.

A depressão é uma doença clássica na psiquiatria. Será, como disse, a doença do século XXI. Sua incidência tem sido alta em todas as sociedades modernas e em todas as camadas sociais. As pessoas idosas e os adultos são mais expostos a ela, mas, infelizmente, essa insidiosa doença tem atingido também cada vez mais as crianças, principalmente aquelas que sofrem por causa de doenças, maus-tratos, experiências de abandono ou vivem em lares onde imperam a crise do diálogo e a agressividade.

Os adolescentes também estão cada vez mais vulneráveis à depressão. A crise do diálogo, a busca do prazer imediato, a incapacidade de trabalhar estímulos estressantes e o jugo da paranoia da estética têm gerado a necessidade compulsiva de exibir um corpo que siga o modelo estereotipado difundido pela mídia, o que ocasiona nos adolescentes a depressão e outros transtornos psíquicos como a bulimia e a anorexia nervosa.

A dor da depressão pode ser considerada como o último estágio da dor humana. Ela é mais intensa do que a dor da fome, pois uma pessoa faminta tem o apetite preservado, e por isso revira até o lixo para comer e sobreviver, enquanto algumas pessoas deprimidas podem, mesmo diante de uma mesa farta, não ter apetite nem desejo de viver. Só compreende a dimensão da dor da depressão quem já passou por ela.

Existem diversos graus de depressão. Há depressão leve, moderada e grave; depressão com ou sem sintomas psicossomáticos (dores musculares, taquicardia, cefaleia, nó na garganta, gastrite, etc.); depressão com ou sem sintomas psicóticos (desorganização do pensamento, delírios e alucinações); depressão recorrente, caracterizada por frequentes recaídas; e depressão com apenas um episódio, ou seja, a que é tratada e não retorna mais ao cenário emocional.

As causas que levam uma pessoa a ter um transtorno depressivo podem ser psíquicas, sociais ou genéticas. As psíquicas incluem ideias de conteúdo negativo, dificuldade de proteção emocional, hipersensibilidade, antecipação de situações do futuro, etc. As sociais compreendem perdas, competição predatória, crise financeira, preocupações existenciais, pressão social. A carga genética pode influenciar o humor e propiciar o aparecimento de doenças psíquicas, mas é bom que saibamos que não há condenação genética na psiquiatria, a não ser quando existem anomalias cerebrais decorrentes de alterações cromossômicas. Portanto, pais gravemente deprimidos podem gerar filhos saudáveis. A influência genética pode ser contornada pela formação adequada da personalidade dos filhos, pelo quanto aprendem a gerenciar seus pensamentos nos focos de tensão e a preservar suas emoções diante de estímulos estressantes.

Não há indícios de que Jesus tenha tido uma carga genética com propensão para o humor deprimido. Em outro livro desta coleção veremos que Maria, sua mãe, de acordo com Lucas, tinha uma personalidade refinada, especial: era sensata, sensível, humilde e dada à reflexão. Não há qualquer indício de que ela tenha tido depressão.

Lucas escreve que "*O menino crescia em estatura e sabedoria*" (*Lucas 2:40*). Cristo nunca se colocou como um espectador passivo diante da vida; pelo contrário, foi um agente modificador da sua história desde a infância.

É raríssimo observarmos uma criança crescendo em sabedoria nas sociedades modernas, ou seja, aprendendo a pensar antes de reagir, a lidar com as perdas com maturidade, a ser solidária, tolerante e a enfrentar com dignidade suas dificuldades. As crianças crescem aprendendo línguas, usando computadores, praticando esportes, mas não destilando sabedoria. Com apenas 12 anos de idade, o menino de Nazaré já brilhava em sua inteligência, já deixava perplexos os mestres da lei com sua sabedoria, tal como está descrito no trecho que relata seu encontro no templo com os doutores (*Lucas 2:48*).

Existem também vários tipos de depressão: depressão maior, distímica, ciclotímica e outras. As doenças depressivas têm uma rica sintomatologia. Farei uma breve síntese delas.

A depressão maior

A depressão maior é caracterizada por humor deprimido (tristeza intensa), ansiedade, desmotivação, baixa autoestima, isolamento social, sono irregular, apetite alterado (diminuído ou aumentado), fadiga excessiva, libido reduzida (prazer sexual diminuído), ideias de suicídio, déficit de concentração, etc. Ela ocorre em pessoas de todos os níveis socioeconômico-culturais.

Muitos pacientes com depressão maior, antes da crise depressiva, apresentam uma personalidade afetivamente rica, são alegres, ativos, sociáveis. Contudo, por diversos motivos, essas pessoas são atingidas pela depressão. As razões que levam uma pessoa extrovertida e sociável ao drama da depressão maior são múltiplas. Vão de uma predisposição genética a causas psicossociais, como perdas, frustrações, limitações físicas, pensamentos de conteúdo negativo, ruminação de pensamentos passados, antecipação de situações futuras.

Não basta estar profundamente triste ou deprimido para se caracterizar uma depressão. Esse estado de humor deprimido tem de perdurar no mínimo alguns dias ou semanas, embora haja casos que chegam a durar meses e até anos. Além disso, precisa apresentar alguns dos sintomas já citados, principalmente a alteração dos sistemas instintivos que preservam a vida (o sono, o apetite e a libido), fadiga excessiva, ansiedade e desmotivação.

Jesus teve depressão maior? Não! No Getsêmani, seu humor deprimido estava num grau de intensidade que só as mais graves doenças depressivas chegam a atingir. Contudo, sua tristeza não vinha de longe. Havia iniciado apenas algumas horas antes e era decorrente da necessidade de antecipar os sofrimentos de que seria alvo para preparar-se para suportá-los.

Ao longo de sua vida e até nos últimos momentos antes de ser traído e preso, não havia em Jesus qualquer sintoma de depressão. Não se isolava socialmente, a não ser quando necessitava meditar. Era muito sociável, gostava de fazer amigos e de partilhar suas refeições. Tinha grande disposição para visitar novos ambientes e proclamar o "reino dos céus". Não era irritadiço nem inquieto. Ao contrário, conseguia manter a calma nas situações mais adversas. Seu sono era saudável – conseguia dormir até em situações turbulentas como durante uma tempestade no mar. Enfim, nele não havia nada que pudesse caracterizar uma "depressão maior".

A depressão distímica

A depressão distímica é aquela que acompanha o processo de formação da personalidade. Os pacientes com depressão distímica, ao contrário daqueles com depressão maior que antes são alegres e sociáveis, desenvolvem uma personalidade negativista, crítica, insatisfeita, isolada. Os sintomas são os mesmos da depressão maior, mas menos intensos. A ansiedade é mais branda, o que diminui o risco de suicídio, a não ser que a crise depressiva se intensifique e comecem a aparecer sintomas tão eloquentes quanto os da depressão maior.

É difícil conviver com portadores de depressão distímica por causa do negativismo, da insatisfação, da baixíssima autoestima e da enorme dificuldade que têm de elogiar as pessoas e os eventos que os circundam. Só conseguem enxergar sua própria dor. Não são assim porque querem, mas porque estão doentes. Eles precisam ser compreendidos e ajudados.

Embora os sintomas sejam menos intensos do que os da depressão maior, é mais difícil tratá-los em razão da desesperança que esses pacientes carregam, da baixa colaboração no tratamento e da dificuldade que sempre tiveram de extrair prazer dos pequenos detalhes da vida. Todavia, é possível que tais pessoas deem um salto no prazer de viver.

Cristo não tinha depressão distímica nem personalidade distímica. Não era negativista nem insatisfeito. Embora fosse crítico do comportamento humano e das misérias sociais, suas críticas eram ponderadas e feitas no momento certo. Era uma pessoa contagiante. Nunca se deixava abater pelos erros dos outros nem pelas situações difíceis.

As sementes que plantara nos corações ainda não haviam germinado, mas, com uma esperança surpreendente, ele pedia aos seus discípulos: "*Erguei os olhos e vede os campos: estão brancos para a colheita*" (João 4:35). Quando disse tais palavras, o ambiente que o rodeava era de desolação e tristeza. Ele já possuía muitos opositores, e muitas pessoas queriam matá-lo. Os discípulos erguiam os olhos e não conseguiam perceber nada além de um deserto escaldante. Mas Cristo via além da imagem geográfica e das circunstâncias sociais. Seu olhar penetrante conseguia vislumbrar o que ninguém via e, consequentemente, ele se animava com o que levava outros a desistirem.

Não havia em Jesus sombra de desânimo. Se fosse só um pouquinho negativista, teria desistido daqueles jovens galileus que o seguiam, pois eles lhe causavam constantes transtornos. Se estivéssemos em seu lugar, excluiríamos Pedro, por nos ter negado; Judas, por nos ter traído; e os demais, por terem fugido de nossa presença. Entretanto, sua motivação para transformá-los era inabalável.

Os executivos e os profissionais de recursos humanos que estão sempre fazendo cursos sobre motivação com resultados frequentemente inexpressivos deveriam se espelhar na motivação do mestre de Nazaré. Vimos que até mesmo quando discursava sobre o seu corpo e seu sangue, na última ceia, havia nele uma forte chama de esperança de transcender o caos da morte.

Ao cair da última folha no inverno, quando tudo parecia perdido, quando só havia motivos para desespero e choro, Cristo ergueu os olhos e viu as flores da primavera ocultas nos troncos secos da vida. Ao contrário dele, ao primeiro sinal de dificuldade, desistimos de nossas metas, nossos projetos e sonhos. Precisamos aprender com seu exemplo a erguer os olhos e ver por trás das dificuldades, dores, derrotas, perdas, e compreender que após os invernos mais rigorosos podem surgir as mais belas primaveras.

A depressão ciclotímica

A depressão ciclotímica é um transtorno emocional flutuante. Alterna períodos de depressão com fases de euforia. Cada fase pode durar dias ou semanas, e pode haver intervalos sem crises. Na fase de depressão, os sintomas são semelhantes aos que já citei. Na fase eufórica ocorrem sintomas opostos aos da fase depressiva, como excesso de sociabilidade, de ânimo, de comunicação, de autoestima. Nessa fase, as pessoas se sentem tão poderosas e excessivamente animadas e otimistas que compram tudo o que está à sua frente e fazem grandes projetos sem alicerces para materializá-los.

Os pacientes que sofrem de depressão bipolar também apresentam polos depressivos associados a polos maníacos (eufóricos). Perdem os parâmetros da realidade quando estão em crise de mania, enquanto os que estão apenas na fase eufórica da depressão ciclotímica conservam seu raciocínio e sua consciência, mantendo integração com a realidade, embora com comportamentos histriônicos, bizarros. É fácil condenar e tachar as pessoas com humor excessivamente flutuante de imaturas e irresponsáveis. Todavia, elas não precisam de críticas ou julgamentos, mas de apoio, compreensão e ajuda.

Cristo também não tinha depressão ciclotímica nem humor flutuante. Ao contrário, seu humor era estável e suas metas, bem estabelecidas. Não agia por impulsos emocionais nem tinha gestos de grandeza para se autopromover. Embora fosse muito comunicativo, era lúcido e econômico no falar.

O mundo inteiro podia contrapor-se a ele, mas nada comprometia o cumprimento da sua missão. Passava pelos vales da vida sem que se percebesse nele qualquer instabilidade emocional. Durante a sua jornada, quando pressentiu que sua "hora" se aproximava, voltou-se subitamente para Jerusalém e foi para o território dos seus inimigos. Queria morrer em Jerusalém.

Os transtornos obsessivos associados à depressão

Os transtornos obsessivos compulsivos (TOC) são caracterizados por ideias fixas não administradas pelo eu. O fenômeno do autofluxo, que é o responsável por produzir o fluxo de pensamentos e emoções no campo da energia psíquica, faz uma leitura contínua de determinados territórios da memória, gerando uma hiperprodução de ideias fixas.* Tais ideias podem levar a um grande estado de angústia, principalmente quando estão ligadas a câncer, infarto, derrame cerebral, acidentes, perda financeira e preocupações excessivas com segurança, higiene e limpeza. As pessoas com TOC não conseguem gerenciar as ideias obsessivas. Pensam o que não querem pensar e sentem o que não querem sentir. Algumas vezes os

---

* Cury, Augusto J. *Inteligência multifocal*. São Paulo: Cultrix, 1998.

transtornos obsessivos causam tantos sofrimentos que podem desencadear uma doença depressiva.

Cristo também não sofria de transtornos obsessivos. Não tinha ideias fixas atormentando sua mente. Sofrer e morrer na cruz não eram uma obsessão para ele. Deixou claro que só estava tomando o seu cálice porque amava intensamente a humanidade.

Tinha todo o direito de pensar fixamente dia e noite em cada etapa do seu martírio, pois estava consciente de quando e como iria morrer, mas era completamente livre em seus pensamentos. Previu pelo menos quatro vezes a sua morte, mas essa previsão não revelava uma mente perturbada por pensamentos antecipatórios. Desejava apenas preparar seus discípulos para o drama que iria sofrer e conduzi-los a conhecer o projeto que estava guardado no âmago do seu ser.

Nós fazemos o "velório antes do tempo", sofremos por antecipação. Os problemas ainda não aconteceram e talvez nunca venham a acontecer, mas destruímos nossa emoção por vivê-los antecipadamente. O mestre de Nazaré só sofria quando os acontecimentos batiam à sua porta. Somente possuindo uma emoção tão livre ele poderia, a menos de 24 horas de sua tortura na cruz, ter disposição para cear e cantar com seus discípulos e pedir a Deus que eles tivessem um prazer completo.

A diferença entre a depressão e uma reação depressiva

A diferença entre uma doença depressiva e uma reação depressiva não está ligada frequentemente à quantidade nem à intensidade dos sintomas, mas principalmente à durabilidade deles.

Uma reação depressiva é momentânea, dura horas ou, no máximo, alguns dias. Permanece enquanto está presente o estímulo estressante ou enquanto a pessoa não se psicoadapta a ele. Os estímulos podem ser uma ofensa, uma humilhação pública, a perda do emprego, de um ente querido, a separação conjugal, um acidente, uma doença. Com a psicoadaptação ou a remoção desses estímulos, ocorre uma desaceleração dos pensamentos e a reorganização da energia emocional, trazendo de volta o prazer de viver.

Se os sintomas de uma reação depressiva perduram por mais tempo, então se instala uma doença depressiva que chamo de depressão reacional. Esta durará uma semana, duas ou mais tempo, dependendo do sucesso do tratamento.

Qual o mecanismo psicodinâmico que gera uma reação depressiva ou um transtorno ansioso? O mestre de Nazaré era uma pessoa tão afinada com a arte de pensar e tão madura na capacidade de proteger a sua emoção, que ele compreendia de maneira cristalina o mecanismo que vou sinteticamente expor.

O fenômeno RAM (registro automático da memória) grava na memória todas as experiências que transitam em nossas mentes. Num computador, escolhemos as informações que queremos guardar, mas na memória humana não há essa opção. Por que não temos essa opção? Porque se a tivéssemos, poderíamos ter a chance de produzir o suicídio da inteligência. Seria possível, numa crise emocional, destruir os arquivos da memória que estimulam a construção de pensamentos. Nesse caso, perderíamos a consciência de quem somos e de onde estamos. E, assim, o tudo e o nada seriam a mesma coisa, inexistiríamos como seres pensantes.*

Tudo o que pensamos e sentimos é registrado automática e involuntariamente pelo fenômeno RAM. Esse fenômeno tem mais afinidade com as experiências com mais "volume" emocional, ou seja, registra-as de maneira mais privilegiada. Por isso, "recordamos" com mais facilidade as experiências que nos causaram tristezas ou alegrias intensas.

Em uma pessoa desprovida de proteção emocional, as experiências angustiantes produzidas pelos estímulos estressantes são gravadas de maneira privilegiada na memória, ficando, portanto, mais disponíveis para serem lidas. Uma vez lidas, geram novas cadeias de pensamentos negativos e novas emoções tensas. Assim, fecha-se o ciclo psicodinâmico que gera determinados transtornos psíquicos, inclusive o TOC.

Cuidamos da higiene bucal, do barulho do carro, do vazamento de água, mas não cuidamos da qualidade dos pensamentos e emoções que transitam em nossas mentes. Estes, uma vez arquivados, nunca mais podem ser deletados, somente reescritos. Por isso, o tratamento psiquiátrico e psicoterápico não é cirúrgico, mas um lento processo. Da mesma forma, também é difícil, mas não impossível, mudar as características de nossa personalidade.

---

* Cury, Augusto J. *Inteligência multifocal*. São Paulo: Cultrix, 1998.

É mais fácil, como Cristo fazia, proteger a emoção ou reciclá-la rapidamente no momento em que a vivemos do que reescrevê-la depois de guardada nos arquivos inconscientes da memória. Ele gozava de uma saúde emocional impressionante, pois superava continuamente as ofensas, as dificuldades e as frustrações. Portanto, o fenômeno RAM não registrava experiências negativas em sua memória, pois ele simplesmente não as produzia em sua mente.

Cristo não fazia de sua memória um depósito de lixo, pois não conseguia guardar mágoa de ninguém. Podia ser ofendido e injuriado, mas as ofensas não invadiam o território da sua emoção. A psicologia do perdão que ele amplamente divulgava não apenas aliviava as pessoas perdoadas, mas as transformava em pessoas livres e tranquilas.

Mesmo quando seu amigo Lázaro morreu, ele não ficou desesperado nem correu para realizar mais um dos seus milagres. Fazia tudo com serenidade, sem desespero e no tempo certo. Não conheço ninguém que possua a estrutura emocional que ele teve.

Tenho estudado exaustivamente uma síndrome que descobri.* Essa síndrome se instala no processo de formação da personalidade e tem uma grande incidência na população em geral. A síndrome tri-hiper apresenta três características hiperdesenvolvidas na personalidade: hipersensibilidade emocional, hiperconstrução de pensamentos e hiperpreocupação com a imagem social.

A hipersensibilidade emocional se expressa por uma enorme desproteção emocional. Pequenos problemas causam um impacto emocional muito grande. Uma ofensa é capaz de estragar o dia ou a semana da pessoa a quem ela foi dirigida.

A hiperconstrução de pensamentos se caracteriza por uma produção excessiva de pensamentos. Pensamentos antecipatórios, ruminação de pensamentos sobre o passado, pensamentos sobre os problemas existenciais. A consequência da hiperprodução de pensamentos é um grande desgaste de energia cerebral.

A hiperpreocupação com a imagem social se manifesta por uma preocupação angustiante com o que os outros pensam e falam a nosso respeito.

---

* Cury, Augusto J. *Superando o cárcere da emoção*. São Paulo: Academia de Inteligência, 2000.

Tal característica faz com que a pessoa administre mal todo tipo de crítica e rejeição social. Um olhar de desaprovação é capaz de causar-lhe uma ansiedade intensa.

Nem todos têm os três pilares dessa síndrome, mas ela costuma acometer as melhores pessoas da sociedade. São boas para os outros e péssimas para si mesmas. Realmente creio que essa síndrome tem mais possibilidade de desencadear uma doença depressiva ou ansiosa do que a predisposição genética.

Cristo era um exímio pensador, mas não pensava excessivamente nem divagava nas ideias. Não gastava energia mental com coisas inúteis. Preocupava-se intensamente com a dor humana, mas não se importava com sua imagem social, com o conceito que tinham sobre ele. Por diversas vezes houve discussão entre os seus opositores sobre quem ele era, qual a sua identidade. Ocorriam debates acalorados sobre o que fazer com ele.

O mestre sabia que tencionavam prendê-lo e matá-lo, mas, embora contagiasse as multidões com sua amabilidade e gentileza, era ao mesmo tempo sólido e seguro. Portanto, não era portador da síndrome tri-hiper. Isso explica por que ele transitava ileso pelos vagalhões da vida.

O mestre teve uma reação depressiva

Durante toda a sua vida, Jesus sofreu intensas pressões sociais. Com 2 anos de idade devia estar brincando, mas já era perseguido de morte por Herodes. Seus pais não tinham privilégios sociais. Sua profissão era simples. Passou frio, fome e não possuía moradia fixa. Teve, assim, diversos motivos para ser negativista, ansioso e irritadiço, mas era uma pessoa satisfeita e bem resolvida.

Nunca culpou ninguém por sua falta de privilégios, nem buscava ansioso o que lhe faltava. Era rico por dentro, embora fosse pobre por fora. Ao contrário dele, muitos têm excelentes motivos para serem alegres, mas são tensos, agressivos e angustiados.

Jesus vivia cada minuto com intensidade. Caminhava incansavelmente de aldeia em aldeia pregando a sua mensagem. Algumas vezes não tinha o que comer, mas não se importava; o prazer de estar em contato com novas pessoas, de aliviá-las e iluminá-las com sua mensagem era mais importante. Dizia até, para espanto dos discípulos, que a sua comida era fazer a vontade de seu Pai (*João 4:34*).

Entretanto, aquele homem alegre, seguro, amável, imbatível agora estava no jardim do Getsêmani. Lá ele expressou pela primeira vez uma profunda tristeza.

O que ele sentiu: uma depressão ou uma reação depressiva? Creio que as explicações anteriores deixam claro que ele teve apenas uma reação depressiva momentânea, embora intensa e sufocante. Quando começou a refletir sobre seus sofrimentos, uma nuvem de pensamentos dramáticos transitou por sua mente.

Sempre soube o que o aguardava, mas a hora fatal havia chegado. Precisava se preparar para suportar o insuportável. Penetrou em cada detalhe das suas chagas. Naquele momento, o homem Jesus viveu o mais ardente e insuportável estado de tristeza.

A depressão dos pensadores

Muitos homens ilustres tiveram depressão ao longo da vida. Freud teve crises depressivas. Em uma de suas correspondências com seus amigos, disse que estava muito deprimido e que a vida havia perdido o sentido. O turbilhão de ideias que transitavam por sua mente, os pensamentos negativos sobre a existência, o peso das perdas e outros fatores culminaram por deixá-lo deprimido numa fase posterior. A cultura psicanalítica não o livrou de sua miséria interior.

Herbert Spencer, um grande pensador inglês do século XIX, comentou certa vez que não valia a pena viver. Durant, historiador da filosofia, procurou defendê-lo.* Comentou que Spencer "enxergava tão longe que as coisas que se passavam debaixo do seu nariz não tinham sentido para ele". Essa defesa é muito incompleta. Não é pelo fato de ter sido um grande pensador que Spencer perdeu o solo do prazer. Entre as causas interiores deve-se ressaltar que ele desenvolveu o mundo das ideias, mas

---

* Durant, Will. *História da filosofia*. Rio de Janeiro: Nova Fronteira, 1995.

desprezou, pouco a pouco, a arte de contemplar o belo nos pequenos detalhes da vida.

De fato, não poucos pensadores viveram uma vida angustiante. Caminharam no mundo das ideias, mas não aprenderam a navegar no mundo da emoção. Assim, perderam o sentido da vida, o prazer de viver.

Esses homens foram frágeis? É difícil julgar os outros sem se colocar no lugar deles e penetrar na colcha de retalhos da sua vida. Todos temos nossas fragilidades e passamos por avenidas difíceis de transitar. A vida humana possui perdas imprevisíveis e variáveis, difíceis de administrar.

Alguns pensadores se tornaram grandes negativistas, tais como Voltaire, Schopenhauer, Nietzsche. Imergiram no torvelinho das ideias, mas descuidaram dos pequenos eventos que norteiam a vida. Não souberam irrigar suas emoções com os lírios dos campos sobre os quais o carpinteiro de Nazaré tão bem discursou para seus discípulos.

Cristo discorreu sobre os mistérios da existência como nenhum filósofo jamais o fez. A eternidade, a morte, a transcendência das dores, a transformação na natureza humana estavam constantemente na pauta das suas ideias. Apesar de ter um discurso intelectual complexo e de ser drasticamente crítico da maquiagem social, da falta de solidariedade e do cárcere intelectual das pessoas, ele exalava singeleza e prazer. Grandes pensadores perderam o sentido da vida ao desenvolver o mundo das ideias. Todavia, Cristo, apesar de ir tão longe no discurso dos pensamentos, ainda achava tempo para contemplar os lírios dos campos.

Temos de tomar cuidado com o paradoxo da cultura e da emoção: no território da emoção há iletrados que são ricos e intelectuais miseráveis. Não poucos deles se isolaram socialmente e deixaram de ser pessoas socialmente agradáveis. Não perceberam que um sorriso é tão importante quanto uma brilhante ideia. Não compreenderam que a cultura sem o prazer de viver é vazia e morta.

Também vivi um período de tristeza e negativismo em minha produção de conhecimento filosófico e psicológico. Pelo fato de produzir uma nova teoria sobre o funcionamento da mente e a construção da inteligência, bem como por investigar exaustivamente a lógica dos pensamentos e os fenômenos que leem em uma fração de segundo a memória e constroem as cadeias das ideias, também perdi o solo emocional e imergi numa esfera de negativismo e tristeza. Moro num lugar belo, rodeado de natureza. Mas, paulatinamente, o canto dos pássaros e a forma requintada das flores não encantavam mais minha emoção como antes.

Porém, felizmente, compreendi que o mundo das ideias não podia ser desconectado da arte da contemplação do belo. É possível extrair prazer das coisas mais singelas. Estudar a personalidade de Cristo me ajudou muito nessa compreensão. Aprendi que a beleza não está fora, mas nos olhos de quem a vê.

Recordemos a atitude intrigante de Jesus na grande festa judia. Ele levantou-se e exclamou que era uma fonte de prazer para o ser humano. Não pensem que o ambiente exterior era favorável. Não! Era tenso e ameaçador. Os soldados, a pedido do sinédrio, estavam lá para prendê-lo. Bastava que abrisse a boca para ser identificado. Nesse ambiente turbulento, ele bradou, com a maior naturalidade, que poderia resolver a angústia essencial que está no cerne da alma humana.

Os soldados, perplexos, voltaram de mãos vazias, pois disseram: "*Nunca ninguém falou como este homem*" (*João 7:46*). É incrível pensar que Jesus falou do prazer onde só havia espaço para o medo e a ansiedade.

A depressão das pessoas famosas

Quando o mundo das ideias é desconectado da emoção, o prazer de viver diminui. Quando a fama é mal administrada, ela atinge a saúde emocional. Com o desenvolvimento da comunicação, houve uma expansão excessiva e doentia do desejo de ser famoso. Desde pequenas as crianças querem ser artistas de cinema, cantores, jogadores de futebol, grandes empresários. No fundo desse desejo está o sonho da fama. No entanto, o mundo da fama tem abatido homens e mulheres.

Uma análise da personalidade das pessoas famosas evidencia que, no início, a fama produz um êxtase emocional. Com o decorrer do tempo, porém, essas pessoas sofrem nos bastidores de suas mentes a ação do fenômeno da psicoadaptação que faz com que elas pouco a pouco se entediem com o sucesso e a perda da privacidade, diminuindo, assim, o prazer com os aplausos e os assédios.

Para nós que pesquisamos a inteligência e o funcionamento da mente não existe fama. Ela é um artifício social. Ninguém está acima dos outros ou é mais importante do que eles. É interessante notar que o mestre de Nazaré pensava exatamente desse modo. Tanto as pessoas famosas como aquelas que estão no anonimato são seres humanos dignos do mesmo respeito, pois possuem os mesmos fenômenos inconscientes que leem a memória e constroem as cadeias de pensamentos, a consciência e a totalidade da inteligência.

Apesar das particularidades contidas em nossa personalidade, partilhamos fenômenos universais que promovem o funcionamento da mente, gerando também necessidades psíquicas e sociais universais. As pessoas famosas, ainda que tenham conquistado os maiores troféus, têm, tanto como o africano de Ruanda castigado pela fome, necessidade de sonhar, dialogar, ter amigos, superar a solidão, refletir sobre a existência. Se essas necessidades não são atendidas, a qualidade de vida emocional fica prejudicada.

Schopenhauer, ilustre filósofo alemão, disse certa vez que "a fama é uma tolice; a cabeça dos outros é um péssimo lugar para ser sede da verdadeira felicidade do ser humano".* De fato, gravitar em torno dos outros e esperar o retorno deles para alimentar nossa paz e felicidade é uma péssima escolha. É dentro de cada um de nós que deve estar a nossa própria felicidade, e não no que os outros pensam e falam a nosso respeito.

Embora amando o mundo das ideias, Schopenhauer não viveu o que discursou, pois foi um amargo pessimista, não alcançando o prazer dentro de si mesmo. Todavia, Cristo vivia um prazer e uma paz que emanavam do seu interior. Suas mais ricas emoções eram estáveis porque não dependiam das circunstâncias sociais nem das atitudes dos outros em relação a ele.

Se a fama e o sucesso, ainda que legítimos, não forem bem trabalhados, tornam-se um canteiro de angústia, isolamento e tédio. Nada é tão fugaz e instável quanto a fama.

Cristo era extremamente assediado. Em alguns momentos queriam aclamá-lo rei. Em outros, davam-lhe nada menos que o status de deus. Mas a fama não o seduzia, e ele tinha mais prazer nos pequenos eventos da vida do que nos grandes acontecimentos sociais. Seus mais brilhantes pensamentos não foram proferidos em ambientes públicos, mas no aconchego simples de uma praia, de um jardim ou na casa dos seus amigos.

---

* Durant, Will. *História da filosofia*. Rio de Janeiro: Nova Fronteira, 1995.

Um resumo das características que tornavam Cristo uma pessoa saudável

A seguir, farei uma síntese das características fundamentais de Jesus estudadas até aqui. Elas fizeram com que o carpinteiro de Nazaré, que não frequentou escola nem cresceu aos pés dos intelectuais da sua época, tivesse uma personalidade ímpar, diferente de todas as outras. O brilho que ele emanou atravessou os séculos e continua reluzindo em nossos dias.

Por meio dessas características podemos compreender por que ele não teve nenhum tipo de depressão, nem a síndrome do pânico, nem transtorno obsessivo compulsivo (TOC), nem a síndrome tri-hiper e nenhum outro transtorno psíquico.

1. Protegia sua emoção diante dos focos de tensão.
2. Filtrava os estímulos estressantes.
3. Não fazia de sua memória uma lata de lixo das misérias existenciais.
4. Não gravitava em torno das ofensas e rejeições sociais.
5. Pensava antes de reagir.
6. Era convicto no que pensava e gentil na maneira de expor seus pensamentos.
7. Transferia a responsabilidade de crer nas suas palavras e de segui-lo aos seus ouvintes.
8. Vivia a arte do perdão. Podia retomar o diálogo a qualquer momento com as pessoas que o frustravam.
9. Era um investidor em sabedoria diante dos invernos da vida. Fazia das suas dores uma poesia.
10. Não fugia dos seus sofrimentos, mas os enfrentava com lucidez e dignidade.
11. Quanto mais sofria, mais alto sonhava.
12. Não reclamava nem murmurava. Supervalorizava o que tinha, e não o que lhe faltava.
13. Gerenciava com liberdade seus pensamentos. As ideias negativas não ditavam ordens em sua mente.
14. Era um agente modificador da sua história, e não vítima dela.
15. Não sofria por antecipação.

16. Rompia todo cárcere intelectual. Era flexível, solidário e compreensivo.
17. Brilhava no seu raciocínio, pois abria as janelas da sua memória e pensava em todas as possibilidades.
18. Contemplava o belo nos pequenos eventos da vida.
19. Não gravitava em torno da fama e jamais perdia o contato com as coisas simples.
20. Vivia cada minuto da vida com intensidade. Não havia nele sombra de tédio, rotina, mesmice ou angústia existencial.
21. Era sociável, agradável, relaxante. Estar ao seu lado era uma aventura contagiante e estimulante.
22. Vivia a arte da autenticidade.
23. Sabia compartilhar seus sentimentos e falar de si mesmo.
24. Vivia a arte da motivação. Conseguia erguer os olhos e ver as flores antes que as sementes tivessem brotado, antes do cair das primeiras chuvas.
25. Não esperava muito das pessoas que o rodeavam, nem das mais íntimas, embora se doasse intensamente a elas.
26. Tinha enorme paciência para ensinar e não vivia em função dos erros dos seus discípulos.
27. Nunca desistia de ninguém, embora as pessoas pudessem desistir dele.
28. Tinha enorme capacidade para encorajá-las, ainda que fosse com um olhar. Usava os seus erros como adubo da maturidade, e não como objeto de punição.
29. Sabia estimular a inteligência delas e conduzi-las a pensar em outras possibilidades.
30. Conseguia ouvir o que as palavras não diziam e ver o que as imagens não revelavam.
31. A ninguém considerava como inimigo, embora alguns o considerassem uma ameaça para a sociedade.
32. Conseguia amar com um amor incondicional, um amor que ultrapassava a lógica do retorno.

Se tivessem estudado a personalidade de Cristo, teriam compreendido que ele atingiu não apenas o ápice da inteligência como também o apogeu da saúde emocional e intelectual.

CAPÍTULO 10

O cálice de Cristo

Dois pensamentos inesperados

O homem Jesus sempre abalou os alicerces da inteligência de todos aqueles que cruzavam sua história. Dos discípulos aos opositores, dos leprosos às prostitutas, dos homens iletrados aos mestres da lei, todos ficavam intrigados com sua perspicácia, rapidez de raciocínio, eloquência, amabilidade, delicadeza de gestos e reações que demonstravam poder. Entretanto, no Getsêmani, ele verbalizou dois pensamentos inéditos no seu vocabulário.

O primeiro, que já vimos, foi dirigido aos homens. Ele disse: *"A minha alma está profundamente angustiada."* Agora, no segundo, ele foi mais longe ao pedir: *"Pai, se possível, afasta de mim este cálice, todavia não faça o que quero, mas sim o que tu queres"* (*Mateus 26:39*).

O que significa esse segundo pensamento? Significa sofrer por antecipação? Aquele homem sólido e aparentemente inabalável hesitou diante do seu martírio? Ele recuou?

Certa vez, Jesus pressentiu que sua "hora" havia chegado. Quando foi isso? Poucos dias antes do Getsêmani, quando alguns gregos vieram visitá-lo. Sua fama se expandira tanto que já havia atingido o país da filosofia, a Grécia. É provável que em outras nações já se falasse a seu respeito. Na Galileia, Herodes Antipas estava ansioso por conhecê-lo, pois ouvira falar de sua fama e esperava vê-lo fazer algum milagre (*Mateus 14:1*).

Cristo preferia o anonimato, mas era impossível alguém como ele passar despercebido. Os homens do sinédrio não falavam em outra coisa a não ser do medo de que seu comportamento e o movimento das multidões ao seu redor pudessem ser considerados como uma sedição a Roma, o que estimularia uma intervenção em Israel e o comprometimento dos privilégios dos seus dirigentes (*Mateus 27:17-18*).

O mestre começou a divulgar seus pensamentos a partir dos 30 anos. Divulgou-os por apenas três anos e meio. Nesse curto período, causou um tumulto sem precedentes naquela nação. As multidões, para inveja da cúpula judaica, seguiam-no atônitas.

Se tivesse vivido mais dois ou três anos, ainda que não fizesse qualquer marketing pessoal, talvez não apenas os povos de outras nações se dirigissem a ele como também ele pudesse abalar o império de Tibério, o imperador romano.

Com a aproximação dos gregos, pressentiu que o tempo de sua partida tinha chegado. Disse: "*É chegada a hora*" (*Marcos 14:41*). Sabia que seu comportamento e o que ele exaustivamente anunciava jamais seriam aceitos. Graças à sua fama e aos seus atos, o povo estava querendo aclamá-lo rei. Mas aquele dócil homem dizia, para perplexidade de todos, que o seu reino não era deste mundo. As pessoas, obviamente, não entendiam sua linguagem. Se a multidão continuasse alvoroçada, uma guerra se instalaria.

Roma interviria com vigor, como ocorreu 37 anos depois, no ano 70 d.C. Naquela época, Roma, sob o comando do general Tito – o mesmo que concluiu o Coliseu iniciado por seu pai, o imperador Vespasiano –, dilacerou Jerusalém e matou cerca de um milhão de pessoas.

Jesus era veementemente contra qualquer tipo de violência. Aceitava colocar sua vida em risco, mas protegia as pessoas ao seu redor, até os seus opositores, e por isso conteve a agressão de Pedro aos soldados que o prendiam. Todavia, sua fama aumentava cada vez mais. Já não conseguia andar com liberdade. As pessoas o espremiam por onde ele passava.

Naquela época, alguns judeus, querendo matá-lo, chegaram até a usar uma mulher como armadilha. Flagrada em adultério, ela ia ser apedrejada se não fosse a exímia sabedoria e ousadia de Jesus expressa na frase: "*Quem não tem pecado atire a primeira pedra*" (*João 8:7*). Aqueles homens sedentos de sangue foram então obrigados a se interiorizar e a repensar sua violência.

Quando os gregos pediram a um de seus discípulos para encontrar Jesus, este lhes disse: "*Minha alma está agora conturbada. Que direi eu? Pai, salva-me desta hora? Mas foi precisamente para esta hora que eu vim*" (*João 12:27*). Aqui, quando pensou no seu martírio, mencionou que estava angustiado. No entanto, naquele momento, ele sentiu apenas uma pequena amostra da angústia que sofreria dias depois no Getsêmani. Logo se refez e os discípulos não perceberam a sua breve dor.

Naquela situação, ele ainda demonstrava ser inabalável, pois discorreu sobre o julgamento do mundo. Também descreveu o tipo de morte que teria, dizendo: "*Quando eu for elevado da terra*" (*João 12:32*). Ser "elevado da terra" significava ser crucificado. Colocou-se como a luz que resplandece nos bastidores da mente e do espírito humano. Disse: "*Ainda por pouco tempo a luz está entre vós*" (*João 12:35*). E, além disso, em vez de pedir, como no Getsêmani, "*Pai, se possível afasta de mim este cálice*", afirmou: "*Mas foi precisamente para esta hora que eu vim*" (*João 12:27*).

Morrer pela humanidade era sua meta fundamental, nada o desviaria desse objetivo. Por que então, dias depois no Getsêmani, ele mudou seu discurso e suplicou ao Pai que afastasse dele o cálice? Naquele jardim, a morte batia-lhe à porta. Dentro de doze horas ele seria crucificado. Mudou então de atitude porque assumiu plenamente sua condição de homem.

Se Cristo sofresse e morresse como filho de Deus, jamais poderíamos aprender algo com suas experiências, pois somos pessoas frágeis, inseguras e com enorme dificuldade para lidar com nossas misérias. Mas como morreu como filho do homem, podemos extrair do seu caos profundas lições de vida.

Naquele momento chegou a dizer uma frase interessante: "*O espírito está pronto, mas a carne é fraca*" (*Mateus 26:41*). Seu ser interior, "seu espírito", estava preparado para morrer, pois era forte, estável e determinado. Porém, seu ser exterior, "sua carne", era frágil, fraca e sujeita a transtornos quase que incontroláveis em determinadas situações, como ocorre com qualquer ser humano.

Dizer que a carne é fraca significa dizer que o corpo físico, embora complexo, está sujeito a frio, fome, dor, alterações metabólicas. Indica que há uma unidade entre a psique (alma) e a vida física (*bios*) e que essa vida, por meio dos instintos, prevalece muitas vezes sobre a psique, principalmente quando estamos tensos ou vivenciando qualquer tipo de dor.

O mestre tinha razão. Notem que um pequeno estado febril é capaz de nos abater emocionalmente. Uma cólica intestinal pode turvar nossos pensamentos. Uma ofensa em público tem o poder de travar a coordenação de nossas ideias. Uma enxaqueca pode nos tornar irritáveis e intolerantes com as pessoas que mais amamos.

Eu me alegro ao analisar um homem que teve a coragem de dizer que estava profundamente angustiado e que teve a autenticidade de clamar a Deus para que afastasse dele o seu martírio. Se tudo em sua vida fosse sobrenatural, não haveria beleza e sensibilidade, pois eu sou sujeito a angústias, meus pacientes são sujeitos a transtornos psíquicos, e todos nós somos sujeitos a erros e dificuldades.

Os homens gostam de ser deuses, mas aquele que se colocava como filho de Deus gostava de ser homem.

Administrando a emoção no discurso do pensamento

Apesar de sofrer como um homem, Jesus tinha uma humanidade nobilíssima. Notem que ele disse ao seu Pai: *"Afasta de mim este cálice"* (*Marcos 14:36*). O demonstrativo "este" indica que ele estava se referindo ao que se passava em sua mente com respeito ao cálice físico que iria suportar na manhã seguinte.

Imaginem quantos pensamentos e emoções angustiantes não transitavam pela mente de Jesus. Vamos nos colocar no lugar dele. Imaginemos nossa face toda cheia de hematomas pelos murros dos soldados, nossas costas sulcadas pelos açoites, nossa cabeça ferida pelos múltiplos espinhos. Imaginemos também os primeiros pregos esmagando a pele, os nervos e músculos de nossas mãos.

Qual seria o pior cálice: o psíquico dos pensamentos antecipatórios ou o cálice físico? Normalmente o cálice psicológico é pior do que o físico, mas no caso de Jesus eram ambos, pois o sofrimento da cruz foi indescritível. Entretanto, ele pedia ao Pai que afastasse "este" cálice, o cálice psíquico, o que se passava na sua mente, e não o físico. Mas, como este cálice também fazia parte do seu martírio, em seguida emendou: *"Contudo, não a minha vontade, mas a tua seja feita"* (*Lucas 22:42*). Com resignação, rendeu-se à vontade de seu Pai.

Jesus sofreu por antecipação porque estava às portas de seu julgamento e sua crucificação. Como já comentei, precisava pensar nas etapas da sua dor para reunir forças para suportá-las como homem de carne e osso.

O procedimento do mestre da escola da vida evidencia que há momentos em que devemos deixar de lado a nossa despreocupação e tomar total consciência dos problemas que atravessaremos. Caso contrário, nos alienamos socialmente. Esses momentos devem ser encarados de frente e analisados de diversos ângulos. Porém, é difícil saber qual é o momento certo para esse exercício intelectual.

O tempo para lidar com os problemas futuros deveria ser apenas o suficiente para nos equiparmos a fim de superá-los. Sofrer por um câncer hipotético, por uma crise financeira que pode não ocorrer, por uma dificuldade ainda distante, é se autoflagelar inutilmente.

Infelizmente, uma das características mais universais do *Homo sapiens*, desta espécie inigualável da qual fazemos parte, é sofrer por antecipação. A construção de pensamentos que deveria gerar um oásis de prazer produz, muitas vezes, um espetáculo de terror que nos expõe com frequência a transtornos psíquicos. São muitas as pessoas cultas e aparentemente saudáveis que sofrem secretamente dentro de si mesmas.

Não deveríamos ficar pensando durante dias, semanas ou meses antes de os fatos acontecerem, a não ser que tivéssemos a capacidade de não envolver a emoção com as cadeias de pensamentos, pois ela é a grande vilã que rouba energia cerebral. Quando a atividade do pensamento está carregada de tensão, apreensão e angústia, gasta duas, três ou até dez vezes mais energia do que se estivesse desvinculada dessas emoções. Se pudéssemos usar nossa capacidade reflexiva sem vinculá-la à ansiedade, seríamos capazes de refletir sobre os fatos muito tempo antes de eles ocorrerem. Mas não conheço quem possua tal habilidade. Os vínculos da emoção com os pensamentos acompanham toda a história de formação da personalidade.

Uma análise psicológica estrita da personalidade de Cristo indica que ele teve essa habilidade. Só empregou emoção tensa na produção de pensamentos horas antes de morrer. Se durante a sua jornada não soubesse administrar sua inteligência, ele estrangularia a própria emoção, pois, por estar consciente do drama que iria atravessar, teria a mente continuamente atormentada, o que não lhe daria condições para brilhar na arte de pensar, manter a serenidade, ser afetivo e dócil com todas as pessoas que cruzavam a sua história.

Não vivendo um teatro: o paradoxo entre o poder e a singeleza

Quando aquele homem dócil e corajoso pediu a Deus que afastasse aquele cálice, tomou a atitude mais incompreensível de toda a sua história. Com essas palavras, como vimos, ele viveu a arte da autenticidade. Mas, por outro lado, essa atitude poderia comprometer a adesão de novos discípulos, pois é próprio da fantasia humana desejar ligar-se a alguém que nunca expresse qualquer fraqueza. Alguns veem nessa atitude de Cristo fragilidade e hesitação, mas, após estudar exaustivamente a sua personalidade, percebo nela a mais bela poesia de liberdade. Seu comportamento manifesta que, se ele quisesse, poderia ter evitado o seu cálice, mas o tomou livre e conscientemente.

Suas palavras revelam que Jesus não representava uma peça, mas queria ser ele mesmo, e por isso relatou sem qualquer disfarce o que se passava no palco da sua emoção. Jesus de Nazaré era tão grande e desprendido, que não tinha nenhuma necessidade de simular o que sentia. Nós, ao contrário, não poucas vezes simulamos sentimentos, pois temos medo de ser desaprovados e excluídos do ambiente em que vivemos.

Estudar a mente de Cristo é algo muito complexo. Frequentemente suas atitudes estão ocultas aos olhos da ciência, pois entram numa esfera que não pode ser investigada, a esfera da fé. Mas não devemos ficar de mãos amarradas, pois é possível garimpar tesouros escondidos nos seus pensamentos.

Suas atitudes singelas e o poder descomunal que demonstrava equilibravam-se perfeitamente na "balança" da sabedoria e do bom senso.

As ideias de grandeza são frequentemente incompatíveis com a saúde psíquica. Se analisarmos a história de qualquer pessoa que desejou compulsivamente o poder e a exaltação suprema, que sempre se empenhou em estar acima dos outros, verificaremos em sua personalidade algumas características doentias, como a incoerência, a impulsividade, atitudes autoritárias e uma enorme dificuldade de se colocar no lugar dos outros e perceber suas dores e necessidades. Alguns, por amarem obsessivamente o poder, se tornaram paranoicos; outros, psicopatas; e outros, ainda, ditadores violentos.

Os ditadores com tais características sempre violaram os direitos dos outros, pois nunca conseguiram ver o mundo com os olhos deles. Tomemos Hitler como exemplo. Uma análise da sua história constata que ele tinha uma mente perspicaz e persuasiva associada a um delírio de grandeza, ansiedade, irritação, incoerência intelectual e exclusão social. Mesmo derrotado, percebia-se nele uma pessoa inflexível, incapaz de reconhecer minimamente seus erros e de possuir sentimentos altruístas. No fim da guerra, pouco antes de se suicidar, casou-se com Eva Braun.* A incoerência não está nesse casamento que, aparentemente, poderia representar um brinde ao afeto, mas no fato de que se casaram confessando que eram "arianos puros". Com isso, mesmo às portas da morte, ele ainda avalizava o holocausto judeu e perseguia a sua insana e cientificamente débil purificação da raça.

O povo judeu sempre foi um povo brilhante. Perseguiu-o e dizimou-o um ditador psicopata, incapaz de compreender que uma "raça" ou mesmo a cor da pele e a condição cultural jamais poderiam servir de parâmetro para distinguir dois seres da mesma espécie. Pois são seres que partilham os mesmos fenômenos, que leem a memória e produzem as insondáveis cadeias de pensamentos, bem como todos os elementos que estruturam a inteligência e a consciência. Como já afirmei, até uma criança com deficiência mental é dotada da mesma complexidade na sua inteligência e, portanto, merece o mesmo respeito que o mais puro dos arianos ou qualquer outro ser humano.

Jesus também teve ideias de grandeza impensáveis. Colocava-se acima dos limites do tempo. Inferia que era o Cristo, o filho do autor da existência. Relatava uma indestrutibilidade jamais expressa por um ser humano. Todavia, ao contrário de todos os homens que amaram o poder, preferia a singeleza e a humildade.

Apesar de expressar um poder incomum, jamais excluiu alguém. Amava os judeus com uma emoção ardente e, com exceção da cúpula de poder, eles o amavam igualmente. Para a felicidade dos leprosos, das prostitutas e das barulhentas crianças, aquele homem que evidenciava sua grandeza procurava as pessoas mais simples para se relacionar. Podia usar seu poder para controlar as pessoas e colocar o mundo aos seus pés. Mas vale sempre relembrar seu gesto de suprema humildade, abaixando-se e lavando os pés de homens sem privilégios sociais. O amor que o movia ultrapassava os limites da lógica. A psicologia não consegue perscrutá-lo e analisá-lo adequadamente, pois sua personalidade é muito diferente do comum.

---

* Mayda, Giuseppe *et al. Os ditadores*. São Paulo: Editora Três, 1997.

Um plano superior

Se Cristo desejasse camuflar suas emoções, jamais teria expressado sua dor no Getsêmani e jamais teria manifestado a sua vontade de não beber o cálice.

O objetivo do mestre era muito mais ambicioso do que fundar uma escola de ideias ou uma corrente de pensamento. Como já repeti inúmeras vezes, seu objetivo era causar a mais drástica revolução humana, uma revolução que começaria no espírito humano, fluiria para toda a inteligência e modificaria para sempre a maneira de ser e de pensar do homem, introduzindo-o por fim na eternidade, o que indica a universalidade de Jesus Cristo. Ele veio para todos os povos e para as pessoas de qualquer religião, cultura, raça e condição social.

Se Platão, Sócrates, Hipócrates, Confúcio, Saquiamúni, Moisés, Maomé, Tomás de Aquino, Spinoza, Kant, Descartes, Galileu, Voltaire, Rousseau, Einstein e tantos outros que brilharam por sua inteligência e contribuíram por meio de pensamentos científicos, filosóficos ou religiosos para enriquecer a qualidade de vida fossem contemporâneos de Jesus Cristo e vivessem nas regiões da Galileia e da Judeia, certamente não estariam no sinédrio acusando-o, mas fariam parte do rol de seus amigos. Sentariam com ele à mesa e teriam ricos diálogos. Provavelmente andariam em sua companhia de aldeia em aldeia e chorariam quando ele partisse.

O mestre de Nazaré não veio destruir as culturas, segundo está claramente expresso em todas as suas biografias; ele veio para dar "vida" ao ser mortal, introduzir a natureza de Deus dentro dele, enriquecê-lo com uma fonte inesgotável de prazer e imergi-lo numa vida infindável.

Jesus não era uma estrela no meio das pessoas. Ele se misturava com elas, fazia parte de sua cultura e se tornava uma delas. Questionado por se misturar à ralé e comer sem lavar as mãos, ele disse: *"Não é o que entra pela boca que torna o homem impuro, mas o que sai dela"* (*Mateus 15:11*). Não estava menosprezando a higiene, mas queria demonstrar que viera para mudar o interior do ser humano. Para isso estabeleceu princípios universais, como o que bradou no sermão da montanha. Disse: *"Felizes ou bem-aventurados são os pobres no espírito"* (*Mateus 5:3*), ou seja, aqueles que valorizam mais o "ser" do que o "ter" e se colocam continuamente como aprendizes diante da vida. Também chamou de bem-aventurados os pacificadores, os misericordiosos, os puros de coração, os que amam e têm sede de justiça.

Chegou ainda a dizer que são "*bem-aventurados os mansos porque herdarão a terra*" (*Mateus 5:4*), parecendo entrar em contradição com a história. A história relata que frequentemente os que exerceram qualquer tipo de violência foram os que herdaram a terra ou ocuparam os espaços sociais, embora nas sociedades democráticas tenha havido muitas exceções. Até na teoria de Darwin, os mais fortes e adaptados são os que dominam os mais fracos. Todavia, segundo a sólida convicção do carpinteiro de Nazaré, os mansos são aqueles que um dia herdarão a terra.

Cristo viveu a mansidão como uma sinfonia de vida. Causou a maior revolução da história sem desembainhar nenhuma espada, sem produzir qualquer tipo de violência. Inspirou muitas pessoas ao longo das eras. Uma delas foi Gandhi, que o admirava muito e que, como um poeta da vida, libertou a Índia do Império Britânico em 1947 sem usar qualquer violência.

Somente os fortes poupam o sangue e são capazes de usar os pequenos orvalhos do diálogo, da afetividade e da tolerância para arar e irrigar o solo árido dos obstáculos que estão à sua frente.

A mudança inesperada do discurso de Cristo

Lucas descreve que Jesus inclinava o rosto sobre os pés e orava intensamente. Tal posição indicava não apenas a sua humildade, mas o seu sofrimento. Nessa posição, ele navegava para dentro do seu próprio ser e suplicava ao Pai.

No capítulo 17 de João, como vimos, ele fez a sua mais longa oração. Mencionou cerca de 39 vezes o nome do Pai e os pronomes relacionados a Ele. Talvez tenha gastado dez minutos nesse diálogo. Contudo, no jardim do Getsêmani, orou pelo menos por duas ou três horas (*Mateus 26:39-45*). Mas, como os discípulos dormiram, não temos registro disso. Talvez tenha mencionado o nome do Pai centenas de vezes e o tenha convidado a entrar em cada cena do filme da sua mente, em cada etapa da dor que iria atravessar.

Isso deve realmente ter acontecido, pois analisando as poucas frases que foram registradas nesse ambiente, percebemos uma mudança do discurso de Jesus em relação ao cálice.

O texto de Mateus mostra-nos que na primeira frase ele bradou: "*Meu Pai: Se possível, passe de mim este cálice! Todavia, não seja como eu quero, e, sim, como tu queres*" (Mateus 26:39). Passada uma hora, após ter tido um rico diálogo não registrado, ele, embora gemendo de dor, mudou seu pensamento e afirmou: "*Meu Pai, se não é possível passar de mim este cálice sem que eu o beba, faça-se a tua vontade*" (Mateus 26:42). Essas palavras indicam que ele se convenceu de que não era possível deixar de beber o cálice.

Essa mudança de discurso revela que Jesus tinha um Pai que não era fruto de sua imaginação ou de uma alucinação psicótica. Uma alucinação e um delírio psicótico são produzidos quando uma pessoa perde os parâmetros da realidade e começa a construir, sem consciência crítica, uma série de pensamentos fantasiosos que considera reais; quando acredita convictamente que esses pensamentos ou imagens não foram produzidos por ela mesma, mas pertencem a outro ser real que está fora dela. Assim, ouve vozes inexistentes, vê imagens irreais e tem sensações estranhas e ideias infundadas. Se desenvolvermos um diálogo um pouco mais investigativo com alguém que está em surto psicótico, perceberemos facilmente a incoerência intelectual, a dificuldade consistente no gerenciamento dos pensamentos e a perda dos parâmetros da realidade.

Cristo não alucinava ou delirava quando dialogava com seu Pai. Pelo contrário, além de ser coerente e lúcido, desenvolveu, como venho repetindo, as funções da inteligência em patamares jamais sonhados pela psiquiatria e pela psicologia.

Ele não fantasiava nem fazia um jogo de linguagem quando se referia ao seu Pai. A análise das suas palavras e das intenções que elas expressam evidencia que seu Pai era real, que tinha uma existência própria, uma vontade definida. Talvez a vontade dele e a do Pai coincidissem em quase tudo o que planejaram, mas nessa situação a vontade do Pai não ia ao encontro da sua. O Pai queria a cruz, e o filho, na condição de homem, disse, ainda que por um momento, que desejava evitá-la. Isso revela claramente que o martírio de Cristo não foi um teatro. Independentemente de sua divindade, ele sofreu como um ser que tem pele, fibras musculares, nervos. Submeteu-se ao seu Pai não por temor ou imposição dele, mas por amor. Um amor que excede o entendimento.

Essa diferença entre a vontade dos dois não constituía problema para eles, pois um procurava satisfazer o desejo do outro. Por isso, segundo os evangelhos, o maior conflito do universo foi resolvido em poucos momentos.

Por que há entre eles uma inexprimível harmonia? Ambos possuem uma coexistência misteriosa – se os leitores quiserem se aprofundar nessa questão, devem procurá-la nos livros dos teólogos. Cristo disse certa vez a Filipe, um dos discípulos: *"Não crês que estou no Pai e que o Pai está em mim?"* (João 14-10). A vontade do Pai prevaleceu sobre a do filho. Este compreendeu que o cálice seria inevitável, por isso rendeu-se à vontade do Pai. Subentende-se aqui que o Pai, embora contemplasse os gemidos de dor do filho e tivesse consciência dos açoites e feridas que ele enfrentaria, o convenceu a tomá-lo.

Segundo o pensamento de Cristo, se ele falhasse, o plano de Deus falharia. Neste caso, a redenção da humanidade não ocorreria, o perdão das mazelas e das misérias humanas não se realizaria, nenhuma criatura seria eterna. A vida humana seria uma simples brincadeira temporal e, após ela, o nada.

Como o Pai o convenceu a tomar o cálice? Talvez tenha relatado tudo o que o filho já sabia, todo o seu plano. Entretanto, como Jesus sofria intensamente como um homem, precisava ser confortado pelas palavras do seu Pai. Talvez este tenha mencionado o nome de Pedro, João, Maria Madalena, Lázaro e de todos os homens, mulheres e crianças que Jesus conheceu e amou ardentemente.

Jesus não teve sua vontade atendida pelo Pai, mas ainda assim orou. Por que orou então? Porque aquele diálogo o sustentou, irrigou sua alma com esperança, renovou-lhe as forças. Os discípulos, estressados, dormiam um pesado sono, mas ele velejava para dentro de si mesmo.

Se o filho insistisse em não tomar o cálice, o Pai realizaria o seu desejo, mas Jesus disse: *"Faça-se a tua vontade..."* Talvez para o Pai fosse mais fácil ver seu filho morrer na cruz do que vê-lo sendo espancado e, ainda assim, ficar quieto; ser injuriado e, ainda assim, ser dócil; ser açoitado e, ainda assim, ser tolerante; ser esmagado na cruz e, ainda assim, ter o desprendimento de amar e perdoar.

Certa vez Jesus disse que se o ser humano, que é limitado na sua capacidade de amar, dava boas dádivas aos filhos quando estes lhe pediam, Deus, por ter uma capacidade insondável de amar, daria muito mais quando as pessoas insistentemente lhe pedissem (*Mateus 7:9*). Por meio dessas palavras, afirmava que o amor de seu Pai era incomparavelmente maior do que o nosso instável e circunstancial amor.

Uma voz vinda do céu ecoava o que o Pai sentia pelo filho: *"Este é o meu filho amado em quem me comprazo"* (*Mateus 3:17*). Segundo as biografias de Cristo, a sua morte foi o evento mais importante e mais doloroso para o Deus eterno. Vemos o desespero de Deus e de seu filho e a angústia que ambos viveram para mudar o destino da humanidade (*Mateus 26:38*).

Só os mortos realmente sabem se essa mudança de destino foi real ou não. Aqui, no "palco dos vivos", só nos resta acreditar ou rejeitar as palavras de Cristo. É uma atitude totalmente pessoal, com consequências pessoais. Mas creio que não há como não ficarmos perplexos diante desses acontecimentos.

A meta impressionante: "Vós sois deuses"

Agostinho, nos séculos iniciais da era cristã, resumiu resolutamente o seu pensamento sobre a missão e o cálice de Cristo: *"Deus se tornou homem para que o homem se tornasse Deus."**

Agostinho quis dizer que o objetivo de Deus é que o ser humano conquiste a natureza divina e se torne filho de Deus, não para ser adorado, mas para receber todas as dádivas do seu ser. O próprio apóstolo Pedro, na sua velhice, escreveu em uma de suas cartas que através de Cristo *"nós somos coparticipantes da natureza de Deus"* (*2 Pedro 1:4*). Incompreensível ou não, era isso o que pensavam Cristo e seus mais íntimos seguidores. Como pode o ser humano, tão cheio de falhas e tão restrito na sua maneira de pensar, receber a natureza de Deus e ser eterno como ele?

De fato, independentemente de rejeitar ou não o pensamento de Cristo, uma análise profunda das suas biografias revela que "tomar o cálice" não tinha a conotação de sofrer como um pobre miserável, mas revela o plano mais ambicioso jamais realizado, o plano de Deus de infundir a imortalidade dentro dos seres temporais.

Um dia, alguns judeus se encharcaram de ira pela blasfêmia de Jesus que, sendo um homem, se dizia Deus. Então Jesus, perturbando-os drasticamente, replicou: *"Não está escrito na vossa lei: 'Eu disse: Sois deuses'?"* (*João 10:34*). O texto que Jesus citou do Velho Testamento caiu como uma

---

* Bettenson, H. *Documentos da igreja cristã*. São Paulo: Aste/Simpósio, 1998.

bomba na mente daqueles homens que supunham conhecer as Escrituras antigas. Eles nunca tinham prestado atenção em alguns pontos fundamentais que estavam implícitos nesse texto do salmo 86.

O mestre continuou a confundi-los: "*Se ele chamou deuses àqueles a quem a palavra de Deus foi dirigida – e a Escritura não pode ser anulada –, àquele que o Pai consagrou e enviou ao mundo, dizeis: Tu blasfemas, porque eu disse: Sou filho de Deus?*" (*João 10:35-36*).

Essas palavras revelam o cerne do plano transcendental de Cristo. Ele queria que a criatura humana recebesse a natureza eterna de Deus. Se para aqueles homens as palavras do carpinteiro de Nazaré afirmando que era o próprio filho de Deus já eram consideradas uma blasfêmia insuportável, imagine o que eles pensaram de seu objetivo de fazer de criaturas instáveis e temporais filhos do Deus altíssimo. Os seus opositores não sabiam como defini-lo. Uns achavam que ele estava louco, outros que ele estava tendo um delírio espiritual (diziam que estava possuído pelo demônio) e outros ainda saíam confusos sem nada concluir.

A medicina é a mais complexa das ciências. É uma fonte concentradora das diversas áreas do conhecimento. Compõe-se da biologia, da química, da física, da matemática e de outras ciências. Todavia, o médico mais culto e experiente é apenas capaz de dizer que quem crê em seu tratamento pode resolver a sua doença. Todavia, Cristo era tão intrigante que afirmava que quem cresse nele teria vida eterna. Que poder se escondia dentro do carpinteiro de Nazaré para que tivesse a coragem de expressar que transcenderia todas as indescritíveis consequências psicológicas e filosóficas do fim da existência?

Há milhares de hospitais e milhões de médicos espalhados pelo mundo inteiro procurando não apenas melhorar a qualidade de vida, mas também retardar o término da existência humana. Por fim, infelizmente, a morte triunfa e derrota a medicina. Todavia, apareceu um homem há dois milênios cujas palavras causaram o maior impacto da história. Ele afirmou, sem qualquer insegurança, que veio com a missão de triunfar sobre a morte. Queria romper a bolha do tempo que envolvia a humanidade e fazer com que o mortal alcançasse a imortalidade. Que propósito impressionante!

CAPÍTULO 11

A criatura humana como ser insubstituível

O mestre da sensibilidade

Chegamos ao final deste livro. Aqui veremos três características fundamentais da personalidade de Jesus Cristo: a sensibilidade, o prazer de passar despercebido e a preocupação específica com cada ser humano.

Estudá-las contribuirá para compreendermos alguns pensamentos e reações subjacentes da pessoa mais bela e difícil de se compreender que passou por esta terra.

A sensibilidade e a hipersensibilidade

Para elucidar esse assunto, permitam-me contar-lhes uma história.

M. L. é uma educadora brilhante. Percebe o mundo de maneira diferente da maioria das pessoas. Contempla os pequenos detalhes da vida, capta os sentimentos mais ocultos das pessoas que a rodeiam. O sorriso de uma criança a encanta, até as folhas revoando ao léu a inspiram. Gosta de extrair lições das dificuldades que enfrenta. A vida para ela não é um espetáculo vazio, mas um espetáculo de emoções.

Concluindo: M. L. desenvolveu a sensibilidade, que é uma das características mais nobres da inteligência e uma das mais difíceis de serem conquistadas. Contudo, dificilmente alguém consegue desenvolver uma sensibilidade madura, acompanhada de proteção emocional, segurança e capacidade de filtrar os estímulos estressantes. Por isso, normalmente, as pessoas sensíveis se tornam como M. L., ou seja, hipersensíveis.

As pessoas hipersensíveis têm as belíssimas características da sensibilidade, mas, ao mesmo tempo, apresentam frequentes crises emocionais e um humor flutuante que se alterna entre o prazer e a dor. Quando erram ou fracassam, punem-se excessivamente. Quando veem alguém sofrendo, sofrem junto com a pessoa e, às vezes, até mais do que ela. Diante de uma perda, não conseguem administrar o impacto emocional. Gravitam em torno das dificuldades que ainda não surgiram e não conseguem impedir dentro de si mesmas o eco dos estímulos estressantes que as circundam.

Pode-se dizer que as pessoas hipersensíveis são as melhores da sociedade, pois são incapazes de ferir os outros. Mas são péssimas para si mesmas. Toleram os erros alheios, mas não toleram seus próprios erros. Compreendem os fracassos do próximo, mas não suportam seus próprios fracassos. São especialistas em autopunir-se. Muitos poetas e pensadores eram hipersensíveis, por isso tiveram graves crises emocionais.

A sensibilidade é uma das mais sublimes características da personalidade; sem ela não se desenvolve a arte da contemplação do belo, a criatividade, a socialização. Infelizmente, o sistema educacional pouco valoriza a expansão da sensibilidade, como também pouco estimula a proteção emocional.

O mestre de Nazaré desenvolveu a sensibilidade emocional no seu sentido mais pleno. Nele, ela se tornou, mais do que uma característica da personalidade, uma arte poética. Era afetuoso, observador, criativo, detalhista, perspicaz, arguto, sutil. Usufruía os pequenos eventos da vida e, ainda por cima, conseguia perceber os sentimentos mais ocultos naqueles que o cercavam. Via encanto numa viúva pobre e percebia as emoções represadas numa prostituta.

Cristo foi o mestre da sensibilidade. Treinou sua sensibilidade desde criança. À medida que crescia em sabedoria, desenvolvia uma emoção sutil e uma inteligência refinada, o que lhe dava uma habilidade psicoterápica impressionante, a de perscrutar os pensamentos não verbalizados e se adiantar às emoções não expressas.

Por que, quando adulto, ele se tornou um exímio contador de histórias?

Porque, na infância e na juventude, a rotina e o tédio não cruzaram sua vida. Enquanto os meninos e até os adultos de sua época viviam superficialmente, como meros passantes, ele penetrava e refletia nos mínimos detalhes dos fenômenos que o rodeavam. Devia olhar para o céu e compor poesias sobre as estrelas. Certamente despendia um longo tempo contemplando e admirando as flores dos campos. Os lírios cativavam seus olhos e as aves do céu o inspiravam (*Mateus 6:26-28*). Até o canto dos pardais, que perturba ao entardecer, soava como música aos seus ouvidos. O comportamento das ovelhas e os movimentos dos pastores não passavam despercebidos para esse poeta da vida.

Por ser um exímio observador, o mestre da sensibilidade se tornou um excelente contador de histórias e de parábolas. Suas histórias curtas e cheias de significado continham todos os elementos que ele contemplou, admirou e selecionou ao longo da vida. Morreu jovem – tinha pouco mais de trinta anos –, mas acumulou em sua humanidade uma sabedoria que o mundo acadêmico ainda não incorporou.

A vida não o privilegiou com fartura material, mas ele extraiu riqueza da miséria. Rompeu os parâmetros da matemática financeira; era riquíssimo, embora não tivesse onde reclinar a cabeça. Mergulhou desde a meninice num ambiente estressante, mas expressou a mansidão e a lucidez do seu "deserto". Tornou-se tão manso e calmo que, quando adulto, considerou-se a própria matriz da tranquilidade. Por isso, fez ecoar nos tensos territórios da Judeia e da Galileia um convite nunca antes ouvido: "*Aprendei de mim porque sou manso e humilde de coração*" (*Mateus 11:27*). Nossa paciência é instável e circunstancial, mas a dele era estável e contagiante. Aqueles que o seguiam de perto não sentiam temores nem abalos emocionais.

Sua sensibilidade era tão arguta que, quando uma pessoa sofria ao seu lado, ele era o primeiro a perceber e a procurar aliviá-la. As dores e as necessidades dos outros mexiam com as raízes do seu ser. Tudo o que tinha, repartia. Era um anti-individualista por excelência.

Cristo tinha uma amabilidade surpreendente. Freud excluiu da família psicanalítica os que pensavam contrariamente às suas ideias, mas o mestre de Nazaré não excluiu da sua história aquele que o traiu nem aquele que o negou. As pessoas podiam abandoná-lo, mas ele jamais desistia de alguém.

Era de se esperar que pelo fato de ter desenvolvido o mais alto nível de sensibilidade, Cristo tivesse todos os sintomas da hipersensibilidade. Ao contrário, ele conseguiu reunir na mesma orquestra da vida duas características quase irreconciliáveis: a sensibilidade e a proteção emocional. Cuidava dos outros como ninguém, mas não deixava a dor deles invadir sua alma. Vivia no meio dos seus opositores, mas sabia se proteger, por isso não se abatia quando era desprezado ou injuriado. Conseguia mesclar a segurança com a docilidade, a ousadia com a simplicidade, o poder com a capacidade de apreciar os pequenos detalhes da vida.

Ao contrário das pessoas sensíveis, as insensíveis dificilmente expõem suas emoções. São egoístas, individualistas, implacáveis, incapazes de reconhecer seus erros, e por isso são especialistas em reclamar e criticar superficialmente tudo que as circunda. Estão sempre se escondendo atrás de uma cortina de segurança que reflete não uma emoção tranquila, mas uma emoção engessada e insegura. Terapeuticamente falando, é muito mais fácil conduzir uma pessoa hipersensível a proteger sua emoção e a aparar algumas arestas da sua hipersensibilidade do que levar uma pessoa insensível a despojar-se da sua rigidez e conquistar a sensibilidade. Todavia, é sempre possível reescrever algumas características da personalidade; o desafio está em sair da condição de espectador passivo para a de agente modificador do roteiro da própria história.

Embora a sensibilidade frequentemente penda para a hipersensibilidade, quanto mais uma pessoa aprende a encontrar prazer nos pequenos detalhes da vida, mais se torna saudável emocionalmente. Não espere encontrar um grande número de pessoas ricas em emoção na Avenida Paulista, nos Champs Elysées, em Wall Street ou entre os milionários listados pela *Forbes*. Procure-as entre aquelas que acham tempo para observar "o brilho das estrelas".

Alguém poderá argumentar que em São Paulo é difícil ver as estrelas por causa da poluição do ar! Sempre haverá argumentos para adiarmos o desenvolvimento da sensibilidade. Se há uma cortina de poluição que bloqueia nosso campo visual, há certamente um universo de detalhes que pulsa ao nosso redor: um diálogo aberto, o sorriso das crianças, uma flor que desabrocha, uma viagem para dentro de si mesmo, uma revisão de paradigmas, a leitura de um livro. Precisamos gastar tempo com aquilo que não dá lucro para o bolso, mas para o interior. Jesus dizia que o tesouro do coração é estável, enquanto os bens materiais são transitórios (*Mateus 6:19-20*).

Ao preservar sua emoção nos focos de tensão e usufruir o prazer nos pequenos eventos da vida, o carpinteiro deixou-nos um modelo vivo de que é possível desenvolver a sensibilidade, mesmo num ambiente onde só há pedras e areia.

As características ímpares do caráter de Deus e de Jesus

Jesus Cristo não foi apenas o Mestre da Sensibilidade, mas também teve uma característica difícil de ser compreendida, o que torna a sua personalidade paradoxal, diferente de todas as demais: gostava de passar despercebido e de ser encontrado por aqueles que enxergam com o coração.

Antes de estudarmos essa característica de Cristo, gostaria de convidar o leitor a mergulhar em algumas indagações filosóficas sobre o caráter do autor da existência – Deus.

Ao olharmos para o Universo, apesar de percebermos tanta beleza e organização, não vemos seu autor. Se há um Deus no Universo, por que Ele deixa a mente humana em suspense e não mostra claramente a sua identidade? Se é onisciente, se tem plena consciência de todas as coisas, inclusive das nossas indagações a seu respeito, por que não resolve as dúvidas que há séculos nos perturbam?

O Universo todo, incluindo os milhões de espécies da natureza, acusam a existência de um criador. Todavia, apesar de ter realizado uma obra fantástica, Ele não quis assiná-la. Por que não? Essa é uma grande questão! Muitos se tornaram ateus porque não encontraram respostas para suas dúvidas. Outros, no entanto, procuram o Criador com os olhos do coração, e por isso afirmam encontrar sua assinatura em cada lugar e em cada momento, nas serenatas dos pássaros, na anatomia das flores e até no sorriso das pessoas.

É próprio de um autor assinar a sua obra, ainda que com pseudônimo. Ao que tudo indica, o Criador deixou que os inumeráveis detalhes da sua criação falassem por eles mesmos, como se fossem a sua própria assinatura.

Alguns administradores públicos realizam pequenas obras, mas, ao inaugurá-las, fazem grandes discursos. O autor da existência, ao contrário, fez obras admiráveis, tão grandes, que nem todas as enciclopédias do mundo poderiam descrevê-las, mas não fez nenhum discurso de inauguração.

Ninguém invade o patrimônio de alguém sob pena de sofrer uma ação judicial. Contudo, estamos vivendo na Terra, da qual retiramos o alimento para viver, o ar para respirar e fazemos um território para morar. Mas onde está o proprietário deste planeta azul que se destaca dos trilhões de outros no cosmo? Por que ele não reivindica o que é seu e nos cobra "impostos" para usufruir sua mais excelente propriedade? Essas são questões importantes!

Houve, em toda a história, pessoas no campo filosófico e teológico que consumiram grande parte de sua energia mental tentando desvendar os mistérios da existência. E quanto mais perguntaram, mais aumentaram suas dúvidas. Por que o autor da vida não se revela sem rodeios a esta espécie pensante à qual pertencemos?

Alguns argumentarão: Ele deixou diversos escritos de homens que tiveram o privilégio de conhecer parte dos seus desígnios. Tomemos como exemplo a Bíblia. Ela é composta de dezenas de livros e demorou cerca de 1.500 anos para ser escrita. No entanto, ainda que possamos mergulhar nos textos bíblicos e ficar encantados com muitas de suas passagens, temos de reconhecer que Deus é um ser misterioso e muito difícil de ser compreendido. Apesar de ser onipresente, isto é, de estar todo o tempo em todo lugar, Ele não se mostra claramente. Por isso usou homens para escrever algo sobre si.

Isaías foi um dos maiores profetas das Antigas Escrituras. Em um dos seus textos, ele faz uma constatação brilhante sobre uma característica de Deus que só os mais sensíveis conseguem perceber. Disse: "*...verdadeiramente Tu és um Deus que se encobre*" (*Isaías 45:15*). Isaías olhava para o universo, via um mundo admirável, mas ficava perturbado, pois seu autor não gostava de se exibir, ao contrário, ocultava-se aos olhos visíveis.

Certo dia, Elias, outro profeta de Israel, passava por um grande problema. Estava sendo perseguido e corria grave risco de vida. Assustado, escondeu-se dos inimigos, perguntando-se onde estaria o Deus a quem ele servia. Deus fez então surgir um vento impetuoso, mas não estava no vento. Fez surgir um forte fogo, mas também não se encontrava na violência das labaredas. Então, para espanto de Elias, fez surgir uma brisa suave, quase que imperceptível, e lá Ele estava (*1 Reis 19:11-13*). Amamos os grandes eventos, mas Deus ama as coisas singelas.

É preciso enxergar as coisas pequenas para encontrar Aquele que é grande. Einstein, o maior cientista do século XX, queria entender a mente de Deus.

O autor da teoria da relatividade era mais ambicioso do que se pode imaginar. Como investigador irrefreável, estava interessado em conhecer mais do que os mistérios da física, mais do que a relação tempo/espaço que tanta insônia causa nos cientistas. Queria compreender os pensamentos de Deus.

Outros pensadores, como Descartes, Spinoza, Kant, Kierkegaard, fizeram de suas indagações a respeito de Deus objeto constante de suas pesquisas. Gastavam tempo produzindo conhecimento sobre o Criador. Nunca brotaram no cerne da sua inteligência, leitor, indagações sobre o que é a existência e quem é seu autor?

É próprio do ser humano amar os aplausos, gostar da aparência, comprazer-se no poder e se sentir acima dos seus pares. Pense um pouco. Se o autor da existência aparecesse subitamente na Terra, de maneira clara e visível, Ele não mudaria completamente a rotina humana? As criaturas todas não se prostrariam aos seus pés? Sua imagem não estaria estampada nas primeiras páginas de todos os jornais? Sua presença certamente seria o maior acontecimento da história.

Segundo as biografias de Jesus Cristo, esse fato já ocorreu. Há dois mil anos, o Deus eterno finalmente resolveu mostrar a sua "face", dar-se a conhecer às suas criaturas terrenas. João diz, repetindo as palavras de Jesus: *"Ninguém jamais viu a Deus; o filho unigênito, que está no seio do Pai, o revelou" (João 1:18)*. Diante dessas palavras, todos poderíamos exclamar: "Agora, afinal, o autor da existência veio revelar sua identidade." Todavia, ao analisar a história de Jesus, em vez de resolvermos nossas dúvidas, eis que elas aumentam. Por quê? Porque era de se esperar que o filho do Deus altíssimo nascesse no melhor palácio da Terra, mas, para nosso espanto, ele nasceu entre os animais. No aconchego de um curral derramou suas primeiras lágrimas. O ar saturado do odor azedo de estrume fermentado ventilou pela primeira vez seus pequenos pulmões.

Também era de se esperar que ele mostrasse ao mundo suas virtudes e seu poder desde o nascimento, mas viveu no anonimato até os trinta anos. Quando resolveu, enfim, se manifestar, fez milagres inacreditáveis, mas, em vez de usá-los para comprovar sua real identidade, pedia insistentemente às pessoas que não contassem a ninguém o que havia feito. Esse Jesus é tão inusitado que confunde qualquer um que queira investigar a sua personalidade.

Pelo simples poder da sua palavra, ele rompeu as leis da física como se fossem brinquedos. Curou cegos, ressuscitou mortos, acalmou tempestades, andou sobre as águas, multiplicou a matéria (pães), transfigurou-se, enfim, fez tudo o que a física e as ciências mais lúcidas acham impossível fazer. Por isso, ao investigá-lo, não é possível considerar mais do que duas hipóteses: ou Jesus Cristo é a maior fraude da história ou a maior verdade do Universo; ou os discípulos deliravam ao descrevê-lo ou, de fato, descreveram a pessoa mais admirável, atraente e difícil de ser compreendida que transitou por esta terra.

Crer ou não em Jesus Cristo é algo totalmente pessoal, algo que diz respeito à consciência individual. Entretanto, como afirmo no primeiro livro desta coleção, mesmo que o rejeitemos, seria impossível aos discípulos inventar uma personalidade como a dele. Nem o autor mais fértil conseguiria imaginar um personagem com as suas características, pois suas reações e pensamentos ultrapassam os limites da previsibilidade, da criatividade e da lógica humanas.

O menino Jesus deveria ter crescido aos pés dos intelectuais da sua época e convivido com a "fina flor" da filosofia grega. Mas não frequentou escolas e, ainda por cima, foi entalhar madeira. Como é possível que aquele que postula ser o coautor de bilhões de galáxias perca tempo em trabalhar uma tora de madeira bruta? Isso não parece loucura? Loucura aos olhos físicos, mas sabedoria para aqueles que enxergam com o coração, para aqueles que enxergam além dos limites da imagem. Os deuses gregos, se fossem vivos, ficariam boquiabertos ao saber que aquele que postula ser o criador dos céus e da terra, na única vez em que veio se revelar claramente, escondeu-se atrás das pancadas dos martelos.

O coautor da existência na pele de um carpinteiro

João, na sua velhice, fez um relato surpreendente sobre Jesus. Descreveu: *"Tudo foi feito por meio dele e sem ele nada foi feito"* (*João 1:3*). O pensamento do discípulo indica que o próprio Jesus projetou com o Pai a existência, o mundo animado e inanimado. Pai e filho colocaram o cosmo numa "prancha de arquitetura". Ambos foram responsáveis pela criação da existência, e por isso João disse que sem Jesus nada se realizou.

O evangelista foi mais longe ainda e comentou: *"O verbo se fez carne e habitou entre nós"* (*João 1:14*). Segundo esse discípulo, o coautor da existência pisou nesta terra, revestiu-se de um corpo biológico, adquiriu uma humanidade e habitou entre os seres humanos. Por estar escondido na pele de um carpinteiro, é provável que muitos dos que o elogiam e dizem amá-lo hoje, se estivessem presentes naquela época, tivessem grande dificuldade de enxergá-lo e segui-lo.

A convicção com que João discorre sobre Jesus é admirável. Pela sua ótica, aquele que nasceu num curral foi o autor da vida e foi quem confeccionou os segredos dos códigos genéticos, assim como a plasticidade das suas mutações.

De acordo com os quatro evangelhos, Deus e seu filho não são uma mera energia cósmica e extremamente inteligente, não são apenas um poder superior ou uma mente universal, mas seres dotados de personalidade e com características particulares, como cada um de nós. Muitas são claramente observadas, entre elas o prazer de passarem despercebidos e de darem plena liberdade às criaturas de procurá-los ou rejeitá-los.

Um dia, a filha de Jairo morreu. Jesus foi até a sua casa. Chegando lá, encontrou muitas pessoas chorando na sala de espera. Tentando consolá-las, disse com a maior naturalidade: *"Não choreis; ela não está morta, mas dorme"* (*Marcos 5:39*). Imediatamente as pessoas começaram a caçoar dele, pois sabiam que a menina estava morta. Sem se importar com isso, ele entrou no quarto onde a menina jazia e onde se encontravam os pais e alguns discípulos. Lá, com incrível determinação, chocou os presentes. Apenas deu uma ordem para a menina se levantar, e ela imediatamente reviveu.

Em seguida, tomou duas atitudes inesperadas que mostravam seu caráter modesto. Em primeiro lugar, pediu que dessem de comer à menina. Ora, para quem fez o milagre de ressuscitá-la, não seria fácil alimentá-la de modo sobrenatural? Claro! Contudo, ele se escondeu atrás daquele pedido, querendo, além disso, mostrar que a vida humana não deveria ser feita de milagres, mas de labutas. Fez o mesmo quando pediu que tirassem a pedra do túmulo de Lázaro.

Depois, apesar de todos terem ficado maravilhados com seu ato, advertiu-os para que não contassem a ninguém o que havia acontecido. Como seria possível esconder aquele fato? Jesus sabia que ele se alastraria como fogo no feno seco. Mas por que pediu silêncio?

Seu pedido não era uma estratégia de marketing. Não pedia silêncio para despertar nas pessoas o desejo de divulgar seus atos. Não, ele não simulava seu comportamento, pois, como vimos, viveu a arte da autenticidade. Ao fazer o pedido, estava somente querendo ser fiel à sua consciência, pois o que fazia não era para se autopromover, mas para aliviar a dor humana. Se quisesse, poderia abalar o Império Romano, mas preferia ser apenas um semeador que planta ocultamente suas sementes.

Recusando usar seu poder para aliviar-se

Todos nós gostamos de ser estrelas no meio da multidão. E, ainda que não confessemos, apreciamos que o mundo gravite em torno de nós. Mas Jesus simplesmente não tinha essa necessidade. Seus inimigos o tratavam como um nazareno, uma pessoa desprezível, sem cultura e sem status político, mas isso não o perturbava. Pelo contrário, alegrava-se de não pertencer ao grupo dos fariseus. Fazia questão de ser confundido com seus amigos. Muitos querem ser diferentes dos outros, embora não tenham nada de especial. Contudo, Jesus, apesar de ser tão diferente da multidão, agia com naturalidade. Alcançou uma das virtudes mais belas da inteligência: ser especial por dentro, mas comum por fora, ainda que famoso.

Pensar no comportamento de Jesus nos deixa estarrecidos. Enquanto seus inimigos tramavam sua morte, ele discursava afirmando que era uma fonte de prazer, uma fonte de água viva. Enquanto seus inimigos preparavam falsas testemunhas para condená-lo, ele achava tempo para falar de si mesmo com poesia, dizendo simbolicamente que era uma videira que jorrava uma rica seiva capaz de satisfazer seus discípulos e torná-los frutíferos (*João 15:1-5*). Que homem é esse que expressa um ardente prazer de viver num ambiente de perdas e rejeições? Que segredos se escondiam no cerne do seu ser que o inspiravam a fazer poesia onde só havia clima para chorar, e não para pensar?

Cristo viveu um paradoxo brilhante. Demonstrou um poder incomum, mas na hora do seu sofrimento esquivou-se completamente de usá-lo. Vocês não acham isso estranho? Por essa razão seus acusadores zombavam dele aos pés da cruz dizendo: "*A outros salvou, a si mesmo não pode salvar*" (*Mateus 27:42*).

Seus detratores jamais poderiam ter torturado aquele homem que exalava doçura e amabilidade, mas compreende-se que tenham ficado perturbados com o fato de ele ter feito tanto pelos outros, mas nada por si mesmo. Nunca na história alguém tão forte esquivou-se de usar sua força em benefício próprio. No Getsêmani, Jesus não conteve nem mesmo a sua taquicardia, seu suor e a dor da sua alma. Na cruz, não o deixaram morrer em paz. Um eco provocativo feria-lhe a emoção já angustiada: "*Médico, salva-te a ti mesmo.*" Mas, ainda que combalido, resistiu. Usou todas as suas células para se comportar como um homem.

O homem, um ser insubstituível

Quando eu era um ateu cético, pensava que Deus fosse apenas uma fantasia humana, um fruto imaginário da mente para abrandar os seus conflitos, uma desculpa da fantástica máquina cerebral que não aceita o caos da finitude da vida. Mais tarde, ao investigar o processo de construção da inteligência e perceber que nele há fenômenos que ultrapassam os limites da lógica, comecei a descobrir que as leis e os fenômenos físicos não são capazes de explicar plenamente a psique humana. Em milésimos de segundo somos capazes de entrar nos labirintos da memória e, em meio a bilhões de opções, construir as cadeias de pensamentos com substantivos, sujeitos, verbos, sem saber previamente onde estão situados. Como isso é possível? Intrigado, comecei a me dar conta de que deve haver um Deus que se esconde atrás do véu da sua criação.

Perguntei, questionei, pesquisei continuamente alguns mistérios da existência. A arte da pergunta ajudou muito a me esvaziar dos preconceitos e abrir as janelas da minha mente. O teor das perguntas determina a dimensão das respostas. Só quem não tem medo de perguntar e de questionar, inclusive as suas próprias verdades, pode se fartar com as mais belas respostas. Que respostas encontrei? Não preciso dizer. Encontre as suas. Pergunte e investigue quantas vezes for necessário.

Ninguém pode fazer isso por você. Ninguém pode ser responsável pela sua consciência.

Permitam-me afirmar que, ao final, as biografias de Cristo revelam algo nunca escrito ou pensado. Esses textos compõem as mais belas passagens da literatura mundial.

Do ponto de vista filosófico, a vida humana é uma gota existencial na perspectiva da eternidade. Num instante somos bebês e noutro instante somos velhos. Morremos um pouco a cada dia. Milhares de genes conspiram contra a continuidade da existência, traçando as linhas da velhice, nos conduzindo para o fim do túnel do tempo.

A história de Cristo mostra-nos que o Deus que não teve princípio e não terá fim se importa realmente com os complicados mortais. Sem analisar a história registrada nos evangelhos é difícil olhar para o universo e não questionar: quem nos assegura que não somos marionetes do poder do Criador? Seremos meros objetos do seu divertimento que mais tarde serão descartados no torvelinho do tempo?

Nas sociedades humanas, mesmo nas democráticas, somos mais um número de identidade, mais um ser que compõe a massa da sociedade. Contudo, apesar de Jesus ser uma pessoa coroada de mistérios, ele veio claramente com a missão de proclamar ao mundo que cada criatura é singular para Deus.

Na parábola do filho pródigo (*Lucas 15:11-32*), da ovelha perdida (*Lucas 15:3-7*) e em tantas outras, esse agradável contador de histórias empenha a sua própria palavra, afirmando categoricamente que cada um de nós é um ser insubstituível e inigualável, apesar dos nossos erros, falhas, fragilidades e dificuldades. Usou seu próprio sangue como tinta para escrever um contrato eterno entre o Criador e a criatura.

Se os textos dos evangelhos não tivessem chegado a nós, não seria possível que a mente humana concebesse a ideia de que o autor da existência tinha um filho e que, por amar a humanidade incondicionalmente, o enviaria ao mundo para viver sob as condições mais desumanas e, por fim, se sacrificar por ela (*João 5:36*). Como pode o Criador amar a tal ponto uma espécie tão cheia de defeitos, cuja história está mergulhada num mar de injustiças e violações de direitos?

O filho morreu como o mais indigno dos homens e, enquanto ele morria, o Pai chorava intensamente, ainda que possamos não atribuir lágrimas físicas a Deus. Ele chorava a cada ferida, a cada hematoma e a cada bater do martelo que cravava seu filho na cruz.

Os pais não suportam a dor dos filhos. Uma pequena ferida em seus filhos é capaz de fazer os pais entrarem em desespero. Vê-los morrer é indubitavelmente a maior dor que podem sofrer. Agora, imagine a dor do Pai pedindo a Jesus que se entregasse voluntariamente, deixando que os homens o julgassem.

Segundo as escrituras do Novo Testamento, há dois mil anos aconteceu o evento mais importante da história. O mais dócil e amável dos homens foi espancado, ferido e torturado. Seu Pai estava assistindo a todo o seu martírio. Podia fazer tudo por ele, mas, se interviesse, a humanidade estaria excluída do seu plano. Por isso, nada fez. Foi a primeira vez na história que um pai teve pleno poder e pleno desejo de salvar um filho, de estancar a sua dor e punir seus inimigos, e se absteve de fazê-lo. Quem mais sofreu, o filho ou o Pai? Ambos.

O autor da existência abriu uma profunda vala na sua emoção à medida que seu filho morria lentamente. Ambos viveram o mais impressionante espetáculo de dor. Que entrega arrebatadora! O imenso cosmo ficou pequeno demais para o Todo-Poderoso. O tempo, inexistente para o onipresente, fez pela primeira vez uma pausa, custou a passar. Cada minuto se tornou uma eternidade.

O comportamento do "Deus Pai" e do "Deus Filho" implode completamente nossos paradigmas religiosos e filosóficos, dilacera os parâmetros da psicologia. Em vez de exigirem sacrifícios e reverências da humanidade, ambos se sacrificaram por ela. Pagaram um preço incalculável para dar o que consideravam a maior dádiva que um ser humano pode receber, aquilo que Cristo chamava de o "outro consolador", o Espírito Santo. Que amor é esse que se doa até as últimas consequências?

Tibério César estava sentado no trono em Roma. Queria dominar a terra com espadas, lanças e máquinas de guerra. Mas o autor da vida e seu filho, que postulam ser os donos do mundo, queriam sujeitá-lo com uma história de amor.

O Pai e o filho são fortes ou fracos? Fortes a tal ponto que não precisavam mostrar sua força. Grandes a tal ponto que se misturaram com as pessoas mais desprezadas da sociedade. Nobres a tal ponto que queriam ser amados por homens e mulheres, e não tê-los como seus escravos ou servos. Pequenos a tal ponto que só são perceptíveis àqueles que enxergam com o coração. Somente alguém tão forte e tão grande consegue se fazer tão pequeno e acessível! É impossível analisar o Pai e o filho sem sentir o quanto somos mesquinhos, orgulhosos, individualistas e emocionalmente frios.

As metas de Jesus não eram os seus milagres exteriores. Estes eram pequenos perto do seu real desejo de transformar o interior do ser humano, reparar as avenidas dos seus pensamentos, arejar os becos das suas emoções e fazer uma faxina nos porões inconscientes da sua memória.

Somente uma mudança de natureza conduziria as criaturas a conquistar as características mais importantes da personalidade que Cristo amplamente viveu. Se cada um, independentemente da religião que professa, incorporasse em sua personalidade algumas dessas características, a Terra não seria mais a mesma. Os consultórios dos psicoterapeutas se esvaziariam. Não haveria mais violência nem crimes. As nações não gastariam mais um tostão com armas. A fome e a miséria seriam extintas. As prisões virariam museus. Os soldados se transformariam em romancistas. Os juízes despiriam suas togas. Não haveria mais necessidade de a Declaração Universal dos Direitos do Homem constar na carta magna da ONU, pois o amor, a preocupação com as necessidades dos outros, a solidariedade, a tolerância, a busca de ajuda mútua, o prazer pleno, o sentido existencial e a arte de pensar seriam cultivados indefinidamente. As sociedades se tornariam um jardim com uma única estação, a primavera.

O mestre da sensibilidade foi para o caos

Estudamos a trajetória de Cristo até o Getsêmani. Agora chegou o momento de o Mestre da Sensibilidade ser preso e julgado. O mundo, a partir de então, conheceria a mais dramática sequência de dor física e psicológica que um homem já suportou. São mais de trinta tipos de sofrimentos, assunto a ser estudado em outro livro desta coleção. Jamais alguém pagou conscientemente um preço tão alto para executar suas metas, para materializar seu sonho.

Depois de estudarmos cada uma das etapas do sofrimento que Jesus Cristo viveu nos instantes finais de sua vida e a forma como ele se comportou diante delas até morrer de desidratação, hemorragia, exaustão e falência cardíaca, provavelmente nunca mais seremos os mesmos.

Alguns, diante das angústias, desistem dos seus sonhos e, às vezes, até da própria vida. Cristo era diferente, amava viver cada minuto. Tinha consciência de que o feririam sem piedade, mas não recuaria. Havia predito que o humilhariam, iriam cuspir-lhe no rosto e o tornariam um espetáculo público de vergonha e dor, mas ele permaneceria de pé, firme, fitando seus acusadores nos olhos. A única maneira de cortá-lo da terra dos viventes era matá-lo, extrair cada gota do seu sangue.

Nunca alguém que sofreu tanto demonstrou convictamente que a vida, apesar de todas as suas intempéries, vale a pena ser vivida!

O MESTRE DA VIDA

JESUS, O MAIOR SEMEADOR DE ALEGRIA, LIBERDADE E ESPERANÇA

LIVRO 3

*Ele brilhou onde não havia nenhum raio de sol.
Depois que ele passou pela Terra nunca
mais fomos os mesmos.*

Sumário

Prefácio 305

Capítulo 1
As causas sociais do julgamento 307

Capítulo 2
O Mestre da Vida paralisa os soldados 317

Capítulo 3
O poderoso e dócil: um exímio psicoterapeuta 326

Capítulo 4
Rejeitado e torturado na casa de Anás 333

Capítulo 5
Condenado na casa de Caifás pelo sinédrio 348

Capítulo 6
O julgamento pelo Império Romano 364

Capítulo 7
Dois Herodes violentando Jesus 373

Capítulo 8
Trocado por um assassino: os açoites e a coroa de espinhos *377*

Capítulo 9
A última cartada da cúpula judaica *385*

Capítulo 10
O mais ambicioso plano da história *401*

Capítulo 11
As lições e o treinamento da emoção do Mestre da Vida *421*

Apêndice
Os homens do Império Romano na história de Cristo: o pano de fundo *432*

Prefácio

Os momentos finais da vida de Cristo são extremamente complexos e relevantes. Da sua prisão até o último suspiro na cruz decorreram menos de 24 horas, mas isso foi suficiente para dividir a história em duas eras: antes de Cristo (a.C.) e depois de Cristo (d.C.). Todas as vezes que registramos o ano em que estamos, lembramos como Jesus moldou o futuro da humanidade.

Um dia, todos nós morreremos e, com o passar do tempo, cairemos no esquecimento. No máximo, algumas pessoas mais íntimas se lembrarão de nós e sentirão saudade. Todavia, o Mestre dos Mestres é inesquecível. As reações emocionais e os pensamentos que ele teve no auge da dor fogem completamente ao que se poderia esperar de um homem em meio ao caos que Jesus enfrentou.

Analisaremos aqui as profundas lições que ele nos deixou ao longo de sua vida, particularmente durante sua prisão, seu julgamento e sua condenação à morte. A maneira como superou a dor, venceu o medo, suportou a humilhação pública e preservou a lucidez num ambiente inóspito nos deixa atônitos.

Este livro termina quando ele sai sangrando da Fortaleza Antônia, a casa de Pilatos, sentenciado à morte e carregando a cruz. Nesta coleção ainda estudaremos os fatos fundamentais que ocorreram na sua longa caminhada até o Gólgota, os fenômenos misteriosos e as palavras que ele proferiu durante a crucificação. Abordaremos também o perfil psicológico dos discípulos antes da morte do seu mestre, os conflitos, dificuldades, temores e transformações por que passaram nas décadas seguintes.

Estudaremos a mais profunda revolução ocorrida na vida de pessoas incultas. Aqueles galileus iletrados e sem grandes qualificações intelectuais desenvolveram as funções mais importantes da inteligência, sofreram uma profunda mudança no cerne de seu espírito e, por fim, incendiaram o mundo ao espalhar a mensagem do carpinteiro da vida.

Apesar de já estarmos avançando um pouco nesse aspecto, a psicologia e a pedagogia levarão muitos anos para perceber o erro que cometeram deixando de investigar a personalidade de Jesus Cristo e de aproveitar sua riquíssima história para o treinamento da emoção, bem como os mecanismos psíquicos que ele utilizava para prevenir doenças e gerar pessoas livres, felizes e líderes de seu próprio mundo.

Torturado, Jesus demonstrou esplêndida coragem e segurança. No extremo da dor física, produziu frases poéticas. No topo da humilhação, expressou serenidade. Quando não havia condições de proferir palavras, ensinou pelo silêncio, pelo olhar, pelas reações tranquilas e, algumas vezes, por suas lágrimas. Tenho convicção das minhas limitações como escritor para descrever tamanha grandeza.

Augusto Cury

CAPÍTULO I

As causas sociais do julgamento

Passos apressados, rostos contraídos, uma preocupação intensa permeava uma escolta de soldados que caminhavam na noite densa. Tinham ordens expressas para prender um homem. Ele não usava armas nem pressionava as pessoas para que o seguissem, mas agitava toda uma nação, abalava as convicções dos seus líderes, destruía os preconceitos sociais, propunha princípios de vida e discursava sobre as relações humanas de um modo nunca visto.

Jerusalém era uma das maiores e mais importantes cidades do mundo antigo. Era berço de uma cultura milenar. Seus habitantes viviam das glórias do passado. Agora, estavam sob o jugo do Império Romano, e nada os animava. Entretanto, apareceu ali alguém que mudou a rotina da cidade. Só se falava a respeito de um homem que realizava feitos inimagináveis e possuía uma eloquência espantosa. Um homem que se esforçava em vão para não ser assediado, pois quando abria a boca incendiava os corações. As pessoas se acotovelavam para ouvi-lo.

O carpinteiro de Nazaré entalhava madeira com as mãos; com palavras, a emoção humana. Como pôde alguém de mãos tão ásperas ser tão hábil em penetrar nos segredos da nossa alma?

Sua doçura e sua afabilidade não sensibilizaram os líderes da sua sociedade, que tentaram várias vezes em vão assassiná-lo por apedrejamento. Procuraram fazê-lo cair em contradição, tropeçar nas próprias palavras, mas sua inteligência deixava-os atônitos.

Sua fama aumentava a cada dia. Milhares de pessoas aprendiam a cartilha do amor. Ficava cada vez mais difícil prendê-lo. Entretanto, um fato novo deu alento aos seus inimigos: um de seus seguidores resolveu traí-lo.

O amanhã é um dia incerto para todos os mortais. Jesus, para espanto dos seus discípulos, afirmava que sabia tudo o que lhe aconteceria. Que homem é esse capaz de penetrar no túnel do tempo e se antecipar aos fatos? Ele sabia que ia ser traído. Então resolveu facilitar sua prisão, pois tinha forte convicção de que havia chegado o momento de passar pelo mais dramático caos que um ser humano pode enfrentar. Todos fogem do cárcere; no entanto, ele o procurou.

Afastando-se da multidão, o mestre de Nazaré foi com seus discípulos para um jardim nas cercanias de Jerusalém. Era uma noite fria e densa. Nesse jardim, como relata *O Mestre da Sensibilidade*, ele voltou o rosto para os pés e, gemendo de dor, orou profundamente. Preparou-se para suportar o insuportável. Sabia que ia ser mutilado por seus inimigos e aguardou a escolta de soldados.

Jesus ficou irremediavelmente famoso

A presença de Cristo em Jerusalém estava ficando insustentável. Pessoas acorriam de todos os cantos e das cidades próximas para vê-lo. O assédio da multidão ficara ainda mais intenso porque, poucos dias antes de sua morte, ele fez algo espetacular por seu amigo Lázaro em Betânia, uma pequena cidade perto de Jerusalém (*João 11:1*).

Frequentemente perdemos contato com nossa história. Os amigos e as belas e singelas experiências do passado se tornam páginas que dificilmente folheamos. Jesus, apesar de sua fama, nunca se esquecia das coisas simples nem abandonava aqueles que o amavam. Lázaro morrera havia quatro dias. Nós, às vezes, sepultamos muitos amigos que estão vivos e nunca mais nos lembramos deles. Jesus, ao contrário, não se esquecia nem dos que tinham morrido. Por isso, foi visitar a família de seu amigo Lázaro.

O que se pode fazer por uma pessoa em estado de putrefação? Depois de 15 minutos de parada cardíaca, sem manobras de ressuscitação, o cérebro é lesado de maneira irreversível, comprometendo áreas nobres da memória.

Essa situação é capaz de causar um elevado grau de deficiência mental, pois milhões de informações se desorganizam, impedindo que os quatro grandes fenômenos que leem a memória e constroem as cadeias de pensamentos sejam eficientes nessa magna tarefa intelectual.*

A memória de Lázaro havia se tornado um caos

Se 15 minutos sem irrigação sanguínea são suficientes para lesar o cérebro, imaginem o que acontece depois de quatro dias de falecimento, como no caso de Lázaro. Não há mais nada a fazer.

Todos os segredos da memória desse homem tinham-se perdido de maneira irreparável. Bilhões, trilhões de informações contidas no córtex cerebral e que alicerçavam a construção da sua inteligência se transformaram num caos. Não havia mais história de vida nem personalidade. A única coisa que se podia fazer era tentar consolar a dor das suas irmãs, Maria e Marta.

Todas as vezes que parecia não haver mais nada a fazer aparecia o Mestre da Vida, subvertendo as leis da biologia e da física. Quando todo mundo estava desesperado, ele reagia com tranquilidade.

Lázaro era uma pessoa bastante conhecida, e por isso muitos judeus estavam lá consolando suas irmãs. Quando Maria viu o mestre, lançou-se a seus pés, chorando.

Ao vê-la assim, Jesus chorou também. Chorou diante da dor e da fragilidade humanas. O homem Jesus chorava ao ver as lágrimas de suas amigas. Somos, muitas vezes, insensíveis à angústia dos outros, mas ao olhar de Jesus nada escapava, nem mesmo o sentimento de inferioridade de uma prostituta ou de um leproso.

Ao chegar ao lugar onde Lázaro estava sepultado, Jesus pediu que retirassem a pedra da tumba. Aflita, Marta argumentou sensatamente que seu irmão já cheirava mal, pois falecera havia quatro dias. Marta olhava para o mundo possível; Jesus, para o impossível. Com uma segurança inabalável, o mestre acalmou-a, dizendo que não temesse, apenas cresse.

---

* Cury, Augusto J. *Inteligência multifocal*. São Paulo: Cultrix,1998.

Retirada a pedra, ele se aproximou sem se importar com o espanto das pessoas. Manifestando o poder incompreensível de quem está acima das leis da ciência, ordenou que Lázaro saísse do túmulo.

Para perplexidade de todos, um homem envolto em ataduras obedeceu à ordem e veio imediatamente ao encontro de Jesus. Bilhões de células nervosas ganharam vida. Os arranjos físico-químicos que ordenam as informações no córtex cerebral se reorganizaram. O sistema vascular se recompôs. Os órgãos foram restaurados, o coração voltou a pulsar e a vida recomeçou a fluir em todos os sistemas daquele cadáver.

Nunca na história, até os dias de hoje, uma pessoa clinicamente morta, cujo coração parou de bombear o sangue há vários dias, recuperou a vida, a memória, a identidade e a capacidade de pensar, como no caso de Lázaro. Jesus era verdadeiramente um homem, mas concentrava dentro de si a vida do Criador. Para ele não havia morte; tudo o que ele tocava ganhava vida. Que homem é esse que faz coisas que nem em seus extremos delírios a medicina sonha realizar?

Retirando a pedra

Há uma consideração a fazer nessa passagem. Jesus realizou um dos maiores milagres da história. Contudo, antes de fazê-lo, pediu que os homens retirassem a pedra da tumba.

Se tinha poder para ressuscitar alguém, por que não usou esse poder para remover a pedra? Porque é necessário primeiro tirar a pedra do nosso medo, da nossa insegurança e do nosso desespero para que Jesus possa intervir.

Sem a fé do ser humano, sem a sua cooperação, Jesus Cristo raramente age. Para ele, o maior milagre não é a cura sobrenatural de um corpo doente, mas a superação do medo, da infelicidade e da ansiedade de uma alma doente.

Por vontade do mestre de Nazaré, seu amigo Lázaro saiu do caos cerebral para a plena sanidade. A partir daí, a fama de Jesus, que já era enorme, tornou-se irrefreável. Os líderes judeus, que haviam tentado matá-lo sem êxito, procuravam em vão conter a admiração que ele suscitava.

Desanimados, diziam uns para os outros: *"Vede, nada conseguis. Todos vão atrás dele!*" (*João 12:19*). Ou os líderes judeus o eliminavam ou se rendiam a ele.

Os motivos que levaram Jesus ao julgamento

O comportamento do mestre de Nazaré não agradava àqueles que tinham sede de poder e amavam o individualismo. Sua postura incomodava até alguns de seus discípulos.

Eles pediam que ele não se ocultasse, que se manifestasse claramente ao mundo. Gostariam de ver a cúpula judaica e a romana se dobrarem diante dele. Desejavam ver o seu mestre no mais alto patamar, acima de todos os homens, para que, quando ele estivesse lá, pudessem desfrutar sua posição. Entretanto, o mestre os chocava com seu comportamento.

Apesar de ser tão poderoso, queria ter o mais baixo status social. Embora fosse o mais livre dos seres humanos, almejava ser um escravo da humanidade. Os discípulos não compreendiam como alguém tão grande podia desejar se fazer tão pequeno.

Uma única vez aceitou estar acima dos seres humanos. Foi quando, pendurado na cruz, se tornou um espetáculo de vergonha e de dor. Como é possível que uma pessoa capaz de ter todos aos seus pés tenha preferido postar-se aos pés do mundo?

O mestre não conseguia ser ocultado

Jesus era um fenômeno social impossível de ser ocultado. Apesar de levar uma vida simples, sem ostentação, não conseguia ser ignorado.

O Mestre da Vida não apenas era seguido por inúmeras pessoas como tocava-as no território da emoção. Elas se apaixonavam por ele. Pessoas ricas e pobres, cultas e iletradas que nunca tinham aprendido as lições mais básicas do amor passaram a admirar e amar um carpinteiro. Muitos mal conseguiam esperar os primeiros raios de sol para sair ao encontro daquele que dera um novo sentido à vida deles.

A relação afetiva que Jesus tinha com a multidão era insuportável para os membros da cúpula judaica. "Ficavam apavorados com a possibilidade de uma intervenção de Roma nos movimentos do povo que se organizava em torno do mestre de Nazaré. Perderiam seus cargos e as benesses do poder que a relação com o império lhes propiciava. Naquela época, até o sumo sacerdote era eleito pela política romana."*

Contudo, não era apenas o medo da intervenção romana que os preocupava. A inveja também os torpedeava. Nunca haviam alcançado uma pequena dose do prestígio de que o nazareno desfrutava. Outro assunto intragável para os líderes de Israel eram as acusações que Jesus fazia contra eles. Entretanto, o que mais os perturbava era o fato de aquele simples homem se declarar o "Cristo", o ungido de Deus, o filho do Deus altíssimo.

Criticando o falso moralismo dos fariseus

Jesus era um homem corajoso. Conseguia falar o que pensava mesmo quando colocava sua vida em risco. Dizia que os fariseus limpavam o exterior do corpo, mas não se importavam com o seu conteúdo.

O mestre era delicado com todas as pessoas, inclusive seus opositores, mas em algumas ocasiões criticou com contundência a hipocrisia humana. Disse que os mestres da lei judaica seriam drasticamente julgados, pois atavam pesados fardos para as pessoas carregarem, enquanto não se dispunham a movê-los sequer com um dedo (*Mateus 23:4*).

Quantas vezes não somos rígidos como os fariseus, exigindo das pessoas o que elas não conseguem suportar e nós mesmos não conseguimos realizar? Exigimos calma dos outros, mas somos impacientes, irritadiços e agressivos. Pedimos tolerância, mas somos implacáveis, excessivamente críticos e intolerantes. Queremos que todos sejam estritamente verdadeiros, mas simulamos comportamentos, disfarçamos nossos sentimentos. Desejamos que os outros valorizem o interior, mas somos consumidos pelas aparências externas.

Temos de reconhecer que, às vezes, damos excessiva atenção ao que pensam e falam de nós, mas não nos preocupamos com aquilo que corrói nossa

---

* Josefo, Flávio. *A história dos hebreus*. Rio de Janeiro: Editora CPAD, 1990.

alma. Podemos não prejudicar os outros com nosso farisaísmo, mas nos autodestruímos quando não intervimos em nosso mundo interno, quando não somos capazes de fazer uma faxina em sentimentos negativos como a inveja, o ciúme, o ódio, o orgulho, a arrogância, a autopiedade.

Jesus abala os líderes de Israel com suas parábolas

Certa vez, o mestre foi convidado para comer na casa de um fariseu (*Lucas 14:1*). Era um sábado. Havia muitos convidados e todos o observavam. Estavam atentos tentando descobrir alguma falha nele, principalmente se desrespeitaria o sábado, curando alguém. Como sempre acontecia, uma pessoa extremamente doente apareceu, e mais uma vez Jesus abalou a rigidez dos moralistas.

Antes de realizar o milagre, fitou os convidados e perguntou-lhes o que fariam se um filho ou um boi caísse em um poço num sábado. Eles não o socorreriam imediatamente? Ninguém lhe deu resposta; alguns ficaram calados, outros, envergonhados.

O Mestre da Vida aproveitou a ocasião para contar-lhes mais uma parábola que ilustrava a necessidade compulsiva de prestígio e poder social. Falou-lhes que, quando fossem convidados para um casamento, não deveriam procurar sentar-se nos primeiros lugares, para que, vindo o noivo, este não os retirasse dali para dar lugar a pessoas mais importantes. Estimulou-os a procurar o último lugar, para que o anfitrião os convidasse a ocupar um lugar melhor, e assim fossem honrados diante dos demais convivas.

Nessa mesma passagem, esse brilhante contador de histórias foi mais longe. Lembrou o individualismo, o egocentrismo e a troca de favores que permeiam o consciente e o inconsciente humanos. Abordou um princípio chocante que raramente é observado, mesmo por aqueles que se dizem seus mais ardentes seguidores (*Lucas 14:12*).

Pediu-lhes que, quando preparassem um jantar, não convidassem os poderosos, os ricos e os amigos, porque estes tinham como retribuir. Recomendou que eles convidassem os cegos, os coxos, os aleijados e os pobres, que não têm como oferecer qualquer retribuição. Segundo ele, a retribuição seria dada por aquele que vê o que está escondido, pelo Autor da vida.

Desejava que cuidássemos dos aleijados, não apenas os que têm o corpo mutilado, mas também os que não conseguem caminhar nesta turbulenta existência. Almejava que ajudássemos os cegos, não apenas os que não enxergam com os olhos, mas também os que estão cegos pelo medo, pela dor da depressão, pelas perdas e frustrações.

Quem ama as pessoas desprezadas como ele amou? Quem acaricia os humildes e os honra como seres humanos ímpares? Quem emprega seu tempo, sua atenção, sua emoção para aquecer os feridos na alma? Com suas palavras simples e profundas, o mestre interpelou drasticamente não apenas os fariseus como todos nós.

O egoísmo, o orgulho e o individualismo são "vírus" da alma que nunca morrem. Podemos controlá-los, mas nunca os eliminamos. Se não os combatermos continuamente, eles um dia eclodirão de forma sorrateira, infectando nossa emoção e nos distanciando aos poucos dos nossos próximos.

Um amor que valoriza cada ser humano

O mestre se preocupava com todos os que sofriam. Gastava tempo procurando aliviar suas dores e resgatar sua autoestima, estimulando-os a não desistir da vida. Desejava ardentemente que ninguém se sentisse inferior diante do desprezo dos outros e das dificuldades sociais.

A emoção do mestre era imensurável, ao passo que a dos fariseus era estreita. Se alguém almejasse ser seu discípulo, tinha de alargar os horizontes do seu pequeno mundo e incluir as pessoas, tinha de se deixar invadir por um amor que o impelisse a cuidar delas.

Cristo dizia que os sãos não precisam de médicos. Os fariseus, embora estivessem doentes na alma, se consideravam abastados, plenamente sadios, autossuficientes.

Para Jesus, o importante não era a doença do doente, mas o doente da doença. Não importava o quanto as pessoas estavam doentes, o quanto tinham errado ou estavam deprimidas e angustiadas, e sim até que ponto reconheciam suas próprias misérias emocionais. Os que tinham coragem de admitir que estavam doentes sentiam mais o calor do cuidado do mestre. Já a autossuficiência dos moralistas os impedia de se aquecerem com sua dedicação.

Princípios que ultrapassam o sonho de todo humanista

Ninguém estabeleceu princípios humanísticos e elevou a solidariedade a um nível tão alto como o Mestre dos Mestres da escola da vida.

Nem os filósofos que usaram o mundo das ideias para combater frontalmente as injustiças se preocuparam tanto com a dor humana. Nem o mais generoso dos capitalistas que divide os lucros das suas empresas com seus funcionários e doa parte dos seus bens foi tão longe no respeito às pessoas menos privilegiadas. Nem mesmo os ideólogos marxistas atingiram patamares tão altos em seus devaneios humanísticos.

Jesus criticava contundentemente a falta de humanidade dos fariseus e dos mestres da lei. Opunha-se ao julgamento preconcebido que faziam das pessoas, à arrogância com que as tratavam; sua crítica, porém, longe de ser grosseira, era suave. Ele usava simples e sábias parábolas para incentivá-los a pensar e reciclar os fundamentos de suas existências.

Os fariseus lavavam as mãos antes de comer, mas aceitavam que o lixo psicológico entulhasse suas vidas. Eram ousados ao apontar o dedo para os erros dos outros, mas tímidos para reconhecer suas próprias fragilidades. Aqueles que não têm coragem de olhar para dentro de si mesmos nunca corrigirão as rotas da própria história.

Um homem na contramão de todos os paradigmas religiosos

A cúpula judaica considerava-se representante de Deus na Terra. Os assuntos de Deus eram a sua especialidade. Conclui-se portanto que, com a chegada de Jesus, todos deveriam estar extasiados, alegres, dispostos a servi-lo e a abandonar seus preconceitos religiosos. Mas como poderiam servir a um Cristo que nascera num estábulo e crescera numa cidade desprezível, fora da esfera dos doutores da lei? Como poderiam ser ensinados por um Cristo que se escondera na pele de um carpinteiro e tinha as mãos ásperas de quem executa um trabalho pesado? Como poderiam amar e se envolver com alguém que era amigo de pecadores, que acolhia as prostitutas e jantava na casa dos malditos coletores de impostos?

No conceito dos fariseus da época, o filho do Altíssimo deveria ter nascido em Jerusalém, em berço de ouro, não poderia se misturar com a plebe nem se envolver com pecadores. Jesus era a antítese de tudo que imaginavam sobre o Cristo. Não podiam se dobrar aos pés de um homem que os combatia dizendo que eles procuravam os primeiros lugares nos jantares e nas sinagogas e faziam longas orações com o objetivo de serem elogiados (*Mateus 23:14*).

Por todos esses motivos, o mestre de Nazaré era drasticamente rejeitado pela cúpula judaica. Ele literalmente atordoava os sacerdotes e todos os partidos de Israel: os fariseus, os saduceus e os herodianos.

Embora, em alguns momentos, os membros da cúpula judaica o admirassem e ficassem confusos com sua sabedoria, eles o consideravam autor da maior heresia que alguém já proferira na face da Terra. Como poderia ser ele o Cristo se combatia os zelosos guardiões da religião judaica, em vez de atacar Tibério e o Império Romano?

Diante de tal blasfêmia, os líderes de Israel decidiram que ele tinha de morrer rapidamente. Por isso seu julgamento foi acelerado. Muitas pessoas que estudam o julgamento de Cristo não têm noção da sequência dos acontecimentos e da rapidez com que se deram.

Os líderes judeus tentaram matá-lo, mas falharam. Agora ele estava famoso demais. A multidão precisava ser surpreendida, e o ônus da sua morte tinha de recair sobre o poder romano. Como fazer isso? Era uma tarefa dificílima. Uma grande revolta popular poderia eclodir. Então Jesus, para surpresa de todos, facilitou o processo. Foi ao jardim do Getsêmani se entregar sem qualquer resistência.

A cúpula judaica desejava matá-lo, mas jamais imaginara que ele também tinha um desejo ardente de morrer. Como veremos, Jesus não fez nada para se livrar daquele julgamento injusto, humilhante e torturante.

Nunca os homens tiveram tanto desejo de matar uma pessoa sem saber que ela mesma estava tão disposta a morrer. Jamais se teve notícia de um homem tão feliz e sociável, que contemplava os lírios dos campos e se apresentava como a fonte do prazer humano, que desejasse enfrentar a mais humilhante e sofrida travessia para a morte! Sem dúvida, Jesus teve a personalidade mais interessante e intrigante da história.

CAPÍTULO 2

O Mestre da Vida paralisa os soldados

Perturbando os soldados

O fracasso das tentativas de prender Jesus não se devia apenas ao assédio da multidão, mas também ao fato de ser ele um réu incomum, capaz de confundir até os soldados incumbidos de prendê-lo. Certa vez, a cúpula judaica enviou um grande número de soldados para aprisioná-lo. Foi durante uma importante festa judaica. No último dia da festa, mesmo sob o risco iminente de ser preso, Jesus levantou-se e mais uma vez deixou estarrecidos todos os seus ouvintes.

Até os soldados ficaram boquiabertos. Maravilhados, não conseguiram prendê-lo. Comentei em *O Mestre dos Mestres* que a psiquiatria, com todo o seu arsenal antidepressivo, trata das depressões e dos demais transtornos emocionais, mas não sabe como tornar o ser humano feliz. No discurso que proferiu, Jesus afirmou em voz alta que poderia gerar um prazer pleno nos que nele cressem, um prazer que fluiria do cerne da alma humana.

A indústria do entretenimento é um dos setores que mais crescem no mundo. Porém, um paradoxo salta aos olhos. Nunca tivemos uma oferta de lazer tão grande e seres humanos tão tristes, propensos ao estresse e a diversas doenças psíquicas. Os picos de prazer não correspondem a uma emoção estável, contemplativa e feliz.

Qual é o termômetro da qualidade de vida no mundo atual? A psiquiatria.

Quanto mais importância tiver a psiquiatria nas sociedades modernas, mais os indicadores apontam para uma piora na qualidade de vida. Infelizmente, os consultórios estão cheios. A psiquiatria e a psicologia clínica terão grande importância no terceiro milênio, pois haverá cada vez mais pessoas doentes, gerenciando mal seus pensamentos e não protegendo devidamente suas emoções diante dos estímulos estressantes.

O discurso que Jesus proferiu sobre o prazer pleno contrasta com o alto índice de transtornos emocionais da atualidade. Os soldados se sentiram imobilizados e voltaram de mãos vazias. Os que os enviaram ficaram indignados ao ouvi-los dizer que não o prenderam porque "*nunca alguém falou como esse homem*" (João 7:46).

O choque que os soldados levaram se repetiu mais adiante. A noite da prisão de Jesus foi coroada de acontecimentos surpreendentes. Os soldados ficaram paralisados diante do suposto criminoso. Vamos examinar o que aconteceu.

O traidor e a escolta

O discípulo traidor veio com uma grande escolta que trazia lanternas e tochas, composta de uma "coorte" (*João 18:3*) reunindo cerca de trezentos a seiscentos homens. Era um contingente grande demais para prender um único homem. Mas o fenômeno Jesus justificava essa medida.

Os soldados esperavam pegá-lo desprevenido. Mas foi ele quem os surpreendeu. Antecipando-se aos fatos, Jesus despertou seus discípulos dizendo-lhes que havia chegado o momento de ele ser preso.

Horas antes, na última ceia, o mestre dissera que um dos discípulos iria traí-lo. Não citou o nome, pois não gostava de constranger e expor ninguém publicamente.

Quando Jesus referiu-se ao traidor, Judas teve uma oportunidade de ouro para refletir e se arrepender, mas não conseguia enxergar com os olhos do coração. O mestre teve então uma atitude ousada. Em vez de censurá-lo, disse-lhe para fazer depressa o que tencionava (*João 13:27*).

Traindo seu mestre pelo preço de um escravo, Judas combinou entregá-lo. Tomou a frente da escolta e dirigiu-se ao jardim onde ele estava. Há um detalhe aqui que precisamos compreender. Era de se esperar que o traidor se protegesse atrás dos soldados e apontasse de longe aquele que ele estava traindo. Mas Judas sabia que não correria risco algum se estivesse à frente da escolta, pois conhecia Jesus muito bem. Tal reação é comum ainda hoje. Mesmo aqueles que rejeitam Jesus Cristo, quando dele se aproximam, quando leem suas biografias, percebem que ele não oferece qualquer perigo para suas vidas. O único risco que correm é o de serem contagiados pelo seu amor.

A escolta de soldados não conhecia a amabilidade e a gentileza de Jesus. Sabiam apenas que sua missão era prender aquele que magnetizava as multidões e "perturbava" a nação de Israel.

Já analisei diversos tipos de personalidades, inclusive as de grandes homens da história. Nessas análises pude constatar que até mesmo políticos ilustres, artistas, esportistas ou intelectuais são pessoas comuns e previsíveis.

O mestre de Nazaré era totalmente incomum e imprevisível. Foi capaz de surpreender quando menino, quando adulto, quando livre, quando preso, quando julgado, quando crucificado e até quando seu coração falido bateu pela última vez e seus pulmões castigados emitiram um brado inesperado.

O episódio de sua prisão tem diversos momentos inusitados. Se compararmos os textos dos quatro evangelhos, poderemos verificar que os soldados ficaram extasiados com vários fatores. Os acontecimentos foram tão atordoantes que eles caíram literalmente por terra ao darem voz de prisão a Jesus (*João 18:6*).

Em psicologia, interpretar é a arte de alguém se colocar no lugar de outra pessoa e ver o mundo com os olhos dela, com as variáveis que a envolvem. Embora toda interpretação tenha limites, vamos nos colocar na perspectiva dos soldados para observar as cenas, os gestos de Judas e as palavras de Jesus.

Traído com um beijo

Comentei sobre o beijo de Judas no primeiro livro desta coleção. Ao ler esse trecho, um leitor procurou-me dizendo que aprendera uma grande lição. Contou-me que tinha um inimigo e que frequentemente pensava em matá-lo. Entretanto, ao refletir sobre a atitude de Jesus diante do seu traidor, sensibilizou-se a tal ponto que promoveu uma verdadeira revolução na sua maneira de encarar a vida. Procurou o inimigo, apertou a mão dele e o perdoou. A consequência imediata daquela leitura foi desacelerar seus pensamentos, reciclar suas ideias negativas e desobstruir sua emoção.

Desse modo, o leitor resgatou novamente o prazer de viver. Como eu já disse, a melhor forma de nos vingarmos dos inimigos é perdoando-os, pois assim nos livramos deles.

Apesar de ter comentado o beijo de Judas nesse outro livro, gostaria de retomar brevemente esse episódio e abordá-lo sob a provável ótica daqueles que estavam incumbidos de prender o mestre de Nazaré.

É estranho ser traído com um beijo. Algumas traduções dos evangelhos relatam que Judas o beijou afetuosamente. Os soldados precisavam de uma senha, mas provavelmente não pensaram no seu significado. Só caíram em si depois que o fato ocorreu. Viram Judas beijar afetuosamente aquele que para Israel era considerado o homem mais perigoso. Ficaram pasmados, pois não imaginavam que o agitador da nação fosse tão dócil.

Judas também não tinha consciência do motivo pelo qual escolhera esse sinal para identificar Jesus e consumar sua traição. Se concebesse para a dimensão desse código, talvez retrocedesse. Judas não poderia traí-lo com injúrias nem difamação, pois seu mestre só sabia amar e se doar. Se um dia formos traídos, nossos traidores talvez possam ter argumentos para nos atacar, e usarão uma senha grosseira para nos identificar. Mas o Mestre do Amor era inatacável. Só um beijo seria capaz de identificá-lo.

Tratando com amabilidade o seu traidor

Ninguém imaginava que uma pessoa que estava sendo traída e na iminência de ser presa tivesse a atitude tranquila do Mestre da Vida. Os soldados não entendiam o que estava acontecendo. Esperavam ver a indignação e a revolta de Jesus para com seu traidor, mas presenciaram um beijo, momentos de silêncio e reações de amabilidade. Parecia mais um encontro de amigos. E era.

Jesus ainda considerava Judas seu amigo. Costumamos romper com as pessoas quando as frustrações que nos causam ferem mortalmente nosso encanto por elas. Mas o homem que dava a outra face não tinha inimigos. A atitude do mestre não era a de um pobre coitado, mas a de alguém indescritivelmente forte, alguém que sabia proteger sua emoção e arejar as áreas mais íntimas de seu inconsciente. Jesus encontrou a liberdade jamais sonhada pela psiquiatria.

Com um desprendimento inimaginável, Jesus chamou seu traidor de amigo no ato da traição e deu-lhe mais uma preciosa oportunidade para refazer sua história (*Mateus 26:50*).

Cristo nunca descarregava em ninguém as suas angústias. Momentos antes, sua alma gemia de dor. Minutos antes, seus pulmões respiravam ofegantes, seu coração batia acelerado, os sintomas psicossomáticos agrediam seu corpo, e o suor sanguinolento testemunhava que ele atingira o topo do estresse. Tinha, portanto, todos os motivos para descarregar sua tensão em Judas, mas foi de uma gentileza poética com ele.

Ao contrário de Jesus, frequentemente descarregamos nossas tensões nas pessoas menos culpadas por nossa ansiedade. Quando nossa frágil paciência se esgota, ferimos aqueles que mais amamos.

A história registrou um momento raro no ato da traição de Judas: uma cena de terror se transformou numa cena de amor. Os soldados não entenderam o que estava acontecendo.

Insistindo para ser preso

Outro fato quase inacreditável que abalou os soldados foi a insistência de Jesus em ser preso. Eles sabiam que uma voz de prisão gera tumulto e ansiedade. O réu resiste em se entregar, fica tenso, agressivo e, às vezes, incontrolável. Não conseguiam entender por que o homem odiado pela cúpula judaica se entregava de forma tão tranquila e espontânea.

Depois de chamar Judas de amigo, procurando levá-lo a refletir sobre o ato de traição, Jesus se voltou para os soldados e, antes que o tocassem, perguntou: "*A quem buscais?*" Responderam: "*A Jesus, o Nazareno.*" Diante dessa resposta, ele se identificou: "*Sou eu*" (*João 18:5*).

Sua atitude deixou os soldados atemorizados, e alguns caíram no chão. Talvez se perguntassem: "Como é possível que o homem que curou cegos, ressuscitou mortos e debateu com os fariseus nas sinagogas esteja se entregando voluntariamente?" e "Como pode alguém sob risco de morte se entregar dessa maneira?". Prender aquele que agitava Jerusalém, o que parecia uma missão difícil e perigosa, transformou-se na mais suave tarefa.

Os soldados ficaram paralisados. Não conseguiram pôr as mãos nele. Diante daquela inércia, Jesus insistiu: "*A quem procurais?*" Responderam novamente: "*A Jesus, o Nazareno.*" Com a ousadia de quem não teme a morte, ele respondeu: "*Já vos declarei que sou eu*" (João 18:8).

O relato dos discípulos que presenciaram a cena evidencia que os papéis foram trocados. A escolta de soldados estava presa pelo medo, e o prisioneiro, livre.

À exceção da profunda angústia que o Mestre dos Mestres experimentou no jardim do Getsêmani ao reproduzir na sua mente o cálice da cruz e se preparar para tomá-lo, nada o abalava. O mestre de Nazaré gerenciava sua inteligência nas mais turbulentas situações e navegava serenamente nas águas mais agitadas da emoção. Sabia se refazer logo, mesmo quando estava profundamente frustrado.

A traição de Judas e a negação de Pedro podem tê-lo angustiado, mas ele logo se recompôs. Nem o conhecimento prévio de todas as etapas do seu martírio o fez sucumbir ao medo. Muitas pessoas sofrem por antecipação. Imaginam problemas que não aconteceram e se angustiam como se já tivessem acontecido. Não sabem administrar sua ansiedade e seus pensamentos antecipatórios.

Nada é tão belo e ao mesmo tempo tão ingênuo quanto a emoção. Até intelectuais tropeçam no território da emoção como se fossem crianças. Pequenas coisas são capazes de roubar-lhes a tranquilidade. A emoção paga um alto preço por todos os pensamentos negativos, mesmo aqueles que só cabem no imaginário.

Infelizes são aqueles que, apesar de aparentemente livres, estão presos no cárcere da emoção, conduzidos pelo medo da crítica, dominados pela obsessiva necessidade de ter uma imagem social inatacável e por preocupações excessivas com os problemas da vida. Infelizmente, no lugar em que mais deveríamos ser livres, muitas vezes estamos aprisionados.*

---

* Cury, Augusto J. *A pior prisão do mundo*. São Paulo: Academia de Inteligência, 2000.

O Mestre da Vida queria passar pelo maior de todos os testes: ser julgado pelos líderes da religião judaica, aqueles que supostamente cuidavam dos assuntos de Deus, e por aqueles que dominavam o mundo – o Império Romano.

Protegendo seus discípulos

Não terminaram aí os eventos inusitados ocorridos no jardim do Getsêmani. Após insistir com os soldados para prendê-lo, Jesus teve um gesto de grande nobreza e afetividade. Intercedeu por seus discípulos. Pediu que não os prendessem. Desejava que nenhum deles se perdesse, não aceitava que ninguém fosse ferido (*João 18:8*).

Quando estamos correndo um sério risco de morte, os instintos prevalecem sobre a capacidade de pensar. Não há espaço para refletir sobre a situação que nos ameaça. Sob grande tensão, como nos acidentes, não nos lembramos das pessoas nem de tudo o que ocorre ao nosso redor. Estreitamos a razão e direcionamos nossos instintos para a fuga ou, em alguns casos, para a luta.

Com Jesus isso não acontecia. Ele era capaz de perceber os sentimentos das pessoas mesmo nas situações mais difíceis. Conseguia pensar no bem-estar delas apesar de saber que iria morrer lentamente nas mãos dos seus inimigos. Se tivéssemos um pouco da sua estrutura emocional, as relações humanas deixariam de ser um deserto e se transformariam num jardim.

Somente uma pessoa que vive absolutamente serena é capaz de não travar sua mente nas situações tensas e de se preocupar com as pessoas que a rodeiam. Os soldados certamente não acreditavam no que estava acontecendo. Alguns devem ter sido conquistados pelo amor de Cristo e provavelmente se tornaram seus seguidores após a sua morte.

O heroísmo de Pedro e a proteção aos soldados

Os discípulos não entendiam muito bem aquele homem que seguiam. Sabiam que ele era poderoso, sábio, seguro, corajoso, que se colocava como filho de Deus e que falava sobre um reino de um outro mundo. Tudo era novo para eles. Sabiam que se tratava de um homem que realizava feitos inimagináveis, mas não tinham compreendido até aquele momento quem ele era e qual a sua verdadeira missão.

Pedro aprendera a amar Jesus e não aceitava a sua partida. Não percebeu que, ao ser preso, o mestre assumia plenamente a condição humana e não faria mais nenhum dos seus milagres. Jesus sempre deixava confusos aqueles que passavam por ele. Seus discípulos viviam perguntando quem ele era. Algumas vezes mostrava um poder que deixava todos embasbacados; outras vezes dormia ao relento e gastava seu tempo ouvindo a história de uma pessoa da pior estirpe social.

Por amar Jesus, mas não o conhecendo em profundidade, Pedro resolveu protegê-lo. Tomou uma atitude heroica que poderia ter causado inúmeras mortes, tanto de soldados como de discípulos. Numa reação impensada, desconsiderou as longas mensagens de tolerância do seu mestre, desembainhou a espada e decepou a orelha de um dos soldados (*João 18:10*). Pedro esperava que Jesus fizesse um milagre capaz de livrá-lo da prisão, deixando todos perplexos.

Jesus não queria fazer milagres para aplacar os ânimos. Mas, diante do ocorrido, abriu uma exceção e retomou seu poder. Mais que depressa, curou o soldado. Não fez um grande milagre, apenas o suficiente para pacificar a situação. Um grande ato sobrenatural poderia ter evitado sua prisão, mas Jesus queria ser preso, pois sua hora havia chegado.

Essa situação tumultuada mostrou a sabedoria e a habilidade do mestre de Nazaré. Se não agisse rápido, seus discípulos poderiam morrer, e os soldados, ferir-se. Como Mestre da Vida, Jesus não queria nem uma coisa nem outra. Somente uma pessoa com grande lucidez e uma visão multifocal dos conflitos sociais é capaz de debelar rapidamente um clima de violência.

Era o prisioneiro quem liderava os soldados. Mais de trezentos homens fortemente armados não revidaram a agressividade de Pedro. Comandados por Jesus, eles contiveram seus impulsos. Raramente uma pessoa é capaz de deixar completamente de lado sua segurança para gerenciar os ânimos alheios.

Morrer era seu destino: o cálice

Após induzir os soldados, Jesus se volta para Pedro e ainda lhe dá mais uma lição. Diz-lhe uma frase enigmática que o discípulo só entenderia tempos mais tarde: *"Deixarei eu de beber o cálice que meu Pai me deu?"* (*João 18:11*).

O cálice de Cristo era cercado de mistério. Os discípulos não entendiam que ele seria julgado e morto pelos homens e que isso estava nos planos de seu Pai. Que Pai é esse que reserva o caos para o seu filho? Que plano é esse que envolve um julgamento e morte tão drástica? No final deste livro, falaremos sobre o maior e mais ambicioso plano da história.

Por mais que os discípulos abrissem seus ouvidos e as janelas de suas mentes, não concebiam a ideia de que seu mestre fosse julgado, torturado e morto por seus opositores. Jesus havia dado sentido à vida deles.

O sentimento angustiante pela perda do mestre tinha fundamento. Não importa se a pessoa tem ou não uma religião, ou qual seja ela. Todos os que se aproximaram de Jesus Cristo, seja por terem estado na sua presença ou por conhecê-lo através dos evangelhos, conseguiram atravessar seus invernos existenciais mais fortalecidos e confortados pela esperança. Na história, mesmo séculos depois de sua partida, sempre existiram pessoas originárias de todas as raças e culturas dispostas a dar a vida por ele.

Pedro era muito frágil perto de Cristo, não tinha nenhuma condição de protegê-lo, ainda mais diante de tão grande escolta. Sua reação, embora irracional, era justificada. Para os discípulos, perder o mestre significava voltar a lançar as redes no mar da Galileia e retroceder na compreensão dos mistérios da vida.

O amor recusa a solidão. Quem ama não aceita a perda, ainda que o tempo alivie parcialmente a dor da ausência. Quem não aprendeu a amar a própria vida, as pessoas mais próximas e aquilo que faz não entenderá a linguagem estranha e bela do amor. O mestre ensinou aos seus frágeis discípulos os fundamentos dessa linguagem. Perdê-lo era ficar sem o leme de suas vidas.

CAPÍTULO 3

O poderoso e dócil: um exímio psicoterapeuta

Um poder descomunal

Os eventos enigmáticos que envolveram a prisão de Jesus foram muitos. E o mais misterioso deles ainda estava por vir. Após revelar que tinha de ser preso, o mestre disse a Pedro que não precisava de sua proteção. Numa frase intrigante contou aos discípulos um segredo que eles não conheciam. Disse: "*Acaso pensas que não posso rogar ao meu Pai, e ele me mandaria neste momento mais de doze legiões de anjos?*" (*Mateus 26:53*).

Afirmou, sem meias palavras, que, se quisesse, poderia ter imediatamente sob seu controle mais de doze legiões de anjos. No Exército romano cada legião tinha cerca de três a seis mil soldados. Quantos anjos comporiam cada legião mencionada por Cristo, e que poder teriam para atuar no mundo físico? Ele era de fato misterioso.

Quando interpretamos a personalidade de alguém, devemos prestar atenção naquilo a que as pessoas dão pouco valor. A frase de Jesus tem várias implicações.

Ela indica que o mestre possuía um poder descomunal, um poder muito maior do que demonstrara ter e muito maior do que os discípulos poderiam desconfiar. Também indica que ele atuava num mundo não físico e que, se quisesse, poderia controlar um exército de anjos. Se desejasse, poderia acabar a qualquer instante com seu julgamento, as sessões de tortura e a crucifixão.

No original grego, Jesus usa nessa passagem termos militares para demonstrar seu poder. Nenhum mortal seria capaz de proferir uma frase como essa com tanta convicção, a não ser que estivesse delirando ou tendo um surto psicótico. Jesus estaria delirando?

Como poderia alguém tão lúcido, coerente, inteligente, capaz de superar as intempéries como um maestro da vida, estar tendo um surto psicótico? Cristo em momento algum abandonou sua lucidez. Veremos no próximo livro algo que beira o impossível. Mesmo morrendo, quando todas as suas forças se esgotavam, ele continuava íntimo da sabedoria e capaz de golpes impensáveis de inteligência.

Era tão sereno que, como vimos, dois ou três minutos antes de falar de seu poder, teve gestos que nem os mais ilustres pensadores seriam capazes de demonstrar num foco de tensão como aquele. Chamou seu traidor de amigo e deu-lhe a oportunidade de corrigir os pilares de sua vida.

Esse homem tão lúcido que acabara de receber voz de prisão disse que tinha sob seu controle exércitos incomparavelmente mais fortes do que os do imperador romano. Ao mesmo tempo, afirmou que não iria usá-los. Quem poderia compreendê-lo? Não perdemos qualquer oportunidade de mostrar nosso poder. Jesus, ao contrário, aproveitava as oportunidades para ocultá-lo.

Cristo falou dos anjos de forma segura e natural. Não disse que acreditava em anjos, mas que legiões de anjos se submetiam a ele. É pouco confiável o misticismo que desrespeita a capacidade de pensar e a consciência crítica. Temos tendência a crer em tudo, mesmo desrespeitando nossa própria inteligência. O Mestre dos Mestres sempre valorizou a inteligência humana e estimulou seus discípulos a alargar os horizontes do pensamento, e não restringi-los.

Devemos então nos perguntar: quem são esses seres chamados anjos? Eles possuem consciência? Têm vontade própria? Vivem emoções? Como leem a memória e constroem cadeias de pensamentos? Quando foram criados? Por que foram criados? Onde habitam? Que essência os constitui? São imortais? Qual é o seu poder e que habilidade têm para atuar no mundo físico?

Não quero entrar nessa seara, mas essas questões evidenciam que os fenômenos que envolveram a história de Jesus eram um poço de mistérios.

Nenhum estudioso de sua personalidade pode reclamar de tédio. Cada reação dele nos surpreende.

Após corrigir Pedro, Jesus se volta para os soldados e com segurança comenta que não estava sendo preso como um criminoso. Diz que se encontrava sempre à disposição, no templo e em tantos outros lugares públicos (*Mateus 26:55*). Afirmou, assim, saber que seus inimigos o procuravam, que não tinha medo de ser preso e que não ofereceria resistência no ato da prisão.

No momento em que mais precisava usar a força, ele usou o diálogo. É impossível não nos perguntarmos: quem é esse homem que atravessou as páginas da história e fez tudo ao contrário do que temos feito?

Um exímio psicoterapeuta

Quando Jesus se entregou e foi manietado, os discípulos perceberam o inevitável. Seu mestre de fato viveria o martírio sobre o qual sempre os alertara. Nada o faria desistir do seu destino, "nem os exércitos dos céus" que afirmou ter sob seu comando. Então eles se dispersaram amedrontados e confusos como ovelhas sem pastor. Exatamente como Jesus havia predito.

Precisamos fazer algumas considerações importantes a esse respeito. Como Jesus conseguiu prever a dispersão dos discípulos? Como homem, ele analisava o comportamento das pessoas e percebia suas dificuldades em lidar com as próprias emoções nos momentos de maior tensão. Sabia que quando o mar da emoção está calmo os seres humanos são bons navegantes, mas, quando está agitado, perdem o controle das suas reações. De fato, não há gigantes no território da emoção. Pessoas sensatas e lúcidas têm seus limites. Sob um foco de tensão, muitas perdem o controle. Algumas são seguras e articuladas quando nada as contraria, mas sob o calor da ansiedade se comportam como crianças.

O Mestre da Vida era um excelente psicólogo. Sabia que o medo controlaria o território de leitura da memória dos seus discípulos, dissipando a lucidez e travando a capacidade de pensar. Não exigiu nada deles quando foi preso, apenas previu que, quando o medo os envolvesse, eles se esqueceriam dele e fugiriam, inseguros.

Nós cobramos o que as pessoas não podem nos dar. Quase todos os dias tenho longas conversas com maridos, esposas, pais, filhos, e peço-lhes para serem tolerantes, não conservarem mágoas nem raiva uns dos outros, explicando que não é possível dar o que não se tem. É necessário plantar para depois colher. Plantar diariamente a segurança, a solidariedade, a honestidade, a perseverança, a alegria nos pequenos detalhes da vida, a capacidade de expor e não impor as próprias ideias, para muito tempo depois colher essas funções nobres da inteligência.

Se esperasse muito dos seus discípulos, Jesus se frustraria excessivamente com o abandono deles, com a traição de Judas e a negação de Pedro. Entretanto, educava-os sem contar com resultados imediatos.

Quem quer ser um bom educador tem de ter a paciência de um agricultor. Se quisermos viver dias felizes, não devemos esperar resultados imediatos.

Quando educamos nossos filhos com todo o carinho e eles nos frustram com seus comportamentos, temos a impressão de que nossos ensinamentos foram como sementes lançadas em terra árida. Mas sutilmente, sem percebermos, essas sementes um dia eclodem, criam raízes, crescem e se tornam belas características de personalidade.

O Mestre da Vida aceitava os limites das pessoas, por isso amava muito e exigia pouco, ensinava muito e cobrava pouco. Esperava que o amor e a arte de pensar pouco a pouco florescessem no terreno da inteligência. Por dar muito e exigir pouco, ele protegia sua emoção, não se decepcionava quando as pessoas o frustravam nem as sufocava com sentimentos de culpa e incapacidade.

Por que predisse que os discípulos o abandonariam no momento mais angustiante de sua vida? Para protegê-los contra os sentimentos de culpa, de incapacidade, de autodesvalorização que surgiriam ao refletirem sobre suas fragilidades. Ele não apenas se preocupava com o bem-estar físico dos discípulos como esperava que eles não desistissem de si mesmos quando fracassassem.

Tal comportamento evidencia a face de Jesus como psicoterapeuta. Ele não era apenas um mestre, um médico, um amigo, um educador e um comunicador do mais alto nível, mas também um excelente psicoterapeuta. Conseguia prever as emoções mais sutis e angustiantes dos seus discípulos antes de elas surgirem e dava-lhes subsídios para que as superassem.

Quantos se suicidam como Judas por estarem decepcionados consigo mesmos? Quantos, diante dos seus erros, se envergonham e retrocedem em sua caminhada? Quantos não se deixam esmagar por sentimentos de culpa e vivenciam crises depressivas diante de suas falhas? Jesus sabia que o ser humano é o pior carrasco de si mesmo. Por isso, estava sempre querendo tornar leve o fardo da vida, libertar a emoção do cárcere.

Nenhum daqueles que acompanhavam o mestre de Nazaré vivia se martirizando. Até uma prostituta sentia-se aliviada ao seu lado. Alguns derramavam lágrimas por ele tratá-los com tanto amor, por lhes dar continuamente uma oportunidade. Será que as pessoas se sentem menos tensas ao nosso redor? Será que lhes damos condições para que abram suas almas e nos contem seus problemas? Não poucas vezes, ao ver as pessoas fracassarem, nós as criticamos em vez de ajudá-las a se levantar.

O mais excelente mestre da emoção sabia que seus discípulos o amavam, mas ainda não tinham estrutura para vencer o medo, o fracasso, as perdas. Previu que eles o abandonariam e que isso serviria para que se conhecessem melhor e compreendessem suas limitações, para que fossem fortes após as derrotas.

O comportamento de Jesus mais uma vez concilia características quase que irreconciliáveis. Ele demonstrou ter um poder incompreensível, capaz de arregimentar exércitos de anjos. O que se pode esperar de uma pessoa tão forte? Autoridade, julgamento, rigidez, imposição de normas, crítica contundente. Todavia, eis que encontramos nele afetividade, tolerância, compreensão das falhas, gentileza e ausência de cobranças.

É horrível conviver com uma pessoa disciplinadora que deseja que todos vejam o mundo apenas através de seus olhos. Mas é bom conviver com alguém maleável, capaz de enxergar com os olhos dos outros.

A personalidade de Jesus é encantadora. Dificilmente encontraremos alguém que, no topo do poder, desceu para perscrutar os sentimentos mais ocultos do ser humano. Quem quisesse ser discípulo de Jesus jamais poderia considerar-se pronto, mas também nunca iria desistir de si mesmo.

O Mestre da Vida não procurava gigantes nem heróis, mas pessoas que tivessem a coragem de levantar-se após cair, de retomar o caminho após fracassar.

Perdoando-os antes do fracasso

Raramente prestamos atenção nos detalhes que norteiam o comportamento de Jesus Cristo. Seu cuidado afetuoso era fascinante. Ele já estava perdoando os discípulos antes mesmo de fracassarem.

Quem é que, abandonado, é capaz de ter ânimo para cuidar daqueles que o abandonaram? Uma ofensa causada por um filho, uma frustração gerada por um amigo ou um colega de trabalho nos irritam, e a consequência imediata é a impaciência. Quantas vezes afirmamos: "Esse aí não tem jeito mesmo!"

Certa vez, o mestre disse aos seus discípulos que se uma pessoa errasse e viesse pedir-lhes perdão, eles deveriam perdoá-la. Se ela errasse sete vezes e sete vezes pedisse perdão, sete vezes deveria ser perdoada. Em outra ocasião afirmou que deveríamos perdoar as pessoas setenta vezes sete vezes. Na verdade, queria dizer que devemos perdoar sempre, continuamente, ainda que a pessoa que errou seja a mais teimosa e obstinada do mundo.

Jesus, o mais dócil psicólogo infantil, ensina os pais a ter paciência na educação dos filhos, ainda que estes cometam duas ou três vezes o mesmo erro num mesmo dia. Como é possível ter a paciência e a tolerância que ele preconizava? Se o foco de nossa atenção forem os erros das pessoas, perderemos a calma diante da repetição de seu comportamento inadequado. Mas se o nosso foco de atenção forem as pessoas e não os seus erros, começaremos a mudar nossa atitude. Seremos sempre capazes de dar-lhes uma nova chance.

E se aprendermos com o Mestre dos Mestres a nos doar sem esperar retorno, daremos um salto ainda maior, pois estaremos protegendo nossas emoções. Aprenderemos a ter uma felicidade que não depende muito das circunstâncias externas. A felicidade de Jesus, que emanava de dentro para fora, pouco dependia dos resultados externos.

Não devemos pensar que a postura de Jesus como educador era passiva. Ao contrário, era revolucionária. Todos os que observavam sua calma, sua inteligência fenomenal, sua segurança e sua capacidade de nunca perder a esperança nas pessoas começavam a mudar completamente seu modo de ver a vida. Assim, ainda que errassem muito, o convívio com o mestre ia transformando e reciclando sua rigidez, seu orgulho, sua agressividade.

Os discípulos jamais se esqueceram das lições preciosas que ele lhes deu. Jesus Cristo morreria, mas se tornaria um Mestre Inesquecível.

Os discípulos foram temporariamente derrotados pelo medo. Pedro, Tiago, João, Bartolomeu, Filipe, Tomé, Mateus, enfim, todos os seus amados amigos fugiram. Ele foi preso, ficou só. Embora não amasse a solidão, não quis companhia, pediu aos soldados que deixassem seus amigos partir.

O mundo iria então assistir a uma noite de terror e ao mais injusto dos julgamentos. Um julgamento regado a ódio, escárnio e tortura. Jesus foi preso em plena condição de saúde. Contudo, ficamos estarrecidos ao pensar na violência e nos maus-tratos que ele sofreu. Em menos de doze horas, seus inimigos destruíram seu corpo antes de crucificá-lo.

O mestre do perdão foi tratado sem nenhuma tolerância. Nunca alguém que se preocupou tanto com a dor humana foi tratado de maneira tão impiedosa.

CAPÍTULO 4

Rejeitado e torturado na casa de Anás

A sequência dos eventos no julgamento de Jesus

Antes de entrar no dramático julgamento vivido por Jesus, quero tecer alguns comentários sobre como, quando e por que os evangelhos foram escritos.

Jesus esteve cerca de três anos e meio ao lado dos discípulos. Frequentemente há um intervalo de semanas ou meses entre as passagens descritas nos evangelhos.

A maior parte de suas palavras e seus comportamentos não foi registrada. Apenas alguns eventos que causaram maior impacto nos discípulos estão presentes nos quatro evangelhos que podem ser considerados biografias sintéticas.

O único momento da vida de Jesus relatado em todos os detalhes, hora a hora, foi o de seu julgamento e sua crucificação. Entre sua prisão e a crucificação passaram-se menos de doze horas, e da crucificação à morte, cerca de seis horas. Apesar do curto período, os relatos desses momentos são cruciais. Foram, sem dúvida, as mais longas e importantes descrições de um único período de sua vida. Segundo suas próprias palavras, ele veio para essa hora e esperava ansiosamente por ela (*João 12:27*).

A decisão de registrar o que o Mestre dos Mestres viveu não foi tomada durante o período em que os discípulos estiveram ao lado dele, nem logo após a sua morte. Demorou muitos anos. O mais antigo evangelho, o de Marcos, foi provavelmente escrito entre 50 e 60 d.C., portanto, mais de 20 anos depois. O evangelho de Lucas foi provavelmente escrito no ano 60 d.C., o de Mateus entre 60 e 70 d.C. O evangelho de João foi o mais tardio, escrito provavelmente entre 85 e 90 d.C., portanto, mais de meio século depois da morte do mestre.

Por ter sido escrito um longo tempo após a morte de Jesus, o relato de certas passagens naturalmente perdeu alguns detalhes ou deu ênfase a certos fatos. Por esse motivo, existem algumas pequenas diferenças nas mesmas passagens descritas nos evangelhos, como é o caso do julgamento de Jesus Cristo: quatro evangelhos o relatam, mas cada qual em suas dimensões e com seus próprios detalhes.

Essas diferenças atestam que Jesus foi um personagem histórico real, como demonstrei nos livros anteriores. Seria impossível para a mente humana criar um personagem como ele.

O que motivou os discípulos a escreverem sobre Jesus Cristo em diferentes épocas foi a intensa história de amor que viveram com ele. O Mestre da Vida foge completamente ao que se poderia esperar de um homem tão forte e inteligente. O carpinteiro de Nazaré tocou a emoção de milhares de homens e mulheres.

Durante as primeiras décadas desta era não havia nada escrito sobre Jesus Cristo. Como, então, as pessoas que não o conheceram eram nutridas por seus ensinamentos? Pelos relatos vivos daqueles que conviveram estreitamente com ele, principalmente os discípulos.

Os discípulos deviam gastar horas e horas conversando sobre cada palavra, cada gesto, cada pensamento de Jesus. Provavelmente tinham a voz embargada e algumas vezes derramavam lágrimas ao recordá-lo. Os pescadores da Galileia, que outrora cheiravam a peixe, agora exalavam uma doce fragrância de amor.

A organização dos livros chamados evangelhos

O material que os discípulos usaram para escrever os evangelhos foi organizado por meio de pesquisas e anotações detalhadas. É o caso de Lucas, que não conheceu Jesus, mas, como ele mesmo disse, investigou minuciosamente os fatos relacionados à sua vida (*Lucas 1:3*).

Os evangelhos têm uma síntese, uma lógica, uma coerência que impressionam os pesquisadores. Todas as pessoas, até cientistas, deveriam lê-los, mesmo que não tenham interesse no cristianismo. A leitura desses livros abre as janelas de nossa mente, nos induz a um profundo processo reflexivo e, no mínimo, nos faz crescer em sabedoria.

Muitos creem que os evangelhos foram escritos sob inspiração divina. A inspiração divina entra na esfera da fé, e sua investigação extrapola o objetivo deste livro. Independentemente da inspiração divina, os escritores dos evangelhos se valeram de uma investigação detalhada para elaborar seus textos. Por isso, eles não se copiam uns aos outros, e os quatro se completam. Uns descrevem de forma sucinta algumas passagens, outros detalham melhor certas situações.

Esse fato fica particularmente claro no julgamento de Jesus. Somente Lucas relata que Jesus passou pelas mãos de Herodes Antipas, o filho de Herodes, o Grande, o rei que queria matá-lo quando tinha 2 anos de idade. Entretanto, o registro mais detalhado do julgamento de Jesus na casa de Caifás, o sumo sacerdote, encontra-se no evangelho de Mateus. Por outro lado, Mateus não fornece maiores explicações sobre o que aconteceu com Jesus diante de Pilatos. Ele encerra a passagem dizendo que o mestre foi açoitado por ordem de Pilatos, em seguida condenado e, imediatamente, tomou a cruz e foi em direção ao Gólgota. Todavia, ocorreram fatos importantíssimos depois dos açoites.

Se lermos apenas Mateus, compreenderemos o julgamento feito pelo sinédrio, composto pelos líderes da religião judaica, mas saberemos pouco sobre o julgamento realizado pela lei romana. Precisamos ler o livro de João para conhecê-lo. O evangelho de João narra determinados fatos e alguns diálogos entre Jesus e Pilatos que não foram registrados pelos outros autores. Relata, por exemplo, que depois dos açoites Jesus ainda passou por outros sofrimentos, foi coroado com espinhos, zombado pela coorte de soldados e voltou a ter um diálogo particular com Pilatos.

Muitos soldados que presenciaram essas cenas se tornaram discípulos de Jesus após sua morte. Alguns carrascos foram contagiados pelo seu amor. Eles deram seus testemunhos aos escritores dos evangelhos sobre o drama que Jesus viveu em seu julgamento, e a violência com que foi tratado. Alguns fariseus que o amavam secretamente também contribuíram para esses relatos.

Acompanharemos, a partir de agora, o mais misterioso e amável dos homens no momento em que sofre o mais violento e desumano julgamento. Dessa história de dor vivida pelo Mestre da Vida poderemos extrair profundas lições para reescrever alguns capítulos fundamentais de nossa própria história.

Jesus foi interrogado, julgado e torturado por quatro pessoas: Anás, Caifás, Pilatos e Herodes.

Interrogado por Anás

Após ser preso, a primeira casa para a qual os soldados levaram Jesus foi a de Anás. Este já havia sido sumo sacerdote, o posto máximo na hierarquia da religião judaica. No ano em que Jesus foi julgado, o sumo sacerdote era o genro de Anás, Caifás.

Como vimos, Jesus havia se tornado irremediavelmente famoso. Apesar disso, ele se entregara de forma tão súbita que ninguém sabia de sua prisão, a não ser os discípulos.

Anás estava tenso, tinha medo de que, ao despertar, a multidão reagisse ao saber que Jesus estava encarcerado. Então, assim que Jesus chegou, começou a interrogá-lo sobre seus discípulos e sua doutrina (*Mateus 26:57*). Não queria de fato interrogá-lo, apenas encontrar motivos para que fosse condenado à morte.

O mestre sabia que ali se iniciara uma das etapas do seu falso julgamento. Sabia que Anás não estava interessado em conhecer seu pensamento, seu propósito.

O clima era perturbador. Um grupo numeroso composto por soldados e serviçais rodeava Jesus. Queriam ver como ele reagiria longe das multidões que o assediavam. Talvez quisessem vê-lo pela primeira vez tímido, tenso, amedrontado. Contudo, aquele homem parecia inabalável. Diferentemente de nós, ele não se curvava ao medo.

Diante da pressão de Anás para que falasse, Jesus dá uma resposta que soa desafiante no ambiente ameaçador. Diz: *"Eu falei abertamente ao mundo, eu sempre ensinei nas sinagogas e no templo, onde todos os judeus se reúnem, e nada disse em segredo"* (*João 18:20*). Sua resposta não termina assim. Respaldado por uma sólida autoconfiança, ele fita Anás e os soldados que o rodeiam e, sem nenhuma sombra de medo, acrescenta: *"Por que me interrogas? Pergunta aos que ouviram o que lhes ensinei. Eles bem sabem o que eu disse."*

Essa resposta, que é a primeira em seu julgamento, tem várias implicações que merecem ser analisadas.

Falando francamente ao mundo

Jesus afirma, sem titubear, que tinha falado abertamente ao mundo. Ninguém foi tão franco como ele. Não tinha medo de afirmar aquilo que pensava e nunca fingia. Em determinadas situações, sua integridade estava ameaçada, e o melhor que poderia fazer para se proteger era calar-se. Mas, mesmo sob o risco de ser agredido por seus opositores, ele se pronunciava.

Sua coragem mudou a história. Pronunciou palavras que não apenas abalaram o mundo em sua época, mas ainda nos deixam fascinados e pasmados nos dias de hoje. Discorreu sobre pontos jamais discursados, abordou assuntos nunca antes pensados pela psicologia, filosofia, educação ou religião.

Interrogando o seu interrogador

É próprio de um réu ficar quieto, intimidado e ansioso diante de um tribunal. O mais violento dos homens é capaz de comportar-se como uma criança quando lhe retiram o poder. Alguns, por intermédio de seus advogados, pedem clemência e negam as acusações que lhes fazem.

Jesus estava lá sem nenhum advogado. Não precisava, pois sua inteligência era imbatível. Já saíra de situações mais dramáticas. Com habilidade magistral, abrira as janelas da mente dos seus opositores instigando a inteligência deles. Confusos, eles o deixavam e retornavam para suas casas.

Agora, Jesus se deixara prender e estava sendo julgado. Todos queriam a sua morte e, por incrível que pareça, ele também a desejava. Os acusadores queriam matá-lo para anular a vida, enquanto ele queria morrer para dar a vida. Em seu julgamento, não lutou em seu próprio favor; entregou-se integralmente à decisão humana.

O Mestre da Vida expôs cerca de vinte pensamentos nesse julgamento, todos com significados inimagináveis, mas nenhum com o objetivo de libertar-se. Ao contrário, tais pensamentos colocaram mais lenha na fogueira do ódio que seus inimigos nutriam por ele. Mas Jesus não se importou. Revelou claramente sua identidade e sua missão, ainda que com poucas palavras. Quando estava livre, evitou dizer quem era; ao ser preso e ameaçado, não se intimidou. Ao contrário, fez relatos espetaculares sobre sua pessoa, principalmente a Anás e a Pilatos.

Não pediu clemência. Disse que todos os seus pronunciamentos tinham sido feitos publicamente e que quem quisesse resposta deveria interrogar os que o ouviram. Com tal afirmação, ousada e incomum para um réu, mostrou claramente que sabia que seu julgamento era um teatro, que naquele momento ninguém estava interessado de fato no seu discurso, porque todos já o conheciam. Portanto, se queriam matá-lo por aquilo que ele tinha falado, ele também estava disposto a morrer por essa causa.

Esbofeteado com violência por um soldado

Os soldados que estavam presentes sabiam que os líderes judeus por diversas vezes haviam tramado a morte de Jesus, sem sucesso. Uma parte dos soldados se sentia confusa, pois admirava-o, mas não tinha força para protegê-lo. Outra parte, provavelmente a maior, estava totalmente influenciada pelos líderes de sua nação. Manipulados por estes, passaram também a odiá-lo, ainda que não soubessem claramente os motivos.

Quando Jesus não respondeu a Anás e lhe recomendou que perguntasse a milhares de judeus o que ele havia dito publicamente, o clima de violência contra ele veio à tona. Imediatamente, um soldado vira-se e desfere-lhe uma violenta bofetada. O golpe deve ter-lhe causado vertigem e edema na face.

A propósito dessa agressão, gostaria de analisar três brilhantes características da personalidade de Jesus que ele demonstrou ao receber esse primeiro golpe físico que iriam regular seu comportamento durante todas as torturas que sofreu. Primeiro, ele pensava antes de reagir; segundo, nunca devolvia a agressão que lhe faziam; terceiro, era capaz de estimular seus agressores a penetrarem dentro de si mesmos e repensarem sua violência. A maneira como reagiu foge completamente ao padrão de nossas reações ante situações de risco e de dor, sejam físicas ou psicológicas.

Para expor essas três características, precisamos compreender alguns fenômenos que constroem os pensamentos e integram o funcionamento da mente.*

O gatilho da memória

O gatilho da memória é um fenômeno inconsciente que faz as leituras imediatas da memória mediante um determinado estímulo. O medo súbito, as respostas impensadas, as reações imediatas são derivados do gatilho da memória. Diante de uma ofensa, um corte na mão, uma freada brusca ou uma situação de risco qualquer, esse gatilho é acionado, gerando uma leitura rapidíssima da memória e produzindo as primeiras cadeias de pensamentos e as primeiras reações emocionais.

Somente depois de segundos ou uma fração de segundo é que o "eu" (vontade consciente) inicia seu trabalho para administrar o medo, a ansiedade e a angústia que invadiram o território da emoção. Isso explica por que é difícil administrar as reações psíquicas. Grande parte de nossas reações iniciais não é determinada pelo "eu", mas detonada pelo gatilho inconsciente da memória.

Uma pessoa agredida, ofendida, sob risco de morrer, ou seja, sob um foco de tensão, raramente conseguirá administrar seus pensamentos. Nessas situações, ela reage sem pensar. Para retomar as rédeas de sua inteligência, o "eu" terá de gerenciar os pensamentos negativos, duvidando deles e criticando-os. Assim, a pessoa sai do foco de tensão e se torna líder do seu

---

* Cury, Augusto J. *Inteligência multifocal*. São Paulo: Cultrix, 1998.

mundo. Todavia, frequentemente somos frágeis vítimas dos processos de nossa psique.

Quem é que pensa antes de reagir em situações tensas? Não exija lucidez das pessoas quando elas são feridas, ameaçadas ou estão ansiosas. Seja paciente com elas, pois o gatilho da memória estará gerando medo, raiva, ódio, desespero, que, por sua vez, travam a liberdade de pensar. Quando nossas emoções estão exaltadas, reagimos por instinto, e não como seres pensantes.

Jesus foi ofendido diversas vezes em público. Mas não se deixava perturbar. Em algumas situações, foi expulso das sinagogas, mas mantinha sua emoção intacta. Correu risco de morte em algumas ocasiões, mas permaneceu livre, em vez de tenso. A mesma coragem que o movia para falar o que pensava protegia sua emoção diante dos estímulos estressantes.

Perdemos com facilidade a paciência com os filhos, com os amigos, com as pessoas que nos frustram. Infelizmente, sob um foco de tensão, psicólogos e pacientes, executivos e funcionários, pais e filhos detonam o gatilho da memória e produzem reações agressivas que os dominam, ainda que por momentos.

Ferimos a nós mesmos e não poucas vezes causamos danos às pessoas que mais amamos. Fazemos delas a lata de lixo de nossa ansiedade. Detonado o gatilho, reagimos impulsivamente, e somente minutos, horas ou dias depois, adquirimos consciência do estrago que fizemos.

Somos controlados pela nossa emoção. Algumas pessoas nunca mais se esquecem de um pequeno olhar de desprezo de um colega de trabalho. Outras não retornam mais a um médico se ele não lhes deu a atenção esperada.

Se uma pessoa não aprender a administrar o gatilho da memória, viverá a pior prisão do mundo: o cárcere da emoção.* Os dependentes de drogas vivem o cárcere da emoção, porque, quando detonam o gatilho, não conseguem administrar a ansiedade e o desejo compulsivo de uma nova dose. Os que possuem a síndrome do pânico vivem o medo dramático de que vão morrer ou desmaiar, gerado também por esse gatilho.

Do mesmo modo, os que têm claustrofobia, transtornos obsessivos compulsivos (TOC) e outras doenças produtoras de intensa ansiedade são

---

* Cury, Augusto J. *Superando o cárcere da emoção*. São Paulo: Academia de Inteligência, 2002.

vítimas do gatilho da memória. Esse fenômeno é fundamental para o funcionamento normal da mente humana, mas, se produz reações doentias e pensamentos negativos inadministráveis, contribui para gerar uma masmorra interior.

Como exímio mestre da inteligência, Jesus sabia gerenciar o gatilho da memória, não deixava que ele detonasse a agressividade impulsiva, o medo súbito, a ansiedade compulsiva. Portanto, sempre pensava antes de reagir, nunca devolvia a agressividade dos outros e, como já dissemos, estimulava seus agressores a repensar sua agressividade.

O exemplo do gatilho da memória num tribunal

Certa vez, ouvi uma história interessante que aconteceu num tribunal. Um homem estava sendo julgado por assassinato. Havia cometido um crime cruel. Matara um homem por um motivo torpe: durante uma discussão, a vítima jogara um copo d'água no seu rosto. Humilhado, ele o assassinou.

O réu parecia indefensável. Pegaria a pena máxima. O promotor o acusava com eloquência dizendo que alguém com tal grau de violência só poderia estar atrás das grades. Como é possível matar um ser humano por ter sido agredido apenas com um copo d'água?

Tudo parecia perdido. Então, de repente, o advogado de defesa teve uma ideia. Resolveu reproduzir a cena do crime. Começou a criar um clima de atrito com os membros do júri. Subitamente, pegou um copo com água e, no calor da discussão, sem que esperassem, atirou o líquido em seus rostos.

O juiz interpretou o gesto do advogado como um grande desacato. Os membros do júri ficaram profundamente irados com sua insolência. Então, imediatamente, ele pediu desculpas e explicou o motivo de sua atitude. Disse que os agredira daquela maneira para que os jurados se colocassem na pele do réu. Tentara simular o clima do assassinato para gerar neles uma emoção semelhante à que seu cliente experimentara no momento em que a vítima lhe atirara água no rosto.

Encerrou sua defesa dizendo: "Se vocês ficaram irados quando lhes atirei água, entenderão o que aconteceu com meu cliente. Infelizmente, todos nós cometemos atos impensados quando estamos tensos. Ele não é perigoso, jamais planejou aquele assassinato e arrependeu-se da sua atitude impulsiva. Por favor, julguem meu cliente baseados nas suas próprias consciências e emoções."

O réu foi absolvido. O advogado de defesa conseguira levar os jurados a compreender o fenômeno do gatilho da memória. É mais fácil desculparmos a violência dos outros quando nos damos conta da nossa própria violência.

Quanto mais os estímulos estressantes se apresentam através da competição predatória, do individualismo, da crise do diálogo, da velocidade das transformações sociais, mais reagimos sem pensar, mais voltamos ao tempo das cavernas. Assim, pouco a pouco nos psicoadaptamos à agressividade. Aceitamos a violência como normal, como parte inerente da rotina social.

Ao contrário de nós, o mestre de Nazaré não reagia com violência, mesmo quando ferido. Apesar de ser tão bela, nossa espécie é tão complicada que roubamos de nós mesmos a tranquilidade e o direito de sermos felizes.

Estimulando a arte de pensar do agressor

No momento em que o soldado desfere-lhe a bofetada, Jesus diz: "*Se falei mal, dá testemunho do mal...*" (João 18:23). Uma resposta muito dócil para tanta violência, muito inteligente para tanta irracionalidade.

O soldado o agrediu fisicamente e ele golpeou sua insensatez sem agressividade. Levou seu agressor a pensar no próprio comportamento. Conduziu-o a avaliar sua história e lhe cobrou um testemunho de sua maldade, sua agressividade e seu crime. O mestre vivia a arte da antiviolência; sua humanidade se revelava nos sentimentos mais altruístas. Pensava muito mais no bem-estar dos outros do que em si mesmo.

O soldado o golpeou para ganhar crédito diante de Anás (João 18:22). Espancou-o dizendo que ele não deveria falar daquele modo com o sumo sacerdote. Tonteado pela violência do trauma, Jesus, com gentileza, completa a frase: "*...mas, se falei bem, por que me bates?*"

O soldado não era capaz de dar testemunho contra Jesus, cuja conduta era intocável. Ele o feriu gratuitamente, apenas para ganhar prestígio junto a seus líderes. Infelizmente muitos homens na história reagiram sem pensar nas consequências de suas reações. Preferiram agradar a seus líderes a honrar sua própria consciência. Venderam algo invendável por um preço muito baixo.

O que faríamos se alguém nos desse um tapa no rosto? A reação do mestre de Nazaré foge aos limites instintivos do ser humano. Ao contrário do réu que há pouco descrevi, ele, além de amável, estimulou seu agressor a abrir as janelas da mente. Sua personalidade não foi apenas superior à da média. Foi única, exclusiva. Ninguém reagiu como ele no ápice da dor e da humilhação social.

Se Jesus tinha o poder que dizia possuir, por que não fez aquele soldado prostrar-se aos seus pés? Entretanto, se usasse o seu poder, se revidasse com agressividade, seria como qualquer um de nós, não seria livre. Os fracos mostram a força da ira, mas os fortes mostram a força do perdão.

Se Jesus destruísse aqueles homens, seria forte por fora, mas fraco por dentro. Seria dominado pelo ódio e pela raiva – mas nada o dominava. Preferiu conscientemente mostrar-se fraco por fora, sendo livre por dentro.

Dormindo com o inimigo

Todas as experiências que vivemos no palco de nossas mentes são registradas involuntariamente na memória pelo fenômeno RAM. E, se essas experiências tiverem alta carga de tensão, o registro será privilegiado, ocupando áreas nobres de nossa memória.

Aqui há um grande aprendizado a ser feito. Se uma pessoa nos perturbou, nos prejudicou ou nos humilhou, e se desenvolvemos raiva, ódio ou medo dela, essa pessoa será registrada de maneira privilegiada na parte central de nossa memória, que chamo de MUC (memória de uso contínuo). Se imaginarmos a memória como uma grande cidade, a MUC seria a área em que mais circulamos e realizamos nossas atividades profissionais e sociais. Por estar registrado na MUC, o agressor participará de grande parte de nossos pensamentos.

Assim, se achamos que a raiva, o ódio ou a reação fóbica de afastamento nos livrarão de nosso agressor, estamos enganados. Ele almoçará, jantará e dormirá conosco, pois ocupará a área central de nossa memória consciente e inconsciente. Consequentemente, ocupará grande parte de nossos pensamentos, que, por sua vez, afetarão a qualidade de nossas emoções. É por isso que, quando temos um problema, pensamos nele o tempo todo.

Quanto mais aversão sentirmos por alguém, mais essa pessoa ocupará nossos sonhos e nos provocará insônia. Lembre-se disso na próxima vez que alguém o frustrar: se não tomar cuidado, você dormirá com ele.

O mestre de Nazaré não dormia com seus inimigos, pois não tinha inimigos. Os fariseus podiam odiá-lo e ameaçá-lo, mas todo esse ódio não os qualificava como inimigos. Por quê? Porque ninguém conseguia transpor a capacidade do mestre de proteger a própria emoção. Ele não permitia que a agressão dos outros afetasse sua alma.

Conheço a história de filhos que nunca mais confiaram nos pais depois que estes os frustraram. Conheço também pessoas que nunca mais reataram a relação com amigos depois de uma pequena discussão. Abriram as comportas de sua emoção e deixaram que um episódio turbulento destruísse para sempre um belo relacionamento.

O Mestre dos Mestres não se deixava invadir pelas injúrias, calúnias, frustrações e violência dos que o circundavam. Ele viveu de acordo com a bela frase de Galileu Galilei: "Devemos escrever os benefícios em bronze e as injúrias no ar."

Nenhum comportamento humano comprometia a sua paz nem o fazia desanimar. Era livre no lugar em que mais facilmente somos prisioneiros, livre em sua emoção. Sua calma deixava todos atônitos. Mesmo em face da morte ele se mostrava capaz de governar, com tranquilidade, seus pensamentos. Como mestre da mansidão, ele conseguiu produzir ideias brilhantes num ambiente onde só havia espaço para uma intensa ansiedade.

Ao ser amável com seus inimigos, ele cumpria o que havia dito sobre dar a outra face. Entretanto, dar a outra face não era nem de longe um sinal de submissão e de fragilidade, mas de força inigualável. Os líderes de Israel tinham insônia por sua causa, embora dormissem em camas confortáveis. O Mestre do Amor dormia tranquilo, embora tivesse o chão como cama e uma pedra como travesseiro. Que lição de vida!

Todos os líderes políticos que usaram a agressividade como ferramenta para impor suas ideias mancharam as páginas da história. A própria história os condenou. Foram esquecidos ou são lembrados com repugnância.

O nome de Jesus percorreu todas as gerações como fogo em madeira seca. Quais os motivos? Muitos. Não foi somente por sua demonstração de poder, mas muito mais pela sua disposição de não usá-lo. Quem agiu como ele em todos os tempos?

Jesus mudou a história da humanidade pela delicadeza dos seus gestos num ambiente grosseiro e desumano, pelos patamares impensáveis que atingiu sua amabilidade num ambiente em que as pessoas não sabiam amar.

A primeira sessão de tortura

Após ter sido gentil com o soldado que bateu no seu rosto, Jesus começou a sofrer a primeira e angustiante sessão de tortura. Os soldados se amontoaram à sua volta, zombando dele e espancando-o impiedosamente.

Embora não cite a casa de Anás, Lucas registra que a primeira sessão de tortura de Jesus ocorreu antes de o sinédrio se reunir e condená-lo – portanto, na casa de Anás (*Lucas 22:66*). Os soldados e líderes judeus vendaram-lhe os olhos e disseram: "*Profetiza-nos quem é que te bateu.*" Os traumas no rosto e no corpo dilatavam e rompiam seus vasos sanguíneos periféricos, causando edemas e hematomas. O rosto de Jesus começava a se desfigurar.

Um clima de terror se instalou. Os seres humanos sempre reagem como animais quando estão coletivamente irados. Toda a agressividade daquelas pessoas foi projetada no mais amável dos homens. Embora tivesse dito que dispunha de um grande exército de anjos, ele não reagiu. Suportou silenciosamente a sua dor.

Um olhar arrebatador

No primeiro livro da coleção, *O Mestre dos Mestres*, comentei brevemente a negação de Pedro. Ela ocorreu justo na casa de Anás. Em razão da importância desse assunto, gostaria de retomá-lo a fim de abordar alguns pontos que não analisei.

Quando Jesus entrou na casa de Anás, Pedro, com a ajuda de um discípulo conhecido do sumo sacerdote, conseguiu introduzir-se disfarçado.

Qual foi o discípulo que o ajudou a entrar naquele ambiente? Não se sabe. Provavelmente Nicodemos ou José de Arimateia, por pertencerem à cúpula judaica, ou talvez algum coletor de impostos, como Zaqueu ou Mateus, pois, embora fossem odiados pelos fariseus, tinham poder social porque serviam ao Império Romano.

Pedro foi ousado em entrar naquele ambiente perturbador. Os outros discípulos encontravam-se longe dali. Ele nunca mais esqueceria a cena. Seu amado mestre estava sendo ferido física e psicologicamente. Pedro sentiu um grande desespero. Aquilo parecia uma miragem.

Não podia acreditar nem na violência dos homens nem na passividade do seu mestre diante dos agressores. Talvez pensasse: "Jesus é tão forte e imbatível... Como pode se calar diante de tanta violência? Onde está a sua força? O que aconteceu com a sua coragem?" A mente de Pedro devia parecer um redemoinho borbulhante. Nunca vira alguém tão forte vestir de tal maneira o manto da fragilidade.

Pedro conhecia a coragem de Jesus para enfrentar o mundo e fazer todos se calarem diante de sua sabedoria e seu poder, mas não conhecia um tipo de coragem muito rara: a coragem para enfrentar em silêncio a dor, o desprezo e a vergonha pública.

Diante dos dramáticos sofrimentos do seu mestre e do turbilhão de dúvidas que solapavam sua mente, o gatilho da memória de Pedro detonou um medo intenso. Quando Jesus fazia milagres e proferia belíssimos discursos, Pedro tinha orgulho de ser um dos seus discípulos. Mas agora sentia medo de estar associado a alguém violentamente agredido e humilhado.

O medo travou sua inteligência. Então, quando alguns servos lhe perguntaram se era um seguidor do nazareno, Pedro negou, sem conseguir raciocinar. Questionado outra vez, voltou a negar mais veementemente. Quando lhe perguntaram pela terceira vez, afirmou enfaticamente: "*Não conheço esse homem*" (*Marcos 14:71*). Por alguns momentos Jesus deixara de ser seu mestre para tornar-se um desconhecido, alguém que ele nunca vira, um homem do qual se envergonhava. Se estivéssemos no lugar de Pedro, quantas vezes negaríamos Jesus?

O evangelho de João é o único que dá margem para interpretarmos que a primeira e a segunda negação de Pedro ocorreram na casa de Anás e a terceira, na de Caifás (*João 18:24-25*). Se ocorreram em dois lugares diferentes, isso indica que a capacidade de pensar de Pedro estava totalmente dominada pelo medo. Não era capaz de gerenciar como seu mestre sua emoção, de se refazer imediatamente após ser atingido pela angústia.

O medo nos domina: o medo de morrer, de ter uma grave doença, de sofrer perdas financeiras, de perder as pessoas que amamos, de ficarmos sós, de sermos rejeitados, de fracassar. Jesus não esperava muito das pessoas. Sabia que na humanidade não há gigantes no território da emoção. Sabia que vacilamos. Conhecia nossos limites.

Quando Pedro o negou pela terceira vez, Jesus se voltou com um olhar cativante, arrebatou seu discípulo do medo e o fez cair em si. Então, Pedro lembrou que prometera morrer com seu mestre, e que este previra que ele fraquejaria. Se lá estivessem os mais ardentes seguidores de Jesus, estes também o negariam de maneira tão ou mais veemente do que Pedro.

Pedro saiu da cena abatido, desesperado. Nunca se sentira tão frágil. Nunca traíra sua própria palavra de maneira tão vergonhosa. Como o mais excelente terapeuta, Jesus previra o fracasso de seu discípulo, não para condená-lo, mas para que ele conhecesse suas próprias limitações. E Pedro chorou como nunca havia chorado antes.

Por ter convivido com alguém que via os erros e os fracassos sob outra perspectiva, Pedro saiu mais forte de sua derrota. Forte na capacidade de perdoar, de compreender a fragilidade humana, de dar oportunidade aos que erram. Somente os que compreendem e aceitam as próprias limitações são capazes de entender as limitações dos outros. As pessoas mais rígidas e críticas são as que menos conhecem as áreas mais íntimas do seu próprio ser.

O Mestre da Vida era livre, embora estivesse atado. Frustrado, ainda acolhia. Que seguidor vive hoje o exemplo que ele deixou?

Jesus foi tão brilhante que, mesmo no auge da dor, conseguia ensinar os que o amavam. Quando silenciado, ensinava com os olhos. Com um olhar penetrante disse a Pedro que não desistiria dele, que ainda o amava. Com a boca sangrando expressou sem palavras que era justamente pelos erros de seu discípulo e pelos erros de toda a humanidade que estava morrendo.

Quem é esse homem que, com as mãos feridas, consegue ainda escrever uma carta de amor no coração do ser humano?

CAPÍTULO 5

Condenado na casa de Caifás pelo sinédrio

Após ser torturado na casa de Anás, Jesus foi conduzido por ele à casa de Caifás, o sumo sacerdote. Lá reuniu-se o sinédrio. Diante dele estava toda a liderança judia. Os mais cultos e religiosos homens de Israel estavam reunidos para decidir que fim dariam ao mestre de Nazaré que agitava a nação.

Era madrugada. A multidão que tanto o amava dormia ou esperava o dia amanhecer para vê-lo. Ninguém imaginava que Jesus estava sendo torturado e julgado.

A cúpula judaica tentou fabricar falsos testemunhos para condenar Jesus, mas os testemunhos não eram coerentes (*Lucas 23:2*). Não havia contradição na vida do mestre. Podiam rejeitar o que ele falava, mas ninguém era capaz de apontar condutas que rompessem com a ética e o bom senso.

A rigidez dos líderes de Israel impediu que o julgamento fosse isento. Não se renderam a Jesus porque não o investigaram. A pressa e o desespero em condená-lo levou-os a reagir irracionalmente.

Um silêncio gélido

Jesus ouviu todos os falsos testemunhos. Paciente, não sentia necessidade de se manifestar. Os homens do sinédrio mostravam-se apressados, tensos, ansiosos, mas ele mantinha um silêncio gélido.

Caifás, o mais importante homem da cúpula religiosa, estava intrigado e indignado com o silêncio de Jesus. Ele o interrogava, mas não obtinha nenhuma resposta.

Todos os homens mostravam um respeito incondicional pela autoridade do sumo sacerdote, mas o carpinteiro de Nazaré, ainda que o respeitasse como ser humano, não atendia ao seu apelo para que respondesse ao inquérito. Nada e ninguém o obrigavam a falar.

A ferramenta do silêncio é o estandarte dos fortes. Somente alguém destemido e consciente de que não deve nada é capaz de usar o silêncio como resposta.

Por que Jesus não falava? Porque estava acima de todo aquele julgamento. Os líderes religiosos defendiam o Deus do Pentateuco (os cinco livros de Moisés), dos profetas e dos salmos. Apesar de serem especialistas em matéria de Deus, não reconheciam que, diante deles, escondido na pele de um carpinteiro, estava o Deus que defendiam e diziam adorar. Que contraste impressionante! Eram especialistas em ensinar quem era Deus, mas não conheciam esse Deus. Não conseguiam enxergar o filho de Deus naquele galileu.

Os fariseus faziam longas orações, pareciam exteriormente espiritualizados, mas o mestre denunciara reiteradas vezes que eles usavam a religião com o objetivo de se promoverem socialmente, para ocupar os primeiros lugares nas festas e nos templos judaicos.

Imaginem a cena. Jesus dizia ser o filho do Deus altíssimo. Entretanto, ao nascer, preferira o aconchego de uma manjedoura ao berço daqueles que se consideravam especialistas em Deus. Quando cresceu, preferiu trabalhar com madeira bruta e com martelos a frequentar a escola dos fariseus. Quando abriu a boca, aqueles que mais desaprovou não foram os pecadores, os imorais, os impuros, mas os que diziam adorar o seu Pai. Não há como não se surpreender com esses paradoxos.

Certa vez o mestre disse aos fariseus que eles liam as escrituras, mas não vinham até ele para ter vida (*João 5:40*). Em outra ocasião afirmou que *"o que sai da boca procede do coração, e é isso que torna o homem impuro. Com efeito, é do coração que procedem más intenções, assassínios, adultérios, prostituições..."* (*Mateus 15:18*). Indicou que todas as vezes que os líderes de Israel recitavam um salmo ou liam uma passagem dos profetas, eles o honravam com a boca, mas não o conheciam nem o amavam. Quem é esse homem que abalou os alicerces dos religiosos de sua época?

O fenômeno da psicoadaptação gera a insensibilidade

Gostaria de fazer aqui uma pequena pausa para analisar alguns mecanismos inconscientes presentes em todos nós e que conduziram os fariseus e toda a cúpula judaica da época a desprezar completamente o Mestre dos Mestres. No primeiro capítulo, comentei os motivos conscientes, principalmente as causas sociais que levaram a essa atitude; agora, veremos os fatores inconscientes produzidos principalmente pela atuação do fenômeno da psicoadaptação. Os mecanismos aqui descritos nos ajudarão a compreender importantes processos de nossa inteligência.

Ao longo de vinte anos tenho estudado a atuação do fenômeno da psicoadaptação. Ele atua no território da emoção e destrói sorrateiramente a simplicidade, a criatividade, a capacidade de aprendizado, a admiração ante o belo.

Por um lado, a psicoadaptação é importantíssima para o funcionamento normal da mente. Por outro, se não for bem gerenciada, ela pode aprisionar o ser humano num cárcere, principalmente os cientistas, executivos, escritores, religiosos, professores, profissionais liberais, enfim, os que exercem um trabalho intelectual intenso. Os processos envolvidos na atuação desse fenômeno não serão estudados aqui.*

Psicoadaptação, como o próprio nome indica, é a adaptação da emoção aos estímulos dolorosos ou prazerosos. A frequente exposição aos mesmos estímulos faz com que, ao longo do tempo, percamos a sensibilidade a eles. Podemos perder a sensibilidade à dor, às necessidades e fragilidades dos outros. Podemos, ainda, perder paulatinamente a capacidade de sentir prazer na vida, o encanto pelas pessoas mais íntimas, o amor pelo trabalho, a disposição para criar, a habilidade para aprender.

Jesus foi o Mestre da Sensibilidade. Sabia reciclar o fenômeno da psicoadaptação com grande destreza. Nunca deixava de se encantar com os

---

* Cury, Augusto J. *Inteligência multifocal*. São Paulo: Cultrix, 1998.

pequenos estímulos e de ter prazer de viver, ainda que o mundo desabasse sobre sua cabeça. Gostava de se relacionar com as pessoas. Mesmo envolvido em intensas atividades, ainda achava tempo para fazer coisas simples, como jantar na casa de um amigo ou contar uma parábola. O excesso de compromissos não o modificou por dentro. Infelizmente, não agimos assim. Quanto mais compromissos temos, mais deixamos de fazer as coisas simples e aquilo que amamos.

À medida que somos expostos aos estímulos, deixamos de ter prazer neles. Um mês depois de comprar o carro tão desejado já não temos o prazer intenso que sentimos nas primeiras vezes em que o dirigimos. Com o passar do tempo, o estímulo visual vai atuando no processo de construção dos pensamentos e perdendo, sutilmente, a capacidade de excitar a emoção.

O mundo da moda sobrevive porque as mulheres também são vítimas do fenômeno da psicoadaptação. A necessidade de comprar novas roupas ocorre porque, após usar a mesma algumas vezes, a emoção se psicoadapta e pouco a pouco deixa de provocar o prazer experimentado nas primeiras vezes. A mídia é perniciosa nesse sentido. Sem que se perceba, ela atua no fenômeno da psicoadaptação gerando uma insatisfação mais rápida e intensa, o que estimula o consumismo.

Todos nós temos milhares de experiências nesse sentido. Ao longo da vida nos psicoadaptamos a pessoas, coisas, situações ou objetos. Em muitos casos, o efeito desse fenômeno é positivo. Vamos dar dois exemplos.

Depois que conquistamos uma meta, um diploma, um conhecimento, começamos a perder paulatinamente o prazer da conquista. À medida que essa perda se processa, surge uma ansiedade normal que é estimulada e que chamo de "ansiedade vital". Essa ansiedade nos leva inconscientemente a transpor a conquista e nos impulsiona em direção a novas metas, alavancando assim a criatividade. Muitas pessoas deixam de brilhar porque perderam o encanto de criar. Ouvem palestras sobre motivação, mas nada as estimula. Apegam-se às suas conquistas como se fossem seus tronos. Envelhecem no território das ideias.

Por outro lado, quando vivenciamos perdas, frustrações, injustiças, o pensamento fica hiperacelerado e a emoção, angustiada. Mas, com a atuação do fenômeno da psicoadaptação, a carga de sofrimento vai diminuindo aos poucos, aliviando a dor emocional. Quem não desacelera o pensamento não se psicoadapta às perdas e perpetua a sua angústia. Portanto, nesse sentido, o fenômeno da psicoadaptação é benéfico.

Precisamos, no entanto, ficar atentos para a atuação sutil e maléfica desse fenômeno inconsciente. Ele tem o poder de nos fazer insensíveis à dor dos outros, cultivar a autossuficiência e nos transformar em pessoas arrogantes, prepotentes. É também capaz de gerar a prática do "coitadismo" e nos transformar em pessoas com baixa autoestima e com enorme dificuldade de lutar pela vida e pelos nossos ideais. Pode ainda cristalizar preconceitos e nos levar a discriminar pessoas que são tão dignas de respeito quanto nós. Nesses casos, a psicoadaptação é muito prejudicial.

Embora não citasse o fenômeno da psicoadaptação em seus discursos, o mestre da Galileia demonstrava que o conhecia muitíssimo bem. Estava sempre treinando a emoção dos seus discípulos para que não fossem insensíveis à dor dos outros, para que se vacinassem contra o orgulho, se colocassem como aprendizes diante da vida, não desistissem de si mesmos por mais defeitos que tivessem e nunca discriminassem ninguém ao seu redor.

A psicoadaptação dos fariseus

Antes de estudar a mente dos fariseus, quero citar o exemplo do holocausto judeu. Um dos motivos inconscientes mais importantes que levaram uma parte do povo da Alemanha – que era um berço de cultura e de ideias humanistas – a cometer atrocidades contra os judeus e outras minorias na Segunda Guerra Mundial foi o fenômeno da psicoadaptação.

A propaganda nazista, os fatores sociais e os focos de tensão psíquica atuaram sorrateiramente no universo inconsciente dos soldados nazistas, fazendo com que desenvolvessem uma repulsa pela raça judia e uma valorização irracional da raça ariana. Nos primeiros anos do nazismo, a maioria dos soldados jamais pensou que seria protagonista de um dos maiores crimes da história. Entretanto, à medida que os judeus eram perseguidos e confinados nos campos de concentração, sutilmente foi ocorrendo algo nos bastidores da mente dos soldados alemães. Eles se psicoadaptaram à dor dos judeus. Com o avanço da guerra, não se comoviam mais com suas misérias.

Nem a dor das crianças judias – expressa pelo temor, pelos corpos esquálidos, olhos fundos e angústia pela falta dos pais – comovia os nazistas. Quantas lágrimas, quantos gemidos e reações de medo eles devem ter presenciado. Um milhão de crianças inocentes perderam o direito de existir, viver e brincar. Não foram os judeus que perderam suas crianças, mas nossa espécie. Eu e você as perdemos. Nunca tantas crianças foram mortas na história em um dado período.

O mesmo fenômeno da psicoadaptação que levou a quase dizimar o povo judeu também contribuiu para que os líderes judeus assassinassem Jesus. Tornaram-se autossuficientes. Ninguém tinha o direito de contrapor-se ao que pensavam. Ninguém podia penetrar no mundo deles e dizer que estavam errados. Jamais poderiam ser ensinados por um nazareno que não desfrutava privilégios sociais. O Mestre da Vida não podia ser um carpinteiro. Aqueles homens serviam a Deus sem Deus. As chamas do amor do Criador não aqueciam suas frias emoções.

Os homens que cometeram mais atrocidades na história sempre foram aqueles que tinham menos capacidade de se questionar e de aprender. Eles fecharam as janelas da inteligência, deixando assim de acolher outras possibilidades. Quem vive verdades absolutas usa o poder para dominar os outros. Aqueles que eles não conseguem dominar são exterminados.

Será que não temos sido os fariseus da era moderna?

Eu me pergunto: se fôssemos membros do sinédrio daquela época, não teríamos rejeitado também aquele carpinteiro simples, de mãos ásperas e pele curtida pelo sol? Quantos homens que se consideram mestres dos textos bíblicos da atualidade não teriam engrossado o coro da cúpula judaica, condenando aquele que se recusava a fazer milagres para confirmar sua identidade?

Eu me questiono para saber se não sou um fariseu dos tempos modernos. Quantas vezes ferimos o direito dos outros ao nos colocarmos num pedestal inatingível! Quantas vezes somos radicais e engessados em nossa maneira de pensar! Rejeitamos as pessoas que não pensam como nós, ainda que por alguns momentos. Temos a necessidade doentia de que o mundo se afine com nossas ideias. Reagimos sem pensar quando nossos comportamentos não são aprovados.

Nenhum rei pode trabalhar em equipe se não descer do seu trono e se colocar no mesmo nível dos seus súditos. Do mesmo modo, quem se senta no trono da sua empresa, da sua escola, da sua instituição, da sua família, nunca terá nada para aprender com as pessoas ao seu redor. Quem só sabe dar ordens e olhar as pessoas de cima para baixo nunca conseguirá exercer um trabalho humanizado. Quem não governa seu próprio mundo jamais será um bom líder.

O mestre de Nazaré, apesar de tão sublime na sua capacidade de pensar, não se posicionou acima das pessoas. Era um mestre na arte de ouvir, compreender os sentimentos, estimular a inteligência e valorizar aqueles que o cercavam. Sabia trabalhar em equipe como ninguém, pois era capaz de descer ao nível das pessoas. Se ele era Deus, foi de fato um Deus brilhante, digno de ser amado, pois teve a coragem de sair do seu trono.

Jesus foi um mestre tão encantador que não se apegou à sua posição. Teve a coragem e o desprendimento de dizer aos seus discípulos que eles fariam coisas maiores do que as que ele mesmo fez. Quem se comporta desse modo? Até nos departamentos das universidades tamanha solidariedade é utopia, pois ali não poucos intelectuais vivem cercados de ciúme e vaidade. O Mestre dos Mestres foi excepcional. Somente alguém com a sua grandeza é capaz de estimular os outros a ultrapassá-lo.

Grande, mas pequeno

Alguns podem dizer que Jesus Cristo era totalitário, pois declarava possuir um poder extremo, mas, para nosso espanto, ele se recusava a usar seu poder em favor de si mesmo. Nunca nenhum ser humano defendeu as verdades que ele professava. Mas, ao contrário de nós, não obrigava ninguém a segui-las. Sua grandeza brilhava na sua capacidade de se fazer pequeno.

Naquele meio apareceu um homem convidando as pessoas a beberem uma água nunca antes bebida, que saciava a sede da emoção, que resolvia o vazio da existência e cortava as raízes da solidão. Entretanto, só bebia dela quem tivesse coragem para reconhecer que faltava algo dentro de si.

Quem não tivesse essa sede podia seguir seu próprio caminho e esquecer o Mestre da Vida. Quem se julgava abastado podia ficar girando em torno do seu próprio mundo. Quem não precisava de médico e julgava que não tinha feridas em sua alma podia excluí-lo de sua vida.

Rompendo o silêncio

Retornemos à casa de Caifás. Os homens do sinédrio bombardeavam Jesus com perguntas, mas ele nada respondia. Seu comportamento os deixava extremamente incomodados. Não parecia um réu. Estava às portas da morte e sob o risco de mais uma sessão de tortura, mas não se perturbava. Fora colocado como ator principal de uma falsa peça jurídica.

Sabia de antemão o que iria acontecer. Horas antes, no jardim do Getsêmani, gemera de dor e se preparara para suportar com dignidade os mais aviltantes sofrimentos e humilhações. Seu comportamento sereno diante do sinédrio refletia a sua exímia capacidade de governar a quase ingovernável emoção. Cristo já havia se preparado para morrer.

Muitas pessoas dizem que não têm medo da morte. Mas fazem essa afirmação quando estão gozando de plena saúde. Diante do apagar das luzes da vida, nossa segurança se esfacela. Só não sente algum tipo de insegurança em face da morte quem nunca refletiu sobre ela. Tal insegurança, longe de ser negativa, é uma homenagem à vida. A vida não aceita a morte.

Nossas emoções clamam pela continuidade da existência, nossos pensamentos clamam pela perpetuação do espetáculo da vida. Mesmo os que pensam em suicídio têm fome e sede de vida, mas não suportam a angústia e o desespero que os abatem. Se tivessem aprendido a dominar a sua dor e a navegar no território da emoção, sua vida ganharia um novo sentido.

O sinédrio queria encerrar o julgamento. Caifás insistia para que Jesus respondesse às acusações que lhe faziam, mas ele se mantinha em silêncio. Entretanto, Caifás fez-lhe um pedido que ele não podia deixar de atender. Rogou que Jesus declarasse perante o Deus vivo se realmente era Cristo, o filho de Deus.

No momento em que Caifás fez esse apelo, Jesus, mesmo sabendo que sua resposta detonaria o gatilho da agressividade dos seus inimigos, rompeu o silêncio. Percorreu com os olhos o sinédrio e fixou-os no sumo sacerdote. Em seguida confirmou sem qualquer insegurança: "*Tu o disseste*" (*Mateus 26:64*).

Talvez esperassem uma resposta negativa, um pedido de desculpas e de clemência. Mas a resposta foi positiva. Foi tão afirmativa que Jesus usou as próprias palavras de Caifás para confirmar que era de fato o filho do Altíssimo. Declarou que o Deus a que os homens do sinédrio serviam era seu próprio Pai. E para que não houvesse dúvida sobre sua identidade, foi ainda mais longe. Completou a resposta com uma afirmação que deixou seus inimigos atônitos, rangendo os dentes, espumando de ódio. Vejamos.

Revelando ser a pessoa mais poderosa do universo

Imediatamente após declarar que era o filho de Deus, Jesus revelou seu status. Afirmou com toda a autoridade e sem meias palavras que tinha a mais alta posição do universo: "*Entretanto, eu vos digo que, de ora em diante, vereis o Filho do Homem sentado à direita do Poder, e vindo sobre as nuvens do céu*" (*Mateus 26:64*).

O poeta Carlos Drummond de Andrade disse: "Quanto mais se tem consciência do valor das palavras, mais se fica consciente do emprego delas." Se existiu uma pessoa consciente do emprego das palavras, essa pessoa foi Jesus. Era econômico e preciso em seu discurso. Seus pensamentos escondiam verdadeiros tratados. Sabia exatamente o que dizia e as implicações de cada uma de suas palavras.

Antes de analisar as reações dos homens do sinédrio, vamos investigar as dimensões e implicações do pensamento de Jesus, considerado pelos fariseus como a maior heresia. Ao invés de acalmar os ânimos dos que o odiavam, ele acirrou sua ira.

Declarou não apenas que era o filho de Deus, mas que todos os homens do sinédrio o veriam vindo sobre as nuvens do céu. O que Jesus queria dizer com isso? Isso significava que, ainda que o matassem, ele venceria a morte, estaria vivo e ativo, e eles o veriam vindo sobre as nuvens do céu. Naquele momento, Jesus estava sentado no banco dos réus, na condição de um simples carpinteiro, um nazareno desprezado e humilhado; mas um dia viria com todo o poder para julgar a humanidade, inclusive os homens que o julgavam.

Sua intrigante afirmação não para por aí. Ele teve a ousadia de dizer algo que jamais alguém teve a coragem de afirmar. Disse que se sentaria na mais alta posição do universo, uma posição impensável, inimaginável, exclusiva: à direita do Todo-Poderoso.

Afirmar que seu Pai é Todo-Poderoso significa que Ele pode estar em todo tempo e em todos os lugares; que perscruta os acontecimentos e sabe de tudo antecipadamente; que faz tudo o que quer, quando quer e do jeito que quer. Sua grandeza possui características incompreensíveis para a mente humana. O tempo, a morte, as limitações não existem para Ele. Não se submete às leis da física, pois todas as leis são obras de sua sabedoria. Nada é impossível para Ele.

Diante de tal poder, podemos perguntar: se Deus é Todo-Poderoso, por que não elaborou um plano menos angustiante para que seu filho pudesse resgatar a humanidade? Se é ilimitado, por que não interveio nas injustiças que perpassam todas as gerações? Por que há guerras, fome, miséria, morte de crianças? Tais perguntas tratam de um tema de fundamental importância que perturba todos os que pensam. Confesso que durante anos fiquei confuso tentando encontrar algumas respostas. Esse tema será tratado no final deste livro, em que abordarei o plano mais ambicioso da história.

O carpinteiro de Nazaré indicou que não apenas venceria a morte, mas que estaria assentado à direita de Deus. O mais rejeitado dos homens disse aos membros do sinédrio que não estaria nem um milímetro abaixo do Todo-Poderoso, mas à sua direita. Jesus resgata aqui sua divindade e revela seu status como "Deus Filho". Diz que tem a mesma posição do Todo-Poderoso, portanto é inalterável, incriado, eterno. Por isso, afirmou reiteradas vezes que ele e seu Pai são um, possuem a mesma natureza.

O Mestre da Vida é envolvido numa colcha de mistérios. Pesquisá-lo é uma grande aventura. Sua história vai ao encontro da célebre frase de Shakespeare: "Há mais mistérios entre o céu e a terra do que sonha nossa vã filosofia."

Chocando os homens do sinédrio

Os homens do sinédrio entenderam a mensagem de Jesus e ficaram perplexos com suas palavras. Jamais poderiam acreditar que estariam julgando e torturando o ser mais importante do universo.

Ao ouvirem sua resposta, os judeus ficaram tão escandalizados que rasgaram as próprias vestes. Tal atitude, típica da cultura judaica, era tomada toda vez que algo muito grave, chocante e inadmissível acontecia. Não podiam estar mais perplexos. Encontravam-se diante de um grande dilema: ou consideravam a afirmação de Jesus a maior verdade do universo ou a maior heresia já proclamada por um homem. Preferiram a segunda opção.

Se Jesus naquele momento fizesse qualquer milagre, poderia mudar o pensamento da cúpula judaica. Mas o Mestre dos Mestres respeitava os seus princípios. Jamais faria um milagre para se promover.

O seu rosto já estava ferido, os traumas doíam em seu corpo, mas, desprezando o sofrimento, ele revelou sua identidade e escandalizou seus opositores. Que coragem é essa que vai às últimas consequências? Se tivesse se calado, teria evitado outra sessão de tortura.

Muitas vezes simulamos e escondemos nossas intenções. Não creio que haja alguém que não tenha omitido ou disfarçado suas intenções diversas vezes na vida. Tais reações derivam do medo de sofrermos consequências por nossa honestidade. O mestre preferiu ser maltratado em seu corpo a trair sua consciência.

Como pode alguém que estava aparentemente derrotado se mostrar imbatível e se posicionar como senhor do universo?

Réu de morte

Caifás, na posição de líder máximo dos judeus, foi o primeiro a rasgar suas vestes, dizendo *"Ele blasfemou"* (*Mateus 26:65*). Dominado pela raiva, pediu o parecer dos membros do sinédrio que desejavam ardentemente eliminar Jesus. Responderam: *"É réu de morte."*

Alguns escritores judeus da atualidade dizem que Jesus era querido no meio da cúpula judaica. Não é verdade. Nutriam por ele uma rejeição visceral, pois se acreditassem nele teriam de mudar completamente a maneira de ver a vida e reagir ao mundo. Teriam de admitir que o Deus de Moisés e dos profetas, proclamado nos salmos, estava diante deles na pessoa de seu filho. Teriam de abandonar sua arrogância e se dobrar aos seus pés.

A segunda e dramática sessão de tortura

No momento em que os homens do sinédrio bradaram que Jesus era réu de morte, detonaram o gatilho da agressividade e uma fúria incontrolável se apoderou dos soldados sob seu comando. Eles se amontoaram em torno do mestre e começaram a esmurrá-lo, cuspir no seu rosto, esbofeteá-lo, chutá-lo.

Em minutos multiplicam-se os ferimentos. Seu rosto traumatizado desfigura-se ainda mais. O poeta da vida fica quase irreconhecível.

Foi uma noite de terror. E, como se não bastasse a violência física, eles o torturaram psicologicamente. Cobriram-lhe o rosto e o esmurraram, perguntando: *"Profetiza, Cristo: quem é que te bateu?"* (Marcos 14:65).

Faziam dele o centro de um espetáculo de deboche. Ouviam-se imensas gargalhadas no pátio da casa de Caifás. Todos zombavam do "falso" filho de Deus. Quem suportaria tanta humilhação?

Eis o grande paradoxo expresso na história de Jesus: "Em nome de Deus os homens feriram a Deus, porque não descobriram que Ele estava escondido na pele de um homem."

Se tivéssemos o poder que o Mestre da Vida confessava ter, o que teríamos feito com nossos carrascos? Certamente os teríamos agredido com igual violência. Se o destino da humanidade dependesse de nossa paciência, a raça humana seria extinta. Foi um grande teste para Jesus. Ele nada fez. Simplesmente suportou o insuportável.

Considerado escória humana

Um dia, um velho amigo chinês me contou uma história emocionante ocorrida há muitos séculos na China. Um general chinês que queria destituir o império foi capturado pelo exército do imperador. Este planejou usá-lo para que ninguém mais se rebelasse. Decidiu colocá-lo diante do povo para humilhá-lo publicamente.

O imperador tomou providências para que o general não se suicidasse antes de dar a lição ao seu povo. Ao saber da intenção do imperador, o general considerou a humilhação pior do que a morte. Então, antes que se iniciasse sua tortura, ele começou silenciosamente a morder e triturar a própria língua. Assim, antes de ser humilhado publicamente, morreu de hemorragia.

A grande maioria de nós carrega nos recônditos da alma gestos de pessoas que nos feriram, humilharam, desprezaram. A dor da humilhação, sobretudo em público, é quase inesquecível. Cala fundo na alma, gerando um sentimento de revolta.

Jesus, mais do que qualquer homem, foi humilhado publicamente da forma mais aviltante. Passou por quatro grandes sessões de tortura física e psicológica. Foi tratado como escória humana, alguém de quem as pessoas se envergonham. Mas não desistiu da vida, nem se revoltou. Simplesmente suportou.

Pouco tempo antes de ser preso, entrara em Jerusalém aclamado pelas multidões. Estava no auge da fama. Porém, ao entrar na cidade, chorou (*Lucas 19:41*). Sua reação foi estranha para alguém com altíssimo índice de popularidade. Chorou pelos habitantes de Jerusalém. Chorou pela dor das pessoas, pela distância que seus líderes mantinham de Deus. Desejava que eles se aproximassem de seu Pai e conhecessem o mais belo dos caminhos, o caminho da paz.

As lágrimas que rolavam pelo rosto do Mestre da Vida eram um testemunho vivo de que, apesar de ser contra as práticas dos fariseus, ele os amava. Semanas mais tarde, Jesus foi preso. Livre, chorou; preso, um outro líquido escorreu pelo seu rosto. Não se tratava de lágrimas, mas de escarro. Que contraste! Cuspir em alguém é a maior demonstração que pode haver de rejeição.

Quando chorou, Jesus tinha muitos motivos. Os homens que falavam de Deus não conheciam a compaixão, a misericórdia, o perdão. Se Cristo era Deus, como podiam suas próprias criaturas cuspir em seu rosto sem que ele reagisse? Não há explicação para sua atitude. O amor é inexplicável.

O auge da mansidão no auge da dor

Ao analisar a personalidade de Cristo, qualquer pesquisador da psicologia ficará impressionado. Ele se comportava como um homem, mas é humanamente impossível manter-se tranquilo num momento em que só há espaço para a ansiedade. Ficar sereno onde só cabe o pânico.

Jesus não se deixava dominar pelo medo. Seu comportamento sereno e tranquilo perturbava os que o odiavam e os levava à loucura. Os homens de Pilatos aumentavam o grau de tortura por não vê-lo reagir.

Jesus, certa vez, disse a seus discípulos que não temessem aqueles que matam o corpo, mas sim os que podem destruir a alma. Completou dizendo que reverenciassem o Criador, pois nas suas mãos estava o destino do corpo e da alma (*Mateus 10:28*). De fato, nada que os homens pudessem fazer contra ele o abalava.

Somente isso pode explicar por que, no auge da dor, o Mestre da Vida expressava segurança e brandura. Há dois mil anos pisou na Terra um homem que atingiu o apogeu da saúde emocional.

Certa vez, o Mestre da Vida fez um convite que a psiquiatria e a psicologia moderna não ousam fazer. Disse: *"Vinde a mim todos os que estais cansados e sobrecarregados, e eu vos aliviarei... Aprendei de mim, porque sou manso e humilde de coração; e achareis descanso para as vossas almas"* (*Mateus 11:29*).

O convite de Jesus nos deixa impressionados. Se um psiquiatra fizer esse convite aos seus pacientes, é bem possível que esteja tendo um surto psicótico. Os psiquiatras também são vítimas da ansiedade. Também hiperaceleram seus pensamentos, roubam energia do córtex cerebral e ficam fatigados, estressados, cansados.

Tenho pesquisado uma nova síndrome psíquica, a SPA (síndrome do pensamento acelerado). O excesso de bombardeamento de informações do mundo moderno e a hiperexcitação da emoção causada pela indústria do entretenimento têm gerado a SPA. O ponto central dessa síndrome é a dificuldade do "eu" em gerenciar o processo de construção de pensamentos, o que se traduz em uma produção exagerada e acelerada.

Os sintomas da SPA são: hiperprodução de pensamentos, pensamento antecipatório, ruminação do passado, ansiedade, dificuldade de ter prazer na rotina diária, insatisfação existencial, flutuação emocional, sono insuficiente, déficit de concentração e diversos sintomas psicossomáticos como cansaço físico exagerado, cefaleia, alteração do apetite. A SPA é a síndrome do homem moderno.

Os que exercem um trabalho intelectual intenso estão mais expostos a ela. Nem sempre essa síndrome é doentia, pois seus sintomas não chegam a ser incapacitantes. Mas ela pode predispor à ansiedade patológica, à depressão, à síndrome do pânico, a transtornos obsessivos e a doenças psicossomáticas.

Juízes, advogados, médicos, psicólogos, executivos, jornalistas e professores manifestam a SPA frequentemente e em diversos níveis de intensidade. Não conseguem desacelerar o pensamento e poupar energia física e psíquica. Gastam mais do que repõem, e por isso acordam fatigados.

Professores de escolas primárias e secundárias de todo o mundo têm enorme dificuldade para ensinar, manter o silêncio em sala de aula e conquistar o respeito dos alunos, porque muitos deles são portadores dessa síndrome. Um século atrás os alunos pensavam num ritmo bem mais lento do que os da atualidade. Estes, pela sua insatisfação, ansiedade e enorme dificuldade de se colocar no lugar dos outros, encaram a escola como uma prisão. A vida tem sido um espetáculo onde há mais ansiedade do que tranquilidade. Todos somos candidatos ao estresse.

Conheço de perto diversos psicólogos e percebo claramente que muitos sabem lidar com as dores dos outros, mas têm grande dificuldade em gerenciar suas próprias emoções, principalmente nos momentos de grande tensão. Por tratarem das mazelas da alma, se psicoadaptam aos pequenos estímulos de prazer e alegria da rotina diária e se entristecem, perdem o brilho. Envelhecem precocemente num lugar em que jamais deveriam envelhecer: no território da emoção. Por isso muitos se deprimem.

É raro encontrar um psiquiatra com mais de quinze anos de profissão usufruindo o belo e sendo capaz de aproveitar com leveza e liberdade as pequenas alegrias que cada dia traz.

Os antidepressivos tratam da depressão, mas não produzem prazer. Os ansiolíticos tratam da ansiedade, mas não trazem serenidade. Não sabemos como produzir uma pessoa alegre e tranquila. Mas há dois milênios apareceu um homem que propôs que os seres humanos viessem a ele e aprendessem o que nenhuma escola ensina: tranquilidade, descanso emocional, pensamento desacelerado e lúcido, prazer existencial estável.

Apesar de saber da violência do martírio que o esperava, Jesus não viveu a síndrome do pensamento acelerado. Dormia em meio à aflição dos discípulos, como no episódio do mar agitado. Estava no topo da dor física e psicológica, mas, se estivéssemos presentes na cena, contemplaríamos um homem que exalava calma no caos.

A psicologia e a psiquiatria só não se dobraram aos seus pés porque não tiveram a iniciativa de investigá-lo.

Caminhando em direção à casa de Pilatos

Jesus saiu sangrando da casa de Caifás, quase sem energia. Cambaleante, fez mais uma angustiante caminhada até a Fortaleza Antônia, onde se encontrava Pilatos. Chegara a vez de a lei romana julgá-lo (*Mateus 27:1*).

O sinédrio desejava que Pilatos o condenasse rapidamente, sem um julgamento formal, e se responsabilizasse pelo ônus da sua morte. Os líderes judeus não queriam ser acusados de tê-lo condenado à morte (*João 18:31*).

CAPÍTULO 6

O julgamento pelo Império Romano

As leis romanas representavam a mais bela cultura jurídica e o mais belo solo dos direitos humanos da Antiguidade. Elas influenciariam decisivamente o direito moderno. Todavia, não poucos líderes do império distorceram as leis e corromperam o direito.

Devemos nos perguntar: Jesus teve um julgamento justo? As leis romanas garantiram seus direitos fundamentais? Pilatos respeitou a norma da lei ou esfacelou-a? Precisamos compreender por que o julgamento do mais inocente dos homens se converteu em pena máxima e por que ele foi de tal modo agredido durante o seu processo.

As três acusações dos judeus

Os judeus correram a Pilatos. Precisavam convencê-lo a executar Jesus antes que a população organizasse uma revolta. Atropelar a consciência do governador da Judeia e fazê-lo satisfazer o desejo do sinédrio não seria uma tarefa fácil.

Lucas registra que Herodes Antipas, filho do rei Herodes, sabia que Jesus era famosíssimo e por isso desejava conhecê-lo. Pilatos certamente também conhecia a fama de Jesus. Essa tese fica demonstrada pelo seu rápido convencimento de que o mestre era inocente. Estava convicto de que ele não oferecia risco para a estabilidade do Estado.

Os judeus fizeram três graves acusações contra Jesus. Acusaram-no de agitar a nação, de impedir o pagamento de tributo a César e de se fazer rei. As três acusações, apesar de muito sérias, eram falsas.

Primeira acusação: agitar a nação

Jesus magnetizava as pessoas. Seu poder de comunicação era fascinante. As multidões ficavam extasiadas ao ouvir suas palavras e espantadas com a grandeza dos seus gestos. Um carpinteiro causava uma grande revolução em suas vidas. Os seres humanos mais simples foram elevados por ele aos patamares mais nobres da dignidade.

O Mestre da Vida deu profundas lições a homens e mulheres. Despertou o ânimo e o sentido de suas vidas. Ensinou-lhes a amar a verdade e a ser fiéis à própria consciência. Lapidou a inteligência deles, conduzindo-os a pensar antes de reagir, a não impor, mas expor as ideias com sabedoria e liberdade. Vacinou-os contra a competição predatória, o individualismo e a agressividade. Levou-os a pensar na brevidade da vida e a buscar metas que transcendem o tempo.

Com seus discursos ímpares, o mestre arrebatava as multidões, mas não tumultuava a sociedade. Acusá-lo de agitar e incitar a revolta era totalmente falso. Na realidade, ele equilibrava e dava estabilidade à sociedade. Propiciava condições para que as relações sociais fossem reguladas pela solidariedade, pela justiça e pelos mais nobres sentimentos.

Não agitava a nação, mas balançava o coração das pessoas. Dizia que era a luz do mundo (*João 8:12*). De fato, entrava pelas frestas da alma, iluminava os becos da emoção, lançava fora todo temor e irrigava de esperança os abatidos. As multidões afluíam para ver o fulgor do mestre. Era impossível ocultá-lo.

Conta-se que havia um jovem que morava num porão escuro. Sentia-se inseguro e amedrontado e queria de todos os modos colocar uma lâmpada que iluminasse o breu. Finalmente, conseguiu contratar um eletricista e satisfez seu desejo. Eis que naquela noite o jovem não dormiu, pois a luz o incomodou. Por quê? Porque o ambiente iluminado revelou teias de aranha, baratas e imundícies. Só depois de fazer uma boa faxina o jovem ficou tranquilo e adormeceu.

Os fariseus viviam na obscuridade. Como não admitiam nem desejavam fazer uma faxina em suas almas, a luz do mestre os incomodava. Em que solução pensaram? Preferiram destruir a luz a se deixarem iluminar por ela.

Segunda acusação: impedir o pagamento de tributo a César

A máquina do Império Romano era caríssima. As mordomias do imperador e dos senadores, bem como os gastos com os exércitos, dependiam dos impostos do mundo dominado por Roma. O império inchou, pois para sobreviver precisava ser grande.

Como mostrei em *O Mestre da Sensibilidade*, Jesus não impedia o pagamento de tributo a César. Ele falava de um outro reino, um reino eterno, onde não havia injustiça, lágrimas, dores nem morte. As pessoas deveriam "*dar a César o que é de César e a Deus o que é de Deus*" (Mateus 22:21).

Para Jesus, os seres humanos deveriam procurar em primeiro lugar o reino de Deus. A consciência da brevidade da vida deveria fazê-los enxergar um mundo que ultrapassa a esfera material, que vai além dos limites físicos.

O Mestre da Vida desejava que as pessoas ambicionassem acumular um tesouro que a traça não corrói nem os ladrões roubam. O tributo pago a César dependia do suor do trabalho. O tributo pago a Deus não dependia de dinheiro, bastava um coração simples e disposto a amar.

Terceira acusação: fazer-se rei

O mestre de Nazaré não queria se fazer rei, embora tivesse todos os atributos para ser o mais brilhante monarca. Era lúcido, sábio, perspicaz, eloquente, justo, amável, afável, sereno, equilibrado. Ele não desejava o trono político.

Queria ser rei no coração humano. Preferia o amor de pessoas simples ao ribombar dos aplausos da multidão.

A cúpula judaica pressiona Pilatos

As acusações feitas pelos judeus eram sérias. A pena de morte dos judeus era por apedrejamento (*Levítico 20:2-27; Deuteronômio 13:10; 17:15*). A crucificação era uma prática fenícia que foi adotada pelos gregos e posteriormente incorporada pelo Império Romano. Roma só crucificava escravos e criminosos atrozes.

Cristo por quatro vezes havia predito que seria crucificado. A quarta e última vez foi pouco tempo antes de morrer, alguns dias antes da Páscoa judaica (*Mateus 26:2*). O carpinteiro de Nazaré sabia que não morreria apedrejado. Essa previsão é incomum, e mais incomum ainda é ver alguém como Jesus dirigir seu próprio julgamento com gestos, palavras e momentos de silêncio.

A morte na cruz é lenta e angustiante. Jesus queria morrer como o mais vil dos homens, passando por todos os suplícios. Sua história é saturada de enigmas. Estamos sempre nos esquivando da dor, mas ele, mostrando uma emoção inabalável, foi ao encontro dela.

A liderança judaica decidiu usar a política romana para executar aquele homem amado pelas multidões. Decidiram que Roma o condenaria por ser ele o mais insolente blasfemador.

Livres da responsabilidade pela morte de Jesus, os fariseus, os escribas e os sacerdotes manipularam o povo, levando-o a desprezá-lo e a vê-lo como um agitador político. Por isso, talvez, a brilhante nação de Israel ainda não investigou a história do Mestre dos Mestres detalhadamente. Quem sabe este livro propicie condições para que alguns judeus a investiguem?

A estabilidade do Império Romano devia-se à tolerância

Um dos motivos da fragilidade dos regimes socialistas foi a falta de tolerância e respeito pela cultura e pelas práticas religiosas. As democracias capitalistas têm inúmeras doenças, mas um dos segredos de sua razoável estabilidade é a existência de um bom sistema de liberdade de expressão e de pensamento. É possível aprisionar os corpos e algemar as mãos, mas não se pode encarcerar os pensamentos.

Ao tentar aprisionar o pensamento das pessoas, os regimes ditatoriais construíram uma poderosa arma contra si mesmos. Até nas doenças psíquicas o pensamento encarcerado explode de ansiedade e se volta contra o corpo, produzindo inúmeros sintomas psicossomáticos.

Roma devia ter cerca de 750 anos de fundação quando Jesus nasceu. Inicialmente um pequeno povoado, com o passar do tempo Roma desenvolveu-se e tornou-se um vasto império que durou muitos séculos. Antes de muitas sociedades modernas, seus dirigentes descobriram que a sobrevivência do império só poderia ter razoável estabilidade se respeitasse a cultura e as práticas religiosas. Portanto, não se explica que a cúpula judaica tenha conduzido o mestre de Nazaré a Pilatos, pois o conflito existente era uma questão cultural, espiritual, de liberdade de consciência. Não competia a Roma julgar tais assuntos. Ciente disso, Pilatos não queria julgar o caso. O governador tinha consciência de que os judeus estavam entregando Jesus por inveja (*Mateus 27:18*). Na primeira parte do julgamento, interrogou Jesus por duas vezes.

Na primeira vez que o interrogou, não conseguiu achar crime algum passível de morte. Por isso insistiu para que o sinédrio o julgasse segundo a lei dos judeus. Perspicazes, os membros do sinédrio se esquivaram, dizendo que não lhes era lícito matar alguém. Temiam uma convulsão social.

O réu interrogando Pilatos

Como os judeus não queriam sujar as mãos, Pilatos retornou ao pretório, à sala de julgamento, e perguntou a Jesus se ele era o rei dos judeus. Para espanto de Pilatos, Jesus começou a interrogá-lo, indagando de quem partia aquela pergunta. Com a mesma ousadia com que interrogara Anás, o mestre interroga o governador da Judeia.

O Mestre da Vida desejava estimular Pilatos a pensar. Queria que ele se abstraísse daquela atmosfera de tensão, fizesse um julgamento isento de paixão, fora da influência da cúpula judaica. Mas o governador não entendeu. Estava dominado pelo clima tenso e respondeu asperamente que não era judeu. Disse pejorativamente que "a sua própria gente" é que o estava entregando para ser julgado.

Uma resposta perturbadora

Diante da arrogância de Pilatos, Jesus diz algumas palavras que abalam os alicerces do ríspido governador. Fala que o seu reino não pertence a este mundo e que, se pertencesse, seus ministros iriam empenhar-se para que ele não fosse entregue aos judeus.

Pilatos entendeu a mensagem intrigante. Por isso, emendou em seguida: *"Então, tu és rei?"* (*João 18:37*). Ao que Jesus respondeu: *"Tu o dizes: eu sou rei. Para isso nasci e para isso vim ao mundo."* O governador não podia acreditar no que estava ouvindo.

As implicações das palavras de Jesus beiram o inimaginável. Ele afirma que seu reino não é deste mundo, o que leva a concluir que há um outro mundo. A ciência só consegue perceber e estudar os fenômenos físicos de um mundo material, mesmo que esses fenômenos aconteçam em galáxias distantes, a bilhões de anos-luz. Entretanto, Jesus declara que há um mundo além dos fenômenos físicos, um mundo tão real que possui um reino. Nesse reino ele é rei.

Embora rei de um outro mundo, ele disse textualmente que nascera para ser rei, não um rei político, mas do interior do ser humano. Não queria subjugar e dominar as pessoas, mas mesclar-se com sua alma e ensiná-las a viver. Como podia um homem ferido, que mal se aguentava de pé, dizer que nasceu para ser um grande rei?

Jesus afirma claramente que seu nascimento foi diferente de todos os outros. Foi direcionado e previamente planejado. Planejado por quem? Não por Maria ou José, e sim pelo Autor da vida. Jesus Cristo tinha uma missão especial. Mas, ao contrário de todo filho de rei, não quis o conforto de um palácio nem as iguarias dos príncipes.

Pilatos ficou perturbadíssimo ao ouvi-lo. Pilatos, que era apenas um governador preposto, tinha diante de si um simples carpinteiro afirmando que era rei de um outro mundo e que nascera com um propósito incompreensível à sua mente. Quem estava diante do governador: um réu sangrando ou o herdeiro do mais poderoso trono?

O menino e o adulto

Herodes, o Grande, queria matar o menino Jesus porque fora informado de que ele nascera para ser rei. Mas o menino cresceu em estatura e sabedoria. Todos queriam estar ao seu lado.

Sua inteligência não foi superada pela de nenhum outro homem. Sua didática como contador de histórias, estimulador da arte da dúvida e da arte de pensar jamais foi superada por qualquer educador. Seu poder suplantou o dos imperadores, sua amabilidade e sua preocupação com o bem-estar dos outros jamais foram superadas por qualquer defensor dos direitos humanos. Ele tinha tudo para ser o maior rei da Terra. Mas mostrou a mais bela humanidade.

O adulto Jesus não inspirava temor algum em Pilatos, mas o menino Jesus colocara Herodes em pânico. Herodes, o Grande, imaginou o menino crescendo e destruindo seu reino. Apesar de sanguinário, Pilatos conhecia e admirava o homem Jesus e queria soltá-lo. Que contraste!

Após dizer que nascera para ser rei, Jesus continua dizendo que veio para dar testemunho da verdade. Com essas palavras confundiu ainda mais o governador da Judeia. Afirmou que entrara no mundo físico não para fundar uma corrente de pensamento, mas para dar testemunho da verdade. E, com a maior segurança, completou: "*Todo aquele que é da verdade ouve a minha voz*" (João 18:37).

Pela primeira vez um réu deixou Pilatos sem palavras. O governante só conseguiu balbuciar: "*O que é a verdade?*" Não esperou a resposta de Jesus e, perturbado, foi mais uma vez ao encontro dos homens do sinédrio intercedendo para soltá-lo.

A pergunta de Pilatos sobre "o que é a verdade" não era filosófica, não indagava sobre a natureza, os limites e o alcance da verdade. Era fruto de sua ansiedade. Jesus estava livre; Pilatos, controlado pela ansiedade. O Mestre dos Mestres, embora ferido, conseguia reinar sobre a insegurança do governador da Judeia.

Testemunho da verdade

Jesus disse que veio dar testemunho da verdade. Cada frase que proferiu tinha grande significado. Que verdade ele veio testemunhar? Não é a verdade lógica que a ciência procura incansavelmente e não encontra, pois essa é mutável, evolui com a expansão do conhecimento.

Referia-se à verdade essencial, à verdade relacionada ao Autor da existência. A verdade geradora, a fonte da criação, capaz de multiplicar pães e peixes, curar leprosos, devolver a visão aos cegos. A verdade que entra na esfera da fé, uma esfera onde a ciência se cala. Essa verdade, incompreensível para a mente humana, é a fonte primeira, o princípio da vida e da existência.

Certa vez, Jesus agradeceu calorosamente a seu Pai dizendo que ele ocultara seus mistérios dos sábios e instruídos e revelara-os aos pequeninos. Isso mostra que Deus é dotado de vontade e de preferências. Ele se agrada ou se aborrece com determinadas características da personalidade humana. Rejeita o orgulho e a autossuficiência, mas acolhe a simplicidade e a humildade. Para o mestre, essas características não indicam desvalorização ou autopiedade, mas uma disposição incansável e vibrante de aprender.

Agrada ao Pai revelar-se aos pequeninos. Ser pequenino não significa ser pobre financeiramente nem inculto intelectualmente, mas aberto para perceber e ser ensinado por aquele que é grande, o Mestre da Vida. Mesmo os cultos ou ricos podem ser simples na maneira de ver a vida. Muitos incultos podem ser arrogantes e fechados em sua autossuficiência.

Temos de tomar cuidado com nossa postura diante da vida. Quem é incapaz de questionar as próprias verdades não tem mais nada a aprender. Seu conhecimento se transforma num cárcere.

O Mestre da Vida só conseguia ensinar as pessoas que não estavam entulhadas de velhos conhecimentos, preconceitos cristalizados e verdades absolutas. Por se julgarem especialistas em Deus, os membros do sinédrio não tinham mais nada a aprender. Ao olhar para o nazareno, só conseguiam enxergar um carpinteiro pretensioso e maltrapilho.

Enviado a Herodes Antipas

Ao ameaçar soltar Jesus, Pilatos sofreu grande pressão por parte da cúpula judaica. A situação era insustentável. Então, ao saber que Jesus era da Galileia, e que o governador da Galileia, Herodes Antipas, estava justamente naqueles dias em Jerusalém, resolveu enviá-lo a ele.

A decisão de enviar Jesus a Herodes foi movida por dois motivos: a incapacidade de se livrar da pressão dos judeus para tomar uma decisão no julgamento de Jesus de acordo com sua consciência e o desejo de agradar a Herodes e resolver suas pendências políticas usando o famoso réu (*Lucas 23:7*).

De manhã bem cedo, o réu fez mais uma humilhante caminhada até outra autoridade romana. Alguns o viram passar escoltado e ferido. Não dava para reconhecê-lo direito. Ansiosos, duvidaram da cena e se perguntavam: "É possível que o prisioneiro seja aquele que tocou nossos corações e nos animou a viver?"

CAPÍTULO 7

Dois Herodes violentando Jesus

O pai e o filho

Quando Herodes recebeu Jesus, ficou extasiado. Conhecia sua fama. Os seus feitos incríveis tinham chegado aos seus ouvidos. Todavia, nunca vira o mestre.

Imaginem a cena. Na vida de Jesus passaram dois Herodes, o pai, chamado de o Grande, e o filho, chamado de Antipas. O pai queria matá-lo e o filho agora iria julgá-lo. O pai o perseguira fisicamente e o filho iria torturá-lo psicologicamente. O pai o considerara uma ameaça, e o filho, um falso rei.

Herodes, o Grande, não conseguiu matá-lo, mas Herodes Antipas conseguiu matar João Batista, seu precursor. Pelo capricho de uma mulher, Antipas mandou matar impiedosamente aquele que veio anunciar Jesus, a voz que clamava no deserto e endireitava as veredas dos humanos para que eles pudessem receber o filho do Altíssimo.

Herodes Antipas admirava João Batista, mas, por fim, mandou decapitá-lo, mostrando sua face violenta. Pilatos também admirava Jesus e, no entanto, condenou-o à morte na cruz. Na política, a consciência é esmagada por interesses escusos.

A vida humana valia pouco nas mãos desses homens. Para eles, o ser humano, principalmente o de baixa posição social, não tinha história, não chorava, não sonhava, não amava, nem desfrutava o espetáculo dos pensamentos e das emoções. Era como se nem todos pertencessem à mesma espécie.

Na realidade, todo ser humano possui um mundo a ser descoberto. Só não enxerga isso quem vê os outros apenas com os olhos físicos.

Uma paciência ilimitada

Jesus sabia que Herodes, o Grande, tentara matá-lo quando criança. Mais do que isso, tinha consciência de que ele sacrificara inúmeras crianças inocentes na tentativa de eliminá-lo. Sabia ainda que Herodes Antipas também tinha matado um grande amigo seu, aquele que o apresentara ao mundo. Era por esse homem que Jesus estava sendo julgado.

Os judeus estiveram na presença de Herodes acusando Jesus de conspirar contra o império (*Lucas 23:10*). Queriam que Herodes tomasse a atitude que Pilatos não tomara. Mas, por ter ouvido falar sobre os feitos sobrenaturais de Jesus, o governador da Galileia estava desejoso de vê-lo fazer um de seus milagres. Pressionou de muitas formas o Mestre da Vida para que desse um espetáculo. Mais uma vez Jesus encontrava-se entre a liderança judaica e a autoridade romana.

Se nos lembrássemos das crianças que morreram e do assassinato de um amigo, o que faríamos em lugar do mestre? Jesus nada fez. Ante os apelos de Herodes Antipas para que os divertisse, manteve um frio silêncio. Não trocou uma palavra com o governador da Galileia. Devia estar se lembrando das espadas sacrificando as crianças, das lágrimas inconsoláveis das mães. Devia estar se lembrando do amigo degolado.

Como Herodes não conseguiu o espetáculo que desejava, armou um circo e colocou Jesus como personagem principal do seu deboche. Mandou vesti-lo com um manto brilhante e estimulou seus soldados a zombarem dele.

Mais uma vez, se tivéssemos o poder que Jesus demonstrou ter, o que faríamos com Herodes se ele nos humilhasse? Provavelmente o teríamos destruído. Mas Jesus, o mais dócil e amável dos homens, mais uma vez se calou.

O Mestre da Vida reforçou as preciosas lições que já dera. Não usou de violência contra seus inimigos. No auge da dor, recorreu à ferramenta do silêncio. Sabia se proteger, não deixava que a chacota daqueles homens lhe ferisse a alma. Seus inimigos não imaginavam que, com seu silêncio, ele os estimulava a pensar. Governados pelo ódio, deixaram de aprender a lição.

Não temos a habilidade de proteger nossas emoções como fez o Mestre da Vida. Detonamos facilmente o gatilho da agressividade contra os que nos frustram. Não matamos fisicamente, e sim psiquicamente aqueles que nos ofendem ou nos decepcionam.

Os tímidos voltam a sua agressividade contra eles mesmos, deixam-se esmagar por sentimentos de culpa, não suportam errar, permitem que o lixo social invada o território de sua emoção. Nossa paciência tem limite, nossa trégua tem condições, mas a tolerância de Jesus era ilimitada.

Usando a dor do mestre para a reconciliação política

Infelizmente, nos bastidores da política há muitos conchavos e acertos escusos. Às vezes a miséria serve de excelente oportunidade para que alguns políticos se promovam. Se a miséria for extirpada, muitos deles serão alijados do cenário social. As exceções ficam com os políticos que respeitam a arte de legislar e governar.

Além de não serem justos no julgamento de Jesus, Pilatos e Herodes Antipas fizeram conchavos políticos para um acerto de bastidores. Pilatos governava a Judeia; Herodes Antipas, a Galileia. Pilatos e Herodes Antipas governavam regiões vizinhas, mas não se entendiam, envolvidos em intrigas e contendas. Como fazer esses dois políticos se reconciliarem? Pilatos, esperto, procurou agradar ao seu vizinho usando o famoso réu como mercadoria.

Herodes brincou com o destino do mestre, empregou-o como objeto de diversão e assim aplacou a ira de Pilatos. Lucas relata que ambos se reconciliaram usando como instrumento a dor daquele que jamais lançou mão do sofrimento dos outros para obter qualquer vantagem. A política saiu apaziguada, mas a justiça, maculada.

Jerusalém desperta e começa a ver uma cena inacreditável

Eram entre sete e oito horas da manhã. Jesus seria crucificado às nove horas. Diversas pessoas viram uma cena espantosa. Jesus saiu da casa de Herodes inchado, cheio de hematomas, cambaleante e vestido com um manto espalhafatoso, e foi em direção à Fortaleza Antônia, onde se encontrava Pilatos.

A notícia inacreditável já havia começado a se espalhar desde a primeira caminhada até Pilatos e a segunda até Herodes. Muitas pessoas foram para as ruas. Agora, ao verem Jesus saindo da casa de Herodes, os rumores se espalharam como fogo. Jerusalém começava a despertar para o que estava acontecendo. Descobriram que até seus discípulos o tinham abandonado.

Os habitantes de Jerusalém, bem como os milhares de homens e mulheres que vinham de lugares longínquos para ver Jesus, ficaram chocados. Não podiam crer que o mais forte e brilhante dos homens estivesse tão frágil e solitário. Não era possível que aquele homem único que ressuscitara mortos estivesse morrendo.

A fé das pessoas ficou profundamente abalada. A possível revolta para defender o mestre deu lugar ao espanto. Não conseguiam se recompor e muito menos culpar o sinédrio, pois quem estava à frente do julgamento era o poderoso Império Romano.

Jesus caminhava em direção a Pilatos. Para seus inimigos, o sofrimento do mestre era um espetáculo de sarcasmo; para os que o amavam, um espetáculo de dor. Eles morriam por dentro ao vê-lo sofrer.

Os discípulos não dormiram. Passaram a noite acordados, chorando por ter abandonado seu amado mestre, angustiados por saber que ele estava sendo mutilado por seus inimigos. O desespero de Pedro era grande. Contou para os outros que o mestre tinha sido barbaramente espancado e que ele o negara três vezes. Ninguém sabia o que fazer. O mundo parecia desabar sobre eles. Foi uma noite inesquecível.

CAPÍTULO 8

Trocado por um assassino: os açoites e a coroa de espinhos

Trocado por um assassino

Ao conduzir Jesus de volta à Fortaleza Antônia, Pilatos reuniu os principais judeus e disse que não achara no réu crime algum, nem tampouco Herodes, pois o havia devolvido. Portanto, o governador se dispôs a soltá-lo. E, para aplacar-lhes a ira, disse que o açoitaria.

Os judeus não aceitaram o veredicto de Pilatos. Solto, o fenômeno Jesus se tornaria um perigo para os líderes da religião judaica. Diante da coação dos judeus contrários à soltura, Pilatos usou um precedente cultural para libertá-lo. Na Páscoa judaica era costume o governante romano soltar um preso estimado pela população. Tal atitude expressava a benevolência do império para com o povo.

Como era Páscoa, Pilatos propôs soltar um criminoso. Mateus relata que o governador deu-lhes a seguinte opção: Barrabás ou Jesus (*Mateus 27:17*). Havia na proposta de Pilatos duas intenções. A primeira era seguir sua consciência e soltar Jesus, pois o considerava inocente. A segunda era provocar os judeus, dando-lhes uma opção vexatória. Barrabás era um assassino, matara alguém de sua própria gente. Se tivesse assassinado um soldado romano, já estaria morto, crucificado.

O sinédrio, portanto, teria de decidir: ou soltaria um assassino ou o carpinteiro da Galileia. Pilatos pensou que os líderes judeus certamente concordariam em soltar Jesus. Contudo, para seu espanto, eles não apenas optaram por soltar Barrabás, como instigaram a multidão para que o escolhesse (*Mateus 27:20*).

Preferiram um assassino ao poeta da vida. Preferiram alguém que derramara sangue do seu próprio povo àquele que arrebatava as multidões e as conclamava a amar seus inimigos. O Mestre da Vida foi preterido pelos especialistas em Deus. Desconsideraram sua história, a ternura com que tratava os miseráveis e os feridos de alma.

A liberdade de Barrabás colocava em risco a vida de algumas pessoas, mas a do carpinteiro colocava em risco as convicções e as verdades dos líderes de Israel. Tentaram conter as chamas de Jesus Cristo, mas não conseguiram. Mesmo torturado, humilhado e trocado por um assassino, ele incendiou a história.

Havia uma pequena multidão – algumas centenas de pessoas – na presença de Pilatos. Ela era composta dos homens do sinédrio, seus serviçais e a coorte de soldados que prendera Jesus. Não era uma grande multidão nem era a mesma multidão que amava Jesus, pois essa era enorme e compunha-se de dezenas de milhares de pessoas de Jerusalém e de muitas regiões da Judeia, Galileia, Samaria e outras nações.

Todos os filmes a que assisti sobre Jesus têm uma grande dívida em relação à sua história verídica. Não resgatam os fenômenos sociais e psicológicos presentes no âmago dos homens do sinédrio, na multidão que os acompanhava, na mente de Jesus e de Pilatos, nem na enorme multidão que estava em Jerusalém por causa de Jesus.

Jesus era muito famoso, mas, como vimos, após ressuscitar Lázaro, não podia mais circular livremente em Jerusalém. Por quê? Porque todos os dias familiares de mortos o procuravam desesperadamente para que ele os ressuscitasse. Como a maioria dessas pessoas vinha de longe, e Jerusalém não estava preparada para receber tantos visitantes, muitos deviam dormir ao relento.

Jerusalém acordara perturbada. Pouco a pouco se espalhara a notícia de que Jesus estava sendo julgado e tinha o rosto mutilado. Os que dormiam ao relento afluíram primeiro em direção à Fortaleza Antônia. Todos estavam ávidos por notícias. A chama de esperança daquele povo sofrido começava a se apagar.

Um assassino ovacionado

Enquanto isso, a pequena multidão dentro da casa de Pilatos reagia à libertação de Jesus. Influenciada e instigada pelo sinédrio, ela gritava: *"Barrabás! Barrabás!"* Nunca um assassino foi ovacionado dessa maneira. Os homens gritavam a plenos pulmões para que Pilatos soltasse Barrabás.

Há um grande número de pessoas que não têm intimidade com a arte da dúvida, por isso nunca questionam a si mesmas nem duvidam dos pensamentos daqueles que admiram. Assim, não desenvolvem sua consciência crítica. Defendem com convicção ideias que nunca foram suas, e sim plantadas por outros. Talvez alguns dos que clamaram pela crucificação de Cristo fossem seus admiradores dias antes. Mas, depois de sua prisão, deixaram-se facilmente manipular pelos fariseus. Aqueles que reagem sem pensar serão sempre um joguete nas mãos dos mais eloquentes.

O mais amável dos homens ouviu o clamor dos que o trocavam por um assassino. Jesus, naquele momento, sentiu o ápice da discriminação, uma discriminação igual ou maior do que a que muitos judeus experimentaram na Segunda Guerra Mundial. O que sentiríamos se estivéssemos em seu lugar? O som penetrava em seus tímpanos, percorria seu córtex cerebral e atingia o cerne da sua emoção. Se ele e seu Pai foram os autores da criação humana, conclui-se que, nesse momento, a criatura traiu drástica e completamente o seu Criador.

Judas já o havia vendido pelo preço de um escravo, agora os homens o trocavam por um homicida. Os animais da estrebaria em que nascera foram mais complacentes com Jesus do que muitos homens.

Se Jesus Cristo tinha o mais alto poder do universo, não seria o momento de desistir da humanidade? Que amor é esse que nunca desiste? A dor da rejeição é frequentemente inesquecível. O fenômeno RAM (registro automático da memória) a registra de maneira privilegiada nas áreas centrais da memória. Fica sempre disponível para ser utilizada em novas cadeias de pensamentos. Por isso, dificilmente alguém que foi discriminado deixa, ainda que por momentos, de sentir o amargor da rejeição ao longo da vida.

Qualquer um serviria para ser trocado pelo amável Mestre da Vida. Uma pessoa poderia cometer o crime hediondo mais repulsivo e, ainda assim, o sinédrio rejeitaria Jesus e aclamaria tal criminoso. Para os fariseus, o Mestre dos Mestres era indigno de estar vivo.

Barrabás saiu da banalidade para a aclamação, da clandestinidade para o heroísmo. Jesus permaneceu em silêncio. Não se desesperou nem se indignou com tal rejeição. O Mestre da Vida usou a ferramenta do silêncio para nos ensinar a não cair nas armadilhas da emoção e a não gravitar em torno do que os outros pensam e falam de nós.

A violência dos açoites

Se lermos atentamente, palavra por palavra, vírgula por vírgula, o procedimento de Pilatos nos quatro evangelhos, teremos a impressão de que ele funcionou como um cirurgião que abria o coração dos fariseus, infectado pelo orgulho e pela arrogância. Após ouvir o clamor da troca fatídica, Pilatos ficou convicto de que a cúpula judaica queria a morte do nazareno a qualquer preço e não descansaria enquanto ela não se concretizasse.

Inconformado, o governador não cedeu. Não admitia que aqueles homens controlassem a sua própria consciência. Então, em vez de crucificá-lo, preferiu flagelá-lo com açoites. Pilatos, que aparentemente parecia defender Jesus, mostra aqui sua face sanguinária. Indignado com o sinédrio, descarrega sua ira no réu. O homem Jesus que sangrava no rosto sangraria agora nas costas.

Os soldados de Pilatos saciam assim seu apetite de traumatizar Jesus. Queriam ver a resistência do homem que fizera milagres impressionantes. Os açoites eram dados com um chicote chamado "fragrum". Esse chicote contém diversas tiras de couro. Nestas tiras, são presos pedaços de ossos ou ferro, de sorte que cada chibatada não apenas causa edema e hematoma como também abre ferimentos.

Os homens açoitaram Jesus com dezenas de chibatadas. A pele se abria, os músculos intercostais se expunham. A todos os torturados é dado o direito de gritar, urrar de dor, reagir com ódio, pavor, mas aquele que se propunha a ser o cordeiro de Deus para resgatar as injustiças da humanidade não tinha direito a tais reações. Um cordeiro sofre silenciosamente.

O Mestre da Vida suportava calado as suas torturas, como uma ovelha muda perante seus tosquiadores (*Mateus 27:12*).

Ao vê-lo mudo, a ira dos carrascos devia aumentar. Batiam mais forte. Queriam conhecer seu limite. Assim, o homem Jesus reagia com todas as suas forças para suportar o insuportável.

Certa vez, uma excelente enfermeira me contou uma história sobre o drama da dor causada por ferimentos. Ela fazia frequentemente curativos em feridas abertas. Quando os pacientes reclamavam de dor ou desconforto, ela os criticava.

Um dia, ela passou por uma cirurgia. Houve contaminação, a pele e os músculos infeccionaram e os pontos se abriram. Toda vez que alguém ia lhe fazer curativo, ela vivia um tormento. Colocar uma gaze sobre a pele aberta era como passar uma lixa sobre o corpo. A enfermeira gritava de dor. Então se lembrou dos seus pacientes. Percebeu que não compreendia a dor deles. A partir daí tornou-se muito mais amável e tolerante.

Imaginem o que Jesus passou com os açoites. As tiras de couro com metais abriam-lhe a pele. Cada chibatada era como uma cirurgia sem anestesia. Ao vestir seu manto, o sangue se misturava com as fibras do tecido, como se uma lixa roçasse a superfície da pele. Nada o aliviava, a não ser a misteriosa relação que mantinha com seu Pai. A todo momento devia dialogar com Ele sobre sua dor, como o fez após a última ceia.

Devia conversar e orar silenciosamente com o Pai a cada vez que era espancado, esmurrado, cuspido ou flagelado. Havia um mistério no seu martírio. Jesus estava na condição de homem, mas ninguém reagiu como ele no ápice da dor. Uma força incrível o sustentava. Gerenciava seus pensamentos e suas emoções em situações em que era impossível conservar a lucidez. O mestre de Nazaré foi um príncipe no caos.

Coroado com espinhos

Não bastasse o tormento sofrido nas casas de Anás, Caifás e Herodes, e os açoites impostos por Pilatos, Jesus passou pelo último e mais dramático sofrimento antes de carregar a cruz. Vendo a resistência daquele homem, e sabendo que os judeus o acusavam de querer ser rei da nação, eles o vestiram como um falso rei. Trajaram-no com um manto de cor púrpura e colocaram sobre a sua cabeça uma coroa feita de espinhos. E para debochar ainda mais do "falso rei", deram-lhe como cetro um caniço de ferro.

Estava pronto o cenário de horror. Nele começa uma longa sessão de sarcasmo e espancamento. Uma coorte de soldados – cerca de trezentos a seiscentos – se aglomera em torno daquele homem debilitado para se divertir. Imaginem a cena.

Jesus estava com o rosto inchado e coberto de hematomas. Suas costas sangravam sem parar. Provavelmente não lhe deram água a noite toda. Estava sedento e com o corpo todo dolorido. Sua debilidade não comovia os soldados. Estavam cegos no seu entendimento e no seu humanismo.

Uma análise sociológica do comportamento humano revela que quando as pessoas estão iradas num espaço público, reagem como animais. Se desejam se sobressair com seus deboches, cada uma procura suplantar as demais. Algumas vão às últimas consequências.

As escrituras dizem que vários soldados ajoelhavam-se aos pés do Mestre da Vida, prestando-lhe uma falsa reverência (*Mateus 27:29*). Caçoavam, cuspiam, tomavam-lhe o caniço e batiam-lhe na cabeça. Os olhos de Jesus provavelmente estavam tão edemaciados que ele mal enxergava, mas via o suficiente para saber que não devia reagir. Jesus não abriu a boca.

Talvez esse seja o único caso na história em que uma pessoa tenha passado ao mesmo tempo pelo auge da discriminação e pelo ápice do deboche e do escárnio. A vida de Jesus pautou-se por extremos impensáveis. Foi exaltado como rei e como Deus e foi humilhado como o mais vil dos homens.

Enquanto os mais engraçados prestavam-lhe a falsa homenagem, ouviam-se longas gargalhadas na plateia. Exclamavam: "*Salve, o rei dos judeus!*" (*Mateus 27:29*). Certamente o empurravam para fazê-lo cair. Divertiam-se com sua dor.

Se escondido na pele do homem Jesus se encontrava o ser mais poderoso do universo, como ele suportou ser o personagem central de um teatro de horror? Como permitiu que os homens o ultrajassem e zombassem dele? Imagino que nós, que somos capazes de reagir agressivamente com nossos filhos ou com nossos pais sem grandes motivos, se tivéssemos tal poder, certamente o usaríamos para destruir nossos carrascos. Somos mestres da impaciência; Jesus é o mestre da mansidão.

Coroa de espinhos e bofetadas

Não há notícia na história de que alguém tenha sobrevivido depois de humilhar um rei no pleno exercício do seu poder.

A história humana tem de ser recontada. Se o Mestre da Vida era o rei dos reis, se ele se sentava à direita do Todo-Poderoso, então deveria estar registrado em todos os tratados históricos: humilharam, torturaram e zombaram do maior de todos os reis, mas ele tratou com brandura seus carrascos. Ninguém saiu ferido, a não ser ele. Não há como não se curvar na sua presença.

Jesus suportava o sarcasmo humano porque sua emoção tinha uma estrutura sólida. Não esperou quase nada dos seus amigos, sabia que eles o abandonariam. Dos soldados, esperava muito menos. Não há dúvida que ele sofria muito, mas não deixava o lixo externo entulhar sua emoção. Um dos seus segredos era doar-se muito e esperar pouco.

Nós, ao contrário, por esperarmos muito dos outros, ficamos sempre frustrados. Alguns são derrotados apenas com um olhar ou um pequeno gesto. Facilmente nos aborrecemos.

Os soldados, ao perceberem que Jesus não ia gritar, não ia reagir nem pedir clemência, ficaram impacientes e irritados. Quando lhe bateram com o falso cetro (*Mateus 27:30*), uma dor horrível e aguda permeou sua cabeça. Os espinhos cravaram-se no seu couro cabeludo, uma área intensamente irrigada. Dezenas de pontos hemorrágicos surgiram. O sangue escorria por toda a sua face. Era o sangue de um homem. Suportou sua dor como um homem, e não como Deus.

À medida que o sangue percorria as reentrâncias da sua face, os soldados o esbofeteavam com suas mãos vigorosas. Jesus devia sentir vertigem, tontura, e certamente caía com mais frequência no chão. Ao cair, batia com a cabeça no solo e a coroa de espinhos cravava-se mais intensamente. Ao bater com as costas no chão, seu manto colava-se na pele esfacelada pelos açoites.

Foi tratado pelos fariseus como escória humana; pelos romanos, como um homem imprestável, um impostor, um falso rei. O único que rejeitou o trono político para reinar no coração humano recebeu como recompensa flagelos e açoites. Como é difícil governar a alma humana! Nós mesmos não somos líderes do nosso próprio mundo.

O mestre de Nazaré foi dócil e paciente num ambiente onde só havia espaço para a ira e a agressividade. Nunca ninguém pagou um preço tão alto por amar incondicionalmente o ser humano. A história do Mestre dos Mestres abala qualquer um que a investiga.

Felizes não são os que têm uma alta conta bancária, os assediados pela mídia, os que moram em palácios, mas os que encontram motivos para amar mesmo na ausência dessas riquezas. Jesus é o exemplo máximo dessa atitude.

CAPÍTULO 9

A última cartada da cúpula judaica

"Eis o homem!" – uma expressão que reflete o auge da tortura

Jesus foi açoitado, coroado com espinhos e esbofeteado pela coorte romana fora do ambiente onde se encontravam os homens do sinédrio. Os soldados não podiam ainda matá-lo, pois seu julgamento não chegara ao fim. Foram dez ou vinte minutos de espancamento, um tempo enorme para uma pessoa indefesa, massacrada por centenas de soldados.

O Mestre dos Mestres estava irreconhecível. No lugar do rosto de um homem havia uma face desfigurada. Como podemos afirmar isso? Pela expressão usada por Pilatos ao apresentar novamente Jesus aos líderes judeus. Ele disse: *"Eis o homem!"* (*João 19:5*).

Com essas palavras, Pilatos quis tocar a emoção dos judeus, fazê-los ter compaixão de Jesus. Era como se o governador da Judeia dissesse: "Eis aí um homem acabado, mutilado, destruído e sem condições de ameaçar qualquer um. Vocês não conseguem enxergar que ele é apenas um pobre e miserável homem?"

Ao ouvir a expressão "Eis o homem", o sinédrio se levanta e dá um grande susto em Pilatos. Diz pela primeira vez ao líder romano que queriam matar Jesus porque ele dissera ser Deus (*João 19:7*), e o autor de tal blasfêmia deveria morrer.

Ao ouvir isso, Pilatos entrou em pânico. Ele sabia que Jesus era misterioso, já se perturbara com suas palavras e expressões. Tinha consciência de que se tratava de um homem incomum, mas não sabia que ele havia confessado ser divino.

É provavelmente nesse momento que a mulher de Pilatos entra em cena e lhe diz que sonhara com Jesus e ficara perturbada. O mestre já havia tirado o sono de todos os fariseus, agora tirava o sono da mulher de Pilatos. Motivado por sua esposa e convencido de que Jesus era inocente, Pilatos resiste em crucificá-lo. Mais uma vez chama Jesus ao pretório. Retira-se para ter com ele uma nova conversa. O juiz estava confuso diante do réu.

Acusado de ser divino

Pilatos desejava uma resposta clara sobre a identidade de Jesus. Para obtê-la, usa sua autoridade de governador conferida pelo Império Romano e diz: *"Não sabes que tenho poder para te soltar e poder para te crucificar?"* (*João 19:10*). Jesus estava sob um julgamento romano formal.

Como governador, Pilatos tinha pleno poder, não apenas para governar a Judeia, mas para atuar como um grande pretor que julgava segundo o direito romano. As grandes causas eram julgadas por ele próprio.

O poder de Pilatos era realmente grande. O destino dos que viviam na região sob sua jurisdição estava de fato em suas mãos. Ao pressionar Jesus, o governador esperava que ele se intimidasse e revelasse sua identidade. Porém, mais uma vez, o réu o deixou chocado. Ao ouvir aquelas palavras, Jesus afirmou: *"Não terias poder nenhum sobre mim, se não te fosse dado do alto"* (*João 19:11*).

Ao sinédrio, Jesus dissera que se sentaria à direita do Todo-Poderoso, na posição mais alta do universo. A Pilatos afirma que a autoridade do governador não vinha de Roma, mas do alto. Acontece aqui algo impensável na história do direito e do poder político: o réu confere autoridade ao juiz. Que situação impressionante!

Com sua afirmação, o mestre de Nazaré queria dizer que há um poder no universo do qual emanam todos os outros. Isso significava que o poder político era temporariamente permitido e que o que é permitido será cobrado.

Pilatos considerava que seu poder era outorgado por Tibério, o imperador romano. Agora aquele homem todo ferido e cheio de hematomas dizia que todo poder emanava dele. Como pode alguém com a cabeça sangrando, o rosto desfigurado e na iminência de ser crucificado afirmar que seu poder está acima do Império Romano? O poderoso Pilatos se comportava como uma criança diante do carpinteiro de Nazaré.

Jesus surpreendia a todos quando estava livre e quando estava preso, quando estava saudável e quando estava destruído. Queria dizer ao líder romano que tinha um poder muito maior do que o dele, que poderia se livrar do julgamento e da morte se quisesse, mas não o faria.

Os líderes de Israel e Pilatos estavam abalados, mas nada abalava o Mestre da Vida, nada o amedrontava. Ele se mostrava imbatível nas ideias quando não havia mais força em seu corpo. Nunca um judeu abalara dessa forma as convicções do autoritário governador.

A rejeição e os sofrimentos, em vez de abater Jesus, nutriam a sua capacidade de pensar. As perdas, em vez de destruí-lo e desanimá-lo, o tornavam livre no território da emoção. Somente alguém que eliminou todas as raízes do medo pode ser tão livre.

A última cartada: traindo a história e apelando para Tibério César

Pilatos, admirado com o comportamento de Jesus, mais uma vez o traz à presença do sinédrio e intercede para soltá-lo. Suas idas e vindas mostram que ele estava convicto de que o réu era inocente. Pilatos tinha receio de que ocorresse uma revolta dos líderes judeus caso soltasse Jesus, e esses líderes tinham medo da multidão se Jesus estivesse solto.

O perfil psicológico de Pilatos e suas atitudes indicavam que ele zombava do sinédrio. Apontava diversas vezes para Jesus e dizia: "*Eis o vosso rei*" (*João 19:14*).

O governador da Judeia só temia uma autoridade: Tibério César, o senhor do mundo, o grande imperador romano. Portanto, a última cartada da liderança judia seria denunciar Pilatos ao próprio imperador. Os judeus odiavam o domínio de Roma, detestavam ser subjugados por César, mas, para matar Jesus, a única solução era mostrar estrita fidelidade a ele. Por isso, disseram a Pilatos: "*Não temos outro rei a não ser César*" (*João 19:15*).

E completaram afirmando que, se Pilatos não crucificasse Jesus, estaria admitindo outro rei no solo de Israel, um rei não designado pelo império. Desse modo, ameaçaram denunciar Pilatos a César (*João 19:12*). Precisamos reconstruir o cenário consciente e inconsciente do maior julgamento da história.

Traindo o desejo histórico de liberdade

Tibério César era um poderoso imperador. Embora as leis romanas fossem as mais justas e humanas dos tempos antigos, o imperador governava como um ditador. Além de exercer o poder executivo e o judiciário, também lhe era facultado legislar. Do ponto de vista da filosofia do direito, o maior ditador é aquele que aplica e julga as leis que ele mesmo elabora.

Reunindo os três poderes, os imperadores romanos tinham o poder de um semideus. Quando o poder entorpece os seres humanos, não poucos almejam o status de imortal.

Ao referir-se a Tibério César como rei, a cúpula de Israel traiu sua história. O povo judeu jamais aceitou o controle de qualquer império. O desejo de independência estava nas suas raízes culturais, desde que Abraão, o pai dos judeus, deixara a terra de Ur dos caldeus. Esse desejo se cristalizou quando Moisés libertou os israelitas da servidão do Egito e os conduziu à terra de Canaã.

Como assinalo em *O Mestre dos Mestres*, os judeus quase foram vítimas de um genocídio por serem o único povo, segundo Flávio Josefo, a não adorar o sucessor de Tibério, Caio Calígula, como deus.

O relato histórico dessa passagem é eloquente.* Mostra a coragem e a determinação desse povo em preservar sua identidade e sua sede de liberdade. Alguns embaixadores dos judeus pediram uma audiência a Caio Calígula porque estavam temerosos de serem dizimados se não o adorassem. Era uma audiência de conciliação, na qual queriam mostrar-lhe que, embora não o

---

* Josefo, Flávio. *História dos hebreus*. Rio de Janeiro: Editora CPAD, 1990.

adorassem como deus, pois isso feria completamente seus princípios e tradições, o respeitavam muito. Faziam até sacrifícios a Deus pela sua saúde e pelo seu governo. Relutante, Calígula os recebeu, mas com desprezo.

Essa audiência podia determinar o destino dos judeus. Se o imperador os obrigasse a adorá-lo, eles não aceitariam e, assim, seriam eliminados não apenas de seu solo, mas de todas as cidades onde habitavam. Filom, um dos embaixadores dos judeus, relata que eles estavam profundamente amedrontados nessa audiência. Registra: "Sentíamos o sangue gelar em nossas veias." Durante o encontro, a cólera de Calígula cedeu e ele não os obrigou a adorá-lo, embora não tenha aceitado a argumentação apresentada. No final da audiência, o imperador desdenhou a inteligência e o destino dos embaixadores dos judeus, comentando: "Essa gente não é tão má quanto infeliz. São insensatos por não acreditarem que sou de natureza divina."

Os embaixadores judeus saíram da presença de Calígula dizendo palavras que muito lembram o julgamento de Jesus: "Foi assim que saímos, não de um tribunal, mas de um teatro e de uma prisão, pois vermo-nos ridicularizados, escarnecidos e desprezados foi uma verdadeira comédia." Os judeus sentiram a dor do desprezo e da humilhação provocada pelo imperador. Sentiram-se ultrajados, num teatro, num ambiente em que pouco importava o que eles pensavam e sentiam.

No julgamento de Jesus, aconteceu o mesmo, mas de maneira muito mais violenta. Um julgamento realizado em meio às formas mais cruéis de tortura e humilhação. Não importavam as provas, os sentimentos e os pensamentos do réu. Ele tinha de morrer, e o mais depressa possível, nem que para isso os líderes judeus tivessem, por alguns momentos, de trair a sua história e afirmar que César era seu único rei.

Desprezaram Jesus, que tinha origem judaica e que cuidava dos feridos e dos abatidos de Israel, para proclamar o imperador romano como seu grande líder, ainda que ele os explorasse com pesados impostos.

Condenando Jesus por medo de perder o poder

Quando ameaçaram denunciá-lo ao imperador, Pilatos deve ter-se lembrado que muitos governadores haviam passado pela Judeia e tinham sido destituídos. Amedrontado e profundamente constrangido, ele cede. Por medo de perder o poder, condena o mais brilhante e inocente dos réus.

Ao serem condenados, depois de julgados formalmente, os criminosos podiam apelar para César. Provavelmente os dois criminosos que foram crucificados ao lado de Jesus estavam no final do processo e todos os recursos já haviam se esgotado.

Jesus estava sob julgamento romano havia menos de três horas. Se apelasse para César, provavelmente seu processo seria adiado e transferido para Roma. Todavia, não apelou. Não fez nenhuma reivindicação. Apenas aguardou a decisão final.

Lavando as mãos

Pilatos cedeu diante da possibilidade de comprometer sua carreira política. Cometeu um crime contra a própria consciência. Entretanto, para abrandar seu sentimento de culpa, fez um gesto que iria torná-lo famoso: lavou as mãos. Muitos pensam que esse ato foi digno de aplausos, e não poucos políticos o têm imitado ao longo da história.

O gesto de Pilatos foi tímido e injusto. Lavou as mãos, mas não podia limpar a sua consciência. A sujeira das mãos é retirada com água; a da consciência, apenas com o reconhecimento dos erros e o propósito de voltar a ser fiel a ela.

Quantas vezes nós também lavamos as mãos! Quando nos esquivamos de dar ajuda a alguém próximo, quando procuramos nos eximir das nossas responsabilidades. Lavamos as mãos para nos proteger do sentimento de culpa diante de atitudes justas e generosas que deveríamos tomar.

Sempre que possível, não devemos lavar as mãos. Há casos em que as pessoas dispensam a nossa ajuda. Se depois de esgotarmos nossos argumentos a recusa persistir, talvez seja preferível afastar-nos por um tempo, mantendo-nos disponíveis para o momento em que as janelas da mente do outro se abrirem para acolher nossa contribuição. Devemos sempre aguardar uma nova oportunidade, um novo momento, ainda que ele demore a chegar.

O mestre de Nazaré nunca lavava as mãos. Era poderoso, mas não subjugava ninguém com seu poder. Esgotava todos os recursos na tentativa de ajudar os necessitados, mas sem constrangê-los. Esperava o momento certo para levá-los a novas descobertas. Procurava ensinar de maneira sábia e agradável, e da mesma forma que dava liberdade para as pessoas errarem, oferecia incontáveis oportunidades para que revissem seu erro. Não punia nem cobrava. Estar próximo dele era um convite para reavaliar os alicerces da vida.

Do ponto de vista humano, o destino de Jesus dependia de Pilatos. Portanto, lavar as mãos era se esquivar de assumir a responsabilidade. Ninguém desejava assumir o ônus da morte de Jesus. Os líderes de Israel queriam que o Império Romano assumisse sua condenação, e o império, representado por Pilatos, lavou as mãos para que ela recaísse sobre eles. Para Pilatos, foi o sinédrio que condenou Jesus; para a grande massa dos que o amavam, Jesus foi condenado pelo Império Romano.

O homem que é infiel a si mesmo não tem dias tranquilos. Alguns historiadores comentam que Pilatos suicidou-se. Não há como ser livre e feliz se não reconhecermos nossas fragilidades, se não procurarmos mudar o rumo da nossa vida e respeitar nossa própria consciência.

O Mestre da Vida nos deu profundas lições para aprendermos o caminho da serenidade. Viveu de forma tranquila em ambientes intranquilos. Permaneceu livre, mesmo quando estava acorrentado. No auge da fama, tinha tempo para contemplar os lírios dos campos. Nunca perdeu a simplicidade e a liberdade, mesmo nas situações mais tensas e ameaçadoras.

A sentença de Pilatos

Após lavar as mãos e se livrar do papel de juiz, Pilatos entregou Jesus para ser crucificado. Entretanto, como a morte na cruz era uma condenação romana, o governador tinha de justificá-la. Assim, lavrou sua sentença baseado nas acusações dos judeus, e não em sua consciência.

A seguir transcreverei a cópia fiel da peça do processo de Jesus Cristo que se encontra no Museu da Espanha:

"No ano dezenove de TIBÉRIO CÉSAR, Imperador Romano de todo o mundo. Monarca invencível na olimpíada cento e vinte... sob o regimento e governador da cidade de Jerusalém, Presidente Gratíssimo, PÔNCIO

PILATOS. Regente na baixa Galileia, HERODES ANTIPAS. Pontífice sumo sacerdote, CAIFÁS, magnos do Templo, ALIS ALMAEL, ROBAS ACASEL, FRANCHINO CENTAURO. Cônsules romanos da cidade de Jerusalém, QUINTO CORNÉLIO SUBLIME E SIXTO RUSTO, no mês de março e dia XXV do ano presente – EU, PÔNCIO PILATOS, aqui presidente do Império Romano, dentro do palácio e arquirresidente julgo, condeno e sentencio à morte, Jesus, chamado pela plebe – CRISTO NAZARENO – e Galileu de nação, homem sedicioso, contra a Lei Mosaica – contrário ao grande Imperador TIBÉRIO CÉSAR. Determino e ordeno por esta, que se lhe dê morte na cruz, sendo pregado com cravos como todos os réus, porque congregando e ajuntando homens, ricos e pobres, não tem cessado de promover tumultos por toda a Galileia, dizendo-se filho de DEUS E REI DE ISRAEL, ameaçando com a ruína de Jerusalém e do Sacro Templo, negando os tributos a César, tendo ainda o atrevimento de entrar com ramos e em triunfo, com grande parte da plebe, dentro da cidade de Jerusalém. Que seja ligado e açoitado e que seja vestido de púrpura e coroado de alguns espinhos, com a própria cruz nos ombros, para que sirva de exemplo a todos os malfeitores, e que, juntamente com ele, sejam conduzidos dois ladrões homicidas; saindo logo pela porta sagrada, hoje ANTONIANA, e que se conduza JESUS ao Monte Público da Justiça chamado de CALVÁRIO, onde, crucificado e morto, ficará seu corpo na cruz, como espetáculo para todos os malfeitores e que sobre a cruz se ponha, em diversas línguas, este título: JESUS NAZARENUS, REX JUDEORUN. Mando, também, que nenhuma pessoa de qualquer estado ou condição se atreva, temerariamente, a impedir a justiça por mim mandada, administrada e executada com todo rigor, segundo os Decretos e Leis Romanas, sob pena de rebelião contra o Imperador Romano. Testemunhas da nossa sentença: Pelas doze tribos de Israel: RABAIM DANIEL, RABAIM JOAQUIM BANICAR, BANBASU, LARÉ PETUCULANI. Pelos fariseus: BULLIENIEL, SIMEÃO, RANOL, BABBINE, MANDOANI, BANCUR FOSSI. Pelo Império Romano: LUCIO EXTILO E AMACIO CHILCIO."

A sentença de Pilatos mostra os falsos motivos pelos quais Jesus foi condenado à morte. Mostra que muitas pessoas proeminentes do Império

Romano e de Israel testemunharam e aprovaram a sentença condenatória. Todavia, três verdades ressaltam nessa peça processual.

Primeiro: Jesus, um grande comunicador

Como vimos, Jesus era um homem magnífico. Sua capacidade de se expressar era arrebatadora. Os estudantes de comunicação e jornalismo desconhecem o maior comunicador da história. Dei algumas conferências em universidades sobre o tema "A arte da comunicação do Mestre dos Mestres".

Alguns dos ouvintes ficavam atônitos com o poder de comunicação de Jesus. Ele se expressava de forma honesta e poética. Era econômico no falar, mas preciso nas palavras. Conseguia ser dócil e extremamente seguro. Falava fitando seus interlocutores nos olhos.

Com sua fala penetrante, ele executava um dos mais difíceis treinamentos da inteligência: o da emoção e do pensamento. Treinava seus discípulos a trabalhar em equipe, a não ter medo do medo, a não querer que o mundo se dobrasse aos seus pés, a pensar multifocalmente em situações turbulentas, a ser tolerantes, gentis, agradáveis, solidários e a amar uns aos outros.

O tom da sua voz não era tímido, mas eloquente. Jesus não tinha medo de chocar seus ouvintes. Seus discursos intrépidos e ousados causavam uma verdadeira revolução no cerne dos espíritos. O conteúdo dos seus pronunciamentos até hoje deixa boquiabertos aqueles que o analisam de coração e mente abertos.

Multidões de pobres e ricos, letrados e iletrados, homens e mulheres o seguiam apaixonadamente. Frequentemente, ao ouvir suas palavras, as pessoas ficavam maravilhadas.

Segundo: Jesus, um grande líder

Jesus causava tanta admiração que, no seu último retorno a Jerusalém, as pessoas colocaram ramos de palmeiras e suas próprias vestes no chão para que ele passasse. Todos estavam extasiados com seu poder e sua eloquência.

Por momentos, o povo esquecia que estava sob o domínio do Império

Romano, que dispunha da força de milhares de soldados. Queriam que o mestre os liderasse. Mas ele afirmava que o seu reino não era deste mundo. O único homem que dizia ter poder para dominar a Terra subverteu todos os conceitos ao entrar, no auge da fama, na grande cidade de Jerusalém montado num pequeno e desajeitado animal. Isso aconteceu um mês antes da sua prisão.

Apesar de não querer o trono político, a entrada de Jesus em Jerusalém foi triunfal e causou um grande tumulto. O fato de Pilatos ter incluído esse detalhe na peça processual prova que ele acompanhava de perto os passos do mestre antes do seu julgamento.

No final de sua sentença, Pilatos deixa transparecer seu respeito e seu temor incondicionais pelo imperador Tibério. Declara que quem afrontasse a sua decisão de crucificar Jesus estaria se rebelando contra o próprio imperador. Na realidade, Pilatos apenas registra a pressão que os líderes judeus fizeram sobre ele, ameaçando denunciá-lo ao imperador caso ele não condenasse Jesus. Por submeter-se a essa chantagem, ele deixa claro na peça processual que Jesus rebelou-se contra o imperador ao se fazer rei. O texto de Pilatos dissimula a traição à sua consciência. No papel ficou registrado aquilo que ele não pensava.

Terceiro: Jesus, o filho de Deus

Pilatos acusa Jesus de ser filho de Deus e querer destruir o sacro templo. De fato, a vida do mestre era cercada de mistérios. Tinha comportamentos e sofrimentos humanos, mas suas palavras e suas atitudes eram incomuns para um homem. Pilatos ficou impressionado com sua postura. Jesus se comportava como um príncipe em meio ao caos. Não perdia a dignidade quando sofria.

Jesus não queria destruir o templo físico, mas transportá-lo para dentro das pessoas. Almejava inaugurar o lugar de adoração a Deus no coração humano.

Ele não declarava abertamente sua identidade, mas em algumas oportunidades disse ter a natureza do filho de Deus e o status do mais alto poder do universo. O que nos deixa abismados é que, ao contrário do que costumamos fazer, ele não declarou claramente sua identidade quando estava no auge da fama. Revelou-a no auge de uma derrota – pelo menos aparente –, quando o mundo desabava sobre ele.

Um espetáculo para todos os malfeitores

Na psicologia, principalmente na área de recursos humanos, tem-se falado muito do papel da emoção no desempenho intelectual e na formação da personalidade. Gerenciar a emoção é mais difícil do que governar um país, mais complexo do que controlar uma grande empresa. O Mestre da Vida foi o mais excelente mestre da emoção. Navegou com exímia habilidade no mar agitado da solidão, da incompreensão, da rejeição, da agressividade, da dor física e psicológica.

Jesus era invariavelmente delicado com as pessoas. Nunca expunha os erros delas, nem chamava sua atenção publicamente (*Mateus 26:25*). Apesar da sua gentileza ímpar mesmo com os mais rudes, foi tratado com uma aspereza sem precedentes. Pilatos sentenciou-o à cruz e disse que sua morte deveria funcionar como símbolo para os malfeitores. Como pôde o mais dócil e amável dos mestres servir de exemplo para advertir os homens a não cometerem crimes?

Viajando no túnel do tempo

Se viajássemos no túnel do tempo e estivéssemos presentes no julgamento do Mestre da Vida, provavelmente pertenceríamos a um desses oito grupos:

1. Grupo dos fariseus e dos demais homens do sinédrio que condenaram Jesus, que não tinham coragem de questionar suas próprias verdades e avaliar se o filho de Deus poderia estar travestido na pele de um carpinteiro.
2. Grupo dos fariseus, representado por Nicodemos, que amavam Jesus, mas não tiveram coragem de defendê-lo por medo de também serem punidos.
3. Grupo dos discípulos, que o abandonaram e fugiram quando ele se recusou a fazer qualquer milagre para se livrar do julgamento.
4. Grupo dos que o negaram, representado por Pedro que, embora o amasse intensamente e tivesse mais coragem que os demais discípulos,

ainda era frágil e inseguro. Por isso negou toda a história vivida com o mestre quando o viu sendo torturado e espancado.
5. Grupo da população, que não tinha opinião nem convicções próprias e por isso foi facilmente manipulada pelos fariseus que estavam no poder.
6. Grupo dos políticos, representados por Pilatos que o considerava inocente mas permitiu a sua tortura, mandou açoitá-lo e, por fim, para agradar a uma minoria de líderes, lavou as mãos para aliviar a traição à própria consciência e mandou crucificá-lo.
7. Grupo de soldados manipulados pelo sistema religioso e político, que foram agentes da sua tortura e crucificação achando que prestavam um serviço aos seus líderes.
8. Grupo das pessoas que encontraram um novo sentido na vida através das suas palavras e que o amavam apaixonadamente, mas se encontravam do lado de fora da casa onde ele estava sendo julgado, esperando ansiosamente o desfecho do julgamento.

A qual desses oito grupos pertenceríamos? Não havia ninguém ao lado de Jesus. Todos os seus amigos o abandonaram. Se estivéssemos lá, será que o negaríamos como Pedro? Se muitos de nós que dizemos amar profundamente Jesus estivéssemos na casa de Caifás, não teríamos silenciado ante aquele clima de terror que pairava sobre o Mestre da Vida? Será que estaríamos ao seu lado quando ele fazia seus milagres e inteligentes discursos, e no momento da prisão fugiríamos dominados pelo medo?

Se estivéssemos presentes no julgamento de Cristo, provavelmente nenhum de nós o defenderia. Poderíamos admirá-lo, mas nos calaríamos, como Nicodemos. Nossa inteligência e nossa capacidade de decisão estariam travadas pelo medo. Hoje Jesus é famosíssimo e universalmente amado ou, no mínimo, admirado. Naquela época, embora deixasse perplexos todos os que o ouviam, sua dimensão divina estava escondida por trás de um simples carpinteiro.

Hoje é fácil defendê-lo. Naquela época, quando ele resolveu não mais fazer nenhum milagre e deixar de lado seus intrigantes discursos, ficou difícil apoiá-lo e dizer: "Estou aqui, ainda que todos te abandonem, não te deixarei." Na realidade, Pedro afirmou isso, mas acabou falhando. Apesar de amá-lo intensamente, o mais forte dos discípulos negou-o. Talvez fizéssemos o mesmo. Era mais fácil abandoná-lo – mas ele nos compreenderia.

Os discípulos choraram muito durante a noite do julgamento de Jesus. Estavam envergonhados e com sentimento de culpa por terem deixado o seu amado mestre no momento em que ele mais precisava deles. Entretanto, Jesus nada lhes cobrou. Amou-os incondicionalmente. Nós fazemos grandes exigências para perdoar as pessoas; ele perdoou e amou incondicionalmente.

A única coisa que gerava uma reação de intolerância no Mestre da Vida era o comportamento dos fariseus que se preocupavam com a aparência exterior e não com o conteúdo dos seus pensamentos e emoções. Embora não fosse agressivo com eles, Jesus foi contundente ao apontar essa grave distorção em seu comportamento.

O pior grupo não era o dos tímidos, como os discípulos; dos amedrontados, como Pedro; dos omissos, como alguns fariseus que o admiravam. O pior era o dos fariseus, especialistas em Deus e na divindade, mas incapazes de se abrir para os ensinamentos do mestre, engessados em seu próprio mundo. Por isso não analisaram a história, o viver, as palavras, os gestos do Mestre da Vida, e o julgaram por sua aparência exterior. É o caso de nos perguntarmos: se estivéssemos lá, com o conhecimento teológico que temos hoje, iríamos honrá-lo ou nos envergonharíamos dele? Iríamos amá-lo ou nos distanciaríamos dele?

Apesar de ter sido abandonado, negado e rejeitado, o Mestre da Vida não condenava ninguém, nem os fariseus. Queria morrer em favor de todos os seres humanos, mas fez algumas advertências para expandir nossa "qualidade de vida interior". Vejamos uma dessas advertências numa dramática comparação entre os fariseus e os miseráveis da sociedade.

Publicanos e meretrizes precedendo os fariseus

Certa vez, o mestre fez uma declaração chocante aos fariseus, algo que jamais pensariam ouvir. Disse que os publicanos e as meretrizes os precederiam no reino dos céus.

Vamos refletir sobre isso. As meretrizes viviam em função de sua sexualidade. Seus comportamentos e diálogos não inspiravam a moral nem a espiritualidade. Os publicanos, por sua vez, eram coletores de impostos, extorquiam o povo, roubavam dos cofres públicos. Amavam o dinheiro e não se preocupavam com o sofrimento das pessoas sob o jugo do Império Romano. Enquanto isso, os fariseus faziam longas orações, ensinavam as Antigas Escrituras, contribuíam com ofertas e tinham um comportamento socialmente adequado.

Qualquer um que julgasse essas pessoas, por mais liberal e humanista que fosse, aprovaria os fariseus e colocaria as meretrizes e os publicanos em último plano. Ninguém teria a coragem de dizer o que Jesus afirmou. Parecia um absurdo que as prostitutas e os corruptos coletores de impostos pudessem ser aprovados por Deus e os religiosos de Israel, desaprovados.

No evangelho de Mateus, Jesus disse diversas vezes que seu Pai tinha a capacidade de perscrutar a alma humana e ver o que estava escondido. Via o que os psicólogos e os psiquiatras não conseguem ver. Penetrava diretamente no mundo interior das pessoas.

Aos olhos do mestre de Nazaré, os fariseus aparentavam uma ética insuperável, mas, por dentro, suas intenções e seus pensamentos eram reprováveis.

A maquiagem espiritual e ética dos fariseus não convencia o Autor da vida, não enganava o arquiteto do espírito e da alma humana. Quem é capaz de falar do interior dos seres humanos senão aquele que os teceu?

Onde está a superioridade das meretrizes e dos publicanos em relação aos fariseus? Nos sentimentos ocultos no coração. Os fariseus eram orgulhosos, arrogantes, autossuficientes, não precisavam de um mestre para reparar os pilares de suas vidas, e por isso baniram drasticamente aquele que dizia ser o filho do Altíssimo.

Por outro lado, as prostitutas e os publicanos reconheceram seus erros, injustiças e fragilidades, e por isso amaram intensamente Jesus. Não poucos deles choraram de gratidão pela acolhida carinhosa que lhes deu o Mestre da Vida. Aquele que criou os seres humanos amou a todos, mas só conseguiu tratar dos que admitiam que estavam doentes, dos que tiveram coragem de se aproximar dele, ainda que com lágrimas.

Nos dias atuais valorizamos muito mais a estética do que o conteúdo. Pioramos em relação à época do mestre de Nazaré. É fácil criticar os erros dos outros, enxergar a arrogância de Caifás e a violência dos homens do sinédrio. Mas precisamos nos perguntar: será que não temos nos escondido atrás de uma aparência de ética e moral? Será que não percebemos o quanto estamos saturados de orgulho e arrogância? Somos especialistas em detectar os defeitos dos outros, mas péssimos para enxergar os nossos.

Quando proclamamos "meu conhecimento teológico é melhor do que o dos outros", "minha moral é mais elevada do que a deles", será que Aquele que vê o que está oculto se agrada desses comportamentos? Talvez alguns miseráveis de nossa sociedade, aqueles para quem facilmente apontamos o dedo, tenham um coração melhor do que o nosso.

Com princípios mais sábios do que aqueles apresentados por sociólogos e ideólogos políticos, Jesus regulou as relações sociais. Disse que com o mesmo critério que julgarmos os outros seremos julgados. Se empregarmos tolerância e compreensão, o Autor da vida nos compreenderá e nos tratará com tolerância. E vai mais longe, ao dizer a célebre frase: *"Como quereis que os homens vos façam, assim fazei-o vós também a eles."* Se queremos compreensão, respeito, gentileza, solidariedade, devemos aprender a ser compreensivos, respeitosos, gentis e solidários.

Os que empregam a tolerância compreendem as próprias limitações e, por conhecê-las, enxergam com mais compaixão as fragilidades dos outros. A compreensão, a tolerância e a solidariedade são atributos dos fortes; a arrogância e a rigidez, dos fracos. Se prestarmos atenção naqueles que criticam continuamente as pessoas que os rodeiam, veremos que são estrangeiros em seu próprio mundo, nunca penetraram nos recantos mais íntimos do seu próprio ser. As pessoas que não se conhecem são especialistas em apontar um dedo acusador para os outros.

Se os princípios estabelecidos pelo mestre da escola da vida fossem vividos pela nossa espécie, os exércitos seriam extintos, a agressividade, estancada, e os soldados estariam desempregados. No entanto, precisamos cada vez mais de soldados e presídios. É claro que há algo errado.

O homem que não é juiz de si mesmo nunca está apto para julgar o comportamento dos outros. Os fariseus da época de Jesus não tinham capacidade para julgá-lo, pois não conseguiam julgar a si mesmos. Eles o trataram como o mais vil criminoso. Seu julgamento revelou a miséria que estava no âmago dos homens do sinédrio. Por fora eram éticos, mas quando se sentiram ameaçados abandonaram a imparcialidade, a justiça e a serenidade. Não levaram em conta a encantadora história do Mestre da Sensibilidade.

Que segredos se escondiam no cerne do Mestre da Vida para que ele derramasse sua alma na morte? Precisamos penetrar em alguns desses segredos para entender o que o levou a morrer pela humanildade. Vejamos o plano mais ambicioso da história!

CAPÍTULO 10

O mais ambicioso plano da história

A psicologia e as ciências da educação

Se os cursos de psicologia introduzissem um estudo sério e aprofundado da personalidade de Jesus, os novos psicólogos teriam uma grande ferramenta para compreender os transtornos emocionais e mecanismos para treinar a emoção dos pacientes e torná-la saudável. Como mestre da escola da vida, Jesus conseguia abrir as janelas da mente e contemplar o belo em momentos em que corria o risco de ser controlado pela ansiedade, ter a inteligência travada e reagir por instinto. A psicologia ainda é uma frágil ciência no processo de investigação do funcionamento da mente. Ela precisa descobrir Jesus Cristo.

As ciências da educação também precisam descobri-lo. A psicopedagogia de Cristo não encontra precedente. Como contador de histórias, tinha um jeito de falar cativante que encantava as pessoas. O tom de voz, o modo de olhar, a economia de energia no discurso, a autoridade nas palavras, a exposição em forma de diálogo, a versatilidade e a criatividade que ele usava na comunicação interpessoal faziam de sua pedagogia uma verdadeira arte de ensinar. Se as faculdades adotassem a psicopedagogia do Mestre dos Mestres, os novos professores revolucionariam o precário sistema educacional das sociedades modernas.

Sinto-me limitado para descrever a grandeza e os mistérios que cercam a mente de Jesus Cristo. A partir de cada frase que proferiu poderíamos escrever um livro. De cada silêncio, uma poesia. De cada controle da emoção, um princípio de vida. Sinceramente, os recursos linguísticos para descrevê-lo são restritos.

O Mestre da Vida não tinha impulsos suicidas

Gostaria, neste ponto, de fazer um questionamento muito sério sobre os motivos que levaram uma pessoa com uma inteligência tão espetacular como a de Jesus a se entregar ao auge do sofrimento. Ele tinha condições de evitar seu julgamento e sua crucificação, mas não o fez.

Ninguém amava a vida como ele. Tinha prazer em conviver com as pessoas. Observava o belo nos pequenos eventos de que participava. Gostava de crianças e de dialogar com todas as pessoas. Qualquer um que dele se aproximasse tornava-se facilmente seu amigo. Tinha prazer em criar laços de amizade até com os leprosos deformados que cheiravam mal. Não havia nele rejeição pela vida, nem ideias ou impulsos suicidas. No entanto, deixou-se morrer. Por quê?

Se ele não tinha inclinação para o suicídio, por que não fez nada para evitar seu sofrimento e sua morte? Milhões de pessoas dirão que Jesus sofreu e morreu para perdoar os seres humanos. Mas não haveria milhares de outras maneiras de nos perdoar?

Um grande problema em qualquer tipo de investigação é que, por não conseguirmos conviver com a ansiedade gerada pelas perguntas e pela dúvida, somos rápidos e superficiais em nossas respostas. Mas é preciso perguntar: se Deus é tão inteligente, não poderia arquitetar um plano que exigisse menos de si mesmo? Por que Deus fez o impensável, entregando seu único filho para morrer pela humanidade? Que amor é esse que excede todo entendimento, que implode a lógica?

Gostaria de investigar não apenas as intenções subjacentes do homem Jesus, mas algumas áreas da mente de Deus descritas nas escrituras para compreender o que estava por trás do cenário do julgamento que analisamos aqui. Jesus era um homem genuíno, mas ao mesmo tempo se colocava como o filho de Deus. Era homem e era Deus. Teve atitudes, comportamentos e sentimentos humanos, mas as causas que o motivavam não eram humanas.

Não será possível compreendermos as últimas 24 horas do homem Jesus se não compreendermos os pensamentos de Deus. Contudo, é preciso que o leitor tenha consciência de que, todas as vezes que entro nessa área, não estou discorrendo sobre religião, mas sobre assuntos complexos escondidos nos textos das biografias de Cristo e nos demais livros do Antigo e do Novo Testamento.

Questionando a existência de Deus

Tentarei abordar um assunto muito complexo que perturbou e ainda perturba a mente de muitos teólogos, filósofos, pensadores e homens de todas as culturas e raças. Um assunto que também me tirou, durante anos, a tranquilidade. Um tema sobre o qual muitas vezes não temos coragem de falar, que fica represado em nossa alma, que raramente verbalizamos, mas que mina nossas convicções. Questionarei a existência de Deus sob a perspectiva da sua intervenção nos eventos da humanidade.

Ao olhar para tudo o que Jesus passou, temos de questionar por que ele fez um sacrifício tão grande. Quem se animaria a fazer o que ele fez? O que motivou alguém que discursou incansavelmente sobre a vida eterna a preferir a morte mais vexatória? Não podemos ter medo de usar nossa inteligência para indagar: se Deus é tão criativo, por que arquitetou uma solução tão angustiante para resgatar a humanidade?

Ao refletirmos sobre as lágrimas, o desespero, a aflição e as injustiças que macularam os principais capítulos da história da humanidade e que ocupam uma parte central do palco de nossas vidas, temos de questionar: quem é Deus? Onde está Deus? Quais as características básicas da sua personalidade? O que move seus sentimentos? Ao fazer esse questionamento, podemos chegar a três hipóteses: 1ª) Deus não existe, é uma criação da mente; 2ª) Deus existe, mas abandonou a humanidade, por considerá-la um projeto falido; 3ª) Deus existe e traçou um projeto inimaginável para resgatar a humanidade.

1ª hipótese: Deus não existe, é uma criação da mente

Não sei se o leitor já questionou a existência de Deus. Eu já indaguei intensamente. Ao olhar para as misérias humanas, para as injustiças sociais e para a história da humanidade podemos nos perguntar se há um Deus no universo ou se ele é apenas fruto da imaginação dos homens. Vamos refletir.

Apesar de haver alimentos em abundância para nutrir todos os habitantes da Terra, a fome destrói inúmeras vidas. Se Deus existe, por que não intervém nas desculpas políticas que financiam nosso egoísmo e extingue a fome?

Mães veem seus filhos morrer lentamente de desnutrição e, abatidas também pela fome, não têm sequer lágrimas para chorar a morte de seus pequenos. Onde está Deus?

Todos os dias morrem crianças com câncer. Mal começaram a brincar e já fecham os olhos para a existência. Onde está o Criador? Se Ele existe, por que não intervém no sofrimento? Muitos indagam: será que é porque Ele não existe ou porque desistiu de nós? Não dá para deixarmos de examinar essa questão, ainda que mantendo o respeito que ela merece.

Lembro-me de uma paciente que entrou em depressão após a morte da filha. Sua pequena criança de 7 anos teve um câncer incurável. A mãe ficou desesperada. Em sua última crise, a menina teve uma atitude inesperada. Sabendo que estava se aproximando a hora da sua morte, pediu que a mãe se retirasse do quarto. Não queria que ela sofresse. Vocês podem imaginar uma criança procurando poupar a mãe de sofrer por sua morte? A menina estava nos instantes finais da vida e desejava ansiosamente a companhia da mãe, mas quis protegê-la e ficou só com o médico. A mãe nunca mais sentiu o coração de sua filha pulsar, nunca mais ouviu sua voz. Entre ambas perpetuou-se um silêncio inaceitável. Se o Criador existe, por que suas criaturas sofrem tanto?

As lágrimas dos pais sempre irrigaram a história. Eles cuidam carinhosamente de seus filhos, dedicam-se a eles, os acariciam, alimentam, preocupam-se com seus comportamentos, sonham com seu futuro. Vivem para os filhos, mas não querem estar vivos para vê-los morrer. Desejam ardentemente que seus olhos se fechem antes dos deles. E, no entanto, quantos pais são obrigados a assistir à morte dos filhos por overdose, por doenças, por acidentes ou nas guerras. O questionamento é inevitável: se há um Deus que é Autor da existência, por que Ele não estanca as lágrimas das pessoas e alivia as suas dores?

Observem as doenças da emoção. Os portadores de depressão vivem o último estágio da dor humana, perdem o prazer de viver, ficam desmotivados, sentem uma fadiga excessiva, tornam-se insones ou dormem demais. Em vez de serem compreendidos, são tachados de fracos. As características de sua personalidade, embora nobres, são exageradas: punem-se muito quando erram, preocupam-se excessivamente com a dor dos outros, antecipam em demasia os acontecimentos do amanhã. Entretanto, não poucas vezes, a reação ao seu sofrimento é o desprezo da sociedade e de familiares. Alguns intelectuais pensam: se Deus teceu o interior das pessoas, por que não apazigua a emoção e estanca a dor dos que sofrem no recôndito da alma?

Vejam as injustiças sociais. O ser humano sempre discriminou. A fina camada de cor da pele, negra ou branca, tem servido de parâmetro para separar seres da mesma espécie. Quantas vezes na história homens escravizaram homens, tolheram seus direitos fundamentais e os transformaram em mercadoria? Alguns questionam: será que Deus nunca se importou com as algemas dos escravos e com a humilhação que sofrem ao se tornarem objetos de barganha?

A vida é muito longa para se errar, mas brevíssima para se viver. Se refletíssemos filosoficamente sobre a temporalidade da vida, essa reflexão estimularia a sabedoria e o amor pelos direitos humanos. Compreenderíamos que o intervalo entre a infância e a velhice é de alguns instantes. Mas desprezamos a sabedoria.

A sabedoria sempre foi atributo de poucos, muitas vezes classificados de "tolos" por terem se desviado do sistema. Por desprezo à sabedoria, matou-se, feriu-se, escravizou-se, estuprou-se, discriminou-se. Se há um Deus Todo-Poderoso que assiste todos os dias às loucuras humanas, por que não intervém na humanidade e faz rapidamente justiça? Por que permitiu que Jesus, a pessoa mais dócil que transitou na Terra, morresse de maneira tão violenta?

Alguns ainda argumentam que Deus não existe porque nunca O viram, nunca O perceberam com seus sentidos, nunca presenciaram um de seus milagres. Se considerarmos todas as misérias humanas e a "aparente" falta de intervenção de Deus nessas misérias, a primeira hipótese que vem à mente de muitos é que Deus é uma invenção espetacular do cérebro humano. Ele não existe, por isso não intervém.

Nessa hipótese, a sofisticação do cérebro teria arquitetado a fantástica ideia da existência de Deus por pelo menos dois grandes motivos. Primeiro, porque tornaria mais suportáveis as intempéries da vida. Segundo, para alimentar a esperança na eternidade. Quantos homens e mulheres, ao longo dos séculos, entraram em grande conflito existencial perguntando-se: será que Deus é apenas fruto da nossa imaginação ou será que é a maior verdade do universo?

Agora procurarei provar que Deus existe. Ele é real e fez e faz muito mais por nós do que imaginamos. Suas características de personalidade são bem definidas e precisam ser conhecidas, caso contrário, jamais O entenderemos. Gostaria de defender a tese de que Deus não é uma invenção do cérebro humano. Dentro das criaturas há fenômenos que provam a existência de um Criador. Em minha opinião, à medida que a ciência avança para explicar o mundo dentro e fora de nós, ela se depara com lacunas e paradoxos que só a existência de Deus pode explicar.

Deus não é uma invenção do intelecto

Questionar a existência de Deus é oportuno, pois sabemos que a ciência está se voltando cada vez mais para a espiritualidade. O ateísmo, tão em moda na primeira metade do século XX, começou a implodir nas últimas décadas. No século XXI, a sede de descobrir quem é o Autor da vida só fará aumentar. Um dos motivos que promovem essa procura é o vazio deixado pela ciência. Nunca a ciência avançou tanto e nunca as pessoas estiveram tão expostas aos transtornos emocionais, tão vazias e sem motivação na vida.

O mundo moderno estimula excessivamente a emoção humana, mas não produz emoções estáveis e ricas. Por isso, muitos cientistas creem que por trás do mundo físico há um Autor da existência que explica seus paradoxos.

Para alguns deles, o mundo físico "matematizável" – que pode ser explicado e mensurado pela matemática – tem muitos fenômenos inexplicáveis que ultrapassam os limites da lógica. Diversos cientistas afirmam que a teoria quântica na física concebe a ideia de que há um Deus no universo, uma consciência cósmica, uma causalidade descendente.

Os físicos têm suas razões para crer em Deus. Em minha opinião, se os pesquisadores da psicologia conhecessem mais acuradamente o campo da energia psíquica e o processo de construção de pensamentos, teriam ainda mais motivos. As maiores evidências de que há um Deus no universo não estão no universo físico, mas na alma humana.

Em dois períodos da minha vida rejeitei a ideia da existência de Deus. Achava que procurá-lo era perder tempo com o imaginário. Entretanto, ao pesquisar os fenômenos que constroem as cadeias de pensamentos, fiquei abismado. Encontrei muitas evidências claras de que no processo de construção da inteligência há diversos fenômenos que ultrapassam os limites da lógica, tais como a governabilidade do pensamento, o fenômeno da psicoadaptação e o fenômeno do autofluxo.* Tais fenômenos só podem ter sido concebidos por um Criador.

Nós, que pesquisamos em alguma área da ciência, amamos a lógica, apreciamos controlar nossos experimentos e os fenômenos que observamos. Procuramos produzir conhecimentos teorizando, medindo, provando e prevendo. Entretanto, verificamos que no processo de construção dos pensamentos há um sistema de encadeamento distorcido que produz minúsculas diferenças no modo de pensar e de sentir a cada momento. O pesquisador procura controlar o mundo que pesquisa, mas sua própria construção dos pensamentos tem fenômenos incontroláveis. Quem gerencia totalmente a psique?

Não apenas dois cientistas, diante de um mesmo fenômeno, produzem conhecimentos micro ou macrodistintos como um mesmo cientista produz conhecimentos distintos de um mesmo fenômeno observado em dois momentos diferentes. Por quê? Porque nunca somos os mesmos.

As variáveis que estão no palco de nossas mentes e que alicerçam a interpretação – tais como a leitura da memória, o estado emocional, a motivação, o nível de estresse – nos tornam distintos a cada momento. Produzimos a lógica da matemática e da física, mas nossa inteligência é tão espetacular que não cabe dentro de um mundo lógico. Quem a teceu? Um fantástico Criador!

---

* Cury, Augusto J. *Inteligência multifocal*. São Paulo: Cultrix, 1998.

O território da emoção escapa ao controle lógico-científico. Num instante podemos estar alegres e no outro, apreensivos; num momento tranquilos e no outro, ansiosos. Que tipo de energia constitui nossas emoções e as faz mudar de natureza em uma fração de segundo?

Às vezes, diante de um pequeno problema, reagimos com grande ansiedade e diante de um problema sério, com tranquilidade. A matemática da emoção rompe com os parâmetros da matemática numérica, o que ora nos torna belos e sábios, ora imprevisíveis e complicados. A energia emocional tão criativa, livre e imprevisível pode ser fruto apenas do metabolismo cerebral? Não! O metabolismo cerebral é lógico demais para explicar o mundo emocional e o sistema de encadeamento distorcido no processo de construção dos pensamentos. Quem confeccionou a energia psíquica?

A teoria da evolução de Darwin, apoiada nas mutações e na variabilidade genética, pode explicar a adaptação das espécies diante das intempéries do meio ambiente, mas não justifica os processos ilógicos que ocorrem nos bastidores da alma humana. Ela é simplista demais para explicar a fonte que gera o mundo das ideias e das emoções. A alma humana precisa de Deus para explicá-la.

Não apenas um pai produz reações diferentes diante de um mesmo tipo de comportamento de um filho em dois momentos distintos como também médicos e dentistas produzem conhecimentos distintos, ainda que não o percebam, diante dos mesmos fenômenos que observam.

Tais processos ilógicos são ruins? De modo algum. Eles geram a intuição e produzem os saltos criativos, a inspiração, o belo, as novas ideias que os cientistas não sabem explicar como surgiram. Einstein disse, certa vez, que não compreendia de onde vieram as inspirações que contribuíram para a descoberta da teoria da relatividade. Se a mente humana fosse lógica, o mundo intelectual seria engessado e não teríamos inventado a roda nem a escrita. Não haveria escritor nem leitor.

Volto a afirmar que nunca há um mesmo observador analisando um mesmo objeto. Não apenas o observador mudou como o objeto também mudou, pois nada no universo é estável. Tudo no mundo físico passa por um contínuo processo de organização, caos e reorganização, gerando um belíssimo trânsito de mão dupla entre matéria e energia. Do mesmo modo, no mundo psíquico, cada pensamento produzido no campo da energia psíquica passa pelo caos e se organiza em novos pensamentos. Só um Autor magnífico poderia conceber nosso intelecto!

Observe o mundo das ideias e a confecção das cadeias de pensamentos. O mundo físico é regido por leis que governam os fenômenos e as relações, gerando limites. Não podemos jogar um objeto para cima e esperar que a Terra vá até ele. Ele vem até a Terra porque é atraído por sua força gravitacional. A lei da gravidade o controla.

Não podemos transformar um átomo numa molécula, nem um elétron num átomo. Entretanto, no mundo das ideias não existem tais limitações. Podemos pensar no que queremos, quando queremos e como queremos. Construímos os pensamentos com incríveis plasticidade e liberdade criativa. Posso transformar um grande pensamento numa pequena ideia. Posso pensar no amanhã e viajar no passado, sendo que o amanhã não existe e o passado não retorna. Como podemos realizar essas façanhas? Que tipo de energia constitui o mundo dos pensamentos e o faz tão livre? Uma energia metafísica!

Tenho muito a falar sobre esse assunto, pois o venho estudando há vários anos, mas não é o objetivo deste livro. Só quero concluir que os fenômenos que constroem a inteligência me convenceram de que Deus deixou de ser uma hipótese remota e passou a ser uma realidade.

Há um campo de energia no interior do ser humano que podemos chamar de alma e espírito e que não pode ser explicado apenas pela lógica do cérebro, pela lógica da física e muito menos pela lógica da matemática. A alma humana não é química. A "ideia de Deus" não é uma invenção de um cérebro evoluído que resiste ao seu fim existencial. Há algo em nós que coexiste e cointerfere intimamente com o cérebro, mas que ultrapassa seus limites. Algo que chamamos de alma, psique e espírito humano. Algo que clama pela continuidade da vida, mesmo quando se pensa em suicídio, algo que clama pela imortalidade.

Numa análise que tenho feito sobre a personalidade de Freud, verifiquei que o pai da psicanálise procurava inconscientemente a eternidade, apesar de ter sido um judeu ateu. O amor atropelou o pensador. O amor intenso de Freud por um dos seus netos que estava morrendo lentamente de tuberculose miliar abalou seus alicerces. Ao vê-lo morrer sem ter condições de resgatá-lo para a vida, Freud escreveu uma carta a dois amigos que testemunhavam sua depressão, constatando que seu estado emocional representava uma dramática reação inconsciente diante do fim da existência.

O caos emocional desse ilustre pensador evidencia que a vida possui fatos inesperados e variantes incontroláveis e revela que não há gigantes no território da emoção, que todos somos eternos aprendizes nesta curta e sinuosa existência. Ver as flores da primavera num ambiente em que o inverno desfolhou todas as plantas, como fazia o Mestre da Vida, é o nosso maior desafio.

Há na alma humana inúmeros detalhes que revelam a existência de um fantástico arquiteto da vida. Além disso, a análise da personalidade de Jesus Cristo abriu as janelas da minha mente e me fez ver a existência de maneira totalmente diferente. Ninguém seria capaz de criar uma personalidade como a dele. O Mestre dos Mestres chegou ao limite da sabedoria, ao ápice da tranquilidade, ao topo da serenidade, num ambiente em que imperavam as mais dramáticas violências físicas e psicológicas. Quem na história foi como ele?

2ª hipótese: Deus existe, mas abandonou a humanidade, por considerá-la um projeto falido

Nessa hipótese, Deus existe, mas alguns acreditam que a humanidade é uma criação que não deu certo. Todas as injustiças e dores humanas se perpetuam porque o Criador considerou a humanidade um laboratório falido.

Para eles, o Autor da vida ficou farto dos assassinatos, das discriminações, da intolerância, da agressividade que cometemos diariamente. Percebeu que os seres humanos, apesar de construírem ciência, criarem cultura, produzirem tratados de direitos humanos, não conseguem se livrar das suas misérias e injustiças.

Homicídios, estupros, discriminações, guerras incontáveis, crise do diálogo, fome, desigualdades sociais estão em todos os capítulos da nossa história. A humanidade é uma experiência da qual o Criador desistiu. O ser humano é excessivamente corrupto e destituído de afetividade. Governa o mundo exterior, mas não administra a si mesmo, por isso não consegue construir um mundo social justo, afetivo e irrigado de solidariedade.

Os que creem nessa hipótese acham que Deus nos abandonou à própria sorte neste planeta azul que mais destruímos do que conservamos. Mergulhados no universo, construímos religiões na tentativa de achar o elo perdido entre a criatura e o Criador. Todavia, Ele se esqueceu desta bela e frágil espécie.

Nessa hipótese, o Autor da vida não nos destruiu, mas fez com que nossos dias se encerrassem nos poucos anos da existência. Depois da morte, acaba o espetáculo da vida. Nesse caso, o sonho da imortalidade da alma seria apenas um belíssimo delírio religioso, pois a morte nos faria deparar com o drama do "nada", do "silêncio eterno", do "caos da inexistência", da perda irreparável da consciência. Com a morte do cérebro, os bilhões de experiências de vida que tecem a colcha de retalhos da identidade da personalidade se tornariam irrecuperáveis.

Os que defendem essa tese não percebem suas consequências psicológicas e sociais. Os filhos nunca mais ouviriam a voz dos pais, os pais nunca mais reencontrariam seus filhos, os amigos se separariam para sempre. Tudo aquilo por que lutamos e a que nos dedicamos no correr da vida seria em vão, pois, à última batida do coração, mergulharíamos na mais dramática solidão, a solidão da inconsciência existencial: nunca mais saberíamos quem somos, o que fomos e quem foram as pessoas que amamos e com quem convivemos.

3ª hipótese: Deus existe e traçou um projeto inimaginável para resgatar a humanidade

Segundo essa tese, Deus existe e criou as criaturas à sua imagem e semelhança e colocou-as na bolha do tempo, dando-lhes plena liberdade para agir de acordo com a sua consciência. Nessa hipótese, Deus criou o ser humano de maneira tão elevada que respeita as decisões humanas. Ele nos deu o livre-arbítrio para escrevermos nossa própria história. Não criou robôs, mas seres que pensam, decidem e que são capazes não apenas de agir segundo a sua consciência como de amar e rejeitar o próprio Deus. Essa tese revela que o Autor da vida é grande em poder e maior ainda em dignidade, pois somente alguém com tamanha grandeza pode ter a coragem de deixar que os outros o rejeitem.

Nessa terceira hipótese, Deus sabe de todas as injustiças, de todos os sofrimentos, de todas as mortes das pequenas crianças, dos sofrimentos dos pais, dos seres escravizados, dos injuriados, dos miseráveis. Restaurará a vida, devolverá a identidade dos mortais, reorganizará a personalidade das crianças ceifadas pelas doenças, aliviará toda dor, enxugará toda lágrima, e a morte não mais existirá (*Apocalipse 21:4*).

Podemos nos perguntar: mas se o tempo de nossas vidas demora a passar, por que Deus não estanca logo as dores humanas? Para nós, o tempo é demorado; para Ele, não. Nós vivemos no parêntese do tempo, ele vive fora dos limites do tempo. O tempo não existe para o Eterno!

A terceira hipótese é descrita nos quatro evangelhos como a maior das verdades. É sobre ela que vou discorrer mais à frente. Nela está traçado um plano para resgatar os seres humanos. Se não compreendermos esse plano, poderemos considerar que o julgamento e a morte de Jesus foram atos de suicídio. Só esse plano justifica o fato de Jesus revelar que possui um poder que nenhum ser humano jamais teve e, ao mesmo tempo, se deixar morrer sem qualquer resistência. Somente um plano fascinante pode explicar por que o Mestre da Vida se deixou passar pelos patamares mais indignos da dor física e emocional. Se tomarmos qualquer parâmetro, seja ele filosófico, psicológico, sociológico, psicopedagógico ou teológico, constataremos que seu plano é o mais espetacular da história. Vejamos.

O mais ambicioso plano da história

À medida que desenvolve sua consciência, todo ser humano quer saber qual é o sentido da vida. Procuramos esse sentido nos diplomas, nas riquezas, nos projetos filantrópicos, no bem-estar social. Como andarilhos nesta complexa existência, frequentemente indagamos: Quem somos? Por que existimos? Contudo, não poucas vezes, quanto mais procuramos nossas respostas, mais expandimos nossas dúvidas.

O ser humano é uma pergunta que por dezenas de anos busca uma resposta. Aqueles que não se perturbam diante dos mistérios que cercam a vida ou estão entorpecidos pelo sistema social ou nunca usaram com profundidade a arte de pensar. Trabalhamos, amamos, planejamos o futuro, mas não percebemos que somos minúsculos pontos inseridos no espaço.

Olhe para a lua e imagine-se pisando em seu solo. Perceba o quanto somos pequenos. Temos a impressão de ser donos do mundo e entender tudo. Ledo engano! Não somos donos de nada, nem da vida que pulsa em nossas células. Não entendemos quase nada. Em qualquer área, a ciência produziu conhecimento no máximo sobre cinco ou seis perguntas sequenciais. A ciência é útil, mas o conhecimento que possuímos pode se tornar um véu que encobre nossa ignorância.

Tomemos por exemplo a química. Conhecemos a matéria, as moléculas, os átomos, as partículas subatômicas, as ondas eletromagnéticas. O que conhecemos depois disso? Muito pouco, embora haja ainda uma escala infinita de acontecimentos. A ciência é inesgotável, e mal arranhamos a tinta da grande casa do conhecimento. Atados ao tempo e ao espaço, queremos entender o mundo, e mal sabemos explicar quem somos.

Houve um homem que via o mundo além do tempo e do espaço. Era de estatura mediana como qualquer um de nós, mas naquele homem se concentrava a força criadora do universo e de tudo o que tem vida, de toda a energia cósmica. Esse homem foi Jesus Cristo, o Mestre dos Mestres.

Um dia, quando os fariseus debatiam com o mestre, ele disse algo que ninguém em plena sanidade mental teria coragem de dizer. Afirmou que sabia de onde tinha vindo e para onde ia (*João 8:14*). Nenhum de nós sabe de onde veio e para onde vai, a não ser que use a fé. A fé é a ausência da dúvida. No entanto, se usarmos exclusivamente a razão, somos obrigados a confessar que a dúvida é a mais íntima companheira de nossa existência. Não devemos admirar demais os intelectuais, pois eles são como todo mundo: "perguntas vivas" que perambulam por esta misteriosa e momentânea existência.

Como Jesus Cristo podia afirmar que sabia de onde vinha e para onde ia? São impressionantes os paradoxos que o cercavam. Ao mesmo tempo que previa a sua morte, afirmava que já existia antes desta curta existência e depois dela continuaria existindo. Ao ser preso, todos os seus amigos o abandonaram. Ao ser crucificado, seus amigos e inimigos pensaram que ele havia mergulhado no caos da morte. Mas, ao contrário da lógica, ele sabia para onde ia. Declarava que ia para além de um túmulo fechado, escuro e úmido.

Somos exclusivistas; Jesus desejava incluir. Sua missão era surpreendente. Ele não veio para fundar uma nova escola de dogmas e ideias. Seu plano era infinitamente maior. Veio introduzir o ser humano na eternidade, trazê-lo de volta para o Autor da vida e dar-lhe o seu Espírito. Como faria isso? Vamos procurar entender passo a passo.

Se há livros misteriosos, repletos de palavras e de situações enigmáticas, são os evangelhos. Nos textos desses livros há a indicação clara de que o nascimento, o crescimento, o anonimato, a profissão e a missão de Jesus foram estritamente planejados.

Nada foi ao acaso. Esse planejamento fica claro no texto em que Mateus descreve o precursor de Jesus, aquele que foi encarregado de apresentá-lo ao mundo (*Mateus 3:4*). O evangelista diz que João Batista veio propositadamente como um homem estranho, com vestes, alimentação e moradia incomuns. João vestia pele de camelo, comia gafanhotos e mel silvestre e morava no deserto. Nada mais estranho. Convenhamos que nenhum arauto de um rei teria tal comportamento.

Jesus perguntou aos fariseus sobre seu precursor: "*O que esperavam? Um homem com vestes finas?*" E continua afirmando que os que têm vestes finas habitam nos palácios, enquanto ele e João Batista optaram por uma vida sem privilégios sociais. Eram simples por fora, mas ricos por dentro.

O Autor da vida não queria que as pessoas se dobrassem aos seus pés pelo seu poder, mas pelo seu amor. Os seres humanos sempre se deixaram fascinar mais pelo poder financeiro e político do que pelo amor. Mas Jesus, que poderia ter o mundo aos seus pés se usasse seu poder, preferiu ser amado a ser temido. Por incrível que pareça, o Todo-Poderoso veio procurar amigos, e não escravos, por isso veio pessoalmente conviver com as mais diferentes pessoas. Quantos de nós, ao conquistar mais poder, perdemos os amigos?

Segundo os textos dos evangelhos, Deus tem plena consciência de todas as necessidades humanas. Cada dor, angústia ou aflição toca sua emoção. Ele nunca foi indiferente ao pranto dos pais que perderam seus filhos. Está presente em cada lágrima derramada, em cada momento de desespero. Penetra em todos os seus momentos de solidão e de descrença da vida.

Certa vez, ao ver uma viúva da cidade de Naim que perdera seu único filho, Jesus ficou profundamente sensibilizado (*Lucas 7:11*). Ela não precisou lhe dizer nada sobre sua solidão. Ele ficou tão emocionado com sua dor, que fez um milagre sem que ela lhe pedisse.

Apesar de saber de todas as coisas, Deus não intervém na humanidade da forma como gostaríamos e como Ele desejaria intervir. Caso contrário, passaria por cima dos seus próprios princípios. Transgrediria a liberdade que dá aos seres humanos de seguirem seu destino na pequena bolha do tempo.

Observem o comportamento de Jesus enquanto caminhava na Judeia e na Galileia. Ele não pressionava ninguém para segui-lo, nem mesmo usava seus milagres para subjugar qualquer pessoa. Somente isso explica por que não impediu Pedro de negá-lo, nem Judas de traí-lo. Comunicou o que iria acontecer e não fez nada para mudar a disposição dos dois. Nunca alguém honrou tanto a liberdade humana. Falamos em liberdade nos tratados de direito e de filosofia, mas pouco sabemos sobre ela.

Deus não poderia dar àqueles que criou à sua imagem e semelhança menos liberdade do que dá para si mesmo. O Autor da vida sempre respeitou a liberdade de suas criaturas porque sempre respeitou a sua própria.

Às vezes, as pessoas andam por caminhos desconhecidos, por trajetórias acidentadas. Essas trajetórias geram a necessidade de milhares de diálogos entre elas e Deus e, por fim, tal comunicação, em forma de oração e de meditação, se torna um relacionamento íntimo e afetivo entre Deus e o ser humano. O Mestre da Vida suportou todo o seu sacrifício para gerar pessoas livres e felizes, e não máquinas humanas controladas por ele.

Um dia as crianças que morreram na mais tenra infância conquistarão uma personalidade: construirão ideias, sentirão, decidirão, terão uma história. Jesus mesmo disse que o reino dos céus era das crianças, referindo-se não apenas às de pouca idade, mas também às pessoas que não se diplomam na vida, que não se contaminam com a autossuficiência nem se consideram prontas (*Mateus 18:3*).

Por um lado, os homens o julgaram e o odiaram injustamente; por outro, ele planejou cada passo do seu julgamento e morte. Com precisão cirúrgica, traçou todos os passos de sua vida. Por incrível que pareça, nada escapou ao seu controle. Disse claramente a Pilatos que tinha vindo à Terra com um propósito específico. Era um mestre e um maestro da vida. Enquanto traçava o seu plano, afinava a emoção dos que o cercavam e os ensinava a viver.

Toda pessoa que quer brilhar em sua história necessita ser empreendedora, criativa, ter uma dose de ousadia e possuir metas bem elaboradas. A criatividade e a ousadia de Jesus para cumprir suas metas eram fascinantes. Planejou morrer pela humanidade de um modo específico e num tempo determinado. Amou apaixonadamente uma espécie que conhecia mal a linguagem do amor.

Aos olhos dos filósofos, dos pensadores humanistas, dos cientistas sociais e até do senso comum, é incompreensível a morte de Jesus. Porém, se sairmos da bolha do tempo, do sistema social em que vivemos e das preocupações da existência que ocupam nossa mente, compreenderemos a intenção do Mestre da Vida. Perceberemos que ele foi o maior empreendedor de que se tem notícia.

Como já dissemos, Jesus Cristo não veio inaugurar uma nova escola de pensamento, novos rituais espirituais, nem ditar regras de comportamento, embora estabelecesse nobilíssimos princípios de conduta. Seu plano incluía todos os homens e todas as mulheres de todas as religiões. Os judeus, os islamitas, os budistas, os hinduístas, os sufistas, os negros, os brancos, os amarelos, os ricos, os miseráveis, as prostitutas, os puritanos, os doentes, os sadios, enfim, todos os seres humanos de qualquer época e cultura estão incluídos no seu projeto.

O Criador, através do seu filho unigênito, quis dar aos mortais uma longevidade que a medicina jamais sonhou. Quis estabelecer uma justiça que os fóruns do mundo inteiro jamais imaginaram que existisse. O mais justo e dócil dos homens veio sangrar por nós e causar a maior revolução da história da humanidade. Que plano fenomenal!

Apesar de o plano de Deus ser inigualável, temos de indagar: se há um criador com infinita sabedoria, por que Ele não arrumou um modo mais fácil de resgatar a humanidade? Por que o filho do Altíssimo precisou nascer num estábulo, levar uma vida simples, dormir ao relento, ser torturado, ter seu corpo açoitado, ser humilhado publicamente e, por fim, morrer lenta e dramaticamente cravado numa trave de madeira?

Para responder a essas perguntas temos de ler inúmeras vezes suas biografias e, tanto quanto possível, nos esvaziar dos nossos preconceitos para enxergar o problema da humanidade com os olhos do mestre.

O problema está ligado a dois pontos fundamentais da essência do ser humano: a debilidade física do corpo e a incapacidade de gerenciar pensamentos e emoções. Vamos entender melhor.

Um sacrifício para transformar o mortal em imortal

Desde pequenos estamos acostumados a detectar e resolver problemas. Entretanto, o maior problema humano não pode ser extirpado: a morte. O discurso contínuo e eloquente de Jesus sobre a vida eterna trazia embutido o conceito de que para ele o corpo humano estava falido. Falido não por doenças clássicas, mas na sua essência, na sua estrutura física; por isso ele morre. O mestre nunca temeu a morte e nunca a encarou como um processo natural, mas como um problema a ser erradicado da história humana.

Ninguém consegue conter os processos metabólicos que conduzem à velhice. Quando estamos no ápice da saúde temos a sensação de sermos imortais, mas morremos todos os dias. Fazemos seguro de vida, seguro-saúde, seguro do carro, colocamos grades nas janelas, alarme na casa, mas não impedimos que a vida se esgote no cerne de nosso metabolismo.

Nada neste universo é eterno, estável. Nenhum planeta, átomo ou estrela dura para sempre. Segundo o homem mais misterioso que viveu nesta Terra, o Criador é o único que possui uma vida que não sucumbe ao caos, que não caminha para o fim. Esse homem, aparentemente um simples carpinteiro, disse que era o "pão da vida" e que quem dele comesse teria a vida eterna! Seu ambicioso plano visa dar uma vida infindável ao temporal. Como isso é possível?

Ele se tornou homem para cumprir sua justiça no lugar da criatura humana. Diferente de todos os credores, sacrificou-se para pagar o débito que a humanidade tinha com seu Pai. Desse modo, pôde dar gratuitamente algo impensável e invendável à humanidade: a sua natureza eterna e incriada. Aos seus olhos, somente tal natureza pode fazer os seres humanos transcenderem a bolha do tempo e saírem da condição de criaturas para terem o status de filhos de Deus. Crer nisto entra na esfera da fé. Todavia, é impossível não reconhecer a grandeza do seu plano.

Jesus tinha todos os motivos para desistir diante de Anás, Caifás, Pilatos e Herodes Antipas, acabando assim com as sessões de tortura; mas não o fez.

Pensou em cada um dos seus amigos. Lutou sem desferir golpes em seus adversários. Lutou até morrer uma luta que não era sua. Levou seu plano até as últimas consequências. Num ambiente onde só era possível gritar, urrar de dor, odiar e condenar, optou pelo silêncio.

Para sintetizar um novo medicamento que combata doenças e prolongue alguns anos de vida são gastos, muitas vezes, centenas de milhões de dólares. O Mestre da Vida gastou a energia de cada célula do seu corpo para tornar realidade o sonho da imortalidade.

Transformando a essência da alma humana

Jesus Cristo não morreu apenas para tornar realidade o sonho da imortalidade, mas para conduzir o ser humano a navegar no território da emoção e a desenvolver as funções mais altruístas da inteligência. Ele almejava transformar e enriquecer a natureza da nossa alma e do nosso espírito. Sabia que, por mais que nos esforcemos, não conseguimos ter um prazer estável, não sabemos amar, não sabemos nos doar, não somos íntimos da arte de pensar, não sabemos ser livres, nem governar nossas reações, principalmente quando, em situações tensas e estressantes, a "temperatura" da nossa emoção aumenta.

Não apenas o corpo humano é frágil, mas sua estrutura psicológica também o é. Observe as reações que ocorrem com frequência no palco de nossas mentes. Quem gerencia plenamente os próprios pensamentos e emoções? Quem é líder do seu mundo interior? Somos tímidos no controle de nossas angústias e ansiedades.

Facilmente perdemos a paciência com os outros. A mais calma das criaturas tem seus limites. Sob determinados focos de tensão ela pode reagir sem pensar, ferindo as pessoas que mais ama.

O egoísmo e o individualismo são características que surgem espontaneamente ao longo do processo de formação da personalidade. A doação, o trabalho em equipe e a preocupação com o bem-estar social exigem uma excelente educação e um esforço diário para serem incorporados e exercidos.

Amamos o prazer e almejamos viver dias felizes. Todavia, frequentemente somos nossos principais carrascos. Entulhamos nossa cabeça de pensamentos negativos, preocupações existenciais e problemas que ainda não aconteceram. Além disso, temos dificuldade de usufruir o que possuímos e de contemplar o belo nos pequenos momentos da vida. Da infância à velhice, a tendência natural da emoção humana não é uma escala ascendente de prazer, mas de entristecimento. De um modo geral, as crianças são mais alegres do que os adolescentes, que são mais alegres do que os adultos, que são mais alegres do que os idosos.

Reflita sobre sua experiência: você é mais alegre hoje do que foi no passado? Conquistamos dinheiro e cultura, mas pouco a pouco perdemos a capacidade de obter prazer nas coisas simples. Embora haja idosos no corpo de jovens e jovens no corpo de idosos, com o passar do tempo temos tendência a expandir uma série de "favelas", "bairros mal iluminados", "lixo" na grande cidade da memória. O fenômeno RAM (registro automático da memória) capta involuntariamente todos os conflitos, preocupações, pensamentos negativos, fobias e ansiedades na memória, entulhando nosso inconsciente, deteriorando nossa qualidade de vida.

Nunca é demais chamar atenção para o fato de que ao lado da superabundância de alimentos há milhões de crianças e de adultos morrendo de fome. Como é possível que não haja um grupo de líderes políticos capazes de estabelecer critérios para se produzir um imposto mundial no comércio exterior que subsidie a oferta de alimentos para os miseráveis de nossa espécie?

Somos brancos, negros, americanos, alemães, franceses, brasileiros, chineses, mas não temos o sentimento de pertencer à mesma espécie. Não somos apaixonados uns pelos outros. Quantos de nós têm prazer em entrar no mundo mais profundo das crianças, dos colegas de trabalho e das pessoas íntimas que nos circundam? Uma das minhas maiores gratificações como psicoterapeuta é descobrir o interessante mundo interior das pessoas que me procuram. Cada ser humano, por mais anônimo que seja, possui uma história espetacular, mas não se dá conta disso. Temos o privilégio de ser uma espécie pensante, mas nem sempre honramos nossa inteligência.

O Mestre dos Mestres da escola da existência deixou claro em seus pensamentos, parábolas, reações e nas críticas dirigidas aos fariseus que a essência da alma humana estava adoecida. Percebia que a insatisfação e a ansiedade aumentavam com o passar dos anos. Por isso, convidava as pessoas a beber do seu transbordante prazer de viver, da sua sabedoria, do amor que dele jorrava, da sua mansidão.

Desejava mudar a essência da alma. Planejou para os seres humanos a conquista de uma vida lúcida, serena, sábia, alegre, tranquila e saturada de paixão pela existência. Seu objetivo era alcançar metas nunca atingidas pela filosofia e pelas ciências sociais. Ele veio com a maior de todas as ilusões: produzir um novo ser humano feliz e imortal.

CAPÍTULO 11

As lições e o treinamento da emoção do Mestre da Vida

Mapeando a alma humana

O filho de Deus apareceu num estábulo e cresceu levando uma vida simples. Aprendeu cedo o ofício da carpintaria. Para aquele que se colocou como Autor do mundo, que disse ter a mais alta posição do universo, era um verdadeiro teste construir telhados e encaixar peças de madeira. Ele não se importou, não sentia vergonha do seu humilde trabalho. Embora sua cultura fosse a mais elevada de todos os tempos, teve a humildade de ser criado por pais humanos e frequentar a escola da vida. Foi um grande mestre porque aprendeu a ser um grande aluno.

O carpinteiro de Nazaré tinha dois grandes ofícios. O primeiro era trabalhar com a madeira; o segundo e mais importante, aquele que escondia sua verdadeira missão, era mapear a alma humana. Ele veio compreender as raízes mais íntimas do universo consciente e inconsciente das pessoas. O Mestre da Vida mapeou o mundo dos pensamentos e das emoções como jamais o fez nenhum pesquisador da psiquiatria e da psicologia.

Enquanto encaixava e pregava as peças de madeira, o mestre atuava como o mais excelente observador do comportamento humano. João, seu discípulo, escreveu que Jesus *"não necessitava que lhe dessem testemunho sobre o homem, porque ele conhecia o que havia no homem"* (João 2:25).

Ultrapassava a cortina do comportamento e investigava com exímia habilidade os fundamentos de cada reação humana.

Enquanto fazia calos nas mãos, Jesus compreendia as dificuldades das pessoas em lidar com as perdas, críticas, ansiedades, frustrações, solidão, sentimento de culpa, fracassos. Enquanto visitava seus amigos e andava pelas ruas da pequena Nazaré, analisava a ira, a inveja, o ciúme, a impaciência, a instabilidade, a simulação, a prepotência, o desânimo, a baixa autoestima, a angústia, tudo que consumia diariamente a vida das pessoas. Ninguém imaginava que, escondido na pele de um carpinteiro, se encontrava o mais excelente Mestre da Vida. Ninguém poderia supor que esse homem, enquanto batia com os martelos, fazia uma análise detalhadíssima da humanidade.

Qual foi o resultado de tantos anos de investigação e análise da alma humana? O resultado não poderia ser mais surpreendente. As palavras que ele disse causavam assombro até em um ateu radical. Quando começou a falar, era de se esperar que Jesus Cristo condenasse e punisse com veemência a humanidade, pois detectara todos os seus defeitos. No entanto, ele pronunciou com a mais alta eloquência palavras de doçura e brandura como ninguém jamais o fez, nem antes nem depois dele. O perdão em sua boca virou uma arte; o amor se tornou poesia; a solidariedade, uma sinfonia; a mansidão, um manual de vida.

Por amar intensamente o ser humano e perceber as falhas contínuas de sua alma, o Mestre da Vida, em vez de tecer críticas às pessoas, acolheu calorosamente a todos. Sabia que a grande maioria gostaria de ser paciente, gentil, solidária, amável, mas não tinha estrutura para controlar plenamente a energia emocional e o processo de construção dos pensamentos.

Quando dizia aos seus discípulos que eles eram homens de pouca fé, não estava se referindo a milagres sobrenaturais, mas ao maior de todos os "milagres naturais": o domínio do medo, da inveja, da ira, da ansiedade, da angústia, do desânimo.

Aquele que esquadrinhou o funcionamento da mente humana não considerou a humanidade um projeto falido. Ao contrário, veio consertá-la de dentro para fora, trouxe mecanismos para resgatá-la. Por isso, honrou e valorizou cada ser humano do jeito que é, na esperança de poder transformá-lo.

Treinando e transformando a emoção

Um dia recebi uma ligação curiosa em meu consultório. A não ser em caso de urgência, peço para não ser interrompido durante as consultas. Mas a pessoa insistiu. Era alguém expressando não um problema, e sim uma grande alegria. Queria relatar a experiência que teve ao ler o segundo livro desta coleção, *O Mestre da Sensibilidade*. Disse-me que enfrentava um grave conflito que o vinha perturbando por décadas. Sentia-se como um novo Hitler, pois qualquer pequena ofensa lhe provocava um ódio intenso e quase assassino. Não conseguia controlar sua raiva.

Relatou também que tinha um desejo constante de suicidar-se, que a vida perdera todo o sentido para ele. Passara pelas mãos de doze psiquiatras, sem sucesso no tratamento. Nenhum medicamento ou procedimento psicoterapêutico foi capaz de ajudá-lo. Porém, após compreender como Jesus navegava no território da emoção, como lidava com as dores e frustrações da vida, como superava seus focos de tensão e como vivia a arte de amar, uma revolução ocorreu em seu ser.

Disse-me que a leitura desse livro mudou a sua história. Começou a penetrar dentro de si e a repensar os parâmetros de sua vida. Passou a se perdoar e a ser afetuoso com as pessoas que o rodeavam. Uma paixão pela vida brotou no cerne da sua alma. Sentia-se livre e feliz como nunca. Comentou que foi o melhor presente que recebeu em seus sessenta anos de idade, e por isso insistiu em me dar a notícia.

Fiquei muito feliz por ele, mas estou convicto de que a revolução que ocorreu na vida desse homem não foi causada por mim, enquanto escritor, mas pela grandeza do personagem que descrevo. Vários relatos semelhantes a esse têm chegado a mim. O Mestre da Sensibilidade muda completamente a maneira de as pessoas verem o mundo e reagirem nas relações sociais. Agora, o Mestre da Vida nos mostra outra face do seu ensinamento: o treinamento da emoção.

Muitos têm escrito sobre o poder que tem a emoção de influenciar a inteligência e o comportamento humano, mas não sabem que há dois mil anos houve um mestre especialista em treinar as áreas mais difíceis e mais belas da energia emocional.

Ele não impôs nenhuma condição para acolher as pessoas (*Mateus 5:43 a 45*). Por conhecer as dificuldades do ser humano em administrar suas emoções, ensinava sistematicamente que as relações sociais deveriam ser pautadas pela compreensão, solidariedade, paciência, respeito pelas dificuldades dos outros, amor ao próximo, e não pela punição e condenação. Sabia que sem esses atributos não é possível levar uma vida livre e feliz nesta sinuosa existência.

As lições de vida e o treinamento da emoção que Jesus deu aos seus discípulos eram elevadíssimos e podem enriquecer a história de todos nós. Vejamos alguns exemplos.

Ele ensinou o caminho da simplicidade. Aprender a ser simples por fora, mas forte, lúcido e seguro por dentro era uma lição básica. Algumas pessoas pagam para sair nas colunas sociais, mas os que seguiam os seus passos aprendiam a valorizar aquilo que o dinheiro não compra e o status social não alcança.

Certas pessoas parecem humildes, mas sua humildade é doentia. Recentemente, um jovem deprimido me procurou com um profundo ar de penúria. Não olhava nos meus olhos. Dizia que era feio, sem cultura, que ninguém se importava com ele, e que não tinha inteligência para realizar algo digno.

Muitos tentaram ajudá-lo, mas ninguém conseguiu. Observando sua rigidez disfarçada de humildade, fitei-o nos olhos e disse-lhe: "Você é um deus." Espantado, ele me perguntou: "Como assim?" Respondi: "Suas verdades são absolutas, ninguém consegue penetrar no seu mundo. Você crê plenamente naquilo que pensa. Só um deus pode pensar de maneira tão absoluta, sem se questionar."

Então ele começou a entender que precisava abrir espaço para trabalhar seus conflitos e reciclar as suas verdades. Entendeu que, por trás da cortina da sua humildade, havia um homem fechado, autossuficiente, que agia como um carrasco de si mesmo. Na psicologia clínica, o "eu passivo e autopunitivo" é um problema maior do que a própria doença do paciente.

A humildade que Jesus apregoava era um brinde à vida: ele era inteligente, cativante e saudável, capaz de deixar atônitos seus observadores. Amava agir com naturalidade e espontaneidade. Não discriminava ninguém. Jantava na casa de qualquer família que o convidasse e sentia-se tão bem no meio das pessoas que frequentemente se reclinava à mesa.

Ele nos ensinou a navegar nas águas da emoção. Uma das maiores dificuldades da educação clássica é não saber como ensinar os jovens a lidar com seus fracassos, angústias e medos. O Mestre da Vida foi muito longe em seu treinamento. Treinou seus seguidores para transformar os fracassos em alimento para as suas vitórias; induziu-os a não se conformar com as próprias misérias emocionais e a superá-las; levou-os a confrontar e vencer o medo de doenças, da morte, de serem excluídos socialmente, humilhados, incompreendidos, abandonados, feridos.

Ensinou o caminho da tranquilidade. Treinou seus discípulos a encontrar a paz interior perdoando seus inimigos. Ensinou que para amar os outros era necessário tirar a venda dos olhos e enxergar a própria debilidade. Só assim teriam mais capacidade para compreender as causas subjacentes dos comportamentos daqueles que os feriam (*Mateus 7:3*). Não os julgando, mas compreendendo-os, conheceriam as razões que os motivaram a desferir seus golpes. Conhecendo as causas, os golpes deixariam de gerar raiva e produziriam compaixão. Desse modo, os inimigos deixariam de ser inimigos.

Jesus fez da capacidade de compreender e de enxergar o mundo com os olhos dos outros os atributos dos fortes. Os fracos não resistem ao ímpeto de criticar, mas os fortes compreendem e amam. O mundo podia desabar sobre o Mestre da Vida, mas nada lhe roubava a tranquilidade ou perturbava-lhe o sono (*Mateus 8:24*). Tamanha sabedoria o transformava no mais tranquilo dos homens, no mais calmo dos torturados, no único réu que dirigiu seu julgamento.

Ensinou a nunca desistir da vida. Na parábola do filho pródigo, o pai silenciou o filho quando ele começou a relatar os seus erros. O filho pródigo não precisava de sermões, de punição, de críticas, pois o peso das perdas já o fizera demasiadamente infeliz. Ele necessitava do aconchego do pai, do seu acolhimento, de coragem para não desistir da vida. Por isso, ao contrário de todos os pais do mundo, em vez de fazer uma merecida crítica, ele preparou uma grande festa para o filho rebelde, insolente e insensível. Impressionado com a amabilidade do pai, o filho aprendeu que sua maior perda não eram os bens que dizimara, mas a agradável presença do seu pai.

Nessa parábola, o Mestre da Vida foi mais longe do que qualquer humanista. Mostrou que valorizava mais as pessoas do que seus erros, mais a vida do que seus percalços. Também dessa história extraímos que, para ele, o retorno sempre é possível, ainda que tenhamos dissipado nossas vidas tolamente e pautado nossa trajetória com perdas, frustrações e fragilidades.

Nem mesmo Judas escapou da gentileza do mestre. Jesus tinha todos os motivos para expor publicamente a traição desse discípulo, mas, além de o ter poupado diante dos demais, o tratou com distinção até no ato da traição.

Ensinou a chorar quando for necessário. Muitas vezes nossos sentimentos ficam represados. Não são poucos os que sentem necessidade de chorar e não conseguem. O próprio Jesus não teve medo ou vergonha de chorar. Uma das experiências mais importantes de Pedro foi quando, depois de ter negado Jesus, caiu em si, reconheceu que estava encarcerado pelo medo e chorou. Ao treinar a emoção de Pedro, ele treinava a emoção de todos nós.

Ensinou o caminho da autenticidade. Ao dizer, momentos antes de ser preso, que sua alma estava angustiada até a morte, usou sua própria dor para treinar seus discípulos a serem autênticos, a não disfarçarem seus sentimentos, e sim aprenderem a falar dos seus conflitos, ainda que fosse com alguns amigos mais íntimos. Infelizmente, muitos não conseguem se abrir para falar de si mesmos.

Ensinou a respeitar o direito de decisão das pessoas. O Mestre da Vida treinou os impulsivos a pensar antes de reagir, e os autoritários a expor e não impor suas ideias. Os discípulos aprendiam com ele a não usar qualquer pressão para convencer as pessoas a aderirem às suas ideias. Apesar de dizer que tinha a água e o pão que matavam a sede e a fome da alma, nunca obrigava as pessoas a comer e beber do que lhes oferecia, apenas as convidava. Ninguém era obrigado a segui-lo. Deu-nos uma lição inesquecível: o amor só consegue florescer no solo da liberdade.

Ensinou a arte da sensibilidade. Há pouco tempo, um amigo oncologista disse-me que ele e alguns de seus colegas médicos, por tratarem de pessoas com câncer e lidarem constantemente com a morte, estavam perdendo a sensibilidade, sentiam dificuldade em se comover com a angústia dos outros. De fato, quem observa frequentemente a dor e a morte, como os médicos, os enfermeiros, os policiais, os soldados nas guerras, pode se psicoadaptar aos sentimentos das pessoas, perder a compaixão e deixar de se encantar com a existência, o que conspira contra a qualidade de vida.

Ao dar importância à história e aos conflitos de cada pessoa, o Mestre da Vida treinava a sensibilidade dos seus discípulos. Sua capacidade de se doar era admirável. Os discípulos queriam que ele estivesse nos patamares mais altos do poder e da fama, mas ele procurava os doentes, os que estavam deprimidos, ansiosos e fatigados pela vida. Nunca alguém tão castigado desenvolveu de tal forma a mais fina arte da sensibilidade.

Ensinou o caminho da contemplação do belo. Ao encorajar seus discípulos a olhar os lírios dos campos e a não gravitar em torno dos problemas do amanhã, o mestre os treinava para perceber que as coisas mais belas da vida estão presentes nas coisas mais simples (*Mateus 6:28*). Percorremos frequentemente longos e desgastantes caminhos para procurar a felicidade, sem perceber que o que mais procuramos muitas vezes está mais perto de nós do que imaginamos.

Ensinou o caminho das relações humanas harmoniosas e agradáveis. Treinou seus discípulos para apreciarem o convívio com os outros, para serem capazes de analisar os comportamentos das pessoas, perceberem seus sentimentos mais ocultos, serem sábios e atraentes no falar. Os que conviviam com o Mestre da Vida lapidavam sua postura áspera e fechada e se tornavam serenos e abertos. O próprio Jesus era tão agradável que todos queriam estar ao seu lado. Mulheres, homens, velhos e crianças corriam para vê-lo, tocá-lo e manter algum diálogo com ele.

As lições de vida e o treinamento da emoção de Jesus Cristo revelam que, como homem, ele atingiu o topo da sabedoria, da mansidão, da gentileza, da simplicidade, do respeito pelos direitos humanos, da capacidade de se doar, da preocupação com o destino da humanidade. Por isso, embora nunca tenha tido privilégios sociais, por onde quer que passasse provocava um sentimento prazeroso nas pessoas. Ao encontrá-lo, muitos renovavam suas esperanças e reacendiam um novo ânimo de vida. Quando ele foi preso, todos ficaram desesperados e impacientes.

O resultado

As lições de vida e o treinamento da emoção ministrados pelo mestre fizeram com que pescadores rudes e sem qualquer qualificação intelectual, após sua morte, levassem adiante a bandeira da maior revolução da história.

Depois de passar pelo refinado treinamento do mestre, eles nunca mais foram os mesmos, pois incorporaram pouco a pouco as mais belas e importantes características da inteligência, aprenderam a navegar nas águas da emoção, a superar o medo, a perdoar, a pedir desculpas, a derramar lágrimas, a abrir as portas da criatividade, a refinar a arte de pensar, a esculpir a linguagem do amor. Esses homens se tornaram uma luz num mundo escuro e, por vezes, desumano. Estudaremos esse assunto no quinto livro desta coleção, O Mestre Inesquecível.

O maior comunicador do mundo foi o maior educador do mundo, teve o maior plano do mundo, foi o maior empreendedor do mundo, viveu o maior amor do mundo e causou a maior revolução do mundo. O resultado é que bilhões de pessoas de todas as raças, culturas, religiões e condições socioeconômicas dizem segui-lo. E a parte do globo que diz não ser cristã nutre profunda admiração por ele.

Final do julgamento: a grande surpresa ao sair da casa de Pilatos

Quando alguém perde o poder numa sociedade, é colocado em segundo plano e deixa de influenciar o ambiente. Jesus Cristo, ao contrário, conseguiu um feito extraordinário. Quando assumiu plenamente sua condição humana, quando deixou de lado seus feitos sobrenaturais e sua exímia capacidade de argumentação, foi espantosamente ainda mais fascinante.

Livre, ele fez milagres e proferiu discursos com incrível sabedoria, arrebatando multidões. Preso, ele produziu olhares, pequenas frases e gestos quase imperceptíveis que nos deixam perplexos.

Agora, ele foi julgado e está mutilado. Em menos de doze horas seus inimigos destruíram seu corpo. O filho do homem não tinha mais força para caminhar. Fizeram com ele o que não faziam com nenhum condenado ao suplício da cruz.

O mais amável e poderoso dos homens sangrava abundantemente, tinha a face mutilada, os olhos inchados, os músculos do abdome feridos. Não conseguia andar direito. A pele das costas estava aberta pelos açoites, e seu corpo, desidratado.

Jesus ainda se encontra diante de Pilatos e o vê lavar as mãos. Assiste ao governador fazendo a vontade dos judeus e entregando-o para ser crucificado.

O Mestre da Vida está profundamente ferido e sem energia para carregar a cruz.

Lá fora, uma multidão de homens e mulheres anseia por notícias. Desejam saber o veredicto romano. De repente, um homem quase irreconhecível, carregando com enorme dificuldade uma trave de madeira, aparece.

A multidão fica chocada. Parecia uma miragem. Não acreditavam no que viam. O mais manso dos homens estava profundamente ferido. O homem que fizera milagres estarrecedores estava desfigurado. O único homem que afirmou ser a fonte da vida eterna estava morrendo. O poeta do amor sangrava.

A cena era impressionante. A angústia tomou conta de milhares de homens e mulheres. Um cordão humano foi feito para abrir caminho. Fico imaginando o que se passava na mente daquelas pessoas sofridas que foram cativadas por ele e ganharam um novo sentido na vida.

Fico pensando em como o sonho dessas pessoas se converteu em um grande pesadelo. Perturbadas, talvez cada uma delas se perguntasse: será que tudo o que ele falou era real? Será que a vida eterna, sobre a qual ele tanto discursou, não existe? Será que nunca mais encontraremos nossos seres queridos que fecharam os olhos para a existência? Se ele é o filho de Deus, onde está o seu poder?

O povo ficou estarrecido. Ao contemplarem o Mestre do Amor cambaleante e sem energia para carregar a cruz, não suportaram. Todos começaram a chorar. Lucas descreve o desespero incontido daquelas pessoas (*Lucas 23:27*). A esperança dos que vieram de tão longe para vê-lo se evaporou como uma gota d'água no calor do meio-dia.

O sangue escorria pela cabeça de Jesus e as lágrimas rolavam pelo rosto dos que o amavam. O sangue e as lágrimas se misturaram num dos mais emocionantes cenários da história.

Aparentemente ele era o mais fracassado dos homens, mas, apesar de desfigurado, conseguia ainda causar grande impacto nas pessoas. Os homens do sinédrio e da política romana não imaginavam que ele fosse tão querido.

Estava tão abatido que não tinha forças para carregar aquilo que mais desejava: a cruz. Caía frequentemente, e por isso precisou ser ajudado. Todo o seu corpo doía, seus músculos traumatizados mal se moviam. Não havia, portanto, condições físicas e psíquicas para que se preocupasse com mais ninguém, a não ser consigo mesmo. Entretanto, ao observar as lágrimas dos que o amavam, não suportou.

Parou subitamente. Ergueu os olhos! Conseguiu reunir forças para dizer palavras sublimes que aliviassem a inconsolável multidão. As palavras que ele proferiu bem como todos os mistérios envolvidos na sua travessia para o Gólgota, na sua crucificação, até a última batida do seu coração serão analisados no próximo livro desta coleção, *O Mestre do Amor*.

As lições inesquecíveis para a nossa vida

Ninguém jamais disse as palavras que Jesus pronunciou enquanto todas as células do seu corpo morriam. Ele nos deu lições inesquecíveis, da aurora ao ocaso de sua vida, em seus belíssimos discursos e em suas reações ofegantes. Mostrou-nos que a vida é o maior espetáculo do mundo!

A vida que pulsa na criatividade das crianças, na despedida dos amigos, no abraço apertado dos pais, na solidão de um doente, no choro dos que perdem seus seres amados era considerada pelo Mestre dos Mestres a obra-prima do Autor da existência. Por isso, planejou derramar a sua alma na morte para que a vida humana continuasse a pulsar.

Quando você estiver só no meio da multidão, quando errar, fracassar e ninguém o compreender, quando as lágrimas que nunca teve coragem de chorar escorrerem silenciosamente pelo seu rosto e você sentir que não tem mais forças para continuar sua jornada, não se desespere!

Pare! Faça uma pausa na sua vida! Não dispare o gatilho da agressividade e do autoabandono! Enfrente o seu medo! Faça do seu medo alimento para sua força. Destrave a sua inteligência, abra as janelas da sua mente, areje o seu espírito! Não seja um técnico na vida, mas um pequeno aprendiz. Permita-se ser ensinado pelos outros, aprenda lições dos seus erros e dificuldades. Liberte-se do cárcere da emoção e dos pensamentos negativos. Jamais se psicoadapte à sua miséria!

Lembre-se do Mestre da Vida! Ele nos convidou a sermos livres mesmo diante das turbulências, perdas e fracassos, mesmo sem haver nenhum motivo aparente para nos alegrarmos. Tenha a mais legítima de todas as ambições: ambicione ser feliz! Sua emoção vai lhe agradecer.

Lembre-se que Jesus Cristo, um ser humano igual a você, passou pelos mais dramáticos sofrimentos e os superou com a mais alta dignidade. Seja apaixonado pela vida como ele foi. Lembre-se de que, por amar apaixonadamente a humanidade, ele teve o mais ambicioso plano da história. Mantenha em mente que nesse plano você é uma pessoa única, e não mais um número na multidão.

A vida que pulsa na sua alma torna você especial, inigualável, por mais dificuldades que atravesse, por mais conflitos que tenha. Portanto, erga seus olhos e contemple o horizonte! Enxergue o que ninguém consegue ver! Há um oásis no fim do seu longo e escaldante deserto!

Saiba que as flores mais lindas sucedem aos invernos mais rigorosos. Tenha a convicção de que dos momentos mais difíceis de sua vida você pode escrever os mais belos capítulos de sua história.

Nunca desista de você! Dê sempre uma chance a si mesmo. Nunca desista dos outros! Ajude-os a corrigir as rotas de suas vidas. Mas, se não conseguir, poupe energia, proteja a sua emoção e aguarde que eles queiram ser ajudados. Enquanto isso, aceite-os do jeito que são, ame-os com todos os defeitos que têm. Amar traz saúde para a emoção.

Jesus encantava as pessoas com suas palavras. As multidões, ao ouvi-lo, renovavam suas forças e encontravam um novo sentido para suas vidas! Ele reacendeu a esperança de muitos, mesmo quando não tinha energia para falar. Compreendeu o que é ser homem e fez poemas sobre a vida, até sangrando. Pagou um preço caríssimo para cultivar o árido solo de nossas emoções. Brilhou onde não havia nenhum raio de sol. Nunca mais pisou na Terra alguém tão fascinante como o Mestre da Vida.

APÊNDICE

Os homens do Império Romano na história de Cristo: o pano de fundo

Aqui o leitor vai encontrar uma síntese das características da personalidade e da atuação dos mais importantes personagens do Império Romano que participaram direta ou indiretamente da história do Mestre dos Mestres.

Herodes, o Grande

Herodes, o Grande, era o rei da Judeia e da Galileia quando Jesus nasceu.
    Seu pai, Antipater, teve uma posição de grande influência no governo de Hircano II, último rei judeu. Antipater percebeu que o futuro da Judeia, onde fica a cidade de Jerusalém, estaria nas mãos de Roma. Astuciosamente ganhou a amizade do imperador romano Júlio César. Auxiliou-o com homens e dinheiro em algumas de suas batalhas em 48 a.C. O imperador o recompensou fazendo-o governador da Judeia, Samaria e Galileia, território sob o domínio de Hircano. Desse modo, a partir de Antipater, Israel deixou de ter o seu próprio rei, algo inaceitável para o seu povo.
    Herodes seguiu perseverantemente a política do pai. Habilidoso, sabia que não podia confrontar-se com aqueles que dominavam o mundo e por isso se aliou sucessivamente aos imperadores Pompeu, Júlio César, Cássio, Antônio e, finalmente, a Augusto. Por decreto do Senado romano, em 40 a.C. Herodes, o Grande, tornou-se rei da Judeia. Seu reinado vai de 40 a.C.

a 4 d.C., durando portanto cerca de 44 anos. Foi o fundador da última dinastia judaica. Corajoso, apoderou-se de Jerusalém com o auxílio de duas legiões romanas.

Apesar de extremamente violento, Herodes se mostrou um grande construtor. Empregou quatorze anos na construção de edifícios públicos, incluindo o teatro de Jerusalém. Edificou também novas cidades, a maior das quais era Cesareia, em homenagem ao imperador. Sua maior obra foi a reedificação do templo. Entretanto, a águia de ouro, símbolo da supremacia romana, que ele colocou no alto da entrada principal do templo, foi para o povo judeu uma lembrança amarga e constante da servidão imposta por Roma.

Herodes era tão frio e desumano que Augusto, o grande imperador romano, chegou a afirmar que preferia ser "um dos seus suínos a ser um dos seus filhos".

No final da vida de Herodes apareceram alguns magos do Oriente em Jerusalém trazendo uma notícia incomum: o nascimento de um menino especial, destinado a ser rei. A notícia se espalhou como um raio entre os habitantes da cidade e chegou aos ouvidos do ambicioso Herodes. Convocados à sua presença, os magos relataram uma visão impressionante. Tinham visto uma estrela brilhante, diferente de todas as outras, que indicava o nobre nascimento.

O medo invadiu os porões da alma de Herodes. Demonstrando uma falsa reverência, pediu aos magos que quando encontrassem o menino-rei viessem avisá-lo para que ele também pudesse adorá-lo. Quem ama o poder acima da própria consciência cultiva a política com mentiras.

Como depois de certo tempo os magos não apareceram, o rei, sentindo-se traído, mais uma vez deixou-se dominar pela cólera. Mandou assassinar todas as crianças menores de 2 anos. Matando as crianças e dilacerando o coração de suas mães, Herodes mostrou que homens de sua estirpe nunca estiveram preparados para governar nem para amar. O menino Jesus teve de fugir. Mal dava os primeiros passos e já sentia na pele a agressividade humana.

O calendário usado em praticamente todo o mundo estabelece o nascimento de Cristo como marco para a divisão da história. Todavia, houve alguns erros de cálculo. Jesus teria nascido em torno de quatro a cinco anos antes do que é considerado o início da era cristã.

Pouco tempo depois de assassinar as crianças, Herodes, o Grande, adoeceu mortalmente. A história diz que ele começou a apodrecer por dentro, devorado por vermes. Sentia dores horríveis que nada era capaz de aliviar. Quando morreu, seu reino foi dividido entre seus filhos: Arquelau (Judeia e Samaria), Herodes Antipas (Galileia e Pereia) e Filipe (parte da Palestina).

Herodes Antipas

Herodes Antipas, filho do rei Herodes, o Grande, permaneceu governando a Galileia até a vida adulta de Jesus. Foi ele quem mandou matar João Batista, aquele que, no deserto da Judeia, anunciava a chegada de Jesus e mais tarde o batizou (*Mateus 3:1*). A execução de João Batista está narrada no capítulo 14 de Mateus. Herodes encontra Jesus pela primeira vez durante o julgamento, como registra Lucas no capítulo 23, versículos 8 a 12, trata-o com desprezo e o devolve a Pilatos.

Tibério César – imperador

Tibério não teve participação direta nos sofrimentos de Cristo. Jesus viveu boa parte da sua infância e da vida adulta no mundo dominado por esse imperador, que era um tirano. Por isso, indiretamente, as ações de Tibério se refletiram em sua história e em seu julgamento, principalmente por intermédio do governador designado para a Judeia, Pilatos.

A efígie de Tibério estava estampada no denário, moeda romana paga pelo trabalho de um dia. Usando a imagem gravada nessa moeda, Jesus confundiu a inteligência dos seus acusadores quando disse: "*Dai a César (Tibério) o que é de César e a Deus o que é de Deus*" (*Mateus 22:21*).

Nunca houve um império tão grande e que subsistisse por tantos séculos como o Império Romano. Era grande em poder, mas também em corrupção e violência. A corrupção é um vírus que infecta o poder. Nunca morre, apenas fica latente. Os governos que não o combatem morrem por dentro.

Pôncio Pilatos

Depois que Arquelau, filho do rei Herodes, foi exilado para a Gália em 6 d.C., a dinastia herodiana se extinguiu na Judeia e na Samaria. Roma deixou de nomear os filhos de Herodes e passou a designar procuradores que governavam as regiões que estavam sob sua influência direta. Pilatos foi o quinto dos sete procuradores romanos que de 6 a 41 d.C. governaram a Judeia e a Samaria. Pilatos governou a Judeia por cerca de dez anos.

Muitos pensam que Pilatos era um homem justo. Veem seu famoso gesto de "lavar as mãos" como uma manifestação de justiça. Entretanto, nem o gesto de Pilatos nem sua história expressam justiça, e sim desumanidade.

O historiador judeu Filo cita uma carta do rei Agripa I na qual Pilatos é apontado como "um homem inflexível e de caráter irrefletidamente severo (...) Sua administração era cheia de corrupção, violência, furtos, maus-tratos para com o povo judeu, injúrias, execuções sumárias sem uma forma sequer de julgamento, e intoleráveis crueldades".

O massacre mencionado no registro de Lucas é uma prova da crueldade desse homem (*Lucas 13:1*). Na ocasião, alguns galileus foram mortos por soldados de Pilatos enquanto estariam oferecendo sacrifícios no templo. O sangue deles foi misturado com o sangue dos sacrifícios.

Pilatos era tão arrogante que frequentemente feria os sentimentos de liberdade religiosa do povo judeu. Desprezava e provocava a cúpula judaica. No julgamento de Jesus, desafiou os homens do sinédrio, dizendo: "*Eis o vosso rei*" (*João 19:14*).

Israel fazia constantes rebeliões contra o Império Romano, pois nunca aceitou seu domínio. Todos os governantes tinham medo de uma revolta do povo judeu, mas Pilatos não se importava com eles. Massacrava as revoltas.

Só havia um homem que Pilatos temia: o imperador Tibério. Este era considerado o senhor do mundo. Pilatos tinha medo de que o imperador pudesse destituí-lo do poder. Mas seu governo despótico e violento amotinou de tal forma os judeus, que Vitélio, governador da Síria, enviou uma mensagem a Tibério relatando os feitos de Pilatos. Logo após a morte do imperador, seu governo acabou repentinamente, e a história conta que ele se suicidou.

O MESTRE DO AMOR

JESUS, O MAIOR EXEMPLO DE SABEDORIA, PERSEVERANÇA E COMPAIXÃO

LIVRO 4

*Jamais alguém tão grande se fez tão pequeno
para nos ensinar as mais importantes
lições de vida.*

Sumário

Prefácio 441

Capítulo 1
Dois tipos de sabedoria 443

Capítulo 2
Um príncipe no caos: por que Jesus foi um carpinteiro? 455

Capítulo 3
Uma humanidade inigualável 472

Capítulo 4
A comovente trajetória em direção ao Calvário 479

Capítulo 5
Os preparativos para a crucificação 490

Capítulo 6
A 1ª hora: cuidando de seu Pai e perdoando homens indesculpáveis 506

Capítulo 7
A 2ª hora: debochado publicamente 523

Capítulo 8
A 3ª hora: cuidando de um criminoso e vivendo
o maior dos sonhos 526

Capítulo 9
Continuação da 3ª hora: cuidando carinhosamente
de sua mãe 532

Capítulo 10
Da 4ª à 6ª hora: abandonado por Deus 540

Capítulo 11
Consumando seu plano. O cérebro e a alma 551

Capítulo 12
Morreu na cruz, mas permaneceu vivo no coração
dos seres humanos 562

Apêndice
A destruição de Jerusalém em 70 d.C. 567

Prefácio

Nenhum homem foi capaz de abalar tanto os alicerces das ciências e das instituições humanas como Jesus Cristo. Seus discursos chocam os conceitos fundamentais da medicina, da psiquiatria, da física e da sociologia.

O pai da medicina, Hipócrates, viveu séculos antes de Cristo. A medicina é uma ciência fantástica que sempre usufruiu dos conhecimentos de outras ciências objetivando produzir técnicas para aliviar a dor e retardar o fenômeno da morte. A medicina pode fazer muito para quem está vivo, mas nada para quem está definitivamente morto. Jesus perturbou os pressupostos da medicina ao discorrer sobre a superação do caos da morte e a janela da eternidade.

O mesmo também se pode dizer em relação à psiquiatria. A psiquiatria é uma ciência poética. Ela trata da alma, que é bela e real, mas intangível e invisível. Ela objetiva corrigir as rotas do mundo das ideias e a aridez da personalidade humana.

Nenhuma espécie é tão complexa quanto a nossa, e nenhuma sofre tanto como ela. Milhões de jovens e adultos são vítimas de depressão, ansiedade, estresse. A indústria do lazer nunca foi tão próspera, mas as pessoas nunca estiveram tão tristes e com tanta dificuldade de navegar nas águas da emoção.

Os medicamentos antidepressivos e os tranquilizantes são excelentes armas terapêuticas, mas não têm capacidade de levar o ser humano a gerenciar seus pensamentos e suas emoções. A psiquiatria trata dos seres doentes, mas não sabe como torná-los felizes, seguros, sábios, serenos.

Jesus Cristo fez algo com que a psiquiatria sonha, mas não alcança: convidou as pessoas a beberem de sua felicidade, tranquilidade e sabedoria. Quem tem coragem de fazer esse convite aos seus íntimos? Mesmo as pessoas mais tranquilas perdem o controle nos momentos de maior tensão.

As palavras e gestos de Jesus Cristo são capazes de chocar também a sociologia. No auge da fama, ele curvou-se diante de simples galileus e lavou-lhe os pés, invertendo os papéis sociais. Seus gestos foram registrados nas matrizes da memória dos seus incultos discípulos, levando-os a aprender lições que reis, políticos e poderosos não aprenderam.

Jesus Cristo fez ainda gestos que abalam os alicerces da física, da química e das ciências políticas. A educação também não passou incólume por esse grande mestre. Sua psicopedagogia não é apenas atual, mas revolucionária. Ele transformou pessoas ignorantes, ansiosas e intolerantes na mais fina estirpe de pensadores.

Quem é esse homem que foi desconsiderado pela ciência, mas abalou seus alicerces?

Neste livro, estudaremos suas últimas horas de vida. Ele está morrendo pregado numa cruz. Era de se esperar que dessa vez não brilhasse em sua inteligência, que gritasse desesperadamente, fosse consumido pelo medo, derrotado pela ansiedade e reagisse por instinto, como qualquer miserável às portas da morte. Mas, ferido, Jesus Cristo foi mais surpreendente ainda.

O homem Jesus fez poesia no caos. Você consegue fazer poesia quando a dor constrange sua alma? Às vezes, nem quando estamos atravessando terrenos tranquilos produzimos ideias poéticas.

A crucificação de Jesus talvez seja o evento mais conhecido da população mundial. Mas é o menos compreendido, apesar de ser o mais importante da história. Bilhões de pessoas sabem como ele morreu, mas não têm ideia dos fenômenos complexos que estavam presentes no palco da cruz e, principalmente, atrás da cortina do cenário.

Estudar seus últimos momentos abrirá as janelas de nossa mente para compreendermos melhor o mais misterioso dos homens e também a nós mesmos. Afinal, qual de nós pode explicar a vida que pulsa em nosso ser?

Augusto Cury

CAPÍTULO I

Dois tipos de sabedoria

Há dois tipos de sabedoria: a inferior e a superior. A sabedoria inferior é medida por quanto uma pessoa sabe, e a superior, pela consciência que ela tem do que não sabe. Os verdadeiros sábios são os mais convictos da sua ignorância. Desconfiem das pessoas autossuficientes. A arrogância é um atentado contra a lucidez e a inteligência.

A sabedoria superior tolera, a inferior julga; a superior compreende, a inferior culpa; a superior perdoa, a inferior condena. A sabedoria inferior é cheia de diplomas, na superior ninguém se gradua, não há mestres nem doutores, todos são eternos aprendizes. Que tipo de sabedoria controla sua vida?

Apesar de falarmos muito sobre Deus e sobre a vida, sabemos muito pouco sobre a vida, sobre o Autor da vida e sobre o mais enigmático dos homens, Jesus Cristo (*Mateus 1:18*). Frequentemente me pergunto: quem é Deus? Por que Ele se esconde atrás do véu da sua criação e não se mostra sem segredos? É possível discorrer com segurança sobre o Arquiteto da criação?

Deus fez da espécie humana sua obra-prima e a revestiu de inteligência. Os seres humanos O procuram desde os primórdios da existência. Seus descendentes construíram milhares de religiões para tentar entendê-Lo, escreveram milhões de livros, mas Deus continua sendo um grande mistério. Para resolver nossas dúvidas, veio à Terra um homem chamado Jesus. Mas ele teve comportamentos que contrariam a nossa lógica.

Por que Jesus morreu em condições desumanas? Por que, quando estava livre, fez milagres impressionantes, mas, ao ser preso, nada fez para aliviar sua dor? Por que ele defendeu seus carrascos na cruz e não reagiu com violência e irracionalidade?

Antes de falarmos especificamente sobre a crucificação, usaremos os três primeiros capítulos para analisar algumas áreas fundamentais da personalidade de Cristo. Caso contrário, não compreenderemos o homem que no ápice da dor teve reações capazes de tirar o fôlego de qualquer pesquisador lúcido da psicologia, da psiquiatria e da filosofia.

Muitos teólogos acham que conhecem o Mestre dos Mestres. Este livro talvez seja a prova de que todos nós sabemos muito pouco sobre o personagem mais famoso da Terra.

Uma procura incansável sobre nossas origens

Sabemos muito pouco também sobre nós mesmos. Quem somos? Como produzimos pensamentos e construímos nossa consciência? Você já percebeu que cada um de nós é um ser único no teatro da vida? Que você é um ser único?

A vida humana é brevíssima. Vivemos num pequeno parêntese do tempo. Os políticos estão nos congressos; os professores, nas salas de aula; os médicos, nos consultórios; as mães, com seus filhos; os trabalhadores, nas empresas, e tudo parece comum e normal. Entretanto, muitos não se dão conta de que a vida humana, com todos os seus eventos, é apenas uma fagulha no tempo, que rapidamente cintila e logo se apaga.

Bastam dois instantes se encontrarem, o da infância e o da velhice, para nos tornarmos apenas uma página na história. Você tem consciência da brevidade da vida? Esta consciência o estimula a buscar a sabedoria superior?

Apaixonado pela espécie humana

Se você compreender algo sobre a complexidade dos fenômenos que se encenam no palco de nossa mente e que constroem as ideias, descobrirá que não existem árabes ou judeus, americanos ou alemães, negros ou brancos. Somos todos uma única e apaixonante espécie.

O Mestre da Vida, Jesus Cristo, era profundamente apaixonado pela espécie humana (*Mateus 4:24*). Dava uma atenção especial a cada pessoa indistintamente. Por onde transitava, seu objetivo era abrir os portais da mente de quem encontrava e aumentar sua compreensão sobre a vida. Não era uma tarefa fácil, pois as pessoas viviam engessadas dentro de si mesmas, tal como hoje muitas continuam travadas na arte de pensar.

Temos a impressão de que algumas pessoas são imutáveis. Elas repetem os mesmos erros frequentemente, dão sempre as mesmas respostas para os mesmos problemas, não conseguem duvidar de suas verdades nem estar abertas para novas possibilidades de pensar. São vítimas, e não autoras da própria história. Você procura ser autor de sua história ou é vítima dos seus problemas?

Jesus desejava que o ser humano fosse autor da própria vida, capaz de exercer com consciência seu direito de decidir. Por isso, convidava as pessoas a segui-lo. Ao contrário dele, pressionamos nossos filhos, alunos, funcionários e clientes a seguir nossas ideias e preferências.

O Mestre do Amor tinha muito para ensinar a cada pessoa, mas nunca as pressionava para que estivessem aos seus pés ouvindo-o. O amor, e não o temor, era o perfume que esse fascinante mestre exalava para atrair as criaturas e fazê-las verdadeiramente livres (*Mateus 19:2*).

O espetáculo da vida

O mundo carece de pensadores. As sociedades precisam de pessoas que possuam ideias inovadoras capazes de contribuir para enriquecer nossas inteligências e mudar as rotas de nossas vidas.

Raramente um político, um intelectual ou um artista tem ideias novas e brilhantes. Não há emoção em suas palavras. É difícil encontrarmos homens e mulheres famosos que nos encantem com sua inteligência.

Estamos tão atarefados em comprar, vender, possuir, fazer, que perdemos a sensibilidade para nos espantarmos com o espetáculo da vida e com os segredos que a cercam. Você já parou para pensar que a vida que pulsa em você é fonte insondável de enigmas? Já ouviu alguém fazer uma simples indagação filosófica como "Que mistério é estar vivo e mergulhado no tempo e no espaço!"? Quem deixa de perguntar sobre os fenômenos da existência destrói sua capacidade de aprender.

As crianças de hoje detêm mais informações do que um idoso do passado. Muitos adultos estão abarrotados de informações, mas dificilmente sabem organizá-las. Saber muito mas pensar pouco não leva a lugar algum. Muitos têm uma mente com centímetros de profundidade e quilômetros de extensão.

Mas se você, como eu, está aborrecido com a carência de pensadores numa sociedade em que as escolas se multiplicam, por certo irá consolar-se com a leitura deste livro. Estudaremos um personagem real que não apenas surpreendia as pessoas como as deixava assombradas com seus pensamentos (*Mateus 7:28*).

Ao longo de mais de 20 anos venho estudando o funcionamento da mente. Nesse período produzi, como alguns sabem, uma nova teoria sobre a construção da inteligência chamada de "Inteligência Multifocal". Escrevi mais de três mil páginas sobre o fantástico mundo das ideias e das emoções. Pode parecer que escrevi muito, mas é pouquíssimo diante dos segredos que nos distinguem como seres pensantes.

Sem querer me vangloriar, gostaria de relatar que pesquisei alguns fenômenos que os pensadores da psicologia, como Freud, Jung, Rogers, Erich Fromm, Viktor Frankl, Piaget, não tiveram a oportunidade de estudar. São fenômenos relacionados aos papéis da memória, à construção das cadeias de pensamentos e à formação da complexa consciência humana.

Meus estudos me ajudaram a analisar, ainda que com limites, algumas áreas da mente insondável de Cristo: como ele gerenciava seus pensamentos, protegia sua emoção, superava seus focos de tensão, abria as janelas da sua mente e dava respostas admiráveis em situações angustiantes. Estudar o funcionamento da mente humana e analisar a inteligência do Mestre dos Mestres ampliou meus horizontes para enxergar o espetáculo da vida. Você consegue enxergar o mundo deslumbrante da inteligência humana?

Muitos não conseguem compreender que as pessoas ao seu redor são mais complexas do que os buracos negros no céu. Cada vez que você produz uma reação ansiosa, vivencia um momento de insegurança ou constrói um pequeno pensamento, provoca um fenômeno mais complexo do que a ação do sol.

Mesmo as crianças com deficiência mental são tão complexas no funcionamento da mente quanto os intelectuais, pois possuem intactos os fenômenos que constroem as cadeias de pensamentos. A diferença está apenas na reserva de memória que alimenta esses fenômenos. Se houvesse possibilidade de se produzir uma memória auxiliar, elas seriam intelectualmente normais.

Poucos conseguem perceber o privilégio de ser uma pessoa, pois não conseguem olhar para além da vitrine de seus problemas e dificuldades.

Jesus, um excelente utilizador da arte da dúvida

Independentemente de Jesus ser o filho de Deus, ele foi o mais humano dos homens. Foi um homem até a última gota de sangue, até a última batida de seu coração.

Jesus amava ser um homem e lutava para que as pessoas percebessem o valor incondicional da vida. Para isso, procurava desobstruir a inteligência delas. Que ferramenta ele usava? (*Mateus 16:13*)

Muitos pensam que Jesus só discorria sobre a fé, mas ele utilizava uma das ferramentas mais capazes de abrir as janelas da mente humana: a arte da dúvida. Ao longo da minha trajetória como pesquisador, percebi que a arte da dúvida é uma ferramenta fundamental para expandir o leque do pensamento. A morte de um cientista ocorre quando ele deixa de duvidar do seu conhecimento.

Duvidar das próprias convicções pode fortalecê-las se elas tiverem fundamento, ou pode abrir novas possibilidades do pensamento se elas forem frágeis e superficiais. Quem sabe utilizar a arte da dúvida vai ao encontro da sabedoria superior e por isso sempre considera o próprio conhecimento como uma pequena gota num oceano.

Os jovens de hoje são frequentemente arrogantes e autoritários. O mundo tem de girar em torno das suas verdades e necessidades. Por estarem abarrotados de informações, acham que entendem de tudo. Raramente uma pessoa mais velha consegue mudar as rotas do que pensam e sentem. Por quê? Porque não aprenderam a duvidar de si mesmos, a questionar as próprias opiniões nem a se colocar no lugar dos outros.

Onde estão as pessoas autoritárias e arrogantes? Em todos os ambientes, até nos que deveriam ser menos suspeitos, como as universidades e as instituições religiosas. De certa forma, o autoritarismo se encontra no inconsciente de todos nós.

Há pouco tempo atendi um excelente advogado. Ele chorava muito por que estava deprimido e ansioso. Aparentemente era humilde e simples, mas por trás de sua humildade havia uma pessoa autossuficiente e quase impenetrável.

Ele manipulava seus psiquiatras, dirigia seu tratamento, ficava prevendo efeitos colaterais dos medicamentos que tomava. Consequentemente, sua melhora era flutuante, avançava e regredia, pois ele não aprendera a gerenciar seus pensamentos nem a ser o autor da própria história. Felizmente, agora começa a tomar consciência de suas reações autoritárias e a reescrever os principais capítulos de sua vida.

Uma das principais características de uma pessoa autoritária é impor, e não expor, o que pensa. Quais são algumas das características principais de uma pessoa autoritária? Dificuldade de reconhecer erros e de aceitar críticas, defesa radical e prolixa das próprias ideias, dificuldade de se colocar no lugar dos outros. Cuidado! Se você reconhece que tem algumas dessas características, empenhe-se em mudar. Elas não são saudáveis e conspiram contra a tranquilidade e o prazer de viver. Procure relaxar e ser flexível.

Jesus foi a pessoa mais flexível e aberta que analisei. Seus opositores o ofenderam das formas mais cruéis, e ele não revidou. Era uma pessoa de convicções sólidas, mas nunca impunha o que pensava. Sabia respeitar os outros, não pedia conta dos seus erros nem os expunha publicamente. Algumas pessoas, com sua sensibilidade, conseguiram fazê-lo mudar de ideia e ele se alegrou com elas e até as elogiou, como no caso da mulher siro-fenícia (*Marcos 7:27,28*).

Foi um excelente mestre no uso da arte da dúvida. Como a usava? Através de perguntas e das suas instigantes parábolas (*Mateus 13:10*). Mas a dúvida não atenta contra a fé? Primeiro, Jesus usava a arte da dúvida para remover os preconceitos, depois falava sobre a fé. Inteligente como era, discorria sobre uma fé inteligente.

Todas as nossas crenças nos controlam. Usando a ferramenta da dúvida, o mestre libertava as pessoas da ditadura do preconceito para depois falar do seu plano transcendental.

Os três estágios da dúvida

A dúvida tem três estágios: ausência da dúvida, presença inteligente da dúvida, presença excessiva da dúvida.

A ausência da dúvida gera psicopatas. Quem nunca duvida de si, quem se acha infalível e perfeito nunca terá compaixão pelos outros.

A dúvida inteligente abre as janelas da inteligência e estimula a criatividade e a produção de novas respostas.

A presença excessiva da dúvida leva a retrair a inteligência e causa extrema insegurança. As pessoas se tornam excessivamente tímidas e autopunitivas.

A dúvida inteligente esvazia o orgulho. As parábolas que Jesus contava tinham por objetivo estimular o espírito das pessoas e romper seu cárcere intelectual, levando-as a confrontar-se com seu orgulho e rigidez. Ele respondia a perguntas com outras perguntas, e suas respostas sempre abriam os horizontes dos pensamentos. Era um grande mestre da educação, pois seus discursos formavam, e não informavam.

Alguns têm títulos de doutores, mas são meros reprodutores de conhecimento que repetem o que estudaram e o que os outros produziram. Precisamos de poetas da vida, de engenheiros de novas ideias. Precisamos surpreender as pessoas e ajudá-las a mudar os alicerces de sua história.

Quem andava com Jesus Cristo quebrava constantemente os próprios paradigmas. Não havia rotina. Seus gestos e comportamentos surpreendiam de tal modo seus discípulos, que, pouco a pouco, foram lapidando suas personalidades. Você surpreende as pessoas e incentiva o ânimo delas, ou as bloqueia?

Um engenheiro de ideias, uma história que deu certo

Lembro-me de um paciente que tinha um excelente nível intelectual, porém era tenso e tinha graves problemas de relacionamento com uma de suas filhas. Pai e filha se atritavam continuamente. Durante o processo terapêutico, eu lhe disse que se quisesse mudar a natureza da relação com a filha tinha de reescrever a imagem doentia que o relacionamento dos dois construíra nos territórios inconscientes da memória de ambos.

O desafio era reeditar essa imagem, já que é impossível deletá-la. E para que sua filha reeditasse a imagem doentia que tinha do pai, ele teria de surpreendê-la com gestos inusitados, incomuns. Ele entendeu os papéis da memória e estabeleceu como meta mudar essa história. Sem meta, não mudamos o roteiro de nossas vidas.

Certo dia, meu paciente pediu à filha que comprasse um buquê de flores para presentear a esposa de um amigo que fazia aniversário. Ela, mais uma vez, recusou-se a atender seu pedido, dizendo-lhe que não tinha tempo.

Essa recusa deveria detonar nele um fenômeno inconsciente,* chamado "gatilho da memória", que abriria uma janela contendo uma imagem doentia da filha e levando-o a agredi-la com palavras. O pai repetiria mais uma vez que a sustentava, que pagava a sua faculdade, a gasolina do seu carro e que ela não reconhecia seu valor. Ambos sairiam, como sempre, magoados.

Mas, dessa vez, ele mudou de atitude. Tinha aprendido a administrar seus pensamentos e a controlar as janelas da memória. Ficou em silêncio e saiu. Foi à floricultura, comprou o buquê de flores. E sabe o que mais ele fez? Escolheu o botão de rosa mais bonito para dar à filha.

Chegando em casa, entregou-lhe a rosa, dizendo que a amava muito. Acrescentou o quanto a filha era importante para ele e que não podia viver sem ela. Atônita com a atitude do pai, a jovem chorou, porque acabara de descobrir alguém que não conhecia. A mudança de comportamento do meu cliente persistiu e foi fazendo com que, sem que a filha se desse conta, a imagem autoritária e rígida do pai começasse a ser reeditada nos arquivos inconscientes da sua memória. Passou a respeitá-lo, amá-lo, ouvi-lo, percebendo que, embora não soubesse se expressar, ele queria o melhor para ela.

---

* Cury, Augusto J. *Inteligência multifocal*. Editora Cultrix: São Paulo, 1998.

O pai, por sua vez, começou a reescrever a imagem da filha, encantando-se com suas qualidades.

Não é difícil imaginar o que aconteceu. Eles deixaram de ser dois estranhos. Começaram a dividir seus mundos e a cruzar suas histórias. Antes, respiravam o mesmo ar mas estavam em universos diferentes, muito distantes um do outro.

Hoje são grandes amigos e se amam calorosamente. A mudança foi tão notável, que ele me pediu para escrever sobre os papéis da memória em um próximo livro, para que outros pais e filhos tivessem a mesma oportunidade de mudar seus relacionamentos. Em sua homenagem, relatei a história. Esse homem se tornou um engenheiro de ideias.

Algumas pesquisas que fiz me levaram a concluir que mais de 80% dos pais e filhos vivem como estranhos. Você consegue surpreender com seus gestos as pessoas com quem convive, ou é uma pessoa imutável? Se você não as surpreender, nunca irá conquistá-las.

Avalie se você não é uma pessoa difícil. Às vezes somos bons produtos com péssima embalagem e vendemos mal nossa imagem. Fale com o coração. Conquiste as pessoas difíceis. Faça coisas que nunca fez por elas. Seja um engenheiro de ideias. Cause impacto na emoção e na memória dos mais próximos. Você ficará impressionado com o resultado.

Os engenheiros de ideias estão escasseando não apenas no campo das relações interpessoais, mas também no da psicologia, da sociologia, da filosofia e no das ciências físicas e matemáticas.

O mais extraordinário engenheiro de ideias

Jesus construía relações sociais riquíssimas, mesmo em pouco tempo. As pessoas que conviviam com ele o amavam intensamente. Multidões despertavam antes do nascer do sol para ouvi-lo.

O evangelista João nos conta no capítulo 4 a história da samaritana. Era uma mulher promíscua e socialmente rejeitada. Mas o Mestre do Amor não lhe pediu explicações sobre os homens com quem ela tinha andado. Disse apenas que ela estava sedenta, ansiosa, e precisava beber de uma água que jamais experimentara, uma água que saciaria sua sede para sempre. Todo o diálogo de Jesus com a samaritana deixou-a tão encantada, que ela saiu pela cidade falando a todos sobre ele, embora mal o conhecesse. Que homem é esse que com poucas palavras deixa maravilhados seus ouvintes? As pessoas querem enquadrar o homem Jesus, mas isso é impossível. Independentemente de sua divindade, ele foi um homem deslumbrante.

A educação está morrendo

A educação está em processo de falência no mundo todo. Educar tem sido uma tarefa desgastante e pouco eficiente. Não por culpa dos educadores nem pela falta de limites dos jovens e crianças, mas por um problema mais grave que vem ocorrendo nos bastidores da mente humana e que os cientistas sociais e os pesquisadores da psicologia não estão compreendendo.

O ritmo de construção do pensamento no mundo moderno acelerou-se doentiamente, gerando a síndrome do pensamento acelerado, ou SPA.* Estudaremos esta síndrome mais adiante.

Os jovens estão desenvolvendo coletivamente a SPA. Essa síndrome faz com que eles procurem ansiosamente novos estímulos para excitar suas emoções e, quando não os encontram, fiquem agitados e inquietos. As salas de aula tornaram-se um canteiro de tédio e estresse em que os alunos não se concentram e têm pouco interesse em aprender.

Os professores são como cozinheiros que elaboram alimentos para uma plateia sem apetite. Os conflitos em salas de aula estão fazendo os professores adoecerem coletivamente no mundo todo.

No Brasil, de acordo com uma pesquisa realizada pela Academia de Inteligência – o instituto que dirijo –, 92% dos educadores estão com três ou mais sintomas de estresse e 41% com dez ou mais, dos quais se destacam: cefaleia, dores musculares, excesso de sono, irritabilidade. Eles só conseguem trabalhar prejudicando intensamente sua qualidade de vida.

---

* Cury, Augusto J. *Treinando a emoção para ser feliz*. São Paulo: Academia de Inteligência, 2001.

A escola desconsiderou o maior educador do mundo

A educação incorporou muitas teorias, mas não levou em consideração o maior educador do mundo. Se as escolas estudassem e usassem – sem qualquer vínculo religioso – a psicopedagogia e os princípios da inteligência do Mestre dos Mestres, certamente ocorreria uma revolução em sala de aula.

O que é educar? Educar é produzir um ser humano feliz e sábio. Educar é produzir pessoas que amam o espetáculo da vida. Desse amor emana a fonte da inteligência. Educar é produzir uma sinfonia em que rimam dois mundos: o das ideias e o das emoções.

Se as escolas conhecessem os procedimentos educacionais que Jesus aplicou não apenas formariam pessoas saudáveis, mas investiriam na qualidade de vida de seus professores.

Apesar de os educadores serem os profissionais mais nobres da sociedade, poucos os valorizam. Os psiquiatras tratam de pessoas doentes, e os juízes julgam os réus. E os professores? Eles educam os indivíduos para que não tenham transtorno psíquico nem se sentem nos bancos dos réus. Embora desvalorizados, os professores são os alicerces da sociedade. Eles precisam ter subsídios para resolver os conflitos em sala de aula, educar a emoção dos alunos e fazer laboratórios de desenvolvimento da inteligência.*

Jesus fazia laboratórios educacionais do mais alto nível. Fazia laboratório das funções mais importantes da inteligência, laboratório de superação, laboratório de treinamento do caráter, oficina de psicologia preventiva. Quem andava com ele resgatava o sentido da vida e desejava ser eterno. Só deseja ser eterno quem aprendeu a amar a vida, a realçar sua autoestima e a não gravitar em torno de seus sofrimentos. Esta é uma faceta da inteligência espiritual.

Quando o Mestre da Sensibilidade dizia *"Ama o próximo como a ti mesmo"* (*Mateus 22:39*), ele estava fazendo um excelente laboratório de autoestima. Se eu não amar a vida que pulsa em mim, independentemente de meus erros, como vou amar o próximo? Não é possível amar os que o cercam se você não ama a si mesmo. Não espere ser solidário com os outros se você é seu próprio carrasco.

---

* Zagury, Tânia. *Limites sem traumas*. Rio de Janeiro: Record, 2018.

Jesus sabia ensinar homens e mulheres a pensar e a navegar nas águas da emoção. Queria tratar das feridas da alma e cuidar do bem-estar das pessoas. Não estava preocupado com a sua imagem social. Corria todos os riscos por causa de um ser humano.

Será que muitos dos que admiram Jesus são capazes de amar o ser humano desse modo? Você consegue ver que por trás dos belos sorrisos das pessoas que o rodeiam há algumas profundamente feridas, que não sabem como pedir ajuda?

Ficaremos surpresos ao ver que, mesmo quando estava morrendo, Jesus perscrutava a emoção das pessoas e se preocupava com elas. O sangue que escorria por seu corpo não era suficiente para fazê-lo deixar de se preocupar com cada ser humano. Suas lesões não conseguiam sufocar seu ânimo. Ele tinha uma capacidade irrefreável de amar e confortar a emoção humana.

Que título podemos dar a Jesus Cristo senão "O Mestre do Amor"?

CAPÍTULO 2

Um príncipe no caos: por que Jesus foi um carpinteiro?

Sua profissão de carpinteiro foi planejada?

Por que Jesus foi um carpinteiro? Eu me fiz diversas vezes esta pergunta. Por que não foi um agricultor, um pastor de ovelhas ou um mestre da lei? Se tudo na sua vida foi planejado, seria sua profissão um puro acaso do destino? Certamente, não! Será que ele se tornou um carpinteiro apenas porque esta profissão era humilde e despojada de grandes privilégios sociais? (*Mateus 13:55*)

Depois de pensar em tudo o que Jesus viveu, depois de analisar sua história detalhadamente, fiquei impressionado e profundamente comovido com as conclusões a que cheguei. Ele foi um carpinteiro porque iria morrer com as mesmas ferramentas com as quais sempre trabalhara. Quem suportaria trabalhar com as mesmas armas que um dia o destruiriam?

O jovem Jesus trabalhava diariamente com martelo, pregos e madeira. José, seu pai, deve ter alertado diversas vezes o menino para que tivesse cuidado no uso do martelo, pois poderia se ferir. O menino, de acordo com Lucas, escritor do terceiro evangelho, sabia qual era sua missão, o que indica que ele antevia seu destino. Isso explica por que previu claramente a maneira como morreria e a transmitiu aos seus íntimos antes de haver qualquer ameaça no ar (*Marcos 9:31*).

O menino Jesus sabia que um dia seria ferido de maneira violenta com as ferramentas que manipulava. Quando cravava um prego na madeira, provavelmente tinha consciência de que seus pulsos e seus pés seriam pregados numa cruz.

Maria, a mãe tão delicada e observadora, devia pedir ao filho que tomasse cuidado, pois as ferramentas eram pesadas e perigosas. Ao ouvir os conselhos de sua mãe, Jesus talvez dissesse: "Obrigado, mãe, vou procurar ter mais cuidado." O jovem Jesus poupava Maria, pois sabia que ela não suportaria ouvir sobre seu fim.

Tinha muitos motivos para ter conflitos

Cada vez que o golpe do martelo nos pregos produzia um estalido agudo, Jesus tinha de aprender a proteger sua emoção. Imagine um adolescente tendo de decidir entre brincar e pensar no próprio fim.

Poderia evitar o trabalho com martelos, pregos e madeira. Poderia ter aversão a tudo que lembrasse seu martírio, mas não o fez. As razões para que o jovem Jesus tivesse uma emoção doentia eram inúmeras.

A responsabilidade social, o desejo ardente de agradar seu Pai invisível, a preocupação com o destino da humanidade e a consciência do seu caótico fim eram fontes estressantes capazes de roubar-lhe completamente o encanto pela vida.

O simples fato de trabalhar com as mesmas ferramentas que iriam produzir as mais intensas feridas em seu corpo já era suficiente para criar zonas de tensão em seu inconsciente, controlar completamente sua personalidade e fazer dele um jovem infeliz e um futuro adulto ansioso e inseguro. Mas, contrariando as expectativas, Jesus atingiu o auge da saúde psíquica.

Um príncipe da paz

Apesar de ter todos os motivos para ser frágil e angustiado, Jesus tornou-se um homem forte e pacífico. Não tinha medo da morte nem da dor. Falava da superação da morte e da eternidade com uma segurança incrível. Era tão seguro, que se expunha em situações de risco e não retinha o que pensava.

Jamais alguém teve a coragem de pronunciar o que ele disse em seus discursos. A morte é o mais antinatural dos fenômenos naturais. Jesus falava sobre a transcendência da morte como se fosse um engenheiro do tempo (*Mateus 24:29*).

É necessário que examinemos alguns papéis da memória e algumas áreas do funcionamento da mente para compreendermos por que o homem Jesus não adoeceu em sua alma, mas se tornou um príncipe da paz em meio ao caos.

Gostaria que agora o leitor abrisse as janelas da sua mente para compreender alguns complexos mecanismos psíquicos em um texto sintético. Vasculhar a mente humana é uma das viagens mais interessantes que podemos fazer. Procurarei explicar isso de forma acessível.

Os papéis da memória na geração dos conflitos

A memória é como uma grande cidade. Nela há inúmeros bairros que se interligam. Ela tem uma parte central, que chamo de MUC (memória de uso contínuo), e uma grande parte periférica que chamo de ME (memória existencial).

O registro na memória é produzido pelo fenômeno RAM (registro automático da memória). O fenômeno RAM registra de forma automática todas as nossas experiências e de maneira privilegiada as que possuem grande intensidade emocional, como uma ofensa ou um elogio.

Todas as experiências negativas que contêm medo, insegurança, humilhação e rejeição geram imediatamente uma zona de tensão na emoção. Se essas zonas de tensão não forem trabalhadas rapidamente, serão registradas na memória. Desse modo, ficarão disponíveis, e poderemos produzir uma infinidade de pensamentos obsessivos sobre elas.

Quando alguém o ofende, você deve rapidamente debelar a zona de tensão da emoção. Para isso, em menos de cinco segundos você deve criticá-la, confrontá-la e reciclá-la. Como? Tomando consciência dela e usando ideias diretas e inteligentes que a critiquem, confrontem e reciclem. Faça isso silenciosamente no interior de sua mente. Se você não atuar logo, essa tensão emocional será registrada privilegiadamente na memória de uso contínuo

(MUC), gerando um arquivo ou zona de tensão doentia na memória. É por isso que você voltará a pensar milhares de vezes na ofensa e na pessoa que o ofendeu. Não é assim que acontece quando alguém nos agride?

Toda vez que pensamos fixamente em um problema mal resolvido, mais ele se registra e cada vez mais expande a zona de tensão nos arquivos da sua memória. Aos poucos, formamos inúmeras favelas na grande cidade da memória. Ficamos ansiosos, perdemos a concentração e até o sono. Quando não controlamos as ideias fixas que produzimos, nos tornamos especialistas em causar danos a nós mesmos.

Com o passar dos dias ou meses, talvez não nos lembremos dos problemas que tivemos, mas eles não foram embora. Para onde foram? Deixaram os terrenos conscientes da memória de uso contínuo (MUC) e foram para os terrenos inconscientes da memória existencial (ME). Ou seja, deixaram o centro da memória e foram para a periferia. Quando voltarmos a viver uma situação mais tensa ou dolorosa, entraremos na região periférica onde eles se encontram e poderemos ser novamente afetados por eles.

Quando você sente aquela angústia, tristeza ou desânimo e não sabe de onde veio nem por que apareceu, as causas estão nas zonas de tensão na periferia da memória. Você não se recorda delas, mas elas fazem parte do tecido da sua história de vida.

Diversas perdas, ofensas, fracassos, momentos de medo e insegurança de nosso passado estão armazenados como "favelas" na grande cidade da memória. Algumas dessas favelas se encontram no centro da memória e nos perturbam diariamente. É o caso da perda de um emprego, de um problema que não conseguimos resolver, ou de uma doença obsessiva acompanhada de ideias fixas. Outras estão na periferia e nos incomodam eventualmente, como experiências traumáticas do passado.

A MUC representa a memória de mais livre acesso, a que mais utilizamos no dia a dia para pensar, sentir, decidir, reagir e nos conscientizar – é a memória consciente. A memória ME é a que contém os segredos da nossa história – fica nos principais terrenos do inconsciente. Quem estudar e compreender esses mecanismos terá grande vantagem para superar as turbulências da vida e equipar a própria inteligência.

A memória despoluída do jovem Jesus

Jesus poderia ter tido tanto a memória de uso contínuo (MUC) como a memória existencial (ME) saturadas de zonas de tensão. Se ele não fosse uma pessoa com elevada capacidade de gerenciar seus pensamentos e reescrever sua história, teria uma personalidade cheia de conflitos.

Se não possuísse uma habilidade ímpar para debelar as zonas de tensão da emoção, ele poderia ter sido controlado pelo medo e seria uma pessoa extremamente ansiosa e traumatizada. Entretanto, medo não fazia parte do dicionário de sua vida. Além disso, Jesus era manso e dócil. O mundo podia desabar sobre sua cabeça e, ainda assim, ele permanecia sereno.

Certa vez, seus inimigos quiseram destruí-lo e ele simplesmente passou por eles (*João 10:39*). Em outro momento, os discípulos, que sabiam lidar com o mar, estavam apavorados por causa de uma tempestade. O que fazia Jesus nessa hora? Estava dormindo! O Mestre da Vida conseguia dormir tranquilamente num barco prestes a ir a pique (*Mateus 8:24*).

Há pessoas que ficam bloqueadas intelectualmente depois de sofrerem uma experiência traumática, como um acidente, uma perda de emprego, uma humilhação pública, uma separação. As zonas de tensão da emoção se tornam grandes zonas de tensão da memória.

É possível apagar ou deletar a memória? Não! A memória só pode ser reescrita ou reeditada, mas nunca apagada, a não ser que surja um tumor cerebral, uma doença degenerativa, um traumatismo craniano. Portanto, depois de registradas as zonas de tensão, a única coisa a ser feita é reescrever a memória com coragem e determinação.

Jesus evitava o registro doentio em sua memória, escolhia o caminho mais inteligente. É muito mais fácil não criar inimigos do que reescrevê-los nos labirintos de nossas memórias.

Não há regressão pura ao passado

Quais são as zonas da memória que controlam você? Em que andar do "grande edifício" do seu passado o seu elevador ficou parado? Precisamos ir até esse andar. Entretanto, temos de saber que não há regressão pura ao passado. Quem resgata o passado é a pessoa que você é agora, com uma consciência de si mesma e do mundo diferente da que tinha quando o fato aconteceu e foi registrado.

Portanto, quando você "toma o elevador" e volta ao passado, retorna com a consciência do presente e provavelmente com melhores condições para reinterpretar as experiências antigas e reescrevê-las. Se a reinterpretação for bem-feita, você reedita o passado e transforma as zonas de tensão. Assim, você deixa de ser vítima de sua história.

Uma boa técnica para reescrever a memória é atuar nas janelas que se abrem espontaneamente no dia a dia. Da próxima vez que por causa de um acontecimento você ficar tenso, irritado, intransigente, frustrado, faça o que chamo de "stop introspectivo": pare e pense. Não se julgue nem se culpe. Aproveite o momento. Saiba que, com o estímulo externo, você abriu algumas janelas doentias e agora terá uma excelente oportunidade para reeditá-las. Assim, pouco a pouco, você estará livre para pensar e sentir.

Não há liberdade, mesmo nas sociedades democráticas, se não formos livres dentro de nós mesmos. O grande paradoxo das sociedades politicamente democráticas é que o ser humano, apesar de ser livre para expressar seus pensamentos, frequentemente vive num cárcere intelectual. Livre por fora, mas prisioneiro por dentro.

Uma memória como um jardim

Há dois tipos de educação: a que informa e a que forma.

A educação que informa nos ensina a conhecer o mundo em que estamos. A educação que forma vai além: ela nos ensina também a conhecer o mundo que somos. A educação que informa nos ensina a resolver problemas de matemática; a educação que forma vai além: ensina também a resolver os problemas da vida. A que informa ensina línguas, a que forma ensina a dialogar. A que informa dá diplomas, a que forma faz de nós eternos aprendizes.

A educação que forma ensina os alunos a desenvolver as funções mais importantes da inteligência e a lidar com suas angústias, seus limites, seus conflitos existenciais.

A educação que forma faz uma ponte entre a escola convencional e a escola da vida. Os adolescentes de hoje estão totalmente despreparados para sofrer perdas e frustrações, o que não é de espantar, pois a educação convencional despreza a educação da emoção. Como esperar que naveguem nas águas da emoção se nunca lhes ensinaram a fazer isso?

O adolescente Jesus já possuía uma refinada capacidade de proteger sua emoção contra os focos de tensão. Toda vez que golpeava a madeira com o martelo, não deixava o martelo golpear sua emoção. Se ela era afetada, ele logo reciclava a zona de tensão e não se deixava consumir pelo pavor e pela ansiedade. Desse modo, os territórios de sua memória, que deveriam ser um árido deserto, se tornaram um jardim.

Muitos fizeram de suas vidas um imenso deserto. Não aprenderam a trabalhar seus traumas, suas perdas, suas dores físicas e emocionais. Essas experiências foram fortemente registradas, confeccionando a colcha de retalhos da sua história. O mau humor, a ansiedade, a agressividade reativa e a hipersensibilidade que possuem são reflexos de um passado ferido e não tratado.

Entretanto, de nada adianta ficar lastimando nossas misérias e frustrações. Isso não leva a nada. Por pior que tenha sido seu passado, ainda que você tenha sofrido violências físicas, emocionais ou sexuais, reclamar de suas misérias é a pior forma de superação. Não se transforme numa vítima. Com a consciência que tem hoje, critique seu passado, recicle-o, dê um choque de lucidez na sua emoção e reedite os focos de tensão de sua memória.

Como? Aos que querem maiores detalhes, recomendo algumas técnicas expostas no meu livro *Treinando a emoção para ser feliz*.* Uma delas é o DCD (duvidar, criticar e determinar). Duvide da sua incapacidade, duvide do controle que a doença pode exercer sobre você. Critique cada pensamento negativo, critique a passividade e a tendência do eu de fazer-se de vítima. Determine ser alegre, determine ser livre e dê choques de lucidez na sua emoção. Repita essa técnica dezenas de vezes por dia, no silêncio de sua mente. Você vai se surpreender e se alegrar com os resultados.

O DCD é uma técnica psicoterapêutica de grande valor, mas não substitui a consulta, se for necessário, a um psiquiatra ou psicólogo clínico.

---

* Cury, Augusto J. *Treinando a emoção para ser feliz*. São Paulo: Academia de Inteligência, 2001.

Mas nunca tenha medo das suas misérias. Vá sem receio aos andares do grande edifício da vida com a firme determinação de reeditar o passado em busca de uma vida mais feliz.

Sua memória é um jardim ou um deserto? Não espere que as condições sejam ideais para poder cultivar um jardim no solo de sua emoção. Nas condições mais adversas somos capazes de cultivar as mais belas flores.

Desde a sua mais tenra juventude, o Mestre da Vida aprendeu a cultivar, mesmo sob o sol escaldante das pressões sociais, um jardim de tranquilidade e felicidade no âmago da sua alma. Nas situações mais tensas, os seus íntimos conseguiam sentir o aroma da sua emoção pacífica e serena. Não permitia que nada nem ninguém viesse roubar-lhe a paz.

Como os ataques de pânico geram as doenças psíquicas

Inúmeras pessoas no mundo todo são vítimas da síndrome do pânico. Os ataques de pânico são caracterizados por medo súbito de desmaiar ou morrer, acompanhado de taquicardia, aumento da frequência respiratória, suor excessivo e outros sintomas. Se as intensas zonas de tensão causadas pelos ataques de pânico não forem bem trabalhadas rapidamente, produzirão dramáticas zonas de tensão na memória.

Como já vimos, essas zonas de tensão ficam disponíveis em região privilegiada da memória. Quando um novo ataque de pânico é disparado, abre-se uma janela, expõe-se a zona de tensão nela contida e reproduz-se novamente a sensação de fobia ou de medo. Essa experiência também é registrada, expandindo as "favelas" doentias do inconsciente.

A síndrome do pânico gera o teatro virtual da morte. Ela traz um enorme sofrimento capaz de controlar completamente a vida de pessoas lúcidas e inteligentes. Entretanto, não é difícil lidar com essa síndrome. Já tratei de vários pacientes resistentes. O segredo não está em apenas tomar antidepressivos, mas em enfrentar os focos de tensão, desafiar o medo e reeditá-lo.

Uma das características admiráveis de Jesus era que ele enfrentava as situações estressantes sem temor. Não fugia dos seus inimigos, não temia ser questionado, não tinha receio de entrar em conversas delicadas e, muito menos, não teve medo de usar as ferramentas que um dia o destruiriam.

Enfrente seu medo e o desafie. Você verá que o monstro não é tão feio quanto você imagina. Se der as costas ao medo, ele se tornará um gigante imbatível. O medo sempre aumenta o volume e a dimensão dos problemas. Por isso é tão importante, em vez adotar uma atitude passiva, darmos um choque de lucidez em nossas emoções.

As drogas e o romance no inconsciente

Lembro-me de uma jovem que atendi num hospital psiquiátrico em Paris. Ela era dependente de heroína e estava em tratamento. Ao atendê-la, mostrei-lhe que, à medida que foi ficando dependente, o problema deixou de ser a droga fora dela para tornar-se a imagem da droga registrada em seu inconsciente.*

Enquanto discorria sobre esse assunto, abri uma revista para mostrar-lhe algo e, de repente, ela se deparou com uma imagem de um pó semelhante à droga que usava. Ao ver aquela imagem, o gatilho de sua memória foi detonado e abriu-se uma janela do inconsciente que continha experiências com a heroína. Ela leu instantaneamente essas experiências e associou-as à droga, o que a deixou angustiada. Todo esse processo operou-se em uma fração de segundo.

Assim, ela entendeu que sua maior batalha não era eliminar a droga fora dela, mas terminar o romance dentro dela, reescrever essa imagem em sua memória. Somente reeditando o filme do inconsciente ela poderia romper o cárcere da emoção.

É muito melhor prevenir a criação de registros doentios na MUC e na ME,** pois, uma vez registrados, a tarefa de reeditá-los é complexa e demanda tempo, paciência e perseverança.

A atitude do menino e, posteriormente, do jovem e do adulto Jesus, de proteger a sua emoção e não fazer do seu inconsciente uma lata de lixo, reflete a mais eficiente psicologia preventiva. Infelizmente muitos psicólogos ainda não descobriram esse processo. Jesus era feliz na terra de infelizes,

---

* Cury, Augusto J. *A pior prisão do mundo*. São Paulo: Academia de Inteligência, 2000.
** Cury, Augusto J. *Inteligência multifocal*. São Paulo: Cultrix, 1998.

tranquilo na terra da ansiedade. Na cruz, suas reações deixariam pasmo qualquer pesquisador científico. Contudo, as suas reações incomuns eram uma consequência do que ele foi e viveu desde a mais tenra infância.

Ninguém deve desanimar por ter registrado vários conflitos em sua memória. O importante é saber que não há milagre capaz de superar os conflitos de nossa personalidade. É um trabalho que requer dedicação e persistência. Às vezes conseguimos reurbanizar algumas favelas da memória, mas sempre permanecem outras na periferia, e estas nos fazem ter recaídas. Isso é natural, e não podemos desanimar por causa delas. Comemore os avanços e retome o trabalho.

O importante é jamais desistir da vida. Não seja imediatista. Nunca se decepcione com você a ponto de não desejar mais caminhar. Mesmo com lágrimas, é preciso continuar a reescrever as imagens de tudo o que obstrui nossa inteligência e nos impede de ser livres. Quando menos esperar, você terá despoluído seus rios, iluminado suas ruas, construído praças e será uma pessoa mais feliz.

Todos estamos doentes no território da emoção

Não há ninguém nesta terra que não esteja doente no território da emoção. Uns mais, outros menos. Alguns manifestam seus conflitos, outros os reprimem. Mas todos temos, em diferentes graus, dificuldades em administrar nossos pensamentos. Quem consegue gerenciar plenamente seus sentimentos e ser dono de sua emoção?

O maior doente é o que não reconhece a própria fragilidade. Cuidado! Como disse, quando sofremos uma agressão, por exemplo, temos no máximo cinco segundos para criticar em silêncio as zonas de tensão da emoção e não permitir que elas se tornem matrizes doentias na memória. Só assim podemos evitar que gerem ideias fixas.

Não deixe que as ofensas estraguem seu dia. Não permita que os fracassos façam de você uma pessoa tímida e inferiorizada. Não se puna por seus erros. Reconheça as suas falhas, repare os danos que causou e mude suas rotas. Atenção! Sentimento de culpa exagerado paralisa a emoção e nos controla.

Do ponto de vista psicológico, Jesus passou pelo mais dramático e contínuo estado de estresse que um ser humano pode experimentar. Era de se esperar que se tornasse um homem radical e agressivo, mas ele se revelou um ser extremamente amável e cheio de compaixão.

Era provável que Jesus desse pouco valor à vida, mas ele contemplava com prazer as coisas mais simples, como os lírios do campo. Era previsível que fosse um revoltado, um especialista em reclamar e julgar os outros, mas em vez disso surgiu um homem dizendo: *"Felizes os misericordiosos, porque alcançarão misericórdia"* (*Mateus 5:7*). Quem é este que exala gentileza na terra que o estresse tornou árida?

O canto do galo

Jesus disse que Pedro o negaria três vezes antes que o galo cantasse (*João 13:38*). Foi exatamente o que aconteceu. Pedro era uma pessoa forte e realmente amava seu mestre, mas não se conhecia. Cometemos muitos erros quando não nos conhecemos.

Quem controla o território de leitura da memória é a emoção. Se ela estiver ansiosa e apreensiva, fecham-se as janelas da memória, impedindo a pessoa de pensar com liberdade.

Pessoas com raciocínio brilhante são capazes de passar por vexames simplesmente porque bloquearam sua memória nos momentos de intensa tensão. Muitas vezes em público perdem a segurança e a tranquilidade para produzir ideias profundas. Por quê? Porque a tensão emocional bloqueia os campos da memória.

Pedro jamais pensou que o medo conspiraria contra sua capacidade de pensar. Quando afirmou que, se necessário, morreria com Jesus, estava sendo sincero. Mas quando não conhecemos nossos limites somos capazes de gestos constrangedores. A imagem do mestre sendo espancado sem reagir foi até o córtex cerebral de Pedro, fez uma leitura rapidíssima da memória e gerou um medo súbito que bloqueou sua capacidade de pensar. Quem de nós já não foi vítima desses mecanismos?

Pedro negou veementemente seu mestre. Ao negá-lo pela terceira vez, o galo cantou. Duas experiências foram registradas e se fundiram no seu inconsciente: a negação e o canto do galo. A imagem do galo ficou superdimensionada em sua memória, por ter sido associada ao maior erro de sua vida. Talvez por isso Pedro tenha adquirido um medo exagerado do canto dos galos, por associá-lo ao fato de ter negado seu mestre.

Essa história fala de mecanismos que nós também experimentamos. Que tipo de fobia perturba sua emoção, controla a leitura de sua memória e engessa sua capacidade de pensar?

Jesus sempre foi um excelente psicoterapeuta. Ele sabia que Pedro ficaria traumatizado. Com seu olhar afetuoso, no momento da terceira negação, amenizou a zona de tensão da emoção do seu discípulo. Dias depois, ao perguntar categoricamente e por três vezes se Pedro o amava (*João 21:15*), Jesus, com grande habilidade, ajudou-o a reformular as três vezes em que o discípulo o negou. (Este é o assunto do próximo livro desta coleção: *O Mestre Inesquecível*.)

Em vez de produzir um homem saturado de conflitos, os inúmeros problemas do Mestre da Vida geraram um excelente médico da alma, um homem emocionalmente saudável.

Preparando seus íntimos para suportar o inverno emocional

O dilema entre falar e não falar aos discípulos sobre o modo como morreria envolvia os pensamentos de Jesus Cristo. Se falasse, poderia gerar um transtorno obsessivo em sua mãe e em seus discípulos. Se optasse pelo silêncio, eles ficariam totalmente despreparados para suportar o drama de seu mestre.

Jesus optou por falar, mas sem alarde, sobre o seu fim. Falou pelo menos quatro vezes. Comentou o suficiente para que os discípulos pudessem ter uma leve consciência do caos que enfrentaria, mas de forma que não sofressem por ele.

Alguns insistem em falar de seus problemas para que todos girem em torno deles. Outros se calam, fazendo de sua história e suas dificuldades segredos de estado. Jesus era equilibrado, falava de forma serena a respeito de coisas com alto volume de tensão.

O Mestre da Vida trabalhou no inconsciente dos seus discípulos sem que eles percebessem. Fez um trabalho psicológico magnífico. Ele os preparou não apenas para a primavera da ressurreição, mas para o inverno rigoroso da cruz.

Você trabalha no inconsciente dos seus filhos e os prepara para que eles suportem as turbulências da vida? Você trabalha na mente dos seus funcionários e os prepara não apenas para o sucesso, mas também para os tempos de dificuldades?

Um bom líder corrige erros, um excelente líder previne-os. Um bom líder enxerga o que está à sua frente, um excelente líder vê além do que está diante dos seus olhos.

Um excelente observador da psicologia: um escultor da alma humana

Jesus foi o Mestre dos Mestres da escola da vida, uma escola em que muitos psiquiatras, psicólogos e executivos são pequenos aprendizes. Nessa escola, primeiro desenvolveu em si mesmo paciência e tolerância. Quando menino, ele crescia em estatura e sabedoria (*Lucas 2:40*). José e Maria admiravam esse jovem surpreendente.

Sua habilidade em observar os fenômenos sociais e ambientais era espetacular. A rapidez de seu raciocínio, impressionante. A capacidade de síntese e objetividade na confecção de ideias, espantosa. Com uma simples frase, como "*Quem estiver sem pecado, atire a primeira pedra*", Jesus dizia inúmeras coisas e causava uma revolução em seus ouvintes.

Nas histórias que contava conseguia sintetizar muitos detalhes em poucas palavras. Só mesmo a mente privilegiada de um excelente observador dos eventos da vida seria capaz de elaborá-las. Dizia: "*As raposas têm tocas, e as aves do céu, ninhos...*" (*Mateus 8:20*); "*Olhai os lírios dos campos...*" (*Mateus 6:28*); "*Eis que o semeador saiu a semear...*" (*Mateus 13:3*). O Mestre dos Mestres foi um dos maiores contadores de histórias de todos os tempos. Histórias que mudavam o rumo da vida das pessoas que ele atraía e educava.

A profissão de Jesus, como carpinteiro, era um símbolo da sua atuação como escultor da alma humana. Ao buscar pesadas toras e colocá-las nos carros de tração animal, tinha a pele esfolada. A fricção de suas mãos com a lâmina de entalhar tornava-as grossas e ásperas.

À medida que engrossava as mãos, o mestre refinava sua arte de pensar e amar. Enquanto encaixava as peças de madeira, analisava atenta e embevecidamente as reações e os pensamentos dos que o cercavam.

Temos pouquíssimos relatos sobre o que ocorreu dos 12 aos 30 anos na vida de Jesus. Mas as ideias e conceitos que ele expressou sobre a natureza humana a partir dos 30 anos revelam que ele foi um excelente observador da psicologia. Não há profundidade quando os olhos da alma enxergam pouco.

O homem Jesus perscrutava os comportamentos humanos e analisava as causas que os sustentavam. Percebeu que o ser humano estava doente em sua alma. Doente pela impaciência, rigidez, intolerância, dificuldade de contemplar o belo, incapacidade de se doar sem esperar a contrapartida do retorno.

Certa vez, os fariseus indagaram por que ele se envolvia com pecadores e pessoas eticamente reprováveis. Jesus fitou-os e desferiu uma resposta certeira: *"Os sãos não precisam de médicos, e sim os doentes"* (Mateus 9:12).

O Mestre da Vida compreendeu as limitações humanas. Entendeu que o ser humano domina o mundo externo, mas não tem domínio sobre seu próprio ser. Roma dominava o mundo, mas os generais e imperadores romanos eram dominados por sua emoção arrogante.

Somente alguém que conhecia as limitações humanas em suas raízes mais íntimas poderia amar incondicionalmente o ser humano numa sociedade saturada de preconceitos e discriminações. Somente alguém que penetrou nas entranhas da alma poderia perdoar e dar tantas chances quantas fossem necessárias para alguém começar tudo de novo.

Em uma terra de exclusão, Jesus Cristo acolheu. Em um ambiente social onde uns queriam estar acima dos outros, ele só admitiu estar acima das pessoas quando cravado sem piedade na cruz.

Ninguém foi tão grande como ele e ninguém soube se fazer tão pequeno. A grandeza de um empresário ou de um político não está nos jornais que a noticiam, mas na capacidade de se fazer pequeno para compreender as dificuldades humanas.

Um pai nunca será um grande pai se não aprender a se curvar e penetrar no mundo dos filhos. O Mestre do Amor se fez pequeno para tornar grandes os pequenos.

Você consegue se fazer pequeno para alcançar as pessoas que não têm o seu nível intelectual ou sua experiência de vida? Não adianta criticá-las. A crítica sem afeto angustia e controla a abertura da memória das pessoas a quem é dirigida. É necessário valorizá-las para que abram as janelas de suas mentes. Assim, nossas palavras se tornam capazes de arejar a emoção dos outros.

Laboratórios de imersão: as excelentes técnicas pedagógicas

Enquanto andava com os discípulos, o Mestre do Amor fazia diversos laboratórios para imergi-los em um treinamento capaz de mudar suas vidas. Não ficava apenas no discurso, mas criava situações ou usava as circunstâncias para fazer verdadeiros laboratórios destinados a aumentar a autoestima dos discípulos, superar suas dificuldades, aprender a trabalhar em equipe e arejar o inconsciente.

Jesus usou de todas as formas para trabalhar a alma humana. Escolheu a estirpe menos recomendável de homens para lapidá-los. Permitia, às vezes, que seus discípulos ficassem em apuros para que revelassem as zonas de tensão doentias de suas memórias. Quando isso acontecia, surgia uma oportunidade preciosa para que reeditassem o filme do inconsciente.

Quando Pedro, sem consultar Jesus, disse a um oficial romano que seu mestre pagava imposto, Jesus perguntou-lhe: *"O filho do rei paga imposto?"* (*Mateus 17:25*) Pedro respondeu que não. Perplexo, entendeu que seu mestre era o filho do Autor da vida. Por isso, ficou decepcionado consigo mesmo, pois mais uma vez reagira sem pensar.

Delicadamente, Jesus prosseguiu, fazendo mais um laboratório para ensinar Pedro a pensar antes de reagir. Pediu que ele fosse pescar e disse que dentro do primeiro peixe que pegasse encontraria uma moeda para pagar o imposto pelos dois. Pedro ficou perplexo. Era um especialista na arte de pescar e nunca retirara uma moeda de dentro de um peixe. Enquanto pescava, refletia, penetrava nas favelas de sua memória e as reurbanizava. Dessa maneira, a cada laboratório, era lapidada um pouco mais a pedra bruta da sua personalidade.

O resultado? O apóstolo Pedro se tornou um homem tão inteligente e gentil que suas duas cartas são um verdadeiro tratado de psicologia social. Delas emana sabedoria, compreensão das dores humanas e dos conflitos existenciais. Ele, que não sabia suportar sofrimento ou estresse, estimulou seus leitores a não ter medo das dores da existência, mas a superá-las com coragem, sabendo que elas transformam a alma como o fogo purifica o ouro.

Esculpindo a alma humana na escola da vida

Em uma terra em que os sentimentos humanos estavam embotados e as pessoas não aprendiam a arte de pensar, Jesus fez laboratórios de sabedoria. Ao andar com ele, os insensíveis se tornavam poetas, os agressivos acalmavam sua emoção, os incultos se transformavam em pensadores.

Quando o Mestre da Vida dizia *"Felizes os mansos porque herdarão a terra"* (*Mateus 5:4*), ele queria revelar que a violência gera violência e que todo opressor um dia será derrubado pelos oprimidos. Evidenciava que os territórios do reino que anunciava, ao contrário do que ocorre neste mundo, são conquistados pela mansidão.

João, o mais jovem dos discípulos, apesar de parecer muito amável, tinha a emoção explosiva e saturada de preconceitos. Certa vez, sugeriu a Jesus que destruísse com fogo algumas pessoas que não andavam com ele (*Lucas 9:54*). Se o mais amável dos discípulos queria destruir os que não faziam parte do seu grupo, imagine o que se poderia esperar dos outros.

O Mestre do Amor, sempre dócil, ouvia os absurdos dos discípulos e pacientemente trabalhava nos becos de suas almas brutas e desprovidas de compaixão. Ele esculpiu a emoção de João. O resultado? João se tornou o poeta do amor. Nos últimos momentos de sua vida, escreveu palavras que testemunham o quanto ele amava cada ser humano.

Talvez você goste de trabalhar com pessoas de fácil relacionamento. Talvez você quisesse ter filhos menos complicados, alunos menos problemáticos, colegas de trabalho mais receptivos e abertos. Mas nunca se esqueça de que vários cientistas e pessoas de sucesso da atualidade foram, no passado, muito difíceis. Por que tiveram sucesso? Porque alguém investiu nelas. As pessoas mais problemáticas poderão ser as que mais lhe darão alegrias no futuro.

O Mestre da Vida preferiu trabalhar as pessoas difíceis para mostrar que vale a pena investir no ser humano. Trabalhou pacientemente os que eram considerados escórias da sociedade, e eles, com exceção de Judas, aprenderam a arte de amar. Ensinou-lhes que nas pequenas coisas se escondem os mais belos tesouros.

Conduziu-os a despir suas máscaras sociais e a descobrir que a felicidade não está nos aplausos da multidão nem no exercício do poder, mas nas avenidas da emoção e nas vielas do espírito. Os discípulos abandonaram Jesus no momento em que ele mais precisava deles. O mestre previra isso e não reclamou. Um dia eles regressaram e se tornaram mais fortes.

Você cuida delicadamente da sua vida por compreender que ela é breve como uma gota que se evapora ao sol do meio-dia? Não se deixa entulhar por problemas nem saturar pelo sistema social? Invista na sua vida e na dos outros!

Esse é o único investimento que ganha sempre, mesmo quando perde. Ainda que as pessoas de quem você carinhosamente cuidou o abandonem, um dia elas voltarão, pois as sementes tardam mas não deixam de germinar. Confie nas sementes.

CAPÍTULO 3

Uma humanidade inigualável

Um homem fascinante

Muitos amam os feitos sobrenaturais de Jesus, exaltam seu poder divino, mas não conseguem enxergar a exuberância de sua humanidade. O homem Jesus era um especialista em captar os sentimentos mais escondidos nos gestos das pessoas, mesmo das que não o seguiam. Às vezes não conseguimos captar os sentimentos das pessoas mais íntimas, muito menos das distantes.

Os paradoxos que cercavam o Mestre da Vida nos deixam boquiabertos. Por um lado dizia ser imortal, por outro apreciava ter amigos temporais; falava sobre a pureza dos oráculos de Deus e ao mesmo tempo estendia as mãos às pessoas eticamente falidas; era capaz de ressuscitar uma criança, mas escondia seu poder pedindo aos pais da criança que alimentassem o filho.

Muitos têm dinheiro e fama, mas são banais em seu interior. Jesus, embora famosíssimo, era um homem simples por fora e especial por dentro. Vivemos a paranoia da fama nas sociedades modernas. Os jovens sonham em ser atores, atrizes, esportistas, cantores, pessoas famosas. Contudo, não conhecem as sequelas emocionais que a fama maltrabalhada pode causar.

A fama conspira muito mais contra o prazer de viver do que o anonimato. A grande maioria das pessoas famosas é mais infeliz e ansiosa do que quando era desconhecida. Perdem frequentemente a alegria com as coisas simples e se aprisionam numa bolha de solidão, ainda que rodeadas por multidões. A paranoia da fama é doentia. Procure ser especial por dentro, deixe que os aplausos venham naturalmente, mas não viva em função deles.

Financeiramente rico, mas emocionalmente triste

Um dia, um homem riquíssimo e famoso resolveu executar um grande sonho: cultivar um jardim com plantas do mundo inteiro. Queria ter o prazer de chegar do trabalho e contemplá-las. Chamou os melhores paisagistas e plantou todo tipo de flores. Tudo era tão lindo! Depois, voltou à rotina dos seus problemas. Como tinha muitas atividades e preocupações, pouco a pouco perdeu o encanto pelo jardim.

Um dia perturbou-se ao observar o jardineiro cantarolando enquanto cuidava das flores. Chocado, entendeu que a beleza está nos olhos de quem a vê. De nada adiantava ser dono do jardim, se não era capaz de administrar sua emoção para contemplá-lo. De nada adiantava ter milhares de flores, se seus pensamentos não se aquietavam para sentir seu perfume. Começou a rever seu estilo de vida, pois compreendeu que o jardineiro, embora tivesse uma conta bancária modesta, era dono de uma alta conta emocional. Era mais feliz do que ele.

Há milionários que têm caseiros, jardineiros e mordomos emocionalmente mais ricos do que eles. A felicidade vem do trabalho realizado com prazer e da alegria e beleza extraídas das pequenas coisas da vida. Muitas pessoas de sucesso frequentam assiduamente os consultórios de psiquiatria. Tiveram êxito financeiro, social e intelectual, mas se autoabandonaram, não tiveram sucesso em viver dias felizes e tranquilos.

A fama batia à porta do homem Jesus, mas ele a desdenhava. Jamais perdeu a simplicidade e o encanto pela vida. Mesmo no auge da fama, ainda conseguia fazer dos lírios do campo um espetáculo aos seus olhos. Sua sociabilidade e sua espontaneidade o levavam a almoçar e jantar prazerosa e frequentemente na casa das pessoas, mesmo das que não conhecia (*Mateus 26:6*).

Jesus Cristo reunia na sua personalidade gentileza e segurança, eloquência e simplicidade, glória e anonimato, grandeza e humildade.

Enfrentava o mundo para defender o que pensava, mas, ao mesmo tempo, conseguia chorar sem reservas diante dos outros. Ele atingiu o auge da saúde psíquica. Sua humanidade foi inigualável.

Você consegue reunir na sua personalidade gentileza e segurança? Você é uma pessoa que contagia os outros com sua simplicidade e espontaneidade? Às vezes nem mesmo nossos sorrisos são espontâneos e frequentes.

Precisamos aprender com o Mestre dos Mestres a viver saudavelmente no solo dessa sinuosa existência. Precisamos deixar de lado nossos títulos acadêmicos e nossa conta bancária e aprender a ter prazer na relação espontânea e flexível com as pessoas.

Uma das piores coisas que um psiquiatra ou psicólogo pode cometer contra si é continuar sendo um profissional de saúde mental fora do ambiente do consultório. Ele esmaga a forma singela de usufruir a vida.

Prazer em ser um homem

Bilhões de homens e mulheres admiram profundamente Jesus Cristo, mesmo os budistas e os islamitas. Mas as pessoas querem um Cristo nos céus, sem perceberem que ele amava ser reconhecido como filho do homem.

O mais sobrenatural dos homens amou a naturalidade. Ajudou a todos com seu poder, mas recusou-se a usá-lo quando foi julgado e crucificado. Quis ser um homem até esgotar a energia de todas as suas células e ter nas matrizes de sua memória todas as experiências humanas. Será que valorizamos nossa dimensão humana?

O mestre sabia aquietar a própria alma e extrair muito do pouco. Dormia quando todos estavam agitados e ficava alerta quando todos dormiam. Sua emoção não era vítima das circunstâncias, por isso permanecia calmo mesmo quando o mundo parecia desabar sobre ele. Discursava sobre a fonte da alegria, mesmo quando havia inimigos para prendê-lo (*João 7:37*).

Quantas vezes somos escravos das circunstâncias! Nossa emoção, movida por problemas, parece um pêndulo atirado de um lado para o outro. Se, apesar de ter muitos motivos de alegria, você não a sente, está na hora de repensar alguns fundamentos da sua vida.

O homem Jesus considerava a vida como um espetáculo

Jesus era o Mestre do Amor porque considerava cada pessoa como um ser especial e não apenas como mais um número na multidão. Todos eram belos aos seus olhos! Ao abraçar as crianças, ele convidava todos os adultos a serem pequenos alunos na escola da vida.

Se você nunca se dedicou a contemplar as reações de uma criança, não conheceu um dos maiores prazeres humanos – o de se encantar com uma linda expressão de vida. Se não conseguir se deslumbrar com os segredos que cercam o funcionamento da mente de uma criança, dificilmente você terá tempo e habilidade para admirar sua própria vida.

Faça uma pausa e observe o admirável mundo dos pensamentos e emoções. Como pensamos? Como penetramos no escuro da memória em milésimos de segundos? Como encontramos em meio a bilhões de opções os elementos que confeccionam as cadeias de nossos pensamentos? Como temos certeza de que os verbos que empregamos na construção das ideias são exatamente os que queríamos utilizar?

Quando os indivíduos, depois de explorarem intensamente o imenso espaço e o pequeno átomo, tiverem tempo para voltar para dentro de si mesmos, compreenderão que a ciência tem limites exploratórios. Os maiores mistérios não estão no espaço, mas no espírito humano. As maiores dúvidas científicas não estão na origem do universo, mas na origem da inteligência, na construção das mais simples ideias. Quando uma criança pensa, mesmo que esteja abandonada nas ruas, ela realiza um feito mais complexo do que todas as pesquisas da mais célebre das universidades.

Você fica impressionado quando observa as pessoas pensando, sentindo e trocando experiências? Os programas da Microsoft são sistemas arcaicos se comparados aos fenômenos que nos fazem produzir os momentos de alegria e tristeza, tranquilidade e ansiedade. A sua inteligência, como a de qualquer ser humano, é espetacular. E, ainda que você tenha muitos defeitos, nunca se diminua diante de ninguém. Toda discriminação, além de desumana, atenta contra a inteligência.

Na época de Cristo, os leprosos eram banidos da sociedade. Mas o despojamento de Jesus era tão grande que ele conseguia dar mais atenção a um leproso do que a um fariseu. Por quê? Porque para ele ninguém era maior ou menor. Não fazia isso por ser apenas um homem caridoso, mas porque via a grandeza da vida, e esta visão o tornava capaz de tratar uma prostituta com respeito, chamando-a de "mulher" (*João 8:10*). Se você nunca se der conta da grandeza da vida, dificilmente conseguirá honrar pessoas desprivilegiadas.

É lamentável percebermos que muitos vivem de forma indigna, diminuindo os outros, medindo-se pela conta bancária, por diplomas acadêmicos e status social.

Se você encontrar o presidente do seu país atravessando a rua e próximo dele estiver uma criança desprotegida socialmente, dirija-se primeiro à criança. Ela é tão importante quanto o governante e precisa mais de você. É fundamental honrar solenemente o espetáculo da vida.

Sem amor a vida não tem sentido

Um dia um pai trouxe-me um filho que estava com depressão e com problemas de farmacodependência. Os dois moram nos EUA. Viajaram milhares de quilômetros para procurar ajuda.

Quando perguntei por que viera de tão longe para tratar do filho, se em seu país havia excelentes psiquiatras, ele me interrompeu dizendo que viajaria o mundo todo para que seu filho pudesse ser feliz e ter êxito na vida. Havia lido um dos meus livros e achava que eu poderia ajudá-lo.

O que faz um pai cometer atos extremos para ajudar um filho? Se nossa mente fosse limitada como a de um computador, certamente eliminaríamos nossos filhos problemáticos, dependentes ou deficientes. Contudo, quanto mais dificuldades eles têm, mais criamos vínculos e os amamos.

Recentemente, um pai me contou que tinha uma filha com deficiência mental. Ela era alegre e sociável, embora tivesse dificuldade de construir pensamentos complexos, devido à deficiência de armazenamento de informações na memória. Os pais e dois irmãos a amavam intensamente e cuidavam dela com o maior carinho. Um dia a menina faleceu.

Com essa morte, parte da vida da família entrou em colapso. Por quê? Porque o amor imprime a imagem dos nossos íntimos nas raízes do nosso inconsciente. A mãe ainda acordava de madrugada para levar a mamadeira para a filha, como sempre o fizera. Esquecia que ela já havia partido.

As pessoas morrem, mas o amor faz com que continuem vivas dentro de nós. Sem amor, que sentido tem a vida? O *Homo sapiens* é uma espécie admirável não apenas porque produz ciência e tecnologia, mas principalmente porque possui uma emoção capaz de amar. O amor nos faz cometer atos ilógicos para proteger e cuidar de quem amamos.

Só o amor nos faz cometer atos impensáveis. Se Deus fosse um megacomputador, nunca permitiria que seu filho morresse na cruz em favor da humanidade. O amor, simplesmente ele, fez com que os dois personagens mais importantes do universo cometessem atos ilógicos para resgatar quem amavam.

O Mestre do Amor queria ensinar aos homens a principal arte da inteligência e a mais difícil de ser aprendida: a arte de amar. Para aprendê-la era necessário cultivar a contemplação do belo, a tolerância, a compaixão, a capacidade de perdoar e a paciência. Amar é uma palavra fácil de pronunciar mas difícil de ser praticada. Muitos nem mesmo conseguem amar a si mesmos, quanto mais as pessoas de fora. Mas, sem amor, que sentido tem a vida?

O amor renova as esperanças, reanima a alma, reaviva a juventude da emoção. A emoção de quem não ama envelhece precocemente, o que é grave. Quem ama, ainda que esteja num asilo, vive na primavera da vida. Se você aprender a amar, será um eterno jovem, ainda que idoso. Caso contrário, será um velho, mesmo se for jovem.

O amor por seu trabalho se evidencia na sua dedicação e no prazer ao exercê-lo. O amor por sua vida se revela na forma como você investe nela. Pare e observe a vida. Aprenda alguns segredos com o Mestre do Amor.

Um homem que provoca suspiros

Roma dominava muitas nações. Tibério César era o senhor do mundo. O domínio de Roma sufocava a alma de cada judeu. Israel nunca aceitara ser subjugada por qualquer outro povo. No passado, o povo de Israel já pagara alto preço para sair do jugo do Egito.

Foram 40 anos de caminhada pelo deserto em busca da Terra Prometida. Canaã era mais do que chão, mais do que uma terra onde corria leite e mel. Era um lar para descansar a alma. Israel ainda parecia uma frágil fagulha, mas preferiu o calor do deserto à servidão ao faraó. Preferiu o calor do sol à sombra de um teto que não era seu.

Mas agora os tempos eram difíceis. O domínio do Império Romano era um corpo estranho que penetrava no interior de cada casa dos judeus. O medo fazia parte da rotina do povo. Roma e César eram temas dominantes. Então, de repente, surgiu sorrateiramente um carpinteiro que foi ocupando o cenário físico e emocional das pessoas.

Pouco a pouco elas passaram a ter o homem Jesus como assunto dominante. Ninguém sabia direito quem ele era. Sabiam apenas que suas palavras tocavam os corações e seus gestos umedeciam os olhos.

Pessoas de culturas, origens e dogmas religiosos diferentes se aglomeravam para tocá-lo e ouvi-lo. Jerusalém fervilhava de gente. Jesus revelou-se ao mundo em apenas três anos e meio, mas foi tempo suficiente para que se tornasse inesquecível.

Ele era tão desprendido de poder que estimulava seus discípulos a fazer obras maiores que as dele. Líderes políticos, acadêmicos e até religiosos vivem competindo com os outros e os controlam para que ninguém os supere. Jesus, porém, estimulou seus discípulos a superá-lo em ajudar as pessoas e aliviar a dor humana.

Algumas mulheres ficavam tão emocionadas ao conhecê-lo, que, num gesto espontâneo, choravam e beijavam seus pés. Os fariseus, cheios de malícia em seus pensamentos, as reprovavam e criticavam o mestre por permitir o que consideravam um ato infame e comprometedor. Mas Jesus sabia que as lágrimas e os beijos das mulheres teciam uma linguagem insubstituível para expressar os mais nobres sentimentos.

Ah! Se soubéssemos amar como ele nos ensinou! Se os pais dessem menos brinquedos para seus filhos, e mais de si mesmos e de sua história, teríamos mais alegria e menos solidão dentro dos lares modernos! Se os professores dessem menos informação, e gastassem mais tempo penetrando na alma e educando a emoção dos seus alunos, teríamos menos conflitos nas salas de aula!

CAPÍTULO 4

A comovente trajetória em direção ao Calvário

O maior educador do mundo não precisava de aparatos, endereço fixo nem de tecnologia para atrair as pessoas. Jesus tocava profundamente a inteligência e a emoção dos que o ouviam.

Era época da Páscoa, e milhares de pessoas, vindas de todos os cantos do país, lotavam as hospedarias, e não poucas dormiam ao relento. A multidão estava inquieta, esperando amanhecer para vê-lo e ouvi-lo. Mas, para surpresa de todos, Jesus estava naquele momento sendo submetido a um julgamento sumário.

Vimos no livro anterior da coleção, *O Mestre da Vida*, que Jesus foi preso secretamente e julgado na calada da noite (*Mateus 26:31*). Nas primeiras horas do dia o veredicto final já havia sido dado.

De agora em diante, estudaremos seus passos em direção à cruz. Antes de analisar os preparativos da crucificação e a própria crucificação, vamos examinar um trecho a que poucos dão atenção, mas que possui uma beleza única: a trajetória de Jesus Cristo até o Calvário ou Gólgota, local em que foi crucificado.

Saindo da Fortaleza Antônia: a grande surpresa

O réu estava mutilado. Fora julgado e espancado. Em menos de 12 horas seus inimigos destruíram seu corpo. O filho do homem não tinha mais forças para caminhar.

Cravada na cabeça do mais amável dos homens havia uma coroa de espinhos, causando dezenas de pontos hemorrágicos. Sua face estava coberta de hematomas. Havia curado a vista dos cegos, agora tinha os olhos inchados. A musculatura das pernas estava lesada; a pele das costas, aberta pelos açoites; o corpo, desidratado.

Jesus se encontrava na Fortaleza Antônia, casa de Pilatos. Lá fora, uma multidão queria notícias. Desejavam saber o veredicto romano. De repente, um homem quase irreconhecível apareceu, conduzido por soldados.

A multidão ficou chocada. Não podia ser ele. Parecia uma miragem. Não acreditavam no que viam. O desespero começou a invadir homens, mulheres e crianças. Ninguém entendia o que estava acontecendo. O homem que fizera incríveis milagres estava ali, fragilizado. O homem que discursara eloquentemente sobre a vida eterna estava morrendo. Que contraste absurdo!

A cena era impressionante! Gritos e choro ecoavam entre as pessoas que o amavam. Os soldados bradavam e usavam a força para que abrissem espaço. Um corredor humano foi sendo formado lentamente para o réu passar.

Fico imaginando o que se passava na mente daquelas pessoas sofridas que foram cativadas pelo Mestre do Amor e que ganharam um novo sentido de vida. Fico pensando em como elas se sentiram vendo um sonho se converter em pesadelo.

Perturbadas, talvez se perguntassem: "Será que tudo o que ele falou era mentira?", "Será que a vida eterna, sobre a qual tanto discursou, não existe?", "Será que nunca mais encontraremos nossos seres amados que se foram?", "Se ele é o filho de Deus, onde está o seu poder?". Nunca tantas perguntas ficaram sem resposta.

As pessoas na multidão não conheciam bem o homem que amavam. Sabiam que tinham sido cativadas por ele e não conseguiam deixar de segui-lo, mas desconheciam sua estrutura emocional e seu plano transcendental. Jamais poderiam imaginar que tudo o que estava ocorrendo fazia parte do plano de Jesus e do seu cálice.

Suportando e superando a dor

Se Jesus se fixasse na sua dor e na ira dos seus carrascos, teria abandonado o seu cálice. Porém, nem as dores nem a frustração foram capazes de dominá-lo.

Nós desistimos facilmente das pessoas que nos decepcionam, mas ele, ao contrário, era de uma perseverança ímpar. Sua motivação era inabalável. Tinha metas sólidas e estabelecia prioridades para cumpri-las. Assim, conseguia forças para suportar com dignidade o que ninguém suportaria com lucidez.

Jesus estava sofrendo, mas não sofria como um miserável ou um infeliz. Em cada momento de dor, entrava num profundo processo de reflexão e diálogo com seu Pai. O Mestre da Vida caminhava dentro de si mesmo enquanto se dirigia para o seu destino final. Conseguia ver as dores por outra perspectiva.

Por qual perspectiva vemos nossos sofrimentos cotidianos? Muitos de nós não sabemos suportar as dificuldades inerentes à vida. Elas nos abalam em vez de firmar nossos alicerces, nos paralisam e não nos libertam.

Ninguém deve procurar deliberadamente qualquer tipo de dor para lapidar sua personalidade. Devemos ir sempre em direção ao conforto, ao prazer e à tranquilidade. Contudo, mesmo as pessoas mais previdentes não conseguem controlar todas as variáveis da vida. Por isso, pequenas dores e frustrações sempre acompanharão nossa trajetória existencial.

A questão toda está no que faremos com elas. Não reaja com medo, não se revolte, não culpe o mundo. Lembre-se de que o Mestre dos Mestres mostrou que a dor pode ser uma excelente ferramenta para aperfeiçoar e fortalecer a alma.

Consolando as pessoas no auge da dor: mais um gesto excepcional

Jesus sempre esteve disposto a carregar a sua cruz. Agora era chegado o momento. Contudo, fora de tal forma torturado, que não tinha energia para carregá-la. Quando tentava colocar a trave de madeira sobre os ombros, caía frequentemente.

Os soldados davam-lhe chibatadas. Lentamente ele se levantava e novamente ajoelhava. Para não atrasar o desfecho, chamaram para ajudá-lo o primeiro homem forte que estava por perto. Colocaram a cruz sobre Simão, o Cireneu (*Lucas 23:26*). Este viera de longe, provavelmente para ver Jesus e ser ajudado por ele. Mas agora o via mutilado e precisando de ajuda.

Lucas, autor do terceiro evangelho, descreve a cena de maneira eloquente. Diz que as pessoas se assombravam com o espetáculo (*Lucas 23:27*). Contemplavam a dor e o drama de Jesus e eram invadidas por tal desespero, que batiam no peito inconformadas. O mais eloquente e amável dos homens estava mudo e irreconhecível.

Jesus caminhava lentamente. Sua cabeça pendia sobre o peito. Estava sem condições físicas e psíquicas para se preocupar com os outros. Entretanto, ao ouvir os gritos da multidão que o amava, parou e ergueu os olhos! Viu os leprosos e os cegos que curara, as prostitutas que acolhera, inúmeras mães carregando os filhos no colo. Então, quando todos pensavam que ele não tinha mais energia para raciocinar e dizer qualquer palavra, fitou a multidão, se fixou nas mulheres e disse, provavelmente com lágrimas: *"Filhas de Jerusalém, não choreis por mim. Chorai antes por vós e por vossos filhos"* (*Lucas 23:28*).

Jesus parecia dizer: "Por favor, não chorem por mim. Estou morrendo, não se preocupem comigo. Preocupem-se com vocês mesmas. Vocês já têm problemas demais, chorem por vocês e por seus filhos..." Mas o Mestre da Vida prosseguiu com algo enigmático. Falou que, se faziam aquilo com o lenho verde, muito pior fariam com o lenho seco (*Lucas 23:31*). Queria dizer que, se os romanos o julgavam de forma tão injusta, o que não poderiam fazer aos judeus?

Talvez estivesse alertando as mães para os dias terríveis que viriam. Talvez estivesse antevendo a destruição dramática de Jerusalém pelos romanos no ano 70 d.C. A destruição de Jerusalém foi um dos capítulos mais angustiantes da história da humanidade e poucos o conhecem. O leitor que desejar saber como essa tragédia se deu encontrará um relato no apêndice deste livro.

Que homem é capaz de, no auge do sofrimento, esquecer a si próprio e se preocupar com os outros? Era ele quem precisava de consolo, não a multidão. Era ele quem precisava estancar o sangue das feridas e aliviar as dores. Uma vez mais, Jesus esqueceu-se de si, voltou-se para as pessoas e procurou consolá-las.

Você conhece alguém que tenha sofrido um grave acidente e que, apesar de estar todo ferido, sangrando e morrendo, foi capaz de esquecer-se de si para consolar a angústia dos que dele se aproximavam? Jesus inverteu os papéis. Sua compaixão não tem precedente histórico. Estava ferido e mutilado, mas conseguiu deslocar-se da própria dor para concentrar-se na dor dos outros. Na cruz, ele levará até as últimas consequências sua solidariedade e amor.

Não era possível deixar de chorar por ele

Jesus estava preocupado com as mulheres e com seus filhos, mas, mesmo sofrendo e já quase sem forças, pediu que poupassem suas lágrimas e não se preocupassem com ele. O Mestre da Vida devia estar alertando cada habitante de Jerusalém. Entretanto, tudo isso são suposições. Jesus tem segredos que nunca serão desvendados completamente nem pela análise científica nem pela teológica.

Ele andava cambaleante, mas queria enxugar as lágrimas de cada uma daquelas pessoas. Mal acabara de falar, e os soldados já o empurravam sem piedade. Embora desejasse consolar as mulheres, não conseguiu trazer-lhes conforto. Elas o amavam, e por isso era impossível não sofrer por ele. Vê-lo morrer matava dentro delas o sentido da vida.

A linguagem da emoção

Os discípulos que acompanhavam Jesus aprenderam uma das mais difíceis e importantes linguagens – a linguagem da emoção. Aprenderam a não ter medo de admitir as próprias fragilidades e de expressar seus sentimentos. Aprenderam a não ter medo de amar e chorar. Pedro chorou por tê-lo negado (*Lucas 22:62*); Judas, por tê-lo traído, e agora uma numerosa multidão soluçava inconsolada por crer que iria perdê-lo para sempre.

Você tem aprendido a linguagem da emoção? Você vive reprimido dentro de si ou sabe expressar seus sentimentos? Nunca se esqueça de que a maneira como os outros nos veem e reagem a nós se deve não tanto ao que somos, mas ao que expressamos. Há pessoas excelentes, mas sem capacidade de exteriorizar sua amabilidade, sabedoria, preocupação com os outros.

Muitos pais, professores, profissionais liberais e empresários são excelentes no conteúdo, mas têm grave dificuldade de falar a linguagem da emoção e exteriorizar suas ideias e sentimentos. Passam muitas vezes uma imagem de arrogância e autoritarismo, embora sejam humanos e humildes.

Enquanto o Mestre do Amor caminhava, as pessoas acompanhavam seus passos lentos. Ele vertia sangue, e a multidão vertia lágrimas. Que cena! Ninguém queria chegar ao destino final – o Calvário. Ninguém queria assistir ao capítulo derradeiro da história do mestre da emoção. Vê-lo ferido e mutilado já era insuportável para aquele povo sofrido e sem esperanças.

Um balanço do martírio: quatro julgamentos e seis caminhadas como criminoso

Antes de analisar os eventos que aconteceram quando Jesus chegou ao Calvário, vamos rever o que ele sofreu desde que foi preso na noite anterior, no Jardim do Getsêmani. Essa revisão é importante para que possamos tomar consciência das condições físicas e emocionais com que Jesus chegou para ser crucificado.

Os líderes judeus sabiam que se não o condenassem rapidamente a multidão poderia se revoltar. Então pressionaram tanto Pilatos como Herodes Antipas para julgá-lo sumariamente. Quando Pilatos, zombando deles, disse *"Crucificarei o vosso rei?!"* (João 19:15), os líderes judeus se revoltaram. Disseram, pela primeira vez, alto e bom som, que César, o imperador romano, era o rei deles. Os judeus jamais tinham aceitado ser governados por alguém estranho à sua raça.

Minutos antes, eles haviam preferido o assassino Barrabás a Jesus. Agora trocavam Jesus por um tirano que estava em Roma. Nunca um homem tão desprezado e odiado teve um comportamento tão digno.

Os judeus já haviam, anos antes, apresentado queixas contra Pilatos para o grande imperador Tibério César. Pilatos sabia, portanto, que, se dissessem a Tibério que ele absolvera um homem que dizia ser "rei dos judeus", o imperador não o perdoaria, ele cairia em desgraça e perderia o cargo. Pilatos sabia que Jesus era inocente, mas não suportou a pressão política. Foi infiel à sua consciência e condenou à pena máxima o mais inocente dos homens.

O Mestre da Vida fez seis longas caminhadas como criminoso: caminhou do Jardim do Getsêmani até a casa de Anás; da casa de Anás à casa de Caifás; da casa de Caifás à casa de Pilatos, o governador; da casa de Pilatos à casa de Herodes Antipas; da casa de Herodes Antipas novamente até a casa de Pilatos; da casa de Pilatos até o Calvário. Jesus era conduzido de um lado para o outro porque ninguém queria se responsabilizar pela morte do mais famoso e intrigante homem de Jerusalém.

Cuspiram nele e o humilharam por diversas vezes. Foi considerado duplamente falso: falso filho de Deus e falso rei. Mas não abriu a boca para agredir ou reclamar dos seus torturadores.

Submeteu-se a quatro julgamentos injustos: na casa de Anás, na de Caifás, na de Pilatos e na de Herodes Antipas. Foi torturado emocionalmente em todos esses julgamentos. Três grupos de soldados o espancaram. Açoites mutilaram seu corpo na casa de Pilatos, e uma coroa de espinhos foi cravada em sua cabeça, como se fosse um falso e frágil rei.

Ficou nu pelo menos duas vezes em público, na casa de Herodes Antipas e no Calvário. Na casa de Herodes, Jesus calou-se e recusou-se a fazer qualquer um de seus milagres, como o governador da Galileia solicitava. Não queria dizer qualquer palavra ao político assassino e arrogante que havia mandado degolar seu grande amigo e precursor João Batista.

Bastava um milagre e seria solto. Mas escolheu o silêncio. Por isso, Herodes despiu-o, colocou-lhe um manto de rei e zombou dele. Seus soldados o colocaram no centro de um picadeiro e o provocaram, dando gargalhadas e gritos histéricos. Somente alguém plenamente convicto dos próprios valores substitui as palavras pelo silêncio. Falar demais para convencer os outros é sinal de insegurança. Nunca um homem foi tão forte e seguro num ambiente onde só era possível reagir com ansiedade e desespero.

A ciência é omissa na compreensão do homem Jesus. Espero que meus colegas cientistas da psicologia, da psiquiatria e das ciências da educação possam ter a oportunidade de estudar sua inusitada personalidade.

A consequência da humilhação no inconsciente

Em cada um dos julgamentos, Jesus foi humilhado publicamente, sem nenhuma compaixão. Você já foi humilhado publicamente? A humilhação pública é uma das mais angustiantes experiências humanas.

Lembro-me de uma paciente que aos 12 anos foi humilhada por uma de suas professoras. Ao fazer uma pergunta aparentemente descabida, a professora ofendeu-a na frente dos colegas, dizendo: "Gordinha, você não é inteligente." Foi o suficiente para que a ofensa ficasse registrada de maneira privilegiada na memória da menina, submetendo sua personalidade a um verdadeiro calabouço. Ela, que era sociável e inteligente, passou a ter baixo rendimento escolar e a se isolar socialmente.

Todas as vezes que ia mal nas provas ou que alguém levantava a voz para ela, abria-se a janela da memória em que estava o registro doentio provocado pela professora, reproduzindo a experiência de angústia e sentimento de inferioridade. Pouco a pouco desenvolveu depressão, e com 18 anos tentou o suicídio.

Nunca humilhe as pessoas nem as critique publicamente, mesmo que elas estejam erradas. Elogie-as em público e as critique particularmente, como o Mestre da Vida fazia. Pais, professores e chefes que humilham as pessoas publicamente são capazes de comprometer a capacidade intelectual delas para sempre.

Humilhações sociais podem perpetuar-se por gerações. É o caso dos afro-descendentes. Há milhões deles que ainda sofrem veladamente as sequelas da escravidão. A escravidão foi abolida, mas suas sequelas permaneceram.

Se as aulas sobre a escravidão não forem capazes de educar a emoção, resgatando a dor que os negros viveram e exaltando sua dignidade como seres humanos, elas podem perpetuar essas sequelas. A transmissão passiva das tragédias humanas, como o nazismo, as guerras mundiais ou as atrocidades do Império Romano, pode produzir uma psicoadaptação inconsciente nos alunos, embotando sua sensibilidade. Nunca é demais repetir: informar é insuficiente para formar; precisamos da educação que forma.

As rejeições sociais registram-se de maneira privilegiada na memória, criando zonas de tensão capazes de controlar nossa maneira de ser e de agir. É necessário reciclar as experiências humilhantes de rejeição e discriminação do passado. Caso contrário, seremos vítimas e não autores de nossa história.

Devemos aprender com o Mestre dos Mestres a proteger nossas emoções. Enquanto caminhava por uma estrada saturada de agressões e provocações, Jesus não reclamou nem se desesperou. As pessoas podiam rejeitá-lo, mas ele não gravitava em torno do que os outros pensavam sobre ele. Era forte o suficiente para não fazer de sua emoção uma lata de lixo nem de sua memória um depósito de vergonha e de autodesvalorização.

Se você gravita em torno do que os outros dizem e pensam a seu respeito, procure fortalecer sua proteção emocional. Não deixe que um olhar atravessado, uma palavra áspera ou um gesto agressivo estraguem seu dia e afetem sua autoestima.

O mestre perdia sangue, mas não perdia a dignidade. Os homens podiam amordaçá-lo, mas ele permanecia livre num lugar em que seus inimigos eram escravos. Ninguém conseguiu abalar os alicerces de sua alma.

A sequência dos eventos

Van Gogh passou por muitas privações e rejeições. Esse gênio da pintura era rico por dentro, mas emocionalmente hipersensível. O impacto das perdas e ofensas causavam grandes turbulências no território de sua emoção, provocando crises depressivas. Por fim, o grande pintor perdeu o colorido da emoção.

Machado de Assis foi um brilhante e poético escritor. Criou belos personagens em complexas tramas existenciais. Mas experimentou o caos emocional com a morte de sua amada esposa. Com isso, perdeu o solo da própria segurança, o que o fez imergir numa bolha de solidão e arrebatou-lhe o ânimo de viver. Quem está livre de passar por esses percalços?

Certa vez, ministrei uma palestra para cerca de 80 professores de uma universidade. Quase todos eram doutores. Falei-lhes sobre os vínculos da emoção com o pensamento e dos complexos papéis da memória. Esses professores perceberam que os títulos acadêmicos não eram suficientes para habilitá-los a navegar com serenidade nas águas da própria emoção, a superar seus focos de tensão, a resolver os conflitos em sala de aula e a cativar seus alunos. Também compreenderam que, apesar de serem ilustres professores, conheciam pouco o funcionamento da mente e as ferramentas que, sem saber, utilizavam na educação: as janelas da memória, o mundo das ideias, as zonas de tensão das emoções.

Ninguém vive num jardim sem espinhos. Como avaliar se uma pessoa é feliz e bem-resolvida? Por sua habilidade e capacidade de suportar e transcender os sofrimentos. Não a avalie quando está sendo aplaudida pelas multidões, mas quando se encontra no anonimato, atravessando perdas e fracassos. Uma pessoa feliz não é um gigante, mas alguém capaz de transformar em adubo a própria fragilidade, de usar seus problemas como desafios e de abrir o leque dos pensamentos quando o mundo parece desabar sobre ela.

Diversas faculdades de medicina, psicologia e pedagogia têm adotado a coleção Análise da Inteligência de Jesus Cristo. O interessante é que alguns grandes bancos também a adotam como leitura para seus diretores. Por que executivos de finanças estão lendo livros sobre a inteligência do Mestre dos Mestres? Porque as palestras de motivação raramente resistem ao estresse da segunda-feira. Além disso, os métodos administrativos, a gestão de pessoas e a superação de situações de riscos encontram dificuldades ao serem trabalhados na mente dos líderes empresariais.

Esses executivos desejam, ainda que inconscientemente, conhecer algo que tenha raízes, algo capaz de transformar sua maneira de ser e de pensar. Por isso, quiseram compreender o homem mais fascinante que pisou na Terra: Jesus Cristo. Procuram conhecer como ele lidava com as pessoas mais próximas, saber como ele abria as janelas de sua mente nos focos de tensão, superava situações de altíssimo risco e desenvolvia as funções mais importantes da inteligência.

Jesus sempre superou os obstáculos de sua vida e só morreu porque quis se entregar. O Mestre da Vida, independentemente da questão espiritual, foi a pessoa que mais soube preparar líderes. Mesmo o fato de seus discípulos o terem abandonado foi um treinamento para eles. Jesus os havia prevenido de que isso aconteceria. Seu alerta preparava os discípulos para reconhecer seus limites, superá-los e nunca desistir de suas metas. Ele lapidava a personalidade de pessoas difíceis. Treinava-as com suas ricas palavras e seus laboratórios de vida para serem líderes do próprio mundo.

Você sabe investir em pessoas e explorar o potencial delas? Você é compreensivo com seus filhos, alunos ou funcionários quando eles erram e o perturbam? Nossa dignidade revela-se não quando atravessamos situações calmas, mas em momentos tensos e arriscados. A habilidade para gerenciar e treinar pessoas complicadas em situações complicadas é um indicador de grandeza.

CAPÍTULO 5

Os preparativos para a crucificação

Rejeitando uma bebida entorpecente para aliviar sua dor

Jesus chegou ao Gólgota às nove da manhã (*Marcos 15:25*). Gólgota significa "lugar da caveira", por isso recebe também o nome de Calvário. A multidão estava apavorada, e o réu, exausto e profundamente fatigado.

Os governadores romanos puniam com a morte na cruz seus piores inimigos. O Calvário era um lugar triste e sinistro que ficava do lado de fora de Jerusalém. Ninguém sentia prazer em visitar aquele lugar. Entretanto, o homem Jesus arrastou multidões para lá.

Os romanos aprenderam a arte da crucificação com os gregos, e os gregos, com os fenícios. A crucificação era uma punição cruel. O criminoso ficava na cruz durante longas horas, em alguns casos por dois ou três dias, até morrer de hemorragia, desidratação, insolação e falência cardíaca.

O Império Romano usava a prática da crucificação como instrumento de domínio. Os gemidos de uma pessoa crucificada ecoavam por meses a fio nas almas dos que os ouviam, gerando desespero e medo. O medo os controlava e os fazia submeter-se à autoridade política.

Ao chegar ao Calvário, os soldados romanos davam uma bebida anestésica ao condenado: vinho misturado com mirra (*Mateus 27:34*). Tal bebida era um gesto mínimo de misericórdia para com os crucificados. Ela aliviava um pouco a dor produzida pelo trauma dos cravos que lesavam músculos, nervos, fraturavam ossos e rompiam vasos sanguíneos.

Quando o risco de morte é intenso, fecham-se os territórios de leitura da memória, e o homem animal prevalece sobre o homem intelectual. Ninguém conserva a sobriedade quando é machucado, ainda mais quando é crucificado. As reações instintivas dominavam os condenados à cruz. Eles se contorciam de dor e lutavam desesperadamente para esquivar-se da agonia e da morte.

Os primeiros golpes dos cravos nos punhos e nos pés provocavam uma dor insuportável. Estalos dos martelos combinados com gritos lancinantes ecoavam pelo lugar. Alguns desmaiavam, outros ficavam confusos, outros ainda enfartavam devido ao estresse pós-traumático.

Por causa da intensidade da dor, ninguém recusava a bebida anestésica. Mas Jesus, para espanto dos soldados, não quis beber. Rejeitou o ato de misericórdia dos romanos. Por quê? Talvez porque desejasse colocar-se como redentor da humanidade. Talvez porque não quisesse perder a consciência em nenhum momento do seu martírio. Queria viver as aflições humanas até o final.

Jesus conservou a lucidez antes e durante o martírio. Até a última batida do seu coração, o Mestre da Vida estava plenamente consciente do mundo à sua volta.

As possíveis reações psicossomáticas

Não estamos programados para morrer. Embora tenhamos mecanismos que nos conduzam ao envelhecimento, o organismo não aceita o fim da vida, mesmo quando alguém tenta desistir dela. Todas as nossas células possuem uma memória genética que clama pela continuidade da existência.

A memória genética nos faz fugir de tudo que contribui para o fim! Todos temos reações psicossomáticas diante de determinados estímulos agressivos que representam riscos. O corpo humano libera mais insulina e faz desencadear-se uma série de mecanismos metabólicos para que as células alcancem um rendimento energético maior, propiciando condições para lutar ou fugir da situação estressante.

Assim, diante da possibilidade da morte, surge um turbilhão de sintomas psicossomáticos. O cérebro envia mensagens urgentes para o sistema circulatório. O coração deixa sua tranquilidade rítmica, acelera sua velocidade, gera taquicardia e aumenta a pressão sanguínea. O objetivo é bombear mais nutrientes para a musculatura.

Jesus foi deitado no chão sobre o leito da cruz. Independentemente da sua natureza divina, era um homem com um corpo frágil como o de qualquer um de nós. Ao ser posicionado na trave de madeira, apresentou diversos sintomas psicossomáticos.

Horas antes, no Getsêmani, *"seu suor tornou-se semelhante a espessas gotas de sangue que caíam por terra"* (Lucas 22:44), um sintoma raro que ocorre no ápice do estresse. Ele deve ter tido intensa taquicardia, com grande aumento da pressão sanguínea, provocando ruptura nos pequenos vasos da pele. Eram reações devidas à consciência do martírio que o aguardava. Sabia que teria de suportar uma morte indigna com a maior dignidade.

Agora, na cruz, Jesus insiste em estar plenamente consciente. Sofria muito, mas permanecia inabalável. Os soldados se prepararam para contê-lo, como a todo crucificado, mas não foi preciso. O mestre não ofereceu resistência. Os homens poderiam tirar-lhe tudo, até a roupa, mas não lhe arrancariam a consciência. Queria ser livre para pensar, mesmo enquanto seu corpo morria.

Não devemos exigir um raciocínio lúcido de alguém que está sofrendo. Compreensão e acolhida – não cobrança – deve ser nossa atitude para com os que sofrem. Mas não devemos fugir de nossas perdas nem negar nossas dores. Se as enfrentamos e refletimos sobre elas, encontramos alívio e mais facilmente as superamos. No entanto, todos temos limites. Não devemos exigir de nós nem dos outros que suportemos uma carga além das nossas possibilidades.

É preciso ter sensibilidade e compaixão para compreender que cada pessoa reage de modo diferente diante do sofrimento. No entanto, é também preciso ter consciência de que a pior reação é reagir sem pensar. Não soluciona o problema e, na maioria das vezes, causa muitos danos. Mas isso acontece com frequência porque, sob o foco da dor, fecha-se o mundo das ideias e abre-se o mundo dos instintos.

Da próxima vez que você vir alguém tendo reações insensatas, em vez de julgar essa pessoa, pergunte-lhe o que está acontecendo. Não economize tempo dialogando com ela. Se dialogar, você a compreenderá; se a compreender, será solidário; se for solidário, será menos crítico. Você se sentirá mais feliz e os outros terão mais prazer de estar em sua presença. A pessoa tolerante, além de muito mais agradável do que uma pessoa crítica, transforma e educa mais.

Encorajando os usuários de drogas a serem livres

A atitude sólida e corajosa do homem Jesus, recusando a droga anestésica para aliviar a dor, traz uma mensagem de esperança para os usuários de drogas de todo o mundo.

A farmacodependência é um dos problemas de saúde pública mais graves da atualidade. Os meios de que a medicina e a psicologia dispõem para o tratamento da farmacodependência são menos eficazes do que os de outras doenças. Só há êxito quando o paciente deseja ardentemente mudar a sua história. Desse modo, ele pode reeditar o filme do inconsciente.

Apesar de o ser humano amar profundamente a liberdade, milhões de usuários de drogas se enclausuram na pior prisão do mundo. O efeito psicotrópico da droga – seja ela estimulante como a cocaína ou fortemente tranquilizante como a heroína – cria zonas de tensão nos territórios inconscientes da memória. Produzem assim o pior cárcere já inventado: o cárcere da emoção.

Ser preso por barras de ferro é angustiante, mas ser preso por algemas no território da memória é trágico. Com o tempo, os usuários de drogas, mesmo os mais inteligentes e cultos, diminuem sua capacidade de gerenciar os pensamentos quando estão angustiados.

Nos momentos de ansiedade, os estímulos estressantes do dia a dia detonam o gatilho da memória que abre a janela onde existe a representação da droga. A partir daí produz-se um desejo compulsivo de usar uma nova dose para tentar aliviar a angústia gerada por esse processo.

Muitos profissionais da saúde mental não sabem que, depois que se instala a farmacodependência, o problema não é mais a droga, mas sua imagem inconsciente. Se um usuário não resolver o problema dentro de si, um dia poderá recair, pois ainda tem vínculos em sua memória.

É preciso nunca desistir, ainda que existam recaídas. Ninguém reurbaniza as favelas da memória rapidamente. Não importa o tempo que dure, o importante é ser livre. Essa determinação vale para qualquer tipo de transtorno psíquico. Chorar, sim; desistir da vida, nunca.

O mais amável e inteligente dos homens, Jesus Cristo, recusou o uso de drogas para encontrar alívio. Não quis ser anestesiado. Sua atitude é um grande encorajamento para os dependentes de drogas. Ele desejou ser livre e consciente, não importando o preço a ser pago.

É claro que uma pessoa que está com câncer, por exemplo, necessita de anestésico para aliviar as dores. Do mesmo modo, alguém com transtorno depressivo ou ansioso importante também precisa de antidepressivos e tranquilizantes. Entretanto, o uso de drogas psicotrópicas sem necessidade médica conspira contra a liberdade de pensar e sentir. Nunca atente contra sua consciência, pois quem o faz contrai uma dívida consigo mesmo que jamais será paga.

Se fôssemos um dos amigos de Jesus e estivéssemos aos pés da sua cruz, teríamos implorado para que ele tomasse a bebida anestésica. Talvez alguns dos que o amavam tenham lhe rogado aos gritos: "Mestre! Pense um pouco em si mesmo. Tenha pena de si. Tome o cálice de misericórdia dos romanos!"

Ele não ouviu ninguém, nem a linguagem dos seus sintomas psicossomáticos. Que amor é esse que nem por dinheiro, fama ou qualquer outro motivo vende a própria liberdade?

Até que ponto você ama sua liberdade de consciência e está disposto a lutar por ela? Muitos executivos são *workaholic*, viciados em outro tipo de droga, viciados em trabalhar. Não conseguem fazer coisas fora da sua agenda de negócios. Não investem naquilo que lhes proporciona prazer e tranquilidade.

São ótimos para a empresa, gastam o máximo de energia para preservar a própria saúde financeira, mas não investem na saúde emocional. Vivem para trabalhar, em vez de trabalharem para viver. Que tipo de liberdade é essa? Combata tudo o que conspira contra a sua consciência e a sua qualidade de vida. Ninguém pode fazer isso por você.

Crucificado nu

Não bastasse todo o vexame que passou em seus julgamentos, Jesus foi despido, crucificado e exposto como um espetáculo de vergonha e dor. Jesus ficou nu na cruz. A multidão o olhava estarrecida, vendo o corpo mutilado e ensanguentado do amável mestre.

Jesus cuidava delicadamente de todas as pessoas. Nunca pedia conta dos seus erros nem expunha as suas falhas, a sua nudez. Não quis saber com quantos homens as prostitutas que o seguiam tinham dormido. Mas ninguém cobriu seu corpo nu. Ele, que sempre protegera todos que encontrava, não teve sequer o direito de morrer com suas vestes.

O Mestre da Vida viveu o auge da vergonha social. Gemidos saíam da sua boca, mas ninguém ouviu gritos e lamentações.

Temos grande facilidade para reclamar e muito pouca capacidade de agradecer. Jesus tinha grande facilidade para agradecer, mas não se ouvia dele qualquer reclamação. Quanto mais uma pessoa reclama, mais condições ela cria para ser infeliz e se aprisiona em sua própria armadilha.

Recebendo o nome de rei como deboche

João foi o único biógrafo que descreveu com detalhes o nome que Pilatos mandou cunhar e colocar sobre a cruz de Jesus.

Para vingar-se dos líderes judeus que o tinham pressionado a condenar Jesus contra sua própria consciência, Pilatos mandou colocar sobre a cruz a inscrição "JESUS NAZARENO, REI DOS JUDEUS" (*João 19:19,20*). Essas palavras foram cunhadas em grego (a língua universal), em latim (a língua romana) e em hebraico (a língua dos judeus).

A palavra "nazareno", associada ao nome de Jesus, era uma expressão de escárnio, pois Nazaré era uma humilde cidade da Galileia, uma origem inaceitável para um rei de Israel. Desprezando a dor de Jesus, Pilatos usou a sua cruz para zombar dos judeus.

Os líderes rogaram ao governador romano que não escrevesse "rei dos judeus", mas *"Este homem disse: Eu sou o rei dos judeus"*. Entretanto, Pilatos, defendendo a sua pobre e débil autoridade, respondeu-lhes: "*O que escrevi, escrevi*" (*João 19:21,22*).

Talvez Jesus tenha sido o único homem crucificado por Roma que recebeu tal título escrito em três línguas. Um título carregado de ironia, proveniente de um julgamento falso. Mas a palavra "rei" cunhada naquele letreiro tinha um fundo de verdade. O Mestre do Amor não queria o trono político, mas o coração de todos os seres. Não queria ser temido como Pilatos e César, mas amado. Queria ser rei no espírito e nos áridos solos da alma humana.

O Mestre da Vida foi acima de tudo rei de si mesmo, líder de seu próprio mundo. Reinou num ambiente em que todos nós, intelectuais e iletrados, psiquiatras e pacientes, somos pequenos e frágeis súditos. Reinou sobre o medo, a insegurança, o individualismo, o ódio. Reinou sobre o desespero e a ansiedade. Por isso, como veremos, confortou a emoção de muitos num momento em que sua alma precisava ser confortada.

Você reina sobre seu mundo, ou é um mero súdito de suas ideias negativas, de sua ansiedade e mau humor? Se você não aprender a governar suas emoções, poderá ser livre por fora mas prisioneiro por dentro. Nunca deixe que suas angústias, fracassos, falhas e ansiedades o dominem. Jamais se esqueça de que o maior governante não é aquele que dirige um país, um estado ou uma empresa, mas o que dirige, ainda que com limitações, seu mundo psíquico.

As mulheres ao pé da cruz

Quem estava mais próximo de Jesus nos momentos finais de sua vida, seus amigos ou as mulheres? As mulheres. Maria, sua mãe; Maria Madalena; Maria, irmã de Lázaro, e tantas outras que o haviam seguido estavam aos pés da cruz. A maioria dos discípulos fugira, amedrontada. Porém, depois que o mestre saiu do pretório romano, as mulheres estavam presentes a cada passo do seu martírio.

Falaremos mais adiante sobre Maria, sua mãe. Quero aqui mencionar Maria Madalena. Ela era provavelmente uma prostituta que se livrou de ser apedrejada porque Jesus a defendeu (*João 8:5*). Ele correu o risco de ser morto para protegê-la, mas fez isso porque para ele Maria Madalena era um ser humano único. Acolheu-a sem exigir nada em troca. Sua vida ganhou um novo significado quando passou a conhecê-lo. Aprendeu a amar as pessoas e, principalmente, a seu mestre.

Agora, ela assistia à sua morte. Madalena chorava aos prantos. Imagine a cena. Ela devia tentar se soltar da multidão e correr para abraçá-lo, mas muitos a seguravam. Sabia que Jesus era dócil e que vivia em função de cuidar das feridas da alma e do corpo das pessoas. Não admitia que aquele que educara sua emoção para ter sensibilidade estivesse morrendo de maneira tão insensível.

A angústia de Madalena fazia coro com o pranto das outras mulheres. Parecia um pesadelo que o poeta do amor fosse alvo do ódio e da arrogância. Parecia um delírio que alguém tão forte e inteligente morresse como o mais vil criminoso.

Jesus havia discursado sobre a transcendência da morte, mas as pessoas o queriam vivo naquele momento. Separar-se dele era apagar a centelha de esperança que sua existência tão breve acendera. O desespero das mulheres e da multidão ao redor abalava a estrutura emocional dos soldados romanos. Deviam se perguntar: "Quem é este homem tão amado?" Nunca um crucificado partiu o coração de pessoas de tantas origens.

O amor torna as mulheres mais fortes

Os transtornos emocionais, como a depressão e a ansiedade, são mais frequentes nas mulheres. Os homens parecem mais sólidos emocionalmente, mais capazes de proteger-se do impacto dos estímulos estressantes.

Isso não é verdade! As mulheres apresentam mais transtornos emocionais não por serem mais frágeis, mas porque possuem o campo de energia emocional mais dilatado que o dos homens. Essa característica se deve tanto à carga genética quanto, e principalmente, ao contexto social.

Como pesquisador do funcionamento da mente, gostaria de corrigir uma crença que existe há séculos. A crença de que as mulheres são mais frágeis do que os homens. As mulheres amam mais, são mais poéticas, mais sensíveis, se doam mais e vivem mais intensamente as dores dos outros do que os homens. Além disso, são mais éticas, causam muito menos transtornos sociais e cometem menos crimes. Por terem uma emoção mais rica, as mulheres são menos protegidas emocionalmente e por isso estão mais sujeitas a doenças emocionais.

As mulheres são, portanto, paradoxalmente mais frágeis e, ao mesmo tempo, mais fortes do que os homens. Elas adoecem mais no território da emoção porque navegam mais longe. Por isso, não tente entender as reações das mulheres. Muitos de seus comportamentos são incompreensíveis, ultrapassam os limites da lógica. Quem foi mais forte, os discípulos ou as mulheres que seguiam Jesus? Certamente as mulheres!

Elas estavam a alguns metros da cruz de Cristo, observando cada um de seus gemidos e cada gota de sangue vertida de seus punhos e pés. Somente o jovem João se encontrava lá. Os demais discípulos estavam recolhidos em suas casas, sufocados pelo medo, pela ansiedade e pelo sentimento de culpa.

Ao descrever a crucificação de Cristo, João não cita seu próprio nome, apenas se denomina como "o discípulo amado" (*João 19:26*). Ao discorrer sobre a crucificação de Jesus, ele e os demais autores dos evangelhos prestam uma homenagem às mulheres, citando-as nominalmente: Maria, mãe de Jesus; Maria Madalena; Maria, esposa de Clopas, e Salomé.

Por que as mulheres foram homenageadas? Porque elas aprenderam mais rápida e intensamente do que os discípulos a bela arte de amar. O amor as tornava fortes. O amor as tornava ousadas, mesmo diante do caos da morte. Quem cuida mais dos pais quando estão idosos e debilitados: as filhas ou os filhos? Normalmente são as filhas. Elas se doam mais, porque amam mais.

Um homem, Jesus, possuiu uma emoção mais forte e rica do que a das mulheres. Nunca se viu alguém com uma emoção tão sólida e amável como a dele. Jesus foi o mais excelente mestre da emoção.

Contemplar a morte de Jesus era um árduo desafio. A cena era chocante. Só pessoas fortes poderiam estar aos pés da sua cruz. Só o amor sólido era capaz de vencer o medo. Se seu amor não for sólido, você terá dificuldade para enfrentar determinados obstáculos e para estender a mão para os outros.

Há uma história verídica ocorrida na África. Uma mãe enfrentou um leão para salvar seu próprio filho. O amor dessa mulher a tornou mais forte do que a fúria de um animal feroz. O amor faz o ser humano ser capaz de superar os seus limites. Quando o amor é grande, não há obstáculo intransponível.

Enquanto Jesus aparecia para seus discípulos como o mais forte dos homens, eles disputavam entre si para decidir quem se assentaria à direita ou à esquerda do seu trono. Mas quando ele assumiu plenamente a condição humana e deixou de fazer milagres, os discípulos fugiram.

É fácil seguir um homem poderoso, mas quem se dispõe a seguir um homem frágil e debilitado? As mulheres se dispuseram. Elas passaram no teste do amor. Os homens foram reprovados. Temos de aprender com as mulheres a arte da sensibilidade. Felizmente, tenho quatro mulheres na minha vida, minha esposa e três filhas. Elas estão sempre cuidando de mim, corrigindo minha maneira de vestir, administrando meu tempo, me dando carinho e me ensinando a amar.

Nós somos rápidos para exigir e lentos para compreender. Jesus não condenou seus discípulos por terem-no abandonado, nem exigiu nada deles, apenas os compreendeu. Eles desistiram do seu mestre, mas o mestre não desistiu de nenhum deles. Que mestre é esse que ensina as mulheres a refinarem a arte de amar e que dá todas as chances para que os homens eduquem a sua emoção?

As mulheres passaram no teste do amor. Jesus era mais importante do que todo o ouro do mundo, mais importante do que o medo que pudessem sentir. Nas turbulências revelamos quem somos.

Da próxima vez que atravessar uma crise social, financeira ou emocional, não se esqueça de que você está sendo testado. Não reclame, não fuja, aprenda a navegar nas águas da emoção. Aprenda a amar as pessoas maravilhosas que estão ao seu lado. Elas valem mais do que todo o dinheiro do mundo.

A SPA: o adoecimento coletivo

Os membros do sinédrio e da política romana ficavam incomodados com os comportamentos de Jesus. Um homem torturado e prestes a ser crucificado deveria ser parceiro do desespero e da agressividade. Mas a sensibilidade e a coragem habitavam na mesma alma.

A postura inabalável do mestre chocava seus inimigos. Eles o espancavam, mas ele os perdoava. Eles o odiavam, mas ele os amava. Eram intransigentes, mas ele mantinha-se sereno. O mundo estava agitado ao seu redor, mas ele, embora ficasse ansioso por alguns momentos, logo se reorganizava. Virtudes tão belas nunca foram encenadas de maneira tão admirável no palco da mente humana.

Tenho feito pesquisas sobre os níveis de estresse, ansiedade e sintomas psicossomáticos nas diversas profissões. A qualidade de vida dos seres modernos está debilitada. As pessoas têm sido vítimas da SPA* – a síndrome do pensamento acelerado. Ela não é uma doença psiquiátrica em si, embora possa desencadeá-la. Ela representa um estilo de vida doentio.

A vida já tem suas complicações, e nossa mente agitada que não se desliga dos problemas a complica ainda mais. Quando descobri essa síndrome, percebi que ela é epidêmica. Atinge, em diferentes graus, a grande maioria das pessoas das sociedades modernas. Suas características são: pensamento acelerado, cansaço físico exagerado e inexplicável, irritação, déficit de concentração, déficit de memória, insatisfação, humor flutuante, etc.

Quem tem a SPA não para de pensar nos problemas que ainda não aconteceram. Tem mais prazer nos desafios do que nas conquistas. Nunca descansa sua emoção. Não suporta a rotina, pois não sabe extrair prazer das coisas simples da vida. A síndrome acomete frequentemente pessoas muito responsáveis, mas que não sabem desacelerar seus pensamentos. Vivem para pensar, em vez de pensar para viver.

Muitos colegas cientistas não perceberam que o mundo está mais violento não apenas porque temos tido falhas na educação escolar e familiar, mas também, e principalmente, porque o ritmo de construção dos pensamentos acelerou-se de um século para cá.

No passado, as pessoas pensavam em um ritmo mais lento, excitavam menos sua emoção, tinham o humor mais estável, eram menos ansiosas, agressivas e intolerantes às contrariedades. Hoje, não desligamos nossas mentes. Desligamos o carro, o computador e a televisão, mas não sabemos desligar a mente. Alguns sonham demais, outros têm insônia.

Pensar é um processo inevitável para o *Homo sapiens*, ninguém consegue parar de pensar. Somos apenas capazes de desacelerar e administrar os pensamentos. Até a tentativa de parar de pensar já é um pensamento. Mas pensar excessivamente é um problema. Se você pensa

---

* Cury, Augusto J. *Você é insubstituível*. Rio de Janeiro: Sextante, 2002.

demais, certamente gasta energia exagerada do seu cérebro e, consequentemente, sente uma fadiga excessiva. Se o seu médico atribuir seu cansaço a anemia ou estresse, ele lhe prescreverá vitaminas. Se você se alimenta direito, não tem necessidade de vitaminas, e elas não o ajudarão, pois seu problema está no seu estilo de vida – você está com a síndrome do pensamento acelerado.

Quais as causas? Uma delas é a torrente de informações que a cada 10 anos dobra no mundo. Outras causas estão ligadas ao excesso de preocupações, problemas existenciais, atividades sociais e profissionais. As crianças estão com excesso de atividades, não têm mais tempo para brincar.

Uma criança de 7 anos detém mais informações do que uma pessoa de 70 anos de cultura média. Uma memória abarrotada de informações frequentemente pouco úteis gera uma hiperaceleração de pensamentos e, consequentemente, a síndrome SPA. Por essa razão as crianças são inquietas e agitadas em sala de aula. Por isso também é difícil entrar no mundo delas e exercer alguma influência. Elas acham que entendem de tudo, apesar da pouquíssima experiência de vida. Confundem informações com experiência. Agora podemos entender por que as teorias educacionais e os manuais de comportamento deixaram de funcionar.

Na época de Cristo, sobreviver era uma arte. Existia fome, miséria, preconceitos e pressões políticas. Entretanto, as mentes eram menos agitadas, havia mais solidariedade, diálogo, afetividade entre as pessoas. Hoje, o mundo tornou-se doentio.

A paranoia da estética, a preocupação excessiva com cada grama e cada curva do corpo tem destruído a autoestima de milhões de pessoas, principalmente os adolescentes e as mulheres.

A paranoia de ser o número "um" gera uma competição predatória que tem consumido os melhores anos de vida de funcionários e executivos. A obsessão consumista faz inúmeras pessoas viverem em função de necessidades que não são prioritárias. Todas essas situações invadem a mente humana e estimulam excessivamente os fenômenos que leem a memória e constroem pensamentos, gerando a SPA.

Os meios de comunicação tão importantes para a democracia e a liberdade de expressão acabam produzindo um efeito colateral pernicioso.

Na época do Mestre da Vida, as pessoas raramente ficavam sabendo das notícias ruins que aconteciam num raio que ultrapassasse 20 ou 30 quilômetros de suas casas.

Atualmente, todos os dias as misérias dos vários continentes são trazidas a nós em questão de segundos. Os ataques terroristas, os massacres no Oriente, os conflitos entre judeus e palestinos penetram não apenas em nossas casas, mas também em nossas memórias.

O mundo está sério demais. O sorriso há muito tempo deixou de ser manchete. Foi substituído pelas misérias humanas. Por isso, neste livro minha ênfase não é dada à dor do Mestre da Vida, mas à sua capacidade de enfrentá-la, à sua capacidade magnífica de brilhar no caos, à sua motivação para amar as pessoas e viver na plenitude cada minuto, até o último suspiro existencial.

Você consegue ver além dos horizontes dos seus problemas e proclamar a plenos pulmões que vale a pena viver?

Devemos desligar um pouco a TV, fechar um pouco os jornais e voltar a fazer coisas simples: andar descalço na areia, cuidar de plantas, criar animais, fazer novos amigos, conversar com vizinhos, cumprimentar as pessoas com um sorriso, ler bons livros, meditar sobre a vida, expandir a espiritualidade, escrever poesias, rolar no tapete com as crianças, namorar nosso marido ou nossa mulher, rir de nossa seriedade, fazer do ambiente de trabalho um oásis de prazer e descontração.

Apareça de vez em quando vestido de palhaço para seus filhos ou para as crianças internadas nos hospitais. Dê um banho na SPA. Aquiete a sua mente, mude seu estilo de vida. Mude a sua agenda.

As pessoas gostam de conviver com você? Ainda que não tenha dinheiro, se for uma pessoa agradável, você é uma pessoa rica. Se for desagradável, ainda que milionária, será apenas suportável.

Aprenda com o Mestre da Vida a ter uma vida social e emocional riquíssima. Jesus era sociável, tinha inúmeros amigos, gostava de participar de festas, ia jantar na casa de pessoas que não conhecia (*Lucas 19:5*), tinha tempo para olhar as flores dos campos, andava na areia, abraçava as crianças, era um excelente contador de histórias, um exímio observador da natureza, falava dos mistérios da existência, usufruía as pequenas alegrias do cotidiano, fazia muito do pouco, exalava felicidade, emanava tranquilidade, fazia poesia de sua miséria. Jesus Cristo era tão agradável que as pessoas disputavam para ficar ao seu lado.

Uma infância saudável não garante uma personalidade saudável

Você não precisa ter tido uma infância doentia para se tornar um adulto doente, como acreditavam alguns pensadores da psicologia. Basta ser vítima dos seus pensamentos negativos e não administrar as suas emoções tensas, pois os estímulos estressantes do mundo moderno são suficientes para causar-lhe transtornos psíquicos.

Como está seu estilo de vida? Será que você apazigua as águas da emoção com serenidade? Quando criança, talvez você fosse apaixonado pela vida e vivesse sorrindo sem grandes motivos. Mas, e agora? O tempo passou e hoje talvez você já não sorria com tanta frequência, ou precise de grandes motivações para se animar.

Uma das coisas que mais preocupavam Jesus era a saúde psíquica dos seus discípulos. Ele queria produzir homens livres e não dominados por preconceitos ou pensamentos negativos. Ao convidá-los para beber de uma água viva que emanava do seu interior, desejava que eles fossem felizes de dentro para fora. Ao encorajá-los a não serem ansiosos, estimulava-os a dominar a agitação emocional e os pensamentos antecipatórios.

É possível que você esteja tão ocupado que nem ache tempo para falar com a pessoa mais importante da sua vida: você mesmo. É provável até que cuide de todo mundo, mas tenha se esquecido de você. Se for assim, estará vivendo a pior solidão do mundo, a de ter-se abandonado. Você organiza seu escritório e sua casa, mas não se preocupa em debelar os focos de tensão em sua memória.

Será que, por causa da SPA, você não teria envelhecido no único lugar em que não é permitido envelhecer, no seu espírito e emoção? É preciso romper o cárcere da emoção. O destino é frequentemente uma questão de escolha. Opte por ser livre. O Mestre da Vida afirmou de várias maneiras que felicidade é uma questão de transformação interior, de treino emocional, e não um dom genético. Não se esqueça: muitos querem o pódio, mas desprezam a labuta dos treinos.

Os parâmetros da normalidade na psiquiatria

Jesus não vivia a SPA. Não sofria por antecipação. Sabia quando e como iria morrer, mas governava seus pensamentos com incrível habilidade. Fez da sua capacidade de pensar uma arte. Tinha plena consciência de que, se não cuidasse da quantidade e da qualidade dos seus pensamentos, não sobreviveria. Sucumbiria pela ansiedade, pois muitos conspiravam contra ele.

Era tão consciente da necessidade de sermos líderes dos nossos pensamentos que inaugurou a psicologia preventiva quase dois mil anos antes de a psicologia moderna existir. Desejava que seus discípulos aquietassem seus pensamentos e não vivessem em função dos problemas que ainda não tinham ocorrido.

O que determina o que sentimos? Aquilo que pensamos. São os pensamentos que determinam a qualidade da sua emoção. Se você é uma pessoa que produz frequentemente pensamentos tensos e negativos, não espere ter uma emoção alegre e segura. Se não consegue diminuir a velocidade de construção dos seus pensamentos, não espere ter uma emoção tranquila.

Repito: o que você pensa determina o que você sente; o que você sente determina a qualidade do que registra em sua memória; o que você registra em sua memória determina os alicerces de sua personalidade.

Em psiquiatria, os limites entre o normal e o patológico (doente) são muito tênues. O que é uma pessoa psiquicamente normal ou doente? Antigamente muitos foram injustamente tachados de loucos, simplesmente porque fugiam aos padrões estabelecidos do comportamento social. Devemos respeitar a cultura, a religião, as características da personalidade e até os maneirismos dos outros. Se você não é capaz de respeitar as pessoas que o rodeiam porque elas são diferentes de você, então não será capaz de respeitar a si mesmo, pois não se perdoará quando falhar e perceber que não é perfeito.

Quais são os parâmetros seguros do que é normal e anormal na mente humana? Será que é impossível estabelecer parâmetros universais para definir a sanidade psíquica? Parâmetros que independam dos ditames da cultura? Sim, embora com limites. Esses parâmetros derivam das características mais nobres da inteligência e sustentam a preservação da vida e a paz intra e extrapsíquica: a tolerância, a solidariedade, a amabilidade, a inclusão, a flexibilidade, a sensibilidade, a tranquilidade nas dificuldades, a segurança nos objetivos, o respeito pelas diferenças culturais, a capacidade de se colocar no lugar dos outros e perceber suas dores e necessidades, a capacidade de superação das perdas e frustrações.

Se aceitarmos tais parâmetros como sinais de sanidade psíquica, então confirmaremos que o Mestre da Vida atingiu o apogeu da saúde emocional e intelectual. Ele viveu na plenitude todas essas características.

Jesus provavelmente foi o único que teve a capacidade de chamar um traidor – Judas – de amigo e dar-lhe uma oportunidade preciosa para que reformulasse sua biografia no ato da traição. Foi o único que desculpou homens indesculpáveis enquanto agonizava. Foi o único que abriu todas as janelas de sua mente quando só era possível reagir por instinto animal. Ele falou palavras inefáveis, apesar de sua boca estar edemaciada e sangrando.

CAPÍTULO 6

A 1ª hora: cuidando de seu Pai e perdoando homens indesculpáveis

Um homem que fez poesia no auge da dor

Um dia, o poeta Ferreira Gullar disse numa entrevista que a dor física é paralisante, ela tolhe a inspiração. Ele tem razão. Não é possível produzir ideias brilhantes quando o corpo é submetido à dor física, pois os instintos prevalecem sobre a capacidade de pensar.

A dor emocional pode ser criativa quando a tristeza e a ansiedade não são intensas. Nesse caso, a criatividade se expressa em um texto filosófico, uma poesia, uma obra de arte, tornando-se uma tentativa intelectual de superação. A mente cria para superar a dor e arejar a emoção. Quem não cria na dor represa sua emoção.

Se a dor emocional ou a ansiedade forem intensas, fecha-se o território de leitura da memória e aborta-se a capacidade de pensar. Por isso, raramente alguém escreve livros ou produz qualquer outra arte se estiver numa profunda crise depressiva. Vários filósofos e pensadores das ciências brilharam no mundo das ideias quando estavam angustiados, mas travaram a inteligência durante a depressão.

Um poeta pode ser criativo quando sua dor emocional é mediana, mas fica estéril quando a dor é física. Não espere um raciocínio profundo de alguém que está com as raízes nervosas afetadas.

Vamos analisar o início da crucificação de Jesus. Será que ainda desta vez ele nos surpreenderá? Pode-se esperar dele algo além do desespero, de gritos de dor? Do ponto de vista psicológico, é humanamente impossível produzir pensamentos altruístas pregado numa cruz. Contudo, este homem volta a abalar os alicerces da psicologia. Crucificado, ele foi poético, afetivo, profundo e solidário. No ápice da dor física e emocional, o Mestre da Vida produziu as mais belas poesias da solidariedade.

Tratei de diversos pacientes do mais alto nível cultural, dei treinamento para psicólogos e fiz conferências para milhares de educadores, executivos, médicos e outros profissionais, mas nunca observei alguém com características de personalidade próximas às do Mestre dos Mestres. Há um mundo belo e complexo que pulsa dentro de cada pessoa, mas a alma do mestre de Nazaré não era simplesmente bela, mas inexprimível e encantadora.

Se os seres humanos fossem contagiados pela grandeza da sua humanidade, haveria mais felicidade e menos tristeza em nosso belo planeta. A disputa sangrenta por alguns acres de terra e os conflitos entre as religiões seriam eliminados. O perfume da solidariedade circularia entre os povos.

O Mestre da Vida pertence não a um grupo de pessoas ou a uma religião, mas à totalidade dos seres humanos. Embora muitos cristãos pensem que Jesus só veio para eles, o mestre veio para todos os povos. Todos são dignos de conhecer e amar o poeta do amor. O apóstolo Paulo criticou a atitude sectária de alguns que afirmavam ter o monopólio de Cristo e excluíam os demais (*I Coríntios 1:12*).

Ele veio para os judeus, para os budistas, para os hinduístas, para as tribos africanas, para os ateus. Maomé exalta Jesus no Alcorão. Veio também para os árabes. No seu plano transcendental não há distinção de cor, raça, religião ou cultura.

Proferindo oito frases e um brado na cruz. As seis horas mais importantes da história

Durante sua vida Jesus nos deixou perplexos, e no momento da morte, atônitos. Livre, proferiu palavras que não cabiam no imaginário humano; crucificado, pronunciou frases que não constam do dicionário dos mais nobres humanistas.

Qualquer pessoa que deseje compreender mais profundamente os fenômenos existenciais e desenvolver as funções mais importantes da inteligência, na qual se incluem a educação da emoção, a arte de pensar e a arte de expor em vez de impor as ideias, deve dedicar-se a compreender os últimos momentos de Jesus Cristo.

Ele foi crucificado na hora terceira do dia (*Marcos 15:25*). Como o dia dos judeus começava às seis da manhã, a terceira hora corresponde às nove da manhã de hoje. Foram seis horas de mistérios, das nove da manhã às três da tarde. Nunca uma manhã foi tão dramática nem uma tarde foi tão aflitiva.

Nessas seis horas, ele proferiu oito frases e deu um grito final. Estudaremos cada uma dessas frases e suas implicações. Quatro delas foram proferidas nas primeiras três horas, e as demais, próximo à última batida do seu coração.

Foi a primeira vez que se descreveu um Pai que amava intensamente seu filho, vendo-o morrer lentamente, sem fazer nada. O Pai tinha todo o poder do mundo para resgatar Jesus, mas silenciou. O filho pediu ao Pai para não intervir. Que mistério está por trás desse imenso cenário? Vale a pena imergir nessa análise, ainda que haja muitos limites para fazê-la.

A 1ª frase: "Pai, perdoa-os porque eles não sabem o que fazem..."

Jesus estava no centro, crucificado entre dois criminosos. Não cometera injustiça, mas lhe deram lugar de destaque.

Os minutos iniciais de um trauma são os mais dolorosos. O primeiro ladrão devia suar frio, manifestar desespero e gritar rogando: "Não! Não façam isso comigo! Pelo amor de Deus, me soltem!" Todas as suas células reagiam instintivamente, procurando preservar a vida.

Ele lutava desesperadamente para viver. Os soldados o espancavam e o continham. Sem obter clemência, sua emoção foi invadida pelo terror. Odiou os soldados, a vida e o mundo. Chorava e esbravejava sem parar. Não era mais um homem na cruz, mas um animal enraivecido. Ao ser levantado e fixado de pé, tentava se despregar. Quanto mais se movia, mais os pregos roçavam as raízes nervosas dos punhos e dos pés, causando uma dor insuportável. O anestésico romano que havia ingerido aliviava, mas não extirpava a dor.

Chegou a vez de Jesus. Vários soldados o agarraram, com a intenção de contê-lo, mas não foi necessário. Sofria como qualquer mortal, mas não tinha medo da dor.

Os soldados não entendiam as suas reações. O coração de Jesus estava acelerado, ele suava bastante e ofegava. Mas governava seu corpo como um maestro rege uma orquestra, resgatando a liderança do eu e conservando sua lucidez segundo após segundo.

Os soldados posicionaram o prego em seu punho, levantaram o martelo e de uma só vez cravaram-no no madeiro. O Mestre do Amor gemeu de dor, mas não odiou seus agressores nem a vida. Os soldados devem ter ficado estarrecidos. Aquele homem sofria sem gritar, não se debatia nem se esquivava. Nunca foi tão fácil crucificar alguém. Desse modo crucificaram o único ser humano que sabia quando e como iria morrer e que antevira que as ferramentas com que sempre havia trabalhado seriam os instrumentos de sua morte.

Uma frase inigualável

Os gemidos de Jesus eram intensos, mas silenciosos. Nenhum dos seus biógrafos relatou desespero. Descreveram que sua alma estava profundamente angustiada na noite em que foi preso, mas na cruz ninguém relatou o que se esperaria – uma ansiedade imensa e incontrolável.

Parecia que, depois de se preparar para tomar seu cálice, ele também tinha se preparado, com incrível habilidade, para enfrentar seu caos. A respiração estava ofegante; o corpo, trêmulo de dor, procurava constantemente uma posição que lhe trouxesse um pouco mais de conforto, apoiando-se nos pés. Mas não havia zona de conforto, qualquer posição era insuportável.

Na primeira hora da cruz era impossível pensar, raciocinar ou produzir qualquer ideia inteligente, muito menos afetiva. Porém, quando todos esperavam que no ápice da sua dor a lucidez de Jesus fosse abolida, ele enche os pulmões e proclama: *"Pai, perdoa-os porque eles não sabem o que fazem"* (*Lucas 23:34*).

O Mestre da Vida deveria estar confuso pelo estresse pós-traumático, mas se encontrava plenamente consciente. Analisei inúmeras vezes essa frase e concluí que ela foge completamente à lógica intelectual.

Algumas pessoas são especialistas em conquistar inimigos. Por não serem flexíveis e por almejarem que o mundo gravite em torno de suas verdades, estão sempre criando problemas com os outros. Outras são mais sociáveis, mas perdem completamente a gentileza quando estão estressadas ou frustradas. Às vezes se controlam com os de fora, mas são agressivas e intolerantes com seus familiares.

Na história, a tônica sempre foi excluir os inimigos. Aos amigos, a tolerância; aos inimigos, o desprezo e o ódio. Entretanto, houve um homem cujas reações estavam completamente na contramão da história. Jesus Cristo enxergava o ser humano, mesmo seus inimigos, além da cortina dos seus comportamentos. No ápice da dor, ele ainda conseguia compreendê-los, tolerá-los e incluí-los.

Quem poderia imaginar um personagem como ele? Nem a filosofia, em seus delírios utópicos, conseguiu idealizar um homem como o Mestre dos Mestres.

Oito grandes implicações da 1ª frase de Cristo

Os textos são claros. Jesus disse uma das suas mais célebres frases, talvez a maior delas, no auge da dor, na primeira hora da sua crucificação.

Ao clamar *"Pai, perdoa-os porque eles não sabem o que fazem"*, ele resumiu em poucas palavras a sua grande missão, o seu projeto transcendental e as entranhas do seu ser. Esse pensamento é de tal forma elevado e possui tantas vertentes que, como disse, é impossível entendê-lo plenamente.

Essa frase preparou o caminho para que, nos últimos minutos de vida, Jesus produzisse um outro pensamento ainda mais incompreensível. Jesus volta-se agoniado para Deus e pergunta por que Ele o abandonou. Examinaremos todos esses pensamentos detalhadamente.

Vou abordar resumidamente as implicações da primeira frase do mestre. Elas são algumas das pedras preciosas mais importantes que garimpei na história do homem Jesus.

Primeira: os bastidores da cruz

Ao dizer a palavra "Pai" na primeira frase, Jesus indica que, além do cenário exterior, como a trave de madeira, o seu sangramento, os soldados, a multidão, existiam eventos ímpares por trás do cenário.

Ao fazer o pedido a seu Pai (*"Pai, perdoa-os"*), Jesus revelou que para ele o principal espectador do seu caos era um personagem invisível. Ele enxergava um filme que ninguém mais via. Neste filme, seu Pai era o ator principal. Ninguém conseguia entender o que se passava na mente do crucificado.

Havia milhares de pessoas aglomeradas assistindo ao espetáculo da sua morte. Lá estavam também alguns fariseus, escribas e sacerdotes acompanhando seus últimos momentos. Eles o provocavam, desafiando seu poder.

Jesus estava debilitado, mas parecia que sua mente e seu espírito permaneciam concentrados em seu Pai. Encontrava energia por trás do cenário. A multidão estava profundamente angustiada, mas havia alguém nos bastidores que reagia e sofria mais do que toda a plateia visível. Que mistério é este?

Segunda: o Pai não era um delírio produzido pelo estresse

Quem é Deus? Por que se esconde e não mostra claramente a sua face? Ele criou bilhões de galáxias com milhões de planetas e estrelas. O universo é imenso, mas nossas dúvidas sobre o Autor da existência são ainda maiores.

Muitos creem em Deus com facilidade. O mundo, com todos os seus fenômenos, é uma obra espetacular que revela a grandeza divina. Para os que creem, Deus assina essa obra quando as flores se abrem na primavera, quando as nuvens vestem o céu e derramam água para irrigar a terra, quando os pássaros alimentam seus filhotes sem nunca esquecer a direção dos ninhos, quando uma mãe abraça os filhos e os ama, mesmo que eles errem e a frustrem muito.

Outros têm dificuldade de crer em Deus. Mergulham suas ideias num mar de dúvidas e indagações. Alguns se posicionam como ateus e, ao fazê-lo, se posicionam como deuses. Por quê? Porque, embora não conheçam todos os fenômenos do universo, não entendam os limites da relação tempo-

-espaço e nunca tenham participado dos eventos fora do parêntese do tempo, afirmam categoricamente que Deus não existe. Dessa forma, eles se fazem de deuses, pois só um deus pode ter tal convicção.

Já fui assim. Para mim, Deus era fruto de nossa imaginação. Hoje, conhecendo o funcionamento da mente humana e analisando os detalhes da personalidade de Jesus Cristo, penso que crer em Deus é um ato inteligentíssimo. Todos os povos ansiaram por encontrar Deus não como sinal de fraqueza, mas para refinar uma das inteligências que, apesar de ter sido sempre desprezada pelas ciências, é das mais importantes da humanidade: a inteligência espiritual.

A inteligência espiritual é respaldada na crença em Deus e serve para nutrir a esperança de um dia resgatarmos a identidade da nossa personalidade quando a morte destruir de maneira irreversível a colcha de retalhos da memória que sustenta a construção de pensamentos e a consciência de quem somos. A análise que faço aqui é psicológica. Os caminhos que dependem da fé devem ser trilhados segundo a consciência de cada leitor.

O Mestre da Vida sempre discorreu sobre a continuação do espetáculo da vida. Sempre colocou a existência de Deus como um fato consumado. Era tão ousado e seguro que dizia claramente que o Criador do universo era seu próprio Pai (*Mateus 11:27*). Ele estava delirando quando afirmou isso? Não!

Ninguém pode acusá-lo de delírio, nem antes nem durante o terror da cruz, pois ele exalou, como nenhum outro homem, o perfume da sabedoria, da humildade, da inclusão e do respeito. Jesus sempre foi coerente em suas ideias. Afirmou, não só quando estava livre, mas também quando todas as suas células morriam, que tinha um Pai. Esse fato dá uma credibilidade sem precedentes às palavras ditas antes de morrer.

Quando Jesus falava sobre Deus e sobre a relação que mantinha com Ele, não deixava margem para dúvidas. Suas convicções eram sólidas (*Lucas 10:21*). Para Cristo, o universo, com milhões de eventos, fenômenos e princípios físicos e metafísicos, não surgira por acaso. Era obra de um grande Criador. Ele fica nos bastidores de sua criação, sem ostentar e alardear seus feitos. Esse Criador almeja ser encontrado pelos que conhecem a linguagem do coração.

O universo é uma caixa de mistérios. A cada geração o compreendemos de maneira diferente. As verdades científicas de hoje deixam de ser certezas e assumem outras roupagens com as novas descobertas. Você não acha sua vida um mistério? O tecido íntimo da sua alma esconde inumeráveis segredos que nem você mesmo compreende. De fato, eu, você e o universo somos misteriosos.

Se o universo é uma caixa de segredos, imagine como não deve ser misterioso o seu Autor. Se o seu Autor é misterioso, imagine como não é misterioso o fato de este Autor ter um filho. Só não consegue ficar perplexo com as biografias de Jesus quem nunca abriu as janelas da mente e do espírito para compreendê-las.

Jesus e seu Pai continuam sendo um grande enigma para teólogos e cientistas. Conhecemos apenas a ponta do grande iceberg da relação entre ambos. Deus criou um universo que nos deixa boquiabertos. Ele é detalhista para criar as gotas de orvalho e poderoso para criar no espaço os buracos negros que destroem planetas inteiros.

Embora o Criador seja tão grande em poder e imenso em sabedoria, seu filho agoniza na cruz. Quem pode desvendar esse mistério? Quais os fundamentos do amor que fizeram ambos se sacrificarem de maneira insuportável por uma humanidade destituída de sensibilidade?

Qualquer pai entraria em desespero ao ver seu filho sangrando e sofrendo. Na multidão que se aglomerava havia lágrimas, mas nos bastidores da cruz havia soluços inaudíveis. Um personagem invisível sofria desconsoladamente por seu filho. Deus estava chorando.

Terceira: um relacionamento íntimo entre o filho e o Pai

A terceira implicação da primeira frase de Jesus refere-se ao seu relacionamento íntimo com o Pai. As reações inteligentes que teve durante seu martírio foram tão fascinantes que nos dão a impressão de que havia alguém de fora sustentando-o.

O carpinteiro de Nazaré tinha trânsito livre com o Autor da vida. Jesus era eloquente, seguro, sábio, enfrentava sem medo o mundo e a morte. A relação com seu Pai o sustentava. É difícil a psicologia interpretar a relação entre o Pai, Deus, e seu filho, Jesus, porque dispomos de poucos elementos. Mas o pouco que podemos avançar é fascinante.

Jesus gostava de ser pesquisado. Algumas vezes até instigava as pessoas a fazer isso. Certa vez, perguntou: "*O que diz o povo que eu sou?...*" (*Marcos 8:27*); outra vez questionou os discípulos: "*E vós, quem dizeis que eu sou?*" (*Lucas 9:20*). Ele não queria seguidores cegos, mas pessoas que o conhecessem e que, por conhecê-lo, o amassem.

Você gosta que as pessoas procurem saber quem você é, ou se considera intocável? Você tem coragem de perguntar para seus filhos, amigos e colegas de trabalho o que pensam a seu respeito? Quem não nos conhece profundamente não tem condições de manter uma relação íntima e afetiva conosco. O amor não é cultivado em terreno intacto, mas em solo explorado.

Veja os segredos que norteavam a relação de Deus com seu filho. O Pai era invisível, o filho era visível. Um procurava agradar o outro. O filho elogiava constantemente o Pai, o Pai dizia que Jesus era seu filho amado (*Mateus 3:17*). Quem pode desvendar as tramas dessa relação tão complexa e esplêndida?

O diálogo entre o Pai e o filho nos bastidores da cruz beira o inimaginável. Jesus deve ter produzido inúmeros diálogos com seu Pai, mas apenas alguns foram pronunciados e registrados. Pai e filho eram unidos e se amavam profundamente. Um se preocupava constantemente com o outro, um procurava agradar o outro. Jamais se viu uma relação tão afetuosa!

O Pai estava nos bastidores do teatro da vida, o filho, no palco. Ninguém viu o Pai, mas o filho o revelou (*João 1:17,18*). Esperávamos que o filho revelasse claramente o Autor da vida e resolvesse nossas dúvidas sobre os mistérios da existência, mas continuamos confusos. Por quê? Porque o filho possui características de personalidade que fogem aos limites da lógica humana.

O filho poderia querer ter vassalos e serviçais, mas preferiu o aconchego dos animais. Poderia desejar ser o mais famoso intelectual, fundar a mais brilhante escola de pensamento, mas preferiu entalhar madeiras e, mais tarde, juntar-se a um bando de pescadores.

Agora, no alto do Calvário, mais uma vez, ele confunde nossas mentes. Era de se esperar que, pregado na cruz, ele odiasse seus carrascos e desejasse exterminá-los. Contudo, para nosso espanto, ele reúne suas parcas forças para defendê-los. Diz "*Pai, perdoa-os...*". Como isso é possível?

"Perdoa-os" por quê? Que motivo ele tinha para perdoá-los? Quem é esse homem que, mesmo esmagado pela dor, consegue amar?

Quarta: as limitações do Todo-Poderoso – a loucura do amor

Deus é onipresente. O tempo para ele não existe. Está em todo tempo e em todo lugar. É o alfa e o ômega, está nas duas pontas do tempo, no começo e no fim (*Apocalipse 22:13*). Nossa frágil mente não consegue imaginar sua grandeza. Embora o tempo não exista para Ele, quando seu filho morreu o tempo parou pela primeira vez.

Deus também é onisciente. Tem consciência instantânea de milhões de eventos e fenômenos. Somos intelectualmente limitados, construímos um pensamento de cada vez e nos concentramos num evento por vez. Mas o Deus descrito nas Escrituras é ilimitado. Contudo, ao ver seu filho morrendo, ele provavelmente se esqueceu do universo e concentrou toda a sua energia nos sofrimentos de Cristo.

Deus também é onipotente. Sua natureza é eterna e incriada. Seu poder não tem limites. Faz tudo o que quer, de acordo com sua vontade. Todavia, embora seu poder não tenha limites, experimentou uma limitação jamais vivida. Tinha todo o poder para salvar seu filho, mas não o fez. Por quê?

O filho se dispôs a morrer pela humanidade. Na cruz, ele redimiu a humanidade, para que os seres humanos tivessem acesso à vida eterna. Por que Pai e filho não arquitetaram um plano que exigisse menos sacrifício dos dois? Por que sofreram até o limite do inimaginável? Não há explicação científica para isso. O amor é ilógico.

Se alguém que você ama estiver sofrendo, talvez você cometa loucuras de amor para salvá-lo. Quando analisar a dor de Maria e a preocupação de Jesus com ela, contarei uma experiência na qual uma de minhas filhas correu risco de morte. Assisti à cena e vivi o ápice do desespero. Pude entender um pouco a dimensão incompreensível do mundo do amor.

O amor é o único sentimento que nos leva a esquecer de nós mesmos e nos doar sem medida. A psicologia ainda engatinha na compreensão do território da emoção, um território que nos difere dos computadores e de qualquer máquina que possamos inventar. A matemática da emoção faz de nós uma espécie única.

Deus tem lágrimas? Não sabemos. Mas certamente chorou muito. O tempo parou e o universo ficou pequeno. Foi a primeira vez na história em que um Pai, apesar de todo o seu poder, viu um filho morrendo e não pôde fazer nada por ele.

Quem estava sofrendo mais: o filho ou o Pai? Pense nisso! É difícil responder. Não há pior sofrimento para um Pai do que ver seu filho morrer, sobretudo de forma tão sofrida. E não há dor pior do que morrer numa cruz, principalmente mantendo a lucidez e expressando ternura. Pai e filho se contorciam de amor e dor

Nunca a espécie humana foi amada coletivamente de maneira tão intensa. Se homens e mulheres se amassem desse modo, as lágrimas de dor cessariam e as da solidariedade irrigariam os solos do mundo.

Poderia haver muitos outros caminhos para o Autor da vida e seu filho resgatarem a humanidade? Tenho limitações para dizer, mas é possível afirmar que, para justificar a humanidade, eles escolheram a mais sublime forma de amor.

Nunca um ser humano foi tão especial, apesar de suas falhas e fracassos.

Quinta: controlando os instintos e abrindo as janelas da mente

Permita-me imaginar o complexo cenário que estava ocorrendo nos bastidores da cruz. Peço ao leitor que me desculpe se houver falhas nesta análise, pois me sinto um pequeno pensador diante do infinito.

O Pai via Jesus morrendo, cada gemido calando fundo em sua alma. Então, de repente, foi como se não aguentando mais aquela dor Ele dissesse: "Filho, o que os homens fizeram com você? Eu o amo intensamente e não suporto mais vê-lo sofrer. Esses homens chegaram às últimas consequências da injustiça ao crucificá-lo. Nós amamos a humanidade, mas seu cálice é amargo demais. Vou terminar seus sofrimentos. Vou julgar seus carrascos e toda a humanidade."

Então, o filho, no meio de sua intensa dor, talvez tenha dito algo de uma beleza extraordinária: "Pai, você os ama. Não se importe comigo, não os condene. Eu clamo por eles. Esqueça minha dor. Não sofra por mim."

Jesus cuidara de Judas, de Pedro e da multidão que chorava à sua passagem em direção ao Calvário. Agora, o mais dócil dos filhos cuida de seu Pai.

As gotas de sangue vertiam do seu corpo e ficava cada vez mais difícil respirar. Sua face contraía-se constantemente refletindo a impossibilidade de preservar a serenidade.

Talvez, ao ver a agonia do filho intensificar-se, o Pai tenha resolvido intervir. Quando o filho percebe a intenção do Pai, entra em desespero. Enche os pulmões e verbaliza seu pensamento de forma imperativa, procurando abrandar a dor de seu Pai e defender a humanidade: "*Pai, perdoa-os porque eles não sabem o que fazem.*"

Em seguida, Jesus recolhe-se dentro de si e, talvez chorando, tenha acrescentado silenciosamente: "Toma-me como sacrifício pela humanidade. Eu a amo e morro por ela!"

O filho interrompeu a ação do Pai. Assumiu a condição de cordeiro de Deus que redime o mundo de suas injustiças. Era tudo o que o Todo-Poderoso queria ouvir. O amor do filho limitou a ação de Deus, mas, ao invés de diminuí-los, os fez inimaginavelmente maiores. Desse modo, o filho sustentava o Pai e o Pai sustentava o filho. Ambos foram nutridos pelo amor mútuo enquanto eram moídos pelas transgressões humanas.

Só o amor é capaz de levar-nos a praticar atos inesquecíveis. Você pode ser um brilhante pensador, mas se não tiver amor seus atos serão como o bronze, que retine mas não tem vida. O amor tudo desculpa, tudo espera, tudo suporta, jamais desiste, pois dá todas as chances para começar tudo de novo (*I Coríntios 13:7*).

Sexta: as lições de complacência com homens intolerantes

O Mestre da Vida foi honrado como ninguém e humilhado como poucos. Sua inteligência ultrapassava a dos pensadores, mas sua humildade era mais refinada do que a do mais desconhecido de sua sociedade. Era sólido emocionalmente, mas soube chorar e confessar sua angústia. Quando abandonado, não reclamou, pois compreendia o movimento dos seus discípulos e sabia fazer da solidão um convite para a reflexão.

Jesus viveu a glória dos reis e o anonimato dos miseráveis. Somente uma pessoa tão despojada, amável e altruísta poderia interceder por aqueles que o trataram sem qualquer complacência. Que homem é esse que não excluiu ninguém?

Suas energias deveriam estar totalmente concentradas na sua dor e na preservação da sua vida, mas ele as deslocava para os que o cercavam, pois tinha uma habilidade incomum de pensar nos outros, e não em si mesmo.

Sétima: olhando além da cortina do sistema social

Jesus desculpou homens indesculpáveis. Por quê? Qual foi o segredo que ele usou para perdoar? Durante anos tenho ouvido meus pacientes falarem da dificuldade de perdoar aqueles que os feriram. Tentam, mas nem sempre conseguem. Diversas vezes procurei ajudá-los, mas muitos falharam.

Alguns jamais esquecem as mágoas causadas por seus pais, professores, amigos de infância, vizinhos, colegas de trabalho. Carregam cicatrizes profundas na memória. Convenci-me de que perdoar não é fácil. Entretanto, quando comecei a estudar detalhadamente a primeira frase de Jesus na cruz, meus olhos se abriram.

O segredo para perdoar é compreender. Não se esforce para perdoar quem o magoou, empregue sua energia em compreendê-lo. Se compreender as fragilidades, insegurança, infelicidade, reações inconscientes dele, você naturalmente o perdoará. Para perdoar os outros também é necessário compreender nossas próprias limitações e ter consciência de que estamos sujeitos a muitos erros. Quando nos damos conta da nossa própria fragilidade, quando nos debruçamos sobre a história e os problemas dos que nos cercam, fica muito mais fácil perdoar e reformular a imagem inconsciente daqueles que nos feriram.

Embora Jesus estivesse pedindo a Deus para perdoar seus agressores, o que havia de pior na espécie humana estava representado pelos soldados e pelos homens que zombavam dele aos pés da cruz. Para perdoá-los, o mestre teve de ir longe demais em seu raciocínio.

Aonde ele foi? A um território que poucos filósofos percorreram. Foi além do horizonte dos comportamentos dos seus inimigos e viu que o sistema social estava entorpecendo a capacidade deles de pensar e de serem verdadeiramente livres para decidir.

Como excelente conhecedor da psicologia e da filosofia, compreendeu que os homens que o julgaram e crucificaram estavam anestesiados pelo sistema social, religioso e político. Anestesiados por uma droga mais potente do que aquela que queriam lhe dar para amenizar seus sofrimentos.

A droga química encarcera a emoção. A droga do sistema entorpece a alma, produz um cárcere imperceptível. Os atos terroristas e as violências urbanas são provocados quando o sistema social ou uma ideologia aprisiona a alma e não dá valor à vida.

Não pense que a droga do sistema sociopolítico não nos entorpece. Quando gastamos horas e horas ouvindo os personagens da TV, mas não gastamos minutos conversando com nossos filhos, estamos entorpecidos pelo sistema. Será que nos damos conta do que estamos fazendo quando lutamos para dar o mundo para nossos jovens mas nos esquecemos de lhes dar nossa história de vida e o nosso tempo?

Quando trabalhamos obsessivamente, quando nosso interesse se concentra no dinheiro, quando apenas agimos sem refletir mais profundamente sobre o sentido da vida, estamos drogados pelo sistema. O tempo entre nascer e fechar definitivamente os olhos é muito curto. Será que a brevidade da vida não é capaz de nos convidar a marcar um encontro com a sabedoria?

Os religiosos que julgaram Jesus acreditavam que estavam prestando culto a Deus. Por outro lado, os soldados que o crucificaram achavam que estavam prestando um serviço ao Império Romano. As atitudes de ambos eram aparentemente corretas, mas eles não tinham consciência de que elas eram controladas pelo sistema. Pensavam, mas sem liberdade, absolutamente condicionados.

Seja livre para pensar. Procure questionar o fundamento das suas atitudes. Às vezes, com a intenção de agradar a Deus, você pode estar cometendo atos absurdos, desumanos. Em nome da defesa da moral ou da ética social, você pode estar destruindo pessoas.

Jesus conseguiu, no auge de sua dor, desculpar homens indesculpáveis, pois compreendeu o papel do sistema no processo de construção dos pensamentos e na confecção das reações humanas. Para ele, os soldados não sabiam o que faziam quando cumpriam a sentença de Pilatos, nem os fariseus, quando o ridicularizavam.

Se ele foi capaz de perdoar tais homens, haverá limites para sua capacidade de perdoar? Que homem é esse que não dá tréguas ao amor?

Oitava: a arte do perdão como refrigério para a alma

Chegamos à última implicação da primeira frase de Jesus na cruz. Há outras, mas pararei por aqui. Sua capacidade de perdoar era um refrigério para a sua alma e o tornava o mais leve dos homens. Quando pediu ao Pai para perdoar seus inimigos, ele já os havia perdoado. Ninguém tinha qualquer dívida com ele.

Jesus cancelou todo o ódio por seus agressores. Rasgou a "duplicata" da arrogância, prepotência e orgulho dos homens que o feriram. Nós muitas vezes abandonamos aqueles que nos magoam, mas ele jamais os abandona. Todos estão aptos a ser seus amigos.

Excelentes relacionamentos entre amigos, colegas de trabalho e casais terminam muitas vezes porque as pessoas não sabem tolerar e superar pequenos defeitos umas das outras. Quando uma das pessoas é hipersensível, não consegue administrar o impacto que lhe causam as críticas ou atitudes do parceiro.

Perdão e compreensão não são atributos dos fracos, mas ingredientes universais para o sucesso das relações interpessoais, seja entre intelectuais ou membros de tribos primitivas. Sem a psicologia do perdão, as pessoas que nos decepcionam vão se transformando em "monstros" no solo de nosso inconsciente. Se essa imagem "monstruosa" não for contida e administrada, será capaz de controlar nosso encanto pela vida, nosso desempenho social e intelectual.

Já afirmei que a maior vingança contra um inimigo é perdoá-lo. Se compreendê-lo, você o perdoa. Se o perdoa, ele morre dentro de você e renasce não mais como inimigo. Caso contrário, ele dormirá com você, roubará seu sono, comerá com você e destruirá seu apetite.

Jesus era uma pessoa flexível. Se alguém bloqueasse a porta de entrada, em vez de gastar energia com o confronto, ele procurava as janelas. Quanto mais lhe fechavam a porta de entrada, mais ele abria as janelas do fundo. Você procura as janelas ou opta sempre pelo confronto? Gaste menos energia, é mais fácil abrir as janelas. Comece por abrir as janelas de sua mente.

O mais excelente mestre da emoção morreu sem guardar mágoas de ninguém. Pode-se inferir que nem mesmo tinha cicatrizes inconscientes na memória. Ele foi de fato o mais livre dos seres humanos.

Todos os meus elogios ao Mestre da Vida nos livros desta coleção são tímidos. Tentei diversas vezes criticar seus comportamentos, mas ele é incriticável. Desafio os demais cientistas a analisá-lo. Contudo, quero avisá-los: esse homem contagia nossa emoção.

Uma incrível história de amor

Há uma passagem na biografia de Jesus que sintetiza a incrível história do amor de Deus pela humanidade. Ela diz: *"Porque Deus amou a humanidade de tal maneira que deu seu único filho, para que todo aquele que nele crê não pereça, mas tenha a vida eterna"* (João 3:16). Vamos deixar de lado o aspecto religioso e nos ater ao conteúdo jurídico e psicológico dessa passagem. Ela parece de fácil compreensão, mas reúne complexidade e generosidade.

Quando você tem dinheiro, o banco não o perturba; mas se está em débito, você se torna inesquecível. Toda a dívida do ser humano perante Deus é cancelada num momento. Todos os processos jurídicos são arquivados imediatamente pelo ato de Cristo na cruz. Nossas falhas imensas e contínuas são aniquiladas pelo ato de um homem. Nunca foi tão fácil ter acesso à eternidade.

Pagamos caro um plano de saúde, mas Deus oferece gratuitamente a vida eterna. O Autor da vida e seu único filho nos oferecem uma vida feliz, inesgotável, sem nada cobrar. Esse é o melhor negócio do mundo.

Nenhuma perfeição é exigida de nós, apenas compreensão e compaixão, pois a exigência da perfeição recaiu sobre Jesus. Nenhum sacrifício é solicitado, pois o Pai e o filho já se sacrificaram ao máximo pela humanidade. Eles plantaram o trigo, cultivaram-no, colheram as sementes, moeram-nas, assaram o pão e agora o oferecem, generosamente, sem nenhum esforço. É necessário apenas que tenhamos apetite e abramos a boca.

Pai e filho trabalharam para aniquilar nossos sentimentos de culpa, as cicatrizes em nossas memórias, as zonas de tensão em nosso inconsciente e, além disso, nos imergem numa esfera de prazer inesgotável.

A cruz foi a prova solene do amor de Deus. Para nós, seres temporais, a morte e os sofrimentos são vistos como coisas monstruosas. Mas, para

Deus, morte e sofrimento são apenas uma gota na perspectiva da eternidade. Deus teve a coragem de ver seu filho agonizar numa cruz. Ninguém poderá jamais acusar Deus de não amar as suas criaturas.

Há dois tipos de Deus. O que criou os seres humanos e um que eles criaram. O que nos criou é solidário, ama incondicionalmente, poupa, protege, alivia, inclui, se preocupa. O que os homens criaram julga, condena, exclui, ama condicionalmente, dedica-se mais a uns do que a outros. Não importando qual é a nossa religião, é comovente ver o esforço descomunal do Deus bíblico dando o que tinha de mais precioso para nos resgatar: seu único filho.

O amor o fez praticar atos que ultrapassam o limite do imaginável. Do ponto de vista psicológico, é impossível ir mais longe. É ilógico e incompreensível o que Deus e seu filho fizeram pela humanidade. Jamais a capacidade de amar atingiu patamares tão altos. Na realidade, eles esgotaram todas as possibilidades do amor.

CAPÍTULO 7

A 2ª hora: debochado publicamente

Desafiado aos pés da cruz

Para a cúpula judaica, era inconcebível que o Deus que havia tirado o povo de Israel da escravidão do Egito, que lhes dera a terra de Canaã, que fora profetizado com eloquência por inúmeros profetas e louvado por diversos salmistas estivesse diante deles representado por seu filho. O filho do Altíssimo não poderia estar na pele de um carpinteiro.

Um galileu nascido em um curral, que crescera em uma cidade desprezível, que não tivera o privilégio de frequentar as escolas dos escribas e fariseus não poderia jamais ser o Cristo, o messias esperado havia tantos séculos pelo povo de Israel.

A história e os comportamentos de Jesus perturbavam a mente dos líderes judeus. Eles olhavam para a sua aparência e para a sua origem, e imediatamente o rejeitavam. Embora nos anos 740-680 a.C., cerca de sete séculos antes da vinda de Jesus, o profeta Isaías tivesse descrito com precisão os detalhes sociais e psicológicos do Cristo (*Isaías 53*), a cúpula judaica sentiu aversão por seus comportamentos.

Se a cúpula judaica aceitasse Jesus como o Cristo, teria de se aproximar do povo, despojar-se de sua arrogância e reproduzir os comportamentos do mestre. Teria de perdoar incondicionalmente, aceitar em suas mesas pessoas consideradas vis, tratar das feridas dos leprosos e ser complacente com os socialmente rejeitados. Essa atitude era inconcebível para os guardiões da moral.

Desrespeitado em sua dor

A segunda hora da crucificação foi das 4 às 5 horas do dia para o povo de Israel. Embora Jesus estivesse perecendo, os soldados romanos e os líderes judeus não lhe davam sossego.

A sua presença dócil e tranquila incomodava seus inimigos. Gritavam como se estivessem desafiando a pessoa mais forte do mundo. "*Salva-te a ti mesmo, se és filho de Deus! E desce da cruz*" (*Mateus 27:40*). Os gritos saturados de raiva golpeavam sua emoção, mas Jesus se manteve em silêncio. Não tinha forças nem desejava reagir.

Alguns mais exaltados comentavam entre si: "*Se é rei de Israel, desce da cruz e creremos nele!*" (*Mateus 27:42*) Os milagres de Jesus, suas palavras arrebatadoras e a recusa de falar sobre a própria identidade instigavam seus inimigos a provocá-lo.

Jamais provoque um homem ferido, pois ele pode reagir como um animal. Quando estamos ansiosos e angustiados, qualquer barulho se torna uma provocação. Grande parte das violências e dos assassinatos ocorre quando uma pessoa ansiosa se sente provocada. No trânsito, homens calmos podem agir com extrema violência quando estão tensos. Alguns chegam a usar armas. A única pessoa que podia ser provocada sem nenhum risco de reação violenta era Jesus.

A relação íntima e misteriosa com o Pai era seu único conforto.

Todos temos alguns conflitos

Lembro-me de uma paciente que ouviu sua mãe comentar que a encontrara numa lata de lixo. A mãe estava brincando, mas a criança interpretou e registrou de maneira distorcida a afirmação. Nunca esqueça que o registro da memória não depende das intenções dos outros, mas da forma como experimentamos os gestos e comportamentos alheios.

Apesar de sentir-se rejeitada, a criança não comentou nada com a mãe. Passou a ter a sensação de que seus pais faziam um favor em criá-la. A palavra ingênua da mãe foi registrada de maneira privilegiada nos arquivos de sua memória. Todas as vezes que recebia um pito ou uma punição, sentia-se ainda mais rejeitada. Desse modo, criou uma imagem distorcida da mãe e do mundo.

Essa imagem distorcida e dilatada registrada em nossa memória fica disponível para ser lida, gerando uma hiperaceleração dos pensamentos, que voltam a ser registrados na memória, expandindo a imagem inconsciente e gerando uma zona de tensão doentia.

Através desse mecanismo, uma palavra menos cordial pode virar uma agressão. Um gesto menos cuidadoso, um sinal de desvalorização. Uma ofensa é capaz de produzir um inimigo mortal. Uma rejeição social pode provocar um bloqueio doloroso. Todos somos afetados por esse processo. É provável que cada um de nós tenha alguns transtornos psíquicos gerados por ele, ainda que não percebamos.

Cuidado com o que você fala com seus filhos e alunos. Cuidado com as palavras. Saiba que determinados gestos e palavras têm o poder de penetrar nos territórios do inconsciente e contribuir para tornar a alma humana seca e árida. Nunca menospreze a capacidade de interpretação de uma criança, nunca menospreze os sentimentos de uma pessoa.

Se você tiver de criticar alguém, comece elogiando-o. Quando você valoriza uma pessoa, ela abre as janelas da memória e se torna capaz de receber sua ajuda. A crítica deixa de ser ataque para transformar-se em contribuição. Mas, se a pessoa é criticada secamente, ela trava a inteligência. Tudo o que você disser, por mais correto e eloquente que seja, será uma intromissão. Apesar de a agressividade e a crítica seca nunca terem contribuído para educar a emoção, insistimos nesse caminho.

Jesus sabia abrir as janelas da alma e do espírito das pessoas. Tinha o dom de encantar as multidões. Sua capacidade incondicional de amar e elogiar a vida o transformava em uma pessoa feliz e tranquila. Nele só havia palavras de elogio à vida. Quando protegia ou defendia alguém, amigo ou inimigo, íntimo ou desconhecido, atestava que a vida é bela mesmo quando não há flores nos jardins. O elogio à vida aquece o mais rigoroso dos invernos.

CAPÍTULO 8

A 3ª hora: cuidando de um criminoso e vivendo o maior dos sonhos

Na terceira hora só havia espaço para a confusão mental. O mestre já havia sido espancado a noite toda. Não lhe deram água nem comida. Chegara à cruz desidratado, exausto, lesado e com graves problemas circulatórios, pois havia perdido muito sangue.

Era de se esperar que sua capacidade de raciocínio estivesse mutilada. Enquanto seu corpo lutava para mantê-lo vivo, Jesus produzia palavras e gestos inacreditáveis.

Na segunda hora, como vimos, seus opositores zombaram dele e o provocaram. Sua resposta foi o silêncio! Agora, na terceira hora, quando lhe deram trégua, verbalizou três pensamentos admiráveis. Pensamentos que expressaram um cuidado afetivo com um criminoso, com sua mãe e com seu amado discípulo João.

O criminoso se volta para o mestre

Imagine a cena. Muitos fariseus versados no Antigo Testamento desafiaram Jesus enquanto ele era flagelado e pregado na cruz. Para eles, o mestre não passava de um impostor, pois não reagia às provocações.

Enquanto todos zombavam dele, de súbito um criminoso fez um reconhecimento inimaginável. Ao se encontrarem no Calvário, esse criminoso viu Jesus sangrando, com as costas mutiladas e o corpo coberto de hematomas. Sobre a cabeça, uma coroa de espinhos. Jesus parecia fraco e debilitado, um verdadeiro miserável.

Contudo, o criminoso viu algo além dos hematomas e da fragilidade. Enxergou naquele homem que morria ao seu lado não uma pessoa comum, mas um rei. Um rei com um poder que ultrapassava os limites da compreensão humana. Um rei que possuía um reino invisível, mas real.

O criminoso implorou a Jesus que se lembrasse dele quando estivesse em seu reino (*Lucas 23:40,41,42*). Conseguiu ver algo que ninguém via.

Na cruz, Jesus era digno de pena, mas um criminoso o tratou como um rei. Um rei que venceria a morte, que introduziria seu reino na humanidade. Um rei que era miserável naquele momento, mas que um dia, quando as portas do tempo se encerrassem, mostraria sua força e seu vigor. Ao longo da história, muitos homens e mulheres amaram Jesus Cristo porque conseguiram ver o que ninguém via. Viram flores no inverno. Viram os campos verdejantes em um ambiente de pedras e areia.

Bastou uma palavra do criminoso em direção ao Mestre da Vida para que ele o alcançasse. "*Jesus, lembra-te de mim quando vieres com teu reino.*" O criminoso não precisou se humilhar e confessar seus erros, apenas reconheceu que aquele que morria ao seu lado era um rei.

Jesus o acolheu sem pedir nada em troca. Essa foi a atitude que assumiu durante sua trajetória na terra. Sempre que uma pessoa se voltava para ele, ainda que fosse uma prostituta, ele a acolhia sem constrangê-la. No episódio da samaritana, não quis saber detalhes de sua história, não especulou sobre suas falhas, não a controlou, mas procurou confortá-la e introduzi-la em uma esfera de prazer e liberdade (*João 4:1 a 27*).

Amamos controlar as pessoas, mas o Mestre da Vida amava fazê-las livres. Muitos pais querem dar a melhor educação para seus filhos, mas, em vez de ajudá-los a serem livres para pensar e escolher com maturidade seus caminhos, lhes impõem regras rígidas e os punem se não as seguem. Em vez de ajudá-los a crescer, causam revoltas e intrigas e os deixam despreparados para viver na escola da vida.

Muitos executivos também se empenham para que o mundo gravite em torno deles. Controlam ditatorialmente pessoas e atividades. Mas, por não conhecerem o funcionamento da mente humana, não sabem que a construção de pensamentos é incontrolável. A melhor forma de dirigir uma equipe é ajudando as pessoas a gerenciarem seus pensamentos e treinando-as para pensar antes de reagir.

Ninguém controla os pensamentos de ninguém. Mesmo aqueles que concentram autoridade nunca terão poder sobre a mente dos outros, ainda que as pessoas abaixem as cabeças. A alma é um território de liberdade. O único carrasco de nossas almas somos nós mesmos.

Jesus conhecia a mente humana como ninguém. Tinha consciência de que as leis de Moisés e as elevadas regras de conduta não foram suficientes para eliminar injustiças, discriminação, intolerância e múltiplas formas de agressividade no povo de Israel. Como solucionar o que a lei não fora capaz de fazer? Atuando no funcionamento da mente, nas matrizes da memória, no cerne da energia emocional. Foi isso que o mestre fez.

No mundo inteiro o problema da violência parece incontrolável. Os responsáveis pela segurança pública das sociedades democráticas não sabem o que fazer para solucionar o drama da violência em todos os níveis. Os mecanismos de repressão não resolvem definitivamente o problema; quando muito o amenizam. A educação e transformação interna do ser humano é a chave.

O Mestre da Vida sabia que se não transformasse as criaturas internamente não haveria solução. Foi o que fez com seus discípulos enquanto andava e convivia com eles. Aproveitava cada uma das suas parábolas e cada circunstância vivida para os conduzir à prática das funções mais importantes da inteligência. Cada uma dessas práticas era um treinamento da escola da vida.

Sabia que o amor é a maior fonte de motivação, de mudança das matrizes da memória e de transformação interior. O Mestre da Vida era um rei sem trono político, era um rei que tinha aprendido a reinar na alma humana.

Nós somos perseguidos pelo nosso passado e nos remoemos com sentimentos de culpa. Mas o mestre não gravitava em torno do passado. Para ele, as falhas deveriam ser recordadas apenas para serem reescritas. Por tais atitudes, todos viviam suavemente em sua presença. O passado deixava de ser um peso e se tornava a tela de fundo de uma belíssima obra de arte.

Quem ama respeita o espetáculo da vida. Quem ama abre as janelas da mente para pensar em muitas possibilidades. O amor torna as pessoas inteligentes e arrojadas. Os cientistas que amaram suas pesquisas fizeram as mais notáveis descobertas. Os professores que amaram seus alunos penetraram no território da emoção deles e os marcaram para sempre. Se você trabalhar pensando apenas no pagamento no final do mês, nunca será um excelente funcionário.

O mestre exalava amor em cada um dos seus gestos, por isso tocou um miserável criminoso que morria ao seu lado.

A 2ª frase: "Ainda hoje estarás comigo no paraíso..."
Consolando o criminoso

Jesus disse ao criminoso: *"Em verdade eu te digo, ainda hoje estarás comigo no paraíso"* (Lucas 23:43). Como pôde afirmar isso se, de acordo com as Escrituras, ele ficou três dias na morte: a tarde da sexta-feira, o sábado e a manhã do domingo? Isso indica que o mestre falava sobre outra esfera.

Cada pessoa, de acordo com sua crença, tem uma opinião sobre esse assunto. Como pesquisador científico, não vou me aprofundar nele, pois tudo isso diz respeito à fé. É possível que receba muitos e-mails de leitores dando suas opiniões. Quero apenas fazer um comentário sintético.

É provável que, ao mencionar que "ainda hoje" o criminoso estaria com ele no "paraíso", Jesus estivesse querendo se referir a uma esfera em que a personalidade é preservada depois da morte. Ele indicou o que a ciência nem sonha em entender, ou seja, que a falência do corpo não é acompanhada da falência da alma ou psique.

Olhamos a vida com os olhos de nossa própria história contida na memória. Cada opinião emitida, cada resposta dada, cada pensamento proferido são gerados a partir da leitura da memória. É ela que guarda os segredos de nossa existência. Sem a memória não há história, sem história não há inteligência.

Quando o cérebro morre, a memória se decompõe, os segredos da existência se perdem, a história se esfacela. Como resgatar esses segredos? Como reconstituir a personalidade? Todos querem saber o que acontecerá quando o fenômeno da morte os abater. Imagino que você mesmo deseje saber se há vida e consciência após a morte. Mas não procure as respostas nos livros científicos, pois a ciência engatinha nesse campo.

Depois que comecei a produzir uma nova teoria psicológica e filosófica sobre o funcionamento da mente passei a me preocupar com questões que não me perturbavam. Comecei a pensar sobre o fim da vida e a desagregação da história existencial contida na memória.

Os filósofos costumam ser mais profundos do que os pensadores da psicologia, psiquiatria e neurociência. Eles são mais livres para pensar. Discutem a metafísica sem problemas, refletem sobre Deus sem medo de serem censurados. Sócrates, Platão, Agostinho, Spinoza, Descartes, Rousseau, Voltaire e Hegel estão entre os pensadores da filosofia que tiveram Deus na pauta de suas ideias. Alguns perceberam que o ser humano precisa de Deus, pois só com sua existência poderíamos reconstruir nossas identidades destruídas pelo fenômeno da morte.

Desde as eras mais primitivas, nossa espécie sempre procurou Deus. Não conseguimos olhar para nós mesmos nem para o mundo sem nos fazermos as milenares perguntas: Quem somos? De onde viemos? Para onde vamos?

Podemos definir filosoficamente nossa espécie em uma frase: "O ser humano é uma fonte de perguntas que durante toda a existência procura grandes respostas."

Um miserável que não desistiu da vida

Jesus deu uma grande resposta ao criminoso. Ambos estavam morrendo, mas ambos se encontrariam após o caos da morte. Ambos estavam gemendo de dor, mas ambos estariam no paraíso, um lugar sem sofrimentos, adversidades e infortúnios.

O Mestre da Vida conseguiu confortar a alma de um homem miserável que se atormentava sobre seu destino. Com uma simples frase, resgatou o ânimo de quem sucumbia sob o calor das dúvidas. Quantas dúvidas atormentam os que pensam sobre o fim da vida!

Alegro-me por esse criminoso. Poderia desejar morrer para livrar-se da dor, mas sonhava em continuar sua existência. Muitos, ao contrário, pensam em suicídio diante dos seus problemas. Não suportam a carga das perdas. Não suportam os fracassos e as injustiças cometidas contra eles. São controlados pela dor, sufocados pela tristeza e ansiedade.

Nunca desista da vida. Se enfrentar a sua dor, você a transcenderá; mas, se lhe der as costas, ela o destruirá. Eis na cruz um miserável criminoso que não desistiu da vida. Tinha todos os motivos do mundo para desertar, mas pedia a Jesus para se lembrar dele em seu reino, e o mestre lhe falava sobre um paraíso. Ambos estavam morrendo lenta e miseravelmente, mas nenhum dos dois parava de sonhar. Sonhar com o quê? Com o maior de todos os sonhos: com a continuação do espetáculo da vida. Que exemplo!

Algumas pessoas têm muitos motivos para serem alegres, mas só manifestam insatisfação e especializam-se na arte de reclamar. Contudo, há dois mil anos, a dor e a exaustão de duas pessoas que morriam numa cruz não foram suficientes para matar o amor delas pela existência.

CAPÍTULO 9

Continuação da 3ª hora: cuidando carinhosamente de sua mãe

Maria, uma mãe especial

Alguns filhos esfriam seu relacionamento com os pais quando enriquecem ou se tornam famosos. Às vezes os suprem de bens materiais, mas negam-lhes o mais importante: a sua presença e o seu afeto. Alguns usam a sobrecarga do dia a dia e o excesso de atividades como excelentes desculpas para justificar a sua ausência.

Por mais defeitos que tenham, nossos pais nos geraram. A grande maioria deles perdeu noites de sono e gastou o melhor de sua energia e do seu tempo para cuidar de nós. Infelizmente, quando perdemos pai ou mãe muitas vezes nos perguntamos: "Por que não gastei mais tempo com eles? Por que não lhes dei mais valor?" A morte dos pais nos leva quase sempre a fazer uma revisão de nossa história.

É muito importante perscrutarmos os sentimentos mais ocultos de nossos pais e procurarmos compreender suas inquietações. Os melhores filhos são aqueles que gastam tempo para descobri-los. É estranho o fato de muitos filhos não penetrarem no mundo das emoções de seus pais, não conseguirem perguntar o que estão sentindo e do que necessitam. Conhecem a fachada, mas não sabem o que está por trás dos seus gestos: suas lágrimas, seus sonhos, seus temores.

Do mesmo modo, muitos pais não conseguem perceber que há um

mundo a ser descoberto dentro de cada um de seus filhos, mesmo que eles os frustrem e tenham diversos defeitos. Pais e filhos precisam ser garimpeiros da alma. Precisam aprender a explorar uns aos outros para descobrir as pedras preciosas escondidas em seu interior.

Cristo era o mestre do diálogo. Dialogava longamente com Deus. Com seus discípulos, rompia todas as barreiras e todas as distâncias. Com as mulheres, mesmo com as socialmente rechaçadas como a samaritana, era atencioso, polido e generoso.

E com seus pais terrenos Jesus era atencioso? Muito! Temos poucos relatos sobre sua infância e adolescência, mas o pouco que Lucas registra revela que ele era um filho inigualável.

Maria sabia quem era aquele menino que crescia aos seus pés. Ela o conhecia profundamente. Sabia que, antes de ser seu filho, ele era filho de Deus. Antes de lhe pertencer, ele pertencia ao Pai. Sabia o quanto aquele menino que ela amamentara era especial. Tão especial, que ela um dia o perderia.

Lucas deve ter tido um relacionamento estreito com Maria. Escreveu seu evangelho mais de 20 anos depois da partida de Jesus. Muitas informações devem ter sido transmitidas por Maria, pois ele é o único que nos fornece detalhes do nascimento de Jesus e da complexa oração de sua mãe.

Um dia eu talvez escreva um livro analisando a personalidade de Maria. A mulher que aparece nos evangelhos tinha cinco grandes características principais.

Primeiro, era inteligente. Na oração registrada por Lucas (*Lucas 1:46 a 55*) há uma complexa organização de raciocínio e sequência de ideias. Segundo, era humilde. Ela se colocava literalmente como uma humilde serva diante de Deus. Terceiro, conhecia bem as escrituras antigas. Sua oração é uma síntese do Velho Testamento. Nela, discorre sobre a origem do povo de Israel, sobre Abraão e sua descendência, sobre a promessa de Deus, sobre a exaltação dos humildes e a destruição dos soberbos. Quarto, era discreta. O fato de não aparecer muito nas biografias de Cristo é um exemplo de sua discrição. Quinto, respeitava seu filho e guardava suas palavras em silêncio (*Lucas 2:19*).

Sobre essa última característica há uma história interessante. Certa vez, Maria e José foram a Jerusalém para a festa da Páscoa. Na volta, perderam o menino Jesus. Eles o procuraram desesperadamente. Três dias depois o encontraram. O menino, então com 12 anos, estava no templo debatendo suas ideias com os mestres da lei. *"E todos os que o ouviam ficavam perplexos com sua inteligência e suas respostas"* (Lucas 2:47).

Logo que seus pais o viram, ficaram surpresos. Sua mãe se adiantou e sem agressividade mostrou sua angústia, dizendo-lhe: *"Filho, por que fizeste assim conosco? Teu pai e eu, aflitos, estávamos à tua procura"* (Lucas 2:48).

Uma das experiências mais angustiantes para os pais é perder seus filhos no meio da multidão. Maria e José o perderam por três dias, o que é grave e capaz de causar exasperação. Por que um fato tão sério foi tratado com brandura por Maria? A única explicação é que ela e seu filho eram amáveis um com o outro. Havia um clima de carinho, atenção, amor e preocupação que permeava a relação de Jesus com seus pais.

Até completar 30 anos, Jesus deve ter tido longos e afetuosos diálogos com sua mãe. O menino a assombrava com sua mansidão e capacidade de se doar. Depois, cresceu e começou a cuidar do mundo à sua volta. Doava-se a todos. Nos últimos três anos, andava ocupado, mas sua mãe o acompanhava em muitas viagens.

Maria sabia que seu filho era um médico da alma que se dedicava a uma humanidade ferida. Parecia que ele não tinha tempo nem para si nem para sua mãe. No entanto, veremos que nunca se esqueceu dela. Na cruz, embora estivesse sem energia, procurou cuidar de Maria e protegê-la.

Jesus estava morrendo e via sua mãe assistindo a tudo. Que cena comovente! Mãe e filho, que sempre se amaram, estavam tão próximos e tão distantes um do outro. Talvez Maria estivesse recordando o filho que carregara no colo e que agora estava perdendo. Que sentimentos poderiam invadir esta serena e sensível mulher?

Nada melhor para compreendermos a dor dos outros do que compreendermos a nossa própria dor. Permita-me contar uma dramática experiência que passei com uma das minhas filhas e que mudou minha história.

A experiência de um pai em desespero

Um dia estava assistindo a uma cirurgia de minha filha mais velha. Era a extração das amígdalas. Por ter formação médica, sabia que se tratava de um procedimento aparentemente simples. Nem desconfiava de que passaria por um dos maiores sofrimentos de minha vida. Tudo corria normal no campo cirúrgico: a anestesia, as primeiras incisões e a regularidade do balão respiratório.

Conversava com o cirurgião e com o anestesista quando, de repente, percebi que o ritmo do balão tinha diminuído. Minha filha parou de respirar. Entrei em desespero. Em fração de segundo passou pela minha mente que poderia perdê-la. Eu a amava intensamente, beijava-a várias vezes por dia. Perdê-la era simplesmente um fato inaceitável.

Meu coração acelerou-se intensamente, numa taquicardia incontrolável. Não era possível acreditar que não veria mais seu sorriso, suas brincadeiras e suas artes. Então, gritei, chamando o anestesista, que veio rapidamente.

Cada segundo parecia uma eternidade. Eu queria fazer alguma coisa, mas me sentia impotente. Daria tudo no mundo para ver minha filha voltar a respirar. Por fim, felizmente, ela retornou. Eu tinha a sensação de estar saindo de uma guerra.

A cirurgia terminou e o grande susto passou. Achei que o pesadelo havia terminado, mas o pior estava por vir. A recuperação de uma criança que se submete a uma cirurgia desse tipo é rápida. Em alguns dias ela ficaria animada e voltaria a ser o que era. Porém, a cada dia minha filha piorava. Eu ia para o meu consultório intranquilo, sabendo que algo estava errado. Um cheiro fétido exalava de suas narinas. Ela só conseguia respirar pela boca.

Eu telefonava para seu médico com frequência, e ele me dizia que isso era normal. Entretanto, minha filha estava cada vez mais pálida, desanimada, sem conseguir brincar. O médico prescreveu antibióticos e anti-inflamatórios, mas nada resolvia. No quinto dia, quando liguei para casa, a menina quase não tinha forças para falar comigo.

Naquele momento, pensei em algo que nunca mais saiu da minha mente. Pensei no valor da vida, no quanto ela é preciosa e no pouco valor que lhe damos. E só quando ela está prestes a se esgotar é que nos lembramos de fazer essa reflexão. Pensei comigo mesmo: "Eu daria tudo o que tenho, tudo o que consegui na vida, para ter a minha filha de volta como antes. Daria meus títulos acadêmicos, todo o meu dinheiro, sucesso, casa, enfim, tudo, em troca de sua vida."

Angustiado, liguei mais uma vez para seu médico e disse-lhe que havia algo errado. Então ele teve um "estalo" e me pediu para levá-la com urgência ao consultório. Lembrou-se que poderia ter deixado uma gaze em sua garganta. "Talvez, na correria da parada respiratória, tenha me descuidado e esquecido esse material."

Sua suspeita se confirmou. Minha filha sobreviveu, mas aqueles momentos me marcaram para sempre. A perda de um filho é inesquecível para os pais. O sofrimento de qualquer um deles sulca a nossa alma.

Vamos analisar o território da emoção de Maria aos pés da cruz de seu filho.

A 3ª frase: "Mulher, eis aí teu filho..." Consolando sua mãe

Maria estava próxima da cruz. Ela se contorcia de dor ao ver a agonia de seu filho. As lágrimas corriam abundantes sobre seu rosto. Que sofrimento inconsolável! Quem poderia confortar aquela mulher? Nada no mundo aquietava a sua alma. O filho que ela carregara nos braços agora estava pregado nos braços de uma cruz.

Imagine Jesus vendo a dor de sua mãe. Já era amargo seu cálice físico, mas vê-la sofrer só fazia aumentar seu cálice emocional. Maria sabia que o perderia, mas pensava que esse dia estava longe. Ela não imaginava que seu filho fosse morrer naquela sexta-feira, pois seu julgamento, como sabemos, foi sumário. Isso indica que ela o acompanhava discretamente em suas viagens. De repente, quando menos esperava, Jesus saiu mutilado da casa de Pilatos.

Na caminhada até o Calvário, Maria entrou em desespero. Queria abraçar Jesus, mas era contida. Os soldados deviam empurrá-la sem piedade. Havia uma coorte deles escoltando o mestre, mais de 300. Maria caminhava chorando. Nunca pensara que o perderia dessa maneira. Faltava-lhe força até para gritar. Ela vira o corpo nu de seu filho quando pequeno, agora o via nu na cruz como um espetáculo de desonra para o mundo.

Queria tirá-lo de lá. Desejava cuidar de suas feridas e estancar seu sangue. Devia gritar para ele ouvir: "Filho, eu te amo!" Devia também correr em sua direção, mas era barrada sem piedade pelos soldados. Por isso, talvez clamasse: "Me soltem! O que vocês fizeram com meu filho! Deixem-me abraçá-lo e cuidar dele!"

Palavra nenhuma poderia aquietar a angústia daquela afável e humilde mulher. O filho que só lhe trouxera prazer estava agonizando na cruz. Não suportava vê-lo com a face contraída de dor e desesperava-se diante de sua respiração ofegante. Ela queria fazer tudo, mas estava absolutamente impotente.

Jesus sabia da dor de sua mãe. Seu coração fraquejava, mas ele se mantinha lúcido. Então, olhou para ela e a viu chorando, profundamente angustiada. Não queria que sofresse, mas era impossível aliviar sua dor. Diante disso, mais uma vez reagiu de forma surpreendente. Recostou-se novamente na cruz procurando respirar melhor. Sua dor se intensificou, e ele soltou sua voz, dizendo: *"Mulher, eis aí o teu filho"* (*João 19:26*).

Suas mãos estavam pregadas na cruz. Indicou com os olhos. Quem? João, o jovem discípulo.

Jesus era um filho insubstituível, mas pediu que Maria tomasse João como filho em seu lugar. Pediu para sua mãe se consolar com a presença dele. Jesus iria embora, mas deixaria em seu lugar o jovem que mais aprendera com ele a arte de amar.

Muitos, inclusive teólogos, se perguntam por que Jesus chamou Maria de "mulher" e não de "mãe". Jesus falava muito dizendo pouco. Chamou sua mãe de "mulher" por duas vezes nos evangelhos. Uma em Caná da Galileia, no começo da sua vida pública, quando, em um casamento, transformou água em vinho (*João 2:1 a 12*). A outra, do alto da cruz (*João 19:26*). Vou comentar apenas esta última, pois, se a entendermos, compreenderemos a primeira.

Alguns podem achar que chamar a mãe de "mulher" é uma forma seca de tratamento. Mas havia uma enorme doçura e amabilidade atrás das palavras de Jesus. Sabia que Maria se envolvera intensamente com ele. Sabia que seu enorme amor por ele a fazia esquecer que, antes de ser filho dela, ele era filho do Altíssimo. Ao dizer "mulher", queria refrescar sua memória e fazê-la lembrar a origem dele.

Era como se lhe dissesse: "Mãe, eu a amo, mas você sabe quem eu sou. Você sabia que iria me perder. Você está sofrendo intensamente, mas eu lhe peço para posicionar-se agora não como minha mãe, mas como uma 'mulher'.

Lembre-se de que você foi bendita entre as mulheres, pois meu Pai a escolheu para me receber, cuidar de mim e me ensinar os primeiros passos para fazer de mim um homem. Seja uma mulher forte. Não sofra por mim. Eis aí João. Tome-o como filho. Ele cuidará de você e a protegerá em meu lugar."

Jesus esqueceu-se de si mesmo para se preocupar com sua mãe. Gastou o pouco de energia que tinha para consolá-la. Ela, por sua vez, entendeu o significado de suas palavras, embora, naquele momento, nada pudesse estancar a sua dor. Continuou chorando sem parar.

O sofrimento de Jesus produziu valas profundas em sua alma. Só mais tarde seu coração aliviou-se. A perda desse filho foi irreparável. Assim terminou a mais bela história de amor entre um filho inigualável e uma mãe especial.

A 4ª frase: "Eis aí tua mãe." Consolando João

Depois de dirigir-se à sua mãe, apontando João com os olhos, Jesus se dirigiu ao discípulo dizendo: "*Eis aí tua mãe*" (*João 19:27*). Essa quarta frase teve dois motivos.

Primeiro, Jesus via as lágrimas de João e também queria consolá-lo. João era um jovem explosivo, mas, seguindo as pegadas do Mestre do Amor, aprendera as mais belas lições da educação da emoção. Aprendera o alfabeto do amor. Amou tanto que, com mais de 80 anos, escreveu três cartas de amor para os seus leitores.

Essas cartas, juntamente com seu evangelho, são entranhadas de emoção. Nelas, ele chama a todos de filhinhos. Na terceira epístola revela a intensidade com que amou cada ser humano. João termina essa carta dizendo: "*Saúda os amigos, cada um por seu nome*" (*3 João 1:15*). Importava-se com todos e saudava cada um pelo nome, pois os considerava pessoas únicas.

Você vê as pessoas com as quais convive e trabalha como seres únicos? Quando pronuncia seus nomes, elas se sentem reconhecidas e valorizadas? João valorizava cada pessoa como um ser inigualável, porque tinha aprendido a arte de amar.

Agora ele via seu mestre agonizar na cruz. Perdê-lo era como se perdesse o solo, o sentido de vida. Jesus também amava intensamente João, por isso não se esqueceu dele na cruz. De um só fôlego tentou consolá-lo e pedir que tomasse conta de Maria como se ela fosse sua própria mãe. Pediu muito em poucas palavras. Pediu e foi atendido. Daquele dia em diante, João a levou para casa e cuidou dela (*João 19:27*).

Foi a primeira vez que numa cruz poucas palavras disseram tanto. Foi a primeira vez que, entre gemidos e dores, uma história de amor foi escrita, a mais bela de todas. Foi a primeira vez em que o coração emocional amou tão ardentemente enquanto o coração físico entrava em falência.

CAPÍTULO 10

Da 4ª à 6ª hora: abandonado por Deus

Julgado pelo juiz do universo

A crucificação de Jesus pode ser dividida em duas partes de três horas. A primeira foi das nove da manhã ao meio-dia, e a segunda, do meio-dia às três da tarde. Na primeira parte, como vimos, ele pronunciou quatro frases acolhendo quatro tipos de pessoas: seu Pai (Deus), um criminoso, sua mãe e João. Pronunciou também quatro frases nessa segunda parte. De acordo com o registro das biografias de Mateus e Marcos, essas frases foram proferidas perto do momento de sua morte.

Na primeira parte o sol brilhava; na segunda houve trevas. Ao meio-dia de nosso relógio, que correspondia às seis horas do horário judeu, um fenômeno estranho ocorreu: a terra escureceu. Escureceu talvez por um eclipse, um tempo chuvoso ou um fenômeno que foge à nossa compreensão. Provavelmente, as trevas eram um símbolo de que Jesus estava sendo julgado pelo Juiz do universo em favor da humanidade. Deus se torna juiz do homem Jesus. A investigação psicológica desse assunto é capaz de nos deixar confusos. Na primeira parte, o Pai o sustentava com suas palavras inaudíveis, sua emoção intangível, seus olhares invisíveis. Agora, esse Pai, apesar de amar intensamente seu filho, senta-se no trono de juiz.

De acordo com os textos bíblicos, jamais alguém passara no teste de Deus (*Romanos 6:23*). Por quê? Até onde conseguimos analisar e compreender, é porque o julgamento divino ultrapassa os comportamentos exteriores e chega às raízes da consciência.

Deus perscruta as intenções e penetra nos pensamentos humanos. Ninguém é perfeito, não há um ser humano que seja senhor pleno de suas emoções e de seus pensamentos. Podemos ser plenamente éticos exteriormente, mas quem o é por dentro?

Quem tem coragem de proclamar em voz alta todos os pensamentos que transitam em sua mente? Creio que nenhum de nós. O mais puritano dos seres humanos produz pensamentos absurdos que não tem coragem de verbalizar.

A psicologia encontra muitos limites na compreensão dos indivíduos, pois só consegue interpretar seus comportamentos. Através deles, ela procura entender o que os olhos não veem: as emoções, os fenômenos inconscientes, a engrenagem dinâmica dos conflitos, a estrutura do eu. Entre o mais excelente psicólogo e seu paciente há um mundo intransponível mediado pela limitada interpretação.

O mesmo acontece com o sistema jurídico que tem extensos limites para compreender e julgar o ser humano. O sistema jurídico julga um réu não pelo que ele realmente pensa e sente, mas pela cortina de suas reações externas. Por isso, precisa de testemunhas, de reconstrução da cena do crime, de detectores de mentira e de advogados de defesa e de acusação para sentenciá-lo com mais justiça e menos equívocos.

O Autor da vida não tem qualquer um desses limites. Ele vai além de nossos comportamentos e penetra nas entranhas de nossa alma. Jesus foi julgado pelo único Ser ilimitado na sua capacidade de julgamento.

A ciência pode falar muito pouco sobre esse assunto, mas é possível inferir que Deus não julgou Jesus como seu filho, mas como um homem. Cada pensamento, sentimento e reação do homem Jesus passou pelo crivo do julgamento de Deus. Somente um homem poderia morrer pela humanidade, somente um homem poderia resgatá-la e servir de modelo para ela.

Cristo pode servir de espelho para nós, porque foi um homem como qualquer ser humano. Sofreu, chorou, viveu momentos de extrema ansiedade e teve diversos sintomas psicossomáticos. Apesar disso, foi perfeito. Perfeito na sua capacidade de incluir, perdoar, se preocupar, compreender, ter misericórdia, se doar, respeitar, ter dignidade na dor. Perfeito na sua capacidade incondicional de amar, na habilidade de ser líder do mundo das próprias ideias e administrador das suas emoções.

João Batista, seu precursor, antevia esse julgamento de Deus. Ao ver Jesus, ele declarou em alta voz: "*Eis o cordeiro de Deus que tira o pecado do mundo*" (*João 1:29*). Como pode um homem ser responsável por eliminar a culpa das nossas injustiças?

Jesus morreu por causa das mazelas e misérias da alma humana. Por um lado, o ódio do sinédrio judaico e o autoritarismo da política romana o mataram. Por outro, sua morte foi usada pelo Juiz do universo como um sacrifício para estancar a culpa de uma espécie que tem o privilégio de ser inteligente, mas não honrou sua capacidade de pensar.

As páginas de nossa história nos envergonham. Até as tribos mais primitivas estão saturadas de agressividade. As guerras, as discriminações, os genocídios, as injustiças contra as mulheres, a exclusão de minorias saturam nossa história. Milhões de vidas são sacrificadas a cada década. Milhões de crianças anualmente são vítimas da fome e da violência. Milhares são violentadas sexualmente todos os dias em todos os cantos da terra.

A medicina preventiva alcançou conquistas enormes, mas o número de vidas que ela preserva é pequeno perto das perdas geradas pelas guerras, pela fome, pelos acidentes de trânsito. A democracia tratou de alguns sintomas da injustiça, mas não eliminou a causa principal. Uns têm muito, outros nada possuem. Os grandes controlam os pequenos. A miséria física e emocional sempre foi companheira de nossa espécie.

Depois de tantas vidas sacrificadas, veio um homem que resolveu se sacrificar pela humanidade. Um homem que não pediu nada em troca, só se doou. Um homem que cuidou de todas as pessoas que o rodeavam, mesmo quando precisava de intensos cuidados.

De acordo com o propósito transcendental do Deus Altíssimo, Ele só poderia quitar as enormes dívidas da humanidade se o homem Jesus fosse perfeito em todos os aspectos de sua vida. Foi usado o símbolo do cordeiro para expor os aspectos psicológicos desse homem ímpar.

Um cordeiro é um animal tranquilo. Jesus foi o mais tranquilo dos seres humanos. Um cordeiro é dócil até quando está morrendo. Jesus, contrariando os paradigmas da psicologia, demonstrou uma doçura e amabilidade inimagináveis na cruz.

A visão de um filósofo de Deus

Agostinho é considerado um grande filósofo. Foi um filósofo de Deus. Certa vez disse uma frase intrigante e complexa: "Deus se tornou um homem para que o homem se tornasse Deus."*

Nesse pensamento, Agostinho quis dizer que o objetivo de Deus era que o homem recebesse a sua vida por intermédio de Jesus Cristo e conquistasse o dom da eternidade. Recebendo a vida de Deus, teria acesso a todas as dádivas do Ser divino, e a condição de se tornar filho de Deus seria a maior delas.

O próprio apóstolo Pedro, na sua velhice, escreveu em uma de suas cartas que através de Cristo *"nós somos coparticipantes da natureza divina"* (*2 Pedro 1:14*). Incompreensível ou não, era essa a ideia que norteava o projeto de Jesus e que envolvia os seus apóstolos e seus mais íntimos seguidores. Como pode um ser humano mortal cheio de falhas e limitado se tornar filho do Autor da vida e ser eterno como Ele?

Marx, Hegel, Freud, Sartre e tantos outros pensadores da filosofia e da psicologia objetivavam no máximo que seus discípulos seguissem suas ideias. Mas Jesus Cristo pretendia que seus discípulos fossem além da compreensão das suas ideias e participassem de uma vida que transcende a morte. Com a cruz, ele queria abrir uma janela para a eternidade. O Mestre da Vida tinha inquestionavelmente o projeto mais alto que nossa mente pode conceber.

A filosofia do caos e a preservação dos segredos da memória

Nada é tão belo quanto o universo e nada tão dramático quanto ele. Não há nada estável no mundo físico. A organização, o caos e a reorganização da matéria e da energia ocorrem num processo aparentemente sem fim. É impossível evitar o caos. Ele está presente não apenas no mundo físico, mas também no campo da energia psíquica, na alma ou na psique.

Durante anos, pesquisei algo que muitos cientistas não tiveram a oportunidade de examinar: a teoria do caos da energia psíquica.** Cada

---

* Bettenson, Henry. *Documentos da igreja cristã*. São Paulo: Aste/Simpósio, 1998.
** Cury, Augusto J. *Inteligência multifocal*. São Paulo: Cultrix, 1998.

pensamento e cada emoção se organizam, em seguida se desorganizam e depois voltam a se organizar em novos pensamentos e emoções.

Ainda que se tente, é impossível reter um pensamento. Dentro de alguns segundos ele se desfaz e passamos a pensar em outra coisa. Se você tentar preservar uma emoção prazerosa, também não terá êxito. Mesmo que tenha ganhado o prêmio Nobel ou um Oscar, em questão de horas a emoção do sucesso estará se desorganizando e sendo substituída por outra.

O caos da energia psíquica é inevitável e criativo. Sem ele, tudo seria uma mesmice. A cada dia produzimos milhares de pensamentos e emoções em um processo sem fim.

A memória deve ser reeditada e renovada constantemente, mas as suas matrizes não podem atravessar o caos definitivo. Se as informações da memória se desorganizarem em razão de um tumor cerebral, de um traumatismo craniano, da degeneração das células nervosas ou pelo fenômeno da morte, não há como resgatarmos nossa identidade, a não ser pela existência de um Deus com um poder muito maior do que somos capazes de imaginar.

Esse assunto ocupa o centro dos meus pensamentos. Um dia iremos morrer. A pior coisa que a morte pode nos causar é danificar caoticamente a colcha de retalhos de nossa memória.

Preservar os segredos da memória é fundamental para que possamos resguardar nossa consciência e saber quem somos. Caso contrário, perderemos os parâmetros da inteligência, perderemos nossa capacidade de compreender. Assim, não teremos passado nem história, seremos apenas "átomos" errantes.

Se o fenômeno da morte destruir seus arquivos e não houver Deus para resgatá-los, tudo o que você foi e fez nesta terra não terá mais significado, pois você não existirá como ser consciente.

Por isso, reitero o que já afirmei. Crer em Deus é mais do que um ato de fé, é um ato inteligentíssimo. É crer na possibilidade de continuarmos pensando, sentindo, existindo. É crer na possibilidade de reencontrarmos as pessoas que amamos e convivermos com elas. É ter esperança de reunirmos nossos filhos e amigos numa existência real e infindável. Sem a existência de Deus, nossa casa definitiva seria um túmulo lúgubre, solitário, frio e úmido. Nada poderia ser pior.

Todos os ateus que passaram por este mundo amaram a liberdade de pensar e de expressar suas ideias, inclusive a de que Deus não existe. Se essas ideias estivessem corretas, com a morte eles perderiam o que mais amavam – a liberdade de pensar –, pois sua memória seria destruída e não haveria Deus para resgatá-la.

Quando eu era um dos mais céticos ateus, não imaginava que amava tanto a minha liberdade de pensar nem compreendia que ler a memória e construir ideias eram processos tão delicados. Quando estudei com detalhes algumas áreas da construção dos pensamentos e alguns relevantes papéis da memória, pude perceber que Deus precisa existir. Se Ele não existir, meus livros poderão permanecer, mas nada do que fiz terá significado para mim. Não serei nada além de um amontoado de pó mórbido e desorganizado.

Jesus compreendia tudo o que estou escrevendo. Ele falava da vida eterna não como um delírio religioso, mas como a necessidade de preservar a memória e continuar a existência.

Um dia, exaltou uma mulher que derramou um precioso perfume sobre sua cabeça. Ela sabia que ele ia morrer e sabia por que ele estava morrendo. Mas seu coração estava tão agradecido que derramou sobre a cabeça do mestre o que tinha de mais precioso. Os discípulos, desatentos, criticaram seu ato, achando que era um desperdício derramar um perfume tão caro daquele modo. Eles não viram o que a mulher viu.

O Mestre da Vida fitou seus discípulos e disse que onde fosse pregado o seu evangelho seria contado o que aquela mulher fizera, para a memória dela. Ele estava falando sobre a preservação da memória. Disse que, mesmo após a morte da mulher, seria contado o quanto ela o tinha amado. Ao honrar a memória da mulher, ele resumiu seu ambicioso projeto, um projeto que jamais será alcançado pela psicologia: preservar a memória humana e, consequentemente, a capacidade de pensar e de ter consciência de quem somos.

A memória tem um valor supremo para a vida eterna sobre a qual Jesus discursava. Ela é o alicerce da inteligência. Perdê-la é se perder como ser pensante. Ela é fundamental também nesta breve existência. Por isso, têm razão as pessoas idosas que receiam perder a memória. Têm razão quando se cuidam para prevenir problemas cerebrais.

As palavras de Jesus deixam atônitas a física, a psicologia, a psiquiatria e as neurociências. Ele discorreu, sem hesitar, sobre uma vida que preserva a memória e que transcende o caos da morte. Disse: *"Eu sou o pão da vida, quem de mim comer viverá eternamente"* (*João 6:48 a 51*).

Que homem é esse que discursa com total segurança sobre uma vida que supera os princípios da física? Que homem é esse que nos traz uma esperança que a medicina nunca sonhou sequer em prometer? Ele se sacrificou ao máximo para tornar realidade aquilo que só pode ser alcançado pela fé. Nunca a ciência ficou tão perplexa diante das palavras e da trajetória de um ser humano.

O maior empreendedor do mundo

Os pensadores da filosofia sofreram por serem fiéis às suas ideias; alguns foram presos e banidos da sociedade. Mas Jesus foi além. Esgotou toda a sua energia para ser fiel ao seu plano. Permitiu, até, ser julgado por Deus. A análise dos seus comportamentos revela um homem coerente com sua história e controlado por uma meta transcendental. Um homem profundamente apaixonado pela espécie humana.

Você tem metas que direcionam sua vida, ou vive de qualquer maneira? Se tem metas, é coerente com elas? Alguns estabelecem como meta serem milionários, serem artistas famosos, estarem nos degraus mais altos do poder. Outros possuem metas mais nobres, desejam ser felizes, sábios, cultos, úteis para a sociedade, conquistar muitos amigos e conhecer os mistérios da vida.

Muitos sonham alto, mas nem todos os sonhos se materializam. Por quê? Um dos motivos é que as metas não são suficientes para lhes dar força e persistência. Os obstáculos no meio do caminho os fazem desanimar e desviar-se de sua trajetória.

O Mestre da Vida sofreu inúmeros acidentes pelo caminho. As pessoas que andavam com ele eram lentas para aprender o alfabeto do amor e rápidas para soletrar o alfabeto da discriminação e do ódio. Felizmente a palavra "desistir" não fazia parte do dicionário de Jesus. Ele jamais se desviou da sua trajetória. Seguiu só, muitas vezes sem o conforto dos amigos e sem a compreensão do mundo, mas não parou.

Dormir ao relento, ser rejeitado, traído, negado, ferido e odiado não foram problemas capazes de bloqueá-lo. Uma visão controlava as entranhas da sua alma. Ele foi o maior empreendedor do mundo.

A motivação de Jesus era inabalável. Mesmo agonizando, não reclamava. Até que, finalmente, pela primeira vez, ouviu-se aquele homem reclamar. Reclamou uma única vez. Do quê? De Deus tê-lo abandonado. Foi a mais justa e branda reclamação. Vejamos.

A 5ª frase: "Meu Deus, meu Deus, por que me abandonaste?"

Por volta da hora nona, Jesus clamou em alta voz: *"Meu Deus, meu Deus, por que me abandonaste?"* (*Mateus 27:46*) O Mestre da Vida podia suportar que o mundo desabasse sobre sua cabeça, mas não podia ser abandonado e desamparado por Deus. O que indica que o Pai era seu alicerce emocional.

Deus, na condição de Pai, não se ausentara nem um segundo, mas quando assumiu sua condição de Juiz precisou abandonar Jesus para julgá-lo. O Autor da vida já se angustiava extremamente ao ver seu filho agonizando. Agora, afastando-se dele e se comportando como Juiz, sofria mais ainda. Teria de deixá-lo morrer só, sem nenhum conforto, sem a sua presença.

Os últimos momentos da crucificação são um grande mistério. Jesus abandonou definitivamente sua condição de filho de Deus e assumiu plenamente sua condição de homem. Deus, por sua vez, deixou a condição de Pai e assumiu a condição de Juiz. Só aquele homem pregado na cruz poderia substituir a humanidade.

Tal Juiz só aceitaria que Jesus desculpasse a humanidade se ele fosse um homem capaz de amar incondicionalmente, de não ser controlado por pensamentos negativos, de colocar-se aos pés dos mais humildes para servi-los, de nunca usar seu poder para pressionar as pessoas ou obter qualquer vantagem, e que tivesse um comportamento sublime nos braços de uma cruz. Diariamente somos imperfeitos. Eu já desisti de ser perfeito. Todavia, Deus exigiu um comportamento do homem Jesus que jamais poderia exigir de qualquer ser humano.

O Mestre do Amor estava literalmente morrendo. Tinha a boca profundamente seca, o corpo desidratado e ensanguentado. O volume sanguíneo era insuficiente para ser bombeado e nutrir as células. A fadiga respiratória se exacerbava. Respirava rápido e curto.

Os crucificados ao seu lado deviam emitir sons altos e apavorantes. Contudo, ninguém ouvia Jesus gritar. Só a ausência do Pai o fez clamar. Não lhe pediu que o livrasse da cruz, não lhe pediu alívio, queria apenas a sua presença. O mundo escureceu. Seu sofrimento chegou ao limite do insuportável.

Ele não gritou: "Pai, por que me abandonaste?" Por quê? Porque sabia que seu Pai nunca o abandonaria. Se chamasse o Pai, este poderia fazer a sua vontade. Mas Jesus chamou: *"Eli, Eli lamá sabachtháni"*: *"Deus meu, Deus meu, por que me abandonaste?"*

Clamando a Deus e não ao Pai

Uma das experiências mais dolorosas do ser humano é a solidão. Mesmo um ermitão precisa da natureza e das suas próprias fantasias para superar a solidão. A solidão da cruz foi o momento final da história de Cristo. Mas quem pediu para Deus desampará-lo? O próprio Jesus. Quando disse "Pai, perdoa-os porque eles não sabem o que fazem", autorizou seu Pai a assumir a condição de Deus e julgá-lo no lugar dos homens.

Ao desculpar os indesculpáveis, o Mestre do Amor assumiu sua condição de cordeiro de Deus que eliminaria as injustiças humanas através do seu sacrifício. Seu Pai só assumiu a posição de Deus e juiz nos últimos momentos. A análise é impressionante. Jesus Cristo tomou partido da humanidade e por isso perdeu o único recurso que ainda lhe dava algum alívio: a presença de Deus.

Faltam-me palavras para descrever a dimensão da emoção de Jesus. Não consigo traduzir esse amor. O apóstolo Paulo o considerava inexplicável: *"O amor de Deus excede todo entendimento."*

Como alguém pode amar tanto quem não o ama? Jesus estava morrendo não apenas pelas mulheres que choravam aos pés de sua cruz, mas também pelos carrascos que retiraram suas vestes, o açoitaram e crucificaram. Estava morrendo por homens que zombaram dele, que o trocaram por um assassino, Barrabás, e o consideraram o mais herético dos homens.

Tenho comentado nesta coleção que seria impossível à mente humana criar um personagem com as características da personalidade de Jesus. As maiores evidências de que ele existiu não são arqueológicas, não são os inumeráveis manuscritos antigos, mas o território da sua emoção, no funcionamento extraordinário da sua mente.

Deveria estar confuso, delirando, sem condições de raciocínio inteligente. Mas, por incrível que pareça, tinha tanta consciência do cálice que estava tomando que clamou a Deus como um homem, e não como Seu filho. Ofertava na cruz a energia de cada uma de suas células em favor de cada ser humano.

Enquanto os homens o esbofeteavam, ele se calava. Enquanto o coroavam com espinhos, silenciava. Enquanto o cravavam na cruz, gemia sem alarde. Mas quando se sentiu desamparado por Deus, não esbravejou, mas chorou intensamente, sem lágrimas, pois estava desidratado. A ausência de Deus era uma perda incalculável.

Não um herói, mas um homem fascinante

Deus não era, para Jesus, um símbolo religioso nem um ponto de apoio para superar as suas inseguranças. Deus era real, tinha uma personalidade, falava com ele, alimentava-o com suas palavras. Que Deus é este tão real e tão intangível aos nossos sentidos?

Os biógrafos clássicos de Jesus Cristo que escreveram os quatro evangelhos foram de uma honestidade impressionante ao descrever os últimos momentos do mestre. Quem tem experiência na arte de interpretar pode perceber a fidelidade literária desses biógrafos. Por quê? Porque a descrição que fizeram não prima pela ostentação nem pelo exagero.

Eles não maquiaram o personagem Jesus. Não criaram um mártir ou um herói religioso. Se quisessem produzir um herói religioso fictício, eles jamais reproduziriam nos evangelhos a sua pergunta "Deus meu, porque me abandonaste?". Teriam escondido esse momento, pois aqui Jesus mostra o máximo da sua fragilidade como homem. Todavia, foram honestíssimos na sua descrição. Jesus era uma pessoa fascinante, mas, sem Deus, também não tinha sustentação.

As frases que os autores dos evangelhos relataram perturbaram a mente e geraram dúvidas em milhões de pessoas ao longo dos séculos. Até hoje muitos não compreendem por que Jesus clamou pelo amparo de Deus, se era filho de Deus. Não compreendem que na cruz ele se comportou até as últimas consequências como um homem. Embora gerasse confusão, o que ele falou foi relatado nos evangelhos.

Falou pouco e com frases curtas. Não poderia proferir longas frases, pois estava ofegante, aflito e debilitado. Mas suas palavras escondem segredos difíceis de entender.

O maior mistério que envolve esse homem fascinante é que vários aspectos de sua biografia já tinham sido descritos sete séculos antes de sua vinda ao mundo. A descrição detalhada que o profeta Isaías fez do seu martírio, desde que saiu da casa de Pilatos, beira o inimaginável. Disse: *"Como pasmaram muitos a vista dele. O seu aspecto estava muito desfigurado, mais do que qualquer outro homem... Era o mais desprezado entre os homens. Homem de dores, que sabe o que é padecer... Verdadeiramente ele tomou sobre si as nossas enfermidades, e as nossas dores, levou sobre si; e nós o reputávamos por aflito, ferido de Deus, e oprimido. Mas ele foi ferido pelas nossas transgressões e moído pelas nossas iniquidades; o castigo que nos traz a paz estava sobre ele..."* (Isaías 53)

Como não se surpreender com um homem que, além de possuir uma personalidade espetacular, foi anunciado em prosa e verso séculos antes de vir ao mundo? Que plano surpreendente estava nos bastidores da cruz? A psicologia procura ajudar o ser humano a ser autor de sua própria história, uma história que raramente dura mais de 100 anos. Mas o Mestre da Vida fez planos para que conquistássemos uma história capaz de romper a bolha do tempo.

Muitos desses eventos entram na esfera da fé. A fé acena de longe para a ciência. Mas o pouco que podemos analisar sobre o homem mais deslumbrante que pisou nesta terra é suficiente para concluirmos que nossas bibliotecas científicas são apenas uma poeira no espaço infinito do conhecimento.

Uma cruz de madeira escondeu segredos que a literatura científica não consegue desvendar. Gemidos de dor fizeram poema pela primeira vez. Seis horas e oito frases esconderam um conhecimento extremamente elevado. Os evangelhos exalam até hoje o perfume da serenidade de Jesus Cristo.

CAPÍTULO 11

Consumando seu plano. O cérebro e a alma

A 6ª frase: "Tenho sede..."

O que é mais importante: um cantil de água ou um baú de ouro? Depende. Em um deserto, um cantil de água vale mais do que todo o ouro do mundo. Só valorizamos as coisas simples com as quais convivemos quando delas sentimos falta.

As sessões de tortura e os sangramentos haviam desidratado Jesus. A caminhada em direção ao Calvário o desidratou ainda mais. Para completar, a crucificação e o calor do sol até o meio-dia espoliaram o resto de água do seu debilitado corpo.

Os criminosos ao seu lado deviam pedir água, e talvez fossem atendidos. Mas o Mestre da Vida mantinha-se calado. Nos últimos momentos antes de morrer manifestou uma necessidade que o consumia. Disse: *"Tenho sede!"* (João 19:28)

Após seis horas de crucificação, sua língua, gengiva e palato estavam fissurados. Seus lábios, rachados. A sede era imensa. Mas ele não pediu água aos soldados, disse apenas que tinha sede. Mesmo quando falava de suas necessidades mais básicas, o mestre o fazia com brandura.

Jesus mostrava um domínio de si impressionante. Mas quando precisou chorar, ele o fez sem qualquer receio. Do mesmo modo, quando precisava declarar seus sentimentos angustiantes não os disfarçava, como nós muitas vezes fazemos, mas os demonstrava sem temores.

Muitos líderes espirituais, empresariais e políticos têm medo de revelar sua miséria emocional. Receiam falar da sua dor, dos seus conflitos e dos seus temores. Quanto mais sobem na escala do sucesso, mais se aprisionam numa bolha de solidão. Precisam desesperadamente de amigos e gostariam de dividir seus sentimentos mais íntimos, mas se calam para manter a imagem de heróis, enquanto naufragam nas águas da emoção.

O Mestre dos Mestres nunca se aprisionou numa bolha de solidão. Nunca se viu um homem tão seguro como ele, mas, ao mesmo tempo, tão gentil, simples e espontâneo. Quando precisou falar de sua dor, chamou três amigos íntimos, apesar de saber que não tinham condição alguma de consolá-lo (*Mateus 26:37*). Estimulou-nos assim a falar a verdade e a mostrar nossos sentimentos, desde que respeitemos os outros.

Quando não suportou mais a sede, não teve receio de dizer, embora soubesse que não seria atendido. Se os seus carrascos o desafiavam a sair da cruz, certamente zombariam dele se pedisse água. Fizeram pior do que isso.

A dor da sede, quando não é saciada, gera uma das piores angústias humanas. Há pessoas que tomaram a própria urina para matar a sede. Quando Jerusalém foi sitiada em 70 d.C. pelos romanos, as pessoas bebiam água de esgoto.

Da próxima vez que tomar água, usufrua prolongadamente o prazer de bebê-la. Quando eu escrevia isso, já era quase meia-noite. Senti sede e pedi à minha esposa que me trouxesse um copo d'água. Apesar da hora, ela gentilmente o trouxe, sem demonstrar qualquer insatisfação. Então, ao beber, observei que a água não apenas tinha saciado meu corpo, mas também refrescado minha alma. Lembrei-me de Jesus.

Ao manifestar que estava com sede, os soldados, sem nenhuma piedade, não lhe deram água, e sim vinagre embebido numa esponja (*João 19:29*). O ácido acético do vinagre penetrou em cada fissura da boca de Jesus, provocando uma dor indescritível.

Era o momento de desistir e se esquecer da humanidade. Seus carrascos sentiam prazer em vê-lo contrair-se de dor. Mas Jesus sofreu calado.

Vimos que a emoção controla a leitura da memória e, consequentemente, a capacidade de pensar. Quando estamos sob o foco de uma dor, fechamos os territórios de leitura da memória e reagimos sem pensar. Mas na mente de Jesus o amor abria as janelas da memória e o conduzia a pensar antes de reagir.

Nunca um homem reuniu em um mesmo universo o mundo da emoção e o mundo da razão. Nos limites dos instintos, ele reagiu com o máximo de inteligência. Se os pais da psicologia tivessem estudado o homem Jesus teriam ficado estarrecidos.

A 7ª frase: "Está consumado!"

Os discípulos de Jesus não entendiam a sua morte. Era inexplicável que um homem tão forte e que falava de Deus como nenhum outro estivesse morrendo como um miserável. Alguns estavam escondidos e amedrontados em Jerusalém, talvez outros estivessem a algumas centenas de metros do Calvário, contemplando de longe o cenário da cruz.

Hoje, distante dos fatos, é mais fácil entender o sentido daquele espetáculo, mas naquela época era quase impossível. Todos choravam a morte de Jesus, e cada lágrima era uma gota de dúvida.

Quem poderia imaginar que o Autor da vida estivesse assistindo, inconsolado, à morte do seu filho? Quem poderia entender que, pela primeira vez na história, um pai via seu filho morrer e, tendo poder para resgatá-lo, não o fazia? Quem poderia aceitar o fato de que uma pessoa forte e inteligentíssima estivesse morrendo como o mais frágil dos homens?

O apóstolo Paulo tinha razão ao escrever que a palavra da cruz é loucura para os que não a compreendem (*I Coríntios 1:18*). Jesus planejou sua vida e sua morte. Morreu da maneira que tinha traçado. Já havia corrido risco de morte antes, mas se esquivou com incrível destreza. Quando chegou o momento, disse simplesmente aos seus íntimos *"É chegada a hora"* e ficou aguardando a escolta.

O Mestre da Vida conseguiu reunir duas características nobilíssimas e quase irreconciliáveis da personalidade: a espontaneidade e uma extraordinária capacidade de planejamento.

Geralmente, as pessoas excessivamente espontâneas não têm metas, espírito empreendedor, nem planejam o futuro. Por outro lado, as pessoas que planejam em demasia suas vidas correm o risco de se tornarem engessadas, tensas e cheias de manias. Em que polo você se encontra?

Quando o vinagre queimou sua boca, fazendo-o gemer de dor, Jesus sabia que já estava nos segundos finais do seu martírio. Tinha plena certeza de que passara pelo tribunal do mais importante juiz de todo o universo. Enquanto sua boca ardia, um alívio se produzia em sua alma.

Então, inesperadamente, deu um grito de vitória. Disse: "*Está consumado!*" (*João 19:30*) Tinha vencido a maior maratona de todos os tempos. Era hora de descansar.

A 8ª frase: "Pai, nas tuas mãos entrego o meu espírito..."

Ao dizer que tudo estava consumado, ele proclamou em voz alta: "*Pai, nas tuas mãos entrego o meu espírito...*" (*Lucas 23:46*) Por favor, preste atenção nos detalhes dessa frase e nas possibilidades que ela nos abre.

Jesus aqui não clama a "Deus", mas ao "Pai". Após ter passado pelo mais severo julgamento, Deus assume novamente a posição de Pai, e ele, a de filho. É a seu Pai que ele entrega o seu espírito, e não a Deus.

No começo da crucificação, o Pai e o filho entoaram juntos o mais profundo canto de aflição. Sofreram um pelo outro. Na segunda metade, o Pai, a pedido consciente do filho, se torna seu Deus e o julga em favor da humanidade. Deus o desampara. O homem Jesus suporta a maior cadeia de sofrimentos.

Após cumprir seu plano, o filho está apto a realizar duas grandes tarefas. Primeira, ser o grande advogado da humanidade, que, por ser tão bela e tão coroada de falhas, precisará dele como um grande e atuante advogado (*I João 2:1*). Segunda, retornar ao relacionamento íntimo com seu Pai. O único desamparo que houve entre eles em toda a história do tempo foi resolvido. Os dois construíram juntos o maior edifício do amor e da inteligência.

Ao entregar o seu espírito ao Pai, Jesus abriu a mais importante janela do universo: a janela para a eternidade. Revelou que espírito não é o mesmo que cérebro, que possuímos algo além dos limites do mundo físico, do metabolismo cerebral – algo que chamamos de espírito e de alma.

A última fronteira da ciência

A última frase de Jesus revela os maiores enigmas da ciência. A última fronteira da ciência consiste em saber exatamente quem somos, desvendando os limites e as relações entre a alma e o cérebro.

Qual é a natureza da solidão? Do que são constituídas a alegria e a ansiedade? Qual é o tecido que confecciona os pensamentos? As ideias são o produto de reações químicas? E a consciência humana é fruto do metabolismo cerebral ou possui um campo de energia metafísico além do mundo físico? Estas indagações envolvem segredos que interpelam a ciência.

Não pense, como já comentei, que os grandes segredos estão no espaço. Eles estão dentro de cada um de nós, no mundo das ideias e dos pensamentos que deflagram a cada momento um espetáculo único no palco de nossas mentes. A ciência, em seu estágio atual, não consegue explicar o ser humano. O que temos são inúmeras teorias desconexas na psiquiatria, na psicologia, na neurociência que geram mais dúvidas do que um real entendimento.

No mundo científico existe uma corrente humanista de pesquisadores que crê que a alma não é o cérebro. Ela afirma a existência de um campo de energia emocional e intelectual que não decorre apenas do metabolismo cerebral. Muitos psicólogos, psiquiatras e filósofos fazem parte dessa corrente.

Há outra corrente, chamada de organicista, que acredita que a alma e o espírito são meramente químicos. Segundo ela, pensar e se emocionar são apenas fruto de reações químicas cerebrais. Muitos respeitados organicistas estudam com afinco a fisiologia, a anatomia, o metabolismo e as sinapses cerebrais (comunicação entre os neurônios).

Há uma terceira corrente que é a maior de todas e fica no meio do caminho. Ela não sabe dizer se a alma é química ou não, pois não considera este assunto. Seus adeptos exercem suas funções como psicólogos, psiquiatras, sociólogos, educadores, sem entrar na seara de ideias filosóficas.

Os humanistas criticam o uso exclusivo dos medicamentos psicotrópicos. E os organicistas acreditam que só esses medicamentos resolvem as doenças psíquicas, pois os distúrbios, segundo eles, decorrem de erros metabólicos.

Não faz muito tempo, um paciente que estava com depressão me disse que seu psiquiatra anterior o impedira de procurar uma psicoterapia, afirmando que o problema só poderia ser resolvido com remédios.

Muitos psiquiatras organicistas usam determinadas teorias como se fossem verdades absolutas. Nem os cientistas que as elaboraram as consideraram dessa forma. Mas seus discípulos, desconhecendo os limites das teorias, fazem delas verdades irrefutáveis. Por isso afirmam que somente medicamentos antidepressivos ou tranquilizantes resolverão a depressão, a síndrome do pânico, o transtorno obsessivo.

Na ciência, os piores inimigos de uma teoria sempre foram os discípulos radicais. Por usá-la sem critérios, distorcem seu valor e produzem opositores igualmente radicais. Esse radicalismo também ocorre entre os humanistas. Os maiores inimigos de Freud ou de Marx não foram os de fora, mas os próprios freudianos e marxistas radicais. Eles tomaram a teoria psicanalítica e a socialista como verdades absolutas e irrefutáveis e se tornaram assim incapazes de abrir o leque do pensamento e corrigir suas rotas.

Se você for radical na sua família, em seu trabalho, na sua maneira de ver o mundo, estará engessando sua capacidade de pensar e conquistando uma série de opositores. Ainda que estes não se pronunciem. O radicalismo é uma armadilha contra nós mesmos.

Os fariseus foram radicais. Achavam que estavam prestando culto a Deus quando mataram Jesus. Jesus foi o mais antirradical dos seres humanos. Não queria seguidores cegos, mas pessoas especialistas na arte de pensar, de amar e de incluir. O discurso de Jesus sobre o amor, o perdão, a compaixão, a paciência e a solidariedade é a mais eficiente vacina contra o radicalismo. Se essas características fossem trabalhadas minimamente nos cientistas, daríamos um salto sem precedentes na ciência.

Os humanistas radicais tendem a cair, às vezes, no misticismo, supervalorizando fenômenos que só eles conseguem perceber e, consequentemente, correndo o risco de se perder no meio de ideias vagas. E os neurocientistas radicais tendem a cair no cientificismo, só admitindo fenômenos controlados e observáveis, engessando assim sua inteligência por adotarem ideias rígidas. Os humanistas querem analisar o ser humano dentro do mundo, e os neurocientistas querem aprisioná-lo dentro de um laboratório.*

---

* Durant, Will. *História da filosofia*. Rio de Janeiro: Nova Fronteira, 1996.

Os limites e as relações entre a alma e o cérebro

Todas essas correntes de pensamento existem porque somos uma espécie complexa. De fato, a última fronteira da ciência é conhecer nossas origens. Descobrimos bilhões de galáxias, mas não sabemos quem somos. Desconhecemos qual é a natureza que nos tece como seres que pensam e sentem.

Afinal, a alma é química ou não? Qual das duas correntes de pensamento está correta, a dos pensadores humanistas ou a dos neurocientistas organicistas?

Ambas possuem verdades. Escrevi, durante anos, uma importante e longa tese discorrendo sobre os diversos fenômenos que ocorrem no processo de construção de pensamentos e que evidenciam que a alma não é química. Apesar de não ser química, ela mantém uma relação tão intensa e interativa com o cérebro que faz com que pareça ser química. Talvez um dia publique essa tese.

O *Homo sapiens* é uma espécie mais complexa do que imaginamos. Pensar, sentir solidão, sentir alegria, conforto, amor são fenômenos que ultrapassam os limites da lógica do metabolismo cerebral. Nesse sentido, os pensadores humanistas estão corretos. Mas, se levarmos em consideração que a alma coabita, coexiste e interfere com o cérebro de maneira tão estreita, verificaremos que os neurocientistas também estão corretos, pois um erro metabólico pode causar doenças psíquicas.

Ao estudar o processo de construção de pensamentos, percebi claramente que a lógica do cérebro não explica completamente o mundo ilógico das ideias e das emoções. Por isso, concluí, depois de milhares de páginas escritas, que de fato cada ser humano é um baú de segredos incalculáveis. Temos um campo de energia psíquica mais complexo do que todos os fenômenos do universo.

A construção de um simples sentimento de culpa ou tristeza possui uma complexidade inimaginável, capaz de ultrapassar em muito a lógica do metabolismo cerebral.

Da próxima vez que você estiver ansioso ou angustiado, admire estes sentimentos. Não tenha medo das suas dores emocionais. Saiba que elas são fruto de reações de indizível sofisticação e beleza.

A sustentação científica da última e enigmática frase de Cristo

Por não compreenderem a relação estreita, íntima e multidirecional da alma com o cérebro, os cientistas têm vivido milhares de enganos e dúvidas sobre quem somos. Nunca se esqueça que você é uma caixa de segredos. Somos, de fato, complexos. Nunca perca sua autoestima, compreenda que você não é um simples ser humano, mas um ser humano inexplicável.

Ao estudar a mente humana, compreendi que a construção da inteligência e a transformação da energia psíquica possuem fenômenos e variáveis tão complexos que não é possível explicá-los sem a existência de um grande Criador. O mundo das ideias e das emoções possui fenômenos ilógicos que não se explicam pelos fenômenos lógicos do mundo físico.

Toda a minha abordagem nesses últimos tópicos teve como objetivo dar sustentação "científica" à última frase de Jesus Cristo. Nela ele faz a separação entre o espírito e a matéria. Entre a alma e o cérebro. Quando entregou seu espírito ao Pai, ele acreditava plenamente que o seu corpo iria para um túmulo de pedra, mas que seu espírito voltaria para o Autor da vida.

A maior dúvida da humanidade é se existe ou não vida após a morte. A fé afirma que existe, a ciência se cala porque não tem resposta. Todavia, na teoria que desenvolvi, fiz se acender, talvez pela primeira vez, uma luz para a ciência.

Se as evidências científicas dizem que a construção de pensamentos ultrapassa os limites da lógica do cérebro, então há um campo de energia metafísico que coabita, coexiste e interfere com o cérebro, mas não é o cérebro. Portanto, quando o cérebro morre e se decompõe, este campo de energia, que chamamos de alma e que inclui o espírito humano, será preservado do caos da morte. Se isso for verdade, é a melhor notícia científica dos últimos séculos.

Jesus não precisava dessas informações. Ele dizia possuir a vida eterna. Acreditava, sem qualquer margem de dúvida, que superaria a morte. Tinha sofrido muito, ficado longe de sua casa e do seu Pai, mas agora retornava a Ele.

Respeitado e amado em todo o mundo

Há inúmeras faculdades de teologia no mundo, pertencentes a diversas religiões, que estudam Jesus Cristo. Respeito todas essas faculdades e as religiões que professam. Elas estão incumbidas de fazer os alunos conhecerem Jesus Cristo e seus ensinamentos.

Alguns dos alunos fazem mestrado e doutorado. Mas precisamos admitir que, quanto mais falamos de Jesus Cristo e penetramos nos recônditos dos seus pensamentos e nas implicações complexas das suas palavras, mais o admiramos e mais tomamos consciência de que o conhecemos muito pouco.

Julgo não ter grande mérito como escritor, pois acredito que é ao fascínio do personagem que descrevo nos livros desta coleção que se deve o seu sucesso. Os livros têm sido usados por pessoas de todas as religiões e adotados em diversas escolas de ensino fundamental e médio, assim como em muitas faculdades, inclusive de teologia. A teologia precisa estudar a psicologia da dimensão humana de Jesus Cristo para compreender melhor a sua magnífica personalidade.

Bilhões de pessoas de inúmeras religiões se dizem cristãs. As que não seguem Jesus Cristo, como os confucionistas, os budistas, os islamitas e os hinduístas, o admiram muito. Jesus Cristo é universalmente amado e admirado.

Ele sacrificou-se por toda a humanidade e não para um grupo de religiões específicas. Seus ensinamentos, sua inteligência suprema, sua sabedoria, sua causa e seu plano respeitam a cultura das pessoas e são capazes de penetrar no território da emoção e do espírito de cada uma delas, tornando-as mais felizes, estáveis, contemplativas, inteligentes.

O que significa retornar ao Pai

A última frase de Jesus Cristo esconde um grande enigma. Dos milhares de frases que ele proferiu durante sua vida, essa é sem dúvida uma das mais enigmáticas. O que significa entregar o seu espírito ao Pai? Que retorno é este?

Vamos voltar a cerca de 20 horas antes da morte de Jesus e compreender as palavras contidas na sua mais longa e complexa oração (*João 17*). Ao terminar a última ceia, ele saiu da presença dos discípulos e fez uma oração surpreendente. Nela declarou pela primeira vez a sua identidade. Os discípulos ficaram confusos, pois o mestre nunca tinha orado daquela maneira.

Jesus elevou os olhos ao céu e começou sua oração. Olhar para o céu também indica que o mestre estava olhando não para as estrelas, mas para uma outra dimensão fora dos limites do tempo e do espaço, além dos fenômenos físicos.

Em sua oração ele começou a assumir abertamente que não era apenas um homem, mas também o filho de Deus. Declarou que era eterno, que habitava em outro mundo e possuía uma natureza ilimitada, sem as restrições físicas do seu corpo. Revelou algo perturbador. Apesar de ter pouco mais de 33 anos, disse: *"Glorifica-me, ó Pai, contigo mesmo, com a glória que eu tinha junto de ti, antes que o mundo existisse"* (João 17:5).

A palavra grega usada no texto para "mundo" significa "cosmo". Cristo declarou que antes que houvesse o "cosmo" físico ele estava junto com o Pai na eternidade.

Há bilhões de galáxias no universo, mas antes que houvesse o primeiro átomo e a primeira onda eletromagnética ele já se encontrava. Disse que sua história ultrapassava os parâmetros do espaço e do tempo contidos na teoria da relatividade de Einstein.

Ao dizer essas palavras, Jesus não delirava, pois era sábio, lúcido, coerente e sereno em tudo o que fazia. Mas como pode alguém afirmar que já existia no princípio do princípio? Como pode declarar que estava vivo no início antes do início, antes de qualquer princípio existencial? O que nenhum ser humano teria coragem e capacidade para dizer sobre si mesmo, Jesus Cristo afirmou com a mais alta segurança!

O tempo é o "senhor" da dúvida. O amanhã não pertence aos mortais. Não sabemos se daqui a uma hora estaremos vivos ou não. Entretanto, Cristo foi tão ousado que inferiu que estava além dos limites do tempo. O passado, o presente e o futuro não o limitavam. As respostas do mestre eram curtas, mas suas implicações deixam embaraçados quaisquer pensadores.

O Mestre da Vida continua, em vários aspectos, um grande mistério. Como pode um homem ter, a poucas horas de sua morte, um desejo ardente de resgatar o estado indestrutível, sem as restrições, imperfeições, angústias e dores que possuía antes do "cosmo" físico? Como pode alguém que está morrendo numa cruz declarar, no seu último minuto de vida, que entrega o espírito ao seu Pai, afirmando assim que o caos da morte não o destruirá para sempre?

Fica mais fácil compreender por que, apesar de ter morrido na cruz há dois mil anos, Jesus ainda é o mais falado e conhecido dos seres.

Depois de ter vivido e pisado como homem no árido solo desta existência e de ter passado seis longas horas na cruz, sofrendo agonias inexprimíveis, ele retornou à sua casa.

A vida ficou mais agradável e suave depois da sua vinda. A humanidade conquistou novos rumos, pois uma revolução silenciosa passou a ocorrer na alma e no espírito de milhões de pessoas. Muitas ainda hoje se emocionam quando navegam por sua história.

CAPÍTULO 12

Morreu na cruz, mas permaneceu vivo no coração dos seres humanos

Um grito de vitória: morre o homem mais espetacular da história

Os textos dizem que, quando se entregou ao seu Pai, Jesus soltou um grito inexprimível (*Mateus 27:50*). Um homem morrendo não tem forças para gritar. Mas sua missão era tão complexa e exigia tanto dele que ao cumpri-la Jesus deu um grito de vitória.

Venceu a ansiedade como nenhum psicólogo o faria. Venceu a depressão como nenhum psiquiatra. Venceu a impaciência como nenhum filósofo. Venceu os desafios da vida como nenhum empresário. Venceu o orgulho e a autossuficiência como nenhum educador. Passeou pelos vagalhões da emoção como quem anda em solo firme.

Venceu o medo da morte, o vexame público, a inibição social, a incompreensão do mundo, o desrespeito dos religiosos, a arrogância dos políticos, o terror noturno, as frustrações. Foi o ser humano mais tranquilo que já passou por esta terra. Foi o mais resolvido, o maior poeta da emoção, o maior mestre da sabedoria e o mais afinado maestro da vida. A sinfonia que tocou e as lições que nos deu não têm precedentes na história.

Só não foi grande aos olhos daqueles que até hoje não tiveram a oportunidade de estudá-lo, ou das pessoas que, como os fariseus, são dominadas por seus paradigmas e conceitos rígidos.

Depois de ter vencido tudo, não havia outra coisa a fazer a não ser comemorar. Comemorou morrendo. Dormiu em paz.

No momento da sua morte, alguns fenômenos físicos ocorreram (*Mateus 27:51 a 53*). O centurião, o chefe da guarda que o crucificara, ao ver o seu fim, dobrou-se aos seus pés. Admitiu: "*Verdadeiramente este homem era filho de Deus*" (*Mateus 27:54 / Lucas 23:47*). Foi a primeira vez na história que um soldado de alta patente se dobrou aos pés de um miserável crucificado.

O centurião observara todos os comportamentos de Jesus e guardara tudo em sua memória. Quando o viu morrer consciente, dizendo as palavras que pronunciou, seu coração abriu-se e ele descobriu algo extraordinário. Descobriu um tesouro escondido atrás da cortina do corpo magro e abatido de Cristo. Como pode um corpo fraco e dilapidado inspirar homens fortes?

Jesus descansou tranquilo, sem ter qualquer dívida com os outros, sem levar nenhuma dívida. Talvez tenha sido a primeira pessoa na história que fechou os olhos da existência sem cicatrizes na memória. Nunca alguém foi tão livre nos terrenos conscientes e inconscientes de sua personalidade! O mundo conspirava contra ele, mas Jesus não teve inimigos em sua alma.

A história se dividiu

Maria, mãe de Jesus, chorava copiosamente. João tentava consolá-la, embora estivesse inconsolado. Tomou-a nos braços e conduziu-a pelo caminho, mas estava sem rumo, pois tinha perdido sua bússola.

Maria Madalena não queria ir embora. Era como se o corpo sem vida de Jesus lhe pertencesse. Colocou o rosto sobre seus pés e permaneceu no Calvário. A multidão, paralisada, levou tempo para se retirar.

Jesus morreu e descansou de suas dores. A morte lhe deu trégua nas aflições. Antes de ser preso, dissera no Jardim do Getsêmani: "*A minha alma está triste até a morte*" (*Mateus 26:38*). O jardineiro da vida descansou.

Precisamos refletir sobre os conflitos da humanidade. Embora mais culta, ela está mais ansiosa e infeliz. Possui mais tecnologia, mas menos sabedoria e menos habilidade para lidar com perdas e frustrações. Estamos sem referencial, adoecendo coletivamente.

A maneira como Jesus Cristo gerenciou seus pensamentos, protegeu sua emoção e lidou com os complexos papéis da história é capaz de não apenas assombrar qualquer pesquisador da psicologia, mas também de ajudar a prevenir as mais insidiosas doenças psíquicas das sociedades modernas.

A psicologia e a psiquiatria têm muito a aprender com a personalidade do homem Jesus. Ele é a maior enciclopédia de conhecimentos sobre as funções mais importantes da inteligência e da saúde da emoção. O que ele viveu e falou nos momentos finais da sua vida não tem precedente histórico. É a mais bela passagem da literatura mundial.

Um dia morreremos também. Quem se lembrará de mim e de você? Que sementes plantamos para que possam germinar nos que ficam? Algumas pessoas são esquecidas para sempre, porque viveram mas não semearam. Outras se tornam memoráveis. Partem, mas seus gestos, seu carinho, sua tolerância permanecem vivos no recôndito da memória dos que ficam.

O grande amigo da mansidão foi tão extraordinário que partiu ao meio a violenta história da humanidade. Jesus morreu, mas o que ele foi e fez o tornaram simplesmente um Mestre Inesquecível.

Ao morrer, parecia o mais derrotado dos seres humanos. Foi abandonado pelos amigos e destruído pelos inimigos. Mas sua história e sua morte foram de tal forma magníficas que ele simplesmente dividiu a história da humanidade. A partir da existência de Jesus, ela é contada a.C. (antes de Cristo) e d.C. (depois de Cristo).

Sua tranquilidade e generosidade transformaram-se em gotas de orvalho que umedeceram o seco solo dos nossos sentimentos. O mundo nunca mais foi o mesmo depois que o Mestre do Amor passou por aqui. Faz muitos séculos, mas parece que foi ontem.

A vida, um espetáculo imperdível

Quando um semeador sepulta uma semente, ele se entristece por alguns momentos e se alegra para a posteridade. Entristece-se porque nunca mais a verá. Alegra-se porque ela renascerá e se multiplicará em milhares de novas sementes.

O Mestre do Amor semeou as mais belas sementes no árido solo da alma e do espírito humanos. Cultivou-as com suas aflições e irrigou-as com seu amor. Foi o primeiro semeador que deu a vida por suas sementes. Por fim, elas germinaram e transformaram a emoção e a arte de pensar em um jardim com as mais belas flores.

A vida ficou mais alegre e mais suave depois que ele nos ensinou a viver. Jesus foi famoso e seguido de maneira apaixonada, mas perseguido como o mais vil de todos. Soube ser alegre e soube sofrer. Fez da vida humana uma fonte de inspiração. Escreveu recitais com sua alegria e poemas com sua dor.

Teve o maior sonho e a maior meta de todos os tempos. Talvez fosse a única pessoa que conseguia erguer os olhos e ver os campos verdejando quando só havia pedras e areia à sua frente. Ele nos ensinou que é preciso ter metas, nos encorajou a sonhar com essas metas. Mostrou-nos que podemos romper as algemas do medo e as amarras de nossas dificuldades. Colocou colírio em nossos olhos e nos revelou que nenhum deserto é tão árido e tão longo que não possa ser transposto.

Usou a energia de cada uma de suas células para viver intensamente cada momento e atingir seu grande objetivo. Sua história foi pautada por grandes turbulências, mas ele se considerou privilegiado como ser humano. A cruz foi a expressão solene do seu amor pela vida. Faltam-nos recursos literários para expressar a sua grandeza.

Jesus foi um maestro da vida. Transformou as dificuldades e os problemas em ferramentas para afinar os instrumentos da inteligência e da emoção. Regeu a orquestra sinfônica da sabedoria numa terra onde se cantava a música do preconceito e da rigidez.

Tinha todos os motivos do mundo para desistir e para desanimar. Mas nunca desistiu da vida nem deixou de se encantar com o ser humano. A vida que pulsava nas crianças, nos adultos e nos idosos era esplêndida para ele. Jesus nos amou com todas as suas forças, apesar de saber que não somos gigantes nem heróis.

Jamais se esqueça de que, independentemente de sua religião ou filosofia de vida, a trajetória de Jesus Cristo na terra revela a mais bela história de amor por você. Podemos ter todos os defeitos do mundo, mas ainda assim somos especiais. Tão especiais, que as duas pessoas mais inteligentes e poderosas do universo – o Autor da vida e seu filho – cometeram loucuras de amor por nós.

Pai e filho são apaixonados pela humanidade. Suas atitudes não cabem nos compêndios de filosofia, direito, psicologia e sociologia. Elas ultrapassam os limites da nossa compreensão.

Nunca nossas vidas valeram tanto! Nunca nossas vidas foram resgatadas por um preço tão alto! Cada ser humano foi considerado uma obra de arte única, inigualável, exclusiva, singular, excepcional!

A história de Jesus Cristo é o maior laboratório de autoestima para a humanidade. Não podemos deixar de concluir que vale a pena viver! Mesmo que tenhamos percalços, que choremos, que sejamos derrotados, que fiquemos decepcionados com nós mesmos e com o mundo, que sejamos incompreendidos e que encontremos obstáculos gigantescos à nossa frente.

Por isso, desejo que você nunca desista de caminhar. Caminhando, não tenha medo de tropeçar. Tropeçando, não tenha medo de se ferir. Ferindo-se, tenha coragem para corrigir algumas rotas da sua vida, mas não pense em recuar. Para não recuar, nunca deixe de amar o espetáculo da vida, porque, ao amá-lo, ainda que o mundo desabe, você jamais desistirá de caminhar...

A vida é simplesmente um espetáculo imperdível, uma aventura indescritível.

APÊNDICE

A destruição de Jerusalém em 70 d.C.

Quem discorre sobre a queda de Jerusalém é o historiador Flávio Josefo.* Ele viveu entre 37 e 103 d.C. Seu pai era da linhagem de sacerdotes, e sua mãe, da linhagem real hasmoneana. Tinha vasta cultura, falava, além do hebraico, o grego e o latim. Pertencia ao grupo dos fariseus. Quando irrompeu a revolta dos judeus contra os romanos em 66 d.C., portanto mais de 30 anos depois da morte de Jesus Cristo, Josefo foi convocado para dirigir as operações contra Roma, na Galileia.

O Império Romano crescia a cada década. À medida que crescia, a máquina estatal inchava e necessitava de mais alimentos e dinheiro para financiá-la. A obsessão dos césares de dominar o mundo não era apenas fomentada pela cobiça, mas também por uma necessidade de sobrevivência. Quanto mais terras dominavam, mais impostos cobravam.

Josefo logrou algumas vitórias contra o exército romano, mas terminou sendo derrotado e aprisionado. Quem iniciou a luta contra Jerusalém foi o general Vespasiano, que depois substituiu Nero no império. Quando Josefo foi derrotado na Galileia, passou a colaborar com Vespasiano e depois com seu filho Tito, que assumiu o lugar do pai na luta contra a cidade.

A insurreição de Jerusalém contra Roma surgiu num período lamentável, na época da festa da páscoa. Milhares de judeus tinham vindo de muitas

---

* Josefo, Flávio. *A história dos hebreus*. Rio de Janeiro: CPAD, 1990.

nações para comemorá-la. Foram pegos de surpresa e não imaginavam a tragédia que os aguardava.

Dois líderes judeus ambiciosos, João e Simão, começaram a fazer uma espécie de guerra civil dentro da cidade. Saqueavam as casas, queimavam alimentos e queriam minar as forças um do outro. Com o ataque dos romanos, eles se uniram. Aproveitaram o fervilhar do povo na festa da páscoa para incitá-lo contra o Império Romano. Foi um ato de consequências desastrosas. Fecharam-se em Jerusalém sem ter provisões suficientes para sustentar a revolta.

As muralhas de Jerusalém eram altas, difíceis de serem transpostas. Tito tentava frequentes incursões em vão. Mas, segundo Josefo, o general romano zombava desses muros e exaltava a força do seu exército. Dizia: "Os romanos são o único povo que treina seus exércitos em tempos de paz."

Enquanto cercava Jerusalém e privava o povo das suas necessidades básicas, como alimento e água, Tito enviava constantes recados para que os revoltosos se entregassem. Jerusalém lutava por seus direitos, por sua liberdade, e Roma lutava por seu orgulho, por seu império. O direito do povo de Israel de ser livre e dirigir seu próprio destino jamais poderia ser negado pelo domínio de qualquer império.

Josefo, embora prisioneiro, desfrutava de grande prestígio perante Tito. Tentou persuadir insistentemente os líderes judeus a se render, dizendo que aquela empreitada era louca. Queria evitar a guerra e o massacre, mas não conseguiu dissuadi-los.

A fome e a sede foram aumentando. Alguns judeus saqueavam os mais fracos. Os cadáveres se espalhavam pela cidade, exalando mau cheiro e espalhando epidemias. Por fim, o exército romano promoveu um dos maiores massacres da história.

Jerusalém foi destruída no ano de 70 d.C. Morreram cerca de um milhão e cem mil homens, mulheres e crianças, vítimas da guerra e das suas consequências. O solo da bela cidade absorveu o sangue e as lágrimas de muitos inocentes. Mais uma vez a história humana maculou-se com atrocidades inexprimíveis.

O general Tito constrói o Coliseu

Josefo, após a guerra, vai com Tito para Roma. Este é recebido por seu pai com grandiosa pompa. Josefo em seus textos chama Tito de "o valente general que depois de ver a destruição de Jerusalém se condoía dela...".

Josefo lamentou profundamente a destruição do seu povo em muitos textos, mas em outros exalta o destruidor de Jerusalém e por isso foi considerado pelos judeus como um oportunista. É provável que seus textos tenham passado pela Censura de Roma. Se foi assim, talvez os elogios de Josefo a Tito não façam parte das suas reais intenções.

Josefo foi, sim, um interlocutor de Roma para evitar a guerra, pois tinha consciência de que se opor ao império era suicídio. Como dissemos, apesar de todos os seus apelos, não teve êxito. O Império Romano destruiu completamente a cidade de Jerusalém. Tito levou 97 mil prisioneiros para Roma. Após a morte de Vespasiano, também se tornou imperador, mas por pouco tempo.

Depois de destruir Jerusalém, Tito construiu, durante o império de seu pai, uma das mais belas maravilhas do mundo, o Coliseu de Roma. É provável que o sangue e o suor dos judeus cativos tenham sido usados nessa construção. As imensas pedras torneadas, pesando toneladas, foram rigorosamente encaixadas para produzir o templo dos gladiadores. Quem tem a oportunidade de conhecer essa magna construção se encanta com a arquitetura e a engenharia tão evoluídas em tempos tão remotos.

A dor e a miséria humana sempre excitaram o território da emoção daqueles que não lapidam sua inteligência com as mais nobres funções. O Coliseu foi um teatro onde a euforia e o medo chegaram às últimas consequências. Os homens lutavam entre si e com feras até a morte. A multidão delirava na plateia, enquanto no palco uma minoria era transformada em animais. A dor serviu de pasto para uma emoção que não sabia amar nem valorizar o espetáculo da vida.

Josefo fala de Jesus Cristo

Josefo é considerado um dos maiores historiadores de todos os tempos. Seus escritos se tornaram uma das mais ricas fontes de informações sobre povos antigos, sobre o Império Romano, sobre outros impérios e sobre o povo judeu.

Ele faz importantes relatos sobre Augusto, Antônio, Cleópatra, os imperadores Tibério, Calígula, Cláudio, Nero, Vespasiano e Tito, sobre alguns reis da Síria e outros personagens. Sua contribuição para a compreensão do mundo antigo foi muito grande. Apesar de ter sido da linhagem dos fariseus, também fez uma descrição sintética, mas elogiosa e surpreendente, da vida de Jesus e dos personagens envolvidos, como o rei Herodes (o que mandou matar o menino Jesus), Arquelau e Pilatos. Seus escritos dão veracidade histórica a diversas passagens dos evangelhos.

Os relatos diretos e sintéticos sobre Jesus expressam como ele causava perplexidade e possuía grandeza nos seus gestos e palavras. Josefo descreve o aparecimento de Jesus.

Era no tempo de Pilatos: um homem sábio, se todavia devemos considerá-lo simplesmente como um homem, tanto suas obras eram admiráveis.

"Ele ensinava os que tinham prazer de ser instruídos na verdade e foi seguido não somente por muitos judeus, mas por muitos gentios. Era o Cristo. Os mais ilustres de nossa nação acusaram-no perante Pilatos e este o fez crucificar.

"Os que o haviam amado durante a vida não o abandonaram depois da morte. Ele lhes apareceu ressuscitado e vivo no terceiro dia, como os santos profetas o tinham predito, e que ele faria muitos outros milagres. É dele que os cristãos, que vemos ainda hoje, tiraram o seu nome."

Josefo considerava Jesus um sábio. Considerava-o também um mestre cativante, pois provocava nas pessoas o prazer de serem instruídas. Josefo ainda dizia que Jesus tinha feito obras admiráveis e que era mais do que um ser humano. Talvez, por isso, tenha registrado que ele era o Cristo. Seu argumento sobre Jesus como o Cristo entra na esfera da fé que, como tenho dito, é cunhada por ditames pessoais.

Se lermos as obras de Josefo, não há sinal claro de que tenha se tornado um cristão. Entretanto, por ter a ousadia de considerar Jesus como o Cristo, apenas 30 ou 40 anos após sua crucificação, e de relatar que ele tinha superado o caos da morte pela ressurreição, mostra que sua vida passara por profundas reflexões existenciais. Talvez não tenha comentado mais sobre Jesus e sobre os cristãos porque estes eram intensamente perseguidos em sua época.

O MESTRE INESQUECÍVEL

JESUS, O MAIOR FORMADOR
DE PENSADORES DA HISTÓRIA

LIVRO 5

*Ele foi o maior educador da história.
Transformou o árido solo da personalidade
humana num jardim de sonhos.*

Sumário

Prefácio 575

Capítulo 1
Características intrigantes da personalidade de Cristo 578

Capítulo 2
Um convite chocante, um chamado irresistível 589

Capítulo 3
A personalidade dos discípulos 598

Capítulo 4
O vendedor de sonhos 611

Capítulo 5
O coração dos discípulos: os solos da alma humana 626

Capítulo 6
Transformando a personalidade: a metodologia
e os principais laboratórios e lições 638

Capítulo 7
Judas: antes e depois do mestre 656

Capítulo 8
Pedro: antes e depois do mestre – o processo
de transformação 669

Capítulo 9
João: antes e depois do mestre – o processo
de transformação 679

Capítulo 10
Paulo: a mais fantástica reedição das matrizes
da personalidade 690

Capítulo 11
Uma carta de amor: o final da história dos discípulos 700

Prefácio

Encerro esta coleção agradecendo a todos os leitores de todos os lugares do mundo em que estes livros foram publicados. Muitas pessoas me disseram que tiveram a vida transformada ao descobrir a grandeza da humanidade de Jesus Cristo.

Psicólogos têm recomendado os livros para pacientes com síndrome do pânico e estresse. Psiquiatras os recomendam para pacientes deprimidos. Professores os têm adotado em faculdades de psicologia, direito, pedagogia, administração, serviço social e outras.

Mas é provável que eu tenha sido o mais ajudado durante esses estudos. Aprendi muito como psiquiatra, como cientista da psicologia e, principalmente, como ser humano. Cada vez que analiso os segredos do funcionamento da mente e procuro, a partir dessa análise, compreender a personalidade de Cristo, percebo como nossa ciência ainda é pequena. A ciência falhou em não estudá-lo. Como comentei nos outros livros da coleção, apesar de ser a pessoa mais famosa da terra, Jesus Cristo é também a mais desconhecida.

Aprendi com o Mestre dos Mestres que a arte de pensar é o tesouro dos sábios. Aprendi um pouco mais a pensar antes de reagir, a expor – e não impor – minhas ideias e a entender que cada pessoa é um ser único no palco da existência.

Aprendi com o Mestre da Sensibilidade a navegar nas águas da emoção, a não ter medo da dor, a procurar um profundo significado para a vida e a perceber que nas coisas mais simples e anônimas se escondem os segredos da felicidade.

Aprendi com o Mestre da Vida que viver é uma experiência única, belíssima, mas brevíssima. E, por saber que a vida passa tão rápido, sinto necessidade de compreender minhas limitações e aproveitar cada lágrima, sorriso, sucesso e fracasso como uma oportunidade preciosa para crescer.

Aprendi com o Mestre do Amor que a vida sem afeto é um livro sem letras, uma primavera sem flores, uma pintura sem cores. Aprendi que o amor acalma a emoção, tranquiliza o pensamento, incendeia a motivação, rompe obstáculos intransponíveis e faz da vida uma agradável aventura, sem tédio, angústia ou solidão. Por tudo isso, Jesus Cristo se tornou, para mim, um Mestre Inesquecível.

Hoje, meus livros são publicados em mais de 70 países e tenho sido um autor muito lido, mas isso não me deixa orgulhoso, pois aprendi com a inteligência de Cristo que a grandeza do ser humano está diretamente relacionada à sua capacidade de se fazer pequeno. Quem perdeu a capacidade de se esvaziar deixou de aprender, deixou de pensar.

Depois que descobri a personalidade da pessoa mais surpreendente que já pisou nesta terra, não consigo deixar de me encantar com ela. Esta coleção nem de longe esgota o assunto, pois a passagem de Jesus por aqui esconde os mais fascinantes tesouros da inteligência espiritual, multifocal, emocional, interpessoal, lógica e intrapsíquica.

Neste último livro estudaremos a face de Jesus como mestre, como educador e artesão da personalidade. Retomarei o início da sua jornada desde seu encontro com João Batista e quando chamou alguns jovens galileus para o seguirem. Comentarei assuntos já tratados nos livros anteriores, mas aqui analisarei fatos e eventos na perspectiva do desenvolvimento da inteligência dos seus discípulos.

Cientistas, empresários e políticos que dedicaram a vida apenas a um projeto temporal, ao morrerem, alojam sua esperança no espaço pequeno e frio de um túmulo. Os discípulos do Mestre Inesquecível entregaram suas vidas a um sonho que transcende o mundo físico – o sonho de viver intensamente na terra e na eternidade.

Os discípulos tinham muitos problemas, eram homens frágeis que erravam muito. Mas o sonho do Mestre dos Mestres os controlava. Sob seu cuidado, aprenderam a amar a vida e cada ser humano. Viram algo além da cortina do tempo. Quando fecharmos definitivamente nossos olhos, verificaremos se eles tinham ou não razão. A morte pode nos reservar mais surpresas do que a própria vida.

Estudaremos neste livro uma pessoa que inaugurou a mais excelente educação e o mais notável processo de transformação da personalidade. Analisarei a personalidade dos discípulos antes e depois do convívio com Jesus. Os segredos do Mestre dos Mestres poderão ampliar os horizontes da psiquiatria, da psicologia e das ciências da educação.

Compreenderemos por que ele escolheu pessoas tão despreparadas, incultas e cheias de conflitos emocionais, e como as transformou nos excelentes pensadores que revolucionaram a história.

Augusto Cury

CAPÍTULO I

Características intrigantes da personalidade de Cristo

Os sonhos surpreendentes de um homem que viveu no deserto

Há muitos séculos, um homem estranho viveu na terra seca e sem esperança do deserto. Sua veste era bizarra, feita de pele de animal. Sua dieta, mais estranha ainda, compunha-se de insetos e da doçura do mel. Sua pele estava seca, desidratada, maltratada pelo sol, pelo vento e pela poeira. Os cabelos eram revoltos; a barba, longa e cheia de espículas.

O vento era seu companheiro. Dera as costas à civilização desde a mais tenra infância. Estava preparado para morrer, e seus ossos seriam abandonados em um canto perdido. Mas o estranho homem do deserto sonhava como qualquer ser humano. Um sonho tão grande, que lhe roubava a tranquilidade. Sonhava com alguém que não apenas conhecia os conflitos e as misérias sociais, mas que mudaria o mundo.

Certo dia, parou de sonhar e começou a agir. Saiu da secura do deserto e se aproximou da brisa de um rio. Em suas margens, ele começou a falar do homem dos seus sonhos e das mazelas humanas. Para surpresa de todos, era eloquente e ousado. Falava aos gritos. As pessoas tremiam ao ouvi-lo. Suas palavras, no entanto, não aquietavam a alma, pois expunham as feridas. Ele criticava os erros, as injustiças, a manipulação dos pequenos pelos grandes, a hipocrisia religiosa.

Os fariseus, famosos por serem moralistas e versados na lei de Deus, ficaram abalados com seu discurso. Esse homem bizarro julgava falsa a postura religiosa reinante. Ninguém jamais ousara tal coisa, mas o homem do deserto não tinha compromisso com a sociedade. Não sabia o que era status social, não possuía interesses subjacentes, queria apenas ser fiel aos seus sonhos. Dizia aos líderes religiosos que eles eram carrascos, pois aprisionavam as pessoas no mundo mesquinho das suas vaidades e verdades.

Pela primeira vez na história, alguém chamou a casta mais nobre de religiosos de raça de víboras: belos por fora, mas venenosos por dentro (*Mateus 3:7*). Eles não se importavam com as lágrimas dos menos favorecidos. Faltava-lhes amor por cada miserável da sociedade. Só amavam a si mesmos.

O homem do deserto era tão ousado que não poupou nem mesmo o violento governador daquelas terras: Herodes Antipas. Tal ousadia lhe custou caro. Não demorou muito, foi decapitado (*Mateus 14:10*). Mas ele pouco se importava de morrer, queria apenas manter-se fiel à sua consciência. Seu nome era João, o batista. Por fora era mais um João; por dentro, um homem que queria virar o mundo de cabeça para baixo. Inaugurou a era da honestidade da consciência. Uma era que há muito se perdeu, mormente nos dias atuais, em que a aparência vale mais do que o conteúdo. O ser humano pode estar podre por dentro, mas, se tiver fama e dinheiro, é valorizado.

Usando apenas a ferramenta das ideias, João afrontou o impermeável sistema religioso judaico e o intocável Império Romano. Suas ideias contagiaram muitos. Dos grandes aos pequenos, as pessoas de toda a Judeia, da Galileia e de Jerusalém afluíam para ouvi-lo nas margens do rio Jordão. Suas palavras mudavam a mente das pessoas e abriam o leque dos seus pensamentos.

Persuadidas por ele, elas entravam nas águas do Jordão e saíam de lá para escrever uma nova história. Chamado de batismo, este gesto revelava um simbolismo psicológico fascinante, uma mudança de rota existencial a partir do mergulho nas águas cristalinas de um rio. Gotas de esperança escorriam pela alma das pessoas enquanto gotas de água percorriam os vincos do rosto. O sorriso havia voltado.

O homem dos seus sonhos: o marketing pessoal

As multidões ficavam fascinadas com os intrépidos discursos de João. Quando todos o valorizavam e enalteciam suas ideias, veio a grande surpresa. João mencionou, enfim, o homem dos seus sonhos. O homem que por noites a fio ocupara o palco de sua mente. Todos ficaram paralisados com suas palavras. Haveria alguém maior do que o corajoso João?

Para surpresa dos seus ouvintes, ele disse algo assombroso sobre o homem dos seus sonhos. Afirmou que essa pessoa era tão grande que ele não era digno de desatar-lhe as correias das sandálias (*Lucas 3:16*). Que homem era esse a quem o destemido João deu um status que nenhum rei jamais tivera?

No seu conceito, aquele que durante décadas ele aguardava no deserto, e que não conhecia pessoalmente, era o Filho do Deus Altíssimo visitando a humanidade. O Autor da existência enviara seu filho para ter a mais enigmática experiência. Viera vivenciar a vida humana e esquadrinhar cada espaço da emoção, cada área das mentes, cada beco do consciente e do inconsciente humanos.

O homem do deserto não tinha medo de nada e de ninguém. Ele sabia que, por confrontar sem armas e publicamente o sistema político e religioso, poderia morrer a qualquer momento. Mas esse medo não o perturbava. Quando citava o homem dos seus sonhos, ele mostrava o outro lado da sua personalidade: uma reverência fascinante. Ele postulava para si apenas o papel de propagador de um homem que viera resgatar a humanidade e mudá-la para sempre. As palavras de João abriam as comportas da imaginação dos seus ouvintes.

Algumas pessoas, enviadas pelos sacerdotes e fariseus, perguntaram a João quem ele era. Sua resposta foi enigmática e confundiu todos: *"Eu sou a voz que clama no deserto, endireitai o caminho do Senhor"* (*João 1:23*). Por que o "Senhor", que os israelitas julgavam ser o Deus Onipotente, precisaria de um ser humano, e sobretudo de um homem estranho e sem cultura, para lhe preparar o caminho?

João nascera e crescera fora do sistema social. Não estava contaminado pelas vaidades, arrogâncias e injustiças do sistema, que o rejeitou e o condenou veementemente. O caminho que ele fora incumbido de preparar não era físico. Era o caminho do coração e do espírito humanos. João era um trator sem freios que tinha vindo arar os solos empedernidos da alma humana, preparando-os para receber o mais fantástico, delicado e gentil semeador: Jesus de Nazaré.

Para Jesus, a humanidade não era um projeto falido. Apesar das guerras, dos estupros, dos assassinatos, da violência e das loucuras sociais marcarem negativamente a humanidade, ele investiu toda a sua vida nesse projeto. O Mestre da Vida queria atingir um estágio onde os tranquilizantes e antidepressivos mais modernos não conseguem atuar.

Ele não veio reformar o ser humano, dar um manual de conduta ou produzir uma paz temporária. Ele veio produzir um ser novo. Ninguém teve uma ambição tão grande. Jamais alguém apostou tanto em nós.

A imagem formada no inconsciente coletivo

Tempos depois da morte de João, Jesus o elogiou eloquentemente. Disse aos seus discípulos que, entre os nascidos de mulher, ninguém havia sido igual a ele em capacidade, coragem, determinação, paciência e na utilização do psicológico para vencer a dureza da alma humana (*Mateus 11:11*).

Antes de Jesus aparecer, os ouvintes de João imaginavam como seria o Messias, o "ungido" de Deus que libertaria o ser humano do seu cativeiro exterior e interior. Sete séculos antes, o respeitado profeta Isaías anunciara a vinda do Messias. Mas o tempo passou e muitas gerações morreram sem vê-lo. As palavras de Isaías se transformaram em um delírio para Israel. O povo sonhava com um grande Messias que o viesse libertar da escravidão e da submissão a Roma.

De todas as nações, Israel era a única que não se submetia facilmente ao controle romano, exigindo por isso um cuidado especial. O povo fazia frequentes motins, e o Império reagia com violência. As palavras de João Batista alimentavam o ardente desejo de liberdade. Cada uma de suas frases era registrada no centro da memória dos seus ouvintes, gerando no inconsciente coletivo a imagem idealizada de um herói poderoso.

O homem dos sonhos de João se tornou o homem dos sonhos de milhares de pessoas. Castigadas pela fome e doentes na alma, as pessoas ansiavam conhecê-lo. A dor criou uma esperança apaixonante pela visão de dias felizes que iriam se concretizar.

João representava os frágeis raios solares que inauguram o mais belo amanhecer. Depois de uma longa noite de medo e insegurança, muitos judeus voltaram a sorrir. Mas o tempo passava e o Messias anunciado não aparecia. Expectativas intensas geram três consequências. Se não se realizam, criam frustração. Se são correspondidas, dão prazer. Se a realização ultrapassa o que foi gravado no inconsciente, geram exultação.

O que Jesus provocou? Os dois extremos. Frustração, porque não se colocou como um herói poderoso, mas como filho do homem. E exultação, porque nunca alguém fez o que ele fez ou falou o que ele falou.

O grande e singelo aparecimento

Pensar não é uma opção nossa, mas uma atividade inevitável. Ninguém consegue parar de pensar; apenas pode desacelerar o pensamento. Até a tentativa de interromper o pensamento já é um pensamento. Nem quando dormimos os pensamentos abandonam nossa mente. Por isso sonhamos. Todos os dias produzimos milhares de pensamentos.

João crescera no deserto. Tinha contato com poucas pessoas, mas devia pensar muito. Seus pensamentos estavam saturados de expectativas sobre Jesus, uma pessoa que ele não conhecia. Era seu primo, mas tinham crescido separados desde que Maria e José fugiram para o Egito e depois voltaram para a cidade de Nazaré, na Galileia (*Mateus 2:14*). João ansiava por conhecê-lo.

Quanto tempo você espera para que um sonho se concretize? Uns abandonam os sonhos assim que se defrontam com problemas. Outros têm os sonhos mais arraigados dentro de si, mas, quando atravessam o vale das frustrações, os enterram com lágrimas. João esperou três décadas para que seu sonho se concretizasse. Quantas noites frias, desencantos e momentos de angústia não teria experimentado. Trinta anos de calor, poeira e sequidão não o fizeram desanimar.

João amava quem não conhecia. Em meio a tantas expectativas, uma dúvida surgiu: como identificá-lo quando ele se aproximar? Virá como um grande rei, com uma imponente comitiva? Suas vestes serão tecidas com fios de ouro para contrastar com as vestes do seu precursor?

As semanas se passavam, e a multidão aumentava nas margens do Jordão. Inquietos, alguns se perguntavam: "Será que João está alucinando?"

Um dia apareceu discretamente um homem. Parecia mais um entre os milhares. Nada o diferenciava dos demais. Suas vestes eram comuns, não vinha acompanhado de uma escolta. Seus movimentos eram delicados e não revelavam o poder de um rei, mas a fineza de um poeta. Não chamava a atenção de ninguém. Sem dúvida, seria mais um sedento para ouvir as palavras eloquentes do homem do deserto.

Mas esse homem foi abrindo espaço na multidão. Tocava os ombros das pessoas e pedia licença com um sorriso. Sutilmente foi se aproximando. Não podia ser o Messias proclamado por João, pois em nada parecia com a imagem que as pessoas fizeram dele no inconsciente. Esperavam alguém supra-humano, mas aquele era tão normal. Esperavam um homem com o semblante de um rei, mas seu rosto era queimado de sol e suas mãos, castigadas por trabalho árduo.

Ele continuou se aproximando. Não havia poder nos seus gestos, mas doçura nos seus olhos. O homem incumbido de mudar o destino da humanidade escondia-se na pele de um carpinteiro. Nunca alguém tão grande se fez tão pequeno para tornar grandes os pequenos.

Com os joelhos encobertos pelas águas do rio, João mais uma vez discursava sobre a pessoa mais poderosa da terra. Não sabia que ele estava vindo ao seu encontro. Subitamente, uma clareira se abriu na multidão. O homem dos sonhos de João apareceu, mas ninguém notou. Então, os olhares dos dois se cruzaram. João ficou petrificado. Interrompeu o discurso. Nada no aspecto externo daquele homem indicava quem ele era, mas, de alguma forma, João sabia que era ele. Seus olhos contemplaram atenta e embevecidamente Jesus de Nazaré.

Os olhos de João devem ter se enchido de lágrimas. Tantos anos se passaram e tantas noites maldormidas aguardando um único homem aparecer. Agora, ele estava ali, real, diante dele, enchendo sua alma de esperança.

Esperança para os miseráveis, os desesperados, os que perderam a motivação para viver, os que têm transtornos emocionais, os que vivem ansiosos e abatidos. Esperança também para os felizes, os que tiveram o privilégio de conquistar os mais estrondosos sucessos, mas têm consciência de que a vida, por mais bela e bem-sucedida que seja, é breve e efêmera.

Sim! Não apenas os miseráveis precisam de esperança, mas também os felizes, pois seus dias igualmente findarão e nunca mais verão as pessoas que amam, nem as flores dos campos, nem ouvirão os cantos dos pássaros.

A vida, por mais longa que seja, transcorre dentro de um pequeno parêntese do tempo. Todos os mortais precisam de esperança. A esperança era o nutriente interior de João. Só isso explica por que, sendo tão cheio de talentos, trocara o conforto social pela secura do deserto.

O poder vestiu-se de doçura

Ao ver João paralisado, a multidão foi tomada por um absoluto e total silêncio. As pessoas não entendiam o que estava acontecendo, só sabiam que de repente o rosto do homem destemido se transformara no de uma dócil criança. Sentiam que ele vivia o momento mais feliz da sua vida.

O olhar de Jesus, penetrante e inconfundível, transformou os anos de João num deserto em um oásis. Momentos depois, ao voltar a falar, João mudou o discurso. Deixou de comentar as misérias, as hipocrisias, o apego à fama, a estupidez do poder, as fragilidades, as arrogâncias humanas. Perdeu o tom da ousadia. João dera ao Messias anunciado um status maior do que se dava ao imperador romano. Mas agora estava perplexo. A mansidão de Jesus o contagiou. Havia serenidade na sua face, gentileza nos seus gestos. O poder vestiu-se de doçura e mansidão, um paradoxo que acompanhará toda a história de Jesus. Mais tarde, ele revelará um poder que homem algum jamais teve, mas, ao mesmo tempo, demonstrará uma delicadeza nunca vista. Fará discursos imponentes, mas sua capacidade de compreensão e compaixão atingirá níveis inimagináveis.

João percebeu, ainda que não claramente, os contrastes que seguiriam Jesus. Surpreso, disse uma frase poética, não sobre o poder de Jesus, mas sobre sua capacidade de amar e se doar: *"Eis o cordeiro de Deus que tira o pecado do mundo"* (João 1:29). O homem de quem não era digno de desatar as sandálias era um cordeiro tranquilo que morreria por ele e pelo mundo.

Que contraste! Já estudei a personalidade de homens famosos, como

Freud, Van Gogh, Hitler, mas ninguém é tão difícil de ser investigado como Jesus. Foram necessários 20 anos de pesquisa exaustiva sobre o processo de construção dos pensamentos para poder entender um pouco os bastidores da sua personalidade.

A mudança de discurso confundiu as pessoas. Não eram essas as palavras que a multidão esperava ouvir quando João lhes apontasse o Cristo. Todos esperavam que ele dissesse: "Eis o grandioso rei que vos libertará de Roma." Coloco-me no lugar dessas pessoas sofridas que tiravam o pão da boca dos seus filhos para pagar os impostos romanos. Certamente eu teria ficado muito frustrado.

As pessoas estavam confusas e perdidas. Jamais alguém dissera que um homem era um cordeiro. Nada poderia soar mais estranho. Mais ainda, jamais alguém havia dito que um homem se tornaria um cordeiro de Deus que libertaria o mundo das suas misérias.

As pessoas queriam segurança, liberdade e comida na mesa. Elas não suportavam a arrogância dos soldados. Queriam ser livres para andar, falar, correr, mas Jesus lhes mostraria que se o ser humano não for livre dentro de si jamais o será no exterior. Elas queriam um analgésico para aliviar o sintoma, mas Jesus lhes daria o remédio que combateria a causa da doença. Elas queriam um reino temporal, mas ele lhes apresentaria um reino eterno.

Jesus ainda não tinha falado. Ninguém imaginava que ele falaria de propostas que abalariam o mundo. O homem dos sonhos de João causou, no primeiro momento, uma grande frustração. Não era aquele homem que estava na fantasia das pessoas.

Um homem surpreendente

Depois de ser apresentado por João, todos esperavam que ele fizesse um grande discurso. Mas Jesus optou pelo silêncio. Entrou nas águas do Jordão e quis cumprir o ritual simbólico do batismo. Deixaria de ser o carpinteiro de Nazaré, mudaria sua rota depois de 30 longos anos de espera e se tornaria o Mestre dos Mestres, o Mestre da Sensibilidade, o Mestre da Vida, o Mestre do Amor. Ensinaria o mundo a viver.

João se recusou a batizá-lo. Um rei não poderia abaixar-se diante de um súdito, pensava João. Mas o rei se abaixou, numa atitude paradoxal que se repetiu pelo resto de sua vida.

O Mestre dos Mestres não tentou convencer a multidão da sua identidade. Teria podido impressionar a multidão, mas calou-se. Muitos contratam jornalistas para elogiá-los ou para aparecerem com destaque nas colunas sociais. Jesus, porém, apreciava o anonimato. João maravilhou-se com sua humildade, mas a multidão ficou confusa. O choque foi inevitável. O sonho daquelas pessoas havia se esfacelado.

Jesus de Nazaré entendia de madeiras e pregos, e parecia não ter sabedoria para envolver as pessoas. Mas quando começou a falar, todos ficaram perplexos. Ele foi um dos maiores oradores de todos os tempos. A coragem e a gentileza se entrelaçavam na sua oratória. Raramente alguém foi tão sensível e destemido na terra da censura. Expressar-se contra o sistema político e o sinédrio judaico gerava tantas consequências quanto falar hoje contra qualquer ditador no poder. A inteligência de Jesus era assombrosa. Falava com os olhos e com as palavras, e ninguém resistia ao fascínio dos seus discursos. Encantava prostitutas e intelectuais, moribundos e abatidos. Suas palavras incomodavam tanto que provocavam o ódio dos fariseus. Depois que o Mestre dos Mestres apareceu, os intelectuais, que formavam um segmento importante da sociedade local, sentiram-se enfraquecidos.

Apesar de odiá-lo, os fariseus o acompanhavam por longos dias para beber um pouco da sua intrigante sabedoria. Perguntavam inúmeras vezes: "Quem és tu?", "Até quando deixarás nossa mente em suspense?". Quanto mais perguntavam, mais eram vitimados pela dúvida.

Eles queriam sinais, atos milagrosos, como a abertura do mar Vermelho. Mas o delicado mestre queria a abertura das janelas da inteligência. Os fariseus chegavam sempre antes ou depois de as cenas sobrenaturais acontecerem. Nunca o entenderam, pois não falavam a linguagem do coração, não sabiam decifrá-lo com uma mente multifocal, aberta, livre. Hoje, Jesus reúne bilhões de admiradores, mas ainda permanece um grande desconhecido.

Você consegue decifrá-lo? Procurar conhecê-lo é o maior desafio da ciência, é a maior aventura da inteligência!

Escolhendo discípulos desqualificados para transmitir seu sonho

Jesus desejava ter discípulos para revelar os mistérios da vida. Iria levá-los a conhecer os segredos da existência. Segredos que os filósofos, a casta mais sedenta de pensadores, sonharam conhecer. Jesus almejava atuar na colcha de retalhos da personalidade de um pequeno grupo de seguidores e levá-los a atear fogo no mundo com suas ideias e seu projeto.

Queria esculpir neles a arte de pensar, da tolerância, da solidariedade, do perdão, da capacidade de se colocar no lugar dos outros, do amor, da tranquilidade. Como fazer isso sem criar uma escola física? Como conseguir adeptos que confiassem nele sem usar pressão social? Como abrir as janelas da mente de seus seguidores, se insistia em não controlá-los? É fácil para um rei dominar as pessoas e levá-las a submeter-se à sua vontade. Mas Jesus, contrariando a lógica, usava a sensibilidade e a serenidade para atingir seus objetivos.

Os objetivos do Mestre da Vida eram dificílimos de serem concretizados. Ele teria de convencer as pessoas a investir num projeto invisível. Discursava sobre um reino de paz, justiça, alegria. Mas era um reino intangível, não-palpável, era um reino nos céus.

E havia outros graves problemas. Quem ele iria escolher para segui-lo? E como iria atrair seus discípulos? Talvez não o percebamos, mas Jesus tinha tudo para falhar.

A universalidade da vida: a grande empreitada

A psicologia e as ciências da educação só não se dobram aos pés do Mestre dos Mestres porque não o conhecem. Se procurassem conhecê-lo mais profundamente, incluiriam em suas matérias a espetacular psicologia e a pedagogia do maior pensador da história.

O mestre desejava formar pensadores na grande universidade da vida, uma universidade em que muitos cientistas e intelectuais são pequenos alunos. A universidade clássica forma, com exceções, homens egoístas e imaturos. Raramente alguém diz: "Na minha faculdade aprendi a ser sábio, a amar a vida, a superar conflitos e a ser solidário."

A universidade deforma os alunos, abafa a criatividade, sufoca a arte da dúvida, destrói a ousadia e a simplicidade, rouba o que eles têm de melhor. Os jovens são treinados para usar a memória como depósitos de informações, mas não a pensar, a ter sutileza, perspicácia, segurança, ousadia. Recebem diplomas, mas não sabedoria. Sabem falar de assuntos lógicos, mas tropeçam nas pequenas dificuldades emocionais.

O Mestre da Vida queria formar pensadores que conhecessem o alfabeto do amor. Acreditou no ser humano. Acreditou em cada um de nós, apesar de todas as nossas falhas. Honrou pessoas sem honra, e disse "Você pode!" aos paralíticos de corpo e de inteligência. Amou os que não o amaram. E doou-se a quem não merecia.

Se você sente que erra com frequência, tem muitos conflitos e acha que não tem qualificação intelectual para brilhar afetiva e profissionalmente, não desanime. Se estivesse morando próximo ao mar da Galileia, provavelmente você seria um dos escolhidos para segui-lo. Jesus tinha um especial apreço pelas pessoas problemáticas. Quanto mais elas tropeçavam e davam trabalho, mais ele as apreciava e investia nelas.

Vejamos como e quem ele escolheu como seu primeiro grupo de seguidores.

CAPÍTULO 2

Um convite chocante, um chamado irresistível

Pequenos momentos que mudam uma história

A vida é feita de detalhes. Pequenos detalhes mudam uma vida. Uma pessoa se atrasa alguns minutos para um compromisso, e o seu atraso a faz encontrar alguém que acabará se tornando a mulher ou o homem da sua vida.

Um amigo meu, que conviveu durante anos com um colega de trabalho ansioso e difícil, tinha de se controlar para não manifestar sua irritação. Um dia exasperou-se e disse palavras duras. Percebendo sua falha, humildemente pediu desculpas. Foram 10 segundos de desculpas que criaram vínculos que anos de trabalho não produziram. Os dois se tornaram grandes amigos.

Você beija o rosto de uma pessoa que ama. Há tempos não fazia isso. Você a tinha ferido sem perceber. Seu pequeno gesto curou uma mágoa oculta. Um beijo de um segundo gerou afeto, desobstruiu a emoção. A alegria voltou.

Os que desprezam os pequenos acontecimentos dificilmente farão grandes descobertas. Pequenos momentos mudam grandes rotas. Se você quer escrever uma bela história de vida, não se esqueça de que os pequenos detalhes inauguram grandes capítulos.

Foi o que aconteceu há muitos séculos na vida de alguns jovens que moravam ao redor do mar da Galileia. Diminutos momentos mudaram a vida deles, e eles mudaram a história, mudaram a nossa maneira de pensar a existência. A humanidade nunca mais foi a mesma. Vamos ver o que aconteceu.

A personalidade construída sob o fragor das ondas

Alguns jovens que moravam perto de um mar de rara beleza cresceram ouvindo o burburinho das águas. O vento roçava a superfície do mar, levantando o espelho d'água e formando ondas, num espetáculo sem fim. Quando meninos, eles brincavam e corriam na areia, familiarizando-se com o mar.

Assim era a vida desses jovens. Seus avós foram pescadores, seus pais eram pescadores e eles se tornaram pescadores e naturalmente deveriam morrer pescadores. O destino deles estava traçado, e seu mundo era o mar da Galileia. Seus sonhos? Aventuras, ondas e grandes pescarias. Entretanto, os peixes escasseavam. A vida era árdua.

Lançar e puxar as pesadas redes do mar era extenuante. A musculatura se ressentia depois de horas de trabalho. Suportar as rajadas de vento frio e as ondas rebeldes durante toda a noite não era para qualquer um. E o pior, frequentemente o resultado era frustrante. Às vezes não pegavam nenhum peixe. Ao voltar, desanimados e cabisbaixos, reconheciam o fracasso: as redes estavam leves e o coração, pesado.

Eles não gostavam da vida que levavam. Todos os dias, as mesmas pessoas, os mesmos obstáculos, as mesmas expectativas. Num ímpeto, diziam uns para os outros que mudariam de vida. Mas tinham ouvido seus pais dizerem a mesma coisa, e nada mudara. A coragem surge no terreno da frustração, mas se dissipa diante da realidade. Sobreviver em Israel, naquela época, era difícil. Correr riscos para mudar de vida era quase um delírio.

Pedro, o mais velho, mas ainda jovem, casou-se cedo. Parecia decidido. Embora reclamasse da pesca, sua porção de coragem não era suficiente para largar as redes. Tinha um irmão, André. Este era mais discreto e tímido. Ambos provavelmente morreriam pescadores. Sabiam que a miséria era o subproduto mais evidente de um povo dominado pelo Império Romano. As nações subjugadas deveriam sustentar a pesada máquina de Roma, com sua burocracia e seus exércitos.

Na mesma praia, não muito distante dali, dois outros jovens, Tiago e João, ajudavam seu pai, Zebedeu, a consertar as redes. Zebedeu era um judeu próspero. Tinha barcos e empregados. Mas, ao que tudo indica, a base da educação dos filhos vinha da mãe. Era uma mulher de fibra, daquelas que colocam combustível nas ambições legítimas desta vida. Era uma judia fascinante que honrava a tradição que permanece viva até hoje: "Um homem só é judeu se sua mãe for judia." A força de uma mãe é imbatível. Com uma mão ela afaga o rosto dos filhos, com a outra dirige seus corações e move o mundo.

Ela queria que seus filhos brilhassem. Talvez sonhasse em construir a maior empresa de pesca da Galileia. Embora ambiciosos, Tiago e João possuíam uma cultura que não lhes permitia pensar muito além de barcos, redes e peixes. A estrutura empresarial familiar, no entanto, levaria esses jovens a seguir um único destino: a profissão do pai. Seguir outro caminho era loucura.

Zebedeu e sua esposa davam-lhes conselhos constantes. "Nós trabalhamos muito para chegar aonde chegamos. Cuidado! Vocês podem perder tudo. Há milhares de pessoas morrendo de fome. Jamais abandonem o negócio do seu pai. Vivemos tempos difíceis. Economizem! Gastem tempo consertando as redes."

Todos os dias, Tiago e João ouviam os conselhos sábios, mas sombrios, dos pais. Portanto, não se meteriam em confusão. A palavra aventura não fazia parte do seu dicionário de vida. Riscos? Apenas aqueles que o mar escondia.

Pedro, André, Tiago e João seguiam a tradição de seus pais. Acreditavam num Deus que tinha criado o céu e a terra. Um Deus inalcançável que eles deveriam temer e reverenciar. Um Deus que estava a anos-luz das angústias, necessidades e ansiedades dos seres humanos.

Na mente desses jovens não deviam passar as inquietações sobre os mistérios da vida. A falta de cultura e a labuta pela sobrevivência não os estimulavam a grandes voos intelectuais. Eles não tinham a mínima ideia sobre os segredos da existência humana. O pensamento deles estava entorpecido como está hoje o das pessoas que são escravas da competição e das pressões sociais do mundo moderno. Viver, para eles, era um fenômeno comum, e não uma aventura vibrante.

Nada parecia capaz de mudar-lhes o destino. Mas diminutos acontecimentos mudam grandes trajetórias.

Um convite perturbador

Pedro e André tinham ouvido falar dos discursos de João Batista. Mas entre as ideias do homem do rio e a realidade do mar havia um espaço quase intransponível. Certo dia, os jovens pescadores jogaram a rede no mar e se prepararam para mais um dia de trabalho. Não havia nada de diferente no ar. A massacrante rotina os aguardava.

De repente, viram uma pessoa diferente caminhando pela praia. Seus passos eram lentos e firmes. A imagem, antes distante, se aproximou. Pararam seus afazeres e a observaram. Aquele estranho também deteve o olhar neles. Incomodados, os dois se entreolharam. Então, o estranho quebrou o silêncio. Com voz firme, lhes fez a proposta mais absurda do mundo: *"Segui-me, e eu farei de vós pescadores de homens"* (Mateus 4:19).

Nunca tinham ouvido tais palavras, que mexeram com os segredos da alma desses dois jovens. Ecoaram num lugar em que os psiquiatras não conseguem entrar. Penetraram em seus espíritos e geraram um questionamento sobre o significado da vida, e por que vale a pena lutar.

Todos deveríamos, em algum momento da existência, questionar nossa própria vida. Quem não consegue fazer esse questionamento será escravo da sua rotina. Será controlado pela mesmice, nunca enxergará nada além do véu do sistema. Viverá para trabalhar, cumprir obrigações profissionais, ter um papel social. Por fim, sucumbirá no vazio. Viverá para sobreviver até a chegada da morte.

Pedro e André já estavam com a vida definida. A rotina do mar afogara seus sonhos. O mundo deles tinha poucas léguas. Mas, inesperadamente, apareceu algo que lhes incendiou o espírito de aventura. Jesus arrebatou-lhes o coração com uma proposta que revolucionaria as suas histórias.

A análise psicológica dessa passagem impressiona, porque Jesus não deu grandes explicações sobre sua proposta. Não fez discursos nem milagres. Entretanto, a maneira como falou e a proposta que fez deixaram em brasas vivas o território da emoção de Pedro e André.

Quem se arriscaria a segui-lo?

Jamais alguém fizera uma oferta dessas a quem quer que fosse. Pense um pouco. Seguir quem? Quais são as credenciais do homem que fez a proposta? Quais as implicações sociais e emocionais que ela provocaria?

Jesus era um estranho para eles. Não passava de um homem cercado de mistérios. Não tinha nada de palpável para oferecer a esses jovens inseguros. Você aceitaria tal oferta? Largaria tudo para trás e o seguiria? Deixaria a sua rotina estafante, mas segura, para seguir um caminho sem destino?

Jesus não lhes prometeu poder. Não lhes prometeu um céu sem tempestades, caminho sem fadigas, vida sem dor. Suas vestes eram simples, sua pele estava castigada pelo sol, não tinha secretários, dinheiro, não havia uma escolta atrás dele e, ainda por cima, estava a pé.

Quem teria coragem de segui-lo? E, ainda mais, segui-lo para fazer o quê? Ser pescador de homens? Pedro e André viram seus avós e seus pais se embrenharem na voragem do mar. Eles também se tornaram pescadores. Pescavam peixes e cheiravam a peixe. Jamais tinham ouvido falar em pescar homens. O que é isso? Com que propósito? Como fazê-lo? Era uma oferta estranha e arriscada.

Como você reagiria diante dessa oferta? Se resolvesse seguir Jesus, imagine o transtorno que causaria a você mesmo e aos seus íntimos. O que explicar aos seus pais, aos amigos e à sociedade? Todos esperam algo de você. Esperam que tenha êxito social e profissional. As pessoas entendem certas mudanças na nossa vida, mas não uma mudança radical. Parecia loucura seguir aquele homem. Mas, ao ouvirem a voz do Mestre dos Mestres, os jovens galileus, que não eram amantes de riscos, arriscaram tudo o que tinham para segui-lo.

Um chamado irresistível

Pedro e André não entendiam por que tinham sido atraídos nem as consequências de seus atos, mas não puderam mais ficar dentro do barco. Todo barco é pequeno demais quando se tem um grande sonho. Se pescar peixes oferece prazeres, pescar homens deveria ser muito mais emocionante. Subitamente, eles deixaram o passado e foram atrás de um homem que mal conheciam.

Os parentes diziam que aquilo era loucura. A esposa de Pedro devia estar chorando e indagando de que iriam sobreviver. Muitas dúvidas, pouca certeza, mas muitos sonhos habitavam a mente desses pescadores.

Minutos depois, Jesus encontrou dois outros jovens, mais novos e inexperientes. Eram Tiago e João. Estavam à beira da praia consertando as redes. Ao lado deles, o pai e os empregados envolviam-se em outras atividades. Discretamente, Jesus se aproximou. Tiago e João levantaram a cabeça. Ele os fitou e fez o mesmo intrigante convite. Jesus não os persuadiu, ameaçou ou pressionou, apenas os chamou. *"Eles, deixando imediatamente o barco e o pai, o seguiram"* (*Mateus 4:20*). Um pequeno momento mudou para sempre suas vidas.

Zebedeu ficou chocado com a atitude dos filhos. Lágrimas escorreram por seu rosto. Não entendia por que eles estavam deixando as redes. Segurando-os pelo braço, talvez dissesse: "Filhos, não abandonem o seu futuro", "Vocês nem mesmo conhecem a quem estão seguindo".

Convencer o pai de que aquele era o Messias não seria tarefa fácil. Um Messias não podia ser tão comum e sem pompa. Os empregados, espantados, se entreolhavam. Vendo que nada os dissuadia, Zebedeu decidiu deixá-los partir. Talvez tenha pensado: "Os jovens são rápidos para decidir e rápidos para retornar: logo voltarão para o mar." Mas eles nunca mais voltaram.

Deixaram imediatamente as redes

A vida é um grande contrato de risco. Basta estar vivo para se correr risco. Risco de fracassar, de ser rejeitado, de se decepcionar com as pessoas, de ser incompreendido, de ser ofendido, de ser reprovado, de adoecer. Até um vírus, que é milhões de vezes menor do que um grão de areia, representa um grande risco.

E como a vida é um grande contrato de risco, quem se esconde num casulo com medo de enfrentar os riscos, além de não eliminá-los, será sempre um frustrado. É preciso coragem para superar conflitos, encontrar soluções e realizar nossos sonhos e projetos.

Um funcionário tímido que segue estritamente a rotina do trabalho, que procura não incomodar ninguém, que não emite opiniões sobre o que pensa, poderá ser bem avaliado, mas dificilmente chegará a um posto de direção da empresa. E, se isso acontecer, não estará preparado para enfrentar crises e desafios. Por outro lado, um aventureiro desmedido, que não pensa minimamente nas consequências dos seus atos, que corre riscos pelo simples prazer da aventura, também pode levar a empresa ao fracasso.

Ao analisarmos as biografias de Jesus Cristo, principalmente os evangelhos de Mateus e Marcos, sob a ótica dos discípulos e das transformações que ocorreram em suas vidas, ficamos fascinados. A Felipe ele disse simplesmente: "*Segue-me*" (*João 1:43*). Sob o impacto das suas palavras, ele o seguiu. Os discípulos correram riscos intensos. Não entenderam a dimensão da proposta, mas sentiram que era feita por um homem vibrante.

Embora fossem inseguros, os jovens galileus tiveram, pela primeira vez, uma coragem contagiante. Não pensaram nos perigos que correriam, nas possíveis perseguições e no suprimento das suas necessidades básicas. Nem mesmo se preocuparam em saber onde dormiriam. O convite de Jesus carregava um desejo de mudança do mundo. Era simples, mas forte e arrebatador como as ondas do mar.

Tento analisar o que aconteceu no âmago da mente desses jovens, mas tenho limitações. Há fenômenos que ultrapassavam a previsibilidade lógica. Havia algo de "mágico", no melhor sentido do termo, no chamado de Cristo.

Era algo parecido, embora muito mais forte, com o olhar que à primeira vista cativa dois amantes, com a inspiração do poeta que o conduz a criar a mais bela poesia, com a descoberta do cientista que há anos procura uma resposta, com o dia em que, embora rodeados de problemas, acordamos animados e exclamamos para nós mesmos: "Como a vida é bela!"

Um chamado que jamais parou de ecoar no coração das futuras gerações

Como mudar todos os planos e seguir um estranho? Se você aceitasse esse convite do Mestre da Vida, que explicação daria aos seus pais? Seus amigos entenderiam sua atitude? Que justificativa daria a si mesmo? Os conflitos eram enormes. Mas aconteceu algo nos solos da alma e do espírito desses jovens, levando-os a correr todos os riscos.

É fascinante ver as pessoas investindo sua vida naquilo em que acreditam, nos sonhos que as alimentam. A atitude de Pedro, André, João e Tiago foi repetida inúmeras vezes ao longo dos séculos. Em cada geração, milhões de pessoas resolveram seguir Jesus. Seguir alguém que não conheceram. Seguir alguém que nunca viram, que apenas tocou-lhes o coração. Um toque que deu um novo significado à vida dessas pessoas. Que mistério é esse?

Se analisarmos a história, veremos que muitas pessoas, como Agostinho, Francisco de Assis, Tomás de Aquino e tantos outros, ouviram um chamado inaudível, um chamado inexplicável pela psicologia, que as fez romper a estrutura do egoísmo e preocupar-se com as dores e necessidades dos outros. Um chamado que os estimulou a serem pescadores de seres humanos e a amá-los, aliviá-los, ajudá-los. Seduzidos por essas inaudíveis palavras, largaram tudo para trás.

Deixaram suas redes, seus barcos e as expectativas da sociedade. Deixaram sua profissão e seu futuro, se transformaram nos íntimos seguidores do mestre. Tornaram-se líderes espirituais, padres, pastores, freiras, missionários, pessoas anônimas que se doaram sem medida. Viveram para os outros. Eles talvez tenham dificuldade de explicar por que abandonaram o "mar", mas estão convictos de que não puderam resistir ao chamado interior do Mestre do Amor.

Antigamente achava-se que correr riscos para seguir alguém invisível parecia sinal de insanidade. Depois de anos de pesquisa científica sobre o funcionamento da mente, sobre o desenvolvimento da inteligência, e de exercício da psiquiatria e psicoterapia, admiro esses homens e mulheres. Muitos não abandonaram suas atividades seculares, mas doaram seu tempo, seu dinheiro, sua profissão e o seu coração ao ser humano, tornaram-se igualmente poetas do amor.

Independentemente da religião que professam e dos seus erros e acertos, investiram a vida deles num plano transcendental. Aprenderam a amar o ser humano e a considerar a vida um fenômeno que não se repetirá. Resolveram desenvolver uma das mais nobres inteligências: a inteligência espiritual.

Compreenderam que a vida é muito mais do que o dinheiro, a fama ou a segurança material. Por isso, andando na contramão do mundo moderno, eles procuram os mistérios que se escondem além da cortina do tempo e do espaço.

Hoje, a humanidade se dobra aos pés de Jesus por causa da ousadia dos seus primeiros seguidores. Ser um de seus discípulos, no primeiro século, era assinar o maior contrato de risco da história. Pelo fato de esses jovens terem tido a coragem de segui-lo, suas ideias, pensamentos e reações permearam a história.

As palavras de Jesus são utilizadas em todas as religiões. Maomé, no livro do Alcorão, valoriza-o ao extremo, chamando-o de Sua Dignidade. O budismo, embora tenha sido criado antes de Cristo, incorporou seus principais ensinamentos. Pequenos acontecimentos incendiaram civilizações e mudaram a vida de bilhões de pessoas.

CAPÍTULO 3

A personalidade dos discípulos

Os discípulos seriam reprovados por uma equipe de seleção

O material humano é vital para o sucesso de um empreendimento. Uma empresa pode ter máquinas, tecnologia, computadores, mas, se não tiver homens criativos, inteligentes, motivados, que tenham visão global, que previnam erros, que saibam trabalhar em equipe e pensem a longo prazo, poderá sucumbir.

Se houvesse uma equipe de psicólogos, especialistas em avaliação da personalidade e do desempenho intelectual, auxiliando Jesus na escolha dos seus discípulos, será que seus jovens seguidores seriam aprovados? Creio que não. Nenhum deles preencheria os requisitos básicos.

É provável que a equipe de psicólogos recomendasse para seus discípulos os jovens da casta dos escribas e fariseus. Eles possuíam ilibada cultura, eram bem-comportados, éticos, gozavam de boa reputação social. Alguns eram versados não apenas na língua hebraica, mas também no latim e no grego. Tinham uma visão ampla do mundo, conheciam as Antigas Escrituras e guardavam as tradições do seu povo.

O Mestre dos Mestres, contrariando toda a lógica, escolheu conscientemente jovens indisciplinados, incultos, rudes, agressivos, ansiosos, intolerantes. Os discípulos correram riscos ao segui-lo e ele correu riscos maiores ainda ao escolhê-los. Jamais alguém reuniu pessoas tão complicadas e despreparadas para ensinar. Por que Jesus fez uma escolha tão ilógica?

Ele preferiu começar do zero, trabalhar com jovens completamente desqualificados a ensinar jovens já contaminados pelo sistema, saturados de vícios e preconceitos. Preferiu a pedra bruta à mal lapidada.

A personalidade dos discípulos

Vamos analisar a personalidade de alguns discípulos antes de encontrarem o Mestre da Vida. Os textos das biografias de Jesus falam muito pouco sobre os discípulos. Mas, indiretamente, nos revelam dados sobre alguns deles. De Felipe e André, muito pouco. De Bartolomeu, Tiago (filho de Alfeu), Tadeu e Simão (o zelote), quase nada é mencionado.

De Mateus, sabemos apenas que era um coletor de impostos, um publicano. Os publicanos eram odiados pelos judeus porque estavam a serviço do Império Romano. Vários eram corruptos e extorquiam o povo. Os fariseus os rejeitavam. Mateus era uma pessoa sociável. Quando Jesus o chamou para discípulo, ficou tão empolgado que fez uma festa de confraternização com seus amigos. Na festa estavam presentes outros coletores de impostos e homens de má reputação. Ao contemplar a cena, os fariseus questionaram a reputação de Jesus. Alguém que fala sobre Deus não poderia se relacionar com gente daquela laia, pensaram eles.

Mateus era uma pessoa detalhista e deslumbrada por Jesus. Por ser coletor de impostos, devia ter noção de escrita. Provavelmente fez anotações nos tempos em que andou com o mestre, pois seu evangelho contém riquezas de detalhes que só um exímio observador poderia notar. Mas essas anotações demoraram anos para serem reunidas em livros. Por quê? Os discípulos transmitiam oralmente a mensagem de Jesus. A palavra escrita não era importante para eles naquele tempo.

Foi somente depois que novas gerações vieram somar-se aos seguidores de Jesus e a tradição oral começou a se diluir no tempo que as comunidades cristãs sentiram a necessidade de reunir as anotações e recordações em livros, chamados de evangelhos. O Evangelho de Mateus foi escrito provavelmente 30 anos depois da morte de Jesus.

Podemos investigar apenas alguns traços da personalidade de Tomé. Era rápido para pensar e rápido para desacreditar. Andava segundo a lógica, alicerçado na dúvida. Existe uma dúvida positiva que abre as janelas da memória, quebra os paradigmas, recicla os preconceitos e expande a arte de pensar. Mas a dúvida de Tomé fundamentava-se na autossuficiência. O mundo tinha de girar em torno das suas verdades, impressões e crenças. Sua dúvida estava bem próxima da desconfiança paranoica, pois ele desconfiava de tudo e de todos.

Você vive a dúvida saudável ou a doentia?

Da personalidade de Tiago, filho de Zebedeu, descobrimos algumas características descritas no evangelho de seu irmão João. Tiago era um jovem ousado, ambicioso e impaciente. Mas tornou-se um dos mais íntimos amigos de Jesus. Após a morte do mestre foi martirizado por causa do seu amor por Jesus e da defesa de seus princípios.

Gostaria de ressaltar as características de três discípulos: Pedro, João e Judas Iscariotes. Também analisarei com mais detalhes a personalidade de Paulo, que veio a integrar o grupo de seguidores oito anos depois da morte de Jesus.

As características da personalidade de Pedro e de João representam, provavelmente, os traços principais do caráter da maioria dos discípulos. Nós as conhecemos a partir de seus comportamentos evidentes e das reações percebidas nas entrelinhas, contidos tanto nos evangelhos quanto nas cartas que escreveram.

As características da personalidade de Judas Iscariotes – que tinha a personalidade mais destoante do grupo – foram extraídas a partir da análise dos evangelhos. As de Paulo foram baseadas na análise das suas múltiplas cartas, principalmente das palavras e reações reveladas nos momentos de maior tensão.

Antes de começar a comentar a personalidade dos discípulos, gostaria de fazer uma pergunta ao leitor. Quem foi o discípulo mais equilibrado? Fiz essa pergunta a várias pessoas enquanto escrevia este livro, e a maioria errou. Como veremos, foi Judas Iscariotes. Era o mais dosado, sensato e discreto dos discípulos. Judas, provavelmente, seria a única pessoa que passaria numa prova de seleção se usássemos os critérios atuais de avaliação da personalidade e desempenho intelectual.

Primeiramente, vou descrever as características negativas da personalidade de Pedro, de João e de Paulo, porque elas sobressaem mais do que as positivas. A exceção será Judas, de quem descreverei primeiro as características positivas da sua personalidade, porque são as que mais sobressaem. Será de grande ajuda para entendermos a diferença entre ele e os demais discípulos.

Jesus foi ousadíssimo ao escolher seus discípulos. Pagou caro por isso, pois eles lhe deram constante dor de cabeça. Mas parecia gostar deles do jeito que eram. Ele não se importava com as decepções. O Mestre da Vida era um artesão da alma humana, queria lapidar uma joia única, com brilho único, de único valor.

PEDRO

Características negativas da personalidade de Pedro

Pedro era inculto, não sabia ler, intolerante, ansioso, irritado, agressivo, inquieto, impaciente, indisciplinado, impulsivo. Repetia os mesmos erros com frequência e não suportava ser contrariado (*Mateus 18:21*).

Sua compreensão do mundo se restringia às necessidades de sobrevivência. Entendia de mar por ser pescador. Sua visão política era limitada. Percebia o jugo romano sobre Israel, mas desconhecia os complexos envolvimentos políticos entre Roma e o sinédrio judaico e ignorava as benesses de que alguns líderes judeus desfrutavam.

Pedro não desenvolveu as funções mais importantes da inteligência. Não era empreendedor, não sabia filtrar estímulos estressantes. Sua emoção era flutuante, e ele impunha suas ideias, em vez de as expor.

Não era uma pessoa altruísta, não percebia as dores e necessidades dos outros. Não tinha projetos sociais. Não pensava em mudar o mundo, ajudar as pessoas, aliviar a dor do próximo. Suas necessidades básicas vinham em primeiro lugar. Logo após a morte de Cristo, perturbado, voltou a pescar (*João 21:3*).

Era um trator emocional, passava por cima de tudo que se opunha a ele. Não sabia se colocar no lugar dos outros, por isso tinha dificuldade de perdoar e compreender. Suas características demonstram que era hiperativo e detestava a rotina. Se vivesse nos tempos atuais, certamente seria um aluno que todo professor gostaria de ver longe de sua sala de aula.

Pedro era autossuficiente e tão ousado que respondia pelo mestre sem nem ao menos perguntar o que Jesus pensava sobre o assunto (*Mateus 17:25*). A principal característica de sua personalidade era reagir antes de pensar (*João 18:10*). Quando Jesus foi preso, Pedro cortou a orelha de um soldado, colocando em risco Jesus e os discípulos com sua atitude impensada (*João 18:12*).

Pedro conhecia bem o mar da Galileia, mas conhecia pouquíssimo o território da própria emoção. Não percebia suas limitações, fragilidades e medos. Aparentava ser forte por ter comportamento intempestivo, mas, quando testado, era inseguro.

Sua aparente força apoiava-se na força e na inteligência do seu mestre. Quando, ameaçado de morte, Jesus se calou, Pedro fraquejou. Ele amava extremamente o mestre, mas seu medo predominou e ele o negou três vezes.

Características positivas da personalidade de Pedro

Pedro era uma pessoa simples, humilde, sincera. Tinha uma enorme capacidade de aprender. Era rude, mas possuía a emoção de um menino: singela e ingênua. Acreditava facilmente em Jesus. Sob seu comando, atirou a rede ao mar, sem questionar, num lugar onde havia passado a noite toda sem nada pegar. Obedecendo ao chamado de Jesus, teve coragem de caminhar sobre a superfície do mar. Sucumbido pelo medo, afundou.

Embora fosse ansioso e agitado, não era superficial. Ao que tudo indica era uma pessoa detalhista. Observava atentamente as atitudes e reações de Jesus com olho clínico. Amava contemplá-lo em ação. Admirava seus gestos.

Casou-se cedo, parecia responsável. Apesar de não suportar os focos de tensão, Pedro procurava ser determinado. Autenticidade e liderança eram suas características principais.

JOÃO

Características negativas da personalidade de João

João era ansioso, ambicioso, irritado, não suportava ser contrariado. Sua cultura era restrita. Como Pedro, sua visão social e política era limitada. Não desenvolvera também as funções mais importantes da inteligência. Não sabia proteger sua emoção nem preservar sua memória dos estímulos estressantes. Não sabia trabalhar frustrações nem usar seus erros como degraus para a maturidade.

João também não era uma pessoa altruísta. Antes de conhecer Jesus, e nos primeiros meses em que o seguiu, revelou-se um jovem egoísta e intolerante. Não sabia compreender os sentimentos alheios. O mundo tinha de gravitar em torno de suas verdades.

Certa vez, contrariando todo amor, perdão e mansidão sobre os quais Jesus eloquentemente discursava, João teve a coragem de sugerir a Jesus que enviasse fogo do céu para exterminar aqueles que não o seguiam. Jesus falava sobre dar a outra face ao inimigo e João desejava destruí-lo.

Tinha uma personalidade explosiva. Ele e seu irmão Tiago foram chamados pelo próprio Jesus de "Boanerges", que quer dizer "filhos do trovão" (*Marcos 3:17*). Quando confrontados, reagiam agressivamente.

João fora treinado por sua mãe para pensar grande, o que é uma característica positiva. Mas pensava grande demais. Queria colher o que não tinha plantado. Queria o pódio sem as labutas necessárias para atingi-lo. Almejava a melhor posição entre os discípulos.

Como pensava que o reinado de Jesus fosse político, após uma reunião familiar, a mãe de Tiago e João fez um pedido incomum e ousado a Jesus, quando ele estava no auge da sua fama. Rogou que no seu reino seus filhos se assentassem, um, à direita, e outro, à esquerda. As duas melhores posições deveriam ser dadas aos seus dois filhos. Jesus ensinava que os grandes têm de servir os pequenos. João queria ser grande para ser servido pelos pequenos.

Pedro e João nos representam. Muitas de suas características negativas estão evidentes ou ocultas em nossa personalidade.

Características positivas da personalidade de João

João era um jovem intempestivo e afetuoso. Nos seus primeiros tempos com o Mestre dos Mestres sua emoção parecia um pêndulo. Oscilava entre a explosão e a doçura, entre a sensibilidade e a agressividade. Apesar de ser intolerante, sua emoção era como uma esponja que absorvia o amor de Jesus. Contemplar a amabilidade do mestre o fascinava.

João errava muito, mas, como Pedro, era uma pessoa transparente. Todos sabiam facilmente o que ele pensava. Ser transparente era uma característica muito importante aos olhos de Jesus. João observava os comportamentos de Jesus como se fosse um pintor acadêmico. Não perdia os detalhes.

Sua capacidade de aprender fez dele um íntimo discípulo. Foi um aluno brilhante. Tornou-se amigo de Jesus. Nos momentos mais difíceis João estava presente.

JUDAS ISCARIOTES

Características positivas da personalidade de Judas

Judas era moderado, dosado, discreto, equilibrado e sensato. Do que podemos observar nos quatro evangelhos de Jesus, nada há que desabone o comportamento de Judas.

Não há elementos que indiquem se era tenso, ansioso ou inquieto. Não há relatos de que tenha ofendido alguém nem que tenha tomado uma atitude agressiva ou impensada.

Jesus chamou a atenção de Pedro e de João diversas vezes. Chamou a atenção de Tomé por sua incredulidade. A Felipe disse: "Há tanto tempo estou convosco e não me conheces?" Entretanto, Jesus jamais chamou a atenção de Judas, a não ser na noite em que foi traído.

Certa vez, Judas repreendeu Maria, irmã de Lázaro, por derramar um perfume caríssimo na cabeça de Jesus. Disse que aquele perfume deveria ser vendido e o dinheiro arrecadado, dado aos pobres. Aparentemente, era o que mais pensava nos outros, o mais moralista e sensível dos discípulos. Num capítulo posterior, compararei a atitude de Judas com a de Maria.

Sabia lidar com contabilidade, por isso cuidava da bolsa das ofertas. Era provavelmente o mais culto, o mais esperto, o mais eloquente e o mais polido dos seus pares. Não fazia escândalos nem tinha comportamentos que perturbassem o ambiente. Agia silenciosamente.

Características negativas de Judas

Judas parecia ser o que tinha menos características negativas e conflitos em sua personalidade. O grande problema era que ele nunca tratara seus conflitos adequadamente. Pequenas frustrações transformaram-se em monstros, pequenas pedras, em montanhas.

Não entendia seus sentimentos mais profundos. Embora moralista e dosado, tinha dificuldade de penetrar no próprio mundo e reconhecer suas mazelas. Sabia julgar, mas não sabia compreender. Errava pouco exteriormente. No secreto do seu ser devia exaltar a si mesmo.

Uma das piores características de Judas era não ser uma pessoa transparente. Antes de trair Jesus, traiu a si mesmo. Traiu sua sabedoria, traiu seu amor pela vida, sua capacidade de aprender, seu encanto pela existência. O maior traidor da história foi o maior carrasco de si mesmo. Era autopunitivo. Tinha tudo para brilhar, mas aprisionou-se no calabouço dos seus conflitos. Judas era o mais bem preparado dos discípulos. Por que traiu Jesus? Por que não superou o sentimento de culpa gerado pela traição? Por que seguiu um caminho tão distinto do de Pedro, que também traiu Jesus, ao negá-lo? Trataremos mais tarde desse assunto.

PAULO DE TARSO

Comentarei agora a personalidade de Paulo de Tarso. Paulo não pertenceu ao grupo dos discípulos durante a vida de Jesus na terra. Não andou com Jesus, não ouviu suas palavras, não contemplou seus gestos, não aprendeu lições diretamente com ele, mas foi um dos seus maiores seguidores.

Características negativas da personalidade de Paulo

Paulo era um jovem radical, extremamente agressivo, discriminador, exclusivista, ambicioso e ansioso. Foi o mais culto dos discípulos; mas, antes de se tornar cristão, foi também o mais arrogante e violento dos homens (*Atos 8:3*). Suas verdades eram absolutas. Para ele, o mundo era do tamanho dos seus preconceitos. Excluía de forma impressionante quem não pensasse como ele.

Não se contentou em ter um discurso ferrenho contra os seguidores de Jesus de Nazaré. Considerava-os uma praga que devia ser extirpada da sociedade (*Atos 9:1*). Para ele, Jesus não passava de um herege, um enganador, um corpo estranho em Israel. Nenhum cristão o havia ferido diretamente, mas ele se achava o mais lesado dos homens. Tinha aversão pelas pessoas sem conhecê-las pelo simples fato de pensarem contrariamente às ideias da sua religião.

Paulo rejeitava os outros sem penetrar na sua história, sem analisar suas dores, sonhos, intenções. Tinha o pior tipo de ódio, o ódio gratuito. Aprisionava pessoas porque era um prisioneiro dentro do seu próprio ser.

Levou os seguidores de Jesus à morte; o desespero deles não lhe tocou a emoção. Os homens clamavam por misericórdia, mas ele permanecia insensível. As mulheres choravam pedindo piedade, pois tinham filhos para criar, mas ele as encerrava em prisões. Paulo colocou suas verdades acima da vida humana. Pessoas assim são socialmente perigosas.

A cena de Estêvão foi chocante. Paulo ouviu o brilhante discurso desse homem amável e inteligente. Os judeus, irados, o apedrejaram publicamente. Paulo assistiu à cena e consentiu na sua morte. As primeiras pedras esfacelaram o corpo de Estêvão, rompendo músculos e artérias, produzindo hemorragias e dor indescritível. Estêvão agonizava lentamente diante de um Paulo insensível, com a emoção petrificada.

Paulo seria a última pessoa a ser chamada de discípulo de Jesus. Era a última pessoa que o merecia (*I Coríntios 15:9*). Apesar das suas características positivas, era uma pessoa destrutiva. Era o mais hábil intelectualmente e o mais violento socialmente, capaz de dizimar seus opositores. Sua mudança é simplesmente incrível. Estudaremos alguns fenômenos do processo de formação de sua personalidade no final deste livro.

Paulo disse na Epístola aos Efésios que se considerava o menor de todos os cristãos. Suas palavras não são apenas o reflexo da sua humildade, mas revelam o peso das suas lembranças. Ele não se esqueceu do que fez.

Embora tivesse superado seus conflitos, estes geraram cicatrizes indeléveis que estão contidas claramente ou nas entrelinhas de todas as suas cartas. As lágrimas e as feridas que provocou jamais se apagaram da sua memória.

Características positivas da personalidade de Paulo

Paulo era uma pessoa de um conhecimento invejável. Falava hebraico, grego e aramaico. Sua coragem, perspicácia e capacidade de argumentação, expressas em seus escritos, são espantosas. Nos tempos atuais, conseguiria assumir o controle de qualquer equipe de políticos e intelectuais.

Jovem empreendedor, Paulo aproveitava as oportunidades para cumprir suas metas. Era um excelente orador. Embora fosse exclusivista e preconceituoso, havia dentro de si uma inquietação. Ele buscava respostas. Era agitado, tenso, ansioso.

Apesar de cometer atitudes desumanas, era fiel à sua consciência. Não tinha receio de expressar seus pensamentos em público. Podia correr risco de morrer, mas não conseguia se calar. Nada no mundo o convenceria a mudar suas convicções, a não ser a própria consciência. Por isso, ele se tornou um discípulo de modo totalmente diferente dos demais. Aquilo em que ele acreditava controlava o seu ser. Foi drástico nas perseguições, mas, quando aprendeu a amar o Mestre da Vida, ninguém se entregou tanto à causa (*I Coríntios 13:1 a 13*).

Almejando provocar a maior revolução: reeditar o filme do inconsciente

A personalidade dos discípulos evidencia o desafio que Jesus iria enfrentar. O único que se encaixava num padrão aceitável de comportamento era Judas, o que o vendeu e o traiu. Não havia modelos. Aparentemente Jesus errara drasticamente em sua escolha. Era necessário revolucionar a personalidade daqueles homens para que eles revolucionassem o mundo.

Seria a maior revolução de todos os tempos. Mas essa revolução não poderia ser feita com o emprego de armas, força, chantagem, pressões, mas com perdão, inclusão, mansidão, tolerância. Seus discípulos não conheciam essa linguagem. O projeto de Jesus parecia loucura. Era quase impossível atuar nos bastidores da mente dos discípulos, transformar as matrizes conscientes e inconscientes de suas memórias e tecer novas características de personalidade neles.

Quando alguém nos ofende ou contraria, detona-se o gatilho da memória que em milésimos de segundo abre algumas janelas do inconsciente: as janelas da agressividade, do ódio, do medo. Uma área do tamanho da cabeça de um alfinete contém milhares de janelas com milhões de informações no córtex cerebral.

Não sabemos localizar as janelas da memória, tanto as positivas quanto as negativas. Mesmo se soubéssemos, não poderíamos deletá-las ou apagá-las. Deletar informações é a tarefa mais fácil nos computadores. No ser humano é impossível. Todas as misérias, conflitos e traumas arquivados não podem ser apagados. A única possibilidade é reeditá-los ou reescrevê-los. Sem reeditá-los, é impossível transformar a personalidade. Podemos passar anos fazendo tratamento psicoterapêutico sem haver mudanças substanciais. Como reeditar a memória dos discípulos em tão pouco tempo? Jesus tinha pouco mais de três anos para isso.

Se fosse possível submeter os discípulos a um tratamento intensivo com os mais ilustres psiquiatras e psicólogos, os resultados seriam pífios. Por quê? Porque os discípulos não tinham consciência dos seus problemas. A superação de uma doença só pode se dar quando o paciente tem consciência dela, e o seu "eu" é capaz de deixar de ser vítima para tornar-se autor da própria história.

Quando treino um psicólogo, enfatizo que ele deve aprender a estimular o "eu" a reescrever as matrizes da personalidade. O "eu", que representa a vontade consciente, deve deixar de ser espectador passivo das misérias e aprender a conhecer o funcionamento da mente, os papéis da memória, a construção básica das cadeias de pensamentos, para, então, tornar-se líder de si mesmo.

Todas as técnicas psicoterapêuticas, ainda que inconscientemente, objetivam a reedição do filme do inconsciente e o resgate da liderança do "eu". Quanto maior a consciência, maior a eficiência.

Por que é tão difícil mudar a personalidade? Porque ela é tecida por milhares de arquivos complexos que contêm inúmeras informações e experiências nos solos conscientes e inconscientes da memória. Não temos ferramentas que possam mudar magicamente esses arquivos que se inter-relacionam multifocalmente.

Alguns teóricos da psicologia creem que a personalidade se cristaliza até os 7 anos. Mas esta é uma visão simplista da psique. Embora seja uma tarefa difícil, é sempre possível transformar a personalidade em qualquer época da vida, principalmente, como disse, se o "eu" deixar de ser espectador passivo, subir no palco da mente e se tornar diretor do roteiro dos pensamentos e das emoções.

Esse conceito representa, na minha opinião, o topo da psicologia mais avançada. Ele se refere ao gerenciamento dos pensamentos e das emoções. Esse gerenciamento tem grandes aplicações em todas as áreas: psicologia clínica, ciências da educação, ciências políticas, sociologia, direito, filosofia.

Os antidepressivos e os tranquilizantes são úteis, mas não reeditam o filme do inconsciente e não levam o ser humano a gerenciar suas angústias, ansiedades ou ideias negativas. Se não trabalhar nas matrizes da memória e não aprender a ser líder de si mesmo, a pessoa será uma eterna dependente dos psiquiatras e dos medicamentos, ainda que os psiquiatras não desejem tal dependência.

O grande desafio de Jesus

Os discípulos eram vítimas das características doentias da sua personalidade. Estavam saturados de áreas doentias nos solos conscientes e inconscientes da memória. Não tinham a mínima capacidade de gerenciamento da sua psique nos momentos de tensão. Como ajudá-los? Como reescrever a sua memória?

Não há milagres, o processo é complexo. Para reescrever os arquivos da memória é necessário sobrepor novas experiências às antigas. As experiências de tolerância devem sobrepor-se às de discriminação; as experiências de segurança às do medo; as da paciência devem ser registradas em todos os milhares de arquivos que contêm muita agressividade, e assim por diante. As novas experiências devem ser sobrepostas à medida que os arquivos contaminados se abrem nos focos de tensão.

Quando surgem o medo, a crise de pânico, as reações agressivas, os pensamentos negativos, o "eu" deve aproveitar a oportunidade para assumir o papel de diretor do roteiro do teatro da mente e reescrevê-los. Como fazer isso? Criticando, confrontando, analisando inteligentemente cada experiência. Desse modo, ricas experiências se sobreporão aos arquivos contaminados. Assim são reurbanizadas as favelas da memória.

Veja o grande problema enfrentado por Jesus. Os discípulos não sabiam atuar no seu próprio mundo interno. Não tinham consciência das suas limitações. Eram tímidos espectadores diante dos seus conflitos. Não aprenderam a mergulhar dentro de si mesmos nem a rever suas vidas. Como ajudá-los?

À medida que acompanhavam Jesus, os discípulos pareciam reeditar os arquivos que continham suas reações agressivas e intolerantes. Por algum tempo mostraram-se amáveis e gentis com todos os que os rodeavam.

Poderiam achar que tinham se tornado os homens mais pacientes e tolerantes da terra. Mas muitos arquivos na periferia da memória, que estão nos becos do inconsciente, não foram reeditados.

De repente, quando alguém os rejeitou ou criticou, detonou-se o gatilho da memória, abriram-se algumas janelas e esses arquivos ocultos apareceram. Então, novamente, eles reagiram impulsivamente, ferindo as pessoas sem pensar nas consequências dos seus atos. Eles tiveram recaída. O que fazer? Desistir? Jamais! Nesses casos só há um caminho: continuar reeditando novos arquivos. As recaídas não devem causar desânimo, mas, ao contrário, devem produzir uma motivação extra para continuar a reescrever os arquivos que não foram trabalhados.

Como Jesus não queria apenas melhorar o ser humano, mas transformá-lo de dentro para fora, teria de lidar com todas as recaídas dos seus discípulos. Teria de ter uma paciência incomum, animado por uma esperança fenomenal. E teve! Nunca alguém revelou tanta paciência. Os discípulos não entendiam quase nada do que ele dizia. Faziam o contrário do que ouviam, mas ele acreditava ser capaz de transformar a vida de todos eles.

Os discípulos frustraram Jesus durante mais de três anos. Nas últimas horas, antes de morrer, eles o decepcionaram mais ainda. O mestre tinha todos os motivos do mundo para esquecê-los. Jamais desistiu deles, nem mesmo do seu traidor. Que amor é esse que não desiste?

Jesus sabia que seu projeto levaria uma vida toda. Ele demonstrava com seus gestos e palavras que detinha o mais elevado conhecimento de psicologia. Ambicionava algo mais profundo do que os psicólogos atuais. Desejava que os discípulos reescrevessem diariamente os principais capítulos da sua história baseados em novas, belas e elevadas experiências existenciais. Criou deliberadamente ambientes pedagógicos nas praias, montes, sinagogas, para produzir ricas experiências e sobrepô-las aos arquivos doentios que teciam a colcha de retalhos das suas personalidades. Foi um verdadeiro treinamento. O maior já realizado conscientemente.

Vamos examinar como Jesus programou a mudança da personalidade dos seus jovens discípulos. As parábolas, os leprosos, as perseguições e os riscos de morte – tudo fazia parte do seu treinamento.

CAPÍTULO 4

O vendedor de sonhos

Somos a única geração de toda a história que conseguiu destruir a capacidade de sonhar e de questionar dos jovens. Nas gerações passadas, os jovens criticavam o mundo dos adultos, rebelavam-se contra os conceitos sociais, sonhavam com grandes conquistas. Onde estão os sonhos dos jovens? Onde estão seus questionamentos?

Eles são agressivos, mas sua rebeldia não é contra as "drogas" sociais que construímos, mas porque querem ingeri-las em doses cada vez maiores. Eles não se rebelam contra o veneno do consumismo, a paranoia da estética e a loucura do prazer imediato produzidos pelos meios de comunicação. Eles amam esse veneno. O futuro é pouco importante, o que importa é viver o hoje intensamente. Não têm uma grande causa pela qual lutar. São meros consumidores, números de identidade e de cartões de crédito.

A geração de jovens que cresceu envolvida pelo consumismo e pela paranoia da estética deixou de sonhar. Eles perderam rapidamente o encanto pela vida. As nações modernas estão pagando um preço alto por terem matado os sonhos dos seus filhos. Elas assistem perplexas seus jovens se suicidando, se drogando, desenvolvendo transtornos psíquicos.

Os programas infantis que estimulam o consumismo e não promovem o desenvolvimento das funções mais importantes da inteligência, como a capacidade de pensar antes de reagir ou de trabalhar frustrações, cometeram um crime emocional contra as crianças. Todas as imagens desses programas são registradas nos solos conscientes e inconscientes da memória infantil, contaminando o amor pela vida e a estruturação do "eu" como líder da psique.

Os presentes e os objetos que nossas crianças avidamente consomem produzem um prazer rápido e superficial. Passados alguns dias, perdem o prazer pelo que possuem e procuram outros objetos para tentar satisfazer-se, gerando um mecanismo cujos princípios assemelham-se à dependência psicológica das drogas. A felicidade se torna uma miragem.

Meu objetivo ao escrever o livro *Dez leis para ser feliz* é mostrar que a felicidade não é obra do acaso, mas uma conquista. Nele, entre as 10 ferramentas da psicologia, mostro como gerenciar os pensamentos, administrar as emoções, contemplar o belo, trabalhar as perdas e frustrações, para conquistar qualidade de vida nesta belíssima e turbulenta existência.

Os pais e professores deveriam ser vendedores de sonhos. Deveriam plantar as mais belas sementes no interior de filhos e alunos para fazê-los intelectualmente livres e emocionalmente brilhantes. Jesus Cristo tem muito a nos ensinar nesse sentido. É o que vamos ver.

Um vendedor de sonhos

A vida sem sonhos é como um céu sem estrelas, como uma manhã sem orvalho, seca e árida.

Jesus foi o maior vendedor de sonhos de que já se teve notícia. Parece estranho usar a expressão "vendedor de sonhos", pois sonhos não se vendem. Mas essa expressão é poética e procura retratar a capacidade inigualável do Mestre da Vida em inspirar a emoção das pessoas e revolucionar sua maneira de ver a vida.

Num mundo onde tudo é vendido, tudo tem seu preço, Jesus chamou alguns jovens completamente despreparados e, paulatinamente, lhes vendeu gratuitamente aquilo que não se pode comprar: os mais fascinantes sonhos que um ser humano pode sonhar.

O Mestre dos Mestres andava clamando nas cidades, vielas e à beira da praia, discorrendo sobre suas ideias. Seu discurso contagiante eletrizava os ouvintes. Quais foram os principais sonhos que abriram as janelas da inteligência dos seus discípulos e irrigaram suas vidas com uma meta superior?

A – O sonho de um reino justo: o reino dos céus

Jesus foi anunciado por João Batista, um homem incomum que proclamava em voz alta: *"Arrependei-vos, porque está próximo o reino dos céus"* (*Mateus 3:2*). As pessoas que o ouviam ficavam perplexas. Elas deviam se perguntar: "Quem é este homem? O que ele está dizendo? Conhecemos os reinos da terra, conhecemos o Império Romano, mas nunca ouvimos falar de um reino dos céus. O que significa arrepender-se para receber um novo reino?"

"Arrepender-se" parece uma simples palavra, mas, na realidade, é uma das mais importantes tarefas da inteligência humana. Os computadores jamais desempenharão essa tarefa. Ela é mais importante do que o armazenamento de bilhões de dados. No futuro, os computadores poderão ter milhões de vezes a capacidade de armazenar e processar informações do que os atuais, mas jamais se arrependerão de seus erros. Poderão apontar erros, mas não terão consciência deles, não se arrependerão ou terão sentimento de culpa.

Quando você falha e tem consciência dessa falha, quando se arrepende e pede desculpas, você está, nesse simples ato, sendo mais complexo do que os supercomputadores. Por isso, os fortes reconhecem seus erros, os fracos não os admitem; os fortes admitem suas limitações, os fracos as disfarçam. Sob a ótica desses parâmetros, constatamos que há muitos intelectuais que são fracos, e muitos seres humanos desprovidos de cultura acadêmica que são fortes.

A palavra "arrepender-se" usada por Jesus explorava uma importante função da inteligência. Ela não significava culpa, autopunição ou lamentação, mas fazer uma revisão de vida, corrigir as rotas do pensamento e dos conceitos. Os que não têm coragem de rever suas vidas serão sempre vítimas, e não autores, da própria história.

Retomando o discurso de João Batista, o Mestre dos Mestres falava de um reino que estava além dos limites tempo-espaço, fora da esfera das relações sociais e políticas dos governos humanos. Era um reino de outra dimensão, com outra organização e estrutura. Ele seduzia seus ouvintes com um reino onde a justiça faria parte da rotina social, a paz habitaria o território da emoção, as angústias e aflições humanas deixariam de existir. Não era este um grande sonho?

Os judeus conheceram o reino de Herodes, o Grande, que governou Israel por décadas. Seu reino foi desumano e explorador. Após sua morte,

Israel foi dividido entre a Galileia e a Judeia. Nos tempos de Jesus, o imperador romano passou a designar governadores. Pilatos governava a Judeia, onde ficava Jerusalém, e Herodes Antipas, a Galileia.

Para agradar Roma e mostrar fidelidade, Pilatos e Herodes Antipas governavam com mão de ferro essas duas regiões. Os impostos eram pesados. O povo passava fome. Qualquer movimento social era considerado subversão ao regime, e massacrado. Crianças e adultos viviam atemorizados. Era esse reino injusto e violento o que os judeus conheciam. Um governo em que uma maioria sustentava as benesses de uma minoria.

Nesse clima apareceu o homem Jesus, sem exércitos nem pompa, desafiando o poderoso Império Romano ao proclamar um outro reino em que cada ser humano não seria mais um número na multidão, onde cada miserável teria status de príncipe. Nesse reino, ninguém jamais seria excluído, discriminado, ofendido, rejeitado, incompreendido.

Jesus não tinha a aparência, as vestes e os exércitos de um rei, mas era um vendedor de sonhos. Atrás dele seguia uma pequena comitiva formada por um grupo de jovens atônitos com suas palavras. Os jovens eram frágeis e desqualificados, mas começavam a empunhar a bandeira de mudança do sistema social. Eles conheciam pouco aquele a quem seguiam, mas estavam animados com sua coragem de enfrentar o mundo.

Era uma época de terror. O momento político recomendava discrição e silêncio. Mas nada calaria a voz do mais fascinante vendedor de sonhos de todos os tempos. Ele morreria por seus sonhos, jamais desistiria deles. Foi um Mestre Inesquecível.

B – O sonho da liberdade: cárcere físico e emocional

Nada cala tão fundo na alma humana como a necessidade de liberdade. Sem liberdade, o ser humano se destrói, se deprime, torna-se infeliz e errante. Jesus vendia o sonho da liberdade nos seus aspectos mais amplos. Suas palavras são atualíssimas. Vivemos em sociedades democráticas, falamos tanto de liberdade, mas, frequentemente, não somos livres dentro de nós mesmos.

As prisões sempre foram um castigo que pune muito mais a emoção do que o corpo. Elas não corrigem o comportamento, não educam, não reeditam os arquivos doentios da memória que conduziram o indivíduo a praticar o crime. O sistema carcerário não transforma a personalidade de um criminoso, apenas impõe dor emocional. Os presidiários sonham em ser livres: livres para andar, sair, ver o sol, contemplar flores. Alguns cavam túneis durante anos para tentar escapar. O desejo de liberdade os consome diariamente.

A ditadura política é outra forma de controle da liberdade. Um ditador controla um povo utilizando as armas e o sistema policial como ferramentas que oprimem e dominam. As pessoas não são livres para expressar suas ideias. Além da ditadura do Estado, existe a ditadura emocional e a intelectual. Há muitos ditadores inseridos nas famílias e nas empresas.

O mundo tem que girar em torno desses ditadores. Suas verdades são absolutas. Não permitem que as pessoas expressem suas ideias nem admitem ser contrariados. Impõem medo aos filhos e à esposa. Ameaçam despedir seus funcionários. Gostam de proclamar: "Eu faço! Vocês dependem de mim! Eu pago as contas! Eu mando aqui! Quem não estiver contente que vá embora!"

Esses ditadores parecem livres, mas, de fato, são prisioneiros. Controlam os outros porque são escravos dentro de si mesmos, controlados por seu orgulho, arrogância, agressividade. Escondem sua fragilidade atrás de dinheiro ou de poder. Toda pessoa autoritária, no fundo, é frágil. Os fracos usam a força, os fortes usam o diálogo. Os fracos dominam os outros, os fortes promovem a liberdade. Existem diversas formas de restrição à liberdade. A exploração emocional é uma delas. Uma minoria de ídolos fabricados pela mídia explora a emoção de uma grande maioria. A massificação da mídia faz com que muitos gravitem em torno de alguns atores, esportistas, cantores, como se fossem supra-humanos.

A fama é a maior estupidez intelectual das sociedades modernas. Embora seja extremamente valorizada, a fama gera infelicidade. Apenas seus primeiros degraus provocam prazer. O sucesso é legítimo. Devemos lutar para alcançar sucesso na profissão, nos relacionamentos, na realização de nossas metas. Mas o sucesso buscado em vista da fama pode se tornar uma grande armadilha emocional, pois, frequentemente, gera angústia, solidão, perda da simplicidade e da privacidade.

Na realidade, não existem semideuses. Não há pessoas especiais que não sejam comuns nem comuns que não sejam especiais. Todos temos problemas, incertezas, ansiedades e dificuldades. A exploração da fama produzida pela mídia tem destruído os sonhos mais belos dos jovens.

Eles deixam de admirar as atividades dos seus pais. Não encontram gosto nos prazeres simples. Não apreciam o esforço cotidiano que fará deles heróis anônimos, realizados em suas profissões. Muitos adolescentes desejam ser personagens famosos que do dia para a noite conquistam as páginas dos jornais. Querem o troféu sem treinamento. Desejam o sucesso sem alicerces. São candidatos à frustração nesta existência que é tão breve.

Jesus falava de uma liberdade poética. Não pressionava ninguém a segui-lo. Nunca tirava proveito das situações para controlar as pessoas. Muitos políticos, mesmo os medíocres, contratam profissionais de marketing para promovê-los e para exaltar seus feitos.

O Mestre dos Mestres, ao contrário, gostava de se ocultar. Era tão delicado, que não explorava a emoção das pessoas que ajudava e curava. Sua ética não tem precedente na história. Encorajava-as a continuar o seu caminho. Se quisessem segui-lo, tinha de ser por amor.

O resultado de seu comportamento foi que na terra do medo as pessoas aprenderam a amar. Amaram aquele que vendia o sonho do amor gratuito e incondicional. Compraram o sonho de um reino distante sobre o qual ele havia falado, mas já haviam conquistado o maior de todos os sonhos – o do amor.

O Império Romano as dominava. A vida era crua e árida, mas elas estavam livres dentro de si mesmas. O amor as libertara. Nada é mais livre do que o amor. Ele transforma pobres súditos em grandes reis, e sua ausência torna grandes reis miseráveis súditos. Quem não ama vive no cárcere da emoção.

C – O sonho da eternidade

Onde estão Confúcio, Platão, Alexandre, o Grande, Cristóvão Colombo, Napoleão Bonaparte, Hitler, Stalin? Todos pareciam tão fortes! Cada um a seu modo: uns na força física, outros na loucura e outros ainda na sabedoria e na gentileza. Mas, por fim, todos sucumbiram ao caos da morte.

Viver é um evento inexplicável. Mesmo quando sofremos e perdemos a esperança, somos complexos e indecifráveis. Não apenas a alegria e a sabedoria, mas também a dor e a loucura revelam a complexidade da alma humana. Como as emoções e as ideias são tecidas nos bastidores da alma humana? Quais são os fenômenos que as produzem e as diluem?

Quanto mais pesquiso esses fenômenos e avanço um pouco na sua compreensão, mais me sinto um ignorante. Por ter desenvolvido a teoria da Inteligência Multifocal, que estuda o funcionamento da mente e a construção dos pensamentos, recebi um título de membro de honra da academia de gênios de um respeitado instituto de um país europeu. Fiquei feliz, mas tenho convicção de não merecê-lo.

Por quê? Porque tenho consciência da minha pequenez diante da grandeza dos mistérios que cercam o infinito mundo da alma ou psique humana. Sabemos muito pouco sobre quem somos. Um verdadeiro cientista tem consciência não do quanto sabe, mas do quanto não sabe. O dia em que deixar de confessar a minha ignorância estou morto como pensador.

Existir, pensar, se emocionar é algo fascinante. Quem pode esquadrinhar os fenômenos que nos transformam num ser que pensa e tem consciência de que pensa? Quem pode decifrar os segredos que produzem o movimento da energia que gera as crises de ansiedade e a primavera dos prazeres?

A produção da menor ideia, mesmo no cerne da mente de um psicótico, é mais complexa do que os mistérios que fundamentam os buracos negros do universo que sugam planetas inteiros. Um professor de Harvard possui os mesmos fenômenos que leem a memória e constroem cadeias de pensamentos de uma criança castigada pela fome.

Ambos possuem um mundo a ser explorado e merecem ser tratados com o mesmo respeito. Infelizmente, o sistema social entorpece nossa mente e dificulta nossa percepção para o espetáculo da vida que pulsa em cada um de nós. Não somos americanos, árabes, judeus, chineses, brasileiros, franceses ou russos. No cerne da nossa inteligência jamais fomos divididos. Somos a espécie humana.

Perdemos o sentido de espécie. Nós nos dividimos pela cultura, religião, nação, cor da pele. Dividimos o que é indivisível. Segmentamos a vida. Se conhecêssemos minimamente as entranhas dos fenômenos que tecem o mundo das ideias e a transformação da energia emocional, nos conscientizaríamos de que somos mais iguais do que imaginamos. A diferença entre os intelectuais e as crianças com necessidades especiais, entre os psiquiatras e os pacientes psicóticos, entre os reis e os súditos está na ponta do iceberg da inteligência. A imensa base é exatamente a mesma.

Apesar de criticar em todos os meus livros as mazelas emocionais, as misérias sociais e a crise na formação de pensadores no mundo moderno, quando estudo os bastidores da mente humana fico boquiaberto. Sinto que a existência de um ser humano é um privilégio fascinante.

Às vezes, quando viajo com minhas filhas à noite e vejo ao longe uma casa com a luz acesa, pergunto a elas: "Quem serão as pessoas que moram naquela casa? Quais são seus sonhos e suas alegrias mais importantes? Quais são seus sofrimentos?" O meu desejo, ao fazer essas perguntas, é humanizar minhas filhas, educar a emoção delas, levá-las a perceber que há um mundo complexo e rico dentro de cada ser humano, não importa quem ele seja. Estou, também, treinando-as a não julgar precipitadamente as pessoas, mas a enxergar além da cortina dos seus comportamentos.

Sinto que, se os pais e os professores conseguissem educar a emoção das crianças desse modo, mais de 90% da violência da sociedade diminuiria no prazo de duas ou três décadas. A vida seria respeitada.

O Mestre dos Mestres amava e respeitava a vida incondicionalmente. Nunca pedia conta dos erros de uma pessoa. Não queria saber com quantos homens a prostituta havia dormido. Suas atitudes eram tão incomuns que ele corria risco de morrer por elas. Conseguia criar vínculos com as pessoas discriminadas, apreciá-las e perdoá-las, porque penetrava dentro delas e as compreendia. Se você não for capaz de compreender as pessoas, será impossível amá-las.

Os leprosos viviam a dor da rejeição e da solidão. Jesus tinha um cuidado especial com eles e lhes oferecia o que tinha de melhor: a sua amizade. Para ele, cada ser humano era um ser único, insubstituível, e não um objeto descartável. Só isso explica o fato de ele dar um imenso valor às pessoas à margem da sociedade. Não concordava com seus erros, mas as amava independentemente das suas falhas.

O sonho da transcendência da morte

Jesus amava tanto a vida que discorria sobre um sonho que até hoje abala os alicerces da medicina: o da transcendência da morte, o sonho da eternidade. Como já comentei nos outros livros, a morte é o atestado de falência da medicina, cujo desejo é prolongar a vida e aliviar a dor. É a mesma aspiração das religiões. Toda religião discorre sobre o alívio da dor, o prolongamento da vida, a superação da morte. Sem dúvida, é um grande sonho. Mas um dia vivenciaremos sozinhos, destituídos de dinheiro e poder, o fenômeno que mais depõe contra a vida: o caos da morte.

As pessoas que afirmam não ter medo da morte ou possuem uma fé profunda ou falam sobre o que não refletiram. Quando realmente estiverem diante do fim da vida, ocorrerá uma explosão de ansiedade e elas se comportarão como crianças amedrontadas diante do desconhecido.

A morte está diariamente em destaque em toda a mídia. No cinema, nos jornais e revistas, a morte é destacada como notícia, seja em acidentes, guerras ou doenças. Na pintura, na literatura e na música, ela recebe também um relevante destaque.

Porém, apesar de a morte estar na pauta principal de nossas ideias, frequentemente nós nos recusamos a pensar profundamente sobre ela como fenômeno. Quais as consequências da morte para a capacidade de pensar? O que acontece com a grande enciclopédia da memória com a decomposição do cérebro? É possível resgatar nossa história?

Do ponto de vista científico, nada é tão drástico para a memória e para o mundo das ideias quanto a morte. A memória se desorganiza, bilhões de informações se perdem, os pensamentos deixam de ser produzidos, a consciência mergulha no vácuo da inconsciência.

O caos do cérebro destrói o direito mais fundamental do ser humano: o direito de ter uma identidade, de ter consciência de si mesmo, de possuir uma história.

Sabendo das consequências da morte, Jesus vendeu o sonho da eternidade. Para os seus seguidores – que viram muitos pais chorando diante do leito de suas crianças, filhos clamando para que seus pais revivessem e pessoas inconsoláveis pela perda dos amigos –, a morte era uma fonte de dor.

Ao ouvir de muitas formas e em muitos lugares o Mestre da Vida afirmar eloquentemente que ele estava na terra para que a humanidade conquistasse a imortalidade, seus discípulos sentiram um grande júbilo. Um júbilo que continuou a ecoar pelos séculos.

A alma anseia pela eternidade

Quem não almeja a eternidade? Todos. Mesmo aqueles que pensam em suicídio têm sede e fome de viver. Querem apenas exterminar a dor que estrangula sua emoção, e não a vida que pulsa dentro de si. Fazemos seguros de vida, colocamos fechadura nas portas, tomamos medicamentos, desenvolvemos uma complexa medicina e todo tipo de ciência porque temos sede de viver.

Na pequena e belíssima cidade de Valdemossa, na ilha de Maiorca, existe um convento dos monges cartuxos. Os cartuxos vivem na clausura, sem qualquer contato com a sociedade, em completo silêncio. Podem conversar apenas uma hora por semana para tratar de assuntos da administração do mosteiro.

O que move esses homens? Por que deixaram tudo para trás e foram viver dessa forma? Uma frase resume a sua filosofia de vida e o motivo pelo qual seguem Jesus Cristo: "Nós nos calamos porque o anseio da nossa alma pela imortalidade não pode ser expresso por palavras..." Esta frase resume não apenas a filosofia dos cartuxos, mas um anseio inconsciente e incontrolável. Nossa alma clama pela eternidade.

Antigamente, muitos psiquiatras, inclusive eu, achavam que ter uma religião era um sinal de fragilidade intelectual. Hoje, sabemos que pode ser sinal de grandeza intelectual, emocional e espiritual. Nossa ciência ainda está na idade da pedra para dar respostas às questões mais importantes da vida. Continuamos não sabendo quem somos e para onde vamos. Para nosso espanto, porém, Jesus respondia a essas questões com uma segurança impressionante.

Segundo as biografias de Jesus, esse sonho se tornou realidade após a sua crucificação. Os quatro evangelhos relatam que Jesus venceu o que é impossível para a ciência: o caos da morte. Ele conseguiu resgatar sua vida e sua identidade, conseguiu preservar o tecido da sua memória, superar aquilo que para a medicina é uma miragem. A crença nesse fato entra na esfera da fé e, portanto, extrapola os objetivos desta coleção.

Enquanto andavam pela Judeia e Galileia, a eternidade era apenas um sonho para seus seguidores. Mas era um sonho belíssimo, um bálsamo para a vida tão fugaz e mortal. Com esse sonho, ele cativou os jovens discípulos, dando um outro significado às suas vidas e produzindo a mais bela esperança. As dores e perdas passaram a ser vistas de outro modo. Os acidentes e as catástrofes começaram a ser suportados e superados. As lágrimas dos que ficaram se tornaram gotas de orvalho anunciando o mais belo amanhecer. Os discípulos passaram a crer que, um dia, o sol voltaria a brilhar depois da mais longa tempestade.

À medida que o Mestre dos Mestres vendia o sonho da eternidade, o número de seus discípulos aumentava. Nunca tinham ouvido alguém dizer tais palavras. Eram jovens e inexperientes e conheciam pouco aquele que estavam seguindo e o que os aguardava, mas foram contagiados pelo mais eloquente vendedor de sonhos. Se você estivesse nas praias da Galileia ou nas cidades por onde Jesus passava, você também seria contagiado?

D – O sonho da felicidade inesgotável

Existe equilíbrio no campo da energia psíquica, como alguns psiquiatras e psicólogos creem? Não. É impossível exigir estabilidade plena da energia psíquica, pois ela organiza-se, desorganiza-se (caos) e reorganiza-se continuamente. Não existem pessoas que são sempre calmas, alegres e serenas, nem pessoas ansiosas, irritadas e incoerentes em todos os momentos.

Ninguém é emocionalmente estático, a não ser que esteja morto. Devemos nos comportar dentro de determinado padrão para não sermos instáveis, mas esse padrão sempre refletirá uma emoção flutuante. A pessoa mais tranquila tem seus momentos de ansiedade, e a mais alegre, seus períodos de angústia.

Não deseje ser estável como os robôs. Não se perturbe se você é uma pessoa oscilante, pois não é possível nem desejável ser rigidamente estável. O que você deve evitar são as grandes e bruscas oscilações, como as produzidas pela impulsividade, mudança súbita de humor, medo. Quem é explosivo torna-se insuportável, quem é excessivamente previsível torna-se um chato.

O campo de energia psíquica vive num estado contínuo de desequilíbrio e transformação. O momento mais feliz de sua vida desapareceu, e o mais triste se dissipou. Por quê? Porque a energia psíquica do prazer ou da dor passa inevitavelmente pelo caos e se reorganiza em novas emoções. Somos um caldeirão de ideias e uma usina de emoções. Simplesmente não é possível interromper a produção dos pensamentos nem a dos sentimentos.

Os problemas nunca vão desaparecer durante nossa existência. Problemas existem para ser resolvidos e não para perturbar-nos. Quando a ansiedade ou a angústia invadir sua alma, não se desespere, extraia lições de sua aflição. É a melhor maneira de ter dignidade na dor. Caso contrário, sofrer é inútil. E, infelizmente, a maioria das pessoas sofre inutilmente. Elas expandem sua miséria sem enriquecer a sua sabedoria.

Uma pesquisa que realizei sobre a qualidade de vida da população da cidade de São Paulo mostrou números chocantes: 37,8% dos habitantes estão ansiosos (são mais de cinco milhões de pessoas); 37,4% apresentam déficit de memória ou esquecimento; 30,5% sentem fadiga excessiva; 29,9% sentem dores musculares, e 29,1%, dor de cabeça.

Por incrível que pareça, 82% dos habitantes da principal capital da América Latina estão apresentando dois ou mais sintomas. Se realizarmos a mesma pesquisa em qualquer média ou grande cidade, como Nova York, Londres, Paris, Tóquio, encontraremos números semelhantes. A flutuação emocional e a construção de pensamentos atingiram patamares doentios.

Há mais de três milhões de pessoas, incluindo jovens e adultos, com transtorno do sono em São Paulo. Elas vivem uma guerra na própria cama. Qual guerra? A guerra de pensamentos. Levam os seus problemas e todo o lixo social que acumularam durante o dia para o que deveriam preservar: o sono. Por não aquietarem suas mentes, roubam energia excessiva do cérebro. Qual é a consequência? Acordam cansadas, apesar de não terem feito exercícios físicos. Mesmo quando dormem, o sono não é reparador, pois ele não consegue repor a energia gasta pela hiperprodução de pensamentos. Pensar é bom, pensar demais é um dos principais problemas que destroem a qualidade de vida dos seres modernos. Das 10 principais causas que têm feito adoecer o ser humano, seis são sociais: o medo do futuro, a insegurança, a crise financeira, o medo de ser assaltado, a solidão, o desemprego.

As sociedades modernas se tornaram uma fábrica de estímulos agressivos. As pessoas não têm defesa emocional; pequenos problemas causam grande impacto. Ficam anos na escola aprendendo a conhecer o mundo exterior, mas não sabem quase nada sobre a produção dos pensamentos, a forma de gerenciá-los e de administrar suas frustrações e angústias. Desconhecem que os pensamentos negativos e as emoções tensas são registrados automaticamente na memória e não podem mais ser deletados, apenas reeditados. A educação moderna, apesar de ter ilustres professores, está falida, pois não prepara os alunos para a escola da vida.

Temos sido vítimas da depressão, da ansiedade e das doenças psicossomáticas. Esperávamos que o ser humano do século XXI fosse feliz, tranquilo, solidário, saudável. Multiplicamos os conhecimentos e construímos carros, geladeiras, telefones e inúmeros equipamentos para facilitar nossa vida, para nos dar conforto e alegria. No entanto, nunca o ser humano se sentiu tão desconfortável e estressado. Essas mazelas emocionais, intensificadas nos dias atuais, sempre estiveram presentes em toda a história da humanidade, manchando-a com guerras, discriminações, injustiças, agressões.

Ser feliz é o requisito básico para a saúde física e intelectual. Mas, do ponto de vista da psicologia, ser feliz não é ter uma vida perfeita, e sim saber extrair sabedoria dos erros, alegria das dores, força das decepções, coragem dos fracassos.

O maior de todos os sonhos

Os comentários acima servem de pano de fundo para falar sobre o vendedor de sonhos. Logo após o encontro com João Batista, Jesus retornou à Galileia e começou a discorrer, de sinagoga em sinagoga, sobre sua missão. As pessoas deliravam com sua eloquência. Sua fama se alastrava como fagulha na palha seca. Então, ele foi até Nazaré e discursou na sinagoga sobre alguns dos seus mais belos sonhos. Seu projeto era espetacular.

Na plateia estavam pessoas que o viram crescer. Elas certamente não dariam muito crédito às suas palavras, não valorizariam o plano transcendental do carpinteiro. Não era o melhor lugar para dizer as coisas fundamentais que ocupavam seus pensamentos. Mas Jesus sempre ia contra a lógica. Não tinha medo de ser rejeitado, a crítica não o perturbava.

Na plateia também estavam seus jovens discípulos e um grupo de fariseus desconfiados de tudo o que ele dizia. Com grande convicção, o mestre elevou a voz e pronunciou palavras que provocaram encanto e surpresa. Disse que estava nesta terra para proclamar a libertação aos cativos, restaurar a vista dos cegos e colocar em liberdade os oprimidos (*Lucas 4:18*). Sua real profissão não era ser um carpinteiro, mas um escultor da alma humana, um libertador do cárcere do medo, da ansiedade, do egoísmo. Jesus queria libertar os cativos e os oprimidos. Também queria curar os cegos, não apenas os cegos cujos olhos não veem, mas aqueles cujos corações não enxergam. Os cegos que têm medo de confrontar-se com as próprias limitações, que não conseguem questionar o real sentido de vida. Os cegos que são especialistas em julgar e condenar, mas que são incapazes de olhar para as suas próprias fragilidades.

A plateia ficou chocada. Quem era esse homem que se colocava como carpinteiro da emoção? Não parecia o mesmo menino que tinha crescido nas ruas de Nazaré. Não parecia o adolescente que seguia os passos do pai nem o homem que suava ao carregar toras pesadas de madeira. Não entenderam que o menino que brincava nas cercanias de Nazaré não apenas era inteligente, mas tinha crescido em sabedoria e se tornara, pouco a pouco, um analista da alma. Não faziam ideia de que o homem que se formara naquela pequena cidade tinha mapeado a personalidade humana como nenhum pesquisador da psicologia e se tornara o Mestre dos Mestres.

Jesus não apenas conheceu nossos erros e defeitos exteriores, mas também analisou o funcionamento da nossa mente e compreendeu como as nossas mazelas psíquicas são produzidas no mais íntimo do nosso ser. Só isso explica por que ele foi tão tolerante com nossas falhas, por que deu a outra face aos seus inimigos, por que nunca deixou de dar chances ao inseguro, por que nunca desistiu de perdoar.

Quando Jesus terminou o seu discurso na sinagoga de Nazaré, todos ali, instigados pelos fariseus, se enfureceram. Arrastaram-no para fora, querendo matá-lo. Mostraram que eram escravos dos seus preconceitos. Não podiam aceitar que um carpinteiro tivesse tão grande missão. Mostraram que eram cativos e cegos. Eram livres por fora e oprimidos por dentro. Os discípulos ficaram assustadíssimos. Começaram a entender a dimensão do problema em que tinham se envolvido. Jesus vendia o maior de todos os sonhos, o sonho de uma alma arejada, saudável, livre, feliz. Ele queria ajudar o ser humano a romper os grilhões dos conflitos que controlavam e sufocavam a psique. Mas quem estaria disposto a ser ajudado?

Jesus discorreu sobre as causas da ansiedade com grande lucidez. Suas ideias ainda perturbam a psiquiatria e a psicologia modernas. Afirmou que precisamos gerenciar os pensamentos, e não gravitar em torno dos problemas do amanhã. Ele contemplava as flores e dizia que devemos procurar a grandeza das coisas simples.

Certa vez, ele foi mais longe no seu discurso. Na festa que antecedeu sua prisão, desprezando o medo e a tensão do ambiente, convidou as pessoas a beberem de sua felicidade. Nunca alguém foi tão feliz na terra de infelizes. A morte o rondava, e ele homenageava a vida. O medo o cercava, mas ele estava mergulhado num mar de tranquilidade. Que homem é esse, apaixonado pela vida mesmo quando o mundo está desabando sobre ele?

O seu discurso foi relevante e complexo. Ele disse que os que cressem nele teriam acesso a um rio de águas vivas que fluiria do seu próprio interior. Ao usar a imagem do rio, ele quis transmitir que a energia psíquica não é estável, mas flutuante.

Queria mostrar que o sonho da felicidade passa por um constante estado de renovação emocional no qual não há tédio, angústia, rotina. Nesse estado, o prazer é inesgotável, mas não estável ou estático. Mostrava que era possível plantar flores nos desertos, destilar orvalho na terra seca, extrair alegria das frustrações. Não bastava ser eterno, ele queria que cada ser humano encontrasse uma felicidade permanente e serena dentro de si.

O vendedor de sonhos deixava perplexos seus ouvintes, tanto os seguidores quanto os perseguidores. Na ocasião dessa festa, a escolta de soldados que estava incumbida de prendê-lo ficou paralisada. Era muito fácil aprisioná-lo, ele não tinha qualquer proteção. Mas quem consegue aprisionar um homem que abala os pensamentos? Quem consegue amordaçar um vendedor de sonhos que liberta a emoção? Os soldados voltaram de mãos vazias.

Os líderes de Israel que os enviaram ficaram indignados. Inquiridos, os soldados responderam: "Nunca alguém falou como este homem." Impactados com o que ouviram, eles desejaram ansiosamente beber da felicidade sobre a qual Jesus falava.

Não foram seus milagres que mudaram a história da humanidade. Foram seus sonhos. Jesus Cristo tem feito bilhões de pessoas sonharem ao longo dos séculos. Ele foi o maior vendedor de sonhos da história. Seus sonhos alimentaram a esperança dos portadores de câncer, dos que perderam seus amados, dos que sofreram injustiças, dos que tombaram no caminho, trazendo-lhes paz em meio às tormentas e refrigério no árido solo da existência.

Sob o toque dos seus sonhos, mesmo aqueles que não passaram por turbulências encontram algo tão procurado e tão difícil de ser encontrado: o sentido da vida.

CAPÍTULO 5

O coração dos discípulos: os solos da alma humana

Os inimigos e os amigos o desconheciam

Envolvidos pelos sonhos de Jesus, os jovens discípulos tiveram a coragem de virar a página da sua história e segui-lo. Deixaram para trás o futuro que haviam traçado. Se tivessem ouvido João Batista anunciá-lo, achariam que ele era alguém capaz de arregimentar o maior de todos os exércitos e valer-se de sua força para que o mundo se dobrasse aos seus pés. Mas ficavam impressionados com aquelas palavras que penetravam no âmago de seu ser. Tudo o que Jesus fazia quebrava os paradigmas e os conceitos estabelecidos. Ele revelava um poder descomunal, mas preferia dar ênfase à sensibilidade. Discursava sobre a eternidade, parecia tão superior a todos, mas tinha a humildade de se curvar aos pés de pessoas simples. Ele preferia a inteligência à força, a sabedoria ao poder. Quem era ele?

Jesus era econômico nas palavras. Nós exageramos no discurso, falamos em excesso, mas ele era ponderado. Sabia como era difícil para os discípulos compreender seu projeto, suas ideias, seus sonhos. Por isso, nutria-lhes lentamente a alma e o espírito, como uma mãe que acalenta seus filhos. Tinha uma grande ambição: transformar os seus incultos discípulos e torná-los tochas vivas que pudessem incendiar o mundo com seus projetos e sonhos.

Ele não falava claramente sobre sua personalidade e objetivos. Seus inimigos ficavam atordoados com seus gestos; seus amigos, fascinados com suas palavras. Inimigos e amigos tinham suas mentes inundadas de dúvidas.

Os inimigos não sabiam a quem perseguiam, e os amigos não sabiam a quem seguiam. Só sabiam que era impossível ficar indiferente a ele.

A parábola do semeador: o mais excelente educador

Jesus era um brilhante contador de histórias. Com suas parábolas, o Mestre dos Mestres conseguia resumir assuntos que poderiam ser discutidos em vários livros. Assim ele educava os discípulos.

Certa vez, ele contou uma história belíssima que sintetizava a sua grande missão: a parábola do semeador (*Mateus 13:3*). De forma simbólica, classificou o coração humano como vários tipos de solos. Não falou de erros, acertos, sucessos ou fracassos para nos classificar. Classificou o coração emocional e intelectual do ser humano por sua receptividade, desprendimento e disposição para aprender.

Ao contrário da educação atual, Jesus não usava as palavras para transmitir informações lógicas nem via a memória como um depósito dessas informações. A memória era um solo que deveria receber sementes que, uma vez germinadas, se desenvolviam e iriam frutificar.

Frutificar onde? No território da emoção e no anfiteatro dos pensamentos. Quais seriam os frutos? Amor, paz, segurança, sensibilidade, solidariedade, perdão, mansidão, capacidade de doação, habilidade para pensar antes de reagir. Ele conquistava o espírito das pessoas, o cerne do ser humano, gerando inspiração, desejo ardente de mudança, criatividade e arte de pensar. Atingia algo que a educação clássica almeja, mas não atinge. Ele queria produzir pensadores, e não meros repetidores.

Seu desejo não era corrigir comportamentos nem produzir pessoas que reagissem como robôs bem-comportados. Jesus plantava sementes nos solos conscientes e inconscientes da memória de seus seguidores, objetivando que elas transformassem suas personalidades ao longo da vida. Sua tarefa era gigantesca, pois seus discípulos tinham uma estrutura emocional e intelectual distorcida e sem alicerces profundos.

Sua visão sobre educação e sua prática de transformação da personalidade foram manifestadas há 20 séculos, mas são atualíssimas, capazes de chocar a educação moderna.

Os solos da alma humana: o coração dos discípulos

Durante 30 anos, Jesus pesquisou atenta e silenciosamente o processo de formação da personalidade. Era um especialista em detectar nossas dificuldades. Sabia que ferimos as pessoas que mais amamos, que perdemos facilmente a paciência, que somos governados por nossas preocupações. Em vez de nos acusar, ele nos estimula a pensar.

O Mestre dos Mestres era um plantador de sementes. Sabia que a personalidade não muda num passe de mágica. Era um educador de princípios, um pensador perspicaz, arguto e detalhista. Por que ele se posicionou como um semeador e comparou o coração psicológico a um solo? Porque não queria dar meros ensinamentos, regras de comportamentos e normas de conduta.

No Velho Testamento, as leis tentaram corrigir o ser humano, disciplinálo, fazê-lo ter uma convivência social saudável, mas falharam. Apesar das leis serem normas de conduta excelentes, a agressividade, o egoísmo e as injustiças nunca foram extirpados, ao contrário, afloraram com mais força.

A lei e as regras de conduta tentam mudar o ser humano de fora para dentro. As sementes que o Mestre da Vida queria plantar procuravam mudá-lo de dentro para fora. Não há figura mais bela para um educador do que a de ser também um semeador. Um educador que semeia é um revolucionário. Ele perde o controle sobre o que planta. As sementes terão vida própria e poderão transformar para sempre o sistema emocional e social.

Era isso que Jesus almejava. Ninguém sonhou tanto em mudar o mundo como ele. Mas nunca se valeu de qualquer tipo de violência e pressão para isso. Ele sabia que a mudança só seria real se houvesse uma mudança da alma e do espírito humanos.

Os quatro tipos de solos que ele descreveu em sua parábola representam quatro tipos de personalidades distintas ou quatro estágios de uma mesma personalidade. No caso dos jovens discípulos, eles representavam principalmente quatro estágios do desenvolvimento de suas personalidades na caminhada com o Mestre dos Mestres.

O primeiro tipo: o solo que representa um caminho

Ele descreveu o primeiro tipo de solo como uma terra à beira do caminho (*Mateus 13:4*). *"E as aves vieram e as comeram."* Não tiveram condições mínimas para germinar.

Que tipo de pessoas essa terra representa? Representa as pessoas que têm seu próprio caminho, as que não estão abertas para algo novo, não estão dispostas a aprender. Elas se fecham dentro do seu mundo. Estão contaminadas pelo orgulho, não conseguem abrir o leque das possibilidades dos pensamentos. Suas verdades são eternas e absolutas. O coração psicológico delas é compactado como a terra de uma estrada. São rígidas e fechadas. Quando põem uma coisa na cabeça ninguém consegue removê-la.

Quantas pessoas conhecemos com essas características? Quantas vezes nós mesmos não reagimos assim? Somos turrões, teimosos, não permitimos que nos questionem. O mundo tem de girar em torno do que pensamos. Essa era a personalidade dos jovens.

As dores, as perdas e as decepções – as nossas e as dos que nos cercam – deveriam funcionar como arados para sulcar o coração emocional. Mas às vezes somos tão rígidos que não permitimos que elas penetrem nos compartimentos mais profundos do nosso ser. Continuamos os mesmos, não aprendemos com os erros. Uma pessoa inteligente e sábia aprende com os próprios erros e com os dos outros.

As pessoas que reagem assim repetem os mesmos comportamentos, reincidem no erro. Nada as tira do seu caminho. Ninguém consegue levá-las a rever seus paradigmas. Ninguém consegue semear em seus corações.

Há muitos intelectuais, filósofos, psicólogos e médicos que são fechados e preconceituosos. Não podem ser contrariados, têm medo de se abrir para outras possibilidades. São infelizes. E, o que é pior, tornam infelizes as pessoas que mais amam.

A sabedoria requer que estejamos sempre abertos às novas lições. A humildade é a força dos sábios, e a arrogância, a dos fracos. Nem Jesus, com suas mais belas sementes de sabedoria e amor, conseguia fazer germinar sementes caídas à beira do caminho. Ele só trabalhava na alma dos que acolhiam suas palavras, pois respeitava profundamente o livre-arbítrio das pessoas. Era necessário que elas se abrissem e reconhecessem seu próprio orgulho, sua rigidez ou sua arrogância, para que ele pudesse ajudá-las. Os jovens discípulos, embora inflexíveis, abriram-se para ele.

Ao ouvir as palavras do mestre e contemplar, fascinados, os seus gestos, o solo do coração dos discípulos foi sulcado e preparado para receber as suas sementes. Eles tinham inumeráveis defeitos, mas eram pessoas simples. Seu orgulho não tinha raízes profundas, e por isso Jesus os escolheu.

Agora entendemos um pouco mais por que eles foram escolhidos. Apesar de serem complicados e agressivos, aqueles homens eram mais fáceis de serem trabalhados do que os fariseus. Estes, embora fossem intelectualmente muito superiores aos jovens galileus, estavam profundamente contaminados pelo vírus do orgulho que destrói qualquer tipo de personalidade.

Os jovens discípulos começaram sua jornada com Jesus como um solo à beira do caminho. Todos passaram por esse estágio, porque eram impulsivos, ansiosos e agressivos. Do meu ponto de vista, a única exceção foi Judas. Ele era mais culto e sensato, menos impermeável. Quando Jesus o encontrou, ele já se encontrava num estágio adiante. Era de se esperar que brilhasse mais do que os outros, mas teve um trágico fim.

Em *O Mestre da Sensibilidade* comentei que o maior favor que podemos fazer a uma semente é enterrá-la. Uma vez sepultada, ela morrerá, mas se multiplicará. As sementes que não penetram na terra são comidas pelas aves, perdem a sua função. Infelizmente, a maioria das sementes que recebemos não germina.

Como está o terreno da sua psique? Você aceita a ajuda das pessoas que o rodeiam? Seus amigos, filhos, colegas de trabalho conseguem falar ao seu coração? Você faz de seus erros e sofrimentos ferramentas para sulcar a sua terra e torná-la apta para que as mais nobres sementes possam crescer?

O segundo tipo: o solo rochoso

O solo rochoso é o segundo tipo de coração que Jesus simbolizava nessa parábola. Era um solo melhor do que o que estava à beira do caminho. As sementes nele lançadas encontraram condições mínimas para germinar. Elas logo nasceram, porque a terra era pouco profunda. Porém, logo veio o calor do sol e as queimou, pois suas raízes eram superficiais.

Quem é representado por esse tipo de solo? Como o próprio Jesus disse, ele representa todos os que receberam rápida e alegremente a sua palavra. *"Mas não tem raiz em si mesmo, é de momento. Quando surge uma tribulação ou perseguição por causa da Palavra, logo sucumbe"* (Mateus 13:20).

Os discípulos perceberam que o Mestre dos Mestres não eliminava todos os obstáculos que eles encontravam pelo caminho. Ficaram assustados e confusos. Entenderam que não estavam livres de decepções. Pensaram que segui-lo era viver sob um céu sereno, onde não haveria desencontros nem fracassos. Mas se enganaram.

Jesus nunca fez essas promessas. Prometeu, sim, força na fragilidade, refrigério nos fracassos, coragem nos momentos de desespero. Os discípulos viam o próprio Jesus passar por tantos problemas e correr o risco de morrer, e ficavam abalados. Será que é ele o Messias? Será que vale a pena segui-lo? Será que seus sonhos não são delírios? Estas perguntas os atormentavam. Desanimados, muitos desistiram de segui-lo.

Creio que todos os jovens seguidores de Jesus passaram por esse estágio. Eles não eram gigantes, como nenhum ser humano é. Todos temos nossos limites. Às vezes, uma pequena pedra, que para alguém é fácil de ser contornada, representa uma grande montanha para outro. Olhar de frente os problemas e enfrentá-los não é fácil, mas é necessário. O medo dos problemas intensifica a dor. Enfrentá-los é uma atitude inteligente.

Mas qual é a melhor maneira de enfrentar os problemas? Lançando raízes nos solos da nossa psique. As raízes de uma árvore são o segredo de seu sucesso, de sua capacidade de suportar o calor do sol, as tempestades e o frio. As raízes dão sustentação às plantas e as suprem com nutrientes e água.

O segredo do sucesso de um estudante, de um executivo, de um profissional, de um desportista também está nas suas raízes. Muitos observam os resultados e ficam fascinados, mas não percebem quanta coragem, humildade, simplicidade, determinação, desejo ardente de aprender estão enraizados nos solos de sua emoção e de seus pensamentos.

Se você não se preocupa em cultivar raízes internas, não espere encontrar águas profundas nos dias de aridez. As plantas que suportam a angústia do sol e os períodos de seca não são as mais belas, mas as que têm raízes mais extensas e conseguem atingir águas profundas.

Um dia, as dificuldades e os problemas aparecerão, mesmo para alguém que sempre teve uma rotina tranquila. Os amigos vão embora, a pessoa que mais amamos nos abandona, os filhos não nos compreendem, o trabalho vira um tédio, o dinheiro fica escasso, os sintomas aparecem.

O que fazer? Entrar em desespero? Não! Aproveitar as oportunidades para aprofundar as raízes. Jesus demonstrou que, para isso, é necessário remover as pedras, o cascalho do nosso ser. Como? Mergulhando dentro de nós mesmos para nos conhecermos melhor. Correndo riscos para conquistar aquilo que realmente tem valor. Aceitando com coragem as perdas irreparáveis. Reconhecendo falhas, pedindo desculpas, perdoando, tolerando, tirando a trave dos nossos olhos antes de querer remover o cisco do olho de alguém.

Os perdedores perturbam-se com o calor do sol, os vencedores usam suas lágrimas para irrigar o solo do seu ser. Não tenha medo das turbulências da vida, tenha medo de não possuir raízes.

Certa vez, Jesus fez um discurso para testar seus ouvintes. Chocou-os dizendo que eles deviam comer da sua carne e beber do seu sangue. Na realidade, ele queria dizer que suas palavras é que eram um verdadeiro alimento para nutrir os solos do espírito e da alma deles. As pessoas que ouviram a primeira parte do seu discurso ficaram perplexas. Como poderiam comê-lo? Escandalizados, vários discípulos fizeram um movimento para abandoná-lo.

Então, ele os fitou e desferiu uma pergunta inesperada. Deu-lhes liberdade para que o abandonassem. Um momento de silêncio reinou. Em seguida, Pedro tomou a dianteira e afirmou que ele e seus amigos não tinham para onde ir, pois Jesus tinha as palavras da vida eterna. Eles haviam acreditado no sonho de Jesus.

Os jovens galileus passaram por muitos testes. Esse foi mais um deles. A cada teste, lançavam raízes mais profundas. Os problemas e os sofrimentos eram ferramentas que os faziam garimpar ouro dentro de si mesmos.

O terceiro tipo: o solo com espinhos

O terceiro tipo de solo representa uma terra melhor do que as duas primeiras. O solo era adequado. Não era compactado, não havia pedras no seu interior. As sementes lançaram raízes profundas, conseguiram atingir águas submersas, suportaram o calor do sol e as intempéries. Elas começaram a crescer com vigor e entusiasmo.

Junto com as pequenas plantas geradas pelas belas sementes cresceram também, sutilmente, os espinhos. No início, os espinhos pareciam frágeis e inocentes. Havia espaço para que todas as plantas convivessem juntas. Mas, com o passar do tempo, as plantas e os espinhos cresceram, e o espaço começou a ficar pequeno. Iniciou-se uma competição.

Os espinhos começaram a competir com as plantas pelos nutrientes, oxigênio, água e luz do sol. Desenvolveram-se rapidamente e começaram a sufocar as plantas, controlando seu desejo de viver. Assim, apesar de terem raízes profundas, as plantas não frutificaram, não sobreviveram.

Que grupo de pessoas ou que estágio da personalidade esse tipo de solo representa? Representa as pessoas mais profundas e sensatas, que permitiram o crescimento das sementes do perdão, do amor, da sabedoria, da solidariedade e de todas as demais sementes do plano transcendental do Mestre dos Mestres.

Elas suportaram as incompreensões, as pressões, as dificuldades externas. Viram Jesus sofrer oposição e perseguição, mas não desanimaram. Ficaram amedrontadas quando ele, por diversas vezes, quase foi apedrejado, mas não o abandonaram. Nenhuma crítica, rejeição, doença, decepção ou frustração parecia roubar-lhes o desejo de segui-lo.

Dia a dia tornaram-se fortes para vencer os problemas do mundo. Os anos se passaram e elas pareciam imbatíveis. Entretanto, não estavam preparadas para superar os problemas do seu próprio mundo interno, que cresciam sutilmente no âmago do seu ser. Jesus disse, nessa parábola, que os espinhos representam as preocupações existenciais, os cuidados do mundo, as ambições, a fascinação pelas riquezas.

Quem não tem preocupações? Quem não antecipa situações do futuro e sofre pelo que viveu no passado? Quem não tem ambição? Quem não é seduzido pelas riquezas? Há inúmeros tipos de riquezas que fascinam o ser humano: possuir dinheiro, ser admirado, ser reconhecido, ser maior que os outros.

Os grandes problemas, como doenças ou o risco de morrer, não destruíam os discípulos. Teriam agora de passar no teste dos pequenos problemas que cresciam no solo da sua alma e competiam com as plantas oriundas das sementes lançadas pelo Mestre dos Mestres. A arrogância competia com o perdão; a intolerância, com a compreensão; a necessidade de poder, com o desprendimento; a raiva e o ódio, com o amor.

Um dos maiores culpados pela asfixia das plantas não é o fracasso, mas o sucesso. O sucesso profissional, intelectual, financeiro e até o espiritual, se não forem bem administrados, paralisam a inteligência, obstruem a criatividade, destroem a simplicidade.

O sucesso o tem paralisado ou libertado?

Muitos líderes espirituais dão uma atenção especial a cada um dos seus ouvintes, preocupam-se com a dor que eles sentem, enquanto o número deles é pequeno. Mas, ao conquistarem milhares de ouvintes, perdem a visão de cada um, pois estes se tornam apenas números. Jesus disse: *"Eu sou o bom pastor, aquele que dá a vida por suas ovelhas"* (João 10:11). A fama jamais o fez perder o contato íntimo com as pessoas. Ele conhecia cada ovelha pelo nome e se preocupava com suas necessidades individuais.

Muitos cientistas, no começo da carreira, são ousados, criativos e aventureiros. Mas, à medida que sobem na hierarquia acadêmica, sufocam sua capacidade de pensar e se tornam estéreis de ideias. Muitos executivos no auge da carreira reprimem sua coragem, perspicácia e sensibilidade. Têm medo de correr riscos, não exploram o desconhecido. Não são capazes de enxergar os pequenos problemas que irão causar grandes transtornos no futuro.

As sementes dos espinhos estavam presentes desde a mais tenra formação da personalidade dos discípulos, como estão em todos nós. Algumas preocupações são legítimas, como a educação dos filhos, ter segurança, uma boa aposentadoria, um bom plano de saúde. O problema ocorre quando essas preocupações nos controlam, roubam nossa tranquilidade e capacidade de decidir. Muitas pessoas são diariamente assaltadas por pensamentos perturbadores. São maravilhosas para os outros, mas tornam-se escravas dos seus pensamentos. Não sabem cuidar da sua qualidade de vida.

Eu moro dentro de uma mata. Um lugar belíssimo. Não é fácil plantar flores nesse lugar, pois as formigas as atacam com grande voracidade e os espinhos e outras plantas se multiplicam rapidamente, competindo com elas. É preciso cuidar diariamente, arrancar as ervas daninhas, afofar a terra, irrigar e suprir com nutrientes.

Do mesmo modo, precisamos cuidar do ecossistema da nossa psique. Estar atentos para diariamente remover o lixo que se acumula nos terrenos da nossa emoção e reciclar os pensamentos negativos e perturbadores que sutilmente são produzidos.

Judas foi assaltado pouco a pouco por pensamentos perturbadores, e não os superou. Nos primeiros anos, ele jamais pensara que trairia Cristo. Judas queria que ele se voltasse contra os fariseus, mas Jesus era paciente com seus inimigos. Judas queria que o mestre tomasse o trono político de Israel, mas ele queria o trono do coração humano. Judas admirava Jesus, mas não o entendia, não o amava. Trataremos desse assunto quando abordarmos o desenvolvimento da personalidade dos discípulos. Os espinhos, no secreto da alma de Judas, cresceram. Como ele não os tratou, eles sufocaram os belos ensinamentos do Mestre dos Mestres. Perdemos simplicidade à medida que a vida ganha complexidade. As pessoas do mundo moderno são mais infelizes do que as do passado. A ciência progrediu, a tecnologia deu saltos, as necessidades expandiram-se e, assim, a vida perdeu sua singeleza e poesia.

Pais e filhos são capazes de abordar técnicas complicadas, mas não sabem falar de si mesmos. Não sabem chorar e sonhar juntos. Amigos ficam anos sem se comunicar. Não temos tempo para as coisas importantes, pois estamos entulhados dentro de nós mesmos. Se não temos problemas exteriores, nós os criamos.

Jamais devemos nos esquecer de que o registro das experiências psíquicas é automático. Se não tratarmos as nossas angústias, nossas preocupações com doenças, o medo do futuro, as reações ansiosas, eles vão se depositando nos solos da memória, tornando-os ácidos e áridos. As flores não suportam essa acidez, mas os espinhos a adoram.

Quem não tem esse cuidado vai se entristecendo e adoecendo lentamente ao longo da vida, mesmo que tenha tido uma infância saudável. A vida se torna tão amarga que a pessoa não entende por que é infeliz, impaciente, tensa, ou por que possui doenças psicossomáticas. Não há problemas exteriores, nenhuma crise familiar, financeira ou social. Tem todos os motivos do mundo para viver sorrindo, mas está angustiada. Por quê? Porque não cuidou das ervas daninhas do seu interior. A parábola do semeador contada por Jesus tem um profundo efeito educativo e terapêutico. Devemos estar alertas.

Que tipo de solo você é? Você tem cuidado das principais plantas da sua vida? Você tem plantado flores nos solos de sua memória ou os tem entulhado de lixo e preocupações?

O último tipo de solo: a boa terra

Chegamos à boa terra, o solo que o Mestre da Vida queria para plantar e cultivar as mais importantes funções da personalidade. Jesus ansiava por mudar o ecossistema da humanidade, mas ele precisava do coração humano para realizar essa tarefa. O coração psicológico que representa a boa terra foi o que removeu as pedras, suportou as dificuldades da vida, lançou raízes profundas nos tempos de aridez, debelou os problemas íntimos e, assim, criou um clima favorável para frutificar com abundância.

Quem representa a boa terra? O próprio Jesus disse que são os que compreenderam a sua palavra, refletiram sobre ela e permitiram que ela habitasse no seu ser. Comportaram-se como sedentos ansiosos por água, como o ofegante ávido pelo ar, como crianças famintas de leite. Não eram movidos apenas pelo entusiasmo das boas-novas, mas pela disposição obstinada de aprender.

É preciso ressaltar que esse grupo privilegiado não era constituído das pessoas mais inteligentes, cultas, puras e éticas. Muitos membros desse grupo eram complicados, tinham enormes defeitos, fracassaram inúmeras vezes, mas superaram seus conflitos, deram valor ao que realmente importava, abriram seu coração ao vendedor de sonhos e aplicaram a sua palavra dentro de si mesmos.

Alguns foram longe nos seus erros. Caíram no ridículo e se envergonharam consigo mesmos, como Pedro. Entretanto, tiveram coragem de perceber suas limitações e de se esvaziar para extrair as mais profundas lições das mais incompreensíveis falhas. Não tiveram medo de chorar e começar tudo de novo.

Os jovens galileus entenderam, ao longo dos meses, que não bastava admirar Jesus. Não bastava aplaudi-lo e considerá-lo filho do Deus Altíssimo. Entenderam que segui-lo e amá-lo exigia um preço. O maior de todos os preços consistia em reconhecer as próprias misérias. Era enfrentar o egoísmo, o individualismo, o orgulho que contaminava diariamente o território da emoção. Era aprender a amar incondicionalmente, a dar a outra face e a não desistir de si e de ninguém, por mais que falhassem.

Para o Mestre dos Mestres, os solos não eram estáticos. Um tipo de solo poderia se transformar em outro. Jesus usava várias ferramentas para corrigir os solos dos seus discípulos. Ao andar com eles, colocava-os em situações difíceis, fazia-os entrar em contato com o próprio medo, ambição, conflitos. Ele os treinava constantemente a "arar" a alma, a esfacelar os torrões, a corrigir a acidez e a repor nutrientes. O resultado ninguém conseguia prever. Era uma tarefa quase impossível. Jesus tinha tudo para falhar.

Passado mais de um ano, os discípulos apresentavam reações agressivas e egoístas. No segundo ano, ainda competiam, uns querendo ser maiores que os outros. No terceiro ano, o individualismo ainda tinha fortes raízes. No final da jornada, logo antes da crucificação, o medo ainda encarcerava os discípulos. Jesus parecia derrotado. Mas persistia como se fosse um artesão da inteligência humana. Ele confiou completamente nas suas sementes!

Jesus não era apenas um vendedor de sonhos, mas também um vendedor de esperança. As pessoas podiam cuspir no seu rosto, esbofeteá-lo, negá-lo e até traí-lo, mas ele não desistia delas. Ele acreditava no potencial das suas sementes e nos solos que cultivara. Será fascinante acompanharmos o que aconteceu.

Para o Mestre da Vida, nenhum solo era inútil ou imprestável. Uma prostituta poderia ser lapidada e ter mais destaque do que um fariseu. Um coletor de impostos corrupto e dissimulado poderia ser transformado, a ponto de superar no seu reino um líder espiritual puritano e moralista. Um psicopata desumano e violento poderia reciclar a sua vida e tornar-se capaz de recitar poemas de amor, ter sentimentos altruístas e correr riscos para ajudar os outros.

Raramente alguém acreditou tanto no ser humano. Nunca alguém entendeu tanto das vielas da nossa emoção e desejou transformar o teatro da nossa mente num espetáculo de sabedoria.

CAPÍTULO 6

Transformando a personalidade: a metodologia e os principais laboratórios e lições

Esculpindo a alma humana na escola da vida

Acho importante gastar um pouco de tempo para expor alguns mecanismos inconscientes que conduzem ao processo de transformação da personalidade. Se não entendermos esse processo, teremos apenas uma admiração superficial por Jesus, e ele não será um Mestre Inesquecível aos nossos olhos.

O relacionamento de Jesus com os discípulos tinha uma clara intenção. Ele foi um grande mestre que sabia o que queria atingir nos bastidores da inteligência. Ao estudar como Jesus atuava na personalidade de seus seguidores, fiquei assombrado. As ciências da educação estão na idade da pedra se comparadas à sua magnífica pedagogia.

Jesus provou que em qualquer época da vida podemos reeditar o filme do inconsciente e mudar os pilares centrais que estruturam a personalidade. Sua metodologia envolvia complexas experiências de vida, que aqui chamo de laboratórios existenciais.

Cada laboratório era uma escola viva, constituída de um ambiente real, espontâneo, que envolvia seus discípulos nas mais complexas circunstâncias. O objetivo dessa escola viva era realizar eficientes treinamentos onde os arquivos conscientes e inconscientes da memória se expusessem e fossem transformados.

Tenho comentado em muitos textos que a memória humana não pode ser deletada. Nos computadores é fácil deletar. Não conseguimos fazer o mesmo na memória porque não sabemos a localização dos arquivos doentios nem as ferramentas necessárias para apagá-los. Não podemos apagar o lixo, os traumas, as frustrações do passado e, queiramos ou não, temos de conviver com eles. A única possibilidade é reeditar esses arquivos, sobrepor novas experiências às matrizes antigas.

Esse é um processo lento, e Jesus tinha plena consciência disso. Na sua indecifrável sabedoria, ele criava ambientes para que viessem à tona as características doentias que estavam na grande periferia da memória, no inconsciente. Seus laboratórios existenciais aceleravam e tornavam mais eficiente o processo de reedição. Demorei anos para entender esse mecanismo usado pelo Mestre dos Mestres.

Horas antes de ser preso, ao lavar os pés dos discípulos, ele estava propositadamente procurando reeditar as áreas doentias de suas memórias. Seus gestos programados faziam com que a competição predatória e a arrogância fossem espontaneamente reescritas.

O Mestre da Vida educava a inteligência ao mesmo tempo que tratava terapeuticamente os traumas dos seus discípulos. Sabia o que queria atingir na personalidade deles e como chegar lá. Creio que Jesus foi o maior educador do mundo, maior ainda do que Freud.

Freud pensava que, ao falar livremente o que lhe vinha à cabeça, um paciente poderia captar e compreender os conflitos do inconsciente e assim gerar um autoconhecimento e superar traumas e conflitos. Infelizmente, Freud não teve a oportunidade de estudar os papéis da memória e o processo de construção do pensamento. Por isso, não compreendeu que jamais poderemos conhecer a história de maneira pura, pois a história é sempre reconstruída.

Não existe lembrança pura do passado, mas reconstrução dele. Por quê? Porque no momento em que recordo uma experiência passada estou sendo influenciado por uma série de variáveis, como meu estado emocional, o ambiente em que me encontro, minha motivação. Essas variáveis entram em cena, dando ao passado cores e sabores que ele não tinha.

Para provar isso, pergunto: "Quantos pensamentos você produziu na semana passada?" Certamente milhares de milhares. De quantos você se lembra com precisão exata, tal como foram formulados? Talvez de nenhum. Mas se eu pedir para você reconstruir os ambientes, as circunstâncias e as pessoas com quem conviveu, você produzirá milhares de novos pensamentos, embora não exatamente iguais aos da semana anterior. Você criou algo novo ao recordar o seu passado.

Esse exemplo prova cientificamente que a história arquivada na memória é um suporte para a criatividade, e não um depósito de informações que pode ser acessado e repetido, como nos computadores. Prova também que não existe lembrança pura, mas reconstrução do passado com micro ou macrodiferenças. Demonstra ainda que as provas escolares que objetivam a repetição de informações estão erradas. Queremos que os nossos alunos repitam informações, mas a memória deles clama para que criem novas ideias.

Muitos pensam que estão recordando o passado nos consultórios de psicologia, mas muitas vezes estão recordando o passado desfigurado pelo presente. O objetivo máximo do tratamento psicológico é reeditar a história passada e resgatar a liderança do "eu". O "eu" tem de ser gerente dos pensamentos e administrador das emoções. Caso contrário, ele será sempre vítima das suas misérias psíquicas.

O Mestre dos Mestres não queria que seus discípulos fossem repetidores de regras morais e éticas. Seu plano era mais profundo. Jesus desejava que eles reescrevessem a própria história, aprendessem a pensar antes de reagir, rompessem o cárcere interior e se tornassem líderes de si mesmos. Só assim seriam capazes de amar o espetáculo da vida e ter livre-arbítrio.

O grande problema é saber como reeditar o filme do passado, como sobrepor novas imagens às imagens antigas. Para reeditar o passado precisamos atingir os arquivos que se entrelaçam nas tramas do inconsciente. Como reeditá-los, se eles aparecem apenas nos momentos de tensão? Raramente um ataque de pânico acontece numa sessão terapêutica, o que dificulta ao psiquiatra ou psicólogo entender a dimensão da crise do paciente e dar ferramentas para que ele possa superar seu conflito.

Seguindo o mesmo princípio, um psicopata tem um comportamento sereno em determinadas situações, simulando lucidez, mas em situações tensas ele abre certas janelas da memória e mostra a sua face violenta. Como atuar nessas tramas ocultas? Muitos psiquiatras creem que os psicopatas são incuráveis. Eu acredito que eles podem ter esperança.

A transformação da personalidade do apóstolo Paulo é um exemplo de como uma pessoa agressiva pode ser transformada num poeta do amor. Infelizmente, a maioria das pessoas leva para o túmulo os seus conflitos. Costumam ser agressivas, fóbicas e ansiosas a vida inteira.

Jesus tinha as mesmas dificuldades para entrar nas tramas do inconsciente dos seus discípulos. Apesar de parecerem anjos inofensivos em determinadas situações, o mestre sabia que no âmago da personalidade deles havia graves conflitos. Sabia que por trás da cortina dos comportamentos dos seus jovens seguidores havia uma agressividade explosiva e uma impulsividade incontrolável.

Por isso, usando uma inteligência incomum, Jesus criou inúmeras situações para que os arquivos doentios viessem à tona para serem superados. Nos primeiros anos em que comecei a analisar a inteligência de Jesus, não entendia por que uma pessoa tão sábia se envolvia em tantos problemas. Se quisesse, ele poderia evitá-los com sua perspicácia.

O Mestre dos Mestres não estava interessado apenas em que os discípulos resgatassem o passado sombrio, pois sabia que este resgate é frequentemente distorcido. Desejava que eles reeditassem o passado. Conhecer a grandeza do perdão, superar o sentimento de culpa, cultivar um amor fraterno eram instrumentos preciosos para esta reedição. Vamos examinar alguns ambientes dramáticos usados por Jesus para trabalhar no cerne da alma dos discípulos.

Correndo risco para salvar uma prostituta

Nas situações diárias, os discípulos eram levados a deparar-se com seus próprios transtornos psíquicos. Cada clima criado na escola viva realizava uma socioterapia que tratava do egoísmo, intolerância e radicalismo deles. Momentos depois, Jesus arrematava a socioterapia com uma psicoterapia de grupo ou individual e tratava dos conflitos íntimos. Nesses momentos, ele falava diretamente ao coração dos discípulos com palavras simples, diretas e impactantes.

Certa vez, o mestre correu o risco de morrer por causa de uma mulher adúltera. Os fariseus queriam sua decisão, se apedrejavam ou libertavam a mulher pega em flagrante adultério. No primeiro momento, ele não deu resposta. O clima ficou extremamente tenso e ameaçador. Assim, ele expôs o medo, a insegurança e a discriminação não apenas dos fariseus, mas também dos discípulos. Por quê? Porque eles também teriam atirado pedras na mulher.

No segundo momento, Jesus interveio, levando os fariseus a pensarem na sua própria doença e protegendo a mulher. Ao ver a cena, eles ficaram estarrecidos pelo fato de Jesus ter se arriscado por uma estranha, considerada "escória" da sociedade.

Era muito mais fácil dizer que a matassem, cumprindo a lei, mas se fizesse isso Jesus estaria matando o seu amor e o seu projeto de vida. Ele protegeu a adúltera com o escudo do seu próprio ser. Os discípulos entenderam, assim, que eram também discriminadores e tomaram consciência de seus limites, ansiedade e dificuldade de raciocinar em situações estressantes.

Após essa experiência, criou-se no íntimo dos discípulos um ambiente psíquico propício para que fosse realizada a psicoterapia mais eficaz. Deste modo, as palavras de Jesus *"Amai o próximo como a ti mesmo"* ganharam outro sabor, penetraram nos solos inconscientes da memória deles e reeditaram traumas e conflitos. Atônitos, eles deviam pensar: "Como somos limitados!", "Que amor é esse que se doa até às últimas consequências?". É importante ressaltar que o tratamento era ministrado pelo Mestre dos Mestres com um amor inexplicável.

Ele treinava seus discípulos para transformar pedras em diamantes. Ao andar com Jesus, os insensíveis se apaixonavam pela vida, os agressivos acalmavam a turbulência da emoção e os iletrados se tornavam engenheiros de ideias. Não era uma tarefa fácil. Diariamente os discípulos criavam problemas. O Mestre do Amor, sempre dócil, ouvia seus absurdos e, pacientemente, trabalhava nos desvãos de suas almas brutas. Ele acreditava no ser humano, por mais que este o decepcionasse. Jesus Cristo foi um escultor da personalidade.

Você certamente gosta de se relacionar com pessoas serenas e que o valorizem por suas qualidades. Você quer ter filhos que reclamem menos e sejam menos agressivos. Deseja ter alunos menos ansiosos ou arredios e que amem ardentemente o saber. E colegas de trabalho menos competitivos, mais abertos e éticos. Mas não se esqueça de que muitos cientistas e homens que brilharam na sociedade foram, no passado, pessoas complicadas.

Por que brilharam? Como venceram seus problemas? Porque alguém investiu neles. As pessoas que mais lhe causam problemas hoje poderão vir a ser as que mais lhe darão alegrias no futuro. Invista nelas, cative-as, surpreenda-as. Plante sementes e espere que os anos passem. Esse é o único investimento em que jamais se perde, sempre se ganha. Se as pessoas em que você investiu não ganharem, você certamente ganhará. O quê? Experiência, paz interior e consciência de que fez o melhor possível.

O Mestre da Vida investiu sua energia e inteligência em pessoas complicadíssimas para mostrar que todos têm esperança. Você e eu temos esperança de que somos capazes de transformar os problemas mais intocáveis da nossa personalidade. Só Judas achou que seu caso não tinha solução, embora fosse o melhor na fase inicial. Veremos que Jesus nunca o abandonou, foi Judas que se autoabandonou.

Vamos analisar alguns dos principais treinamentos ministrados por Jesus. Seriam necessários alguns livros para expor esse assunto, mas vou falar de maneira sintética apenas sobre alguns pontos. Em cada treinamento, veremos a sua metodologia, algumas das mais relevantes lições de vida.

Treinando-os a serem fiéis à sua consciência

Jesus, certa vez, contou uma história que perturbou os seus ouvintes, quebrando para sempre alguns paradigmas religiosos. Contou que um fariseu orava de maneira eloquente. Em sua oração, ele agradecia a Deus por sua integridade. Dizia que jejuava, fazia ofertas e preces constantes. Havia também um pobre moribundo que mal conseguia falar com Deus. Ele olhava para o céu, batia no peito e pedia compaixão. Provavelmente, não dava ofertas para o templo, não orava com frequência e não tinha um comportamento ético. Sentia-se um miserável diante de Deus.

Qual dessas duas orações foi aceita por Deus? Se houvesse uma pesquisa entre todos os religiosos do mundo, provavelmente o fariseu ganharia disparado. Entretanto, para espanto dos ouvintes, Jesus disse que a oração do fariseu não foi ouvida, não atingiu o coração do Criador. Por quê? Porque ele orava para si mesmo, exaltando-se. Não procurava Deus no íntimo do seu ser. Segundo Jesus, Deus olha para algo que não aparece externamente: para a consciência, a real intenção.

O fariseu considerava-se um grande homem diante de Deus por causa da sua ética moral e religiosa. Mas não analisava os próprios erros, não tinha consciência de que o coração que pulsa, o ar que respira, a mente que pensa eram dádivas divinas. Aos olhos do Mestre dos Mestres, Deus se importa com a consciência.

O miserável que não conseguiu sequer produzir uma oração lógica e digna tocou o coração de Deus. Não conseguiu fazer um grande discurso porque tinha consciência da sua pequenez, da sua falibilidade e da grandeza do Criador. Não desejo aqui entrar nos assuntos ligados à fé, mas mostrar um dos mais complexos treinamentos de Jesus. Ele treinou seus discípulos a serem fiéis à própria consciência.

De nada adianta disfarçar, dissimular e teatralizar comportamentos. Não é a quantidade de erros que determina a grandeza de um discípulo, mas sua capacidade de reconhecê-los. Uma pessoa podia ter mil defeitos, mas, se tivesse a coragem de admiti-los, abriria caminho para ser curada. O mesmo princípio ocorre na psiquiatria e na psicologia modernas. Nada podemos fazer por uma pessoa que se esconde dentro de si, a não ser que ela tenha uma psicose.

Vivemos em sociedades que amam os disfarces e as máscaras sociais. As pessoas sorriem, mesmo devastadas pela tristeza; mantêm as aparências, mesmo que falidas; para os de fora, são éticos; para os membros da família, são carrascos. O sistema político simplesmente não sobrevive sem máscaras, disfarces e mentiras. Certa vez, o Mestre da Vida criticou os líderes religiosos, comparando-os a sepulcros caiados. Por fora têm belas pinturas, por dentro estão apodrecidos. Foi uma comparação corajosa, mas sincera. Muitos fariseus mantinham um comportamento religioso modelar, mas, às ocultas, odiavam a ponto de matar.

No Sermão da Montanha, Jesus disse que não bastava não matar, era necessário não se irar. Ele queria dizer que podemos não matar fisicamente, mas matamos interiormente. Muitos matam emocionalmente seus colegas de trabalho, seus amigos e, às vezes, até as pessoas que mais amam, quando elas os decepcionam.

Jesus aceitava todos os defeitos dos seus discípulos, mas não admitia que não fossem transparentes. O único que não aprendeu essa lição foi Judas. Jesus ensinou-lhes a ser verdadeiros em toda e qualquer situação. Deu-lhes contínuos exemplos. Ele falava abertamente o que pensava. Sabia que poderia ser preso ou morto, mas não se calava, ainda que o clima fosse tenso.

O Mestre dos Mestres era intrépido, não calava a sua voz. Mas seu falar não era agressivo. Ele expunha com tranquilidade e segurança suas ideias. Queria conquistar, e não destruir, as pessoas. Ouvimos pessoas dizerem que são honestas, que sempre falam o que pensam. Mas, no fundo, são descontroladas, violentas, impulsivas, autoritárias. Ao invés de conquistar as pessoas, elas as perdem. Jesus exalava serenidade. Embora falasse a verdade, em algumas situações optava pelo silêncio. Somente num segundo momento falava.

Muitos discorrem extensamente sobre o mundo exterior, mas se calam sobre seus pensamentos mais íntimos. Alunos têm medo de questionar seus professores. Membros de igrejas receiam discordar de seus líderes religiosos. Funcionários temem propor novas ideias aos executivos de sua empresa. Muitos jovens cientistas evitam o confronto com seus chefes. Sentem-se massacrados pelo sistema. Vivem represados. Mentes brilhantes são sufocadas, perpetuando conflitos que raramente serão reeditados.

Não podemos ser controlados pelo que os outros pensam e falam de nós. Ser gentil, sim, mas se esconder, nunca. O homem que é infiel à sua própria consciência jamais quita a dívida consigo mesmo.

Os discípulos de Jesus tinham liberdade de falar com ele e expressar suas dúvidas. Foram treinados para serem fiéis à sua consciência, a serem simples como as pombas e prudentes como as serpentes (*Mateus 10:16*). Deviam saber o que falar e como falar, mas jamais se calarem, nem diante de reis. Deviam aprender a falar com segurança e sensibilidade, com ousadia e sabedoria. De nada adiantaria conquistar o mundo, se não conquistassem a própria consciência.

Treinando oratória e comunicação

O treinamento dos discípulos realizado por Jesus envolvia múltiplas áreas, inclusive a da comunicação e da oratória. Ele queria treiná-los a falar de maneira vibrante, pois seu plano era vibrante. Queria educá-los para falar ao coração das pessoas, pois seu projeto era regado a afeto. Os discípulos tinham parcos recursos linguísticos. Divulgar o plano de Jesus, seu amor, sua missão, não envolvia pressão social, armas ou violência. A única ferramenta eram as palavras.

Se os discípulos não se transformassem em excelentes oradores, não convenceriam o mundo de que o carpinteiro que morrera na cruz era o filho do Deus Altíssimo. Como ensinar esses homens a falar com multidões, se eles mal conseguiam organizar as ideias diante dos seus amigos? Jesus corria grandes riscos de fracassar. Mas deu aulas magníficas de oratória sem que os discípulos percebessem.

A capacidade de comunicação de Jesus deixava todos os seus ouvintes fascinados. As plateias ficavam impressionadas tanto com o conteúdo dos seus discursos como com a maneira de expô-lo. Reuniu dois instrumentos difíceis de conciliar na oratória: a convicção e a sensibilidade. Tinha uma voz segura e suave. Introduzia-se nas vielas da emoção dos seus ouvintes. Falava com os olhos e com os gestos. Como cheguei a essa conclusão? Pelas reações das plateias, até das que eram constituídas por seus opositores.

O Mestre dos Mestres foi um excelente comunicador de massas. Os palestrantes da atualidade usam recursos multimídia para auxiliá-los. Alguns conferencistas não conseguem desenvolver a inteligência sem a ajuda de computadores para animar sua exposição. As pessoas dependem cada vez mais de recursos externos para expor as próprias ideias.

Jesus não usava nenhum desses recursos. Mas seus discursos e sua didática magnetizavam as plateias. Era capaz de falar para milhares de pessoas ao mesmo tempo. E falava para um público misto. A coisa mais difícil é falar para uma plateia constituída de adultos, crianças, intelectuais, iletrados. As crianças atrapalham os adultos. Uma palavra ou um conceito difíceis não são compreendidos por quem tem menos cultura. Muitas vezes cria-se um grande tumulto.

Imagine o que é falar para um público misto e sem microfone. Quase impossível. Mas Jesus falava com maestria para 10, mil ou 10 mil pessoas. Para isso, procurava espaços abertos, sossegados e com boa capacidade de difusão sonora. Seus discursos encantavam as multidões. Os evangelhos registram diversas reações de entusiasmo que ele provocava no público.

Alguns líderes espirituais me disseram que, ao estudar a inteligência de Cristo e usar seu método nos seus sermões, começaram a encantar o público. O Mestre dos Mestres ensinou-lhes essa lição.

As pessoas estavam famintas e doentes na época de Jesus. Quando a miséria física bate às portas, ninguém se anima a pensar mais profundamente sobre questões existenciais. Os instintos prevalecem sobre a arte de pensar. Cativar o pensamento de pessoas famintas era um verdadeiro desafio. Fazê-las deslocar a atenção do pão físico para o pão psicológico e espiritual era uma empreitada gigantesca.

Mas Jesus atraía multidões incontáveis. Mais do que seus atos sobrenaturais, sua oratória deixava assombrados homens e mulheres. O vendedor de sonhos inspirava a alma e o espírito humanos.

Ao penetrar de maneira viva nos laboratórios de comunicação do Mestre dos Mestres, seus discípulos foram pouco a pouco abrindo as janelas da inteligência. Libertaram sua criatividade. Reeditaram as matrizes dos solos da memória que continham timidez, insegurança, insensibilidade, medo de rejeição e de crítica. Deram assim um salto intelectual sem precedentes.

Após a sua morte, os jovens galileus se tornaram também grandes vendedores de sonhos. Falavam dos sonhos de Jesus como se fossem seus próprios sonhos. Discursavam com a maior convicção do mundo sobre um reino celestial que nunca tinham visto. Encantaram plateias. Estancaram lágrimas. Trouxeram esperança no meio do caos e alegria na dor.

Treinando-os a falar de si mesmos

Jesus foi um Mestre Inesquecível em todos os aspectos. Treinou seus discípulos não apenas a falar para o mundo, mas a falar do próprio mundo. Vamos entender o que é isso. Jesus sabia do risco que corre um grande orador quando se torna orgulhoso e se coloca acima dos outros, ou então se isola e não sabe mais falar das pequenas coisas e dos seus conflitos interiores.

Muitos padres, pastores, rabinos, líderes muçulmanos, budistas, à medida que são admirados, se isolam dentro de si mesmos. Não conseguem mais falar das suas inquietações e sofrimentos. Vários sofrem crises depressivas, mas têm vergonha de falar dos seus sentimentos.

Vem-me à lembrança um padre, ilustre diretor de um seminário, que tinha ataques de pânico diante do público. Sofria dramaticamente, pois achava que ia ter um enfarte durante as suas atividades, mas não tinha coragem de falar do seu drama com ninguém, nem com os padres que o auxiliavam. Só ganhou confiança para se abrir comigo depois de ler meus livros. Percorreu mais de 600 quilômetros para me encontrar. Infelizmente, só procurou tratamento depois de mais de 10 longos anos de sofrimento silencioso.

Cada religião deveria ter um centro de qualidade de vida para prevenir transtornos psíquicos e para que seus líderes e adeptos pudessem se ajudar mutuamente, superar conflitos e expandir as funções mais importantes da inteligência. Qualquer instituição que nega o estresse e as doenças emocionais comete uma grande injustiça com seus membros. Não existe uma só pessoa que não tenha algum problema. Os casos mais graves precisam de ajuda. Negá-los é ser desumano. É falar de Deus sem inteligência espiritual, emocional, multifocal, é negar o amor pela vida.

Do mesmo modo, deveria haver um centro de qualidade de vida nas universidades e nas grandes empresas para tratar dos funcionários, cientistas, professores e alunos. Muitos só procuram tratamento depois que grande parte dos arquivos da memória está contaminada por experiências doentias. Diariamente, pensamentos mórbidos e emoções tensas são registrados de maneira privilegiada nos solos da memória. Quanto mais passa o tempo, mais difícil é reeditar o filme do inconsciente.

Infelizmente, muitos acham que ter um transtorno emocional é sinal de fragilidade e de pequenez intelectual. Este preconceito existe tanto nos meios acadêmicos quanto, e principalmente, nos meios religiosos. Trata-se de um absoluto engano. A depressão e a síndrome do pânico, por exemplo, costumam atingir as pessoas mais sensíveis, afetivas e humanas. São boas e generosas para os outros, mas péssimas para si mesmas. Cuidam dos mais próximos, são incapazes de prejudicá-los, mas não sabem se cuidar.

Jesus jamais desprezou os feridos. Ele veio para os doentes. Queria humanizar seus discípulos. Não desejava formar homens seduzidos pelo sucesso, que se colocassem acima dos simples mortais. Almejava que a personalidade de cada um fosse permeada de humildade. Queria gerar discípulos capazes de dizer "Eu errei, me desculpe". Homens que tivessem a coragem de pedir "Eu preciso de você". Que não tivessem medo de dizer "Estou sofrendo, preciso de ajuda".

Jesus não tinha vergonha dos seus sentimentos. Chorou algumas vezes em público. Por que alguém tão grande chorou publicamente? Por que esse excelente orador, que fez atos sobrenaturais jamais vistos, não conteve as lágrimas? Porque ele amava ser humano e transparente. E porque queria treinar seus discípulos a tirar as máscaras e a falar dos próprios sentimentos.

Horas antes de ser preso, Jesus foi ainda mais longe. Chamou Pedro, Tiago e João e disse-lhes *"Minha alma está triste até à morte"* (*Mateus 26:38*). Eles se assustaram com tamanha franqueza. Jesus, que parecia imbatível, agora estava angustiado, suando sangue, ofegante, profundamente estressado. Seus discípulos não entendiam que ele estava se preparando para ser torturado e morrer pela humanidade.

Ele poderia esconder seus sentimentos. Poderia passar a imagem de um herói que não conheceu o vale das misérias emocionais. Poderia evitar que isso fosse registrado em suas biografias e vazasse para o mundo. Mas fez questão de expressar seus sentimentos. Quantas vezes você precisou que alguém o ouvisse, mas teve medo de falar? Quantas vezes você sufocou a sua dor, optou pelo silêncio por receio de ser incompreendido?

O Mestre da Vida falou da sua dor para três discípulos que não tinham condições de ajudá-lo. Algumas horas depois, Pedro o negaria, e Tiago e João fugiriam amedrontados. Jesus usou a própria dor para criar o melhor ambiente para ensinar seus jovens discípulos e o mundo inteiro a não terem vergonha dos sentimentos, a não esconderem os conflitos, a buscarem ajuda mútua, a romperem com a solidão e a jamais se comportarem como gigantes intocáveis e perfeitos. Ah! Se Judas tivesse aprendido essa lição!

Quantos pais nunca choraram na frente dos filhos! Chorar e sonhar ao lado dos filhos é mais importante do que dar-lhes o mundo todo. O choro, na psiquiatria, é visto como um grande fator de alívio. Quando uma pessoa tem uma depressão e não consegue mais chorar, é sinal de que se adaptou à miséria emocional e perdeu as esperanças.

O projeto de Jesus não era um movimento em torno de mais uma religião. Era um projeto para toda a humanidade. Seu coração era ardente e aberto para conter todos, pois ele desejava alcançar cada ser humano independentemente da sua cor, raça, cultura, religião ou condição financeira.

O Mestre da Vida queria mostrar que existir, poder pensar, sentir e ter consciência de si mesmo era uma experiência fascinante e única. Queria produzir pessoas saudáveis, felizes, satisfeitas, serenas. Jamais desejou que seus discípulos fossem gigantes ou semideuses. Ambicionava formar homens livres que, por sua vez, formassem pessoas livres.

Se seus discípulos conquistassem milhões de ouvintes, mas não tratassem os seus conflitos, não soubessem falar de si mesmos, estariam vivendo uma peça teatral. Por fora sorririam, ocultando suas dores, medos e fracassos.

Diante disso, eu gostaria de propor algo aos leitores. O treinamento de Jesus Cristo envolvia reuniões constantes e livres. Seus discípulos aprendiam a insubstituível arte de dialogar, perdiam o medo de falar sobre si mesmos. Ao redor de uma mesa, ele pronunciou as suas mais brilhantes palavras, como na última ceia, e seus discípulos falaram de muitos dos seus problemas.

Os leitores interessados poderiam reunir-se para estudar a humanidade de Jesus Cristo, independentemente de sua religião, filosofia de vida, cultura, status. Essa reunião se chamaria Programa de Qualidade de Vida.

O programa pode ter duração limitada ou não. Três meses, com uma reunião semanal de 1h30min, seriam o ideal. As lições poderiam tratar de estresse, proteção da emoção, contemplação do belo, gerenciamento dos pensamentos. Uma sugestão seria escolher determinados capítulos dos livros desta coleção e transformá-los em lições.

Em cada reunião seriam lidos textos durante 20 ou 30 minutos, seguidos de debates entre os membros, como o Mestre dos Mestres fazia depois de contar suas parábolas. Cada grupo poderia ter um líder, não para controlar os outros, mas para estimulá-los a discutir o assunto lido e a falar sobre as suas dificuldades. Seria bom que os grupos tivessem no máximo 14 pessoas, para todas terem tempo e liberdade para falar. O grupo mais próximo de Jesus era constituído de 13 pessoas – ele e os 12 discípulos.

Cada pessoa que fizesse o Programa de Qualidade de Vida poderia se tornar um multiplicador, organizando outros grupos no seu condomínio, bairro, grupo religioso, escola, empresa. O objetivo principal desses grupos não seria divulgar uma ideologia, mas criar um espaço terapêutico em que as pessoas se ajudassem mutuamente, aprendendo a falar de si mesmas, prevenindo transtornos psíquicos, protegendo a emoção, gerenciando os pensamentos, enfim, desenvolvendo a qualidade de vida. Muitos sofrimentos e suicídios poderiam ser evitados se houvesse um ombro amigo para confortar e ouvidos prontos a ouvir.

Embora o grupo possa ser formado por membros de uma religião, não deveriam torná-la pública nas reuniões. Sonho com o dia em que as pessoas, tanto as que não têm qualquer religião quanto as das diversas religiões, inclusive não cristãs, desligarão um pouco a TV e se reunirão para trocar experiências. Sonho com escolas onde possam ser implantados programas de qualidade de vida.

O diálogo está morrendo. As pessoas só conseguem falar de si mesmas diante de um psiquiatra ou psicólogo, o que é inaceitável. O modelo de construção das relações sociais produzido pelo Mestre da Vida é brilhante. Se as pessoas não aprenderem a falar de si mesmas e a serem autoras da própria história, a indústria de antidepressivos e tranquilizantes será a mais poderosa do século XXI. E isso já está ocorrendo.

Será que vamos ficar assistindo passivamente à sociedade adoecer coletivamente? É mais fácil ficar paralisado, mas os que tomam uma atitude e correm riscos para mudar algo fazem toda a diferença.

Treinando-os a trabalhar em equipe

Jesus escolheu pessoas impulsivas, intolerantes e individualistas para formar a melhor equipe de trabalho. Para trabalhar em equipe, elas necessitariam resolver as disputas internas, o ciúme, a inveja, a prepotência, a necessidade de estar acima dos outros.

O individualismo surge naturalmente no desenvolvimento da personalidade. Ninguém precisa fazer esforço ou sofrer influência de alguém para ser uma pessoa individualista e egoísta. Mas, para trabalhar em equipe, cooperar superando as diferenças, necessita-se de um complexo aprendizado. Na África, belíssimos países são dilacerados por falta desse aprendizado. Tribos se digladiam, se matam, porque não sabem trabalhar em equipe. Não sabem se doar, compreender-se mutuamente e aceitar perdas para atingir uma meta. Os que querem ser estrelas sempre brilharão sozinhos. Trabalhar em equipe implica deixar que os outros brilhem.

Aprender a se colocar no lugar dos outros e procurar ver o mundo com seus olhos é fundamental para trabalhar em equipe. Muitos professores não enxergam os conflitos dos seus alunos, muitos pais desconhecem os dramas que seus filhos estão vivendo. Só vão percebê-los em situações extremas, quando alguns tentam o suicídio ou caem no mundo das drogas. Vivemos numa sociedade que ouve muitos tipos de sons, mas não penetra no segredo dos corações.

Se, a partir de hoje, você se interessar por jovens mais agressivos ou tímidos, e perguntar o que se passa no interior deles, estará amando pessoas que não se sentem amadas e ouvindo pessoas que se sentem isoladas. Você prevenirá suicídios e violências. Pelo fato de se sentirem acolhidas, as pessoas começam a ver seus problemas de modo diferente. Esse é um dos segredos do sucesso de uma psicoterapia eficiente. O paciente para e se ouve.

Raramente pais e filhos conversam sobre seus maiores sonhos e suas maiores frustrações. Ouvir não é escutar. Ouvir é se entregar. Quem nunca desenvolveu uma boa capacidade de ouvir será portador de uma sociabilidade doentia. Fará julgamentos preconcebidos, não saberá ouvir ou dizer "não".

Os jovens discípulos de Jesus tinham grande dificuldade em se relacionar. Mesmo ouvindo eloquentes palavras sobre o amor, insistiam em ser individualistas e egocêntricos.

Jesus, querendo que os discípulos aprendessem a cooperar uns com os outros, preparou-os para, em grupos de dois, anunciar o seu plano transcendental. Disse-lhes que teriam de sair sem seu apoio, sem manual de conduta, sem roteiro, sem provisão de alimentos, sem dinheiro para eventuais necessidades. Teriam de depender um do outro, das pessoas contatadas e de Deus. Mas, sobretudo, dependeriam dos treinamentos realizados por Jesus e registrados como belíssimas sementes nos solos do seu ser. Apreensivos, eles saíram com a roupa do corpo. Que treinamento audacioso!

Os discípulos deveriam entrar na casa das pessoas, mudar seus paradigmas e falar de um reino invisível aos olhos humanos. Teriam de vender sonhos para um povo faminto e sofrido. Vender aquilo em que acreditavam, mas que não tinham visto. Nada é tão difícil. Se as pessoas têm dificuldade de receber o que é concreto, imagine acolher o que é invisível e intangível.

No começo claudicavam, tinham rompantes egoístas. Mas, para ter sucesso, cada dupla deveria conversar, aprender a conhecer os sentimentos um do outro, traçar caminhos. Teriam de lidar juntos com rejeições e críticas. Se fossem rejeitados, deveriam agir com doçura. Eram, na maioria, pescadores da Galileia que agora precisavam ter uma oratória cativante capaz de falar ao coração das pessoas, fisgar-lhes a alma. Como fazer a abordagem inicial? Como encantá-las?

O resultado foi fascinante. Jesus alegrou-se muito. Os discípulos trabalharam inconscientemente seu individualismo, sua rigidez e sua dificuldade de interação social. Ao mesmo tempo, conquistaram pessoas, compreenderam suas angústias, trouxeram esperança no caos, refrigério nas tempestades.

Treinando-os a superar a compulsão pelo poder e a promover o amor incondicional

Apesar do sucesso desse e de outros laboratórios, os discípulos ainda conservavam a ambição doentia pelo poder e disputavam internamente sobre quem seria o maior entre eles. A ambição é um vírus que jamais morre, apenas dormita. No final de sua jornada na terra, Jesus sabia que eles poderiam ter graves problemas de relacionamento após sua morte se não administrassem seriamente a ambição.

Em vez de tolher a ambição dos seus seguidores, Jesus incendiou-a, mas mudou o padrão. Era possível que um fosse maior que o outro. Entretanto, quem quisesse ser o maior deveria aprender a ser servo de todos. Quem tivesse a ambição de ser o maior em seu reino deveria ser capaz de se fazer pequeno. Com essas palavras, ele chocou a inteligência dos discípulos, pois inverteu valores cristalizados em suas mentes. Quem estabeleceu na história tal padrão para formar uma casta de líderes? Os líderes, frequentemente, querem que o mundo gravite em torno deles. Jamais se veem como servidores dos outros.

Nas instituições, os líderes comumente desfrutam do privilégio de serem servidos. No treinamento do Mestre dos Mestres, os líderes devem desfrutar o privilégio de servir. Na sociedade, embora haja exceções, os grandes espoliam os menores e gozam de benesses. No reino do Mestre dos Mestres, os grandes se colocam a serviço dos menores.

Para Jesus, quem explora o outro não tem a menor noção da grandeza da vida que pulsa dentro de cada ser humano. Quem explora o outro é um menino que ainda não compreendeu a dimensão da vida. Não percebeu que um dia enfrentará a solidão de um túmulo como qualquer miserável à margem da sociedade. Os que querem ser donos do mundo jamais foram donos de si mesmos.

Muitos líderes religiosos, políticos, chefes de departamentos de universidades e executivos não estão preparados para assumir o poder. O poder os seduz e os domina, por isso eles o exercem com excesso de autoridade e controlando os outros. Infelizmente, entre psiquiatras e psicólogos clínicos, o autoritarismo também existe. Eles assumem uma postura autoritária dentro do consultório, onde nenhum paciente pode questionar sua conduta e suas interpretações. Quem não é capaz de dar aos pacientes o direito de questioná-lo não está preparado para exercer essa delicada profissão. Questione respeitosamente quem exerce alguma influência sobre você.

No primeiro livro desta coleção, eu digo que Jesus teve um gesto surpreendente para dar as últimas lições aos seus discípulos. Na época, as multidões seguiam-no apaixonadas. Jerusalém fervilhava de gente querendo tocá-lo ou vê-lo, ao menos de longe. Muitos lhe davam um status maior do que o dos imperadores romanos. Ao mesmo tempo que milhares de pessoas estavam na capital de Israel para se prostrar aos seus pés, ninguém imaginava que ele estava se prostrando aos pés dos seus complicados discípulos. Não cabia no imaginário humano que ele estava produzindo a mais fascinante universidade viva para que seus seguidores soubessem que tipo de líder ele anunciava.

Os discípulos estavam ao redor da mesa fazendo a última ceia. De repente, Jesus pegou água e uma toalha e, sem dizer palavra alguma, começou a lavar os pés deles (*João 13:2*). Eles já o haviam decepcionado muito, e horas depois ele ia saber que o decepcionariam ainda mais.

A negação de Pedro feriria a sua emoção, a traição de Judas abriria uma vala em sua alma e o abandono de todos os discípulos geraria uma grande frustração. Mas, apesar de tanta dor, Jesus estava prostrado aos seus pés, dando a outra face para eles. Ele os amava incondicionalmente. O amor era mais forte do que a dor.

Aquele gesto deu um choque de lucidez na emoção de cada um. Cada gota de água que escorria pelos pés, cada crosta de sujeira removida e cada movimento da toalha produziam fantásticas experiências nos territórios da emoção e nos palcos dos pensamentos dos discípulos. Tais experiências penetraram nos arquivos mais doentios dos solos de suas memórias, reeditaram as disputas internas que havia entre eles e a necessidade compulsiva de um estar acima do outro. As crostas de sujeira eram removidas dos pés, e as crostas do orgulho eram dissolvidas na alma. O silêncio de Jesus gritava nos becos do inconsciente dos seus discípulos.

Eles entenderam que o maior é aquele que serve, que o maior é aquele que ama. Entenderam que as pessoas menos importantes socialmente deveriam receber uma atenção especial. Os miseráveis deveriam ter lugar de destaque. Depois da crucificação, quando refletiram sobre o gesto afetivo e desprendido de Jesus, nunca mais foram os mesmos.

Ficou claro para eles que Jesus era, de fato, controlado totalmente pelo amor sobre o qual incansavelmente discursara. Era um homem fiel às suas palavras. Apesar de terem cometido erros imperdoáveis, os discípulos, em vez de excluídos, foram tratados como príncipes que tiveram os pés lavados suavemente. Como você trata as pessoas que erram? Você as exclui e condena ou as acolhe e valoriza? Somos ótimos para oferecer novas chances a quem nos dá retorno, mas péssimos para acolher os aflitos. Alguns não poupam nem seus filhos.

Os gestos eloquentes de Jesus demonstravam que os discípulos deveriam perdoar sempre, mesmo que as falhas se repetissem ou fossem incompreensíveis. Eles aprenderam valores que até hoje não aprendemos. Compreenderam que os fortes dão a outra face, e os fracos reagem; os fortes compreendem, os fracos julgam; os fortes amam, os fracos condenam.

Quando um mestre é surpreendente, as palavras são dispensáveis. Nunca o silêncio foi tão eloquente.

CAPÍTULO 7

Judas: antes e depois do mestre

Os estágios do desenvolvimento da personalidade de Judas

Judas tinha todas as condições para ser transformado numa boa terra, num dos grandes líderes que mudariam a história da humanidade. Como vimos, os solos que Jesus descreveu na parábola do semeador podem representar quatro estágios do desenvolvimento da personalidade de uma mesma pessoa.

Todos os discípulos, à exceção de Judas, começaram no primeiro estágio. Eram um solo à beira do caminho, possuíam uma personalidade impermeável, inflexível, difícil de ser trabalhada. Judas, pelas características de sua personalidade, começou no segundo estágio. Seu coração emocional tinha pedras, mas acolheu rapidamente as sementes plantadas por Jesus, e logo elas brotaram. As raízes eram pequenas e frágeis.

Pouco a pouco, Jesus começou a sofrer forte oposição. Judas ficou assustado com o ódio dos fariseus. Algumas vezes, seus opositores expulsaram o mestre das sinagogas; em outras, chamaram-no de louco, e, em outras ainda, pegaram em pedras para esmagá-lo. Judas ficava amedrontado. O calor do sol começou a queimar as raízes frágeis. Mas o treinamento que Jesus realizava sulcava a terra e permitia que as sementes invadissem áreas mais profundas.

Foi um belo começo. Judas era uma pessoa alegre e realizada. Admirava Jesus. Seus discursos o inspiravam. Seu poder o fascinava. Para ele, o carpinteiro de Nazaré era o grande Messias aguardado durante séculos por Israel. Seus milagres, sua oratória e sua inteligência confirmavam isso.

Judas venceu o teste do calor do sol. Superou as angústias, as perseguições, as rejeições, as críticas, a fama de louco. Cresceu até passar para o terceiro estágio, o do solo espinhoso.

Seu coração parecia um jardim cujas plantas escondiam os rebentos que floresceriam na mais bela primavera. Mas, sem que ele percebesse, cresciam paralela e sutilmente os espinhos, representados pelas ambições, pela fascinação pelas riquezas, pelas preocupações com a vida.

No início, Judas não tirava os olhos do mestre. Ao seu lado, o mundo, embora perigoso, se tornava um oásis. Mas, paulatinamente, foi voltando os olhos para dentro de si mesmo. Pensamentos negativos, dúvidas, questionamentos começaram a transitar pelo palco de sua mente. Infelizmente, ele os represou, nunca os expôs para Jesus. Se você quiser evitar grandes problemas no relacionamento com as pessoas que ama, fale com elas, trate as pequenas coisas que o perturbam hoje. Pequenos espinhos podem causar grandes infecções.

À medida que dúvidas pairavam na mente de Judas, a ansiedade cultivava ervas daninhas na sua alma. Os treinamentos de Jesus já não reeditavam, como nos demais discípulos, arquivos secretos e doentios do seu ser. Judas continuava discreto, mas seus interesses não estavam em sintonia com os do homem que ele seguia e admirava.

Os conflitos de Judas

Judas tinha dois grupos de conflitos. O primeiro foi construído ao longo do processo de sua personalidade. Alguns desses conflitos eram controláveis; outros, controladores. Uns eclodem na infância; outros, na adolescência, e outros, na fase adulta. O problema não é termos características doentias em nossa personalidade, mas a forma como as administramos.

Judas era uma pessoa autossuficiente e não-transparente. Estas características não o controlavam nos primeiros dois anos em que acompanhou Jesus. Nesse período, embora não entendesse algumas reações do mestre, Judas tinha a convicção de que Jesus era o Messias. Se não fosse assim, ele o teria abandonado nos primeiros meses.

Controlar nossas características doentias e não deixar que elas se manifestem não significa superá-las definitivamente. Para superá-las, é necessário reescrevê-las nas matrizes da memória. Mais cedo ou mais tarde elas podem ser sutilmente nutridas e surgir numa fase adulta. A perda de um emprego pode fazer eclodir uma grande insegurança que estava represada. Um ataque de pânico pode trazer à tona uma preocupação excessiva com doenças que estava razoavelmente controlada.

Foi o que aconteceu com Judas. Ele parecia o mais equilibrado dos discípulos, mas apenas mantinha sob controle suas características doentias. As dos demais discípulos eram mais visíveis e causavam mais tumulto. Portanto, era mais fácil tratá-las.

Não é tão fácil tratar as pessoas tímidas. Embora pareçam mais éticas e solícitas do que a média das pessoas, elas ocultam conflitos. Falam pouco, mas pensam muito. Como não se expõem, é difícil ajudá-las. Para elas, a melhor maneira de administrar os conflitos é escondendo-os. Não tenha medo nem vergonha dos seus conflitos. Desista de ser perfeito. O Mestre da Vida nunca exigiu que seus discípulos não falhassem; exigiu, sim, que perdoassem, que tivessem compaixão e amor uns pelos outros.

Judas tinha provavelmente menos conflitos do que os demais discípulos, mas era uma pessoa que se escondia atrás de sua aparência ética. Seus parceiros não o conheciam, nem ele mesmo conhecia suas mazelas psíquicas.

O segundo grupo de conflitos de Judas advinha da sua relação com Jesus. Judas ficava perturbado com os paradoxos do mestre. Jesus contrariava qualquer raciocínio lógico e linear, mesmo dos dias atuais.

O Mestre dos Mestres era capaz de uma oratória sem precedentes, mas, logo depois de deixar as multidões extasiadas com suas ideias, procurava o anonimato. Seu poder de atuar no mundo físico e curar doenças era capaz de deixar atônitas a física e a medicina modernas, mas jamais o usava para que o mundo se dobrasse aos seus pés. Ele se dizia imortal, mas anunciava que morreria, como o mais vil dos mortais, pendurado numa trave de madeira. Inquietou os líderes de Israel com sua inteligência, mas não procurava convencê-los a aderir à sua causa.

Dificilmente alguém tão grande desprezaria tanto os aplausos humanos e o poder político como ele desprezou. Os olhos tristes de um leproso eram mais importantes para ele do que o mundo aos seus pés. A compaixão por uma prostituta arrebatava-lhe o coração mais do que uma reunião de cúpula querendo aclamá-lo rei. Quem poderia entender um comportamento desses? Até hoje, milhões de judeus admiram Jesus, mas não o compreendem e não o consideram o Messias.

Na atualidade, grande parte da humanidade diz seguir seus ensinamentos, mas a maioria não conhece essas características da sua personalidade. Sob qualquer aspecto – teológico, psicológico, psiquiátrico, sociológico ou filosófico –, é difícil compreendê-lo, mas em todos eles Jesus foi o Mestre dos Mestres.

O que me encanta como pesquisador da psicologia e da filosofia não são os milagres fantásticos que ele fez, mas sua capacidade de não perder as próprias raízes. Jesus nadou contra a correnteza da intelectualidade. A fama não o seduziu. Ao contrário da grande maioria das pessoas que dão um salto na fama, ele sempre deu uma atenção especial a cada ser humano. Nos últimos dias antes de sua morte, ele era famosíssimo. Tinha milhões de coisas com que se preocupar. Mas abandonou tudo por causa de um simples amigo, Lázaro (*João 11:1*).

Jesus era incompreensível para Judas. Nos primeiros tempos, o mestre foi fonte de alegria para ele, depois se tornou uma fonte de conflitos. Uma pedra no caminho de suas ambições.

Judas queria mudar o mundo exterior

Judas queria que Jesus eliminasse todos os sofrimentos de Israel, mas Jesus afirmava que não há noite sem tempestades, jornadas sem obstáculos, risos sem lágrimas. Para Judas, o problema da sua nação era o cárcere do Império Romano. Para Jesus, o problema era muito mais grave, era o cárcere da emoção, o cárcere das zonas de conflito que se encontram nas matrizes da memória. O problema estava na essência do ser humano.

Jesus dizia, de múltiplas formas, que o ser humano só seria livre se fosse livre dentro de si mesmo, se seu espírito fosse transformado, se a fonte dos seus pensamentos fosse renovada, reescrita.

A decepção com Jesus criou um clima favorável para o cultivo dos espinhos. O entusiasmo, a alegria e os sonhos iniciais de Judas se converteram em preocupações e ansiedades. Uma competição estabeleceu-se no seu interior.

A compreensão sociopolítica do Mestre dos Mestres era invejável. Marx teria muito a aprender com ele. Jesus sabia que somente uma mudança de dentro para fora pode ser revolucionária. Somente a mudança nos solos conscientes e inconscientes pode gerar o mais belo florescimento da ética, da solidariedade, do respeito pelos direitos humanos e, principalmente, de um amor mútuo.

Tenho, durante anos, me perguntado por que um discípulo íntimo de Jesus o traiu? Jesus era seguro e honesto; ninguém exalou tanta doçura, gentileza e serenidade. Mesmo nas pouquíssimas vezes em que se irou, não agrediu as pessoas, mas o sistema hipócrita em que viviam.

Como Judas pôde traí-lo? Na realidade, Judas foi controlado por seus conflitos. Antes de trair Jesus externamente, traiu a imagem de Jesus que construíra dentro de si. Essa imagem não batia com a imagem do salvador de Israel que ele inicialmente tinha.

Milhares de pensamentos dominavam o palco da mente desse jovem discípulo. Ele entregara sua vida por alguém que agora não compreendia. Creio que Judas jamais deixou de admirar Jesus, mas nunca chegou a amá-lo.

As lições da escola viva de Jesus ajudaram a desenvolver a personalidade de Judas, mas não podiam fazê-lo amar. Amar é o exercício mais nobre do livre-arbítrio. Ninguém controla plenamente a energia do amor, mas pode direcioná-la ou obstruí-la. Judas precisava decidir amar Jesus. Geralmente a obstrução do amor resulta de frustrações e desencontros. Se Judas abrisse seu ser para Jesus, expusesse seus conflitos, falasse das suas decepções, seria apaixonado pelo Mestre da Vida. O verdadeiro amor faz com que uma pessoa nunca desista da outra, por mais que ela a decepcione.

Muitos casais se separam não porque não se admirem, mas porque não conseguem falar das próprias frustrações um para o outro. Só percebem que o casamento está falido quando um dos cônjuges pede o divórcio. A partir de hoje, seja transparente com quem você ama, inclusive com seus filhos e amigos. A falta do diálogo faz com que as pequenas pedras se transformem em montanhas.

Jesus também frustrara os demais discípulos por não atender às suas ambições, mas eles o amavam. Não abriam mão dele, por mais que enfrentassem problemas, por mais incompreensível que fosse sua atitude de amar os inimigos e dar um valor inestimável aos que viviam à margem da sociedade.

Judas traiu o filho do homem, e não o filho de Deus. Judas não acreditava que Jesus era o Messias. Um crucificado que dizia que morreria pela humanidade não correspondia às suas expectativas. Ele procurava um herói. Até hoje muitos procuram um Jesus herói. É difícil entender alguém que despreza o poder e ama as coisas simples e aparentemente desprezíveis.

Judas revela seu coração

Pouco antes de Judas traí-lo, aconteceu um fato marcante. A notoriedade de Jesus estava incontrolável. Mas, em vez de fazer reuniões políticas ou erguer um grande palco para novos e vibrantes discursos, o mestre se encontrava na casa de um homem famoso por suas chagas: Simão, o leproso. Provavelmente, somente os cães entravam na casa e eram seus amigos. Simão estava radiante porque encontrara em Jesus um outro amigo. O homem mais famoso de Israel o privilegiava com sua amizade.

Judas já não tolerava mais a humildade de Jesus, mas entrou lá com os demais discípulos e outras pessoas. O ambiente não era recomendado para pessoas ambiciosas. Que ganho alguém teria por assentar-se à mesa com um homem socialmente rejeitado? Foi nessa casa que Judas manifestou, pela primeira vez, o seu coração.

Havia uma mulher de nome Maria. Maria era irmã de Lázaro. Ela amava Jesus profundamente e percebeu mais do que os outros discípulos que ele estava vivendo seus últimos momentos. Era difícil acreditar que Jesus morreria. Seu coração estava partido. Então, ela pegou o que tinha de mais precioso, um vaso de alabastro contendo um perfume caríssimo, quebrou-o e ungiu os pés de Jesus, enxugando-os com seus cabelos (*João 12:6*).

Maria desejava que Jesus exalasse o perfume do seu amor. Judas observou a cena e condenou publicamente a sua atitude. Era muito dinheiro para ser desperdiçado. Mostrando ética e aparente espiritualidade, disse que o perfume deveria ter sido vendido e o dinheiro entregue aos pobres. Sua reação era um teatro. Ele já roubava dinheiro das ofertas destinadas ao sustento da pequena comitiva de Jesus.

As mulheres são mais espontâneas, solícitas, gentis e dóceis que os homens. Elas se doam, se entregam, protegem e se preocupam mais com os outros do que os homens. Por isso, segundo as estatísticas da psiquiatria, elas se expõem mais e adoecem mais que eles. Maria amava intensamente

Jesus. Não pensou em si, pensou na dor do mestre, no seu sacrifício. Cometeu um ato ilógico, um ato que só o amor pode explicar.

Ela recordou o que Jesus fizera por todos os abatidos. Viu mães saindo do caos da tristeza para um oásis de alegria. Presenciou paralíticos saltando como crianças, leprosos estourando a bolha da solidão. Então, comprou um perfume, resultado da economia de uma vida, e o derramou sobre os pés de Jesus. O perfume falaria mais do que as palavras.

Ao condenar Maria, Judas parecia estar preocupado com os pobres, mas pensava apenas em si mesmo. Seu discurso traía seu coração. Dias mais tarde, entregou Jesus por 30 moedas de prata. O preço da traição foi cerca de duas a três vezes menor do que o perfume de Maria. O preço de um escravo (*Mateus 26:14*).

O homem que dividiu a história foi traído pelo preço de um escravo. Ele sempre foi um servo. Agora, na sua morte, assumiria o status que sempre quis: um escravo da humanidade. Por que Judas o traiu por preço tão baixo? Porque não planejou sua traição. Ele o traiu na última hora, em meio a grande perturbação, embora havia meses já estivesse em conflito.

O clima em Jerusalém estava tenso. Jesus já não conseguia andar com liberdade sem ser assediado por grandes multidões. O sinédrio judaico inquietava-se, e o governo preposto de Roma estava confuso. Judas não tinha tempo para pensar, talvez o traísse por qualquer preço. Por quê? Porque Jesus deixou de ser o homem dos seus sonhos. A sua frustração fechou as janelas da sua inteligência.

João Batista aguardou por três décadas o homem dos seus sonhos. Mas bastou pouco mais de três anos para Judas se decepcionar com ele. Judas queria um leão, mas Jesus era um cordeiro. Se você vivesse naquela época e fosse um seguidor de Jesus, estaria decepcionado com ele? Todos os discípulos, de certa forma, ficaram decepcionados. A cruz era inconcebível e incompreensível.

Quantos não se decepcionaram com Cristo porque, após segui-lo, seus problemas externos aumentaram? Quantos se afastam de Deus porque suas orações não são ouvidas no momento que querem e do jeito que desejam?

A análise das biografias de Jesus evidencia que quem procura Deus em busca de algo concreto pode se frustrar. Quem o procura pelo que ele é encontra a paz, pois consegue segurança em meio ao medo, força na fragilidade, conforto nas lágrimas, descanso nas perdas.

Judas tramava traí-lo e Jesus tramava conquistá-lo

Jesus teve a ousadia de confiar a Judas a bolsa das ofertas. Por quê? Ele desejava que Judas revisse a sua história enquanto cuidava das finanças do grupo. O mestre nunca pediu conta dos erros das pessoas. Nunca inquiriu as prostitutas sobre com quem e com quantos homens elas haviam dormido. Jamais acusou Judas de ladrão.

Jesus não tinha medo de perder o dinheiro roubado por Judas. Tinha medo de perder o próprio Judas. Sabia que quem é desonesto rouba a si mesmo. Rouba a própria tranquilidade, a serenidade, o amor pela vida. O coração de Judas estava doente, ele não amava Jesus nem se amava. Os transtornos de personalidade de Judas, tipificados pelos espinhos, eram seu grande teste.

O homem mais doente não é o que tem a pior doença, mas o que não reconhece que está doente. O maior erro de Judas não foi a traição, mas sua incapacidade de reconhecer as próprias limitações, de aprender com o mestre que os maiores problemas humanos estão na caixa de segredos da personalidade.

A atitude de Jesus deixa intrigada a psiquiatria e a psicologia. Na última ceia, Jesus anunciou a sua morte e disse, com o coração partido, que um dos discípulos o trairia. Todos queriam saber o nome do traidor. Mas Jesus não expunha publicamente os erros das pessoas. Eles insistiram. Então Jesus deu um pedaço de pão ao seu traidor numa cena dissimulada. Ninguém percebeu o que se passava, apenas Judas. Ele o fitou e disse: "*Faze depressa o que estás fazendo*" (João 13:27).

Ele poderia, como qualquer um, repreender, esbravejar, criticar agressivamente seu traidor, mas deu-lhe um pedaço de pão. Quem na história teve essa extraordinária atitude? Mesmo pessoas éticas expurgam os que se opõem a elas. Mas Jesus deu a outra face a Judas. Amou o seu inimigo.

Jesus tinha medo de perder Judas, e não de ser traído por ele.

Judas saiu de cena. Sua mente estava bloqueada. Sua emoção tensa e angustiada o impedia de pensar. Os computadores não têm o fantástico mundo da emoção e por isso são livres para abrir seus arquivos. Por ser incomparavelmente mais complexo, o ser humano não tem essa liberdade. A emoção determina o grau de abertura ou fechamento dos arquivos existenciais. A emoção nos liberta ou nos aprisiona. As pessoas mais lúcidas, incluindo intelectuais, reagem como crianças ao calor das tensões.

Há meses a emoção de Judas obstruíra os principais arquivos de sua memória. Judas já não era mais livre em sua mente. Os treinamentos de Jesus já não produziam o mesmo impacto. Ele interpretava gestos e palavras do mestre com grandes distorções.

O sinédrio tinha medo de prender Jesus publicamente. O risco de uma revolta popular era grande. Quando Judas apareceu, uma luz se acendeu. Poderiam prendê-lo à surdina, num local isolado. Uma vez preso, seria possível fazer um julgamento precipitado, rápido, sem que as multidões tivessem consciência do que estava ocorrendo. Era uma oportunidade única.

No momento da traição, Jesus provou mais uma vez que estava procurando reconquistar Judas, dando-lhe outra oportunidade de repensar sua atitude. Judas veio na frente da escolta e o beijou. Jesus se deixou beijar. Embora confuso, Judas conhecia seu mestre. Bastava um beijo para identificá-lo. Sabia que não seria repreendido. Como comentei em outros textos desta coleção, Jesus teve uma atitude ímpar. Fitou o traidor e o chamou de amigo (*Mateus 26:50*).

O Mestre dos Mestres golpeou o coração de Judas com seu amor. Jamais alguém amou tanto ou deu tantas chances a pessoas que mereceriam apenas o desprezo. Judas não esperava esse golpe. Saiu de cena perplexo.

As pessoas que fizeram guerras defendendo o cristianismo, como nas Cruzadas, as fizeram em nome de um Cristo imaginário, irreal. O Cristo real foi o que amou seu traidor. O Cristo real foi o que cometeu loucuras de amor por cada ser humano. Foi o que teve coragem de esquecer a sua dor para pensar na dor do outro, mesmo que o outro fosse um carrasco.

Se Jesus chamou seu traidor de amigo, quem pode decepcioná-lo? Ninguém! Que erro uma pessoa precisa cometer contra ele para fazê-lo desistir dela? Nenhum. A personalidade do mestre vai de tal maneira contra a nossa lógica que jamais poderia ser uma obra de ficção. Jesus não cabe no imaginário humano.

Morrendo por todos os traidores

Na infância, vi pessoas fazendo bonecos de Judas e espancando-os. Aos olhos dessas pessoas que se diziam cristãs, Judas deveria ser espancado e ferido. Mas, aos olhos de Jesus, Judas deveria ser acolhido e amparado.

O significado da morte de Jesus é envolto num manto de mistérios e perturba a ciência. Segundo o próprio Jesus, ele estava cumprindo diante de Deus todos os códigos jurídicos e éticos em favor de todos os seres humanos. As dívidas com Deus seriam eliminadas com seu sacrifício. Ele morreu por todos os que falham, erram, negam, traem.

Nesses anos todos exercendo a psiquiatria e pesquisando os segredos da mente humana, descobri que todos nós temos um pouco de Judas em nosso currículo. Quem não é traidor? Você pode não ter traído alguém, mas dificilmente não traiu a si mesmo. Quantas vezes você disse que seria uma pessoa paciente, mas uma pequena ofensa ou contrariedade bloqueou sua inteligência e o levou à ira? Você traiu a sua intenção. Quantas vezes, depois de um ato de infidelidade, você prometeu que isso não se repetiria, mas acabou ferindo novamente as pessoas que mais amava? Você traiu sua promessa.

Quantas vezes você disse que não levaria seus problemas para a cama, mas deixou que ela se tornasse uma praça de guerra? Você traiu seu sono. Quantas vezes você prometeu que sorriria mais, seria mais bem-humorado, leve e livre, mas suas promessas não resistiram ao calor dos problemas? Você traiu sua qualidade de vida. Eu já me traí muitas vezes. É fácil sermos carrascos de nós mesmos.

Quantos de nossos sonhos foram abandonados! Traímos nossos sonhos de infância e juventude. Prometemos lutar por nossos ideais, dar um sentido nobre à nossa vida, valorizar as coisas essenciais, mas gastamos uma energia descomunal com coisas banais. Raramente rompemos a rigidez da nossa agenda para fazer aquilo que nos dá prazer, nos relaxa e encanta. Sofremos por problemas que não aconteceram, nos preocupamos demais com as críticas dos outros, fazemos um cavalo de batalha por questões tolas. Somos todos traidores. O Mestre da Vida estava morrendo por todos nós.

Quantas vezes julgamos nossos filhos, amigos, colegas de trabalho, sem perceber que aquilo que nos dão é o máximo que conseguem naquele momento? Quantas vezes não conseguimos entender que as pessoas estão pedindo ajuda e compreensão com seus comportamentos grotescos? Em vez de acolher o pedido, atiramos pedras. Quantas vezes cobramos das pessoas o que elas não têm capacidade de dar! Somos punitivos e autopunitivos. Não temos compaixão dos outros nem de nós mesmos.

Quantas vezes traímos Deus? Nós não o vemos, não o tocamos fisicamente, e por isso é muito fácil traí-lo. Uns trocam Deus por uma grande soma de dinheiro; outros, por uma quantia menor que a de Judas. Uns viram as costas para Ele quando atingem o sucesso; outros o negam quando fracassam, culpando-o pelo que Ele nunca fez.

Quantas vezes vendemos as sementes de Jesus, suas caríssimas palavras, por um preço menor do que o de uma mercadoria da feira? O amor, a tolerância, o perdão, o acolhimento, o afeto, a compreensão, a capacidade de se doar sem esperar retorno, a capacidade de pensar antes de reagir são sementes universais, representam o ápice das aspirações humanas. Elas estão no topo das aspirações dos pajés das tribos indígenas, dos líderes das tribos africanas, dos ensinamentos de Confúcio, dos pensamentos de Buda e das melhores ideias dos filósofos.

Apesar de Jesus ter sintetizado os desejos fundamentais de todos os povos de todas as eras, muitas vezes desprezamos sua história, assim como fez Judas. Não analisamos suas palavras com a profundidade que merecem.

Todos sabemos que um dia morreremos, que a vida é efêmera. Num instante somos meninos; no outro, idosos. Mas vivemos como se fôssemos imortais. Adiamos a busca da sabedoria. Não perguntamos: "Deus, quem é você? Você é real?" Tomamos o melhor antibiótico quando estamos doentes, procuramos o melhor mecânico para consertar o motor do carro, verificamos minuciosamente o saldo da conta bancária, mas não nos preocupamos em desenvolver nossa inteligência espiritual, em buscar Deus de maneira inteligente.

A maioria de nós estava, de alguma forma, sendo representada por Judas. Jesus morria por todos os que mancharam a própria história com algum tipo de traição. Judas o traía, e Jesus o perdoava. Mas um grande problema surgiu: Judas seria capaz de se perdoar?

O suicídio de Judas

Jesus queria proteger a emoção de Judas quando o chamou de amigo. Estava preocupadíssimo com seu sentimento de culpa. Sabia que o discípulo se torturaria. Nada abala tanto uma pessoa quanto o peso na sua consciência. Nada perturba mais do que achar-se indigno de viver. A crítica dos outros talvez seja suportável, mas nossa autopunição pode ser intolerável.

O mestre era um homem seguro e de bem com a vida em situações inóspitas. Seu amor por Judas não cabe no imaginário humano. Sabia que Judas não era um psicopata que fere e mata sem se sensibilizar com a dor da vítima, sem qualquer sentimento de culpa. Paulo, o discípulo tardio, tinha uma agressividade e uma violência muito maiores do que as do traidor. Judas errava muito, mas era um homem sensível. O sentimento de culpa pela traição seria o maior teste da sua vida.

Se Judas pudesse remover os espinhos e encontrar o perdão e o amor de Jesus, certamente seria um dos principais personagens entre os mais ilustres cristãos do primeiro século. Viu Jesus sendo preso por sua causa sem se debater, mostrando serenidade num momento de enorme agitação. Todos estavam tensos: Judas, a escolta e os discípulos. Só Jesus dominava seus impulsos. Só ele tinha controle da própria emoção.

Ao afastar-se, Judas pôs-se a refletir sobre o comportamento de Jesus e começou a se angustiar. Caiu em si e disse que traíra sangue inocente. Tomou consciência de que traíra o mais inocente dos homens. Uma angústia dramática tomou conta do território da sua emoção, bloqueando os principais arquivos da sua memória. Não conseguia pensar direito. Não conseguia encontrar as sementes de Jesus nos arquivos bloqueados. O perdão, o amor e a compreensão não eram alcançados. Precisava recordar a parábola do filho pródigo, as palavras do sermão da montanha, as palavras no ato da traição, mas os fenômenos que constroem cadeias de pensamentos se ancoraram nas matrizes doentias da sua memória. A culpa o controlou.

Quantos, neste exato momento em que você está lendo este livro, estão se torturando pelo sentimento de culpa? Acham-se indignos de viver, de existir. Uma dose leve de sentimento de culpa pode gerar reflexão e mudança de rota. Mas uma dose alta é capaz de gerar autodestruição.

Judas não suportou. Pensou em morrer, achando que não haveria lugar na terra para um traidor, sobretudo o traidor do Mestre dos Mestres. Ninguém o compreenderia. Ele não suportaria conviver com seu erro. Ledo engano! Se usasse, para reconhecer seu erro e se arrepender, a mesma coragem que teve para trair, corrigiria a sua trajetória e brilharia. Não seria possível mudar o destino de Jesus, pois ele morreria de qualquer maneira, mas Judas mudaria o próprio destino.

Quando o mundo nos abandona, a solidão é suportável, mas quando nós nos abandonamos, a solidão é quase insuperável. Nunca devemos nos autoabandonar. Judas se abandonou. Não se perdoou. Desistiu de si mesmo. Suicidou-se. Mas ele queria matar a própria vida? Não!

Ninguém que pensa em suicídio ou que pratica atos suicidas quer exterminar a existência, mas a dor que solapa a sua alma. Em vários dos meus livros tenho comentado que o conceito de suicídio na psiquiatria está errado. Quem pensa em suicídio tem fome e sede de viver. Um pensamento sobre a morte é sempre uma manifestação de vida, é a vida pensando na morte.

A consciência não consegue pensar na inconsciência absoluta. A consciência não atinge, através do mundo das ideias, o nada existencial. Nenhum ser humano pensa em dar fim à vida, mesmo quando atenta contra ela. O que ele deseja é dar fim ao sentimento de culpa, à solidão, ansiedade, depressão.

Há poucos dias, uma jovem tentou o suicídio. Aflita, ela me procurou. Disse que tinha pensado, durante anos, em morrer. O motivo? Contou que seus pais não a compreendiam, não conseguiam entrar no mundo dela. Pagavam escola, davam-lhe roupas, mesada e cobravam muito dela, mas não a conheciam. Ela queria conversar com eles sobre seus sonhos, suas dores, suas crises. Mas os pais só conseguiam corrigir seus erros, repreendê-la. Então, ela tentou o suicídio tomando vários remédios. Queria que, quando morresse, as pessoas pensassem nela. Sentia uma grande carência.

Tive uma conversa séria e honesta com a jovem. Comentei que ela jamais deveria destruir sua vida por nada e por ninguém. Disse-lhe que matar-se é a atitude mais frágil diante dos obstáculos da vida. Falei que nada é tão indigno quanto tirar a própria vida. Ela devia usar sua dor não para destruí-la, mas para torná-la mais forte. E afirmei que, no fundo, ela tinha fome de viver. Como muitos pacientes, essa jovem deu um salto emocional. O sorriso voltou ao seu rosto na primeira consulta.

A pessoa que se suicida provoca cicatrizes na alma dos que a amam. É possível superar a mais longa noite e transformá-la no mais belo amanhecer. Não há lágrima que não possa ser estancada, ferida que não possa ser fechada, perda que não possa ser enfrentada e culpa que não possa ser superada. Os que transcendem seus traumas e erros tornam-se belos e sábios.

Aprenda a se perdoar. Não tenha medo da dor. Jamais se esqueça das sementes do Mestre da Vida.

CAPÍTULO 8

Pedro: antes e depois do mestre – o processo de transformação

A transformação da personalidade de Pedro

O coração psicológico de Pedro podia ser comparado ao solo à beira do caminho. Era rude, compactado, inflexível e sem grande cultura. Era impetuoso, irritado, tenso e especialista em reagir antes de pensar. Mas, ao contrário de Judas, era simples e transparente. Não dissimulava seus comportamentos, dizia o que pensava.

Sua mente era um livro aberto. Sua emoção, instável, mas sincera. Ficava fácil descobrir o que estava por trás das suas intenções. Pedro atropelava Jesus com frequência. Dizia coisas sem sua permissão. Colocava-o em situações difíceis, mas suas reações eram carregadas de ingenuidade, e não de maldade. Ele repetia os mesmos erros com frequência porque não sabia se controlar.

Era hiperativo. A psiquiatria precisa avançar na compreensão da hiperatividade. Tenho pesquisado muito sobre esse assunto.

As crianças ou jovens hiperativos possuem uma energia fenomenal, e sua mente está sempre ocupada com os próprios pensamentos. Por isso são dispersivos, não pensam nas consequências dos seus comportamentos, não refletem sobre suas dores, perdas e frustrações e, assim, repetem os mesmos erros com frequência. Devido ao transtorno que causam, é difícil ter paciência com os portadores de hiperatividade, mas, se a emoção deles for educada, podem se tornar seres humanos brilhantes. Pedro, como todo jovem hiperativo, era vítima da ação do gatilho da memória, que é um fenômeno inconsciente que abre em milésimos de segundo os primeiros arquivos diante de um estímulo. O gatilho da memória produz as respostas imediatas, que devem ser lapidadas. Mas as pessoas hiperativas, em vez de lapidá-las, as exteriorizam. Quando ofendido, Pedro rebatia sem analisar. Quando questionado, a resposta estava na ponta da língua sem grandes reflexões.

Era tão rápido que não titubeou em dizer que jamais negaria Cristo. Sua impulsividade impediu-o de pensar duas vezes antes de cortar a orelha de um soldado que se aproximou de Jesus para prendê-lo. Não analisou que havia uma grande escolta e que seu ato poderia provocar consequências imprevisíveis naquela noite.

Pedro parecia um homem de extrema coragem, mas, como não se interiorizava, não conhecia seus limites. Cortou a orelha do soldado porque se apoiava na grandeza de Jesus. Mas, quando Jesus deixou de realizar seus atos sobrenaturais e optou pelo silêncio, a força de Pedro se evaporou no calor das dificuldades.

Dentre os que andaram com Jesus, ninguém errou tanto quanto Pedro. Mas havia uma qualidade nele que sempre habitou nos grandes homens. Não tinha medo de errar, de chorar, de se entregar para aquilo em que acreditava, de correr riscos para conquistar seus sonhos. Era rápido para errar e rápido para se arrepender e retornar ao caminho.

Descobrindo o segredo de aprender

Pedro não era um intelectual, um homem de notório saber, mas tinha uma característica dos grandes pensadores: uma exímia capacidade de observação. Muitos universitários não possuem essa capacidade e por isso são meros repetidores de informações. Entre os cientistas, quem não desenvolve a observação não terá chance como pensador.

Pedro fitava deslumbrado seu mestre. Os laboratórios de Jesus causaram-lhe uma verdadeira revolução na colcha de retalhos da sua personalidade. Cada vez que Jesus abraçava uma criança e dizia para os seus discípulos que se eles não fossem como ela jamais entrariam no seu reino, Pedro ficava intrigado e pensativo. Ele talvez fosse o mais velho dos jovens discípulos, mas era o que mais se colocava como uma criança diante do seu mestre.

Por ser um grande observador, paulatinamente descobriu o segredo da arte de aprender. O segredo consistia em esvaziar-se dos preconceitos e paradigmas, não temer o novo, não ter receio de explorar o desconhecido. Entendeu que devia se colocar como uma criança que se expõe singelamente diante do mundo que a cerca. Quem não consegue se esvaziar das próprias verdades não consegue abrir as possibilidades dos pensamentos. Judas não soube aprender essa lição.

Qualquer pessoa que perde a capacidade de se esvaziar e de se colocar como uma criança aventureira diante do desconhecido torna-se estéril de novas ideias. Você tem cultivado essa capacidade? Há pessoas que não conseguem brilhar em suas profissões porque pensam e reagem sempre do mesmo jeito. Suas mentes estão engessadas. Muitos não conseguem conquistar filhos, cônjuge e amigos porque dão sempre as mesmas respostas para os mesmos problemas e nunca os surpreendem.

Jesus encantava a todos porque sempre tinha novas respostas. Era capaz de falar eloquentemente de Deus sem mencionar a palavra "Deus". No seu encontro com a samaritana deixou-a fascinada comentando os segredos da felicidade, do prazer inesgotável. Depois de ouvi-lo, ela saiu pela cidade falando para todos do encontro com Jesus. Quem dele se aproximava ficava estarrecido com sua perspicácia e capacidade de argumentação.

Jesus desafiava a compreensão dos seus discípulos, falando em código, por parábolas e sinais. Para entendê-lo, não bastava o exercício da lógica, era necessário aprender a pensar e a compreender a linguagem da emoção. Pedro, embora fosse agressivo e impulsivo, aprendeu essa nobilíssima linguagem. Ele não apenas admirou muito seu mestre, mas também o amou intensamente. Isso fez toda a diferença em sua vida.

Mais tarde, quando já era um homem de idade avançada, talvez 30 anos depois da morte de Jesus, Pedro escreveu a sua primeira epístola. Nela, ele revela a grandeza do seu aprendizado. Um pescador se tornou um grande pensador.

Sintetizando a sua própria história, Pedro disse nessa carta que devemos ser como crianças que desejam o genuíno leite espiritual. Pedro jamais deixou de aprender, nunca deixou de ter o coração de uma criança. As palavras de Jesus ainda estavam frescas no território de sua emoção. As sementes plantadas há tanto tempo ainda davam belos frutos, mesmo em meio às turbulências e perseguições que sofria. Essa carta foi escrita em 64 d.C., um ano antes de Nero promover uma grande perseguição aos cristãos. Numa época de temor, o amor prevaleceu. Numa época de loucura, a sabedoria floresceu.

Nero provocou um incêndio criminoso em Roma e culpou os cristãos. Queria um pretexto para eliminá-los. Foi desumano e violento porque sabia que havia uma chama inapagável no coração dos seguidores de Cristo. Homens e mulheres tornaram-se pasto de leões no Coliseu. O sofrimento era enorme, mas quem pode destruir o amor? Quanto mais eram perseguidos, mais os cristãos amavam.

Um grande amigo de Jesus

Jesus tinha um cuidado especial com Pedro. Sabia que ele era precipitado, mas também que era sincero e franco. Apesar de seu comportamento ansioso, o mestre confiava nele. Fico fascinado com o fato de Jesus expor o seu coração a uma pessoa tão despreparada. Os seus segredos mais íntimos foram compartilhados com Pedro e os irmãos Tiago e João.

Cada gesto de confiança de Jesus constituía o mais excepcional treinamento que um mestre poderia realizar na transformação da personalidade de um discípulo imaturo. Confie nas pessoas difíceis. Abra seu coração a elas. Não desista delas, mesmo quando tiver motivos. Um dia você se surpreenderá com os resultados.

Se Pedro vivesse nos dias de hoje, as escolas clássicas o expulsariam. Ele criaria tumulto na sala de aula. Não conseguiria se concentrar e registrar informações. As aulas sem sabor emocional não o cativariam. Seus professores desejariam vê-lo a quilômetros de distância.

Nos dias de hoje, talvez Pedro não tivesse chance de tornar-se um grande homem. Mas, como encontrou o Mestre dos Mestres, sua vida deu uma guinada. Jesus investiu solidamente nele. Treinou continuamente sua personalidade, levou-o a trabalhar a tolerância, a usar os erros para educar a emoção e a estimular sua arte de pensar. O resultado? Pedro tornou-se um dos homens mais brilhantes e uma dádiva para a história da humanidade.

Como Jesus lapidou a hiperatividade e a ansiedade de Pedro? Aproveitando as próprias complicações que seu discípulo criava. Certa vez, quando perguntado por funcionários a serviço de Roma se seu mestre pagava imposto, Pedro respondeu que sim, sem perguntar a Jesus. O mestre, paciente, enviou-o a pescar. Disse-lhe que no primeiro peixe que fisgasse encontraria uma moeda que serviria para pagar o imposto.

Pedro não tinha paciência para pescar com vara. Gostava da aventura no mar. Pescar com vara era um exercício para sua paciência e encontrar uma moeda na boca de um peixe era um exercício para sua fé. Parecia algo impossível. Enquanto pescava, ele questionava sua impulsividade e devia perguntar-se: "Por que sou tão precipitado? Da próxima vez, fecho a boca." Por fim, pescou um peixe que tinha a tal moeda e aprendeu uma grande lição: pensar antes de reagir. Essa lição não foi definitiva, mas um bom começo para quem vivia a lei do "bateu-levou".

Pedro falhou muito, mas se tornou um grande amigo do Mestre da Vida. Os miseráveis sempre amaram mais Jesus do que os que se consideravam justos. Os que falharam e tiveram a coragem de reconhecer suas fragilidades não eram colocados em segundo plano, ao contrário, cultivavam um íntimo relacionamento com ele. Os últimos se tornaram os primeiros. Eles tiveram o privilégio de ver a grandeza e a humildade de Cristo. Seu poder e suas lágrimas.

Negando o seu mestre

Jesus disse reiteradas vezes que partiria. Seria preso, torturado e crucificado. Como pode alguém que desarma a mente de qualquer opositor morrer de modo tão vil? Como pode alguém que discursa sobre a eternidade terminar a vida pendurado numa trave de madeira? Para Pedro, isso parecia impossível. Mas, à medida que o fim se aproximava, o discípulo pressentiu que perderia Jesus. Ficou inconsolado. Não compreendia que a cruz era o desejo do seu mestre, e não uma fatalidade.

O carpinteiro da emoção esculpiu o amor na alma do pescador. O pescador aprendeu a amar. Amou intensamente o carpinteiro e as pessoas que o cercavam. Pedro talvez tivesse morrido pescador se Jesus não o tivesse encontrado. Ao segui-lo, Pedro passou a ver a humanidade de modo diferente. A vida ganhou um novo sentido. O tédio diluiu-se, a repetição dissipou-se. Os problemas externos aumentaram, mas a alegria multiplicou-se e a paz alcançou níveis inimagináveis.

Andar com Jesus era uma aventura maior do que viver no mar. Diariamente havia coisas novas. Quando Jesus insinuou a grande despedida na última ceia, uma tristeza aguda abarcou a emoção de Pedro. O teatro da sua mente foi invadido por pensamentos sombrios.

Jesus caminhou para o Jardim do Getsêmani e seus discípulos, inconformados, o acompanharam. Comentei esse assunto em outros textos, na perspectiva de Jesus; agora preciso comentá-lo na perspectiva dos discípulos. A mente deles não parava de pensar e roubar energia do córtex cerebral, produzindo um desgaste enorme, uma fadiga intensa. Em poucas horas eles gastaram mais energia do que em dias de trabalho braçal extenuante.

No Getsêmani, Jesus chamou em particular Pedro, Tiago e João. Subitamente, o mestre disse algo incomum: falou sobre sua dramática dor emocional. Permitiu que eles vissem suas reações de estresse. Os olhos dos discípulos presenciaram um espetáculo único. Os capilares de Jesus estouravam na periferia da pele, produzindo um suor sanguinolento. Quantos pensamentos não passaram na mente de Pedro? Jesus angustiado, sofrendo, confessando sua dor? Impossível!

Ele observava a queixa do Mestre dos Mestres e as orações suplicantes ao seu Pai e ficava cada vez mais perplexo (*Mateus 26:37*). O mestre imbatível chorava diante do caos. Jesus, que enfrentara o mundo, pedia agora que fosse afastado dele o cálice? Que cálice era esse? Que fuga era essa? Pedro começou a negar Jesus naquele momento. Ele não compreendia que Jesus clamava para que seu Pai afastasse não o cálice da cruz, mas o cálice da sua mente, os pensamentos antecipatórios sobre o cálice da cruz que dilaceravam sua emoção.

A fadiga emocional de Pedro aumentou ainda mais. Seu cérebro, para evitar um colapso e economizar energia, provocou-lhe sonolência. Acabaram-se suas reservas. Pedro dormiu juntamente com Tiago e João. No momento em que Jesus mais precisava deles, não conseguiram estar alertas.

Ao ver seu mestre preso, Pedro ainda mostrou alguma força, mas já cambaleava. O silêncio de Jesus o amedrontou. Os discípulos fugiram, Pedro seguiu-o a distância. Disfarçadamente, penetrou no pátio do sinédrio. Não se deu conta de que, ao mesmo tempo, entrava no pátio da sua emoção, percorria as vielas do medo e vivia o mais intenso treinamento da sua personalidade.

Jesus era questionado, mas nada respondia. O silêncio de Jesus ecoava como uma cascata na alma de Pedro. As sessões de espancamento ferindo o rosto do mestre eram um espetáculo de terror. O medo irracional é o maior ladrão da inteligência. Um pequeno inseto pode se tornar um monstro, uma taquicardia pode gerar a falsa impressão de enfarte, um elevador pode se tornar um cubículo sem ar. O medo traz à luz os fantasmas.

Pedro reagia por instinto. Seu cérebro clamava para que ele saísse de cena, mas a intensidade do medo e do conflito existencial que o dominava o paralisaram. Quando questionado, negou Jesus. Questionado pela segunda vez, negou novamente. Na terceira vez foi longe demais: *"Eu não conheço esse homem! Nunca andei com ele! Não faço a mínima ideia de quem seja!"* (*Mateus 26:69*) Horas antes, ele jurara que morreria com Jesus, mas agora Jesus era um estranho para ele.

No livro *O Mestre dos Mestres* vimos que, quando Pedro o nega pela terceira vez, Jesus se esquece da dor e o acolhe com o mais sublime olhar. O carpinteiro e o pescador se reencontraram num dos olhares mais belos da história. Jesus estava ferido e encontrava-se afastado. Não havia possibilidade de falar com Pedro e consolá-lo. Mas, quando as palavras lhe faltaram, o mestre falou com os olhos. Falou que compreendia a fragilidade do seu discípulo querido, que em hipótese alguma o esqueceria, que o amaria para sempre, ainda que ele o negasse inúmeras vezes.

O olhar de Jesus desbloqueou a mente de Pedro e ele caiu em si. Saiu de cena e foi chorar. Chorou amargamente. Ninguém poderia consolá-lo. Cada gota de lágrima foi uma lição de vida. Cada gota de lágrima irrigou a sua capacidade de refletir. Ele não acreditava no que tinha feito. Nunca se vira tão frágil. Jamais traíra seus sentimentos.

Morrendo por todos os que o negam

Todos nós estamos, de alguma forma, representados na história de Pedro. Jesus não apenas o acolheu, mas acolheu todas as pessoas que são controladas pelo medo, que não conhecem seus limites, que nos momentos de tensão reagem sem pensar.

Quem não tem atitudes como as de Pedro? Quem é plenamente fiel à sua consciência em todos os momentos da própria história? Quem não é escravo do medo quando está doente ou correndo risco de morte? Quem não é tomado pela ansiedade quando ofendido, ameaçado, pressionado? Quem não nega as próprias convicções diante das tempestades da vida?

Desconfie das pessoas que não reconhecem suas fraquezas. Todos temos nossos limites. Muitos dos que se julgam estáveis e seguros não suportam situações imprevisíveis. Uma crise financeira é capaz de roubar-lhes a tranquilidade. Um fracasso os deprime. Uma crítica os leva a reações intempestivas. Uma doença os deprime.

Pedro era ansioso, mas não volúvel. Seu caráter era sólido. Seu erro foi muito grave, mas ele negou Cristo porque um medo intenso obstruiu as janelas da sua inteligência. Se vivêssemos naquele tempo, muitos de nós não cometeríamos esse erro porque não teríamos sequer coragem de entrar naquele pátio.

Dois grandes erros e dois destinos

Pedro não cometeu erros menos graves do que os de Judas. Judas traiu Jesus por 30 moedas de prata, e Pedro o negou veementemente para três pessoas de baixa posição social. Um traiu, outro negou. Os dois erros foram grandes e graves. Mas geraram dois destinos diferentes.

Tanto Judas quanto Pedro choraram intensamente. Ambos experimentaram um dramático sentimento de culpa. Pedro amava intensamente Jesus, e Judas o admirava imensamente. O amor de Pedro resistiu ao drama da culpa, a admiração de Judas sucumbiu a ela.

Pedro recordou que Jesus dissera que ele o negaria, e Judas, que ele o trairia. Pedro foi alcançado por um olhar de Jesus. Judas teve um privilégio maior, pois Jesus o chamou de amigo no ato da traição. Pedro compreendeu o olhar de Jesus. Judas não compreendeu a palavra "amigo". Judas não compreendeu a compaixão do mestre. O resultado?

Pedro se perdoou, Judas se puniu. Cada gota de lágrima que Pedro derramou produziu uma amarga lição de vida, e cada gota de lágrima que Judas derramou produziu um amargo sentimento de culpa. A dor de Pedro arejou sua emoção, fê-lo compreender a sua fragilidade. A dor de Judas sufocou sua emoção e tornou-o uma pessoa indigna.

Judas cortou relações com todos. Pedro não se isolou diante da dor. Teve a coragem de contar aos amigos o seu erro. Por isso, sua negação foi comentada nos quatro evangelhos e foi alvo de inúmeras conversas entre os primeiros cristãos. Todos se reconheceram em Pedro. A sua história revela um homem que aprendeu a ser grande por enxergar e admitir a sua pequenez. Só os grandes homens são capazes desse gesto.

Semanas mais tarde, após a morte de Jesus, Pedro teve reações inusitadas. Ele, que havia negado Jesus para pessoas simples, falou publicamente para milhares de pessoas sobre seu amor pelo mestre, incendiando o amor na multidão (*Atos dos Apóstolos 2:14*).

Após esse fato, Pedro foi preso diversas vezes, mas nunca mais negou Jesus. Esteve diante dos mesmos homens do sinédrio que tinham mandado espancar o mestre, mas desta vez foi seguro e eloquente. Fitou-os e disse que Jesus tinha ressuscitado, que vencera o inimaginável, o caos da morte.

A superação da morte de Jesus é uma notícia maravilhosa, mas entra na esfera da fé, transcende a investigação da ciência. Extrapola a análise proposta por esta coleção. O que desejo ressaltar aqui é que, após a morte de Jesus, o Pedro tímido e amedrontado se converteu num homem destemido e imbatível.

Se Pedro não tivesse negado Jesus, talvez não tivesse reeditado algumas áreas doentias da sua personalidade. Mas, ao conhecer seus limites e aprender a chorar, seu espírito inundou-se de um amor indecifrável. Este amor penetrou em cada área da sua alma e o transformou, pouco a pouco, num homem dócil, amável, gentil, tolerante.

As duas cartas que escreveu no final da vida refletem a sua mudança. Revelam um pensador sensível, arguto e afável. Pedro comentou nos seus escritos que devemos nos amar ardentemente com um amor genuíno. Disse que devemos nos despojar de toda inveja, maldade e falsidade. Comentou algo surpreendente: que Jesus vivia no secreto do seu ser. Foi ainda mais longe, dizendo que a dinâmica das relações sociais deve mudar, que não devemos pagar mal com mal, injúria com injúria.

A emoção de Pedro exalava sensibilidade. No final da sua primeira carta, enumerou os princípios que definem um verdadeiro líder. Assimilando as palavras do Mestre dos Mestres, afirmou que os líderes não devem controlar as pessoas, nem ser gananciosos e ansiosos, mas modelos de humildade, sobriedade, ânimo, mesmo diante das turbulências da existência. E terminou como o mais poético dos escritores: *"Saudai-vos uns aos outros com o ósculo do amor. Paz para todos vós que estais em Cristo"* (I Pedro 5:14).

Na sua juventude, Pedro não admitia desaforos. Era difícil encontrar sensibilidade nos seus gestos. Era capaz de usar a espada se fosse contrariado. Mas o jovem irritado e insensível transformou-se num poeta da solidariedade. Ele termina sua mais longa carta sem críticas, cobranças, sem apontar defeitos. Termina se despedindo de forma sublime, distribuindo beijos de amor para todos. Como este Pedro estava longe do Pedro individualista e agressivo dos tempos em que enfrentava o mar! Jesus revolucionara a sua vida.

Nunca o amor curou tanto as feridas da alma. Nunca se soube de alguém que aprendeu tanto tendo tão pouco. O apóstolo Pedro se tornou também um Mestre da Vida.

CAPÍTULO 9

João: antes e depois do mestre – o processo de transformação

A transformação da personalidade de João

Todos consideram João o mais dócil dos discípulos, o que não corresponde à realidade. Ele se transformou, ao longo da vida, num ser humano repleto de amor. Mas, antes de encontrar Jesus e durante a sua caminhada com o mestre, sua emoção flutuava como um pêndulo. João tinha momentos de brandura alternados com reações de intensa agressividade. Simplicidade, com intolerância. Foi o único que propôs excluir os opositores.

Jesus tinha especial apreço pelas pessoas complicadas. Declarou certa vez que tinha vindo para os doentes. Queria lapidar a personalidade deles e fazê-los pensadores. João, como Pedro, tinha graves defeitos em sua personalidade. Não há indícios de que fosse hiperativo, mas há evidências de que era tenso, explosivo e não sabia lidar com contrariedades. Também, à semelhança de Pedro, entre as suas principais características se destacavam a transparência e a sinceridade. Não sabia esconder os sentimentos. Não maquiava os segredos da alma.

Tinha enorme capacidade de observar detalhes. Registrava os comportamentos de Jesus nos solos da sua memória como um fotógrafo profissional que observa luz, sombra e espaço. Desde cedo percebeu que Jesus não tolerava agressividade. Embora fosse vítima do gatilho da memória e, consequentemente, desse respostas rápidas e impensadas, entendeu que seguir

Jesus exigia um preço da inteligência. Tinha de aprender a arte do perdão, a suportar críticas, a ser rejeitado, a enfrentar injustiças.

João já recebera algumas lições de sua mãe e de seu pai, Zebedeu. A pequena indústria de pesca era reflexo de um homem bem-sucedido. João, como seu irmão Tiago, já experimentara o gosto do sucesso. Eram ambiciosos. A certa altura da trajetória com Jesus, os dois revelaram sua ambição. Para surpresa do mestre, enviaram sua mãe como porta-voz para pedir que em seu reino um se assentasse à direita, e o outro, à esquerda.

Eles não entendiam que o reino de Jesus era em outra dimensão, não pertencia a este mundo físico. Achavam que Jesus assumiria o reino de Israel. Nesse eventual governo, desejavam os primeiros lugares, deixando os demais para os outros discípulos.

Jesus, admirado, disse que eles não sabiam o que pediam. Indagou se seriam capazes de beber o cálice que ele beberia, o cálice do seu martírio. Precipitados, eles responderam que sim. Provavelmente pensaram que se tratava de um cálice de vinho com que brindariam a vitória do mestre.

Os discípulos tinham grande dificuldade de entender a mensagem de Jesus. Mas, revelando uma paciência incomum diante de erros grotescos, Jesus não desistia deles e, quando os repreendia, fazia-o com brandura. Pouco a pouco o artesão da alma esculpia uma obra-prima nesses jovens incautos.

Todo grande líder estimula seus liderados a fazer grandes coisas, mas ninguém deseja ser superado. Todo grande mestre ensina esperando que seus discípulos se igualem a ele, mas nunca o ultrapassem. O comportamento de Jesus nessa área é magnífico. Ele foi tão desprendido do poder que disse que, após a sua morte, eles fariam obras maiores do que as que ele tinha realizado.

Jesus desejava que João e os demais discípulos tivessem a mais legítima e sólida ambição, a ambição de amar as pessoas intensamente, aliviá-las e ajudá-las a compreender que são especiais para Deus, independentemente da sua falibilidade, dificuldades e condição social.

João ficava estarrecido ao presenciar o cuidado carinhoso de Jesus com as pessoas. O mestre tratava os miseráveis com a mesma atenção que dava aos líderes de Israel. Foi capaz de parar uma multidão só para conversar com uma mulher que há anos sofria de hemorragia. Interrompia comitivas e estendia as mãos para os mendigos como se eles fossem as pessoas mais importantes do mundo. Cegos, paralíticos, leprosos tinham seu dia de príncipe quando se encontravam com o Mestre da Vida. A humanidade de Jesus produzia laboratórios que chocavam a emoção contida de João.

Os fariseus diziam que Jesus era um louco, ameaçavam prendê-lo e matá-lo, mas Jesus não se perturbava e tratava-os com mansidão. Ao invés de enxotá-los, contava-lhes uma parábola para abrir as janelas de suas inteligências. João bebia continuamente da afetividade e da sabedoria de Jesus.

As matrizes doentias do inconsciente desse discípulo foram reescritas lenta, mas consistentemente. No começo da sua jornada, pediu a Jesus para eliminar os opositores. Dar a outra face não estava registrado no dicionário da sua vida. Aos inimigos, a punição exemplar. Mas o tempo passou e ele foi contagiado pelo amor de Jesus.

João começou a enxergar as pessoas com os olhos do coração. Olhava-as além da cortina dos seus comportamentos. Passou a entender que, por detrás de uma pessoa agressiva, falsa, arrogante, havia alguém em conflito que tivera uma infância infeliz. Desse modo, a intolerância foi dando espaço à gentileza. O julgamento precipitado, à compreensão. A indiferença foi substituída pela sublime preocupação com a dor dos outros.

Aos meus amigos: um grande presente

Ao final de sua jornada com Jesus, João conheceu a fonte do mais excelente dos sentimentos. Na última ceia, percebendo que seu mestre estava triste, teve um gesto incomum na frente dos seus amigos. Reclinou a cabeça sobre o peito do mestre. O jovem impetuoso aprendera rapidamente as lições de amor.

Reclinado sobre o peito de Jesus, João agradecia silenciosamente tudo o que o mestre tinha sido para ele. Revelou um amor que ultrapassava os limites da racionalidade. Não poderia voltar para o mar da Galileia, pois tinha aprendido a navegar em outras águas. Com Jesus, ele poderia enfrentar dificuldades maiores do que as tempestades no mar, mas sua vida só teria sentido se estivesse ao lado do seu mestre.

Aprendeu que não é o tamanho das tempestades que determina a solidez da segurança, mas a certeza do abrigo. Jamais se sentiu tão protegido como junto a seu mestre. Provavelmente, pela primeira vez, entendeu que valia a pena correr riscos para transformar os mais belos sonhos em realidade.

Na juventude, os discípulos de Jesus tinham sido ensinados a competir, a lutar por seus interesses, a tirar vantagem de tudo, a pensar primeiro em si e depois nos outros. Mas eles conheceram um vendedor de sonhos que era um excelente educador. O mestre colocou-os em situações imprevisíveis. Expôs as máculas de suas personalidades para transformá-las. Cuidou das feridas de suas almas. Por fim, vendeu-lhes o sonho do amor incondicional.

Quando terminou a ceia, Jesus se retirou. A noite era fria e densa, mas algo queimava no seu interior. Suas últimas palavras tinham sido eloquentes (*João 13 a 18*). Não pedira atos heroicos nem exigira gigantismo e perfeição, mas apenas que permanecessem no seu amor. E completara dizendo que a única coisa que os faria serem reconhecidos como seus discípulos seria o amor pelos outros. A marca de uma nova vida não era dada pelo sucesso das conquistas e a eloquência das palavras, mas pelo amor entre eles. Sem tal amor, tudo o que fizessem seria estéril e sem vida.

E continuou. Disse que não considerava seus discípulos seus servos, pois um servo desconhece o que está oculto no pensamento do seu senhor. Ele os considerava seus amigos, pois os amigos sabem o que está no coração um do outro. Jesus fez dos jovens galileus seus amigos íntimos. Confirmou isso dizendo que não há maior amor do que dar a própria vida pelos amigos.

Com essas palavras, deixou uma mensagem espetacular. O ápice da relação do ser humano com Deus é a amizade. Muitos querem ser servos e escravos de Deus, mas Deus quer amigos, para segregar-lhes no coração seus sentimentos. Muitos querem ser súditos do Mestre dos Mestres, mas ele quer amigos que conheçam as vielas do seu ser. Muitos mostram reverência diante de Deus, mas não sabem que a maior reverência é tornar-se um amigo íntimo.

Após essas palavras, Jesus prometeu-lhes algo impossível de ser observado pela investigação psicológica. Prometeu-lhes enviar um consolador, o Espírito Santo, que poderia dar-lhes força na fraqueza, segurança nas tormentas, alegria nas prisões. A ciência se cala diante dos fenômenos que envolvem o Espírito Santo, por ser uma questão que entra na esfera da fé, da experiência pessoal, da crença individual. Apenas podemos dizer que, indubitavelmente, após a morte de Jesus, os jovens frágeis e amedrontados deram um salto intelectual e emocional sem precedentes. Tornaram-se destemidos, intrépidos, ousados. Tiveram atitudes que nos deixam boquiabertos: cantavam nas prisões, alegravam-se nas perseguições e revelavam tranquilidade no martírio. Os segredos que teceram a personalidade dos discípulos são fascinantes.

Aos pés da cruz

Jesus previu sua morte várias vezes. Dissecou as etapas do seu martírio sucintamente, mas seus discípulos pensaram que a crucificação era uma ficção, uma retórica. Não compreenderam as suas palavras, pois estavam seduzidos pelo seu poder. Somente no momento da última refeição perceberam algo diferente no ar. Jesus nunca se apresentara tão triste. Foi então que João reclinou a cabeça sobre seu peito, e Pedro prometeu que morreria com ele.

Mas a hora chegou e o medo assaltou-lhes a alma. Jesus foi preso. Não era ainda meia-noite, e foi a noite mais longa e perturbadora que tiveram. O mundo ficou pequeno para tanto medo e tantas perguntas.

Provavelmente pensavam que o mestre se livraria, pois afinal ele havia escapado de maiores apuros, chegando até a dominar tempestades. Não faziam ideia de que, no mesmo momento em que se tranquilizavam pensando em seu poder, o rosto de Jesus estava sangrando. Não sabiam que, ao mesmo tempo que relembravam seus grandes feitos, o corpo de Jesus se cobria de hematomas. Pedro deve ter chegado no meio da noite. Contou para os outros que o tinha negado. E, o que é pior, relatou que Jesus estava sendo espancado. Eles se entreolharam, mudos. Foi uma noite de terror.

Logo que a aurora começou a banir a noite de Jerusalém trazendo os primeiros raios de sol, João saiu da casa. Animado pela coragem de Maria, a mãe de Jesus, e de outras Marias que o seguiam, foi ver de perto os acontecimentos. As mulheres se apoiaram na emoção; os discípulos, no pensamento. A emoção prevaleceu. Elas saíram e os demais discípulos, à exceção de João, ficaram.

Ao ver Jesus sair escoltado da Fortaleza Antônia, a casa de Pilatos, mutilado e quase irreconhecível, João deve ter caído em lágrimas. Suas pernas bambearam, seu coração desfaleceu. O caminho até o calvário parecia interminável. Ao chegar ao local, presenciou uma cena chocante.

Os gritos de dor dos crucificados misturavam-se com as lágrimas e o espanto da plateia. Raramente houve uma tal multidão para assistir à morte de um condenado. Pouco tempo antes, João reclinara sua cabeça sobre o peito de Jesus e agradecera por ele ter ajudado todos os miseráveis e oprimidos, dentre os quais ele mesmo. Agora, Jesus era o mais miserável dos homens, mas ninguém podia ajudá-lo. Que contraste!

Como vimos em O Mestre do Amor, na plateia havia milhares de pessoas que Jesus havia ajudado e saciado. Tirar-lhes Jesus era arrancar-lhes o coração. João ouviu os gemidos de dor de Jesus. Contemplou sua musculatura estremecendo. Observou-o clamando por ar e entrou em desespero. Para seu espanto, Jesus o chamou e, numa tentativa de consolá-lo, pediu-lhe para tomar Maria como sua mãe e cuidar dela. Falar cravado numa cruz expande a musculatura do tórax e aumenta a dor. Talvez João tivesse vontade de dizer "Por favor, não fale. Não sofra mais. Esqueça-me". Que homem é esse que coloca as pessoas em primeiro plano, mesmo quando está em último lugar? Que amor é esse que se esquece da própria dor para consolar os outros?

As reações de Jesus na cruz mudariam João para sempre. Ele não seria mais o mesmo depois de ver Jesus morrer como um dócil cordeiro que optou pelo silêncio enquanto todas as suas células gritavam por misericórdia. Foram seis horas inesquecíveis de um Mestre Inesquecível.

Inteligência espiritual: o resgate da esperança

No passado, eu pensava que procurar Deus era uma perda de tempo, um sinal de fragilidade intelectual. Hoje, penso completamente diferente. Percebo que há um conflito existencial dentro de cada ser humano, seja ele um religioso ou um ateu cético, um intelectual ou um analfabeto.

A psiquiatria trata dos transtornos psíquicos com antidepressivos e tranquilizantes, e a psicologia, com técnicas terapêuticas. Mas essas ciências não resolvem o vazio existencial, não dão respostas aos mistérios da vida. Quem somos? Para onde vamos? Qual é o verdadeiro significado da existência? O mais elevado conhecimento científico da física, química, biologia e das ciências humanas ainda se encontra na idade da pedra para responder a essas questões.

Descobrimos cada vez mais o mundo exterior, mas a vida humana continua um mistério. Por isso, desenvolver inteligência espiritual não é sinal de pequenez, mas de grandeza espiritual e intelectual. É impossível destruir a procura íntima por Deus no ser humano, pois ela ultrapassa qualquer cultura.

A mesma sede que um indígena tem de saber o que está por trás da solidão de um túmulo habita a alma de um cientista de Harvard. O mesmo anseio que repousa na emoção de um religioso pela superação do caos da morte repousou na alma de Marx e Freud. O socialismo tentou de todas as formas destruir a fé dos povos. Hoje, na Rússia e nas demais sociedades que viveram mais de meio século sob o regime socialista, há uma explosão de fé.

Recentemente li uma entrevista de Gorbatchev em que ele dizia: "Deus criou o mundo e não quis governá-lo, por isso passou esta tarefa para os homens, mas os homens querem governá-lo sozinhos." O homem que sepultou a Guerra Fria, que cresceu aos pés do comunismo, crê em Deus.

O que é inteligência espiritual? É a inteligência que deriva do conceito consciente ou inconsciente de que "a vida humana é uma grande pergunta em busca de uma grande resposta". É a inteligência que procura o sentido da vida, mesmo quando a pessoa afirma que não crê.

Inteligência espiritual é a procura por Deus, independentemente de uma religião, no recôndito do nosso ser, para desfazer os nós do novelo da vida. É a busca por respostas existenciais que a ciência nunca respondeu. É o desejo irrefreável pela continuação do espetáculo da vida quando se fecham os olhos da existência. É a inteligência que nasce no espírito humano e constrói no teatro da alma a esperança dos filhos de reencontrarem os pais que partiram, dos pais reverem os filhos que cedo se despediram da vida e dos amigos voltarem a se abraçar como nos velhos tempos.

O radicalismo e a intolerância religiosa não fazem parte da inteligência espiritual. O desenvolvimento da inteligência espiritual promove exteriormente a solidariedade, a fraternidade, o respeito pelos direitos humanos, e interiormente a estabilidade da emoção, o alívio da ansiedade e a expansão da arte de pensar. Portanto, procurar Deus, desejar conhecê-lo e amá-lo é um ato inteligentíssimo.

A prisão de Jesus e sua crucificação sufocaram a inteligência espiritual das pessoas. Os dias que se seguiram à sua morte são dificílimos de descrever. Os dois primeiros dias foram tempos de amargura. Judas estava morto, Pedro, confuso, e os demais discípulos, deprimidos.

Jerusalém entristeceu-se. A multidão de visitantes que se apinhava para ver o mestre foi se diluindo e retomando o caminho de volta para suas cidades. Sua esperança tinha sido roubada.

Um ser humano pode enfrentar milhões de problemas e sobreviver, mas não sobrevive quando perde a esperança. Resgatá-la é oxigenar a vida. Como reacender a esperança desse povo sofrido? O Mestre da Vida disse, certa vez, que se o grão de trigo não morre não dá frutos, mas, se morrer, frutifica abundantemente. Foi o que aconteceu. A trágica morte de Jesus trouxe uma angústia indecifrável, mas os dias que se seguiram trouxeram um júbilo incontido.

Um poeta do amor: escritos que exalam sensibilidade

João permaneceu em Jerusalém com os demais discípulos. Era um lugar perigoso, seria melhor retornar à Galileia. Mas eles ficaram divulgando as boas-novas, a superação da morte de Cristo e o seu plano transcendental que incluía os mais belos sonhos a que um ser humano podia aspirar.

Os jovens galileus que pareciam tão despreparados começaram a revelar-se grandes mestres. As lições de Jesus começaram a mostrar resultados extraordinários. Eles foram se tornando eloquentes oradores. Os discursos vibrantes contagiavam milhares de pessoas. Resolveram as disputas internas, trabalharam em equipe e conseguiram amar os outros mais do que a si mesmos. Cuidaram das necessidades materiais, psíquicas e espirituais de pessoas que não conheciam. A vida de muitos ganhou alento. A esperança havia voltado.

A alegria era tão intensa entre eles que tomavam suas refeições de casa em casa. Cada um se preocupava com as dores e necessidades do outro. Pessoas que antes mal se cumprimentavam nas ruas passaram a ser chamadas carinhosamente de "irmãos". As barreiras culturais e sociais foram rompidas.

João estava lá, pescando homens para Deus, mostrando que a vida humana tinha um significado maior do que comprar, vender e possuir status social. Todos se admiravam com a sua sabedoria e com a dos demais amigos. Jerusalém virou uma festa. Mas os homens do sinédrio não toleraram o movimento, e as turbulências começaram.

Perseguições e prisões começaram a ocorrer. As reuniões foram dizimadas. Alguns morreram. João recebeu um duro golpe. Tiago, seu irmão, foi martirizado. Mas João não desistiu. Os espinhos não conseguiram sufocar o seu amor pelo Mestre dos Mestres. Ele entendeu que os melhores tesouros se escondiam nos lugares mais inóspitos. Vivenciou as palavras de Jesus e se converteu num grande caçador de pérolas. Vendeu tudo o que tinha para conquistar a maior delas.

O tempo passou e as tribulações afastaram João de Jerusalém. Em muitos lugares por onde circulou, ele deu força aos abatidos, ânimo aos prostrados. Vendia autoestima, lembrava que ninguém era indigno para Deus. A sociedade poderia descartá-los, mas Jesus não descartara sequer seus torturadores. Perdoou-os enquanto seu coração claudicava na cruz.

João escreveu um evangelho, três cartas e o livro do Apocalipse. Seus escritos exalam a mais bela afetividade. Mesmo no livro do Apocalipse é possível perceber, entre guerras e julgamentos, o mais excelente perfume da emoção. Nesse enigmático livro, Jesus é citado mais de 20 vezes não como um general ou juiz, mas como o cordeiro de Deus. João nunca esqueceu das seis dramáticas horas da crucificação. Jesus cometera um sacrifício de amor pela humanidade.

O simbolismo do cordeiro revela uma brandura inesquecível. João terminou o livro do Apocalipse falando sobre o trono de Deus e o cordeiro. Desse trono não saía condenação, crítica, denúncia de problemas, mas um rio brilhante como cristal, o rio da água da vida. Um rio que sacia a emoção humana, tranquiliza os pensamentos, irriga com sabedoria a inteligência e torna os seres humanos felizes e serenos.

João estava idoso quando resolveu escrever os textos que hoje temos em mãos. Devia sentir o peso da idade e das perseguições que sofrera. Era de se esperar que sua memória estivesse cansada, que tivesse perdido os detalhes dos primeiros anos de caminhada com Jesus, pois já se havia passado cerca de meio século da morte de seu mestre.

Mas, para nossa surpresa, João descreveu no seu evangelho um Jesus vivo, fascinante, detalhista, vibrante, cujo falar produzia encantamento. Quase a metade do seu evangelho foi escrita baseada nos fatos e eventos dos últimos dias que antecederam a crucificação. As palavras do seu mestre ainda queimavam no seu espírito e alma.

As suas cartas também revelam um frescor de quem preservou a primavera dentro de si. João iniciou a sua primeira carta fazendo uma descrição sensorial da sua relação com Jesus. Descreveu que suas mãos apalparam, seus olhos viram e contemplaram a pessoa mais fascinante que viveu nesta terra. Era como se na véspera ele tivesse andado com seu mestre e aprendido as mais belas lições de vida.

As sementes plantadas no solo do seu ser floresceram e frutificaram. Por ser um homem que enfrentara muitas batalhas, João podia querer descansar, mas discorrer sobre o Mestre da Vida ainda despertava sua paixão. O motivo pelo qual escrevia, segundo o próprio João, era para que os seus leitores tivessem uma alegria completa (*João 17:13*).

A relação de João com seus leitores era estreita e sem barreiras. Ele os chamou carinhosamente de "filhinhos". Seu tratamento afetivo indica uma pessoa que tinha prazer de viver, apesar dos percalços da vida. Na juventude, ele era radical e impulsivo; agora, emanava amor e compreensão.

João discursou contra o sistema social, chamado por ele de "mundo". Falou que esse sistema controla os pensamentos e as emoções das pessoas, escravizando-as, gerando soberba, orgulho e comportamento fútil. Era necessário viver dentro do mundo, mas ser livres por dentro.

João encorajou os cristãos a romperem as amarras do egoísmo irracional e aprenderem a se doar uns para os outros, como Jesus se doara. Disse que quem fecha os olhos do coração para os que sofrem e passam necessidades não tem o amor de Deus. O amor sobre o qual discorreu não era teórico. Era um amor que não impunha condições nem esperava retorno, mas que se entregava espontaneamente.

Para João, quem não ama não conhece Deus. Uma pessoa pode ter cultura teológica e aparente espiritualidade, mas, se não amar, sua vida é teatral e vazia. Para ele, o verdadeiro amor rompe o cárcere do medo. Que tipo de medo? O medo do amanhã, do desconhecido, de ser criticado, de ser incompreendido, de empobrecer, de contrair doenças, de morrer, de ser punido por Deus.

O medo rouba a tranquilidade, enquanto o verdadeiro amor apazigua e produz paz. João foi um homem que conheceu a paz interior. Um ser humano sem paz pode ganhar o mundo inteiro, mas permanece inconquistável dentro de si mesmo, atormentado no íntimo do seu ser.

Ele termina a sua última carta pedindo que seus leitores saúdem os amigos nome por nome. O sucesso não invadiu sua cabeça. Para ele, a história que existe atrás do nome de cada pessoa é mais importante do que os aplausos das multidões. João viveu as pegadas de Jesus, que, mesmo assediado pelas multidões, gastava tempo com as pessoas mais simples.

Décadas antes, o jovem João deixara os barcos e as redes para seguir um vendedor de sonhos, sem imaginar que aquele homem fosse um excelente escultor da emoção. No começo parecia impossível transformar esse discípulo, pois seu individualismo, agressividade e intolerância estavam muito cristalizados. Mas o escultor da emoção começou a trabalhar lenta e consistentemente. O resultado? João se transformou num poeta do amor.

CAPÍTULO 10

Paulo: a mais fantástica reedição das matrizes da personalidade

A face sombria da personalidade de Paulo

Paulo foi o maior perseguidor dos cristãos, mas, quando se tornou um seguidor de Jesus Cristo, foi o discípulo que pagou o preço mais alto para divulgá-lo. A liderança judaica o odiava. Quando ela estava prestes a matá-lo, ele foi protegido pelos romanos e aprisionado. Os judeus apresentaram queixas contra ele a Félix, o governador da Judeia. Acusaram-no de promover revoltas entre os judeus esparsos em todo o mundo. Era o principal agitador da seita dos nazarenos (*Atos 24:5*).

Querendo assegurar o apoio dos judeus, Félix manteve Paulo encarcerado. Dois anos se passaram até Félix ser substituído pelo governador Festo. Logo que Festo subiu de Cesareia para Jerusalém, os judeus, ainda enfurecidos, novamente apresentaram queixa contra Paulo, que não deixara de trabalhar na prisão. Precisavam contê-lo para que o nome de Jesus fosse apagado da terra. Após as acusações, Paulo se valeu de sua cidadania romana para apelar a César (*Atos 25:11*), pois sabia que não teria chance alguma se ficasse em Israel. Poderia ser alvo de uma emboscada e morrer.

Passados alguns dias, o rei Agripa foi visitar e saudar Festo. Como o caso de Paulo tinha grande repercussão popular e era muito delicado, Festo o expôs ao rei. Agripa interessou-se em ouvi-lo. O movimento em torno de Jesus de Nazaré já havia chegado aos seus ouvidos, por isso desejava conhecer as ideias do seu ilustre divulgador.

A oratória de Paulo era fascinante. Talvez não convencesse seus opositores, mas suas palavras os perturbavam. Sua honestidade era cristalina. Para defender a causa de Jesus, Paulo fez, perante o rei Agripa, a mais eloquente descrição das características doentias da própria personalidade antes de se tornar seguidor do Mestre dos Mestres (*Atos 26:10*). Nunca alguém teve tanta coragem de mostrar sua loucura passada para revelar sua sanidade atual.

Ele talvez sentisse um aperto no coração enquanto falava, mas não se poupou. De todos os seus escritos, essa passagem é a que melhor retrata sua agressividade e insensibilidade antes da conversão.

Paulo descreveu cinco importantes características para definir sua desumanidade:

1. Encerrou cristãos nas prisões. As lágrimas de homens e mulheres encarcerados não o comoviam. Os gritos incessantes pedindo clemência não o perturbavam.
2. Múltiplos assassinatos. Ele não apenas consentiu na morte de Estêvão (*Atos 8:1*), mas de muitos outros cristãos. Quando os judeus se reuniam em conselho para ver o fim que alguns cristãos levariam, Paulo dava o seu voto para que fossem mortos. Embora em menor proporção, ele promovia uma limpeza cultural, semelhante à que o nazismo fez com os judeus.
3. Perseguição incansável e irracional. Paulo disse ao rei Agripa que não se contentava em prender os cristãos apenas em Jerusalém. Sua fúria era tão dramática e ilógica que ele os perseguia de cidade em cidade e até em locais distantes de Israel, como Damasco, na Síria. Não se importava em ter que cavalgar mais de 200 quilômetros desconfortavelmente, pois o que importava era eliminar os seguidores de Jesus.
4. Castigava-os publicamente em todas as sinagogas, espancando-os publicamente como exemplo para abortar o ânimo de novos adeptos. Os sofrimentos dos cristãos se tornaram um espetáculo de terror.
5. Infligia sofrimentos a ponto de alguns blasfemarem. Paulo, aqui, desceu ao último degrau da violação dos direitos humanos. Ele torturava

física e psicologicamente os indefesos cristãos, pressionando-os para blasfemarem contra quem amavam. Violentou a consciência dessas pessoas produzindo transtornos emocionais irreparáveis.

Eu gostaria de poupar Paulo e dizer que ele não foi tão agressivo. Mas é impossível fazer isso, porque ele mesmo não se poupa. Mas aprendeu com Jesus a não ter medo do seu passado, aprendeu a arte da honestidade. Pedro, do mesmo modo, aprendeu a grandeza dessa arte. Esses homens mudaram a face do mundo, os seus feitos atravessaram gerações e influenciaram bilhões de pessoas. O Novo Testamento descreve não apenas seus grandes sucessos, mas seus mais eloquentes erros e fracassos. O que Paulo diz perante o tribunal romano sobre seu próprio comportamento antes de encontrar Jesus Cristo nos faz vê-lo como um dos homens mais violentos da nossa história. Nenhum outro discípulo teve, no seu currículo emocional, a fúria e a tortura. Sua desumanidade supera a de Judas Iscariotes, a de Pedro e a dos demais seguidores de Jesus.

O mais culto dos discípulos foi o mais destruidor. Isso indica que a inteligência lógica, caracterizada pelo acúmulo de informações, não é suficiente para produzir as funções mais importantes da personalidade, como a capacidade de se colocar no lugar dos outros, a tolerância, a afetividade, o gerenciamento dos pensamentos.

A dor, as lágrimas e o sangue dos cristãos que Paulo feriu jamais foram apagados da sua memória e geraram cicatrizes inesquecíveis. Em muitas das suas cartas ele trata desse assunto. Quando diz que era o menor de todos os discípulos na sua Carta aos Efésios, não estava sendo humilde, mas sincero. Ele realmente se considerava o último dos seguidores do Mestre dos Mestres, o mais devedor de todos.

O amor que ele sentia por Jesus e a crença em seu sacrifício o libertaram do sentimento de culpa, mas jamais apagaram o seu passado. Nunca é demais repetir: o passado não se deleta, se reescreve. Temos de conviver com nosso passado, ainda que ele tenha sido um deserto. O desafio é irrigar esse deserto, tratar da sua acidez e aridez e transformá-lo num jardim, como Paulo fez. O que jamais devemos fazer é nos isolarmos e ruminarmos a culpa, como Judas fez.

No caminho para Damasco

A conversão de Paulo, transformando-o em seguidor de Jesus, tem fatos que transcendem a investigação deste livro. No mesmo discurso em que descreve para o rei Agripa as atrocidades que cometeu, ele fala sobre a mudança em sua vida. Enquanto caminhava para Damasco para dizimar os cristãos, uma forte luz o envolveu. Ele caiu do cavalo, atônito. Então, ouviu uma voz que indagava por que ele o perseguia. Espantado, ele disse: *"Quem és, Senhor?"* A voz disse: *"Eu sou Jesus, a quem tu persegues"* (Atos 26:15).

O mundo desabou sobre Paulo. Seus pensamentos o atordoaram. Sua crise ansiosa foi tão volumosa que gerou alguns sintomas psicossomáticos: ficou cego, perdeu o apetite, teve uma anorexia reacional. A voz prosseguiu. Entre outras coisas, disse a Paulo que o enviaria para testemunhar uma infinidade de coisas que ele viria a enxergar. Teria uma grande missão: converter as pessoas das trevas para a luz.

Os fatos que norteiam a mudança de Paulo ultrapassam a pesquisa psicológica. Entram na esfera da fé. Apenas ressalto que Paulo não teve uma alucinação auditiva, pois não era um psicótico. Embora suas atitudes fossem violentas, ele sabia o que queria, tinha metas e direção intelectual. Se fosse uma alucinação, deveria tê-lo estimulado a ter mais força para dizimar os cristãos, e não amá-los e ser altruísta.

Paulo passou a questionar as próprias verdades, a criticar sua agressividade, repensar seus preconceitos. Ainda que incompreensível, toda experiência que estimula a arte de pensar não pode ser considerada um delírio, mas um fenômeno inteligente.

Paulo conhecia profundamente as Antigas Escrituras. Imaginava que Jesus de Nazaré fosse o maior de todos os hereges do mundo. Tudo o que se falava sobre ele deveria ser abolido. Depois de passar pela experiência no caminho de Damasco, Paulo começou a refletir sobre sua vida e sobre suas crenças. Foi uma revolução interior.

Recolheu-se na sua cidade natal por um bom período. Milhares de pensamentos o perturbavam. Começou a penetrar em seu mundo interior e a perceber a irracionalidade da sua agressividade. Ao mesmo tempo, como estudioso das Antigas Escrituras, procurou ansiosamente respostas que pudessem resolver o quebra-cabeça na sua mente.

Para ele, o Messias não poderia ser um homem humilde, um simples carpinteiro que recusara o trono político. Não poderia ser alguém que tinha abraçado leprosos, fizera discursos sobre o amor e a tolerância. Agora sentia a necessidade de repensar seus preconceitos.

Paulo refletiu dias e meses; por fim, encontrou suas respostas. Viu claramente que o Messias comentado nos textos sagrados dos judeus correspondia ao Jesus que ele odiava. Ao resolver o quebra-cabeça, viu-se diante de um dramático problema. O que fazer com as pessoas que torturara? Como reparar o erro cometido contra os inofensivos cristãos que espancara publicamente? Como aliviar sua consciência dos gritos das mães e pais separados dos seus filhos?

Paulo, certamente, chorou muito. Passou noites em claro. Entrou em desespero, viveu angústias e teve crises depressivas enquanto refletia. Na Carta aos Coríntios, disse que não era digno de ser chamado de apóstolo, pois jamais se esquecera das perseguições que deflagrara contra os cristãos. Estava sendo sincero. A sua consciência era um espinho em sua alma.

O mundo de Paulo foi virado de cabeça para baixo. Raramente um ser humano teve de repensar tanto a própria vida. Mas, pouco a pouco, encontrou consolo para viver. Enxergou uma fascinante luz na noite escura. De inimigo número um passou a ser um dos principais defensores da causa do Mestre da Vida.

A caminhada com Jesus

A caminhada de Paulo como discípulo foi cheia de entraves. Ele era um jovem fariseu promissor. Todos invejavam sua rígida ética e sua liderança. Quando se tornou cristão, o mundo desabou sobre sua segurança. Como elogiar para a liderança judaica aquele que ele sempre odiara? Como explicar uma mudança tão grande? Paulo teria de enfrentar o que parecia impossível.

Confessar ter passado a seguir um homem que morrera na cruz gerava os mais intensos debates. A cruz era escândalo para os judeus e loucura para os gregos. Hoje, a humanidade tem um apreço incondicional pelo Jesus crucificado. Na sua época, ser um seguidor desse Jesus era ser tachado de louco, de insano, de pertencer ao esgoto social.

Além de dar satisfações quase inexplicáveis ao mundo sobre a sua conversão ao cristianismo, Paulo tinha de trabalhar os transtornos psíquicos que teciam a sua alma. Havia uma paz íntima convivendo com muito entulho emocional e intelectual que precisava ser removido.

Ele não participou da escola viva de Jesus. Pelo fato de não ter andado com o Mestre dos Mestres, não vivenciou situações em que os arquivos doentios da periferia do seu inconsciente seriam expostos e reeditados. A arrogância, o individualismo, a dificuldade de liderar os pensamentos, a inveja, a intolerância e o medo apareceram nos demais discípulos ao longo da trajetória com Jesus e foram tratados. Não todas, mas boa parte das favelas da memória dos discípulos foi reurbanizada.

Como Paulo tratou das matrizes doentias da sua memória? Como reeditou sua agressividade e insensibilidade? Como trabalhou sua incapacidade de ouvir e de reagir sem pensar? Como reciclou seu caráter preconceituoso e autoritário? Paulo enfrentou centenas de situações dramáticas que fizeram vir à tona as mais ocultas fragilidades.

Na Carta aos Romanos, ele teve a coragem de dizer: *"Miserável homem que sou... Não faço o bem que prefiro, mas o mal que não quero, este faço..."* Paulo descobriu que não conseguia ser tão gentil, amável, puro, sereno, tranquilo e sensível como gostaria. Ele desejava incorporar as mais belas características de Jesus, mas sentia-se incapaz de vivenciá-las.

Nesse texto, ele discorre com fineza sobre um grande dilema da psicologia: o ser humano lidera o mundo exterior, mas não é um grande líder de si mesmo. Quem consegue gerenciar a ansiedade? Quem consegue controlar todos os pensamentos negativos? Em águas tranquilas nos mostramos excelentes timoneiros, mas em águas turbulentas perdemos o leme. Quantas vezes fomos coerentes em determinadas situações e insensatos em outras? Todos temos limites, mais cedo ou mais tarde nos surpreendemos com nossa fragilidade.

Paulo queria ter uma vida livre, muito diferente da anterior. Desejava ser forte, seguro e estável. Antigamente, lutava para eliminar os cristãos, agora lutava dentro de si mesmo para ser livre. Chamar-se de miserável não significa que ele tenha descartado a autoestima, mas que tinha consciência das limitações do "eu" para ser diretor do roteiro do palco da sua mente.

Percebendo o drama dessa luta, ele, nessas mesmas cartas, dá um passo além. Mostrando um refinado conhecimento de psicologia, relata que a transformação da personalidade passa pela renovação da mente e encoraja seus leitores a experimentar tal renovação.

O que é renovar a mente? É reeditar o filme do consciente e do inconsciente, reescrever os arquivos da colcha de retalhos da nossa memória. Paulo sabia que, se não passasse por tal transformação, não haveria esperança, e toda mudança se tornaria efêmera, fugaz. Ele procurou a presença de Deus com desespero em seu próprio espírito, para que sua alma fosse transformada.

Paulo era um jovem preconceituoso. Para ele, Israel, seu povo, era o melhor da terra. Aquele que possuía a melhor religião, cultura e ética. Os demais povos eram considerados forasteiros, gentios, pagãos. Ele desejava dizimar os seguidores do nazareno porque queria purificar a sua religião.

Passando pelo vale dos sofrimentos

Quando Paulo abraçou a causa de Jesus Cristo, apaixonou-se pela humanidade. Aprendeu a sonhar. Odiou muito, mas amou muito mais. Sua mudança foi tão grande que pode ser comparada, nos dias de hoje, à atitude de um judeu radical que sempre revidou com violência os ataques terroristas dos palestinos e que agora os procura para beijá-los. Paulo amou livres e escravos, judeus e gregos, ricos e pobres.

Até que ponto Paulo se entregou aos povos? Inteiramente, vivenciando dramas incontáveis. Tinha todos os motivos para desistir, esquecer o projeto de Jesus, mas seu desejo de cumpri-lo era sólido.

Sentia-se fraco muitas vezes, mas tomou consciência de que o poder e a força se aperfeiçoam na fraqueza. Dessa forma, tornou-se um sábio. Foi uma das raras pessoas nesta terra que usou cada frustração, incompreensão, rejeição, ferida física e emocional para expor as mazelas da sua alma e reeditá-las. Para ele, todo sofrimento era inútil se não fosse usado para lapidar a personalidade.

O poder de Deus se aperfeiçoa na fragilidade humana. Esta era a bandeira com que Paulo enfrentava as tormentas da vida. Deus não era uma teoria distante, a milhares de anos-luz, mas o grande artesão da sua personalidade. Assim, o diamante bruto assumia formas de rara beleza. Por buscar a presença de Deus em momentos quase insuportáveis, ele escrevia uma nova história.

A psicologia não entende alguns ditames da inteligência espiritual. Mas é indiscutível que um dos grandes carrascos da história conquistou uma humanidade sublime. Sua gentileza, mansidão, solidariedade e capacidade de perdoar são poéticas. Provavelmente nenhum de nós foi tão hostil quanto Paulo, mas nenhum amou tanto como ele. Estamos longe da sua agressividade e mais longe ainda da sua capacidade de amar.

Na Segunda Carta aos Coríntios, ele fala da grandeza das lições pelas quais passou e que expuseram as matrizes doentias da sua personalidade. Paulo, que perseguira implacavelmente todos os cristãos, acabou sendo perseguido e sofreu experiências dolorosas mais frequentes e intensas do que as que causou.

Ele fez três grandes viagens por terras longínquas para anunciar a mensagem de Jesus. Foi preso várias vezes. As prisões romanas eram depósitos humanos, ambientes lúgubres e úmidos. Mas ele não se abatia, achava uma dádiva sofrer pela causa de Jesus Cristo. Era de se esperar que entrasse em desespero, mas, contrariando toda lógica, Paulo cantava nas prisões.

Ele açoitara os cristãos nas sinagogas, mas seu corpo foi marcado pela violência dos açoites aplicados pelos judeus. Nada, porém, calava a voz de Paulo. Dificilmente alguém foi tão humilhado e ferido como esse apóstolo. Na Grécia, correu o risco de ser linchado. As pessoas gritavam nas ruas e batiam os pés pedindo sua morte. Mas a vida lhe era muito cara. Desejava aproveitar cada minuto para falar do Mestre do Amor. Foi ultrajado e considerado escória do mundo, mas jamais se calou. Ele não conviveu com Jesus, mas o amou até às últimas consequências.

Paulo foi uma vez apedrejado e dado como morto. Seu corpo ficou coberto de sangue e dilacerado. Quando se recuperou, talvez se lembrasse de Estêvão, apedrejado e morto com o seu consentimento. Ao invés de virar as costas para o vendedor de sonhos, ele recobrava as forças e continuava a sonhar.

Experimentou períodos de intensa angústia, ansiedade, desespero. Entretanto, a morte não o ameaçava. Era como se olhasse nos olhos de Deus e considerasse um prêmio cada novo dia.

Paulo sofreu três naufrágios. Passou uma noite e um dia na voragem do mar, provavelmente flutuando, agarrado a algum pedaço de madeira para não afundar. Quanta dor! Fazia tudo isso por causa do amor incontrolável que sentia pelas pessoas.

Enfrentou perigos de todos os tipos. Foi roubado por salteadores, odiado pelos judeus, rejeitado drasticamente pelos gentios. Em alguns momentos não tinha energia para continuar, era melhor abandonar tudo, mas não desistia dos sonhos de Jesus.

Ficou nu. Passou fome e sede. E, como se não bastassem todas as tempestades exteriores, vivenciava uma grande tormenta interior: a preocupação afetiva com todas as pessoas que acreditavam em Jesus. Raros personagens na história pagaram um preço tão grande por amar.

Uma declaração de amor

Apesar de ter passado por indescritíveis sofrimentos, Paulo viveu o auge da saúde psíquica. Tinha todos os motivos para ser uma pessoa deprimida, mal-humorada e ansiosa, mas era alegre e sereno. Embora tenha relatado todos os seus sofrimentos vexatórios e indignos nessa Segunda Carta aos Coríntios, em sua primeira carta ele faz a mais bela apologia ao amor. Nesse texto, ele superou a sensibilidade dos poetas, a profundidade dos filósofos e a serenidade dos pensadores.

No capítulo 13 da Primeira Carta aos Coríntios, ele afirma que o amor é o alicerce da vida. Uma pessoa pode falar todas as línguas, mas, se não tiver amor, é como um bronze que emite sons mas não tem vida. Uma pessoa pode conhecer todos os mistérios da ciência e da teologia, mas, se não tiver amor, todo seu conhecimento sobre Deus é vazio, não tem sentido de vida.

Revelando uma sobriedade impressionante, Paulo diz que o amor é paciente e benigno. O amor estabiliza a emoção, torna-a serena e tranquila. A ausência do amor por Deus, pela vida, pelas pessoas, pelo trabalho fomenta a ansiedade e o egoísmo. Paulo só conseguiu aprender o alfabeto da mansidão e da bondade depois que passou a amar.

O amor não arde em ciúmes, não se exalta, não age insensatamente, não procura seus interesses, não guarda mágoas. Paulo sempre fez da sua emoção um depósito de lixo. Os problemas o invadiam e perturbavam. Ele criava inimigos gratuitos. Era uma pessoa transtornada e conflituosa. Paz não fazia parte da sua história. Ele queria destruir os outros porque era autodestrutivo.

À medida que começou a transformar a mente e a desobstruir a emoção, foi abandonando cada vez mais o apego às próprias ideias, a necessidade de o mundo girar em torno das suas verdades. Quem não gosta de ser contrariado e se coloca acima dos outros é imaturo. O verdadeiro amor não se exalta, não é vítima do orgulho, não procura seus próprios interesses. O amor sólido não se alegra com a injustiça, não tem medo de sofrer, de se entregar, crê com facilidade e tem esperança sólida de que dias melhores virão.

Gostaria de escrever um livro um dia sobre todos os temas que Paulo descreveu. É um assunto inesgotável. O amor vence todos os transtornos emocionais. O amor supera todas as crises familiares. O amor torna ricos os miseráveis. Faz da vida uma aventura. O amor amplia o ângulo de visão dos problemas: os gigantes se tornam pequenos, e as montanhas, diminutas pedras.

Que homem é esse que faz recomendações no meio de tanta dor? Que homem diz que a vida é encantadora quando o mundo desaba sobre ele? O homem que, no passado, feriu e torturou foi capaz de um amor incompreensível pela humanidade.

As mudanças nas matrizes conscientes e inconscientes de sua memória indicam que Paulo não melhorou apenas seu caráter, mas tornou-se um novo homem. Sua mudança deixa assombrado qualquer pesquisador da psicologia. Ela representa uma das mais revolucionárias transformações da personalidade de um ser humano em toda a história. Representa um retumbante grito de esperança. Se Paulo mudou tanto, qualquer pessoa pode alimentar essa expectativa.

A vida que Paulo encontrou em Cristo libertou-o do caos e fê-lo viver intensamente, tornando cada momento uma experiência única, um soneto de amor. Ele demonstrou, em cada um dos vales emocionais que atravessou, que jamais devemos abrir mão da vida, mesmo com todas as perdas, decepções, desencontros, frustrações. Raramente a dor gerou tanta inspiração, produziu um viver tão vibrante. Paulo foi um homem feliz numa terra de infelizes.

CAPÍTULO 11

Uma carta de amor: o final da história dos discípulos

Onde está o amor?

O amor é descrito nos livros, proclamado nas poesias, cantado na música, filmado no cinema. Apesar de ser o fenômeno psicológico mais procurado da história, é o menos compreendido.

Reis procuram o amor no poder, sem encontrá-lo. Famosos o buscam nos aplausos, mas muitos morrem solitários. Ricos tentam comprá-lo com sua fortuna, mas o dinheiro, se compra o mundo, não compra o sentido da vida. Poetas procuram encontrá-lo nos versos, mas muitos se despedem da vida sem poesia. Cientistas o colocam na prancheta das suas ideias, mas não conseguem entendê-lo.

Para muitos, o amor não passa de uma miragem. Eles o procuram de forma errada nos lugares errados. Acham que ele se esconde nas grandes coisas, sem se darem conta de que ele sempre está presente nas coisas mais simples, diminutas, quase imperceptíveis. Está presente no sorriso das crianças, no beijo das mães, no consolo dos amigos, nas dádivas do Criador.

Onde está o amor singelo, ingênuo e arrebatador que resgata o sentido da vida e nos faz sorrir, mesmo quando temos motivos para chorar? Onde está o amor que nos faz acordar pela manhã e dizer que a vida é maravilhosa, apesar de todos os nossos problemas? Onde está o amor que nos faz ter esperança em alguém mesmo quando sofremos decepções? Onde está o amor que transforma o trabalho num oásis mesmo sob o calor da competição e das relações tensas? Onde está o amor que nos faz ver que a vida é uma janela para a eternidade mesmo quando estamos chorando a perda das pessoas que amamos?

O clima social da época de Jesus era o menos recomendado para se falar de amor. A miséria física e emocional, as pressões políticas e a discriminação floresciam na alma dos judeus. Havia espaço apenas para falar do ódio e da revolta contra o Império Romano. Falar de amor era um escândalo. Nesse clima, Jesus criou uma esfera de amor quase surreal. Homens com ambições, reações e personalidades distintas começaram a recitar poesias de amor.

O amor entre eles transcendia a sexualidade e os interesses. Os pobres tornaram-se ricos, os desprezados ganharam status de seres humanos, os deprimidos encontraram alegria e os ansiosos beberam da fonte da tranquilidade. Jesus não deixou qualquer marca, senha ou dogma religioso para identificar seus discípulos, somente o amor: *"Nisto conhecereis que vós sois meus discípulos, se amardes uns aos outros."* O verdadeiro discípulo não era o que errava menos, o mais ético ou mais puro, mas aquele que amava.

Uma pessoa podia fazer orações o dia inteiro, enaltecer Jesus e ser um pregador das suas palavras, mas, se não amasse, não era um discípulo, apenas um mero admirador. Jesus sabia que somente o amor seria capaz de aproximar pessoas de culturas, religiões, personalidades, pontos de vista, raças e nacionalidades distintos.

O amor destrói o individualismo, mas não a individualidade

Ao aprender a linguagem do amor, os discípulos perderam paulatinamente o individualismo, mas não a individualidade. Mantiveram a sua identidade, as suas características particulares, preferências, gostos, reações. Os discípulos continuavam com personalidades diferentes umas das outras. Mas qual era a personalidade preferida de Jesus? A sensível como a de João, a determinada como a de Pedro ou a perspicaz como a de Paulo?

Jesus não demonstrou qualquer preferência. O Mestre Inesquecível respeitava e apreciava as diferenças. Queria apenas saber se o amor irrigava ou não a personalidade deles. O amor corrige rotas, apazigua a emoção, traz lucidez ao pensamento, rompe a estrutura do egoísmo. O amor nos faz iguais, apesar de todas as diferenças.

O cristianismo está dividido em muitas religiões. Cada um segue a sua de acordo com a própria consciência, mas é raro perceber um amor ardente entre cristãos de religiões distintas. É raro encontrar expressões de afeto, reuniões sociais ou orações em comum entre aqueles que não comungam das mesmas ideias. Jesus jantava tanto na casa de um fariseu quanto na de um coletor de impostos. Valorizava os éticos e dava especial atenção aos imorais. Amava pessoas muito diferentes!

Onde está o amor nos dias atuais? As pessoas podem estar divididas em distintas religiões, mas é inaceitável que o amor esteja dividido, pois, se estiver, ele se dissolverá no calor das nossas diferenças. Quem não ama não tem sonhos, não se coloca no lugar dos outros, não sabe compreendê-los.

Muitos cristãos e membros de outras religiões rotulam de fracos aqueles que possuem transtornos emocionais. Ao invés de amá-los e compreendê-los, julgam e condenam. Cometem uma injustiça que só quem não ama é capaz de cometer. Não sabem que, na realidade, muitos pacientes deprimidos e portadores de outros transtornos psíquicos são as melhores pessoas da sociedade, ótimas para os outros, mas péssimas para si mesmas, pois não têm proteção emocional. É o medo da crítica e do preconceito que as faz calar sobre a própria dor.

O Mestre do Amor opôs-se completamente a esse tipo de preconceito. Na noite em que foi traído, ele, que atingira o auge da saúde psíquica, derramou lágrimas sem medo e não dissimulou sua dor. Ao permitir corajosamente que seus discípulos observassem sua dramática angústia e estresse, ele desejava que não apenas entendessem a dimensão do seu sacrifício, mas que pudessem amar, compreender e dialogar com os feridos na alma.

Mas onde está a poesia de amor proclamada por Paulo e que alivia os abatidos pela depressão e pela ansiedade? Onde estão os beijos de amor anunciados por Pedro que aliviam os frustrados e os desesperados? Onde está a saudação calorosa de João, que exalta todos, nome por nome, como amigos e é capaz de fazer com que os aflitos se sintam amados e queridos? Falar de Jesus Cristo sem amor é falar de um banquete sem alimento.

Hoje parece fácil para as pessoas dizerem que são cristãs, pois mais de dois bilhões o dizem. Dizer-se cristão dá até status social, pois o mundo valoriza os que se afirmam adeptos de Jesus Cristo. Mas, quando o status está em primeiro lugar, o amor pode estar em último.

O islamismo é uma religião que tem tradições cristãs e judaicas. Mas a maioria dos islamitas desconhece que Maomé exalta Jesus em prosa e verso no Alcorão, chamando-o de Sua Dignidade no livro sagrado dos muçulmanos. Entretanto, onde está o amor proclamado por Jesus entre os radicais do islamismo?

Os ataques terroristas que destroem vidas escrevem uma carta de ódio, e não de amor. É raro vermos cristãos amarem muçulmanos e muçulmanos amarem cristãos e judeus. O ódio e as mágoas têm prevalecido. O amor tornou-se delírio.

Não coloque condições para amar

Precisamos nos apaixonar pela espécie humana, como o Mestre da Vida. Devemos ficar fascinados com as reações de um mendigo, com as alucinações de um paciente psicótico, com as peraltices de uma criança, com as reflexões dos idosos. Cada ser humano é uma caixa de segredos. Cada ser humano merece o Oscar e o Prêmio Nobel pela vida misteriosa que pulsa dentro de si.

Ao analisar a personalidade de Jesus, mais uma vez me convenci de que a unanimidade é estúpida. A beleza reside em amar as diferenças, em não exigir que os outros sejam iguais a nós para que possamos amá-los. Jesus foi afetuoso com Judas no ato da traição e acolheu Pedro no ato da negação. Ele os amou, apesar das suas diferenças. Se amou pessoas que o decepcionaram tanto, foi para mostrar que não devemos exigir condições para amar.

O exemplo do mestre me levou a amar pessoas tão diferentes de mim! Pessoas que possuem pontos de vista diferentes do meu, que adotam práticas das quais não participo. Apesar de discordar das crenças e convicções das pessoas, você deve preservar seu amor por elas e respeitar sua lógica, inteligência, verdades, pontos de vista, e não simplesmente descartá-los.

Se Jesus perdoou seus carrascos quando todas as suas células morriam, quem somos nós para exigir, em nosso conforto egoísta, que pessoas que pensam diferentemente de nós mudem para que possamos amá-las? Não apenas os cristãos deveriam amar outros cristãos de religiões distintas, mas, se realmente viverem o que Jesus viveu, amarão com intensidade budistas, islamitas, bramanistas e ateus.

O modelo do Mestre da Vida é eloquente. Ele amava tanto as pessoas que jamais as pressionava a segui-lo. Não impunha suas ideias, mas apresentava-as com clareza e encanto, deixando que elas decidissem o caminho a tomar. Fez um belo convite, não deu uma ordem: *"Quem quiser vir após mim siga-me"*, *"Quem tem sede venha a mim e beba"*, *"Quem de mim se alimenta jamais terá fome"*. O amor respeita o livre-arbítrio, a livre decisão.

Os que impõem condições para amar terão sempre um amor frágil. Nossa espécie viveu o flagelo das guerras e da escravidão porque ouviu falar do amor, mas pouco o conheceu. A única razão para amar é o amor.

Os pais que exigem que seus filhos mudem de atitude para elogiá-los, acolhê-los e serem afetivos com eles dificilmente os conquistarão. Os professores que exigem que seus alunos sejam serenos e tranquilos para educá-los não os prepararão para a vida. Os que exigem das pessoas próximas que deixem de ser complicadas, tímidas ou individualistas para envolvê-las e ajudá-las não contribuirão para o seu crescimento. O mundo está cheio de pessoas críticas. As sociedades precisam de pessoas que amem.

O amor vem primeiro, seguido dos resultados espontâneos. Exigimos muito porque amamos pouco. Jesus não impediu que Pedro o negasse e que Judas o traísse. Com sua inteligência extraordinária podia colocá-los contra a parede, pressioná-los, criticá-los, constrangê-los, mas não o fez. Deu plena liberdade para eles o deixarem. Jamais o amor foi tão sublime.

A abundância do amor transforma anônimos, paupérrimos e iletrados em príncipes, e a escassez do amor torna miseráveis reis, ricos e intelectuais. O amor compreende, perdoa, liberta, tolera, encoraja, anima, incentiva, espera, acredita.

Os sonhos morreram

Nossa ciência é lógica e linear. Ela nos conduz a explorar o mundo físico, mas é simplista para produzir seres humanos que explorem seu mundo emocional e se tornem autores da própria história. Estamos tão despreparados para a vida que não percebemos o quanto o sistema social nos entorpece. Nossa alma deixou de ser uma fonte de tranquilidade e se tornou um canteiro de ansiedades. Onde estão as pessoas cujas emoções são serenas como o orvalho da manhã?

Nós nos transformamos em máquinas de trabalhar e de resolver problemas. Se sobra tempo, cuidamos da nossa qualidade de vida. Alguns só mudam de atitude e procuram um sentido nobre para sua vida quando são assaltados por graves doenças ou quando perdem as pessoas que amam.

Felizmente, não vivemos num clima de guerra mundial. Mas vivemos uma guerra dentro de cada um de nós, uma guerra de pensamentos cada vez mais acelerados. Não estamos nos tempos da escravidão física, mas milhões de pessoas são escravas dos próprios pensamentos.

As pessoas mais responsáveis gastam energia vital do cérebro com preocupações e problemas que ainda não aconteceram, ou com fatos passados. Vivem fatigadas, agitadas, sem concentração, esquecidas. Detestam sua rotina. O palco de suas mentes não se aquieta. Vivem para pensar, ao invés de pensar para viver. Assim, destroem o encanto da vida.

Jesus procurava resolver constantemente a ansiedade dos seus discípulos. Contemplava as flores, gostava de fazer caminhadas de cidade em cidade. Tinha tempo para jantar na casa dos amigos. Era tão sociável que tinha a coragem de se convidar para uma refeição na casa de pessoas que não conhecia, como Zaqueu. Gostava de contar histórias. As pessoas se encantavam com suas parábolas.

Para Jesus, a vida era bela e simples, mas ele achava que nós a complicamos demais. Não queria que sofrêssemos por antecipação. Procurava demonstrar que o sistema em que vivemos, incluindo status, dinheiro, fama, ansiedades, era apenas uma brincadeira no tempo. Queria que soubéssemos que a vida é um fenômeno indecifrável. De fato, do ponto de vista científico, ninguém é maior do que ninguém. Diariamente entramos nos labirintos da memória e construímos cadeias de pensamentos sem conhecer onde estão arquivados os tijolos dos pensamentos. Intelectuais e iletrados, ricos e miseráveis talvez não percebam como são semelhantes na essência de sua inteligência.

Jesus tinha essa consciência. Era apaixonado pelo ser humano. Somente isso explica por que correu risco de morrer por causa de uma prostituta. Sua atitude nos deixa perplexos, ultrapassa os sonhos dos mais nobres humanistas. Os erros cometidos pelas pessoas poderiam entristecê-lo, mas ele ficava fascinado com o pequeno e infinito mundo da nossa personalidade.

Uma das coisas que mais desejo ensinar às minhas três filhas, e creio que estou conseguindo, é que por trás de cada ser humano há um mundo a ser descoberto. Cada ser humano, por mais defeitos que tenha, esconde uma rica história, escrita com lágrimas, sonhos, perdas, alegrias, paixões, desencantos. Descobri-la é garimpar ouro. Infelizes dos psiquiatras e médicos clínicos que tratam de doenças, e não de doentes. Há um mundo fascinante dentro de cada ser humano doente.

Jesus, ao contrário de nós, sentia prazer em penetrar no mundo das pessoas. Era de se esperar que sua mente, preocupada com milhões de problemas, fosse incapaz de dar uma atenção especial a cada um. Ele tinha até razões para isso, pois seu tempo era escasso. Mas, para nosso espanto, ele parava uma multidão inteira para dar atenção especial a um cego, a um mendigo ou às crianças. Os que viviam à sombra da sociedade sentiram-se como príncipes ao conhecê-lo.

Jamais a vida teve tanto valor. Os comportamentos do Mestre da Vida animaram as pessoas a procurar encanto pela existência no árido terreno de suas misérias sociais e psíquicas. Suas atitudes nos fizeram acreditar que vale a pena viver a vida, apesar de todas as nossas lágrimas e decepções.

Os discípulos ficaram contagiados por seus gestos. Deixaram seus barcos, futuro, expectativas, suas cidades e seguiram Jesus. Aprenderam com ele a escrever, a cada momento, uma carta de amor.

Mas será que quando vieram as prisões e perseguições eles desistiram? Será que abandonaram o sonho do seu mestre quando atravessaram o caos? É surpreendente. Os discípulos amaram tanto Jesus que continuaram a escrever a carta de amor até fecharem os olhos para esta vida.

Eles morreram por causa dos seus sonhos. O sonho de dar a outra face, o sonho da felicidade inesgotável, o sonho do amor que lança fora todo o medo, o sonho da imortalidade, o sonho de que a vida é um espetáculo imperdível. Jamais momentos tão angustiantes mostraram tanta poesia.

Vejamos o que alguns historiadores* nos contam sobre os últimos momentos dos discípulos.

Os dados históricos foram organizados e interpretados.

O FIM DOS DISCÍPULOS:
OS SONHOS QUE NUNCA MORRERAM

Tiago, Tomé e Bartolomeu: as lágrimas que nunca apagaram os sonhos

Tiago, o irmão de João, foi o primeiro dos 12 a ser julgado e condenado por ter seguido e amado o vendedor de sonhos. Tinha sido um jovem individualista e ambicioso; agora, sua ambição era poder aliviar a dor das pessoas e ajudá-las a encontrar a mais excelente fonte de amor.

Tiago se convertera num homem sólido, muito diferente do jovem frágil e inseguro dos tempos em que largou os barcos de seu pai. O fim da sua vida tem episódios surpreendentes. O responsável por levá-lo ao banco dos réus, vendo que ele seria condenado, ficou perturbado. Segundo o historiador Clemente, esse homem sentiu-se tão comovido em seu coração que, a caminho da execução, confessou, para espanto de todos, que também era cristão.

É provável que, pela primeira vez, um carrasco tenha abraçado um réu e resolvido morrer com ele. Durante o caminho, pediu a Tiago que o perdoasse. Tiago aprendera a perdoar, mesmo quando o mundo o decepcionava. Voltou-se para seu acusador e viu algo doce em seu olhar. Num gesto sublime, beijou-o, chamou-o de irmão e desejou-lhe a paz. Ambos foram

---

* Allard, Paul. *Histoire des Persécutions*. Paris, 1903-1908.
   Bettenson, Henry. *Documentos da Igreja Cristã*. São Paulo: ASTE, 1998.
   Daniel-Rops. *A Igreja dos Apóstolos e dos Mártires*. São Paulo: Quadrante, 1988.
   Foxe, John. *O Livro dos Mártires*. São Paulo: Mundo Cristão, 2003.
   Kidd, B. J. *Documents Illustrative of the History of the Church* (1 até 313). Londres, 1920.
   Stevenson, J. A. *A New Eusebius, Documents Illustrative of the History of the Church* (1 até 337). Londres, 1957.
   Viller, Marcel. *La Spiritualité des Premiers Siècles Chrétiens*. Paris, 1930.

decapitados em 36 d.C. Foi o primeiro discípulo de Jesus a se despedir da vida com uma serenidade cristalina.

Tomé era cético, inseguro. Confiava somente em seus instintos, naquilo que podia ver. Mas as sementes que Jesus semeou cresceram nele. Foi controlado pelo amor do mestre e o divulgou em terras distantes. Por meio de suas palavras, os sonhos de Jesus chegaram aos povos medos, partos, persas e outros. Muitos creram no reino de Deus, embora vivessem num reino humano injusto, onde muitos morriam à míngua e poucos tinham privilégios.

O fim de Tomé foi comovente. Padeceu numa cidade da Índia. Uma flechada tirou-lhe a vida. A vida escoava pela ferida, mas ele manteve viva a esperança. Deve ter se lembrado dos tempos inseguros em que só acreditaria em Jesus se visse em suas mãos a marca dos cravos (*João 20:25*). Agora, Tomé estava ferido. Mas a dor e o sangue que corria da ferida não destruíram seus sonhos. Tomé sonhava com a eternidade.

Diz-se que Bartolomeu, um discípulo que somente foi citado nos evangelhos, foi grande no anonimato. Ele anunciou as sublimes palavras do Mestre dos Mestres aos indianos. Traduziu o evangelho de Mateus para a língua deles, pois queria que todos se contagiassem com a justiça de Deus e com o amor e a inteligência de Jesus Cristo.

Sua ousadia custou-lhe caro. Homens insanos, que nunca entenderam o valor da vida, o abateram a bordoadas e depois o crucificaram na cidade da grande Armênia. Como se não bastasse essa dor incrível, em seguida foi esfolado e decapitado. A brutalidade da sua morte contrastava com o perfume da sensibilidade que exalava do seu interior. Bartolomeu fechou os olhos para sempre, mas seus sonhos continuaram vivos.

Felipe e André: uma coragem inabalável

Felipe, delicado e ousado, saiu divulgando a palavra do seu mestre nas cidades e vilarejos. Havia uma chama incontrolável que fluía do âmago do seu ser. Os sonhos de Jesus estavam longe de se concretizar fora dele, mas se tornaram reais no seu ser. Para Felipe, valia a pena viver, mesmo em face de intensas perseguições. Ajudar as pessoas e levá-las a encontrar o sentido da vida era mais importante do que receber todo o dinheiro do mundo. Trabalhou muito entre as nações bárbaras.

No fim, padeceu em Hierápolis, cidade da Frígia. Foi considerado um criminoso, um homem indigno de viver. Então, o crucificaram. Não bastassem a dor e o suplício da cruz, as pessoas lhe atiraram pedras até a morte. Provocaram traumas profundos num homem que amou a humanidade, que tratou as feridas da alma de muitos.

Felipe usava a energia de cada célula para falar de alguém que revolucionara a sua vida. Depois que se tornou um seguidor de Jesus, aprendeu que no mercado da vida o individualismo e o egoísmo sempre foram e são um artigo comum e barato. O amor, em contrapartida, sempre foi e continua sendo um artigo raro para homens especiais.

André, irmão de Pedro, também teve um fim trágico, mas encontrou poesia na dor. Jerônimo escreve sobre ele: "André pregou no ano 80 d.C. aos círios e sógdios, aos sacas, e numa cidade chamada Sebastópolis, agora habitada pelos etíopes. Foi crucificado por Egeias, o governador dos edessenos, e sepultado em Patras, a cidade da Acaia." A confissão e o martírio de André não poderiam ser mais altaneiros, segundo Bernardo e Cipriano.

André, como Jesus, não controlava as pessoas, apenas convidava-as a aderir ao seu sonho. Muitos aceitaram tal convite e aprenderam a amar ardentemente o Mestre da Vida. Para os egípcios, que não o conheciam, Jesus não passava de um judeu. Nada mais absurdo para eles do que amar e seguir um judeu.

O governador Egeias ficou irado com o movimento em torno de André. Egeias queria eliminar os cristãos, a seita que o Império Romano mandara abolir. Assim, com pleno consentimento do Senado, julgou digno matar os cristãos e oferecer sacrifícios aos seus deuses. André poderia ter recuado e se protegido, mas defendeu os inofensivos seguidores do Mestre da Vida. Preferiu ser condenado a se calar.

Enfrentando Egeias no julgamento, André disse-lhe que convinha a quem quisesse ser juiz dos homens conhecer o Juiz que habita nos céus e, depois disso, adorá-Lo. O governador, dominado pelo ódio, considerou sua atitude uma insolência. Mandou imediatamente amarrá-lo e crucificá-lo. Queria que a morte de André servisse de exemplo para que ninguém mais se tornasse cristão. Mas o melhor favor que se pode fazer a uma semente é sepultá-la.

Era de se esperar que André se intimidasse diante da morte, fosse dominado pelo medo e invadido por uma incontida ansiedade. Ele, como os demais discípulos, teve medo quando Jesus, anos antes, fora preso no jardim da traição. Fugiu como uma ovelha diante do lobo. O tempo passou, e agora ele era um homem maduro e destemido. As sementes e os sonhos que o Mestre dos Mestres plantara no tecido da sua personalidade cresceram. Por isso, suas reações diante do fim da vida foram admiráveis. Relatos de historiadores revelam que ele não mudou seu semblante.

Bastava negar tudo em que acreditava para sair livre. Mostrando, porém, uma segurança inabalável, ele exclamou: "Ó cruz, extremamente bem-vinda e tão longamente esperada! De boa vontade e cheio de alegria eu venho a ti." A morte era uma janela para a eternidade, e André não se curvou diante dela.

Mostrando uma sólida estrutura emocional, ele completou seu pensamento dizendo que era um discípulo daquele que a cruz abraçara e que havia muito ele também desejava abraçá-la. Assim, foi crucificado. Expressou que valera a pena deixar o mar da Galileia e se tornar pescador de homens.

Marcos e Mateus: dois evangelistas que se despediram da vida com dignidade

Marcos, o evangelista, falou solenemente sobre as mensagens do Mestre da Vida no Egito. Nos papiros escreveu os detalhes da vida de Jesus, e no coração cravou as suas palavras. Muitos sob o calor das suas mensagens reacenderam o ânimo de viver. Descobriram que o homem Jesus, que crescera na Galileia, era um médico da alma que entendia das feridas dos abatidos e da angústia dos desesperados.

Alguns líderes do Egito não entenderam as delicadas mensagens de Marcos. Tomados de ódio, eles o amarraram impiedosamente e o arrastaram para a fogueira. O discípulo morreu injustamente, morreu porque inspirava os seres humanos a sonhar com o amor. Marcos foi queimado vivo e depois sepultado num lugar chamado "Bucolus". As labaredas causaram-lhe um sofrimento indescritível, transformaram em cinzas seu frágil corpo. Mas fogueira alguma jamais poderia debelar as chamas dos seus sonhos.

Marcos sofreu muito ao despedir-se da vida, mas enquanto viveu foi um homem completo e realizado. O que ele escreveu inflamou o coração de milhões de seres humanos em todas as gerações. Até hoje seus eloquentes escritos queimam como brasas vivas no espírito e na alma das pessoas, animando muitas a não desistir da vida, a encontrar esperança na dor.

Mateus, o evangelista, primeiro publicano transformado em apóstolo, escreveu um dos evangelhos. A crítica literária dos seus textos reconheceu nele grandeza intelectual e uma eloquência fascinante. Jesus já havia partido fazia mais de 20 anos, mas as suas palavras e parábolas ficaram alojadas na memória de Mateus. Escreveu seu evangelho em hebraico.

Mateus saiu de Jerusalém por causa das perseguições. Foi para a Etiópia e o Egito e contagiou os povos dessas nações com os sonhos do seu mestre. Recebeu por isso um pagamento cruel. Hircano, o rei, mandou traspassá-lo com uma lança. O ferimento causado pela lâmina esgotou sua vida, mas não seu amor por Jesus. Sua alma se alimentava de esperança. A esperança da imortalidade motivou cada minuto de sua vida.

Ele escreveu em seu evangelho: *"Bem-aventurados os mansos, porque herdarão a terra."* Contrariando a história, em que foi sempre dominada pela violência, Mateus aprendeu com o Mestre da Vida que a terra se conquista com mansidão, paciência, sensibilidade. Por isso, perdoou os inimigos, foi tolerante com os carrascos e paciente com os incautos. Mateus fechou os olhos sonhando em herdar uma nova terra onde habita a justiça, onde não há dor, ódio ou lágrimas.

João: o amor como fonte inesgotável de rejuvenescimento

João, como muitos outros, foi perseguido diversas vezes durante a vida. Nos tempos de Nero, os inofensivos cristãos eram torturados sem piedade. Mulheres, homens e até crianças serviram de pasto para as feras e de diversão para saciar a emoção insana e doente da cúpula romana. Vespasiano, o construtor do Coliseu, sucedeu Nero. No seu reinado, os cristãos tiveram algum descanso. Tito, seu filho, reinou por pouco tempo. Em seguida, Domiciano, seu irmão, subiu ao trono.

No começo, Domiciano agiu de forma moderada. Posteriormente, embriagou-se de tal forma com o poder que fechou as janelas da memória e obstruiu a capacidade de pensar com lucidez. Domiciano queria ser adorado como um deus. Sua obsessão era tamanha que mandou erigir imagens de ouro e prata no Capitólio romano.

Jesus, o filho de Deus, foi tão desprendido do poder que se prostrou aos pés de seus discípulos homens e os lavou. Domiciano, um simples mortal, queria que os homens se prostrassem aos seus pés. Que contraste! Somente as pessoas pequenas anseiam ser maiores que as demais. Somente as pessoas inseguras do próprio valor controlam as outras e querem que elas gravitem em torno da sua órbita.

Os fracos controlam, os fortes libertam. Jesus nunca despersonalizou seus seguidores. Ao contrário, sempre fortaleceu a capacidade deles de decidir. Segui-lo era um convite para ser livre no único lugar onde jamais deveríamos ser presos, dentro de nós mesmos. Infelizmente, nos dias atuais, as pessoas não são tão livres quanto em outras gerações porque vivem encarceradas dentro de si mesmas pelos pensamentos negativos, preocupações, medo do amanhã.

Domiciano não podia admitir que no seu império um judeu nazareno pudesse ser mais admirado do que ele. Por isso, perseguiu implacavelmente os cristãos. João foi exilado na ilha de Patmos. Não respeitaram sua idade avançada. Era um idoso dócil que apenas ateava nos outros o fogo do amor pela vida. Mais tarde, os romanos não suportaram o jugo do imperador que tomava ares de imortal. Domiciano foi assassinado, e João foi posto em liberdade no ano de 97 d.C. Foi para Éfeso e permaneceu ali até o reinado do imperador Trajano.

Apesar de idoso, João conservava plenamente sua motivação. Escreveu cartas vibrantes. Para ele, todos os que seguiam Jesus, jovens ou velhos, eram tratados como filhinhos. Ele amou ardentemente.

O amor o tornara um homem livre, mesmo quando estava encarcerado. Na atualidade, muitos são livres, mas vivem aprisionados no território da emoção. Muitos têm motivos para sorrir, mas são infelizes, não encontram uma razão sólida para viver. João teve todos os motivos para ser deprimido e ansioso, mas o amor rompeu os grilhões do medo e da angústia e fez da sua vida uma grande aventura. Quem não ama, envelhece precocemente no corpo e na emoção. Torna-se insatisfeito, um especialista em reclamar.

Mais de 60 anos haviam se passado desde a morte de Jesus Cristo. Era tempo suficiente para apagar a memória e o entusiasmo de João. Mas o amor que sentia pelo Mestre da Vida era uma fonte misteriosa de rejuvenescimento. Sua vida se tornou um canteiro de sonhos, mesmo tendo passado pelo pesadelo da solidão e das perseguições.

Pedro

Pedro aprendeu a valorizar mais as pessoas do que a si mesmo. Errou muito e amou mais ainda. A tolerância irrigava a sua alma. Presenciou algumas dissensões entre os discípulos, mas aprendeu a agir com amabilidade e inteligência. Os confrontos entre os discípulos relatados no livro dos Atos e nas cartas aos coríntios e aos gálatas têm grande significado para a pesquisa psicológica. Indicam que eles eram normais e não sobrenaturais, que aprenderam a dialogar e a superar com sabedoria as suas dificuldades.

Na Carta aos Gálatas, Paulo comenta que ele e Pedro tiveram um desentendimento. Mas os dois se amavam. Aprenderam com Jesus que a grandeza de um ser humano está na sua capacidade de se fazer pequeno, de ouvir sem medo e preconceito o que está no secreto dos outros.

No final da sua vida, Pedro mostrou, em uma das suas cartas, uma afetividade impressionante para com Paulo, revelando que nenhuma cicatriz ficara de seus atritos. Ele o chama de amado irmão Paulo, evidenciando uma habilidade de superação de divergências rara nos dias atuais. Nada é tão carinhoso e terno como essa expressão.

Pedro saiu de Jerusalém e foi exalando por onde passava o perfume do Mestre do Amor. Tornou-se líder em perdoar. Por fim, também foi condenado. Alguns relatos dizem que ele foi crucificado em Roma. Hegessipo relata que o imperador Nero procurava fatos para condenar Pedro. Sabendo disso, alguns cristãos pediram insistentemente que Pedro fugisse.

Ele cedeu. Mas ao chegar aos portões da cidade sentiu algo queimando no seu interior. Lembrou-se de seu mestre, que havia enfrentado as aflições e o caos em silêncio e com a maior dignidade. Então, contrariando todos, retornou. O historiador Jerônimo escreveu que ele foi crucificado. Foi condenado como vil criminoso. Pedro cometeu o crime de amar, perdoar, tolerar e se preocupar com os outros.

Ao ser crucificado, a tradição conta que ele não se achou digno de morrer do mesmo modo que Jesus. Para surpresa de todos, Pedro pediu para ser crucificado de cabeça para baixo. É provável que no momento da crucificação Pedro tenha olhado para dentro de si e encontrado os olhos sublimes de Jesus acolhendo-o, como o fizera no pátio do sinédrio. Agora, ele não tinha vergonha de si, pois não o estava negando, mas dizendo ao mundo inteiro que amava Jesus Cristo. O medo se dissipou, o amor prevaleceu.

Enquanto morria, Pedro sonhava o maior dos sonhos, sonhava que ele e o Mestre da Vida nunca mais se separariam.

Paulo

Paulo tornou-se muito famoso em Roma. Sua eloquência era imbatível. Quem passava por ele tinha grande chance de mudar para sempre as rotas da própria vida. No passado, ele tinha querido apagar o incêndio produzido por Jesus na alma dos homens. Agora, era o maior incendiário.

Usou toda a sua inteligência para divulgar a grandeza oculta no carpinteiro de Nazaré, para mostrar que Jesus tinha vencido o caos da cruz e que sua morte tornara-se uma janela para a eternidade.

Paulo foi tachado de louco, tal como outrora ele chamara de loucos os que seguiam Jesus. Foi mutilado e torturado várias vezes, teve raros momentos de descanso. Tinha todos os motivos para calar-se e deixar de propalar os sonhos de Jesus, mas ninguém conseguia silenciá-lo, nem os riscos constantes de morte.

Seus cabelos embranqueceram, sua pele ficou marcada pelos açoites, seu rosto, pelas noites maldormidas, mas dentro dele havia uma energia inesgotável. Muitos têm motivos para serem felizes, mas são tristes e ansiosos. Paulo teve todos os motivos para ser triste e tenso, mas tornou-se um ser humano feliz e sereno.

Nos últimos anos esteve preso em Roma. Mas sua boca nunca se calou. Na prisão, continuava a falar. Fazia reuniões, convocava os judeus e os romanos. Muitos soldados romanos, até os de alta patente, entraram nos sonhos de Jesus. Diversos guardas encarregados de vigiá-lo mudaram para sempre suas vidas.

Quando houve a primeira grande perseguição em Roma, Nero teve a grande oportunidade de ceifar a vida do homem que embriagava os romanos com o sonho da eternidade. Numa situação desesperadora, o imperador enviou dois dos seus fortes escudeiros, Ferega e Partêmio, para silenciar o dócil Paulo. Onde estava Paulo nesse momento? Ensinando.

O ambiente em Roma era tenso. Os cristãos eram vistos como portadores de lepra. Os dois carrascos se aproximaram e o viram ensinando ao povo. O momento era comovente. Ao levarem o discípulo, algo aconteceu dentro deles. Ficaram contagiados com o que ouviram. Numa atitude surpreendente, pediram ao próprio Paulo que orasse por eles, para que pudessem crer. Paulo fitou-os e disse-lhes que em breve creriam sobre seu sepulcro. Estava consciente do seu fim e de que sua morte ainda geraria frutos.

Pouco tempo antes, ele havia escrito uma carta aos filipenses revelando um destemor sem precedentes em face da morte. Viveu uma vida intensa. Sofreu muito, mas amou mais ainda. Atravessou o vale da angústia, mas bebeu da fonte da alegria.

Paulo foi tão alegre e realizado que teve a coragem, mesmo estando preso, de ordenar aos seus leitores que fossem alegres: "Alegrai-vos sempre." Que mistério é esse que tornou felizes homens em situações miseráveis? Que segredos se escondiam no secreto dos espíritos que os faziam bem-aventurados, e não desesperados?

Paulo também sonhava com uma pátria superior. Nesta terra, ele se considerava um hóspede temporário, pois seu coração procurava um reino de alegria, paz e justiça. Os soldados de Nero o conduziram para fora da cidade. Lá, ele orou, conversando com o Deus que nunca vira, mas que morava no âmago do seu ser.

Após esse momento, despediu-se dessa vida tão bela e complexa, tão rica e cheia de decepções, tão longa e, ao mesmo tempo, tão breve. Como tinha cidadania romana, não foi crucificado. Na sua juventude, fizera morrer muitos seguidores de Cristo, agora tinha chegado a sua vez. Com uma coragem esplêndida, ofereceu o seu pescoço aos carrascos e foi decapitado.

Talvez muito poucos tenham amado tanto a humanidade como Paulo. Aprendeu com o Mestre do Amor a valorizar cada ser humano como uma joia única. Considerou escravos, pobres e excluídos tão importantes quanto reis e nobres.

Cortaram sua vida, mas não cortaram seus sonhos. Morreu por eles.

O que Paulo escreveu sobre Jesus Cristo incendiou o mundo. A história jamais foi a mesma depois de suas belas, profundas e poéticas cartas.

Pelo que vale a pena viver?

Era de se esperar que as pessoas do século XXI fossem alegres, soltas, divertidas, por causa da poderosa indústria do lazer a que têm acesso. Mas eis que as pessoas se encontram estressadas, bloqueadas e tristes. Era de se esperar que o acesso à tecnologia e aos bens materiais fizesse as pessoas disporem de mais tempo para si mesmas. Mas raramente elas gastam tempo com aquilo que amam.

Apesar de vivermos espremidos em sociedades populosas, a proximidade física não trouxe proximidade emocional. O diálogo está morrendo. A solidão virou rotina. As pessoas aprendem durante anos as regras da língua, mas não sabem falar de si mesmas. Os pais escondem as suas emoções dos seus filhos. Os filhos ocultam suas lágrimas dos pais. Os professores se escondem atrás do giz ou dos computadores. Psiquiatras e psicólogos procuram resolver, sem sucesso, a solidão, pois ela não pode ser tratada entre as quatro paredes de um consultório.

Os seguidores de Jesus não possuíam dinheiro, fama e proteção, mas tinham tudo o que todos os seres humanos sempre desejaram. Tinham alegria, paz interior, segurança, amigos, ânimo. Cada um deles viveu uma grande aventura.

Tiveram grandes sonhos e coragem para correr riscos e transformá-los em realidade. Talvez jamais tenha existido na terra pessoas tão realizadas, sociáveis e satisfeitas. Não tinham nada, mas possuíam tudo. Eram discriminadas, mas cercadas de inúmeros amigos. Em alguns momentos parecia que tinham perdido a esperança e a fé, mas cada manhã era um novo começo. Cada derrota, uma oportunidade para aprender, crescer e continuar no caminho.

Sofreram como poucos, mas aprenderam a não reclamar. De suas bocas saía um agradecimento diário pelo espetáculo da vida. Não exigiam nada dos outros, mas davam tudo o que tinham. Foram tolerantes com seus inimigos, mas seus inimigos foram implacáveis com elas. Tornaram-se amantes da paz, foram pacificadoras dos aflitos, compreenderam a loucura dos que se consideravam lúcidos. Foram felizes numa sociedade desumana.

Na juventude sofriam de inúmeros traumas, mas o vendedor de sonhos fez algo que deixa boquiaberta a ciência moderna. Ele as transformou no grupo humano mais inteligente e saudável. As cartas que escreveram revelam características de personalidade que poucos psiquiatras e psicólogos conquistam. Os sonhos que viveram vão ao encontro dos mais belos sonhos da filosofia, da psicologia, da sociologia, das ciências da educação. Mostraram que vale a pena viver, mesmo quando tiveram a vida ceifada.

Vamos parar e refletir um pouco. Será que nossa vida alcançou um grande significado? Jesus demonstrou de muitas formas a grandeza da vida. Será que compreendemos seu valor?

Quem somos? Somos fagulhas vivas que cintilam durante poucos anos no teatro da vida e depois se apagam tão misteriosamente quanto se acenderam. Nada é tão fantástico quanto a vida, mas nada é tão efêmero e fugaz quanto ela. Hoje estamos aqui, amanhã seremos uma página na história. Um dia todos nós tombaremos na solidão de um túmulo, e ali não haverá aplausos, dinheiro, bens materiais. Estaremos sós.

Se a vida é tão rápida, não deveríamos, nessa breve história do tempo, procurar os mais belos sonhos, as mais ricas aspirações? O que faz a vida ter valor? Vale a pena viver? Quais são os sonhos que direcionam nosso rumo? Muitos têm depressão, ansiedade, estresse não só por conflitos na infância, mas pela angústia existencial, pelo tédio tenso que os abate, pela falta de um sentido sólido em suas vidas.

Muitos têm fortunas, mas mendigam o pão da alegria. Muitos têm cultura, mas falta-lhes o pão da tranquilidade. Muitos têm fama, mas não há colorido na sua emoção. Crise existencial, vazio interior e solidão são palavras que não faziam parte do dicionário da personalidade dos discípulos do Mestre dos Mestres.

Quando Jesus agonizava na cruz, disse frases inesquecíveis que inspiraram o centurião romano encarregado do seu martírio. Os carrascos que o ouviram reconheceram sua grandeza e começaram a sonhar. Na morte de seus discípulos, o mesmo fenômeno ocorreu. A dignidade, a segurança e a sensibilidade que demonstraram nos últimos momentos fizeram com que alguns torturadores se curvassem. Que fenômeno interior é esse que deixa extasiadas a sociologia e a psicologia?

Se Nietzsche, Karl Marx e Jean-Paul Sartre tivessem tido a oportunidade de analisar a personalidade de Jesus e a sua atuação nos bastidores da mente dos discípulos, como eu fiz, provavelmente não figurariam entre os maiores ateus que pisaram nesta terra. É possível que se colocassem entre os seus mais apaixonados seguidores.

As sociedades ainda não despertaram para a grandeza da personalidade de Jesus. É impossível alguém fazer o que ele fez e ser apenas um ser humano. Sua vida, apesar de tão simples, era cercada de mistérios. Milhões de pessoas dizem que ele era o filho de Deus. Seus comportamentos surpreendentes e seus milagres confirmam isso. Mas nunca alguém tão grande foi tão humano. Muitos homens querem ser deuses, estar acima dos sentimentos comuns, mas ele se apaixonou de tal forma pela humanidade que quis ser como nós, igual a mim e a você.

A sua personalidade não apenas revela que ele atingiu o auge da saúde psíquica como foi mais longe ainda. Foi o maior educador, psicoterapeuta, socioterapeuta, pensador, pacifista, orador, vendedor de sonhos, construtor de amigos em todos os tempos. Muitos dos líderes religiosos da atualidade que dizem segui-lo desconhecem essas magníficas áreas da sua personalidade.

Analisei a inteligência de Jesus Cristo criticando, investigando suas quatro biografias – os evangelhos – em várias versões. Estudei as intenções conscientes e inconscientes de seus autores. Talvez tenha sido eu um dos raros cientistas que investigaram a personalidade do Mestre dos Mestres.

Minha primeira constatação foi que o homem que dividiu a história não poderia ser fruto de uma ficção humana. Ele não cabe em nosso imaginário. Cristo andou e respirou nesta terra. A segunda consequência da investigação é que a grandeza da sua personalidade expôs as falhas da minha personalidade. Fui ajudado a compreender minhas limitações e minha pequenez.

O terceiro resultado me surpreendeu. Ao analisar o vendedor de sonhos, fui contagiado por ele. Comecei a sonhar os seus mais belos sonhos...

Que a sua vida também se transforme num jardim de sonhos... Mesmo quando os pesadelos vierem, jamais deixe de sonhar.

Foram utilizadas as seguintes versões dos evangelhos: a Bíblia de Jerusalém, João Ferreira de Almeida, King James e Recovery Version.

CONHEÇA OS TÍTULOS DE AUGUSTO CURY:

FICÇÃO

Coleção *O homem mais inteligente da história*
O homem mais inteligente da história
O homem mais feliz da história
O maior líder da história
O médico da emoção

O futuro da humanidade
A ditadura da beleza e a revolução das mulheres
Armadilhas da mente

NÃO FICÇÃO

Coleção *Análise da inteligência de Jesus Cristo*
O Mestre dos Mestres
O Mestre da Sensibilidade
O Mestre da Vida
O Mestre do Amor
O Mestre Inesquecível

Nunca desista de seus sonhos
Você é insubstituível
O código da inteligência
Os segredos do Pai-Nosso
A sabedoria nossa de cada dia
Revolucione sua qualidade de vida
Pais brilhantes, professores fascinantes
Inteligência socioemocional
Dez leis para ser feliz
Seja líder de si mesmo
Gerencie suas emoções

Para saber mais sobre os títulos e autores da Editora Sextante,
visite o nosso site e siga as nossas redes sociais.
Além de informações sobre os próximos lançamentos,
você terá acesso a conteúdos exclusivos
e poderá participar de promoções e sorteios.

sextante.com.br